Maguid Meisharim

El ÁNGEL DE LOS RECTOS

EDICIONES OBELISCO

Si este libro le ha interesado y desea que le mantengamos informado de nuestras publicaciones, escríbanos indicándonos qué temas son de su interés (Astrología, Autoayuda, Ciencias Ocultas, Artes Marciales, Naturismo, Espiritualidad, Tradición…) y gustosamente le complaceremos.

Puede consultar nuestro catálogo en www.edicionesobelisco.com

Este libro ha recibido una ayuda a la edición
del Ministerio de Educación, Cultura y Deporte

Colección Cábala y Judaísmo
Maguid Meisharim
El ángel de los rectos
José Caro

1.ª edición: septiembre de 2018

Título original: *Maguid Meisharim*

Traducción: *Rabí Aharón Shlezinger*
Maquetación: *Natàlia Campillo*

© Rabí Aharón Shlezinger (por la traducción)
© 2018, Ediciones Obelisco, S. L.
(Reservados los derechos para la presente edición)

Edita: Ediciones Obelisco, S. L.
Collita, 23-25. Pol. Ind. Molí de la Bastida
08191 Rubí - Barcelona - España
Tel. 93 309 85 25 - Fax 93 309 85 23
E-mail: info@edicionesobelisco.com

ISBN: 978-84-9111-351-5
Depósito Legal: B-8.486

Printed in India

Reservados todos los derechos. Ninguna parte de esta publicación, incluido el diseño de la cubierta, puede ser reproducida, almacenada, transmitida o utilizada en manera alguna por ningún medio, ya sea electrónico, químico, mecánico, óptico, de grabación o electrográfico, sin el previo consentimiento por escrito del editor. Diríjase a CEDRO (Centro Español de Derechos Reprográficos, www.cedro.org) si necesita fotocopiar o escanear algún fragmento de esta obra.

PRESENTACIÓN DEL EDITOR

Iosef ben Efraim Caro nació en Toledo en el año 1488, en el seno de una familia de expertos talmudistas. En 1492, con sólo cuatro años de edad, tuvo que abandonar España a causa de la expulsión de los judíos decretada por los Reyes Católicos. Se estableció con su familia primero en Portugal y más tarde en Bulgaria, donde vivió durante trece años y ejerció como Rosh Ieshivah en Nikopol. Luego viajaría a Grecia y a Turquía, donde viviría durante cuarenta años. En Bulgaria tendrá ocasión de estudiar con su tío Isaac Caro, que en Toledo había sido discípulo del rabino Isaac Campanton. Isaac Caro es conocido sobre todo por su libro *Toldot Isaac*, que publicó en forma de fascículos.

En diversos pasajes de sus obras nuestro autor traerá a colación comentarios que aprendió de boca de su padre y maestro, y citará varias veces a su tío. Hacia 1535, Iosef Caro emigró a Israel tras pasar por Salónica y Estambul, y se instaló en Safed en el año 1536. En esta ciudad, donde convivió con cabalistas de la talla de Salomón Alkabetz o Isaac Luria, fundaría una importante escuela y ejercería como juez. Junto con Moshé MiTrani dirigió la corte rabínica de Safed.

Iosef Caro se casó tres veces sin conseguir descendencia masculina de su primera esposa algo que, como podemos entrever en el *Maguid Iesharim*, lo atormentaba. La primera de sus esposas fue la hija de un célebre rabino, Jaim Albag y, al enviudar, casó con la hija de Rabbí Isaac Saba, cuya familia también tuvo que huir de España en 1492. Después de enviudar por segunda vez se desposó una tercera, ya en Israel, donde a los 80 años fue padre de un varón, Iehudah.

Sus resoluciones halájicas, plasmadas en su *Shuljan Aruj*, aceptadas prácticamente por la totalidad de las escuelas rabínicas, son probablemente las más consultadas desde el siglo XVI. Como muy bien se ha dicho, hay un judaísmo rabínico de antes de Iosef Caro y hay un judaísmo rabínico de después de Iosef Caro.

En el Safed de su época la cábala se respiraba. Grupos, grupúsculos, escuelas de orientaciones diversas convivían y estudiaban tanto la cábala zohárica como la heredada de las escuelas provenzales y de Gerona. Sin embargo, el interés de Caro por la cábala parece venir de los años que vivió en Turquía, donde estaba en contacto con un piadoso rabino, talmudista y cabalista, Rabbi José Taitazak, relacionado con la escuela de Moisés Hamon, que también era originario de España. Taitazak llegó a ser el gran rabino de Salónica y le debemos entre otros libros un tratado de astrología y varios comentarios sobre los libros de Daniel, Salmos, Job o Proverbios. Según Gershom Scholem, Taitazak es el primer maestro que nos deja por escrito el relato de la visita de un Maguid. Existe también el testimonio escrito de la aparición de un Maguid ante un selecto círculo de rabinos entre los que se hallaba Caro del mismísimo Salomón Alkabetz, publicado en las *Shnei Lujoth haBrit* del rabino askenazi Isaías Horovitz.

Otro importantísimo personaje que también influiría en nuestro autor es el portugués Diego Pires que regresaría al judaísmo con el nombre de Salomón Moljo y que también estudió en la academia de Taitazak. Moljo, que conocía bien la astrología, fue famoso por unas predicciones que realizó sobre la inundación de Roma en 1630, predicciones que se cumplieron con una exactitud sorprendente. Fue quemado en la hoguera en Mantua dos años más tarde, en 1532, con apenas treinta y dos años, por negarse a volver al cristianismo. En el *Maguid Meisharim* aparecen muchas referencias a él, llamándolo «mi querido Salomón».

Como hemos visto, Caro también conocería Salomón Alkabetz, el autor del *Lejá Dodí*, que se canta en el servicio del viernes en todas las comunidades judías del mundo y que es un poema de corte cabalístico. Cada verso, cada palabra del *Lejá Dodí* contiene conceptos tomados de los grandes temas de la cábala. Alkabetz fue uno de los compañeros que acompañaría a Caro a Israel.

Caro es el autor, entre numerosas obras, del *Shuljan Aruj*, la más célebre compilación de leyes judías del mundo sefardí, todavía autoridad máxima en materia de jurisprudencia. Este libro que originariamente era un resumen destinado a sus alumnos, es una síntesis de la halajah del *Beit Iosef*, su obra más importante, que sigue la estructura del Tur, un texto de halajah anterior, el primero reconocido por la pluralidad del mundo judío de su época.

El *Shuljan Aruj*, salvando las distancias, podría compararse a aquellos libros de los años setenta que se llamaban «el abogado en casa». Con un ejemplar del libro cualquier judío podía consultar la mayoría de cuestiones legales sin tener que acudir al rabino. Esto hizo que muchos se opusieran al *Shuljan Aruj* viendo peligrar su fuente de ingresos. Entre sus máximos detractores podemos contar al Maharal de Praga que temía que la utilización del *Shuljan Aruj* arrinconara a la Mishnah y al Talmud. Para él las conclusiones a las que llega el *Shuljan Aruj* son tan importantes como el camino para llegar a ellas, y disponiendo únicamente de las conclusiones, que se pueden aceptar sin reflexión, se podía ir perdiendo la reflexión. Pero finalmente el *Shuljan Aruj* se impuso.

El *Shuljan Aruj* es un libro de leyes y el *Maguid Meisharim* es un libro de cábala. La opinión de muchos estudiosos actuales del judaísmo de que mística y jurisprudencia (*halajah*) son algo que está reñido o que, al menos, no está relacionado, es absolutamente errónea. Como esoterismo y exoterismo, ambas son como dos caras de una misma moneda, que se complementan, que se retroalimentan. Esta idea también la podemos encontrar en círculos ortodoxos modernos, sobre todo askenazis, que sólo conocen la obra legalista de Caro pero no la mística. Sin embargo, en el mismo *Shuljan Aruj* podemos encontrar ya algunos guiños cabalísticos como, por ejemplo que la estructura del libro se base en cuatro partes, en correspondencia con las cuatro letras del Tetragrama. Por otra parte, dentro del mundo askenazi, nos encontramos con las famosas *Shnei Lujoth haBrit* del rabino Isaías Horovitz, que también es una obra de halajah no exenta de pasajes notablemente cabalísticos.

En el año 1522 Caro emprendió lo que él consideraría la obra de su vida, el libro *Beth Iosef* (la casa de José), un amplio comentario legal basado en el *Arba Turim* donde analiza todas las leyes desde su formulación talmúdica hasta su conclusión halájica, apoyándose en el Rambam, el Rif y el Rosh. Este texto enciclopédico, que tardó veinte años en redactar y al que el *Maguid Iesharim* se refiere en varias ocasiones como «tu compilación», será el terreno del que surgirá su *Shuljan Aruj*. En el *Maguid Iesharim* el Maguid le dice:

> «Y te haré merecedor de terminar tu compilación para iluminar con ella los ojos de todo Israel. Pues todas las naciones, sabios y entendidos, y pensadores, absorberán de tu compilación llamada *Beit Iosef*».

Y más adelante:

> «pues ese es el nombre apropiado».

El *Maguid Meisharim* es un libro sorprendente en más de un aspecto, absolutamente atípico en este tipo de literatura, entre otras cosas por la cantidad de datos biográficos e íntimos que nos aporta de su autor. Caro tardó decenas de años en compilarlo y contiene esencialmente las revelaciones de un Maguid, de un ángel, que se presenta como una personificación de la Mishnah. Obviamente, se trata de algo excepcional que un gran maestro como Caro proporcione a sus lectores este tipo de testimonio. Por otra parte, el hecho de que se publicara más de setenta años después de su muerte nos sugiere dos cosas: o no fue escrito para ser publicado, sino únicamente compartido en el círculo íntimo del autor, o se trata de un apócrifo.

No es fácil traducir con exactitud a nuestro idioma y sobre todo a nuestra época y nuestra mentalidad qué es un Maguid. Esta palabra significa «predicador», pero en realidad, en nuestro caso, sería mejor hablar de un «mentor», de un «mentor angélico». Es alguien que no sólo transmitirá enseñanzas secretas a nuestro autor sino que también lo reprenderá y le dará consejos. Entre las revelaciones del Maguid encontramos algunas que son realmente sorprendentes, mientras que otras resultan francamente banales. El Maguid se dirige a él con gran familiaridad: «hablo contigo como un hombre con su compañero» y, en cierto modo encarna a la Mishná:

«has de saber que yo soy la Mishná que habla por tu boca».

Le revela que Elías:

«será tu maestro y rabino para enseñarte todos los secretos de la Torah».

Y no será un maestro en sueños, sino que se le aparecerá en la vida real:

«Y si te apegas a mí, y a mi temor, merecerás hablar con Eliahu –Elías– estando despierto. Y él estará de pie ante ti, o sentado, y te enseñará palabras de Torah».

En el *Maguid Meisharim* nos encontramos con muchas repeticiones, como suele ocurrir en este tipo de textos. A menudo cita el Zohar, con gran respeto y veneración, llamándolo el sagrado Zohar. Otras veces repite ideas que ya aparecen en el Zohar como:

«…toda la Torah son nombres de El Santo, Bendito Sea, y la misma es curación para todos los miembros y para todas las enfermedades del alma».

En este libro, Caro utiliza a menudo la guematria, y no sólo la denominada guematria *Raguil*, la más sencilla, sino también la guematria *Sderti* y la *Atbash*, más elaboradas y complejas. Explica asimismo el misterio de las reencarnaciones. Por qué mueren los niños pequeños, incluso recién nacidos. Por qué hay personas que vienen al mundo y no tienen posibilidad de tener hijos. Qué cuerpos van a resucitar en la época de la resurrección, si los de todas las reencarnaciones, o un solo cuerpo, el más selecto. Asimismo, revela el misterio de los nombres de las personas y su vínculo con las emanaciones cósmicas. Armado siguiendo el orden de las parashiot, recurre a menudo al tema de los *Guilgulim* o reencarnaciones:

> «Así también las personas, vienen a este mundo, vuelven y van a ese Mundo, y vuelven a reencarnar nuevamente en este mundo y así siempre. Y no descansan, como los torrentes que hemos mencionado.
> El mundo en su totalidad fue edificado sobre el misterio de la reencarnación, y las criaturas siempre reencarnan y no descansan».

A diferencia de otros libros de cábala que contienen frases breves y son largas y a menudo complicadas. El Maguid insiste en diversas ocasiones en la importancia de estudiar cábala:

> «Me fue ordenado que te entregara cada semana una parte de Cábala (...). Y si fijaras momentos para dedicarte a la ciencia de la Cábala, abriré tu corazón en ella para que captes misterios ocultos que no captó hombre alguno durante muchos años».

El estudio de la cábala es imprescindible para acercarse a los misterios divinos:

> «...el misterio del asunto es el misterio de los misterios, lo oculto de lo oculto, lo profundo de lo profundo. Pues no hay sabio en el mundo que lo conozca, y es imposible aprehenderlo, sino únicamente cuando se entrega de boca en boca, pues se denomina cábala».

Como ya le predice el Maguid, Iosef Caro tendría muchísimos alumnos entre los que destacan el autor del *Pardes Rimonim*, Rabbí Moisés Cordovero, así como Moisés Galanti y Moisés MiTrani:

«Te haré merecedor de tener muchos alumnos y de imprimir tus libros, y expandirlos por todo el territorio de Israel».

Esta edición es la primera traducción al español del libro de Caro, realizada por un rabino askenazi de lengua española, Rabbí Aharón Shlezinger, a quien hemos de agradecer el tiempo, la dedicación y el celo consagrados a ella. Esta traducción, a partir del original arameo, ha sido enriquecida con más de 2000 notas a pie de página con el fin de aclarar conceptos difíciles y de acercar al lector las citas bíblicas en las que se apoya el autor. Si bien Caro escribió muchos libros, en español sólo se disponía hasta ahora de una edición incompleta del *Shuljan Aruj*. El *Maguid Meisharim* que hoy proponemos al lector, viene sin duda a colmar un vacío imperdonable.

JULI PERADEJORDI

MAGUID MEISHARIM

Víspera del día de Shabat, 22 de Adar I.

Alabanza del maestro: El Eterno está contigo[1] [...]. Solamente [...] Porque te apegarás a mí, a mi temor y a mi Mishná. No apartarás tu pensamiento ni un solo instante, «y he aquí que te he puesto por príncipe sobre mi pueblo [...]».[2] Y he aquí que ya te he advertido de que no apartaras tu pensamiento ni un solo instante de mi temor y de mi Mishná. Y no comerás ni beberás de modo placentero en absoluto. Pues, ¿qué provecho obtienes de tu placer en este mundo? Sólo debes tener en tu pensamiento que si te fuera posible mantener el alma en el cuerpo sin ningún placer, estarías muy contento. Y por eso, apégate siempre a El Eterno, Bendito Sea, y merecerás que se hagan milagros a través de ti tal como se realizaban a través de los primeros sabios –denominados– *rishonim*. Y los de este pueblo sabrán que hay Dios en Israel. Ya que ahora el Nombre Celestial no se santifica porque los moradores del mundo no ven que se hagan milagros a través de los sabios, y ya que verán que se realizan a través de ti, el Nombre Celestial se santificará.

---

1. *Véase* Génesis 28:15.
2. *Véase* II Samuel 7:8.

Y ciertamente cuídate del –ente maligno cuyo nombre comienza con las letras– *samej–mem,* y de la Serpiente, y del Mal Instinto, que van tras de ti, contra tu concentración, para anular tu concentración en la plegaria. Sólo unifica tu corazón a mi servicio, y ven.

Y ya te he advertido cuánto debes comportarte con humildad y no enojarte por ninguna cosa del mundo. Sal y aprende de Moisés, el maestro de todos los profetas, que en todo lugar en que vino a enojarse, vino a cometer un error.[3] Por eso, no te enojes por ninguna cosa del mundo, e incluso por un asunto Celestial, en el que debes mostrar –rigor– y comportarte siempre con esa cualidad.

Y has de ser cuidadoso en no apartar tu pensamiento de mí ni un solo instante, ni tampoco de mi Mishná, de mi temor y de mi Torá. Pues si supieras cuántos mundos se pierden a través de ti en el momento en que cesas de pensar en las palabras de la Torá, no interrumpirías (tu estudio) ni un solo instante. Pues cuando tú sales a la feria y piensas en las palabras de mi Mishná, mis mundos pregonan, y van delante de ti y pregonan: ¡otorgad honor a la imagen del Rey! Y muchas legiones, innumerables, te acompañan. Sobre ellas, muchos mundos se estremecen ante ese pregón. Preguntan y manifiestan: «¿quién es ese hombre cuyo honor desea el Rey de reyes?». Y les responden: «Es el sabio *tanaita,* el Anciano de la Tierra de Israel; el líder de la Academia –Yeshivá– de la Tierra de Israel, el gran compilador de la Tierra de Israel».

Además si te comportas según mis modos de conducción, te haré merecedor de completar toda tu compilación, y tus explicaciones y tus legislaciones –liberándote– de todo error y equivocación, y se imprimirán y expandirán por todo el territorio de Israel, como todo lo que has pedido de El Eterno tu Dios. Y te haré merecedor de que se cumpla en ti, y en tus hijos, lo que esté escrito: «No se apartará este libro de la Torá de tu boca» (Josué 1:8).

Y además de esta mujer apta y recatada, te daré otro hijo piadoso y sabio. Pues debido a las aflicciones que atravesó, será adecuada para eso. Y tú, apartándote de los deleites de este mundo, conforme

---

3. Talmud, tratado de Pesajim 66b.

a todo lo que te enseñé, y por santificarte con pureza en el momento de las relaciones íntimas, tal como se dijo acerca de Rabí Eliezer: «se parecía a alguien a quien intimaba un demonio[4]», a través de eso merecerás atraer a él un alma pura y santa del Jardín del Edén, y será un gran sabio y piadoso. Y después de su fallecimiento contraerás enlace con –otras– dos mujeres –puras como– vírgenes, una después de la otra. A esto se refiere lo que te he dicho: «Vírgenes irán tras ella, sus compañeras serán traídas a ti».[5] Y engendrarás de ellas hijos entendidos, todos conocedores de Su nombre y estudiosos de su Torá en el nombre de ella. Y engrandeceré allí tu Academia, en cantidad y en calidad. Y después de todo eso te haré merecedor de ser calcinado por la santidad de mi nombre.[6] Y todos tus pecados y faltas serán absorbidos por el fuego, y ascenderás de allí como lana limpia. Y saldrán todos los justos del Jardín del Edén ante ti, y la Presencia Divina a la cabeza de ellos, y te recibirán con numerosos cánticos y alabanzas. Y te conducirán ante ellos como un novio que va a la cabeza; acompañándote todos ellos a tu palio nupcial.

Y he aquí que hay preparados para ti siete palios nupciales, uno dentro del otro. Y otros siete palios nupciales uno sobre el otro. Y en el palio nupcial interior y en el superior, siete ríos de buen *afarsemón*.[7] Todos estarán allí, y te dispondrán un trono de oro con siete peldaños

---

4. Talmud, tratado de Nedarim 20b.

5. *Véase* Salmos 45:15.

6. El ángel dijo esto varias veces y en ningún momento Rabí Yosef Karo se opuso, demostrando que aceptaba con voluntad íntegra, y finalmente no sucedió, de un modo parecido a lo ocurrido con Abraham, como está escrito: Y aconteció después de estos hechos que Dios probó a Abraham, y le dijo: "¡Abraham!". Y él respondió: "¡Heme aquí!". Y dijo: "Toma por favor a tu hijo, a tu único, a quien amas, a Ytzjak, y ve a la tierra de Moriá, y elévalo allí por ofrenda […] Y Abraham tomó la leña para la ofrenda y la puso sobre su hijo Ytzjak; y tomó en su mano el fuego y el cuchillo, y los dos marcharon juntos […] Y Abraham extendió su mano y tomó el cuchillo para degollar a su hijo. Y un ángel de El Eterno lo llamó desde los Cielos, y dijo: "¡Abraham! ¡Abraham!". Y le dijo: "¡Heme aquí!". Y dijo: "No extiendas tu mano contra el joven ni le hagas ninguna cosa, pues ahora sé que eres temeroso de Dios, y no has retenido de Mí a tu hijo, a tu único". Y Abraham levantó sus ojos y miró, y he aquí que detrás un carnero que se trabó con sus cuernos en las ramas; y Abraham fue y tomó el carnero y lo elevó como ofrenda en lugar de su hijo […]» (Génesis 22:1-17).

7. Es el nombre de un árbol con frutos y aroma deleitables.

y muchas perlas y piedras preciosas estarán adheridas a él. Y todos los justos te acompañarán y cantarán ante ti hasta que llegues al primer palio nupcial. Y allí te vestirán con una segunda vestimenta de honor. Y así ocurrirá en cada palio nupcial, hasta que te hagan entrar en el último palio nupcial, habiendo sobre ti catorce vestimentas de honor. Y después se pondrán de pie dos de los justos que te acompañan, poniéndose de pie uno a tu derecha y uno a tu izquierda, como los acompañantes del novio. Y te harán ascender al trono. Y cuando comiences a ascender te vestirán con una vestimenta de honor sobre las catorce vestimentas que están sobre ti, de modo que habrá sobre ti quince vestimentas de honor.

Y con eso te harán sentar sobre el trono. Y tomarán la corona que está colgada y la pondrán sobre tu cabeza. Y te sentarás sobre el trono, y uno estará de pie a tu derecha y uno estará de pie a tu izquierda. Y todos esos justos se sentarán en derredor de ti y hablarán contigo palabras de Torá. Y así será hasta completarse ciento ochenta días. Esto se parece a lo que está escrito: «Para mostrar la riqueza de la gloria de su reino, y la importancia de la magnificencia de su poder, por ciento ochenta días» (Ester 1:4).

Y después dispondrás para todos los justos del Jardín del Edén un banquete de Torá. Durante siete días disertarás tú solo sobre las palabras de Torá que te he enseñado en este mundo y que te enseñaré en esos ciento ochenta días. Y después se pondrán de pie todos los justos y te conducirán ante ellos como un novio. Y todos te acompañarán e irán detrás de ti. Y algunos irán delante de ti y pregonarán y dirán: «Otorgad honor al hijo santo del rey Supremo, y otorgad honor a la imagen del Rey».

Y todos entonarán cánticos y melodías hasta que te conduzcan al lugar de los Trece ríos de Afarsemón. Y tú te sumergirás en primer lugar, y así quitarán de ti la primera de esas vestimentas que vistes.

Y así con la segunda, y así con la tercera, y con todas, hasta que cuando te sumerjas en los trece ríos, se te quitarán trece vestimentas. Y después, he aquí que el río Dinur se proyecta y emerge, y te sumergirás en él y se quitará de ti la vestimenta catorce. Y una vez que se te quite, he aquí que hay preparadas vestimentas de honor blancas con las cuales serás vestido. Y he aquí que el sumo sacerdote Mijael está dispuesto para hacer ascender tu alma ante El Santo Bendito Sea. Y de aquí en más no hay permiso de revelar, pues: «Nadie salvo Tú, Dios, ha visto lo que Tú harás por aquellos que lo han esperado» (Isaías 64:3).

Y he aquí que El Santo Bendito Sea, y –con el acuerdo de– todos los miembros de su Academia, me ha enviado a informarte de todos estos secretos, para que te veas a ti mismo en ese nivel y así no cometerás ningún pecado ni siquiera a través de un pensamiento. Y tu (mal) instinto no acometerá contra ti; y si acometiere, lo amonestarás, y dirás: «¿Acaso un hombre como yo, que en el futuro alcanzará todos estos grados, pecará con un pensamiento?».

Y detrás de todos estos secretos hay numerosos secretos supremos ocultos; por eso, abre tus ojos. Y he aquí que todos los sabios de la Torá han de enseñar méritos acerca de ti ante El Santo, Bendito Sea: Ri"f,[8] Ramba"m,[9] y Ro"sh.[10] Pues tú te ocupas –de estudiar y analizar sus enseñanzas y resoluciones–, y explicas sus palabras y dictaminas la ley conforme a sus dictámenes.

Y también esos otros– legisladores; ya que tú explicas sus palabras, y dictaminas la ley en ocasiones como ellos –la dictaminaron concretamente–. Y he aquí que desde los días de Moisés, el maestro de todos los profetas, no fue escrita la Torá oral hasta el tiempo de nuestro santo maestro,[11] y desde sus días no fue explicada toda la Mishná, hasta que vino rav Ashe y compiló,[12] y explicó, y dictaminó –la ley–. Y en sus días no había una ley –absoluta establecida–, sino –solamente– algunas leyes, por ejemplo las leyes que fueron sentenciadas, hasta que vinieron Ri"f, Ramba"m, y Ro"sh, y sentenciaron las leyes de todo el Talmud. Y Ramba"m, hizo más aún y habló de toda la Torá. Y desde entonces hasta ahora no se despertó alguien para compilar todas las palabras como tú te has despertado.

---

8. Rabí Ytzjak Alfasi.
9. Maimónides.
10. Rabino Asher.
11. Rabí Yehuda, el compilador de la Mishná.
12. Lo que habían enseñado los sabios de antaño hasta la época de él.

Adoctrinamiento con que lo adoctrinaba como un padre a un hijo: víspera del día de Shabat, 27 de –el mes de– Yiar, sección de la Torá: «en la Montaña del Sinaí».

He comido poco, en medida mínima, y lo mismo he hecho con mi bebida, y he estudiado Mishnaiot en el comienzo de la noche y he dormido hasta el amanecer. Y desperté, y el Sol brilló sobre la tierra, y me afligí mucho. Pues dije: ¿por qué no me he levantado siendo aún de noche, para que venga a mí la palabra de modo habitual? Y aún así comencé a pronunciar Mishnaiot. Y leí cinco capítulos; y mientras leía las Mishnaiot, la voz de mi amado golpeaba en el interior de mi boca entonando por sí sola. Y comenzó y dijo: El Eterno está contigo en todo lo que fueres.[13] Y en todo lo que has hecho y lo que harás, El Eterno te hará prosperar. Sólo, pues, apégate a mí, a mi temor y a mí Torá y a mis Mishnaiot siempre. Y no como has hecho esta noche. Pues aunque te has santificado a ti mismo a través de la comida, y a través de la bebida, de todos modos has dormido sueño de perezoso. «Pues la puerta gira sobre su eje, y el perezoso sobre su cama».[14] Y no te has levantado para leer las Mishnaiot como es tu buena costumbre.

Y por eso era propicio abandonarte y apartarme de ti, después de haber otorgado poder a –el ente maligno cuyo nombre comienza con las letras– *samej–mem*, y a la Serpiente, y al Mal Instinto, mediante tu sueño, pues has dormido hasta el amanecer. Pero por el mérito de los seis órdenes de la Mishná que tú sabes de memoria y por el mérito de esas aflicciones con que te ha afligido y esos sacrificios personales que has realizado en los días precedentes, y también ahora persistes fortificándote en ellos, en la Academia de lo Alto acordaron que yo volviera para hablar contigo como al comienzo, y que no me apartara de ti ni te abandonara. Y así he hecho, tal como ves en este momento, que hablo contigo como un hombre con su compañero. Y tus ojos ven que en varias generaciones los hombres no percibieron este gran nivel de aprehensión, exceptuando a unos pocos. Por eso, hijo mío,

---

13. *Véase* Génesis 28:15.
14. *Véase* Proverbios 26:14.

escucha mi voz atendiendo lo que te encomiendo: ocuparte de mi Torá siempre, día y noche, sin interrupción. Y no pensarás en ningún asunto de los asuntos del mundo, sino solamente en las palabras de la Torá, en mi temor y en mis Mishnaiot.

Y después de eso dormí como media hora, y me desperté afligido, pues dije: ¿cómo se interrumpió la palabra por culpa de haberme dormido? Y leí Mishnaiot y la voz de mi amado golpeaba en mi boca y decía: has de saber que El Santo, Bendito Sea, y toda la Academia celestial te envían paz. Y fui enviado a ti para hacerte conocer las acciones de El Santo, Bendito Sea, que todas son con supervisión.[15] Y tú debes saber que has enseñado Torá en dos congregaciones mías y has visto que has salido de la gran y sagrada congregación, y te has asentado entre esos que oraban en esa Jurva. Y en todo esto acordaron en la Academia de lo Alto para beneficiarte. Y no apartes tu pensamiento ni un solo instante de mi Torá y de mi temor y te haré merecedor de ascender a niveles supremos.

Y después me invadió el sueño y dormí como media hora. Y me desperté afligido porque no habló conmigo tan prolongadamente como otras veces. Y volví a pronunciar mis Mishnaiot, y no alcancé a pronunciar dos capítulos hasta que mi amado golpeaba en el interior de mi boca y decía: aunque has pensado que te he abandonado y me he apartado de ti, no lo pienses, pues no te abandonaré hasta que cumpla lo que te he dicho. Y lo bueno no impediré de tu boca. Apégate solamente a mí y a mi temor, como te he dicho. A través de eso te encumbrarás, y elevarás, y enaltecerás ante todos los miembros de la Academia celestial. Pues todos te envían paz, porque tú te ocupas siempre de la Torá y de los legisladores de las leyes de la Torá. Y tú los vinculas a éste con éste. Y también sacrifícate personalmente, tal como te he dicho, para que merezcas ver a Elías estando despierto, cara a cara. Y hablará contigo boca a boca y te dará paz. Porque será tu maestro y rabino para enseñarte todos los secretos de la Torá.

Por eso, abre tus ojos y unifica todos tus pensamientos a mi servicio, y a mi temor. Y disminuye tu comida y no bebas vino en abun-

---

15. Y no hay nada librado al azar.

dancia, sino únicamente un vaso cada noche. Y el mismo debe estar mezclado con mucha agua. Y no comas carne en abundancia, sino una sola vez por semana, o dos veces por semana. Y será en cantidades pequeñas. E incluso si dejaras el caldo –donde se encuentra la carne–, será considerado caldo aborrecible.[16]

Y tus pensamientos y meditaciones estarán dirigidos a la Torá. Y también en el momento de la comida has de pensar en las Mishnaiot, y considera tu comida como sacrificios y como ofrendas ante El Santo, Bendito Sea. Y no te aflijas porque has salido de la Gran Sinagoga, pues has salido de allí para tu propio bien. Pues El Santo, Bendito Sea, ha decretado sobre esa sinagoga que será destruida y es bueno para ti no estar en su interior. Y aunque has atravesado muchas aflicciones, fueron para purificarte, para que estés limpio de tus pecados.

Y los miembros de la Gran Sinagoga, también ellos atravesarán numerosos aflicciones. Y el misterio del asunto es... Y el misterio del asunto es... Y el misterio del asunto es... Y así decía durante más de una hora, como si se rehusara hacérmelo saber, hasta que finalmente dijo: y el misterio del asunto es: porque los miembros de la Gran Sinagoga pecaron contra mí emitiendo palabras impropias contra lo Alto, Dios libre, burlándose de aquellos que oraban en esa Jurva. Y El Santo, Bendito Sea, se enfadó mucho, midiéndolos y otorgándoles medida por medida. Y fue decretado sobre ti que no estuvieras con ellos hasta que pasaran los días. Y he aquí que tú ves que te he dado otra congregación en lugar de ellos, y ellos establecerán tu academia con gran honor.

Por eso, no te aflijas, porque tus carencias son sobre El Santo, Bendito Sea. Y has de observar los asuntos de El Santo, Bendito Sea, pues Él hace girar las causas, y Él hará girar y concatenar, de modo que los miembros de la Gran Sinagoga vendrán a solicitarte y a rogarte para que vuelvas a enseñar la Torá en medio de ellos un día por semana solamente. Y aguarda a que transcurran esos días que te he dicho, y verás los asuntos de El Santo, Bendito Sea, y te asombrarás.

---

16. *Véase* Isaías 65:4; Metzudat David.

Por esta razón, no te aflijas en absoluto, porque El Santo, Bendito Sea, arreglará tus asuntos. Y tú ocúpate de la Torá siempre, sin interrupción, y Él hará tus obras sin que tú te esfuerces en absoluto, sino en su Torá, sin interrupción en absoluto.

Asimismo, has de saber que pronto llegará a ti mucho dinero de fuera de la Tierra de Israel para que puedas proveer a tus discípulos. Y tus discípulos aumentarán y se multiplicarán. Y saldrán de ellos grandes sabios, que enseñarán la ley en Israel. Y todo discípulo que no estudie en tu academia no será considerado como conocedor en absoluto. Y te elevarás y enaltecerás, porque yo te engrandeceré y te encumbraré y te elevaré. Te pondré como príncipe sobre mi pueblo Israel. Y tu academia crecerá más que la academia de los selectos de Itzjak Abuhav. Y estudiarás y enseñarás. Y –si el Templo Sagrado es reconstruido en tus días– tus hijos serán miembros del Sanhedrín en la Cámara –del Templo Sagrado denominada– *Gazit*. Y tú los verás enseñando leyes del puñado –denominado *kemitzá* ofrendado por el Sacerdote–. Y este hijo tuyo será maestro, y gran rabino, y sabio, grande en el estudio del Talmud y la Cábala. Y en su tiempo no habrá cabalista más grande que él. Pues aprehenderá la sabiduría de la Cábala como ningún hombre la ha aprehendido en quinientos años. Sabrá diez veces más que mi querido Salomón. Y él hará una explicación al Zohar. Y también hará comentarios sobre tu compendio. Pues su alma viene del atributo de la sabiduría.[17] Por eso percibirá los secretos de la sabiduría y enseñará la ley en Israel.

Por eso, hijo mío, ocúpate siempre de mí Torá sin interrupción. Y unifica todos tus pensamientos a mi servicio, y todo lo que te faltare será sobre mí.[18] Y yo haré tus asuntos, sólo porque te apegarás a mí y a mis Mishnaiot, y no apartarás tu pensamiento incluso por un solo instante.

Y a través de eso te elevarás mucho, y no sufrirás en absoluto, porque todo lo que hace El Santo, Bendito Sea, es para tu beneficio y para tu bien. Y abre tus ojos en mi Torá, y en mi temor; y sea tu corazón

---

17. O sea, la emanación cósmica –*sefirá*– denominada Jojmá.
18. Es decir: él se ocupará de todo.

Nido y Tabernáculo de mi Torá. Y santifícate tú mismo y todos tus miembros a mi servicio día y noche. Y tus miembros serán campamento de la Presencia Divina, para mi servicio y mi temor. Y fortifícate en mi rectificación. Y ciertamente tú tendrás paz. Paz para ti, paz para tu Mishná, paz para tu compendio, paz para –el estudio de– tu Talmud, paz para tu alma existencial –*nefesh*–, paz para tu alma suprema –*neshamá*–, paz para tu espíritu, y para todo lo tuyo, paz.

También ésta es el aleccionado con que lo aleccionó su madre: día de Shabat, 7 de Adar, año '300, sección Terumá.

El Eterno está contigo [...]. Solamente, pues, apégate a mí y a mi Torá [...]. Y no apartes tu pensamiento, tal como tú haces, y no vayas tras los placeres de la comida y la bebida, tal como tú haces. Pues ya que has merecido comportarte con santidad y ayunar todos los días, no debes ir tras los placeres de la comida y la bebida. Solamente concéntrate en la comida y la bebida como si fueran una ofrenda, tal como está indicado a modo de insinuación en la comida de los ángeles que se presentaron ante Abraham,[19] pues se dijo de ellos:[20] uno a uno *mistalek*.[21] Pues el secreto del asunto es que todas las cosas que fueron creadas se concatenan siempre, –pasando– de cosa a cosa,[22] y a través de eso se elevan. A esto se refiere lo que fue dicho: fuego que consume fuego.[23] Pues a través de esto se produce el ascenso de lo que es consumido –comido–, y se absorbe en otra cosa. Y lo mismo ocurre con la comida y la bebida. Ya que esto está vinculado con el misterio de lo que dijeron los sabios, de bendita memoria: no hay ninguna planta en lo bajo que no tenga un designio[24] en lo Alto.

---

19. *Véase* Génesis 18:8.
20. *Véase* Midrash Bereshit Raba 48:14.
21. La expresión *mistalek* significa literalmente ascender, pero también significa consumir.
22. Es decir, pasando del reino mineral al vegetal, y del vegetal el animal, y del animal al reino parlante.
23. *Véase* Deuteronomio 4:24, Midrash Tanjuma; y *véase* Sforno, Ibíd.
24. Es decir, un ángel encargado.

Y cuando los ángeles se veían –en lo bajo– como que comían, esas fuerzas –de los ángeles encargados– vinculadas con ese alimento, se absorbieron en los ángeles. Y a esto se refiere lo que se dijo: uno a uno *mistalek*. Es decir: lo primero de ese alimento, que es el ángel encargado del mismo, *mistalek*, o sea, ascendía.

Y éste es el secreto del deleite del Shabat con respecto a la comida y la bebida. Porque el ángel encargado de la comida en el día de Shabat es santo, y el encargado de la comida en los días profanos es profano. Y cuando el hombre deleita al Shabat con comida y con bebida, asciende a través del ángel santo encargado de la comida. Y éste es el secreto de –lo que está escrito–: «en tu interior santo» (Oseas 11:9). Y en un día profano asciende a través del ángel profano encargado del alimento.

Y el secreto del ayuno, –que se realiza– en el día, se debe a que el atributo del día es más espiritual. Y cuando la persona ayuna en él, lo hace totalmente espiritual. Pero la noche alude a la –emanación– Maljut. Y ella es la encargada de la comida y la bebida, y es correcto darle su parte, según el misterio de la cita que declara: «No pondrás bozal al toro en su trillado» (Deuteronomio 25:4).

Y aquel que ayuna también por la noche logra una gran elevación, pues transforma lo físico en espiritual. Y todas las cosas se concatenan, tal como he dicho. Y así ocurre también con las almas, que se concatenan siempre. Y siempre, cuando las cosas se concatenan, es para un objetivo de elevación. Cuando el alma vuelve a este mundo es para elevarse. Y así con todas las cosas, pues incluso cuando se concatenan en un grado inferior es para elevación. Pues todas las cosas desean y anhelan apegarse a la causa primordial. Y por eso todas las cosas se concatenan y proyectan. Y las almas también se concatenan siempre hasta que merecen elevarse y apegarse a la causa primordial, como Daniel, cómo está escrito acerca de él: «Y descansarás y te levantarás» (Daniel 12:13).

Asimismo, es apropiado para ti despojarte de todos los pensamientos de tu corazón en el tiempo de la plegaria y concentrarte en lo que sacas de tu boca. Y debes conocer tu nivel, para no desviar tu corazón de los pensamientos de la Torá y el servicio a El Santo, Bendito Sea, incluso por un solo instante. Pues cuando tú sales a la feria hay –dispuestos– siete mundos míos y todas las legiones de los mismos te acompañan. Y pregonan ante ti: «otorgad honor a la imagen sagrada del Rey, y haced lugar a la imagen sagrada del Rey, pues este es nuestro sabio *tanaita*, nuestro instructor».

¡Cuántos campamentos, y mundos y legiones, se estremecen con este pregón! Y todos preguntan: «¿Qué es esa voz?». Y responden diciendo: «Ese es zutano, con el que se gloria todos los días El Santo, Bendito Sea». Y así también en todo momento en que tú terminas de estudiar con los compañeros, sale una voz que pregona de modo semejante.

Por eso, conoce tu nivel y fortifícate en el servicio de tu Amo. Y no apartes tu mente de pensar en palabras de Torá, y en el servicio al Santo, Bendito Sea. Y disminuye en el deleite de la comida y la bebida. Y concéntrate en la plegaria y anula todos los pensamientos de tu corazón, y unifica tu corazón a mi servicio. «Sea paz a ti, y paz a tu familia, y paz a todo cuanto tienes».[25] «El Eterno dará poder a su pueblo; El Eterno bendecirá a su pueblo con paz».[26]

SECCIÓN DE BERESHIT

Primera compilación

Introducción al Mundo de la Emanación –*Atzilut*– y explicación del versículo: «Prolongación de días en su derecha».[27] Víspera del día de Shabat, 27 de Jeshván.

El Eterno tu Dios está contigo. He aquí que he venido para revelarte el secreto de los secretos, la voluntad de las voluntades, lo oculto de lo oculto. Pues este justo ha venido a mi hospedaje y no

---

25. I Samuel 25:6.
26. Salmos 29:11.
27. Proverbios 3:16.

lo enviaré sin pernoctar. Pues está dicho: «Prolongación de días en su derecha [...]».[28]

Pues aunque has apartado mucho tu pensamiento de pensar en las palabras de la Mishná, de todos modos, ya que tú vuelves siempre tu corazón al temor de El Eterno, y a su Torá, y merced a la grandeza de las bondades y las misericordias de El Santo, Bendito Sea, Él aferra tu mano y me ha enviado a ti para hacerte conocer estos secretos.

Así, pues, has de ser puntilloso en observar en este versículo cuál es la derecha y cuál es la izquierda, y cuál es la riqueza y el honor. Pues aunque los sabios han explicado que los que orientan a la derecha tendrán largura de días, y los que orientan a la izquierda riqueza y honor,[29] debes cuestionar que aparentemente es mejor el pago de los que orientan a la izquierda que el de los que orientan a la derecha. Pues se entiende que a los que orientan a la derecha se les ha concedido largura de días sin riqueza y honor. Resultando, pues, que la vida de ellos no es vida, pues un pobre es considerado como un muerto.

Y más aún, ¿por qué a los que orientan a la derecha no se les concedió pago en el Mundo Venidero? Y aunque los sabios quisieron arreglar el asunto,[30] ellos fueron alrededor del Tabernáculo y no se levantaron para esclarecer el asunto como tú te levantarás.

Has de saber que yo soy la Mishná que habla por tu boca. Y cuando sepas los seis órdenes de la Mishná apropiadamente, ascenderás a niveles supremos, y se te abrirán los canales de la sabiduría –Jojmá–. Pues ciertamente yo soy la Mishná y en mí está la sabiduría verdadera. Pues yo soy la madre acerca de la cual fue dicho: «que le instruyó su madre» (Proverbios 31:1). Por eso, cuídate desde hoy en adelante de no apartar tu pensamiento de la Mishná tal como has hecho hasta ahora. Aunque las palabras con las cuales tú interrumpes y te ocupas en ellas son buenas, de todos modos, el estudio puntilloso de la

---

28. Este es el versículo completo: «Prolongación de días en su derecha; en su izquierda, riqueza y honra».

29. Talmud, tratado de Shabat 63a.

30. Pues dijeron que los que orientan a la derecha disfrutarán de largura de días, y con más razón de riqueza y honor (Talmud, tratado de Shabat 63a).

Mishná te lleva a ascender a niveles más supremos. Y aferra esto y también de esto no sueltes tus manos, pues ambos asuntos son buenos como uno.

Y cuídate de no ser de los que están dentro de la generalidad de aquellos que se olvidan un asunto de la Mishná, Dios libre. Y ahora, respecto al secreto de los secretos que solicité revelarte, mis huesos se desarticulan. Y no porque yo tenga huesos, sino que son un ejemplo comparativo semejante a los huesos. Y mis rodillas golpean una contra la otra. Todos mis miembros se estremecen con miedo, temor, espanto, y conmoción, por el gran temor de revelarte estos secretos.

Has de saber que lo que puntualiza ese justo, mi querido Salomón, acerca de la emanación cósmica oculta, que mencionó ese sabio cuyo nombre es Shem Tov, es una puntualización bella. Pero la verdad del asunto es que cuando ascendió a la voluntad de El Infinito crear los mundos, centellearon de Él trece emanaciones de luminosidad, que son los Trece Atributos de misericordia. Y esas trece irradiaciones de luminosidad están en El Infinito mismo y son de El Infinito mismo. Y de esas trece centellas irradió una irradiación de luminosidad que incluye tres irradiaciones de luminosidad, que son: la emanación cósmica –*sefirá*– denominada Keter, la emanación cósmica –*sefirá*– denominada Jojmá, y la emanación cósmica –*sefirá*– denominada Biná. Y de la *sefirá* denominada Jojmá y de la *sefirá* denominada Biná, de cada una de ellas surgieron dos irradiaciones de luminosidad, y de la *sefirá* denominada Keter surgieron tres irradiaciones de luminosidad, tal como te he enseñado.[31]

Y he aquí que has de saber que lo principal de la vitalidad del cuerpo depende del espíritu vital del corazón. Y de allí se expande la vitalidad a todos los miembros. Y también del cerebro se expande el espíritu existencial a todos los miembros. Resulta, pues, que el espíritu de esos dos miembros es la vitalidad y la existencia del cuerpo. Y el hígado no se parece a ellos. Pues aunque fue tomado todo –el hígado

---

31. Tal como se mencionará más adelante.

del animal–, es apto,³² aunque esto es así siempre y cuando quedó como la medida del tamaño de una aceituna en el lugar de la vesícula biliar, y como el tamaño de una aceituna en el lugar vital.

Y el misterio del asunto por el que se requiere como la medida del tamaño de una aceituna en el lugar de la vesícula biliar, es para protegerlo de los acusadores,³³ para que esa medida como el tamaño de una aceituna separe ante ellos. Y asimismo se requiere como el tamaño de una aceituna en el lugar vital, para que se nutra del nutriente de lo Alto. Y cuando no quedó como el tamaño de una aceituna, ya que no hay quien interrumpa ante el flanco impuro, he aquí que ese flanco ejerce dominio sobre él. Y así también cuando no quedó como el tamaño de una aceituna en el lugar vital, he aquí que no se nutre del nutriente supremo, y por eso –ese animal– nos está prohibido. Y de todos modos, tú ves que aunque fue tomado todo es apto en el caso en que hubiesen quedado esos dos fragmentos como el tamaño de una aceituna. Y con el corazón y el cerebro no es así. Pues aunque no fue tomado de ellos nada, sino que se perforaron en forma mínima, es imposible para un ser viviente existir.

He aquí que a partir de aquí ves cómo toda la existencia del cuerpo depende del espíritu del corazón y el cerebro. Y es sabido que la emanación Tiferet alude al corazón, y la emanación Keter al cerebro; y el espíritu vital de ellos es del centellear de esos Trece Atributos de misericordia de El Infinito, que centellean en ellos. Y de ellos centellea la vitalidad y la existencia de todas las emanaciones cósmicas. Y esa irradiación de luminosidad centelleante, que centellea en la emanación Keter y en la emanación Tiferet, se denomina Daat. Y por eso se denomina oculta, porque se oculta y encubre en el interior de Tiferet, de manera semejante al espíritu en el corazón. Y a esto se refiere lo que dijeron los sabios:³⁴ «grande es el entendimiento –dea–».³⁵ Y tú

---

32. *Véase* Talmud, tratado de Julín 42a.
33. Entes dañinos.
34. Talmud, tratado de Berajot 33a y tratado de Sanhedrín 92a.
35. Grande es el entendimiento –*dea*–, el cual fue dado entre dos señales, (es decir entre dos nombres de El Eterno), cómo está dicho: «Porque Dios de entendimientos –*deot*– es El Eterno» (I Samuel 2:3).

debes ser puntilloso en observar por qué fue dicho –en el Talmud–: «Dios de entendimientos –*deot*–». Pues según lo que –el sabio talmudista– dijo: «grande es el entendimiento –*dea*–», debería leer[36] el versículo de este modo: «Dios de entendimiento –*daat*–».

Para explicarlo no hay que observarlo superficialmente, sino en forma profunda: la irradiación centelleante denominada Daat, irradia luminosidad en Keter y en Tiferet. Y por eso, aunque es una, leyó *deot,* o sea dos. Grande es el entendimiento –*dea*–, el cual fue dado entre dos Nombres, pues irradia luminosidad en ambos, como está dicho: «Porque Dios –El– de entendimientos –*deot*– es El Eterno» (I Samuel 2:3). «Dios –El–»,[37] se refiere a la emanación Keter, como está dicho: «Dios –El– supremo» (Génesis 14:22). «El Eterno», se refiere a la emanación Tiferet. Y la emanación Daat fue dada entre ambos,[38] para irradiar luminosidad en ambos.

Resulta, pues, que se ha esclarecido para ti que Daat está oculta dentro de Tiferet, tal como el espíritu está oculto dentro del corazón. Y lo que se cuestionó en el Talmud, que son nueve pronunciaciones,[39] es porque ascendió a Su Pensamiento –Daat–; pues no hallamos –en el comienzo del Génesis– sino solamente nueve veces «y dijo», que se corresponden con las nueve emanaciones cósmicas que van desde

---

36. La expresión *deot,* sin la letra *vav,* puede leerse *deot* que significa entendimientos, y también puede leerse *daat* qué significa entendimiento.

37. La mención de Dios está escrita a través de la locución El en el texto original hebreo.

38. Como se aprecia en la cita previamente mencionada.

39. En el Talmud se enseñó: esos diez versículos de Reinados –de la plegaria de Rosh Hashaná–, ¿con qué se corresponden? Dijo Rabí Levi: se corresponden con las diez alabanzas que dijo David en el Libro de los Salmos. ¿Alabanzas? Son más –de diez en el libro de los Salmos–. Se refiere a aquellas en las cuales está escrito: «Alabadlo con el sonido del cuerno denominado shofar». Dijo Rav Yosef: se corresponden con los Diez Mandamientos que les fueron dichos a Moisés en la Montaña del Sinaí. Dijo Rabí Yojanán: se corresponden con las Diez Pronunciaciones con las que fue creado el mundo. ¿Cuáles son? Éstas –que aparecen al comienzo del Génesis–: «Y dijo Dios [...]». Pero las pronunciaciones «y dijo Dios» en el comienzo del Génesis son nueve. –Se responde–: «En el comienzo creó Dios a los Cielos y a la Tierra [...]» (Génesis 1:1), también es una pronunciación, como está escrito: «Los Cielos fueron hechos por la palabra de El Eterno» (Salmos 33:6) (Talmud, tratado de Rosh Hashaná 32a).

Jojmá hacia abajo. Y Keter, debido a su gran ocultación, no fue mencionada –en forma manifiesta– en la obra del Génesis.

Por eso, cuando oyó que dijo: «mediante diez pronunciaciones fue creado el mundo», cuestionó: «y he aquí que son nueve», pues no hallamos «y dijo», sino nueve veces. Y le respondió: «En el comienzo» (Génesis 1:1), también es una pronunciación. Es decir, aunque: «En el comienzo», alude a Jojmá, Keter también está incluida en ella. A esto se refiere lo que tradujo Onkelus al arameo:[40] *bekadmin*.[41] Alude a dos comienzos –*kadmin*–. El comienzo de la emanación Jojmá, y el comienzo de la emanación Keter. Resulta, pues, que Keter está aludida en: «En el comienzo –*Bereshit*–». Y de todos modos no fue dicho acerca de ella «y dijo», debido a su gran ocultación. Y ya que se mencionó a Keter en el comienzo, aunque no fue dicho acerca de ella «y dijo», es correcto decir: «con diez pronunciaciones».

Y lo que fue objetado, que desnivelaría entre la emanación Jojmá y la emanación Biná, como entre las demás emanaciones cósmicas, se puede decir, según una forma del Árbol –*sefirótico*–, que Keter, Jojmá y Biná están ubicadas ésta sobre ésta, y no es difícil de entender en absoluto. Y según el otro –modo esquemático del– Árbol –*sefirótico*–, en el que están dispuestas a modo de *segol*,[42] no es difícil de entender, pues las tres conforman una sola unión, ya que las tres primeras emanaciones cósmicas son consideradas como una.

Y ahora entenderás el misterio del versículo que declara: «Prolongación de días en su derecha». Ya que los que orientan a la derecha de ella, merecen a –la irradiación de la emanación cósmica– Daat que es largura de días. O sea, es la vitalidad y la largura de los días supremos. Pero los que orientan a su izquierda, merecen la riqueza y el honor, que son las emanaciones cósmicas Guevurá y Maljut, y no más. Y lo que no fue mencionado en la Torá acerca de la recompensa en el Mundo Venidero, la razón es porque la Torá se inviste en una ves-

---

40. Ya que tradujo «En el comienzo –*Bereshit*–» de este modo *bekadmin*.
41. La locución *bekadmin* puede leerse *be kadmin*. Y *be*, o sea, la letra *bet*, su valor numérico es 2.
42. Tres puntos situados en forma triangular, de este modo:

timenta de sentido llano revelado. Y lo mismo ocurre con su recompensa, que fue mencionada a modo de sentido llano revelado. Pero aquel que la conoce de modo oculto también sabe que su recompensa está de modo oculto.

He aquí que te he revelado estos secretos intrínsecos, por eso cuídate desde hoy en adelante en tus acciones y en tus pensamientos, para que siempre estén con mis Mishnaiot. Y no te apartes de ellas ni un solo instante. Pues hasta ahora que te has apartado bastante, le fue dado lugar a –el ente maligno cuyo nombre comienza con las letras– *samej–mem*, y la Serpiente, de ir tras de ti. Pero El Santo, Bendito Sea, no les dejó ejercer dominio sobre ti, porque tú siempre vuelves al temor de El Eterno. Por eso, cuida la concentración del corazón en el tiempo del recitado del Shemá para entregar tu alma por la santidad de su Nombre, como te he enseñado. Por eso, concéntrate con el corazón íntegro, y no como haces ahora, que no es con el corazón íntegro.

Y respecto a esos seis mundos[43] que te he mencionado, que te acompañan, aún te acompañan, únicamente que no irradian tanta luminosidad como antes. Por eso, fortifícate mucho en mis Mishnaiot y no las abandones. Y el estudio de las legislaciones de las leyes y la Cábala no se alejarán de ti.

Tú ves cuántos pensamientos han hecho entrar y ascender en tu corazón –el ente maligno– *samej, mem,* y la Serpiente. Pues ellos te desean, mas tú ejercerás dominio sobre ellos y se someterán ante ti. Y cuando veas que los pensamientos te persiguen, recuerda el Nombre –que se escribe con estas letras hebreas–: *Kuf, Reish, Ain, Shin, Tet, Nun,* con concentración, tal como te ha enseñado e indicado mi querido Salomón. O menciona estos tres versículos tres veces: «El Eterno de las legiones está con nosotros; el Dios de Jacob es nuestro refugio para siempre» (Salmos 46:8). «El Eterno de las legiones, bienaventurado el hombre que confía en Ti» (Salmos 84:13). «El Eterno, ¡sálvanos!; que el Rey nos responda en el día que lo invoquemos» (Salmos 20:10). Y entonces huirán de ti. Y te haré merecedor

---

43. Vinculados con el secreto de los siete mundos antes mencionados.

de ascender a la Tierra de Israel, y unirte con mi querido Salomón y los compañeros, para ocuparte de la Torá. Y te haré merecedor de ser calcinado por la santidad de mi Nombre, ante los ojos de todos, con amor y mucha alegría. Y a través de eso todos tus pecados se quemarán en fuego, y ascenderás como la lana limpia, e irás y descansarás, y tendrás paz.

Víspera del día de Shabat, 22 de Shvat.

El Eterno está contigo [...] Solamente has de apegarte a mí, y no como haces de tanto en tanto. Pues si supieras cuántos mundos edificas y cuántos mundos separas en el momento en que apartas tu pensamiento, no lo apartarías siquiera un solo instante. Por eso, fortifícate uniendo todos tus pensamientos a mí. Y si así hicieres, te haré merecedor de que se hagan milagros a través de ti, tal como fueron hechos a través de los sabios *tanaitas*.[44] Y en todo el mundo se sabrá que Dios está con Israel.

Y no te dejes convencer por –el ente– *samej–mem* y su pandilla. Pues ellos hacen entrar pensamientos en tu corazón para anular tu unificación, especialmente en el momento de la plegaria. Pues ellos te persiguen y van tras de ti para anular tu concentración.

Y cuídate de no aumentar el consumo de vino y de comida. Y no comas ni bebas a modo de deleite, como alguien intimado por un demonio, de manera que no es posible hacerlo de otro modo, sino únicamente para la subsistencia del cuerpo. Pues aquellos que se ocultan a sí mismos en el momento de la comida como en el momento de hacer sus necesidades, se han concentrado de un modo correcto. Porque tanto en esto como en esto no hay que concentrarse sino únicamente en lo que es necesario.

Y cuídate de no pensar en una mujer en absoluto. Y recuerda el testimonio de la madre de Rabí, que no vio jamás efusión seminal en sus días. Y recuerda el suceso de Rabí Yehoshúa, que rescató a esa joven y la hizo dormir bajo sus pies, y se levantó y se sumergió en un

---

44. Así se donominan los sabios de la época de la Mishná.

baño ritual,[45] y dijeron que vio una efusión seminal por el trajín del camino, y no porque miró a esa joven,[46] Dios libre.

Y cuídate de alejarte mucho de la ira. Y las palabras que pronuncies sean dichas con mucha calma, y sin enojo en absoluto. Esto, incluso si hicieren cosas por las que es correcto enojarse. Ve y aprende de nuestro maestro Moisés, que la paz sea con él, el maestro de todos los profetas. Pues cuando vino a enojarse llegó a cometer un error.[47] Y aprende de Hilel y de la humildad que tenía.[48]

Por eso, cuídate hijo mío de todo esto, y ensancharé tu dominio con alumnos y tendrán mucho, mucho éxito. Y después te haré merecedor de terminar tu libro, según todo lo que has pedido a El Eterno, tu Dios. Y después te haré merecedor de ser calcinado por la santidad de mi nombre y ascenderás de allí como lana limpia.

Y respecto al asunto del sebo y la sangre que has preguntado, ¿por qué la Torá fue rigurosa con la sangre y se determinó la pena capital de tronchado –denominada *caret*–? El misterio del asunto es que hay tres tipos de grados de emanaciones cósmicas vinculadas con tres mundos espirituales: el Mundo de la Emanación –*Atzilut*–, el Mundo de la Creación –*Bria*–, y el Mundo de la Formación –*Ietzirá*–. Y el mundo se conduce a través de esas –emanaciones– del Mundo de la Creación –*Bria*– (y hay quien dice: el Mundo de la Formación –*Ietzirá*–). Y nosotros no tenemos aprehensión de ésas del Mundo de la Creación –*Bria*–, y menos aún de las del Mundo de la Emanación –*Atzilut*–.

Y ésas del Mundo de la Emanación –*Atzilut*–, son completamente blancas. Y el sebo alude a ellas, pues es blanco. Y se desmonta –como una membrana–, indicando a modo de alusión que no tienen existencia –aprensible–, y aprehensión en ese mundo. Y esa membrana superior indica a modo de alusión, que la aprehensión de las mismas es delgada como una membrana. Y en las emanaciones cósmicas del

---

45. Se sumerge en el baño ritual para purificarse de una impureza.
46. Talmud, tratado de Shabat 127b.
47. *Véase* Números 31:14; Talmud, tratado de Pesajim 66b.
48. Talmud, tratado de Shabat 31a.

Mundo de la Creación –*Bria*– hay un poco de rigor de juicio, y la sangre alude a ellas, pues es roja. Y en la sangre hay agua mezclada; pues cuando se deja reposar la sangre se halla un poco de agua. Indica a modo de alusión que no es un rigor de juicio completo. Y aquel que come sebo, busca aprehender las emanaciones cósmicas del Mundo de la Emanación –*Atzilut*–. Y aquel que come sangre, busca aprehender las emanaciones cósmicas del Mundo de la Creación –*Bria*–. Y su sanción es medida por medida. Pues él buscó apegar su alma a un lugar alto, más que el lugar apropiado para él, la sanción que se le aplica es que será tronchado –*caret*– del lugar que es apropiado para él.

Víspera del día de Shabat, 24 de Tishrei.

El Eterno está contigo [...]. Solamente, pues, apégate a mí y a mi Torá. Y no apartes tu pensamiento de mi temor, y de mi Torá, ni un solo instante; y cuídate de no disfrutar en el momento de la comida. Y haz como ordenó el santo –rabino– Yona. Y cuídate de los pensamientos que hacen ingresar en tu corazón el Mal Instinto y la Serpiente. Pues ellos van tras de ti y te persiguen. Por eso, cuídate de ellos, porque el asunto no fue otorgado sino para preservar la especie, y no para tener provecho. Y a esto se refiere lo que fue dicho acerca de Rabí Eliezer: se parecía a alguien a quien intimaba un demonio.[49] Por eso, cuídate de no pensar en cosas –ajenas a la Torá–, y es suficiente con lo que ya ha sucedido. Y desde hoy en adelante cuídate en extremo, y unifica tus pensamientos hacia mí, y a mi temor, y mi Torá. Y en el momento de la plegaria, cuídate de todo pensamiento –extraño– y te irá bien. Pues El Santo, Bendito Sea, [...]

Y el misterio de la obra del Génesis es muy, muy profundo. ¿Quién lo descubrirá? Y el misterio de: «en el comienzo creó Dios». Pues en el comienzo, El Santo, Bendito Sea, era uno, y su Nombre uno, tal como dijo Rabí Eliezer.[50]

---

49. Talmud, tratado de Nedarim 20b.
50. *Véase* Pirkei de Rabí Eliezer.

Es decir, todo estaba –oculto– en El Infinito –*Ein Sof*–. Y cuando ascendió a Su voluntad crear el mundo, centelleó un punto de los tres supremos. Y la expresión Dios –E"lohim–, mencionada en el Génesis, se vincula con el misterio de la emanación Biná. Y la razón por la cual no fue escrito el Tetragrama con la vocalización de E"lohim, fue para indicar a modo de insinuación que fue creado en el mundo de Biná. Y a continuación está escrito: «a –*et*– los Cielos y a –*et*– la Tierra». Es decir, E"lohim, o sea, el misterio de la emanación Biná, creó a los Cielos, que se vincula con el misterio de la emanación Tiferet, y a la Tierra, que se vincula con el misterio de la emanación Maljut. Y la expresión «a –*et*–», fue incluida para agregar[51] a la emanación Guevurá y la emanación Jesed. Y el segundo *et* mencionado en el versículo fue incluido para agregar a la emanación Netzaj, la emanación Hod y la emanación Iesod. Y a esto se refiere lo que dijeron los sabios –acerca de la inclusión de la preposición *et*–: «a –*et*– los Cielos», para incrementar sus legiones; «y a –*et*– la Tierra», para incrementar sus legiones.

A continuación está escrito: «Y la tierra estaba […]».[52] Es decir, la emanación Maljut estaba incluida con «*tohu*» y «*bohu*», que son los dos apoyos.[53] «Y la oscuridad», que es el temor,[54] «estaba sobre la faz del abismo», o sea, la emanación Iesod. «Y el espíritu de Dios», o sea, la emanación Tiferet, «se movía sobre la faz de las aguas», o sea, la emanación Jesed.

A continuación está escrito: «Y dijo Dios: "¡Sea luz!". Y fue luz. Y Dios vio –*vaiar*– que la luz era buena» (Génesis 1:3-4). La expresión *vaiar*, aquí mencionada, no indica visión, sino que transmite en forma abundante la abundancia para existir a través de la misma. Y siempre transmite abundantemente sobre ella. «Y separó Dios entre la luz y entre la oscuridad». La emanación Tiferet separa –dividien-

---

51. Cada vez que aparece la expresión *et*, agrega algo.
52. «Y la tierra estaba informe –*tohu*– y vacía –*bohu*–, y la oscuridad estaba sobre la faz del abismo, y el espíritu de Dios se movía sobre la faz de las aguas» (Génesis 1:2).
53. La emanación Netzaj y la emanación Hod.
54. La emanación Guevurá.

do– entre la emanación Guedulá (Jesed) y la emanación Guevurá. Y tú tienes Paz.

Víspera del día de Shabat, 27 de Tishrei.

¡Sé fuerte y valiente![55] Hay que observar cuidadosamente en lo que fue dicho: «Y dijo Dios: "Hagamos al hombre a nuestra imagen, y a nuestra semejanza; y señoreen sobre los peces del mar, y las aves de los Cielos, y sobre los animales, y sobre toda la tierra, y sobre todos los reptiles que se desplazan sobre la tierra"» (Génesis 1:26). Se entiende de aquí que el objetivo de la creación del hombre no era sino para que señoreara sobre los peces del mar [...]. Y no es así. Y no debiera haberse dicho sino: «Hagamos al hombre para que se ocupe de la Torá y los preceptos». Y además, en todas partes se antepone el animal al ave, y el ave a los peces, y aquí se mencionaron al revés. Pero en relación con el misterio del asunto mencionado: «a nuestra imagen, y a nuestra semejanza», se entiende explícitamente que ha de ocuparse de la Torá y de los preceptos. Y a esto se refiere lo que fue dicho: «a nuestra semejanza». Y se dijo que su sabiduría sea grande para unir los asuntos de lo Alto y de lo bajo; y a esto se refiere lo que se dijo: «para que señoreen –*vairdu*– sobre los peces del mar». Se refiere al mar de la sabiduría –Jojmá– suprema. Y después: «y las aves de los Cielos», se refiere a la emanación Tiferet. Y después: «y sobre los animales», que se refiere a la emanación Iesod. Y después: «y sobre toda la tierra»,[56] y sus legiones.

Víspera del día de Shabat, 14 de Tevet.

El Eterno está contigo [...]. He sido enviado para revelarte un valioso secreto que tú quieres saber. El secreto de la cita que declara: «Y se reunió –*vaieasef*– con su pueblo» (Génesis 25:8). Y previamente debo revelarte el secreto de la cita que declara: «Y le insufló en sus

---

55. *Véase* Deuteronomio 31:7.
56. La emanación Maljut.

fosas nasales un alma de vida».[57] Pues se debe hacer hincapié en observar por qué –el versículo– comienza con alma –*nishmat*–[58] de vida, y termina con alma –*nefesh*–[59] de vida. Y además, era suficiente con que se dijera «alma –*neshamá*–», sin «de vida», y «alma –*nefesh*–» sin «de vida». Y además, ¿qué significa: «y el hombre fue un ser con alma –*le nefesh jaia*–»? (Lit. el hombre fue por alma). Pues se entiende que el hombre se transformó en alma. Y además, ¿qué significa: «Y le insufló en sus fosas nasales»? Pero el misterio del asunto según lo que tú acostumbras preguntar es, que ya que las almas de los patriarcas provienen de debajo del Trono de Gloria, ¿porque fue necesario que vinieran a este mundo? Y las dos respuestas con las que tú acostumbras responder, ambas son verdad.

Y ésta es la razón por la cual discreparon acerca de si era mejor para el hombre ser creado, o si era mejor para el hombre no ser creado.[60] Y esto sorprende, pues en toda la obra del Génesis fue dicho «fue bueno», en todo asunto. E incluso respecto de la muerte, los sabios dijeron: «He aquí que es muy bueno».[61] Y he aquí que «bueno» se refiere a la muerte, y si es así, ¿cómo es posible suponer que hay quién dice: «era mejor para el hombre no ser creado»? Pues si fuese así, le sería perjudicial el ser creado. Y Dios libre de decir eso. Pero el misterio del asunto, según lo que tú respondes, es que las almas antes de venir al mundo se parecen a los que comen el pan del rey sin trabajar, y por eso dijeron: «era mejor para el hombre ser creado». Es decir, las almas se avergüenzan de sí mismas por comer el pan del rey sin trabajar. Y por eso desean venir a este mundo y es mejor para ellos ser creados. Pues para salir de esa vergüenza, desean venir a este mundo y ocuparse de

---

57. «Y El Eterno Dios formó al hombre de polvo de la tierra y le insufló en sus fosas nasales un alma de vida; y el hombre fue un ser con alma de vida» (Génesis 2:7).

58. Se refiere al alma suprema, cuyo grado es más elevado que el del nivel del alma existencial denominada *nefesh*.

59. Se refiere al alma existencial.

60. Talmud, tratado de Eruvín 13b.

61. Génesis 2:31.

la Torá y de los preceptos, como se alude en la cita que declara: «para que lo trabajara y lo guardara».[62] Y comerán pan sin vergüenza.

'Y además, las almas que se ocupan de la Torá y de los preceptos, cuando salen de este mundo, ascienden a grados más elevados de los que estaban en el comienzo. Pues fueron tomadas de debajo del Trono de Gloria y después ascienden al «Manojo de Vida con El Eterno tu Dios».[63] Y lo que dijeron los sabios: «sean puestas en el depósito», quiere decir que en ese depósito las almas se limpian de la suciedad y los desechos del cuerpo. Y después ascienden al «Manojo de Vida con El Eterno tu Dios». Y cuando las almas que aún no vinieron el mundo ven el grado de las almas que sí vinieron al mundo, es mejor para ellos –esos seres– ser creados, para merecer esos grados. Y lo que hemos estudiado: «Pues tú eres formado forzosamente»,[64] se debe a que es duro para ellos elevarse con la suciedad del cuerpo. Pero venir a este mundo para ocuparse de la Torá y los preceptos, ciertamente que es bueno para ellos, por las razones que hemos mencionado.

Y lo que dijeron: «era mejor para el hombre no ser creado», se debe a que debido a que los que vienen a este mundo entran en peligro, porque pueden arruinar sus acciones y descender de sus grados. Por eso, es mejor para ellos soportar la vergüenza de comer el pan sin trabajar, que apegarse a los grados supremos del Manojo de la Vida. Y les es suficiente con ese grado, estar debajo del Trono de Gloria, que venir a este mundo y entrar en peligro. Y así se entiende lo que se dijo: «Pues tú eres formado forzosamente», textualmente.

Y ahora debes saber que las almas de los justos fueron creadas antes de que fuera creado el mundo, como dijeron los sabios, de bendita memoria: «Tomó consejo de las almas de los justos». Y cuando el hombre fue creado, El Santo, Bendito Sea, ordenó a su alma que se insuflara en sus fosas nasales. Y con ese insuflado se formó el es-

---

62. «El Eterno Dios tomó al hombre y lo puso en el Jardín del Edén, para que lo trabajara y lo guardara» (Génesis 2:15). *Véase* Targum Yehonatan.

63. I Samuel 25:29.

64. Pues tú eres formado forzosamente, y naces forzosamente, y vives forzosamente, y mueres forzosamente, y forzosamente en futuro deberás rendir cuentas ante El Rey de Reyes, El Santo, Bendito Sea (Mishná, tratado de Avot 4:22).

píritu. Y ésta es la explicación del versículo que declara: «y le insufló en sus fosas nasales», el alma –*neshamá*–, y la llamó «un alma de vida», para indicar a modo de alusión que el alma proviene de la emanación Biná, que se denomina alma –*neshamá*–. Y la misma está incluida con la emanación Jojmá, que se denomina Vida. Y cuando el alma –*neshamá*–, se insufló en sus fosas nasales: «el hombre fue un ser con alma –*nefesh*–». Es decir, de ese insuflado se originó el hombre, que es el alma existencial –*nefesh*–. Pues el cuerpo no se denomina alma –*nefesh*–, sino carne; pero el hombre se originó tal como hemos mencionado. Y se dijo: «vida», para indicar a modo de alusión que ese alma existencial –*nefesh*–, se originó a través del alma de vida –*nishmat jaim*–. Y su poder está incluido en ella. Y después de que el alma –*neshamá*– se insuflara, asciende a lo Alto. Y el espíritu también asciende, y queda el alma existencial –*nefesh*–. Entonces, si –el hombre– lo merece, se apega al espíritu; y si merece más, se apega al alma –*neshamá*–. Y cuando se aparta del mundo, fue dicho acerca de él: «Y expiró [...] y murió, y fue reunido con su pueblo» (Génesis 35:29). «Y expiró», [...] y murió, y fue reunido con su pueblo». «Y expiró», en correspondencia con el alma –*neshamá*– que asciende. «Y murió», en correspondencia con el espíritu que asciende. «Y se reunió con su pueblo», en correspondencia con el alma *nefesh* que asciende, y se reúne con el espíritu y el alma –*neshamá*–, que son «su pueblo»,[65] y se convierte en «Manojo [...] con El Eterno tu Dios». Y el alma –*nefesh*–, asciende y desciende en ocasiones. Y respecto a Jacob, no fue dicho: «y murió», para indicar a modo de insinuación que su espíritu no se apartó de él por completo, sino que asciende y desciende. Y como las demás personas tenían el alma –*nefesh*–, Jacob tenía el espíritu. Y a esto se refiere lo que está escrito: «Y expiró –*vaigvá*–». Se refiere al ascenso del alma existencial –*nefesh*–, que se une con el alma –*neshamá*–, y el espíritu. Pues el espíritu también asciende, y los tres se convierten en un manojo. Pero no fue escrito acerca de él: «y murió», para indicar a modo de insinuación que su espíritu no as-

---

65. Literalmente en el versículo está escrito: «sus pueblos».

cendió por completo, sino que asciende y desciende, tal como hemos mencionado anteriormente.

Año '301, víspera del día primero –de la semana–, 4 de Nisán.

El Eterno está contigo [...]. He observado que te es difícil entender lo que te he enseñado acerca del secreto de los secretos, lo oculto de lo oculto, el secreto de las diez emanaciones cósmicas supremas, y la Presencia Divina, la Matronita sagrada. Pues si es así, las emanaciones son once. Y el autor del libro Sefer Yetzirá, dijo: diez y no nueve, diez y no once.[66] Y has de saber que El Santo, Bendito Sea, y todos los miembros de la Academia de los Cielos me han enviado para enseñarte ese secreto y la verdad del asunto.

Y has de saber que las diez emanaciones supremas irradiaron en El Infinito, tal como te he enseñado. Pues El Infinito golpeó e hizo salir una irradiación de luminosidad que incluía tres irradiaciones de luminosidad. Y una de ellas golpeó e hizo salir dos irradiaciones de luminosidad. Y la segunda irradiación de luminosidad golpeó también ella e hizo salir dos irradiaciones de luminosidad. Y la Corona –Keter– suprema golpeó e hizo salir tres irradiaciones de luminosidad, y he aquí que se completaron las diez emanaciones cósmicas supremas.

Y después, cada una de esas diez emanaciones supremas golpeó e hizo salir una irradiación de luminosidad semejante a un envoltorio. Como el caracol, cuya vestimenta es de él, la cual conforma una unión esencial con él. Y todas esas diez irradiaciones de luminosidad que irradian de las diez emanaciones cósmicas supremas, se incluyeron todas en una generalidad, que es la Presencia Divina –Shejiná–. Pues a ella envían la abundancia todas las emanaciones supremas, para nutrir a todos los mundos. Y ella está unida en una unión esencial con las emanaciones supremas. Pues ella salió a través del golpeado de ellas.

Y ya que es imposible considerar contarla y decir que las emanaciones son once, por eso el autor del libro Sefer Yetzirá te enseñó que

---

66. Sefer Yetzirá 4:1.

no es así, que ella no se parece a las emanaciones supremas. Pues las emanaciones supremas[67] salieron de El Infinito. Y la emanación Jesed y la emanación Netzaj, de la emanación Jojmá. Y la emanación Guevurá y la emanación Hod, de la emanación Biná. Y la emanación Tiferet, la emanación Iesod y la emanación Maljut, de la emanación Keter. Pero la Presencia Divina –Shejiná– es el recipiente –colector– de todas. Pues salió de todas. Y cada una de las diez emanaciones supremas irradia en ella una irradiación de luminosidad, y ella se incluye de todas ellas.

Por eso, tú hallas en el escrito de uno de los dibujos de los Árboles –*sefiróticos*–, que aparece un conducto –que sale– de cada una de las emanaciones, que se dirige a Maljut.[68] Esto es así para aludir a este secreto. Y por eso, es uno con ellas en una unión intrínseca, y no [...].

Y todos los méritos y todas las culpabilidades penden de ella, para unificarla con las diez emanaciones supremas de modo que irradien luminosidad en ella. Y allí se encuentra el secreto de: «Bendito el Nombre de la Gloria de su Reino por siempre jamás». Y de allí penden todos los preceptos activos y todos los preceptos pasivos. Todo, para unirla con todas las diez emanaciones supremas. Pues así como salió de todas ellas, del mismo modo debe unir y orientar las diez emanaciones de ella en dirección de las diez emanaciones supremas. Pues cuando ellas están orientadas con una unión intrínseca, hay completitud y alegría en todos los mundos.

Y éste es el secreto de la cita que declara: «Y dijo Dios –E"lohim–: "Hagamos al hombre a nuestra imagen, y a nuestra semejanza"» (Génesis 1:26). Pues E"lohim, se refiere a –el misterio de– la emanación Biná, que dijo a las diez emanaciones: «Hagamos al hombre». Es decir: cada uno de nosotros golpee y haga salir una irradiación de luminosidad, de modo que a través de la inclusión de todas las diez irradiaciones de luminosidad, hagamos al hombre. Y ese hombre, se refiere a la Matronita.[69] Pues así se denomina: «Hombre –Adam–»,

---

67. La emanación Keter, la emanación Jojmá y la emanación Biná.
68. La Presencia Divina –Shejiná– también se denomina Maljut.
69. La Presencia Divina –Shejiná–.

como está dicho: «Como hombre –*adam*– magnífico, para que resida en casa» (Isaías 44:13). Y quien reside en la casa es la mujer. Y este hombre será: «a nuestra imagen». Es decir, será un envoltorio para cada uno de nosotros. Y será: «a nuestra semejanza». Es decir, será semejante a nosotros, incluyendo las diez emanaciones como nosotros.

Y la razón por la cual la emanación Biná dijo así, es porque las dos emanaciones supremas están incluidas en ella; y ella sentencia y lleva a cabo por la palabra de ellas. Y no debes preguntar por qué dijo eso en ese momento y no antes de eso. Pues esa es la pregunta de: «qué hay antes y qué hay después», y lo que es apartado de ti no debes inquirir [...][70]

Y a partir de ahora entenderás la discusión acerca de si –el hombre– eran dos cuerpos o si tenía una cola.[71] Pues la intención de aquel que dijo que eran dos cuerpos, fue decir que esa irradiación de luminosidad que hizo salir cada una de las diez emanaciones estaba incluida en su interior, y no se veía en el exterior, hasta que la emanación Biná dijo: «hagamos al hombre». Pues en ese tiempo irradió esa irradiación de luminosidad, y se incluyeron todas esas irradiaciones de luminosidad, y se hizo ese hombre. Y aquel que dijo que tenía una cola, su intención fue decir que esa irradiación de luminosidad se veía en cada irradiación de luminosidad de cada una de las emanaciones. Y cuando la emanación Biná dijo: «hagamos al hombre», esas irradiaciones de luminosidad se incluyeron e hicieron a ese hombre semejante a una mujer, que está orientada en dirección de todos los órganos del varón cuando se unen en una unión como uno. Y así, cuando se unen esas diez emanaciones de la Matronita orientadas en dirección de las diez emanaciones supremas, una orientada en dirección de la otra, he aquí que se realiza una unión completa. Y así, pues, hay alegría en todos los mundos. Y ese es el misterio de la unificación con que nosotros queremos unificarla siempre.

Y éste es el misterio por el cual El Santo, Bendito Sea, originó a la mujer del costado del primer hombre, como está dicho: «Y El Eterno

---

70. Talmud, tratado de Jaguigá 15a.
71. Talmud, tratado de Berajot 61a.

Dios construyó con el costado que tomó del hombre una mujer, y la trajo al hombre» (Génesis 2:22). Tal como la Matronita, que se originó a partir del golpe con que golpearon las diez emanaciones supremas, que son el mundo de lo masculino.

Ven y ve cómo: «A través de mi carne he de ver a Dios» (Job 19:26). Pues así como El Infinito originó diez emanaciones supremas y las diez emanaciones irradiaron luminosidad y originaron a la Presencia Divina –Shejiná–, y todo es una unificación, así actuó El Santo, Bendito Sea, con la obra del primer hombre. Pues insufló en sus fosas nasales un alma de vida, que alude a El Infinito. Y de ese alma de vida se originó el cuerpo, que tiene una semejanza comparativa con las diez emanaciones supremas. Y del cuerpo del hombre fue construida la mujer, que alude a la Matronita, la cual fue construida a partir de las diez emanaciones, de las irradiaciones de luminosidad de ellas, tal como hemos dicho. Pues cada emanación irradió en ella una irradiación de luminosidad que es un envoltorio de la misma. Y ella se une con este envoltorio. Y ese envoltorio se une con ella en una unión integra. Y en todas esas diez emanaciones se incluyeron y se convirtieron en uno, y esa es la Presencia Divina, que se parece comparativamente a una mujer. Ya que –la mujer– recibe y se embaraza del hombre, de todos sus órganos, que se proyectan a ella; y también ella conduce su casa y reparte nutriente a todos los mundos.

Éste es el misterio y la verdad del asunto que El Santo, Bendito Sea, y los miembros de su Academia de lo Alto me enviaron a revelarte, para hacerte saber que todos reparan en ti, porque te has vuelto con arrepentimiento y rectificación –*teshuvá*–, ante El Santo, Bendito Sea. Y tú en el futuro serás calcinado por la santidad de su Nombre. Y ascenderás en medio de los grados supremos de los santos. Y por eso, desde ahora hay preparada para ti una parte íntegra en medio de los justos sagrados. Y la misma irradia luminosidad con numerosas perlas y piedras preciosas, con una corona sagrada, con numerosas piedras de zafiro, y perlas, y piedras preciosas.

Y por eso, en la Academia de los Cielos todos preguntan por ti y desean tu honor. Por eso, desde hoy en adelante fortalécete en ese fortalecimiento, y vuélvete con arrepentimiento completo ante El

Santo, Bendito Sea, y apégate a su temor. E incinera esos pensamientos —que no son apropiados— en el tiempo de la plegaria y en el tiempo de tu estudio. Y fortalécete en el temor y en la Torá de El Santo, Bendito Sea, siempre.

Víspera del día tercero —de la semana—, 6 de Nisán.

El Santo, Bendito Sea, y todos los miembros de la Academia de los Cielos preguntan por tu bienestar, ya que te ocupas de la Torá siempre y te apegas al arrepentimiento siempre. Y tú en el futuro serás calcinado por la santidad del Nombre de tu Amo. Y por eso me han enviado a ti, para que te haga saber lo que te es difícil —entender—. Ya que la Matronita es la generalidad de las diez irradiaciones de luminosidad que irradiaron de las diez emanaciones supremas, saliendo de cada emanación una irradiación de luminosidad, ¿cómo dirás: es imposible que dos reyes utilicen una misma corona?[72] ¿Y qué significa ve y empequeñécete a ti misma?[73] Además, algunos sabios cabalistas dijeron que ante la emanación Tiferet[74] dijo: «es imposible que dos reyes utilicen una misma corona». Y ya que ella está incluida de cada emanación y emanación, ¿por qué dijo eso ante Tiferet más que ante todas las demás emanaciones? Y además, se ve que Tiferet es más que Keter, pues el Nombre de El Eterno, el Tetragrama, es el nombre de Tiferet, y está prohibido leerlo tal como se escribe, pero el Nombre que se escribe con letras *alef, he, yud, he,* que es el nombre de Keter, está permitido leerlo tal como se escribe. Siendo así, ¿por qué Keter estaba sobre Tiferet? Has de saber que Keter golpeó e hizo surgir tres irradiaciones de luminosidad, como te he enseñado, que son: la emanación Tiferet, la emanación Iesod y la emanación Maljut. Y ya que de Keter salió Tiferet, ciertamente es superior a ella. Y la razón por la que el Nombre de El Eterno, el Tetragrama, no se lee tal

---

72. La Luna se quejó de ser igual al Sol, argumentando que no es posible que dos reyes utilicen una misma corona. Entonces El Santo, Bendito Sea, la hizo empequeñecer a ella. Tal como fue estudiado en el Talmud (tratado de Julín 60b).
73. La Presencia Divina —Shejiná— es comparada metafóricamente a la Luna.
74. Tiferet se compara metafóricamente con el Sol.

como se escribe, y el Nombre que se escribe con letras *alef, he, yud, he*, está permitido leerlo tal como se escribe, sabe que *alef, he, yud, he*, no es el nombre de la emanación Keter, sino como su sobrenombre. Y por eso está permitido leerlo tal cómo se escribe. Pero el nombre verdadero de la emanación Keter, es el Tetragrama. Pero en el Tetragrama de ella[75] las letras *he* están escritas con una letra *yud* al final,[76] y asimismo la letra *vav*, con la letra *yud* en el medio.[77] Y en el Tetragrama de la emanación Tiferet las letras *he* están escritas con una letra *alef* al final,[78] y asimismo la letra *vav*, con la letra *alef* en el medio.[79] Y asimismo, la emanación Keter se parece a la letra *yud*[80] porque es cerrada, y están incluidas en ella tres, tal como hemos dicho. Y por eso, hay en –el nombre de– ella tres letras *yud*. Y la emanación Tiferet se revela más, y por eso hay en ella tres letras *alef*, para enseñar que esas tres irradiaciones de luminosidad que estaban incluidas en Keter se revelaron y se fijaron cada una en su lugar. Y el nombre principal de Keter, que es el Tetragrama completado con letras *yud*,[81] no fue dado para ser escrito en absoluto debido a su santidad y a su ocultación. Y aunque en la escritura del Tetragrama con sus cuatro letras solas –sin desarrollar sus nombres–, no hay diferencia a través de la cual se puede reconocer y distinguir el nombre de Tiferet del nombre de Keter, de todos modos no se llama a Keter con el Tetragrama, para no aludir en el Tetragrama que está incluido de tres letras *yud*.

Y lo concerniente a la acusación de la Luna, –estaba vinculada con todas las emanaciones–, es decir, esa irradiación de luminosidad que salió de cada emanación y emanación, dijo que no había necesidad

---

75. Con los nombres completos de sus letras.

76. Es decir: *he, yud*.

77. O sea, el Tetragrama de la Keter está escrito así: *yud, vav, dalet he, yud vav, yud, vav he, yud*.

78. Es decir: *he, alef*.

79. O sea, el Tetragrama de Keter está escrito así: *yud, vav, dalet – he, alef – vav, alef, vav – he, alef*.

80. La letra *yud* tiene forma de punto, y cada punto se divide en tres partes: principio, medio y final (*véase* Sitrei Otiot, Ketem Paz, Ediciones Obelisco, Barcelona 2016).

81. *Yud, vav, dalet he, alef vav, alef, vav he, alef.*

de dos irradiaciones de luminosidad para cada emanación. Y a esto se refiere lo que dijo la Luna:[82] «es imposible que dos reyes utilicen una misma corona». Y aunque algunos sabios cabalistas dijeron que dijo eso ante la emanación Tiferet, en verdad todas las irradiaciones de luminosidad dijeron eso, cada una respecto a su emanación.[83] Sólo que su palabra era con Tiferet, que es el Rostro del Hombre. Por eso se mencionó a Tiferet.

El Santo, Bendito Sea, que es El Infinito –*Ein Sof*–, le dijo: «Ve y empequeñécete a ti misma». Es decir todas esas irradiaciones de luminosidad que salieron del interior de las emanaciones se incluyan como uno, y se origine de ellas la Matronita para conducir el mundo de la separación. Y esa es la disminución de ella, que sea cabeza del gobierno de los zorros. Y ella dijo ante El Santo, Bendito Sea: Amo del mundo: ¿Por haber dicho algo propicio [...]? Y esto es lo que ella dijo: «Ambos de una sola vez [...]». El Santo, Bendito Sea, le dijo: «Israel [...]». Es decir, los del pueblo de Israel a través de los preceptos te harán ascender a lo Alto y te unificarán.[84] El Santo, Bendito Sea, que es El Infinito –*Ein Sof*–, dijo: «Traed ante mí expiación [...]». Es decir, unificadla con las emanaciones supremas a través de esa ofrenda [...].

Y si dijeras: ya que te he dicho que las emanaciones supremas eran diez y la Presencia Divina está incluida de la irradiación de luminosidad de todas, y todas son una unión esencial, siendo así, en el final del Nombre de El Eterno, el Tetragrama, deberían haber dos letras *he*.[85] Una para aludir a la Presidencia Divina suprema de las emanaciones supremas, y una para aludir a la Matronita. Debemos decir, pues, que hay incluida en ella otra *he*.[86] Y así es mejor que escribirla explícitamente, para enseñar más el apego y la unión.

---

82. Que alude a Maljut.
83. Que le complementaba en ese entonces.
84. Con El Santo, Bendito Sea.
85. Y no una.
86. El nombre completo de la letra *he* se escribe –en una de sus variantes– con dos letras *he: he, he*.

Última Compilación

Víspera del día segundo –de la semana–, 5 de Nisán.

Lo que te he enseñado acerca del secreto de los secretos de las emanaciones supremas y la Presencia Divina –Shejiná– sagrada, es la verdad y el esclarecimiento del asunto. Y muchos fueron alrededor del Tabernáculo y no pudieron aprehender ese misterio. Y respecto a lo que te es difícil de entender, cómo corresponde acerca de ellas[87] modificación y cuenta, es correcto lo que escribió Itzjak Mar Jaim. Pero respecto a lo que dijo, que Keter es El Infinito –*Ein Sof*–, se equivocó. De todos modos, no tiene castigo porque no tuvo la intención de pecar. Y paz para ti. Y si te apegas a mí y a mi temor, merecerás hablar con Eliahu –Elías– estando despierto. Y él estará de pie ante ti, o sentado, y te enseñará palabras de Torá. Y he venido para enseñarte el secreto del asunto. Tú conoces el secreto del nombre Eliahu[88] el profeta. Pues hay aquí –presencia del Nombre de Dios que se escribe con las letras– *alef, lamed*, y –presencia de las letras de– el Nombre El Eterno, el Tetragrama: *yud, he, vav*, y –la letra *he* de– «el profeta».[89] Y la razón por la que está escrito *yud, he, vav* por separado, y *he* por separado, es para indicar a modo de alusión que la Presencia Divina –Shejiná–, está dispuesta en correspondencia con las diez emanaciones supremas, para irradiar luminosidad a través de ellas.

Y si dijeras: ya que se dijo que las emanaciones supremas son diez y en correspondencia con ellas la Presencia Divina, ¿cómo está escrito *yud, he, vav*, y a veces está escrito *yud, he*? Es posible decir que en la última letra *he* del Tetragrama hay incluidas dos letras *he*. Una de Maljut que es el final de las emanaciones supremas, y una de la Matronita. Pues respecto a esto está escrito: «Y ambas –*shteihen*– [...] llegaron a Beit Lejem; y aconteció [...]. ¿Es ésta –*zot*– Noemí –Naomí–?» (Rut 1:19). Es decir, cuando ambas ascienden para recibir pan

---

87. Las emanaciones.
88. Se escribe con las letras hebreas: *alef, lamed, yud, he, vav*.
89. El profeta está escrito a través de la locución *hanaví*, que comienza con la letra *he*.

–*lejem*– y alimento, se encuentran unidas con una unión íntegra. Hasta que todos dicen: «Es ésta –*zot*–». Ésta es la Matronita.[90] «Naomí», pues está unida con Maljut de las emanaciones supremas. Y asimismo se une con las emanaciones, y a través de eso tiene mucho agrado –*neimut*–.[91]

Y así, cuando la Matronita desciende para alimentar el mundo de la separación que se denomina Beit Lejem, porque ellos necesitan pan –*lejem*– y alimento, y ven a la Matronita que se une con Maljut de las emanaciones supremas con apego y una unión integra, se sorprenden los de todo el mundo y dicen: «Es ésta –*zot*– Naomí». Es la Matronita que se comporta con agrado –*neimut*–, y afecto, y una unión íntegra con las emanaciones supremas para recibir de ellas irradiación de luminosidad. Así también la primera letra *he* del Nombre de El Eterno, el Tetragrama, incluye dos letras *he*, una de ella, y una para aludir a Maljut, de las emanaciones supremas. Resulta, pues, que en *yud, he, vav*, están incluidas todas las diez emanaciones.

Y el misterio del Nombre de El Eterno que se escribe con las letras *yud, he* es que alude a las tres –emanaciones –supremas, tal como te he enseñado. Y *he* alude a la emanación Biná, pues aunque *yud* alude a la emanación Biná, ésta también alude a ella. Ya que es como una mujer que se embaraza y origina criaturas. Pero Jojmá está aludida en *yud*, pues es cerrada como la letra *yud*, que es un puño cerrado. Y la coronilla[92] de ella –de esa letra–, señala a Keter, y *he* a Biná, y en la letra *he* que está incluida en ella se alude a la emanación Maljut de las diez emanaciones supremas. Y el hijo de *he* se parece a la letra *vav*.

Resulta, pues, que en el Nombre que se escribe con las letras *yud, he* están incluidas todas las diez emanaciones supremas según el misterio del Tetragrama, que se incluye en el Nombre *yud, he*. Y así también ocurre con el nombre Eliahu, incluye a Jesed, y las diez emanaciones supremas del Nombre –que se escribe con las letras– *yud*,

---

90. Pues la Presencia Divina –Shejiná– se denomina Zot.
91. Naomí y *neimut* comparten la misma raíz.
92. Denominada *tag*.

he, vav. Y en correspondencia con ellas, *he,* que es la Matronita, en correspondencia con las diez irradiaciones de luminosidad de todas las diez emanaciones supremas. Y «profeta *–naví–*», cuando cambias sus letras a través del sistema denominado At–Bash,[93] surgen las letras: *tet, shin, mem, tav* que se pueden ordenar de esta forma: *shin, mem, tet, tav,* formándose la expresión *Shemitat,* que significa Remisión. Enseña, pues, que la última letra *he,* que es la Remisión, ha de recibir la irradiación de luminosidad del Jubileo.[94] Y según el misterio de la última letra *he,* que se parece –alegóricamente– al cuerpo[95] de las emanaciones supremas, Eliahu –Elías– se inviste en un cuerpo y se ve en este mundo.

Y cuando quieras que se te revele, piensa en estas cosas en el momento de acostarte y entonces se te revelará. Como fue dicho: «Bienaventurado el que vio su rostro en sueño [...]».

He aquí tres niveles:
- Ver su rostro en sueño.
- Verlo estando despierto y le darás –el saludo de– paz, pero él no te lo devolverá.
- Verlo estando despierto y le darás –el saludo de– paz, y te devolverá –el saludo de– paz.

Y tú alcanzarás el tercer nivel, pues lo verás estando despierto y le darás paz –Shalom–, y te devolverá el Shalom. Pero no vendrá a ti sino en forma inesperada. Y tendrás paz –Shalom– [...]

Además dijo: sacrifícate personalmente en todo lo posible y no bebas agua en exceso. Y aunque todo el tiempo que tú te apegas a mi Torá: «Yo soy El Eterno, tu médico», de todos modos tú sacias al Mal Instinto bebiendo agua en exceso, y no es apropiado hacer eso.

---

93. Consistente en cambiar la primera letra del alfabeto por la última, la segunda por la anteúltima, y así sucesivamente (Talmud, tratado de Shabat 104).
94. La emanación Biná.
95. Un envoltorio.

Además dijo: cuídate de apartar de tu corazón todos los pensamientos, con excepción de los pensamientos de Torá y el temor de los Cielos. Además dijo: respecto a lo que has explicado –en relación con la explicación a la Mishná– de mi distinguido Moisés[96] acerca del manantial que se proyecta como un *nadal*,[97] lo has explicado correctamente, orientando el asunto allí y vinculándolo con lo que escribió en la explicación de la Mishná. Y aunque los que profundizaron en el asunto no dijeron así, la intención de él fue tal como tú has explicado. Y así con todo lo que has explicado acerca de este lenguaje, esa fue su intención, referirse a eso. Y mi distinguido Nisim[98] no orientó –como tú– la intención de sus palabras. Además dijo: ¿Cómo querías que hablara contigo ayer cuando habías comido mucho rábano? Por eso, cuídate de él, con excepción del día de Shabat, y sólo un poco en cantidad mínima.

PARASHAT DE LEJ LEJÁ

Víspera de Shabat, 8 de Jeshván.

El Eterno está contigo […]. Me ha advertido que me cuidara de pensar siempre en la Mishná, y que no aumentara en hablar y tampoco oír palabras bromistas, y que no pensara en otras cosas en el momento de la plegaria. Pues –el ente maligno– *samej-mem*, y la Serpiente, van tras de ti, persiguiéndote con esos pensamientos, y tú los quemarás con la paja –*kash*– del recitado del Shemá –*ka"sh*–,[99] y con el fuego del aliento que sale del interior de tu boca. Y me reprochó por no escribir todo lo que se me dice –lo que me enseña–. Y si lo hubiese escrito, me hubieran revelado secretos maravillosos.

---

96. Maimónides.
97. Es decir, sus aguas fluyen a muchos lugares, semejante a la forma de un ciempiés – Bartenura, Mishná tratado de Mikvaot 5:3.
98. Ra"n.
99. Las letras *kuf* y *shin* son las iniciales de *kiriat* Shemá, que significa: el recitado del Shemá. Y son las mismas letras de la palabra *kash*, que significa paja.

En esta sección hay que observar cuidadosamente para entender qué significa «de tu tierra».[100] Y qué significa: «Y haré de ti una gran nación». Pero el misterio del asunto es que todo hombre debe reencarnar por lo menos tres veces, en correspondencia con el alma existencial –*nefesh*–, el espíritu –*ruaj*–, y el alma suprema –*neshamá*–. Pues se puede comparar a una planta, que se arranca y se planta en otro lugar, y de esa manera se desarrolla. Así ocurre con el hombre, la primera vez que viene al mundo no es demasiado experto en los asuntos celestiales y tampoco en los asuntos de este mundo. Y cuando viene por segunda vez tiene más experiencia. Y cuando viene por tercera vez tiene experiencia en los asuntos de este mundo, y es más cuidadoso en lo referente a los asuntos celestiales. Y a esto se refiere lo que le dijo El Santo, Bendito Sea, a Abram: «Vete de tu tierra [...]». Pues «tu tierra» alude a la reencarnación que alude al alma existencial que es comparable a la tierra. «De donde naciste –*moladteja*–», alude a la reencarnación que alude al espíritu que se denomina *moladteja*, pues está vinculado con el origen relacionado con el alma existencial.[101] «Y de la casa de tu padre», alude a la reencarnación que alude al alma suprema –*neshamá*–, que se denomina «la casa de tu padre». Pues de ella salen todos. «Y haré de ti una gran nación; te bendeciré, y engrandeceré tu nombre», corresponde con esas tres encarnaciones.

A continuación está escrito: «Y Lot fue con él».[102] Alude al Mal Instinto que va con el hombre. «Y Abram tenía setenta y cinco años».[103] Es decir, hasta que el hombre alcanza los doce años de edad no se despierta en el temor de los Cielos. Ese misterio está aludido en la declaración: «tenía setenta y cinco años». Pues la cuenta del valor

---

100. «Y El Eterno dijo a Abram: "Vete de tu tierra, de donde naciste, y de la casa de tu padre, a la tierra que te mostraré. Y haré de ti una gran nación; te bendeciré y engrandeceré tu nombre, y serás bendición. Y bendeciré a quiénes te bendijeren, y a quién te maldijere, lo maldeciré; y todas las familias de la tierra se bendecirán en ti"» (Génesis 12:1-3).

101. La hace nacer –*molid*–.

102. Génesis 12:4.

103. Ibíd.

reducido de setenta y cinco es doce.[104] «Cuando salió de Jarán».[105] Es decir: en ese tiempo salió de la Libertad –*jeirut*– suprema, que es la emanación Biná.

Además me dijo: los que están en este mundo y no quieren tener provecho de los hombres, ellos merecen tener provecho del resplandor de la Presencia Divina en el Mundo Venidero sin ningún intermediario, medida por medida. Pues en este mundo no tomaron presentes a través de ningún intermediario, así va a ser en el Mundo Venidero.

Además me dijo: el secreto de las emanaciones es, separando las distancias, comparable al cuerpo. Pues las acciones se realizan a través de él. Y El Infinito es comparable al alma suprema. Y todos los preceptos activos y todos los preceptos pasivos dependen de las emanaciones. Y cuando la persona cumple un precepto activo proyecta vitalidad y abundancia a las emanaciones de las que dependen esos preceptos. Y cuando traspasa un precepto pasivo disminuye la vitalidad y la abundancia de las emanaciones de las cuales dependen esos preceptos.

Y a causa de los pecados, que han aumentado, la Congregación de Israel[106] sufrió una disminución de la vitalidad y la abundancia que llegan a ella de lo Alto. Y si se interrumpieran la vitalidad y la abundancia de ella en forma absoluta, todos los mundos se destruirían. Esto se parece a un órgano que se halla anulado de su trabajo, y ciertamente se interrumpió de él la vitalidad y la abundancia, pues no cumple su función. No obstante, forzosamente es imposible decir que no le llega ninguna vitalidad, pues si fuese así hedería. Por lo tanto, ciertamente tiene algo de vitalidad. A partir de aquí has de saber cuán cuidadosa ha de ser la persona con sus pecados, y cuánto debe esforzarse en cumplir los preceptos de su Amo.

---

104. $7 + 5 = 12$.
105. Ibíd.
106. La Presencia Divina –Shejiná–.

Noche de Shabat, 23 de Tevet.

Comí mucho y bebí vino, y después bebí mucha agua, más de lo debido. Y no pude estudiar Mishnaiot al comienzo de la noche. Y después de dormir me levanté y volví a beber mucha agua, y estudié. Y sentí mi cabeza pesada, como si no hubiera dormido, y volví a dormir. Y me desperté cerca del amanecer y pensé que me olvidé de hablar con mi amado como hacía cada vez.

Y he aquí que cuando amaneció una voz me decía: «El Eterno está contigo [...]». Aunque has pensado que me he apartado de ti y te he abandonado y olvidado, no he hecho eso, aunque era apropiado hacértelo porque tú te has he apartado de mí y me has abandonado y olvidado, «y a mí has echado tras tu cuerpo[107] –*gaveja*–» (I Reyes 15:9).[108] Es decir, cuando la persona toma alimento para la existencia de su cuerpo solamente, aunque en ese momento es como si alivianada del servicio de El Eterno, Bendito Sea, no se considera como si echara la palabra de El Eterno tras su cuerpo. Pero cuando toma más de lo necesario para la existencia de su cuerpo, se denomina orgullo –*gueeja*–». Es decir, él toma por encima de lo necesario para la existencia de su cuerpo. Y también, cuando toma lo necesario para la existencia de su cuerpo, si toma para disfrutar, se considera que echa la palabra de El Eterno tras su cuerpo –con orgullo–. Pues a través de eso otorga fuerza y poder al –ente maligno– *samej–mem*, y la Serpiente, y el Mal Instinto, los cuales provienen del flanco de la impureza, en correspondencia con el alma existencial, el espíritu, y el alma suprema, del flanco de la santidad. Y tú te has saciado y colmado, y después bebiste vino varias veces, y sabías que daña al alma existencial y al cuerpo. Al alma existencial porque otorgaste fuerza y poder a la Serpiente, y al Mal Instinto, y al –ente maligno– *samej–mem*. Y tú sabes que daña al cuerpo. Y a pesar de todo eso no te has abstenido, y así has dado poder a esa fuerza.

---

107. Es decir: a tus espaldas.
108. *Véase* Metzudat David.

Y por eso era apropiado abandonarte, pero yo no lo haré, según está escrito: «huyó mi amado» (Cantar de los Cantares 8:14). Es decir aquel que vuelve en arrepentimiento ante El Santo, Bendito Sea, y después va tras los deleites y los placeres del cuerpo y de todos modos vuelve al temor de El Eterno, El Santo, Bendito Sea, le dice: «mi amado»: aunque huyas de ante mí con ese placer con que tú te arrastras tras el cuerpo, de todos modos, ya que has vuelto a mí temor como ese ciervo que cuando huye vuelve su rostro hacia atrás, o como el cervatillo al ciervo,[109] Yo no te abandonaré, sino que te haré volver a mi temor. Y a esto se refiere lo que se dijo: «Sobre los montes Bater».[110] Es decir, te haré ascender con el ascenso de los Montes de Bater, que es el pacto de las mitades —*bein habetarim*—, como está escrito acerca de él: «Tráeme una becerra ternaria, y una cabra ternaria [...]».[111] Es decir, la cabra se sabe que el espíritu de impureza se posa en ella, como está dicho: «Los chivos saltarán allí» (Isaías 13:21). Y «ternaria» alude al Mal Instinto, la Serpiente, y —el ente maligno— *samej–mem*. Y el «carnero» alude al flanco de la santidad, y por eso se ofrendaban dos corderos como ofrenda continua en correspondencia con la emanación Tiferet y la emanación Iesod. Y «ternario» en correspondencia con el alma existencial, el espíritu, y el alma suprema. «Y un tórtolo y un palomino», porque no hallas en todas las aves otra que sea apta para —ofrecer en— el Altar sino sólo esas dos —especies—. Pues ellas aluden a la Congregación de Israel,[112] y la emanación Tiferet. Y por eso, cuando pierden a su pareja no se vuelven a unir en pareja. Y tórtolo alude a Tiferet según el secreto de: «Y la voz del tórtolo se ha oído en nuestra tierra» (Cantar de los Cantares 2:12). Es decir cuando —el pueblo de— Israel está en el exilio: «Yo estoy con él en la aflicción». Y la Congregación de Israel se parece a un carnero al que le fue quitado el habla, como está dicho: «Enmude-

---

109. *Véase* Cantar de los Cantares 2:17.
110. Ibíd.
111. «Y le dijo: "Tráeme una becerra ternaria, y una cabra ternaria, y un carnero de ternaria, y un tórtolo y un palomino". Y él tomó todo eso, y los dividió en mitades [...]» (Génesis 15:9-10).
112. Maljut.

cí con silencio» (Salmos 39:3). Y cuando venga la Redención, la voz del tórtolo, que es Tiferet, acerca de quien fue dicho: «la voz de él, la voz hacia él»,[113] «se oirá», de la expresión «me harás oír», es decir, se producirá la unión sagrada de Tiferet con la Congregación de Israel, que es «nuestra tierra».

«Y los dividió en mitades».[114] Es decir, el poder de la impureza que se veía en la cabra, y asimismo la parte que tenía ese flanco en ese carnero, y el tórtolo y el palomino, de la inmundicia que introdujo la serpiente en Eva, los quiso quitar a través de esa división con que dividió las partes. «Y el ave –*ait*– descendió sobre los cuerpos».[115] Es decir, el ave –*ait*– es ese flanco de la impureza que siempre aspira ensuciar en los cuerpos y deseaba descender sobre esos cuerpos que fueron divididos. «Y Abram las hizo volver».[116] Es decir, el atributo de la bondad, o sea, la emanación Jesed, que es Abram, las espantó –a las aves– y no permitió a ese flanco tener contacto con ellos. Pues cuando fueron divididos, se consumió y descompuso a través de eso esa inmundicia, y se fue y no quedó para ese flanco poder de adherencia a ellos. Y se dijo: «Y Abram las hizo volver», en plural, para decir que espantó a ese flanco de esa cabra. Pues aunque el flanco de la impureza se muestra en la cabra, de todos modos ella misma es pura, como está escrito en el sagrado Zohar. Y a través de esa división con que fueron divididos, no quedó poder de adherencia para ellas. Pues cuanto más sufre el cuerpo, más se consume, y descompone, y debilita la fuerza de esa inmundicia.

Por eso, en esa oportunidad dijo: «Porque peregrina será tu simiente en una tierra que no es la de ellos, y los esclavizarán, y serán oprimidos cuatrocientos años [...]» (Génesis 15:13). Es decir, para debilitar a impedir de ellos la fuerza de la inmundicia de la Serpiente, era necesario que los esclavizaran y oprimieran durante cuatrocientos años en correspondencia con los cuatro apoyos del Carruaje. Y

---

113. *Véase* Levítico 1:1, Rashi.
114. Génesis 15:10.
115. Génesis 15:11.
116. Ibíd.

por eso los esclavizaron dándoles cuatro tipos de trabajos, como está escrito:[117] «Y amargaron su vida con dura labor», uno, «con hacer barro», dos, «y ladrillos», tres, «y con toda labor en el campo», cuatro. Y ladrillos, se refiere a la Congregación de Israel.[118] Y barro, se refiere a la emanación Tiferet. Y campo, se refiere al Campo de Manzanos.

Ahora dijo: «Sobre los montes Bater». Yo te haré ascender ascendiéndote a los montes de Bater. Pues te ofreceré para que seas dividido en la santidad de mi Nombre. Y saldrás ante mí y serás calcinado por la santidad de mi Nombre. Y tu aroma ascenderá como incienso aromático. Y tú deberías haber aprendido por –la regla de lo leve y lo severo denominada– *Kal Vajomer*–. Pues si cuando un animal es ofrecido sobre el Altar su aroma asciende ante El Santo, Bendito Sea, cuánto más un ser humano que entrega su alma y son calcinados su cuerpo, sus huesos y su piel por la santidad del Nombre de El Santo, Bendito Sea; su aroma ascenderá ante El Santo, Bendito Sea, y se le abrirán portales y fuentes para enviar abundancia de bendiciones en todos los mundos. Y así te haré merecedor y ascenderás de allí como lana limpia, e irás y descansarás […]

Y he aquí que los primeros años te he hecho conocer el secreto de las encarnaciones de tus mujeres y ahora he venido para hacerte conocer el misterio de tu mujer, quién es. Y ciertamente reconocerás la misericordia y la piedad que El Santo, Bendito Sea, hace contigo, para que tengas una mujer tan justa como ésta. Pues ya te he hecho saber que ella era un sabio estudioso de la Torá apto, pero cuando sepas quién era en la encarnación anterior, te conmoverás y te comportarás con ella con gran honor. Y te avergonzarás de estar con ella sólo por placer.

«Y tú debes saber; y tú debes saber», y así decía durante más de una hora. Y se detenía y volvía a decir: «y tú debes saber», como si se negara a hacérmelo saber. Hasta que finalmente dijo: he aquí que El Santo, Bendito Sea, me ha enviado a ti para hacerte saber, para que tengas conocimiento del gran regalo que te ha otorgado. Y has de sa-

---

117. Éxodo 1:14.
118. Maljut.

ber que las personas no saben qué quieren en este mundo, cómo está dicho: «Los vivos saben que morirán» (Eclesiastés 9:5). Es decir, no saben otra cosa con certeza sino que morirán, pero de las demás cosas no tienen conocimiento en absoluto.

Y así tú, ibas a tomar una mujer pequeña y El Santo, Bendito Sea, te mostró enseguida que era para ti, para aplacar tu pensamiento y también porque si renunciabas a ella hubieras tomado a ésta, y por eso no la mereciste. Y por eso era necesario que se te mostrara que la segunda era para ti, para que te demoraras ese tiempo y merecieras tomarla a través de esos sacrificios personales y esos ayunos que has hecho. Y no debes revelar este asunto que yo te quiero revelar a ninguna persona, sino a aquel a quien te daré permiso. Y tampoco lo debes escribir de modo que lo supieran leer las demás personas.

Debes saber que la primera era [...]. Y la segunda era [...]. Y has de saber que la segunda vez consumía su dinero, y ya te he hecho conocer el misterio de él, que se reencarnó ahora para recibir su castigo y se completara a través de ti. Y tú eres merecedor de merecer hijos a través de ella y enseñar la Torá oral y la escrita. Y ella merecerá que a través del dinero que te ha dado y a través del servicio con que te sirve poder estudiar la Torá oral y la escrita. Y bienaventurado eres, pues has merecido utilizar un recipiente sagrado como éste. Por eso, abre tus ojos y asómbrate, y ve las grandes misericordias y bondades que El Santo, Bendito Sea, hace contigo. Y la paz sea contigo.

Víspera del día de Shabat, 11 de Jeshván.

El Eterno está contigo [...]. «Porque –las palabras de Torá– son vida para los que las hallan y medicina para todo su cuerpo» (Proverbios 4:22). Pues la persona debe alegrarse con las palabras de la Torá como una persona que encuentra algo. Y ya que a veces el hallazgo es la causa de su muerte, dijo que la Torá no es así, sino: «y medicina para todo su cuerpo». Y a mí me parece que dijo: «para todo», porque hay cosas que curan este órgano y dañan a este otro órgano, tal como se dijo del bazo que es bueno para los dientes [...],[119] con la Torá no es así, sino que es medicina para todo su cuerpo.

Y he aquí que en esta sección sagrada, El Eterno dijo acerca de Abraham, que era el atributo de la bondad –*jesed*–: «Vete de tu tierra»,[120] que es la emanación Jesed. «De donde naciste», que es la emanación Biná, según el misterio de: «¿Del vientre de quién –*mi*– salió el hielo? (Job 38:29), en referencia a Jesed que sale de Biná.[121] «Y de la casa de tu padre», se refiere a la emanación Jojmá que se denomina Padre. «A la tierra que te mostraré», se refiere a la emanación Maljut. «Que», según el misterio de: «Soy el que Soy» (Éxodo 3:14). «Te mostraré», se refiere al secreto de la Presencia Divina –Shejiná–. Y del mismo modo la continuación en el versículo siguiente.

Víspera del día de Shabat, 20 de Menajem Av.

El Eterno está contigo [...]. Aunque has abandonado mi temor y el pensamiento en la Torá, y era apropiado abandonarte y apartarme de ti, yo no lo haré así y lo bueno no impediré de tu boca. Y yo pastorearé como el pastor de su rebaño. Pues a la oveja que se aparta del rebaño no la quita de la cuenta, sino que se esfuerza en recuperarla. Y así haré contigo. Por eso, vuelve tus pensamientos a la Torá y a mi temor: «Y os traeré a mi santo Monte, y os alegraré en la Casa de mi Plegaria; sus ofrendas ígneas y sus sacrificios ofrendarán –y serán aceptados– con voluntad sobre mi Altar, porque mi Casa, Casa de Plegaria será llamada para todos los pueblos» (Isaías 56:7). Porque hay que hacer hincapié en observar: ¿Cuál es mi santo Monte y cuál es la Casa de mi Plegaria? Y además: ¿qué significa: «y os traeré», y qué significa: «y os alegraré»? Y además: ¿qué significa: «sus ofrendas ígneas y sus sacrificios ofrendarán con voluntad»? Y además: ¿qué significa: «mi Casa, Casa de Plegaria será llamada para todos los pueblos»? ¿Y cuál es la novedad respecto a Israel, ya que se gloria con ellos: «Y os trae-

---

119. Talmud, tratado de Berajot 44b.
120. Génesis 12:1.
121. Denominada *Mi*.

ré [...] y os alegraré [...] considerando que para todos los pueblos será llamada Casa de Plegaria?

Pero el misterio del asunto es que los Hijos de Israel ascenderán al santo Monte que es la emanación Iesod, acerca del cual está dicho: «Te envíe ayuda desde el lugar Santo, y te sostenga desde Sión –Tzion–» (Salmos 20:3). Es decir, te envíe su ayuda de las tres emanaciones supremas, que se denominan Santo, y envíe influencia a Sión que es la emanación Iesod. Pues la emanación Iesod asciende a la emanación Keter, según el misterio de la plegaria adicional en la cual[122] se dice: «Keter». Y de allí: «te sostenga». Y por eso mencionó la expresión: «y os traeré», porque la emanación Iesod es más interior que la Congregación de Israel.[123] Y dijo: has de saber como los traeré al santo Monte: al comienzo los alegraré en mi Casa de Plegaria, que es la Congregación de Israel. Y mencionó acerca de ella la alegría, porque a ella le corresponde la alegría que está en las casas de los entes exteriores –impuros–. Pero la emanación Iesod, que está en las casas interiores, no corresponde con ella la alegría. «Sus ofrendas ígneas –*olá*–,[124] y sus sacrificios –*zevaj*– [...]». Es decir: *olá*, porque asciende a la emanación Biná. Por eso la ofrenda ígnea asciende completamente.[125] Y el sacrificio –*zevaj*–, asciende a la Congregación de Israel, y por eso comen de él los dueños[126] y los sacerdotes. Pues hay dos Altares: el Altar interior, aludido en la Congregación de Israel, y el Altar interior, aludido en la emanación Biná.

Y dijo que tanto las ofrendas ígneas como los sacrificios ascenderán hasta ese lugar de la voluntad de las voluntades, el cual está aludido en las tres emanaciones supremas. Y a esto se refiere lo que fue dicho: «sobre mi Altar». Es decir, hasta la emanación Biná que es el Altar interior. Y dijo, has de saber por qué «os traeré a mi santo Monte», y no es suficiente para ellos la Congregación de Israel. Porque en

---

122. En la repetición que pronuncia el oficiante, ya que en la santificación de la misma se menciona: Keter [...].

123. Maljut.

124. La expresión *olá* significa literalmente ascender.

125. Y no se come su carne como otras ofrendas.

126. Quiénes lo traen.

ese tiempo: «Tornaré en los pueblos claridad de labios, para que todos invoquen el Nombre de El Eterno» (Sofonías 3:9). Y mi Casa, que es la Congregación de Israel, será llamada –*ikre*– Casa de Plegaria. Esta expresión deriva de la palabra *nikra* –que indica enviar y proyectar–. Es decir, enviará y proyectará un lenguaje de claridad de labios a todos los pueblos.

Pues esos flancos –que estaban fuera de la santidad– estaban alrededor, porque rodeaban a la Congregación de Israel, y la presionaban, como está dicho: «Me rodearon y me cercaban [...]» (Salmos 118:11). Pues en correspondencia con las cortezas duras dijo: «las destruiré» (Ibíd.). Y en correspondencia con las cortezas delgadas dijo: «Se han de consumir como fuego de espinos» (Salmos 118:12). Es decir, se consumirán por sí solas. Y en ese tiempo se unirán para nutrirse de ella y ella proyectará su influencia en ellas. Y como todos los pueblos del mundo servirán a El Santo, Bendito Sea, a una, y se unirán con la Congregación de Israel para nutrirse de ella, es necesario que los Hijos de Israel se apeguen a lo Alto, encima de la Congregación de Israel, a la emanación Iesod. Pues grande es el aprecio de El Santo, Bendito Sea, por los Hijos de Israel a causa del aprecio por los tres patriarcas. Y aunque hubo en Israel varios sabios y piadosos, de todos modos, los patriarcas son considerados mucho más que ellos. Porque en su tiempo aún no estaba –entregada– la Torá y Abraham guardó incluso el precepto de *eruv tavshilin*.[127] Y el tratado de idolatría de él tenía cuatrocientos capítulos.[128] Y así hizo con todos los preceptos. Y así si eran Isaac y Jacob. Y debido a que antes de que fuera entregada la Torá se ocuparon tanto de ella, hay que asignarles más merecimientos que a las generaciones siguientes que vieron a sus padres, o a sus maestros, ocuparse de la Torá. Y además, los tres patriarcas difundieron la Divinidad de El Santo, Bendito Sea, en el mundo. Pues ciertamente hay que entender ¿por qué Abraham decía «es mi

---

127. Talmud, tratado de Iomá 28b.
128. Talmud, tratado de Avodá Zara 14b.

hermana»?¹²⁹ Y asimismo Isaac.¹³⁰ Y además, ¿por qué le preguntaban: es tu esposa o tu hermana, como si no hubiera otro hombre en el mundo que tuviera una esposa? Y además, ¿qué significa lo que dijo Abraham: «para que me vaya bien a causa de ti»?¹³¹ Y la explicación que manifiesta «para que me den regalos», es difícil de entender. Pues, ¿acaso le faltaba dinero que necesitaba que le dieran regalos? Y además, incluso los necesitara, ¿acaso a través de ese medio repudiable y sucio quería ganar dinero? Y además, ¿por qué El Santo, Bendito Sea, envió al Faraón grandes flagelos y no a Abimelej? Y además, ¿qué significa: «Y ocurrió al prolongarse allí sus días, que Abimelej, rey de los filisteos, observó por la ventana y vio a Isaac riendo con Rebeca, su mujer»?¹³² Y además, ¿por qué a Abraham e Isaac, que no tenían cada uno de ellos sino una sola mujer, le preguntaron por sus mujeres y a Jacob, que tenía cuatro mujeres, no había quien le preguntara siquiera por una de ellas, si era su mujer o su hermana?

Pero el misterio del asunto es que en ese tiempo había muchos sabios en ese otro flanco. Y Abraham e Isaac difundían en el mundo la unicidad intrínseca de El Santo, Bendito Sea, que ejerce dominio sobre todos esos flancos. Y ellos sabían que todos los asuntos de Abraham e Isaac eran como en lo Alto. Y ciertamente por eso les preguntaron cómo tomaban mujeres; porque de manera semejante a como el marido ejerce dominio sobre su mujer, aparentemente así ellos ejercían dominio sobre la Congregación de Israel. Y ya que ella es interior, ¿cómo podían ejercer dominio sobre ella? Y ellos les respondían que no se casaban con una mujer para ejercer dominio sobre la Congregación de Israel como un marido sobre su mujer, sino para unificarse con ella como un hermano con su hermana. Y cuando Abraham descendió a Egipto fue para conocer el camino de ese flanco, estando entre ellos de modo sagrado, pues en medio de la os-

---

129. Génesis 12:19.
130. Génesis 26:7.
131. Génesis 12:13.
132. Génesis 26:8.

curidad se nota la luz. Y por eso los sabios dijeron: «no estudies para hacer, pero estudia para entender y enseñar».

Y así hizo Abraham, pues quiso aprender los caminos de esos flancos para estar entre ellos según el misterio de la emanación Biná, y esto, para aprender –*lehabín*–. Y según el misterio de la emanación Tiferet, para enseñar –*lehorot*–. Pues Tiferet es la luz –*or*–. Y por eso dijo: «para que me vaya bien a causa de ti», «para que me den regalos». Esta declaración viene a decir: para que me enseñen esos caminos de esos flancos, que me levantaré en medio de ellos, para estar en el camino de la santidad.

Y el Faraón tomó a Sara para ejercer dominio en ella, para indicar a modo de alusión que hasta ahora esos flancos se nutrían de la Congregación de Israel, y ahora el Faraón quiso que esos flancos introdujeran inmundicia en la Congregación de Israel, Dios libre. Y por eso, El Eterno lo flageló con grandes flagelos. Y así fue el pensamiento de Abimelej, y por eso: «El Eterno ciertamente cerró toda matriz de la casa de Abimelej»,[133] medida por medida. Pues él quiso introducir inmundicia en la Congregación de Israel y por eso fueron cerrados los orificios de él en su rostro. Y no podía hacer ascender de ellos inmundicia en absoluto. Y la razón por la cual no lo flageló con grandes flagelos como al Faraón fue porque el Faraón era malo en sus cualidades, porque «carne de asnos es la carne de ellos». Y aunque Abimelej era malo en lo que hacía, no era malo en sus cualidades. Y además, Abimelej no era tan malo en lo que hacía como el Faraón.

Y como Jacob no se esforzaba en acercar a los demás los pueblos al temor de El Santo, Bendito Sea, no sospechaban yendo tras de él para saber si era su mujer o su hermana. Pero es sabido que Abraham difundía la Divinidad de El Santo, Bendito Sea, en el mundo, como está dicho: «y las almas que hicieron en Jarán».[134] E Isaac también, esos pozos que cavó, –la razón– fue para enseñar al mundo la unicidad de El Santo, Bendito Sea. Y por eso iban tras él para saber si era su mujer o su hermana, como ya hemos dicho.

---

133. Génesis 20:18.
134. Génesis 12:5.

«Y ocurrió al prolongarse allí sus días, que Abimelej [...] observó por la ventana [...]».[135] Es decir, observó en su sabiduría –*jojmá*–, y he aquí que «Isaac –Itzjak–», que era –el patriarca vinculado con– la emanación Guevurá, estaba «riendo –*metzajek*–», y enviaba influencia a «Rebeca, su mujer». Y se utilizó la expresión «riendo –*metzajek*–», porque el despertar de la misericordia viene del flanco norte.[136] Y vio que él le enviaba influencia a su mujer, o sea, la Congregación de Israel, como un marido a su mujer, y no como le había dicho: «es mi hermana».

Y Jacob, aunque aquel que se acercaba a él por sí mismo él le enseñaba, de todos modos no iba para acercar a las demás naciones al temor de El Santo, Bendito Sea. Y la razón era, porque en los días de Abraham e Isaac no había quien conociera la unicidad del temor de El Santo, Bendito Sea, y por eso necesitaron difundir su Divinidad en el mundo. Pero en los días de Jacob había muchos que conocían la Divinidad de El Santo, Bendito Sea. Y además, él tenía doce tribus que temían a El Santo, Bendito Sea, y no necesitaba acercar a las demás naciones. Y Abraham e Isaac ya que su cama no estaba completa[137] necesitaron acercar a las demás naciones, para rectificar el daño de su cama.[138] Y Jacob, ya que su cama estaba completa, no necesitaba acercar a las demás naciones. Pues su cama estaba rectificada y les enseñó la unicidad de El Santo, Bendito Sea, y guardaban su Torá, y se ocupaban de ella aún antes de que fuese entregada. Y por eso el mérito de ellos es grande y rige para sus hijos, tal como dije al comienzo.

---

135. Génesis 26:8.
136. Vinculado con el secreto de la emanación Guevurá.
137. Se refiere a sus hijos.
138. Sus hijos, o sea, su cama.

PARASHÁ VAIERÁ

Víspera del 16 de Jeshván, en el día del sagrado Shabat.

El Eterno está contigo [...]. Hay que observar cuidadosamente para saber qué significa: «y se reveló a él».[139] Pues debería haberse dicho: «y El Eterno se reveló a Abraham». Y además, ¿por qué se reveló ante él cuando no le dijo nada? Y también, según la interpretación de aquel que explica que vino para visitar al enfermo, debería haber hablado con él, pues no es posible visitar un enfermo sin hablar. Y además, ¿qué significa «en las planicies de Mamré»?[140] ¿Qué nos enseña y que implicación tiene para nosotros? Y además, ¿qué significa: «y él estaba sentado en la entrada de la tienda»?[141] ¿Y qué nos enseña? Y también hay que observar cuidadosamente y preguntar por la declaración: «como al calor del día».[142] Y además, ya que vio tres hombres que estaban de pie ante él, ¿por qué necesitó correr a su encuentro? Y además, ¿qué significa: «de la entrada de la tienda»?[143] Pues si estaba sentado en la entrada de la tienda cuando corrió hacia ellos, es obvio que fue de la entrada de la tienda. Y además, ¿qué significa: «Tómese ahora un poco de agua»?[144] Y además, ¿qué significa: «y recostaos debajo del árbol»?[145] Y además, ¿qué significa: «y traeré un trozo de pan, y saciaréis vuestros corazones»?[146] Y además, ¿qué significa: «Haz así, tal como has hablado»?[147] Debiera haberse dicho: «Así haremos, tal como has hablado». Y además, ¿qué significa: «Apresúrate a tomar tres medidas de flor de harina»?[148] Y además, ¿qué significa: «Y corrió

---

139. Génesis 18:1.
140. Ibíd.
141. Ibíd.
142. Ibíd.
143. Génesis 18:2.
144. Génesis 18:4.
145. Ibíd.
146. Génesis 18:5.
147. Ibíd.
148. Génesis 18:6.

Abraham al ganado vacuno»?[149] Y además, ¿qué significa: «Y Sara escuchaba en la entrada de la tienda»?[150]

Pero el misterio del asunto es éste: debido a que Abraham estaba circuncidado se le revelaron emanaciones con mucha irradiación de luminosidad. Y a esto se refiere lo que está dicho: «y se reveló a él —*elav*—».[151] Es decir, se le reveló la letra *yud*, que alude a la emanación Jojmá, e incluye a las tres emanaciones supremas, e irradian luminosidad en la letra *vav*. Y así el Nombre de El Eterno, el Tetragrama, estaba completo. Y le dijo que después de que estaba completo, debía ser la Carroza de Jesed en forma íntegra. Pues hasta ahora había hecho bondades con los seres humanos, y ahora que estaba circuncidado haría bondades con los ángeles. Y la razón por la que rió Sara era porque ella pensó que decían eso según su pensamiento, o se trataba de profetas que se equivocaron en su profecía y no era verdad. Pues ella vio que el nivel de su plegaria estaba en el nivel de escuchar, y no en el nivel de acción, y a esto se refiere lo que está escrito: «y Sara escuchaba». Y además aún estaba en la entrada de la tienda, que es Maljut, para ascenderla a lo Alto. Y ella consideraba que no había realizado una buena acción a través de cuyo mérito la plegaria ascendería y sería recibida para estar en el nivel de acción; y a esto se refiere lo que está escrito: «en la entrada de la tienda».

Y además, las emanaciones no irradiaban luminosidad rostro con rostro, para que su plegaria estuviera en el nivel de acción. Y a esto se refiere lo que está escrito: «y él detrás». Es decir: «y él», que es la generalidad de las nueve emanaciones, estaba detrás. Es decir, no estaban rostro con rostro con Maljut. Por eso Sara no creía, pues dijo: ¿cómo es posible estar rostro con rostro sin una nueva acción que haré? Y a esto se refiere lo que está escrito: «Y Sara se rió en su interior».[152] Es decir, la razón por la que río y no creía, era porque

---

149. Génesis 18:7.
150. Génesis 18:10.
151. La palabra elav puede leerse así: *el* – *yud*– *vav*. Y *el*, significa hacia, y a continuación está escrita la letra *yud*, y después la letra *vav*.
152. Génesis 18:12.

buscó «en su interior», es decir en sus acciones. Y no encontró que se innovara en ella una gran acción que por su propio mérito mereciera. Y ella no sabía que debido a que recibió sobre ella ocuparse de hacer actos de bondad atendiendo a los huéspedes inmediatamente, se despertó la bondad y la misericordia de lo Alto, y se decretó otorgarle un hijo.

Porque rió Sara diciendo: «¿Ciertamente he de dar a luz siendo yo anciana?».[153] Con sorpresa, a modo de pregunta. Es decir, ella dijo: ¿acaso yo he envejecido? O sea, Maljut ascendió a la Ancianidad, que es la blancura Suprema y ya que ella no ascendió allí, ¿cómo es posible engendrar? ¿Hay algo irrealizable –*haipale*–[154] para Dios?[155] Eso se realiza a través de ese lugar denominado Pele.

Víspera del día de Shabat, 20 de Jeshván.

Fortifícate y esfuérzate, El Eterno está contigo. Hay que hacer hincapié en observar por qué está escrito:[156] «y él estaba sentado en la entrada de la tienda».[157] Y además, ¿por qué –se lee–: «estaba sentado –*ioshev*–? Está escrito –literalmente–: «se sentó –*iashav*–». Y además, ¿qué significa: «como al calor del día». Y además, si estaban de pie ante él, ¿por qué corrió al encuentro de ellos? Y además, ¿por qué se volvió a mencionar: «de la entrada de la tienda»? Y además, ¿qué significa: «Tómese ahora un poco de agua»?[158] ¿Por qué un poco? Y además, ¿qué significa: «Y lavaréis vuestros pies»? Y además, ¿qué significa: «y recostaos debajo del árbol»? Y además, ¿qué significa: «y un vacuno tierno y bueno»?[159] Y además, ¿qué significa: «Y él estaba de pie junto a

---

153. Génesis 18:13.
154. La expresión *haipale* viene de la raíz *pele*, que significa literalmente maravilloso.
155. Génesis 18:14.
156. Se prosigue con la revelación de los misterios enunciados y se vuelve a recordar parte de ellos.
157. Génesis 18:1.
158. Génesis 18:4.
159. Génesis 18:7.

ellos debajo del árbol»?[160] Y además, ¿qué significa: «Haz así, tal como has hablado»? Y además, ¿qué significa: «y comieron»?[161]

Pero el misterio del asunto es éste: mientras Abraham aún no estaba circuncidado no merecía ascender al interior de Maljut, sino estar sentado en la entrada cuando Tiferet no irradiaba luminosidad en ella. Y después de ser circuncidado estaba sentado en la entrada cuando Tiferet irradiaba luminosidad en ella. Y a esto se refiere lo que está dicho: «y él estaba sentado –ioshev–».[162] Pero está escrito literalmente *iashav*.[163] Porque al comienzo se sentó –iashav– en la entrada de la tienda, no al calor del día, que es la irradiación de luminosidad de Tiferet. Y ahora estaba sentado –ioshev– en la entrada de la tienda cuando Tiferet le irradiaba luminosidad. Y a esto se refiere lo que está escrito: «como al calor del día». Y ahora se elevó para ver lo que no había visto antes de eso. Y a esto se refiere lo que está escrito: «y levantó sus ojos».

Está escrito: «Y he aquí que tres hombres».[164] Ellos son los tres rebaños de ovejas, o los hijos, o –las tres emanaciones denominadas– los tres patriarcas. «Y corrió a su encuentro». Pues con las acciones de lo bajo se despiertan en lo Alto, Y dijo: «de la entrada de la tienda». Es decir, ascenderé y entraré al interior de Maljut y saldré por la segunda entrada, la entrada abierta a la emanación Iesod.

Y dijo: «Tómese ahora un poco de agua». Para proyectar a la emanación Jesed (hay quien sostiene que aquí debería decir: al juicio) al nivel de la emanación Biná. Y a esto se refiere lo que está escrito: «y lavad vuestros pies». Pues pie es el atributo de mi juicio liviano, y debe lavarse para que no se fortifique el –rigor del– juicio. Asimismo, está escrito: «Y recostaos debajo del árbol», para apegarla con el Árbol de la Vida que es Tiferet. Y a esto se refiere lo que está escrito: «y un vacuno tierno y bueno», para rectificar el juicio que está indicado a

---

160. Génesis 18:8.
161. Ibíd.
162. La expresión *ioshev* se escribe con una letra *vav*. Y la letra *vav* alude a Tiferet.
163. Sin *vav*.
164. Génesis 18:2.

modo de alusión en vacuno –*ben vakar*–, para hacerlo bueno. «Y lo dio al joven para que lo hiciera».[165] Para rectificarlo con el fin de que no se fortaleciera el juicio. Y por eso mencionó: «mantequilla y leche».[166] Pues alude a la bondad –*jesed*– para endulzar el juicio. «Y él –*hu*–» alude al misterio de –los Nombres sagrados– *Ani* y *Hu*,[167] «estaba de pie junto a ellos debajo del árbol y comieron».[168] Uno a uno *mistalek*.[169] Es decir, el asunto ascendió y volvió a su raíz; y este es el secreto del sacrificio –*korbán*–.

Víspera del día de Shabat, 18 de Jeshván.

El Eterno está contigo [...]. Hay que observar cuidadosamente para saber por qué se dijo: «–y se reveló– a él»,[170] y no se dijo: «a Abraham». Pero el misterio del asunto es éste: porque no estaba preparado –con la circuncisión–; sin embargo, desde la circuncisión se reveló a él la Presencia Divina. Y la expresión «a él», vuelve a lo que está escrito próximo a eso:[171] «en ese mismo día fue circuncidado Abraham».[172] Y por eso se interrumpió en la sección, y se dijo «a él», para que se percibiera el asunto. «Y él», se refiere a la emanación suprema Keter, que vino para unirse con la Presencia Divina; y a esto se refiere lo que está escrito: «estaba sentado en la entrada de la tienda». ¿Y a través de quien vino allí? «Como el calor del día», que es Tiferet.

Y lo que está escrito: «Tres hombres»,[173] son tres emanaciones, tal como hemos dicho. «De pie ante él»,[174] porque Abraham era Carrua-

---

165. Génesis 18:7.
166. Génesis 18:8.
167. Son dos de los 72 Nombres sagrados de El Santo, Bendito Sea.
168. Génesis 18:8.
169. La expresión *mistalek* significa literalmente ascender. Y también significa consumir, y también apartarse.
170. Génesis 18:1.
171. En el versículo anterior.
172. Génesis 17:26.
173. Génesis 18:2.
174. Literalmente este escrito «sobre él».

je de esas tres emanaciones. «Y vio y corrió a su encuentro desde la entrada de la tienda»,[175] se refiere a la Congregación de Israel, pues desde allí se une a esas emanaciones. «Y se postraron a tierra»,[176] porque él era Carruaje de ellos. «Tómese ahora un poco de agua y lavad vuestros pies»,[177] para dar de las aguas de bondad –*jesed*– con el fin de lavar y quitar la inmundicia de las cortezas –*klipot*– de sus pies, o sea, la Congregación de Israel. «Y tomaré un trozo de pan».[178] Para indicar que las cortezas se apartarán de la Congregación de Israel por el mérito de la bondad –*jesed*– que yo hago con los huéspedes, dándoles un trozo de pan. Y así os fortificaréis y fortificaréis a Tiferet que es «vuestro corazón».[179] Y os uniréis todos. Y a esto se refiere lo que está escrito: «y recostaos debajo del árbol», que es el Árbol de la Vida, o sea, Tiferet. «Y dijeron: "Haz así, tal como has hablado"»[180] No le aseguraron que comerían con él, pues si así fuera, debiesen haber dicho: «así haremos». Mas dijeron: «Haz así», para hacer bondad con los huéspedes, «como has hablado».

A continuación está escrito: «Apresúrate a tomar tres medidas de flor de harina».[181] Se refiere a la emanación Netzaj, la emanación Hod, y la emanación Iesod, para unirlas con Sara, que es la Congregación de Israel. «Y a los vacunos»,[182] se refiere a la emanación Guevurá, «corrió Abraham»,[183] para rectificar el juicio, para transformarlo en tierno y bueno. «Y dio al joven»,[184] se refiere al ángel –cuyo nombre se escribe con estas letras hebreas:– *mem, tet, tet, reish, vav, nun*. «Para que lo hiciera»,[185] para conducir con él el mundo.

---

175. Ibíd.
176. Ibíd.
177. Génesis 18:4.
178. Génesis 18:5.
179. *Véase* Génesis 18:5.
180. Ibíd.
181. Génesis 18:6.
182. Génesis 18:7.
183. Ibíd.
184. Ibíd.
185. Ibíd.

SECCIÓN DE TOLEDOT

Hay que observar cuidadosamente en el versículo que declara: «Hemos visto –*rao rainu*– que El Eterno está contigo».[186] ¿Por qué se duplicó la expresión *rao rainu*?[187] Y además, ¿qué significa –lo que está escrito a continuación–: «y dijimos»?[188] Y además, ¿qué significa: «Sea ahora juramento entre nosotros»?[189] Y además, ¿qué significa lo que se vuelve a decir: «y estableceremos pacto contigo».[190] Pero el misterio del asunto es que Abimelej pensó: ya que Isaac viene del flanco del juicio severo, es imposible que le lleguen bendiciones a aquel que se una con él, sino que a aquel que se una con él le sobrevendrán maldiciones y juicios. Por eso lo expulsaron de entre ellos y le dijeron: «Vete de entre nosotros, porque te has hecho mucho más poderoso que nosotros».[191] Ya que debido a que tú vienes del flanco severo, no era apropiado que tuvieras bendiciones en absoluto, pero después de haber visto que hay en ti bendiciones ciertamente nuestras bendiciones han venido a ti. Y a esto se refiere lo que está escrito: «porque te has hecho mucho más –*meod*– poderoso que nosotros –*mimenu*–».[192] De nosotros te ha venido el poder de las bendiciones. Y la expresión *meod* tiene las mismas letras que Adam, invirtiendo su orden. Es decir, ellos pensaban que eran interiores,[193] y estaban vinculados con Tiferet que se denomina Adam, e Isaac estaba vinculado con el juicio. Y cuando vieron que después de haberlo expulsado de entre ellos Isaac fue bendecido con todo eso supieron con certeza que ellos eran exteriores.[194] E Isaac, aunque estaba vinculado con el juicio severo, debido a que estaba vinculado con Tiferet, era bendecido. Y por eso le

---

186. Génesis 26:28.
187. Era suficiente con decir *rainu*.
188. Ibíd.
189. Ibíd.
190. Ibíd.
191. Génesis 26:16.
192. La expresión *mimenu* significa literalmente: de nosotros.
193. Es decir, pensaban que estaban vinculados con el flanco cósmico interior.
194. Y no estaban vinculados con el flanco interior.

dijeron: «Hemos visto –*rao rainu*–». Visión tras visión. Pues en principio vimos una visión, y ahora vimos otra visión. Y lo que vimos ahora es: «que El Eterno está contigo». Pues tú estás apegado a Tiferet.

Y lo que está escrito: «Y dijimos, sea ahora juramento –*ala*–[195] entre nosotros», se refiere a la fortificación del juicio que se denomina *ala*. Pues de él vienen las maldiciones y los juicios severos. Es decir, aquí vemos que esa *ala* interrumpe entre nosotros, pues tú estás en el interior, vinculado con Tiferet, y nosotros en el exterior, próximos a esa *ala*, y nosotros queremos tener vínculos con ese flanco interior de ti. Y a esto se refiere lo que está escrito a continuación: «entre nosotros y entre ti»,[196] para que hubiera unión entre nosotros y entre ti, y no nos sobrevengan maldiciones de esa *ala*. Y eso será a través de que «estableceremos pacto contigo». Y éste es el misterio de lo que está escrito: «Y observó Abimelej [...] por la ventana».[197] Se refiere a la Ventana de la sabiduría de él. Pues al comienzo consideraron a Rebeca hermana de Isaac, que es juicio severo, y Rebeca, que es Maljut, juicio leve. Y no ascendió al pensamiento de Abimelej que vendrían de Isaac a Rebeca sino juicios, y no bendiciones. Y después de observar en su sabiduría, vio que Isaac le enviaba a ella las bendiciones, que son la alegría del mundo. Y a esto se refiere lo que está escrito: «Isaac –Itzjak– estaba riendo –*metzajek*– con Rebeca, su mujer».[198] Pues su despertar era para traer bendiciones a través de Isaac –Itzjak–, ya que es el modelo de la unión que no viene sino del Norte.

Víspera del día de Shabat, 22 de Jeshván, año ´309

El Eterno está contigo [...]. Hay que hacer hincapié en observar cuidadosamente lo que está escrito: «Y éstas son las crónicas de Isaac hijo de Abraham».[199] Pues, ¿hasta ahora acaso no hemos oído que

---

195. La expresión *ala* significa también maldición.
196. Génesis 26:28.
197. Génesis 26:8.
198. Ibíd.
199. Génesis 25:19.

Isaac era hijo de Abraham? Y además, ¿por qué se repite y vuelve a decir a continuación: «Abraham engendró a Isaac»?[200] Pero el misterio del asunto depende del misterio del sacrificio[201] –*akedá*–. Y los sabios dijeron acerca del versículo que declara: «E Isaac venía del manantial del viviente que me ve»,[202] que los ángeles lo llevaron el Jardín del Edén, y estuvo allí tres años para curarse de la herida que le hizo Abraham en el momento de la ofrenda. Y el misterio que los sabios de bendita memoria revelaron, fue que Sara, que la paz esté con ella, oyó acerca de la ofrenda de Isaac y se desprendió de ella su alma y murió.

Pero el misterio del asunto es que a causa del poder –del rigor del juicio– de Isaac el mundo no podía existir y con más razón producir descendencia de él. Y por eso Abraham, que provenía del atributo de la bondad –*jesed*–, necesitó sacrificar a Isaac, para quebrar su poder. Y por eso necesitó sacar de él sangre, para debilitar su poder, como ocurre con el degollado ritual que te he enseñado, que es para sacar del animal o del ave sangre, que alude al poder del juicio. Y así se debilitó el poder de Isaac a través del sacrificio de Abraham, mediante el cual sacó sangre de él. Y a esto se refiere el misterio del versículo que declara: «Dios probó –*nisá*–[203] a Abraham».[204] Es decir hizo milagro y prodigio con él para hacer existir al mundo a través de la ofrenda –de su hijo–. Y en el momento de la ofrenda se desprendió el alma de Isaac y también se desprendió el alma de Sara y se unieron conjuntamente.

Y a través de eso se debilitó más el poder de Isaac, porque Sara provenía del flanco del juicio leve ya que era la mujer y la hermana de Abraham, el hombre de la bondad –*jesed*–. Y éste es el misterio por el cual los ángeles lo llevaron al Jardín del Edén para endulzar el poder

---

200. Ibíd.
201. Como está escrito: «Y aconteció después de estos hechos que Dios probó a Abraham, y le dijo: ¡Abraham! Y él respondió: ¡Heme aquí! Y dijo: "Toma por favor a tu hijo, a tu único, a quien amas, a Itzjak [...]"» (Génesis 22:1-19).
202. Génesis 24:62.
203. La expresión *nisá* comparte raíz con *nes* que significa milagro.
204. Génesis 22:1.

de Isaac. Y el misterio por el cual permaneció ahí tres años era para unir a él la emanación de Maljut,[205] para endulzar su poder. Y ya que desde la emanación Guevurá[206] a la emanación Iesod hay tres niveles, por eso dijeron que permaneció ahí tres años.

Y ahora, ésta es la explicación del versículo: «y éstas son las crónicas de Isaac hijo de Abraham». Es decir, has de saber cómo Isaac engendró crónicas y el mundo tuvo existencia y se mantuvo por él, porque era «hijo de Abraham», que era el hombre de la bondad –*jesed*–. Y además, porque Abraham engendró a Isaac. Pues a través de la ofrenda se desprendió su alma y se considera como que Abraham volvió a engendrar a Isaac en ese momento. Y el misterio de –la letra– *vav* de: «y éstas –*veele*–», es éste: debido a que previamente se dijo que Abraham engendró a Isaac, y a Ismael, y a los hijos de Ketura, dice ahora que todos esos eran exteriores, y has de saber cuál era el interior, Isaac, que está pegado a la letra *vav*.[207]

Víspera del día de Shabat, 4 de Kislev.

El Eterno está contigo en todo lo que haces [...]. He venido para hacerte conocer cosas ocultas, cosas verdaderas. Y solamente cuídate de no aumentar los deleites y placeres del cuerpo y compórtate tal como te has comportado parte de esta semana, cuidándote con la comida y con el vino, tal como te he enseñado varias veces. Y es apropiado que tomes lección para cuidarte de los placeres del cuerpo y no apartar tu corazón de pensar en las Mishnaiot ni un solo instante. Pues no debes pensar en esos pensamientos que introducen en tu corazón –el ente maligno– *samej–mem,* y la Serpiente, para inducirte a que pienses en la oscuridad del mundo. Pues no tienes necesidad de pensar en ninguna cosa, ya que: «He aquí que El Eterno tu Dios estuvo contigo durante estos cuarenta años, ninguna cosa te faltó».[208]

---

205. Que se encuentra debajo de la emanación Iesod en el Árbol sefirótico.
206. Vinculada con Isaac.
207. Es decir, la emanación Tiferet.
208. Deuteronomio 2:7.

Y no te faltará en todos tus días porque tu sustento está preparado para ti. Y no tienes necesidad de pensar en ninguna cosa porque El Santo, Bendito Sea, te hará prosperar. Ya que Él no tiene impedimento para salvarte con mucho o con poco. Pues has visto en este momento que con 2000 *zuz*[209] El Santo, Bendito Sea, te envió una ganancia tan grande como de 5000 *zuz*. Por eso, anula los pensamientos de los asuntos de este mundo de tu corazón. Y siempre piensa en la Torá y no interrumpas ni un solo instante. Pues si supieras cuántos mundos se pierden a través de ti en un solo instante que interrumpes de pensar en las palabras de la Torá, elegirías la muerte antes que la vida en el instante en que tú interrumpes. Y –el ente maligno– *samej–mem* y la Serpiente, van detrás de ti siempre, persiguiéndote para introducir en tu corazón pensamientos de los asuntos del mundo, para hacerte interrumpir tus pensamientos en las palabras de la Torá y la plegaria.

Por eso, hijo mío, cuídate de no interrumpir los pensamientos de la Torá en ningún instante. Y en el momento de la plegaria concéntrate en ella para no pensar en ninguna cosa, incluso en asuntos de sabiduría. Pues el momento de la Torá es por separado y el momento de la plegaria es por separado. Y en el momento del recitado del Shemá, une todos tus pensamientos para ser base de la Presencia Divina. Y todos tus miembros se han de unir para entregarse por la santidad de mi nombre. Y anula de ti todos los pensamientos del mundo, ya que tú eres mi sabio *tanaita*. Pues has estudiado la mitad del orden de la Mishná –denominado– Purificaciones –*Taarot*–. Y ya has estudiado cinco órdenes y medio. Por eso, estás rodeado por las siete nubes de Gloria, como te he enseñado, que te acompañan. Por eso no las abandones, sino que siempre las has de repetir para saberlas.

Y de aquí has de conocer las múltiples bondades y misericordias de El Santo, Bendito Sea. Porque aunque hay otros que conocen los seis órdenes de la Mishná, no hablo con ellos como hablo contigo. Y también sabes que hay en ti pecados más fuertes y graves que en ellos. Pero –hablo contigo– por el mérito de aquellos primeros días que estuviste sentado ante mí, y aquellos días que se oscurecieron

---

209. Es el nombre de una moneda de aquella época.

por ese fuerte pecado, se iluminaron a través de los ayunos continuos que has hecho días y noches. «Porque te has afligido –*hitanita*–[210] con todas las cosas que se ha afligido tu padre».[211] Se refiere a Adán, el primer hombre, cuando pecó.[212] Así tú has ayunado –*hitanita*– durante todos esos meses. Durante más de un año has puesto arpillera sobre tus lomos y has vestido vestimentas de hierro. Y así debilitaste esas nubes que oscurecen a la Congregación de Israel con tus pecados, que son como una sartén de hierro sobre tu rostro. Y ayunaste en todo ese tiempo tres días seguidos con sus noches. Y a veces dos. Y con ellos se iluminó tu rostro y te has unificado para ser calcinado por la santidad de mi nombre, para quedar limpio y puro. Y ascenderás a niveles supremos como te he enseñado. Por eso, has de verte a ti mismo como una ofrenda íntegra. Y no se hallará ningún defecto en ti, para no invalidar la ofrenda.

Por eso, que todos tus pensamientos estén siempre en las palabras de la Torá y no interrumpas ni un solo instante. Y te purificaré para ascender a la Tierra de Israel en este año, y para unirte allí con la Torá, para alegrarte siempre con los compañeros ocupándose de la Torá. Y quienes os proveerán serán los ángeles que vuelan con cuatro alas, ellos os enseñarán tal como enseñaron a Rabí Shimón hijo de Yojai en la cueva. Y después te purificaré para ser calcinado por la santidad de mi nombre.

Y ahora he venido para revelarte el secreto del Kadish. Tú has de saber que lo que dijo Salomón, mi –hombre– selecto, que no hay que responder amén después de «y su ungido se acerque –*vikarev meshije*–», no es verdad, sino que se debe responder amén cinco veces. Una vez, cuando se pronuncia: «Engrandecido y santificado sea su gran Nombre». Una vez, cuando se pronuncia: «y su ungido se acerque». Una vez, cuando se dice: «Amén. Sea Su gran Nombre bendecido por siempre y por toda la eternidad». Una vez, después de: «Magnificado

---

210. La expresión *hitanita* significa aflicción y también ayuno.
211. *Véase* I Reyes 2:26.
212. Pues ayunó durante muchos días como está escrito en el Talmud (Talmud, tratado de Eruvín 18a).

y loado, sea el Nombre de El Santo, Bendito Sea». Y una vez, después de: «Él está por sobre toda bendición [...] que pueden pronunciarse en este mundo [...]. Y son cinco –amén–, en correspondencia con la última letra *he*[213] –del Tetragrama–. Pues el secreto del Kadish es hacerla ascender y unirla con las emanaciones supremas. Y a esto se refiere lo que se dijo: «sea engrandecido –*itgadal*–»,[214] es decir, que se una con la emanación Jesed, pues es su hija; «y santificado», es decir: de allí ascenderá al mundo de la santidad, que es la emanación Biná. «Su gran –*raba*– Nombre», se refiere a la Congregación de Israel. Pues cuando se une con Tiferet se denomina grande –*raba*–, según el misterio de: «¿Qué harás a tu gran Nombre?».[215] Y también se denomina «grande –*raba*–», cuando se une con la emanación guedulá.[216] «En el mundo que Él ha creado –*bará*– conforme a Su voluntad».[217] Es decir, únase con las tres emanaciones supremas, que es el mundo de la voluntad de las voluntades.[218] Y aunque las mismas son emanadas[219] hallamos respecto al mundo en muchos lugares que se menciona Briá[220] en lugar de *Atzilut*.[221] Y además, la expresión *bará*[222] vuelve –para referirse– a las tres emanaciones supremas. La letra *bet*[223] –está vinculada– con la emanación Jojmá, y su espinillo con la emanación Keter. Y la *bet*, su cuerpo con la emanación Biná, pues es su letra anterior. Y la letra *reish*[224] se ve –vinculada– con la emanación Jojmá, y *alef*[225] se ve –vin-

---

213. El valor numérico de la letra *he* es 5.
214. La expresión *itgadal* viene de la raíz *gadol* que alude a la emanación cósmica –*sefirá*– denominada Jesed.
215. Josué 7:9.
216. Es decir, Jesed.
217. Así comienza la segunda estrofa del Kadish.
218. El Mundo de la Emanación –Atzilut–.
219. *Nehetzalim*.
220. Creación.
221. Emanación.
222. *Briá* comparte raíz con la expresión *bará*, que se menciona en el Kadish.
223. Con que comienza la expresión *bará*.
224. Es decir, la segunda letra de la expresión *bará*.
225. Es decir, la tercera letra de la expresión *bará*.

culada– con la emanación Keter suprema. Y también *alef* se ve sobre las tres emanaciones supremas.

«Haga reinar su soberanía».[226] Es decir, que ascienda a la emanación Maljut a lo Alto, para unirla con todas las emanaciones –*sefirot*–. Pues en ese tiempo: «El Eterno será rey sobre toda la tierra».[227] Y en ese tiempo se cumplirá lo que está escrito: «Tu Maestro ya no se ocultará –*ikanef*–».[228] Pues todos los extremos –*kenafim*–[229] se unirán e irradiarán luminosidad con una unión completa. Y éste es el misterio por el cual se recita el Kadish en lengua aramea, para indicar que en ese tiempo la lengua aramea será equivalente a la lengua sagrada. Pues todos estarán unidos completamente como he dicho. Y a esto se refiere: «Haga reinar su soberanía», pues los extremos se unirán en Él, y todo será uno.

«Y haga germinar su salvación».[230] Es decir, después de que la Congregación de Israel se una con la emanación Jesed y las emanaciones supremas, germinará para enviar abundancia y nutriente a todos los mundos, según el misterio de hacerlos nacer como al comienzo.

«Y su ungido se acerque».[231] Es decir, las emanaciones supremas que vierten aceite sagrado de la unción se acercarán para enviar a la emanación Maljut sagrada, para nutrir a todos los mundos y por eso se debe responder aquí amén. Pues el valor numérico de amén es igual al Nombre de El Eterno –el Tetragrama, tal cómo se escribe– y *Adnut* –es decir, tal cómo se pronuncia–. Y además, –la letra– *alef*[232] alude a la emanación Keter. Y –la letra– *mem*[233] alude a la emanación

---

226. Así sigue el Kadish.

227. El versículo culmina así: «en aquel día El Eterno será uno, y Su nombre uno» (Zacarías 14:9).

228. Isaías 30:20.

229. La expresión *kenafaim* deriva de *kanaf* que significa ocultación, y también extremo, y asimismo alas, o ente volador.

230. Así sigue el Kadish.

231. Ibíd.

232. Es decir, la primera letra de la palabra amén.

233. La segunda letra de la palabra amén.

Biná. Y –la letra– *nun*[234] alude a la emanación Tiferet y a la emanación Maljut. Y ésta es la unión de las emanaciones y el acercamiento del Ungido –Mesías–.

«En vuestra vida, y en vuestros días [...]».[235] Hay que observar cuidadosamente para entender qué significa: «en vuestra vida» y qué significa: «y en vuestros días». Y además, lo que se dice a continuación: «y en vida de toda la Casa de Israel». Y además, ¿por qué se dice «en vida» y por qué no se dice «en los días» como se dijo al comienzo? Pero el misterio del asunto es que las emanaciones supremas pronuncian esta unificación. Por lo tanto, en vuestras vidas significa por la gran abundancia que vendrá sobre vosotros según el misterio de: «Y Tú vivificas a todos».[236] «Y en vuestros días», son unificaciones de las emanaciones, que se denominan días. Es decir, vendrá abundancia de vida a Tiferet y de allí habrá nutriente de vida para todas las emanaciones, y aquí se unirán todos.

«Y en vida de toda la Casa de Israel».[237] Es decir, de allí vendrá abundancia de vida a la Congregación de Israel inferior, que se denomina Casa de Israel. Y se unificará con todas las emanaciones supremas. Y no se dijo «en sus días» porque sus emanaciones se unifican en ella siempre, y por eso no es necesario decir que se unificarán en ella.

«Pronto –*bagala*– y en un lapso de tiempo breve».[238] *Agala*, en arameo, y en un lapso de tiempo breve. Es decir con proximidad y unión de las emanaciones, que se denominan tiempo, según el misterio del cual se aprende que el orden de los tiempos –*zemanim*–, estaba antes de eso,[239] lo cual fue dicho en relación con las emanaciones.

---

234. La tercera letra de la palabra amén.
235. Así sigue el Kadish.
236. Nehemias 9:6.
237. Así sigue el Kadish.
238. Ibíd.
239. *Véase* Midrash Raba Bereshit 3:7.

«Amén. Sea Su gran Nombre[240] bendecido».[241] Es decir: con el Nombre —*shem*— que se escribe con las letras *yud, he,* que es Maljut, sea engrandecido. Pues se unirá con la emanación denominada *guedulá*[242] —grande—, y enviará abundancia a las cinco emanaciones que están debajo de la emanación denominada Bondad —Jesed—. Y a esto se refiere lo que se dice —a continuación en el Kadish—: «bendecido por siempre —*lealam*—», es decir, bendecirá a la emanación Tiferet; «y por siempre —*lealmei*—», que son estas emanaciones: Guevurá y Netzaj, —o sea, las emanaciones vinculadas con— la mano izquierda y la pierna derecha, «para siempre —*almaia*—», que son estas emanaciones: Hod y Iesod, —o sea, las emanaciones vinculadas con— la pierna izquierda y el pacto —de la circuncisión—.

«Bendecido [...]»,[243] ahora se vuelve para unirla con la emanación Keter suprema y con todas las emanaciones. «Bendecido», en relación con la emanación Keter, «y alabado», en relación con la emanación Jojmá, «y glorificado», en relación con la emanación Biná, «y ensalzado», en relación con la emanación Guedulá,[244] «y elevado», en relación con la emanación denominada Temor,[245] «y loado», en relación con la emanación Tiferet, «y encumbrado», en relación con la emanación Netzaj, «y sublimado», en relación con la emanación Hod, «sea el Nombre de El Santo, Bendito Sea», en relación con la emanación Iesod.

Y los de la congregación[246] deben responder hasta «Bendecido —*itbaraj*—», y hacerla ascender hasta la emanación Keter, para unirla con la emanación Keter. Y si no hace así es como si cortara las planta-

---

240. «Su gran Nombre» en el texto original está escrito a través de la locución *shemeh,* que puede leerse *shem yud, he.* Es decir el Nombre *yud, he* sea engrandecido.
241. Así sigue el Kadish.
242. Jesed.
243. Así sigue el Kadish.
244. La emanación Jesed.
245. La emanación Guevurá.
246. Cuando responden: «Amén. Sea Su gran Nombre bendecido [...]».

ciones²⁴⁷ y su castigo es grande, como escribió mi –hombre– selecto Yosef Gikatilla. Y no hay cortado²⁴⁸ más grande que éste. Pero hasta: «Bendecido *–itbaraj–*», solamente, es suficiente. Pues debido a que la hizo ascender de allí, seguramente se unirá con todas las emanaciones. Y la persona debe decir todo,²⁴⁹ tal como tú haces apropiadamente.

«Por sobre toda bendición […]». Las bendiciones los cánticos y las alabanzas aluden a las tres emanaciones supremas. Y se menciona que esas tres se unirán con Maljut. Y a esto se refiere lo que se dice:²⁵⁰ «que pueden pronunciarse en este mundo». He aquí que te he enseñado acerca del Kadish un misterio que no fue revelado durante muchos años. Y cuando todos los sabios de la generación lo oigan se alegrarán con ello.

«Y te dé […]».²⁵¹ Y ahora quiero enseñarte el secreto de las bendiciones de Jacob. Pues hay que observar cuidadosamente que las mismas están vinculadas con este mundo y no con el Mundo Venidero. ¿Y por qué no lo bendijo con el Mundo Venidero que es lo principal? Y además, vemos varios reyes que no fueron bendecidos y tienen «rocío de los Cielos […]». Y los sirven pueblos y naciones. Y además, ¿por qué Jacob y Rebeca actuaron con tanta sabiduría respecto a las bendiciones de este mundo? Y además, ¿por qué se comienza el asunto con la letra *vav*, como está escrito: «Y²⁵² te dé […]»? Y aunque los sabios explicaron que²⁵³ se refiere a que dará y volverá a dar, nosotros deseamos explicarlo según su misterio profundo. Y además, ¿por qué no dijo de lo selecto de la tierra como dijo del rocío? Y además, ¿cuál

---

247. Es decir, es como si dañara en los secretos vinculados con las emanaciones de lo Alto.

248. De las plantaciones supremas, que aluden a misterios supremos, tal como hemos mencionado anteriormente.

249. Lo que sigue en el Kadish después de: «Bendecido *–itbaraj–*».

250. A continuación en el Kadish.

251. «Y te dé Dios del rocío de los Cielos y de lo selecto de la tierra, y granos y mosto en abundancia» (Génesis 27:28).

252. Esta expresión en el texto original hebreo está escrita a través de la letra *vav*.

253. Esa conjunción copulativa.

es la novedad en la bendición de Jacob? Pues también bendijo a Esaú y le dijo: «de lo selecto de la tierra será tu morada, y del rocío de los Cielos de arriba».[254] Y además, ¿por qué «Dios –HaE"lohim–»,[255] el atributo del juicio? Y además, ¿por qué «HaE"lohim–», con la letra *he* de notificación?[256] Pero el misterio del asunto es que Isaac apegó a Jacob con las emanaciones supremas y por eso comenzó con la letra *vav* que alude Tiferet. Para indicar que Tiferet te será dado. Y a esto se refiere lo que está escrito: «Y te[257] dé HaE"lohim». Es decir, ascenderá de allí a la emanación Biná, que es –la emanación vinculada con la letra– *lamed*, según el misterio de la Torre –*migdal*– que vuela por los aires.[258] Y nutrirá a la Congregación de Israel, que es –la emanación vinculada con la letra– *kaf*. Pues hay *kaf*[259] y hay *kaf*.[260] Ya que cuando está encorvada[261] se denomina *kaf, pe*.[262] Y cuando se nutre de lo Alto, recibiendo abundancia de bendiciones, se denomina *kaf, pe* extendida.[263] Pues la extensión de *kaf* alude a *vav*, que se apega a Tiferet y envía abundancia a todos los mundos. Y éste es el secreto de: «Y te dé –*veiten lejá*–». Ascenderás con *lamed*, que es la emanación Biná, según el misterio de: «Y Yo te haré subir sobre las alturas de la tierra, y te daré a comer la heredad de Jacob tu padre».[264] Y nutrirá a *kaf*, que es la Congregación de Israel. Y ascenderás a la última letra *he*,[265] y la

---

254. Génesis 27:39.
255. Este Nombre de Dios alude a la medida de juicio.
256. Pues cuando se coloca una letra *he* al comienzo, de ese modo, viene a enseñar algo novedoso.
257. La expresión «te», en el texto original hebreo está escrita a través de la locución *lejá* que comience con la letra *lamed*.
258. *Véase* Talmud, tratado de Jaguigá 15b.
259. Cuando esa letra se escribe al comienzo o en cualquier otra parte de la palabra pero no al final.
260. Cuando esa letra se escribe el final de la palabra.
261. Tal como es el gráfico de esa letra cuando se escribe al comienzo o en cualquier otra parte de la palabra pero no el final.
262. Su nombre completo se escribe con una letra *pe* encorvada.
263. Su nombre completo se escribe con una letra *pe* extendida al final.
264. Isaías 58:14.
265. Del Tetragrama.

unirás con la emanación Biná.²⁶⁶ Y a esto se refiere lo que esté escrito: «HaE"lohim». A la letra *he* la unirás con la emanación Biná. Pues E"lohim es –el Nombre vinculado con– la emanación Biná. E irradiará luminosidad según el misterio de: «del rocío de los Cielos». Pues el Nombre de El Eterno, el Tetragrama, completando sus letras con *yud*, de este modo: *yud, vav, dalet; he, yud; vav, yud, vav; he, yud*, su valor numérico asciende a 72. Y con las siete emanaciones de la Edificación su valor numérico asciende a 79, como el valor numérico de: «del rocío –*mital*–».²⁶⁷ Y tú sabes que el Tetragrama, con sus letras escritas con *yud*, alude a la emanación Keter. Y a esto se refiere lo que está escrito: «del rocío de los Cielos», supremos. Y además, «El Eterno es uno», su valor numérico es igual a «rocío –*tal*–». Y además, indica a modo de alusión que irradiará luminosidad del misterio de los Trece Atributos que centellean de El Infinito, que irradian luminosidad en Keter. Y Keter los hace irradiar en Tiferet. He aquí que tres veces trece, cuya cuenta asciende a 39.

Asimismo, tú sabes que el Nombre de El Eterno, el Tetragrama, escrito con letras *yud*, alude a Keter. Y a esto se refiere lo que está escrito: «del rocío de los Cielos», supremos. Y además, debe considerarse que el valor numérico de «El Eterno es uno», es igual al de «rocío –*tal*–». Y asimismo indica a modo de insinuación que irradia luminosidad del misterio de los Trece Atributos que centellean de El Infinito, e irradia luminosidad en Keter. Y Keter los hacen irradiar en Tiferet. He aquí que tres veces trece que en total suman 39. Y lo que se dijo: «del rocío –*mital*–», indica que de –el nivel supremo– El Infinito, no hay aprehensión. Pues Keter, Jojmá, están ante él. Y por eso se dijo «del rocío», y no todo el rocío.

Además, es posible decir que «rocío de los Cielos», alude a Keter, y «granos» alude a Jojmá, que se denomina Pan. Y «mosto» alude a Biná, que es el Vino guardado en sus uvas. Y así dijo: asciende y apégate a un poco de Keter, y a esto se refiere lo que está escrito: «del ro-

---

266. Aludida en la primera letra *he* del Tetragrama.
267. *Mital* se escribe con estas letras: *mem, tet, lamed*. Y éste es su valor numérico: $40 + 9 + 30 = 79$.

cío de los Cielos». Pero de Biná y Jojmá, apégate a la mayoría de ellas. «Y granos y mosto en abundancia –*rov*–».[268, 269] Es sabido que en Jojmá y Biná hay un poco de aprehensión, pero en la Keter suprema, no hay aprehensión, según el misterio de: «sus servidores preguntan»,[270] que se refiere a las emanaciones supremas. Y el entendido comprenderá que «de mi carne he de ver a Dios»,[271] indica que así como los miembros del cuerpo saben que el alma los conduce y ellos no tienen aprehensión de ella, así, es sabido que las emanaciones son semejantes a los miembros respecto a El Infinito, Bendito Sea.

«Naciones te servirán […]».[272] Ahora le dio poder sobre los setenta Príncipes que rodean el Trono. A esos del flanco izquierdo los llamó «naciones –*amim*–», y a esos del flanco derecho los llamó «pueblos –*leumim*–». Y debido a que esos del flanco izquierdo, es apropiado para ellos estar más subordinados, se dijo acerca de ellos: «te servirán». Y debido a que esos del flanco derecho, no es apropiado para ellos estar tan subordinados, se dijo acerca de ellos: «se inclinarán», y no se mencionó acerca de ellos servidumbre.

«Y los hijos de tu madre se inclinarán ante ti». Se refiere a la emanación Iesod y a la emanación Maljut. Y se los denomina: «hijos de tu madre», porque la emanación Tiferet, la emanación Iesod y la emanación Maljut, salieron del golpe cósmico de la emanación Keter, tal como te he enseñado. Y dijo: aunque son hijos de tu madre, pues salieron de un solo lugar, ellos se inclinarán ante ti, es decir, serán para ti, pues la emanación Iesod y la emanación Maljut están debajo de la emanación Tiferet. «Malditos», se refiere a –el ente maligno– *samej–mem* y la Serpiente, que buscan que te falte la abundancia que te llega; ellos serán malditos, pues les faltará todo bien. Ya que –la ex-

---

268. La expresión *rov* significa abundancia y también mayoría.

269. Génesis 27:28.

270. «Sus servidores preguntan uno al otro: "¿Dónde está […]"?». Tal como se manifiesta en la santificación de la oración denominada Musaf.

271. Job 19:26.

272. «Naciones te servirán y pueblos se inclinarán a ti, serás señor de tus hermanos, y los hijos de tu madre se inclinarán ante ti; malditos los que te maldijeren, y benditos los que te bendijeren» (Génesis 27:29).

presión– *arur* –maldito–, es carente, tal como tradujo Onkelus al arameo: «llaga impura *mameret*»:[273] encerrada carente –*mejasra*–.

«Y los que te bendijeren», se refiere a las emanaciones supremas, las cuales otorgan abundancia a Tiferet, para que las bendiciones sean de lo supremo de lo Alto. He aquí que tú ves el grado supremo, la grandeza de estas bendiciones, ¡cuán supremas son! De lo Alto, de lo Alto. Y a Jacob y Rebeca les correspondía actuar con sabiduría para aprehenderlas. Pero las bendiciones de Esaú estaban debajo de la Congregación de Israel, y por eso, cuando las dijo, comenzó con la expresión: «he aquí que –*hine*–».[274, 275] Así, pues, se alude a lo que está escrito: «He aquí que –*hine*– la cama de él, de Quién la paz es de Él –*shelishlomó*–, hay sesenta valientes alrededor de ella, de los valientes de Israel» (Cantar de los Cantares 3:7). Pues lo apegó al lugar donde están allí los sesenta valientes alrededor de la Congregación de Israel. Y ciertamente el valor numérico de la expresión *hine* es 60. Y a esto se refiere lo que dijo: «de lo selecto de la tierra»,[276] o sea, alrededor de la Tierra de lo bajo,[277] «será tu morada», te apegarás al lugar de esos valientes poderosos con el rigor del juicio. «Y del rocío de los Cielos de arriba», es decir, tus salidas no serán sino de los Cielos que están sobre ti, que es la Congregación de Israel, y no de los Cielos de lo Alto. Y a esto se refiere lo que dijo: «de los Cielos de arriba», y no: «de arriba de lo Alto». «Y por tu espada –*jerev*– vivirás»,[278] se refiere a los hijos,[279] que están alrededor de la Congregación de Israel, que son destrucción –*jurván*– y asolamiento. Y además, se llama Jaruv, porque es en reemplazo equitativo por Tiferet que está aludido en la letra *vav*, pues se parece a una espada –*jerev*–. «Y a tu hermano servirás», es decir, es imposible hacerte ascender más, pues forzosamente serás

---

273. Levítico 13:51.
274. Sin una letra *vav* al comienzo que alude a Tiferet.
275. Génesis 27:39.
276. Génesis 27:39.
277. Maljut.
278. Génesis 27:40.
279. Los seres vinculados con el Otro Lado –*Sitra Ajara*–.

siervo de tu hermano. Ya que tu hermano se apega a Tiferet que envía influencia a la Congregación de Israel. Y se nutrirá de la abundancia que llega a la Congregación de Israel. «Y ocurrirá cuando te aflijas –*tarid*–», es decir, la Congregación de Israel se afligirá. Pues la letra *tav* de *tarid* se refiere a la Congregación de Israel. Y la expresión *tarid* se corresponde con la expresión: «Cuando me acongojo de mi aflicción –*siji*–» (Salmos 55:3). Es decir, cuando la Congregación de Israel se acongoje ante El Santo, Bendito Sea, por las acciones de ellos;[280] pues es una madre que instruye, como está dicho: «Lo instruyó su madre» (Proverbios 31:1). Y cuando ellos no oyen su voz, ella se acongoja ante El Santo, Bendito Sea. Y dijo: cuando la Congregación de Israel se acongoje por las acciones de ellos: «Quitarás su yugo de tu cerviz».[281] Es decir, tú ascenderás y te nutrirás de la abundancia que llega a la Congregación de Israel. Y entonces ella se nutrirá de ti, según el misterio que manifiesta que todo el mundo bebe del sobrante de la Tierra de Israel,[282] y ahora, debido a los pecados que se aumentaron, la Tierra de Israel bebe del sobrante del mundo. Y a esto se refiere lo que está escrito: «Y ocurrirá –*vehaiá*–». Es decir, en ese momento Tiferet ascenderá a lo Alto, a Biná, y no alimentará a la Congregación de Israel. Y eso está indicado a modo de alusión en la expresión *vehaiá* que es el Nombre de El Eterno, el Tetragrama, con sus letras invertidas de atrás hacia delante, donde la letra *vav*[283] está escrita antes que la primera letra *he*.[284]

Además, la expresión *tarid*, –invirtiendo el orden de las letras– es como si estuviera escrito *tadir*.[285] Es decir, tú siempre vuelves para hacer tropezar a las personas. Y cuando estés siempre con ellos, y te oigan: «Quitarás su yugo de tu cerviz». He aquí que tú ves que las bendicio-

---

280. Los Hijos de Israel.
281. Génesis 27:40.
282. Cuando ella recibe en forma directa el nutriente de lo Alto por el mérito de los Hijos de Israel (*véase* Talmud, tratado de Taanit 11a).
283. Que alude a Tiferet.
284. Que alude a Biná.
285. Que significa siempre.

nes de Esaú estaban en el grado de lo bajo, de lo bajo, y las bendiciones de Jacob, en el grado de lo Alto, de lo Alto.

Y aunque Isaac no consideraba a Esaú un malvado, de todos modos no lo consideraba tan justo hasta el punto de merecer apegarse a Tiferet. Y no quería sino apegarlo a la Congregación de Israel de lo bajo; y a esto se refiere lo que dijo: «y te bendiga ante El Eterno» (Génesis 27:7). Pues ella[286] se denomina: «ante El Eterno».[287] Y cuando vino Jacob, e Isaac pensó que era Esaú, y lo bendijo, no lo quiso apegar sino a ella (la Congregación de Israel de lo bajo). Pero la Presencia Divina –Shejiná– hablaba por su boca, y lo apegó a Tiferet, tal como hemos dicho. Y cuando Esaú vino y dijo: «Levántese mi padre [...]»,[288] entonces «Isaac se atemorizó –vaiejerad– con un temor muy grande –jarada–».[289] Asombro sobre asombro. Uno, que el cumplimiento de las bendiciones no era para su hijo. Y además, que ascendería a grados supremos, más de lo que él había pensado. Y a esto se refiere lo que se dijo: «con un temor muy grande». Y a esto se refiere lo que se dijo: «¿Quién, pues –eifo–?».[290, 291] Porque la expresión que se escribe con las letras *alef, yud*, alude a las tres emanaciones supremas, según el misterio de:[292] «¿Dónde –aie– está su lugar para captarlo?». Y *pe, he* en la mitad –final– de la palabra alude a la emanación Jojmá. Y además, *eifo* alude a la emanación Jojmá porque es la *eifa*[293] y medida del tamaño de la estatura. Y por eso temió Isaac, porque vio que él era bendecido y ascendería a todos esos grados supremos. Y cuando supo que no era Esaú, pensó que ese que fue bendecido no era su hijo. Y por eso temió tanto, porque un hombre que no era de su simiente

---

286. La Congregación de Israel.
287. La medida de Tiferet.
288. Génesis 27:31.
289. Génesis 27:33.
290. La expresión *eifo* se escribe con las letras hebreas *alef, yud, pe, he*.
291. Génesis 27:33.
292. Lo que se menciona en la santificación de la plegaria adicional denominada Musaf.
293. Unidad de volumen.

tendría un ascenso de esas magnitudes, mostrando que él no era lo principal del mundo.

Y mientras decía esas cosas, supo que su hijo Jacob era el que fue bendecido y ascendería a todos esos grados supremos. En ese momento se aplacó su pensamiento y dijo: «También será bendito».[294] Y dijo: «Ha venido tu hermano con astucia [...]».[295] Es decir, vino con la ayuda de la emanación Biná, para nutrirse de ella, y así tomó tu bendición, que es la Congregación de Israel. Pues allí quise apegarte; y ahora, ella está debajo de ella y se nutre de ella. Y «con astucia –*bemirma*–», o sea con *mem* –*be mem*–, según el misterio de *mem rama*.[296] Pues *mem* es la emanación Biná, y ella es elevada –*rama*–, según el secreto de lo que está escrito: «Y retornaba a Rama» (I Samuel 7:17).

«Cuando Esaú oyó [...] y clamó con un clamor [...]» (Génesis 27:34). Aflicción sobre aflicción. Una, por haber perdido esas bendiciones, y otra, porque Jacob ascendería a esos niveles supremos. Y dijo: «¿Acaso tienes una sola bendición, padre mío?».[297] Es decir: «una sola bendición», que es la Congregación de Israel, ¿en su interior hay sólo una con la que tú puedes bendecir, que tú dices: «y tomó tu bendición»? Aunque él ascienda lo Alto, a lo Alto, tú me puedes apegar con la Congregación de Israel como era tu voluntad. Y a esto se refiere lo que dijo: «Bendíceme también a mí, padre mío».[298] Entonces Isaac le dijo: «de lo selecto de la tierra será tu morada».[299] Es decir, tú no tienes existencia en el lugar de la Congregación de Israel, sino debajo de ella. Y a esto se refiere lo que dijo: «de lo selecto de la tierra será tu morada [...]», tal como he explicado. «Y a tu hermano servirás».[300] Es decir: y por eso te he dicho: «y tomó tu bendición».

---

294. Génesis 27:33.
295. Génesis 27:35.
296. La expresión *bemirma* puede leerse así: *bemem rama*, que significa con –la letra– *mem* elevada.
297. Génesis 27:38.
298. Génesis 27:38.
299. Génesis 27:39.
300. Génesis 27:40.

He aquí que te han sido revelados secretos ocultos y los asuntos se te han esclarecido correctamente. Por eso, concéntrate en tus acciones y piensa siempre en la Torá. No lo interrumpas ni por un solo instante. Y si escribes a mi querido Salomón, escríbele estas palabras para que se alegre con ellas. Y la paz sea contigo.

Víspera del día de Shabat, 9 de Kislev.

El Eterno está contigo [...]. He venido a revelarte un secreto supremo acerca de esta sagrada sección de la Torá. Pues hay que observar cuidadosamente, ¿por qué necesitó Jacob, el más selecto de los patriarcas, residir con Labán, y casarse con las hijas de ese malvado, y pastorear sus ovejas? Pero el misterio del asunto es que Labán alude a lo blanco —*loben*— supremo de ese flanco de la impureza. Y Jacob necesitó ir con él para sacar a las legiones de la santidad que estaban ocultas con él, y traerlas al flanco de la santidad, del interior de ése flanco —impuro—.

Y ese es también el misterio de las ovejas de Ytro, a las cuales pastoreaba Moshe nuestro maestro, que eran legiones de la santidad que estaban ocultas allí. Y las pastoreaba para acercarlas al flanco de la santidad. Y debido a que el mismo Ytro en el futuro se convertiría el judaísmo, no fue necesario decir acerca de él: «Y Dios salvó del ganado de vuestro padre». Pues después de que se convirtiera al judaísmo, todas las legiones que estaban con él habrían de venir con él. Y necesitaba casarse con sus hijas, porque las sacó del dominio de ese flanco. Y éste es el secreto de lo que está escrito: «Y llamó Jacob a Raquel y Lea al campo, a sus ovejas» (Génesis 31:4). Quiere decir que las hizo entrar al Campo de Manzanos.[301] Y ésta es la razón por la cual aque trae primicias, el comienzo de su declaración es: «Labán el arameo quiso destruir a mi padre». Pues estaban ocultas con él legiones de la santidad, y Jacob las sacó por la fuerza.

---

301. Mencionado en reiteradas ocasiones por los sabios cabalistas en los libros de Cábala.

Shabat, '300 16 de Tevet.

El Eterno está contigo […]. Hay que observar cuidadosamente para entender cuál es la razón por la que Abraham salió de la Tierra de Israel e Isaac no salió. Y aunque los sabios dijeron que se debía a que él era una ofrenda ígnea, aún así es difícil de entender. Pues Jacob, que era la completitud de los patriarcas, ¿por qué salió dos veces, y Abraham no salió sino una vez? Y además, ya que él era la completitud de los patriarcas, ¿por qué su alma salió fuera de la Tierra de Israel? Pero el misterio del asunto es éste: cuando hubo hambre en la tierra, Abraham y Jacob necesitaron salir de ella y estar frente a ella, para iluminarla con bondad –*jesed*– y misericordia –*rajamin*–.

Pero era necesario que Isaac no saliera. Pues si hubiese salido y hubiese estado frente a ella, hubiera enviado sobre ella juicio y se hubiera fortificado el juicio. Y Jacob necesitó salir dos veces, una para establecer la paz con el juicio. Y así fue la primera vez que salió a causa de la acusación de Esaú. Y también allí estuvo la acusación con Labán. Y de todos modos el juicio era con misericordia. Y a esto se refiere el misterio de lo que está escrito: «y El Eterno te ha bendecido por mi causa» (Génesis 30:30). Y él[302] mismo dijo: «He percibido que El Eterno me ha bendecido por tu causa» (Génesis 30:27). Y la segunda vez salió para establecer la paz con la bondad –*jesed*–. Y ciertamente hizo bien y bondad con el Faraón y Egipto, pues lo bendijo con que el Nilo subiera a su encuentro. Y acerca de la causa por la cual su alma salió en Egipto era para que él se apegara con sus hijos en el exilio. Pues en el lugar en que sale el alma de la persona, allí está siempre su apego. Y cuando los Hijos de Israel salieron de Egipto, salió el alma de Jacob con ellos. Y a esto se refiere lo que dijeron los sabios: «E Israel vio la mano grande»,[303] se refiere a Israel el anciano.

---

302. Labán.
303. Éxodo 14:31.

SECCIÓN DE VAIETZÉ

Primera compilación

Víspera del día de Shabat, sección «y salió Jacob»

El Eterno está contigo [...]. He venido para revelarte secretos ocultos de esta sección[304] de la Torá. Has de saber que Beer Sheba es la Congregación de Israel. Además, Beer Sheba[305] se refiere a las siete emanaciones de la Edificación.[306] Y se dijo: «Y salió Jacob de Beer Sheba», para comunicar que Jacob, que es Tiferet, se apartó de las siete emanaciones de la Edificación y se apegó a las tres emanaciones supremas. Y a esto se refiere lo que está escrito: «y se dirigió –*vaielej*– a Jarán». Pues la expresión *vaielej*[307] indica que *vav*[308] se apegó a *yud*, que es la emanación Jojmá, y a *lamed* que es la emanación Biná, y a *caf*, que es la emanación Keter. Y también «Jarán –*jarana*–»,[309] indica se apegó a *jet*,[310] que es la emanación Biná, que es la octava emanación,[311] y a *reish*, que alude a la emanación Jojmá y a *nun*,[312] que es la emanación Biná, pues alude a los cincuenta pórticos de la emanación Biná, y a *he*[313] que alude a la emanación Biná.

---

304. «Y salió Jacob de Beer Sheba, y se dirigió a Jarán» (Génesis 28:10).
305. Sheba significa literalmente 7.
306. Es decir, las siete emanaciones inferiores.
307. La expresión *vaielej* se escribe con estas letras hebreas: *vav, yud, lamed, caf*.
308. Tiferet.
309. La expresión *jarana* se escribe con estas letras hebreas: *jet, reish, nun, he*.
310. El valor numérico de la letra *jet* es 8.
311. En orden ascendente, comenzando desde la emanación Maljut.
312. El valor numérico de la letra *nun* es 50.
313. La primera letra *he* del Tetragrama alude a la emanación Biná.

«Y se topó –*vaifga*–[314] con el lugar».[315] Es decir, se topó *vav* –con *yud*–. O sea, se apegó a *yud*, que es la emanación Jojmá. «Con el lugar», se alude a las tres emanaciones supremas según el misterio de «Bendito el Lugar».[316] «Y pernoctó –*vaialen*–[317] allí». Es decir, *vav*[318] se apegó a *yud*, que es la emanación Jojmá, y con *lamed*, que es la emanación Biná, y con *nun*. «Allí», éste es el misterio de: «estuvo con él allí» (Éxodo 34:5). «Pues el Sol ya se había puesto [...] y se acostó –*vaishkav*–[319] en aquel lugar». Es decir, la letra *vav* –de *vaishkav*–, se apega a *iesh*,[320] que es la emanación Jojmá, según el misterio de: «Para hacer heredar a los que me aman tengo –*iesh*–».[321] Y se apega también con las veintidós letras –del alfabeto hebreo–. «En aquel –*hu*– lugar». Es decir se apega a las tres emanaciones supremas hasta que asciende al lugar denominado *Hu*. O sea, la emanación Keter es *Hu*. «Y soñó –*vaiajalom*–».[322] Es decir, *vav* se apega a *yud*, que es la emanación Jojmá, y a *jet*, que alude a la emanación Jojmá,[323] y a *lamed*, que alude a la emanación Biná, y a *mem*, que también alude a la emanación Biná, según el misterio de la letra *mem* cerrada de: «Para el incremento –*lemarbe*–[324] del imperio y la paz» (Isaías 9:6). «Y he aquí que

---

314. La expresión *vaifga* se escribe con estas letras hebreas: *vav, yud, pe, guimel, ain*.

315. «Y se topó con el lugar y pernoctó allí, pues el Sol ya se había puesto; y tomó de las piedras de aquel lugar y puso a su cabecera, y se acostó en aquel lugar» (Génesis 28:11).

316. *Véase* Hagada de Pesaj.

317. La expresión *vaialen* se escribe con estas letras hebreas: *vav, yud, lamed, nun*.

318. Tiferet.

319. La expresión *vaishkav* se escribe con estas letras hebreas: *vav, yud, shin, caf, bet*.

320. O sea, las letras *yud* y *shin*.

321. «Para hacer heredar a los que me aman tengo –*iesh*–, y que colme mis depósitos» (Proverbios 8:21).

322. La expresión *vaiajalom* se escribe con estas letras hebreas: *vav, yud, jet, lamed, men*.

323. Pues es su primera letra.

324. La expresión *lemarbe* en el texto original hebreo está escrita con una letra *mem* cerrada en el medio de la palabra, lo que no es común, ya que toda vez que se escribe una letra *mem* al comienzo de la palabra, o en medio de ella, se hace a través de una *mem* abierta y sólo se utiliza la letra *mem* cerrada para ser escrita al final de una palabra. O sea, indica un misterio oculto.

–*vehine*–»,[325, 326] es decir: *vav* se apega a las dos letras *he* y a la letra *nun*, que alude a un misterio intrínseco vinculado con *he*. «Una escalera que estaba apoyada en tierra».[327] «Escalera», son las emanaciones que se levantan (hay quien sostiene que debe decir: que centellean), en la Congregación de Israel, que se denomina Tierra. «Y su cabeza llegaba hasta los Cielos».[328] A través de las emanaciones que estaban en la Tierra se apegaban a la Cabeza las emanaciones, que son las tres emanaciones supremas que se denominan Cielos. Pues ellas son los Cielos de los Cielos. «Y he aquí que ángeles de Dios subían y bajaban por ella».[329] Es decir, ascendieron hasta la emanación Biná que es la octava. Y a esto se refiere lo que está escrito: «por ella –*bo*–»,[330] cuyo valor numérico es 8. Y además, *bet* alude a la emanación Biná, pues es su primera letra. Y dijo que a través de la unión de *vav* con *bet* ascienden las emanaciones. Y a esto se refiere lo que está escrito: «por ella –*bo*–». «Y he aquí que El Eterno estaba situado sobre él –*nitzav*[331] *alav*–» (Génesis 28:13). Pues *bet* alude a la emanación Jojmá, y su espinillo a la emanación Keter suprema.

«Y he aquí que Yo estoy contigo».[332] Éstas son palabras que le dijo a Jacob de lo bajo. «Y te guardaré por dondequiera –*bejol*– que –*asher*– fueres».[333] Es decir apegaré contigo a la Congregación de Israel aludida en él –*bo*–. «Y te guardaré», según el misterio de «guarda».[334] Y también –apegaré contigo– a la emanación Iesod, aludida en la expresión *bejol*. Y también con la emanación Jojmá aludida en la expresión *asher*. «Porque no te dejaré hasta que haya hecho lo que te he

---

325. La expresión *vehine* se escribe con estas letras hebreas: *vav, he, nun, he*.
326. Génesis 28:12.
327. Génesis 28:12.
328. Ibíd.
329. Ibíd.
330. La expresión *bo* se escribe con una letra *vav* y una letra *bet*, que sumadas dan como resultado 8.
331. La expresión *nitzav* termina con *bet*.
332. Génesis 28:15.
333. Ibíd.
334. *Véase* Deuteronomio 5:12.

dicho».[335] Es decir, te apegaré a las tres emanaciones supremas aludidas en la expresión *asher.* Y a esto se refiere lo que está dicho: «lo que –*asher*– te he dicho». Esto es lo que se alude en los primeros versículos, como te he explicado.

«Y se despertó –*vaikatz*–[336] Jacob».[337] Es decir, apegó a *vav* con *yud,* que es la letra que alude a la emanación jojmá, y con *kuf,* que se vincula con el misterio de las diez emanaciones que ascienden a 100.[338] Y con *tzadi* [...][339] «Y dijo: "Ciertamente El Eterno está presente en este –*haze*– lugar». Es decir, «el lugar», se refiere a la emanación Jojmá. Allí es el lugar que alude a las tres emanaciones supremas. Y allí se encuentra el vínculo de «este –*haze*–», o sea, la emanación Iesod. «Ésta no es sino Casa de Dios, y esta la puerta de los Cielos». Es decir, aquel que se apega a la Congregación de Israel se apega a las emanaciones supremas. Y a esto se refiere lo que dijo: «Esta no es –*ein ze*–». Es decir: *Ein*[340] se vincula a través de *ze,* que es la emanación Iesod, y a través de la «Casa de Dios», que es la Congregación de Israel, y *ze,* que es la emanación Iesod, es «la puerta de los Cielos».

«Jacob hizo un voto».[341] Quiso vincularse con la emanación Biná que es el lugar de los votos. (Según entiendo, lo que dijeron los sabios, de bendita memoria, que se hacen votos en momento de aflicción, es para ascender a la emanación Biná que es el lugar de los votos. Pues

---

335. Génesis 28:15.

336. La expresión *vaikatz* se escribe con estas letras hebreas: *vav, yud, yud, kuf, tzadi.*

337. «Y se despertó Jacob de su sueño y dijo: "Ciertamente El Eterno está presente en este lugar ¡Y yo no lo sabía!". Y tuvo miedo, y dijo: "¡Cuán terrible es este lugar! Esta no es sino Casa de Dios, y esta la puerta de los Cielos"» (Génesis 28:16-17).

338. Pues cada una de las 10 emanaciones incluye a las 10 emanaciones, he aquí que en total 100. Y el valor numérico de la letra *kuf* es 100, lo cual alude a ese misterio mencionado.

339. También se alude el vínculo de las emanaciones.

340. Se refiere a un nivel supremo de El Santo, Bendito Sea.

341. «Jacob hizo un voto, diciendo: "Si Dios estuviere conmigo, me guardare por este camino que voy, dándome pan que comer y ropa que vestir; y si volviere en paz a la casa de mi padre, El Eterno será Dios para mí, y esta piedra que he puesto como pilar será la casa de Dios y de todo lo que me dieres, el diezmo apartaré para Ti"» (Génesis 28:20-22).

aquel que se apega a ella queda libre de todas las aflicciones, ya que allí se encuentra la libertad de los mundos. Y asimismo entiendo que la razón por la cual se hacen votos cuando se sube a –leer de– el rollo de la Torá, se debe a que el rollo de la Torá es Tiferet, para ascender con ella a la emanación Biná).

Víspera del día de Shabat, 26 de Tevet.

Apégate solamente a mí, porque con mi temor y con mis Mishnaiot, ascenderás y merecerás que se hagan milagros a través de ti como en los días de los sabios del Talmud. Y se santificará el Nombre de los Cielos a través de ti, pues sabrán que Dios está con Israel. Porque el secreto de los milagros que se realizan a través de los sabios es porque su pensamiento está unido siempre a la Congregación de Israel. Porque ellos piensan en la Torá y en el temor de los Cielos sin ningún tipo de interrupción. Y cuando ella asciende a la emanación Biná, todos los que están unidos a ella ascienden con ella. Resulta, pues, que el alma de la persona que piensa siempre en ella asciende hasta la emanación Biná. Y debido a que el alma de ellos está unida allí, tienen el poder de hacer descender de allí todo lo que desean. Y éste es el misterio de –la enseñanza talmúdica que manifiesta–: «Puso sus ojos en él y se convirtió en un montículo –*gal*– de huesos».[342] Pues *gal* son esos flancos que interrumpen entre el flanco sagrado, y por eso se denomina *gal*, ya que cuando esos flancos se apartan de allí, se revela –*itgale*– el flanco sagrado. Y a esto se refiere el misterio del versículo que declara: «Testigo sea este montículo –*gal*–» (Génesis 31:52). Porque hay que analizar cuidadosamente y observar por qué hizo Jacob ese montículo y comió sobre él. Y además, ¿cuál es el testimonio de ese montículo? Y además, ¿qué significa: «y testigo sea este monumento»?[343] ¿Dónde hallamos que Jacob y Labán hicieron un monumento? Pero el misterio del asunto es éste: debido a que Labán dijo: «Tengo poder en mi mano para haceros

---

342. Talmud, tratado de Shabat 34a.
343. Génesis 31:52.

mal»,[344] Jacob quiso mostrarle que mentía y por eso hizo un montículo y se sentó sobre él para comer. Para indicar a modo de alusión que esos flancos de los cuales Labán se nutre están bajo –el poder de– Jacob, y él se nutre del flanco sagrado que está Arriba.

Y a esto se refiere lo que dijo: «Testigo sea este montículo y testigo sea este monumento de que ni yo pasaré contra ti de este montículo ni tú pasarás de este montículo ni de este monumento contra mí, para mal». Es decir, si tú pasaras contra mí para hacerme mal, me cobraré de ti de tu flanco. Y a esto se refiere lo que dijo: «Testigo sea este montículo». Y si yo pasara contra ti para hacerte mal, entonces, mi flanco sagrado se cobrará de mí. Y a esto se refiere lo que está escrito: «y testigo sea este monumento». «De que ni yo pasaré contra ti [...]», es decir, la Congregación de Israel. Y además le insinúo: ¿cuál es el testimonio del asunto de que tu flanco estará sometido debajo de mí? «Este monumento». Es decir, este acto mediante el cual me he sentado sobre el montículo que alude a tu flanco. Y éste es el misterio de lo que está escrito: «Descubre –*gal*– mis ojos, y observaré las maravillas de tu Torá» (Salmos 119:18). Es decir, apartaré esos flancos que se denominan *gal* de ante mí y a través de eso observaré las maravillas de tu Torá.

Y éste es el misterio de: «Puso sus ojos en él [...]». Porque los ojos aluden a la emanación Jesed y a la emanación Guevurá, y se hace un montículo –*gal*–. Es decir ese flanco está aferrado a él. «De huesos», pues se alude a ese flanco que está frente a la emanación Iesod.

Por eso, apega tus pensamientos a mí siempre, y tu alma ascenderá a lo Alto para santificar el Nombre de los Cielos, para que se hagan milagros a través de ti. Pues acerca del apego y el pensamiento sin interrupción fue dicho: «¿Quién –*mi*– es ésta –*zot*– que asciende del desierto» (Cantar de los Cantares 8:5). Es decir, cuando «ésta –*zot*–», que es la Congregación de Israel, asciende a «Mi», que es la emanación Biná, de la letra *mem* abierta aludida en la emanación Biná, con la letra *mem* abierta (hay quien sostiene que aquí debe decir: la letra *mem* cerrada), que es la emanación Jojmá, según el secreto de: «Para

---

344. Génesis 31:29.

el incremento –*lemarbe*–³⁴⁵ del imperio y la paz» (Isaías 9:6). Y la letra *nun* extendida está vinculada con Tiferet y Maljut. Es decir, la Congregación de Israel, asciende a través de: «El listón del medio –*bariaj hatijón*–»,³⁴⁶ y se une con la *mem* abierta, que es la emanación Biná. Y cuando ella asciende allí: «se une con su amado».³⁴⁷ Pues ese hombre que piensa siempre en la Torá y en la Mishná, con temor, sin interrumpir, se denomina su amado. Y dijo que cuando ella asciende a la emanación Biná, se une y se vincula en ese momento con su amado. Pues debido a que su pensamiento está unido con ella en ese momento, he aquí que su pensamiento y su alma ascienden a la emanación Biná, y sobre ella, al lugar al que asciende la Congregación de Israel, tal como está dicho: «Te desperté debajo de un manzano»,³⁴⁸ según el misterio del Campo de Manzanos. «Allí tu madre tuvo contracciones, allí tuvo contracciones tu progenitora».³⁴⁹ Una alude a la Madre suprema,³⁵⁰ y una alude a la Madre inferior.³⁵¹

Y así ascenderás si tu pensamiento estuviere apegado a mí siempre, sin interrupción. Pues debes verte a ti mismo como un rey con su legión. Porque: ¡cuántos ejércitos están apegados a él en todos los flancos! Así yo, la Mishná y todos mis ejércitos, que te rodeamos siempre, pues tú serás el Grande de la Tierra de Israel [...]. Por eso, figúrate a ti mismo que yo y todos mis ejércitos te rodeamos siempre. Y tú estás entre nosotros como un rey en medio de sus ejércitos. Y no apartes tu pensamiento de mí, y de mis ejércitos, en absoluto, Y la paz sea contigo.

---

345. La expresión *lemarbe* en el texto original hebreo está escrita con una letra *mem* cerrada en el medio de la palabra, como dijimos anteriormente.
346. *Véase* Éxodo 26:28.
347. Cantar de los Cantares 8:5.
348. Ibíd.
349. Ibíd.
350. Biná.
351. Maljut.

SECCIÓN VAIETZÉ

Última compilación

Víspera del día de Shabat, 9 de Kislev.

El Eterno está contigo [...]. He venido para revelarte un secreto supremo de esta sagrada sección de la Torá. Pues hay que ser cuidadoso observando por qué Jacob, el más selecto de los patriarcas, necesitó residir con Labán, y casarse con las hijas de ese malvado, y pastorear sus ovejas. Pero el misterio del asunto es que Labán alude a lo blanco –*loben*–supremo de ese flanco –de la impureza–. Y Jacob necesitó ir con él y sacar de él las legiones de la santidad que estaban ocultas con él, y traerlas al flanco de la santidad. Pues las ovejas aluden a esas legiones, como se mencionó en la cita que declara: «y las almas que hicieron en Jarán».[352] Y a esto se refiere lo que está escrito: «Y Dios salvó –*vaiatzel*– el ganado de vuestro padre, y me dio a mí» (Génesis 31:9). Pues salvó santidad de ese flanco impuro.

Y éste es también el secreto de las ovejas de Ytro que pastoreaba nuestro maestro Moisés, que la paz esté con él. Pues eran ejércitos de la santidad que estaban ocultos en ellas, y las pastoreaba para acercarlas al flanco de la santidad. Y debido a que el mismo Ytro en el futuro se convertiría al judaísmo no fue necesario decir acerca de él: «Y Dios salvó del ganado de vuestro padre». Pues después de que se convirtiera al judaísmo todas las legiones que estaban con él habrían de venir con él. Y necesitaba casarse con sus hijas por esa razón, para sacarlas del dominio de ese flanco. Y éste es el secreto de lo que está escrito: «Y llamó Jacob a Raquel y Lea al campo, a sus ovejas» (Génesis 31:4). Quiere decir que las hizo entrar en el Campo de Manzanos. Y por eso, el que trae primicias, el comienzo de su declaración es: «Labán el arameo quiso destruir a mi padre». Pues estaban ocultas con él legiones de la santidad, y Jacob las sacó por la fuerza.

---

352. Génesis 12:5.

SECCIÓN DE VAISHLAJ

Primera compilación

Víspera del día de Shabat, 18 de Kislev, sección Vaishlaj.

El Eterno está contigo [...]. He venido para revelarte secretos ocultos que cuando sean oídos por todos los sabios de la generación, se alegrarán y se renovará su espíritu en su interior. Cómo está dicho: «Un corazón puro me creó Dios» (Salmos 51:12). Pues se ha de preguntar: ¿Cómo David oraba así? He aquí que todo está determinado en el Cielo con excepción del temor del Cielo.[353] Y además, ¿qué significa: «me creó»? Pues se entiende quería que lo matara y después lo creara, creándolo una nueva criatura. Y además, ¿qué significa: «puro»? Y además, ¿qué significa: «Y un espíritu correcto renovó dentro de mí»?[354] Pero el misterio del asunto es que David dijo eso porque él corresponde al misterio de Maljut, y esa emanación es el grado de él según el misterio de:[355] «el reinado –Maljut– de la Casa de David, tu ungido, pronto –bimehera–, retorna a su lugar». Se indica que una a la Congregación de Israel inferior con las diez emanaciones supremas aludidas en: «pronto –bimehera–». Y a esto se refiere lo que se dice: «retorna a su lugar». Es decir, se una con las emanaciones supremas como era al comienzo de la creación. Y ahora David dijo[356] que los treinta y dos conductos de la sabiduría[357] –jojmá–, que es el mundo de la pureza, envíen influencia a mi atributo.[358] Y lo mencionó con el lenguaje de creación, según el misterio de que lo hiciera nacer como al comienzo. Y habla con el misterio de la emanación Biná,

---

353. Cómo se enseña en el Talmud, tratado de Berajot 34a.
354. Salmos 51:12.
355. Lo que se menciona en la tercera bendición de la serie de bendiciones que se recitan después de comer pan –birkat hamazón–.
356. En el Salmo mencionado a modo de alusión. Ya que la expresión «corazón» en el texto original hebreo está escrita a través de la locución *lev*, cuyo valor numérico es 32.
357. Mencionados en Sefer Ietzira al comienzo del mismo.
358. Emanación cósmica –*sefirá*–.

para que envíe de la influencia de la emanación Jojmá –que ella recibe– a la emanación Maljut. Y por eso dijo: «Dios –E"lohim–», que alude a la emanación Biná.

A continuación David dijo: «Y un espíritu correcto renovó dentro de mí». Es decir, cada emanación y emanación tiene un espíritu y poder que le fue otorgado al comienzo, para su existencia. Y además de eso, siempre debe enviar influencia [...].

[359]Le fue dado espíritu existencial, y poder, al comienzo de su creación. Y aún así, siempre necesita nutriente para mantener la existencia de ese espíritu y ese poder que hay en él. Y si se interrumpe el nutriente del espíritu que hay en él, se debilita. Y cuando toma nutriente, entonces, ese espíritu y ese poder que hay en él se fortalecen. Y éste es un ejemplo –vinculado con el misterio– de las emanaciones. Y por eso dijo: «Y un espíritu correcto –*najon*– renovó dentro de mí». Es decir, ese espíritu que has otorgado a mi atributo en el comienzo, que se denomina: Najon. Porque ella es quien orienta –*mejavna*– y establece siempre: haz para que se renueve y fortalezca a través de mí el envío de la abundancia de las bendiciones, para que le envíe siempre. Y por eso dijo Najon.[360]

Y el secreto de la bendición: «Bendito eres Tú, El Eterno, Dios nuestro, Rey del universo, que formó al hombre con sabiduría –*jojmá*– [...]»,[361] alude a las emanaciones de la Edificación, que se denominan «Hombre –Adam–». Y se dijo que las formó con sabiduría –*jojmá*–, y creó en él numerosos orificios [...], pues son los conductos que envían influencia de emanación a emanación. Ya que si se cerrara uno solo de ellos, es decir, si se cerrara el conducto de la emanación Jesed incluso por un solo instante, o si se abriera uno solo de ellos, es

---

359. Aquí falta una parte en el texto original, y aparentemente se menciona un ejemplo para explicar el secreto de las emanaciones.

360. La expresión *Najon* comparte raíz con *mejavna*.

361. Bendito eres Tú, El Eterno, Dios nuestro, Rey del universo, que formó al hombre con sabiduría, y creó en él numerosos orificios y cavidades. Es manifiesto y sabido ante el Trono de Tu Gloria, que si se abriera uno de ellos, o se cerrara uno de ellos, no sería posible existir y mantenerse ante Ti incluso un solo instante. Bendito eres Tú, El Eterno, sanador de toda carne, y realiza maravillas.

decir, si se abriera el conducto de la emanación Guevurá más de lo adecuado para él, no sería posible existir y mantenerse –todo el complejo de las emanaciones cósmicas y todos los mundos–, ni siquiera un solo instante. Pues en un solo instante se habrían quemado todos con la llama de la emanación Guevurá. «Bendito eres Tú, El Eterno, sanador –*rofe*– de toda –*kol*– carne». Es decir, hay que alabar a El Santo, Bendito Sea, porque hizo a la emanación Maljut juicio leve –*rafe*–, para que no se quemen todos los mundos con la llama de ella. Y a esto se refiere lo que se dijo: «sanador –*rofe*–», de la expresión: «no te dejará para que aflojes –*iarpeja*–».[362] «Toda –*kol*–», se refiere a la emanación Maljut, que se denomina *kol*. «Carne –*basar*–», se refiere las siete emanaciones de la Edificación, que se denominan *Basar*. «Y realiza maravillas –*mafli*–». Es decir, envía influencia de la emanación Jojmá, que se denomina *pele*,[363] a la emanación Maljut.

Y ahora yo quiero revelarte secretos de esta sección de la Torá. Está escrito: «Y Jacob se fue por su camino, y se toparon con él ángeles de Dios» (Génesis 32:2). Es decir, cuando Jacob, que es Tiferet, se fue por su camino, «el camino de un hombre con una joven»,[364] es decir, fue a enviar influencia a la Congregación de Israel, «se toparon con él», es decir, salieron ante él para recibir abundancia, «ángeles de Dios», que son: la emanación Netzaj, la emanación Hod, y la emanación Iesod, que son los «tres rebaños de ovejas que estaban junto a ella» (Génesis 29:2), que son los enviados de él, para llevarle a ella abundancia de la emanación Tiferet. Por eso se denominan: «ángeles de Dios –E"lohim–», es decir, enviados de la Congregación de Israel, que se denomina E"lohim.

«Y dijo –*vaiomer*– Jacob».[365] Es decir, se unió Tiferet con Maljut. Pues: «y dijo –*vaiomer*–», alude a Maljut, según el secreto de: «Y a la palabra –*imrat*–[366] del Santo de Israel despreciaron» (Isaías 5:24).

---

362. Deuteronomio 31:6.

363. Las expresiones *mafli* y *pele* comparten la misma raíz.

364. Proverbios 30:19.

365. «Y dijo Jacob cuando los vio: "Es este campamento –*majane*– de Dios"; y llamó el nombre del lugar ése: Majanaim» (Génesis 32:3).

366. Las expresiones *imrat* y *vaiomer* comparten la misma raíz.

«Cuando los vio». Tal como: «Y yo vi» (Eclesiastés 2:13). O: «Yo veo a las palabras de Admón».[367] Es decir, debe transmitirles influencia para que transmitan influencia a la Congregación de Israel. Y a esto se refiere lo que dijo: «Es éste campamento –*majane*– de Dios –E"lohim–». Es decir, ellos son enviados de la Congregación de Israel, que se denominan E"lohim.[368] Y dijo: «éste –*ze*–». Es decir, a través de «éste –*ze*–», que es la emanación Iesod, se unió Tiferet con Maljut.

A continuación está escrito: «Y llamó el nombre de ese lugar Majanaim». «Y llamó», alude a Maljut, según el misterio de: «Y llamó a Moisés» (Levítico 1:1). «Nombre», se refiere al misterio de: «Y llamó en Nombre de El Eterno» (Génesis 12:8). «El lugar», se refiere al secreto de las tres emanaciones supremas, según el misterio de: «Bendito el Lugar».[369] «Ése», se refiere al secreto de la emanación Keter. «Majanaim»,[370] es decir, son dos campamentos, las dos *he*[371] de Tiferet, que se nutre de lo Alto y transmite influencia en lo bajo.[372] Y ya que Tiferet se unió con Maljut, inmediatamente: «Y envió Jacob mensajeros delante de él».[373] Es decir, quiso someter a esos flancos que están alrededor del Trono para que no ejercieran dominio. Y a esto se refiere lo que dijo: «a Esaú, su hermano». Es decir, a ese que está dispuesto en contraposición de Tiferet. «A la tierra de Seir», porque «los demonios[374] –*seirim*– bailarán allí» (Isaías 13:21). «Campo de Edom», que es *adom* –rojo–, porque allí es lugar de derramamiento de sangre.

---

367. Talmud, tratado de Ketuvot 108b.

368. Se refiere a un tipo de ángeles que se denominan de ese modo (*véase* Maimónides: Iesodei Hatorá).

369. *Véase* Hagada de Pesaj.

370. Majanaim es el plural de *majane,* que significa campamento. O sea, se indican dos campamentos.

371. En el Tetragrama hay dos letras *he* que aluden a Biná y Maljut. Y en medio está la letra *vav* que alude a Tiferet.

372. Maljut, aludida en la última *he* del Tetragrama.

373. «Y envió Jacob mensajeros delante de él a Esaú, su hermano, a la tierra de Seir, campo de Edom» (Génesis 32:4).

374. En el texto original hebreo está escrita aquí la expresión *seirim* que literalmente significa cabras, y aluden a los demonios que se presentan con características similares a cabras (Metzudat Tzion, *véase* Rashi).

«Así diréis a mi señor, a Esaú».[375] Es decir, hasta ahora él era señor y gobernante, y ahora que me he unido con Maljut debería someterse. Y a esto se refiere lo que dijo el comienzo: «Así –*ko*–», que alude a la Congregación de Israel. «He morado con Labán, y me he demorado hasta ahora». Es decir, aunque tú has ascendido a lo Alto, al lugar de lo blanco supremo, no debías haber permanecido allí, sino a modo de peregrinaje, para tomar la abundancia de bendiciones para transmitir influencia a Maljut aludida en: «y me he demorado –*vaejar*–». Pues ella se denomina «postrera[376] –*ajarit*–». Y aquí dijo: *vaejar*, –con una letra *vav* al comienzo–, para unir *vav*[377] con *Ajarit*.[378]

«Y tengo[379] –*vaihi*–[380] yo –*li*–». Es decir, aunque *vav* asciende a lo Alto, sobre *yud*, y por eso está aludido en –*vaihi*, que comienza con– *vav*, *yud*, no debías haber permanecido allí, sino tomar las bendiciones para transmitir abundancia a la última letra *he*, y unirla con Jojmá aludida en *yud*. Y por eso se alude en *he*, *yud*.[381] Y por eso también se alude en: «yo –*li*–».[382] Es decir, que se nutre de la emanación Biná aludida en la letra *lamed* para verter en la Congregación de Israel. «Toro», se refiere a la emanación Guevurá, «asno», se refiere a la emanación Jesed, según el misterio del asno de Abraham, «ovejas», se refiere a la emanación Netzaj y a la emanación Hod, que acerca de ellas está dicho: «Y vosotras, ovejas mías, ovejas de mi pastoreo» (Ezequiel 34:31). «Y siervo», se refiere a la emanación Iesod, «y sierva», se refiere a la emanación Maljut. He aquí que la generalidad de las emanaciones de la Edificación se unen en mí. «Y envío comunicarlo a mi señor», yo proyecto abundancia de bendiciones a la Congregación de

---

375. «Y les ordenó diciendo: "Así diréis a mi señor, a Esaú: así dice tu siervo Jacob: he morado con Labán, y me he demorado hasta ahora"» (Génesis 32:5).

376. Es la última de las emanaciones.

377. La letra *vav* alude a Tiferet.

378. Maljut.

379. «Y tengo yo toro, asno, ovejas, y siervo y sierva; y envío comunicarlo a mi señor, para hallar gracia en tus ojos» (Génesis 32:6).

380. Con una letra *vav* al comienzo.

381. O sea, en las dos letras finales de *vaihi*.

382. La expresión *li* se escribe con una letra *lamed* y una letra *yud*.

Israel, «para hallar gracia –*jen*–», es decir, para unir todas las emanaciones, aludidas en –la expresión– *jen*. «En tus ojos», es decir, para unir tus ojos con –el furor de– tu rostro e ira, para ver que todas las emanaciones se unen y vinculan todas juntas, como uno.

«Y los mensajeros volvieron [...]. Hemos venido a tu hermano, a Esaú».[383] Es decir, no quiso someterse, sino que quiere ser equivalente, igual que tú. Y a esto se refiere lo que está escrito: «a tu hermano». «Y también viene a tu encuentro». Es decir, no le basta con ir tras esos que persiguen los placeres y los deleites del mundo, sino también tras aquellos que quieren acercarse a tu temor y servirte, fue tras ellos para hacerlos errar del buen camino. «Y cuatrocientos hombres con él». Es decir, ése de mal ojo cuyo valor numérico asciende a 400. Y está indicado a modo de insinuación en el cananeo, y en Lot, y en Efron. Fue con él para hacer errar a las personas del servicio de El Santo, Bendito Sea.

«Y Jacob tuvo gran temor»,[384] de que los mundos no se unieran por esos errores con que hizo errar a las personas. «Y se angustió –*vaietzer*–», porque la Congregación de Israel y sus tres emanaciones no quisieron transmitir influencia al mundo, y devolvieron la abundancia de ellas a Tiferet. Y a esto se refiere lo que está escrito: «Y se angustió –*vaietzer*–», porque era angosto –*tzar*– para contener tanta abundancia. «Y dividió al pueblo que estaba con él, y las ovejas y las vacas y los camellos, en dos campamentos». Es decir, el pueblo las ovejas y las vacas eran un campamento. Y ese era el campamento de la santidad. Y los camellos eran el segundo campamento, el cual era el campamento de ese flanco –del Otro Lado denominado *Sitra Ajara*–, según el misterio de lo que fue enseñado: vino la Serpiente y montó sobre el Camello para hacer errar a Eva. Y según el misterio de lo que fue enseñado: aquel que ve un camello en el sueño, la muerte fue sentenciada sobre él.[385] Por eso, junto a: «Y tengo yo toro, asno,

---

383. «Y los mensajeros volvieron a Jacob, diciendo: "Hemos venido a tu hermano, a Esaú, y también viene a tu encuentro, y cuatrocientos hombres con él» (Génesis 32:7).

384. «Y Jacob tuvo gran temor, y se angustió, y dividió al pueblo que estaba con él, y las ovejas y las vacas y los camellos, en dos campamentos» (Génesis 32:8).

385. Talmud, tratado de Berajot 56b.

ovejas»,[386] no se mencionan camellos, porque no son del flanco de la santidad. Y allí no se habla sino de cosas del flanco de la santidad.

«Y dijo: "si Esaú viniere contra un campamento y lo atacare"».[387] Es decir, si se aferrare a esos que van detrás de los placeres del mundo, «entonces, el campamento quedare», esos que quisieron acercarse al servicio de El Santo, Bendito Sea, «se salvará», pues no ejercerá dominio sobre ellos.

«Y dijo Jacob: "Dios de mi padre Abraham, y Dios de mi padre Isaac"»,[388] que son la emanación Jesed y la emanación Guevurá, «El Eterno, que me has dicho: "Regresa a tu tierra [...]"», es decir, que me envió para nutrir a Maljut que se denomina Tierra, y a esto se refiere lo que está dicho: «tu tierra». Y se denomina también «tu nacimiento»,[389] es decir, ya que tú la nutres, se considera como si tú la hubieras hecho nacer. «Y te haré bien».[390] Es decir, la emanación Iesod, que se denomina Bien, se unirá conmigo, y a través de ella nutriré a la Congregación de Israel. «Me he empequeñecido».[391] Es decir, yo transmito abundancia a la Congregación de Israel, que es –considerada– pequeña, «de todas las bondades y de toda la verdad [...][392] porque con mi cayado [...]», es decir, yo soy «el listón del medio[393] –*bariaj hatijón*–»,[394] que conecta de extremo a extremo.

«Y Tú has dicho: "ciertamente te haré bien –*eitev eitiv*–"».[395] Se refiere al misterio de la emanación Iesod, que se denomina Bien. Y a través de ella se nutrirá de lo Alto y nutrirá en lo bajo. Y por eso mencionó dos veces bien: *eitev eitiv*. «Y tomó de lo que le vino a su mano

---

386. Génesis 32:6.
387. «Y dijo: "si Esaú viniere contra un campamento y lo atacare, entonces, el campamento que quedare se salvará"» (Génesis 32:9).
388. Génesis 32:10.
389. Ibíd.
390. Ibíd.
391. Génesis 32:11.
392. Ibíd.
393. Tiferet.
394. *Véase* Éxodo 26:28.
395. Génesis 32:13.

una ofrenda para su hermano Esaú».[396] Se refiere a lo que fue enseñado: dadle soborno a –el ente maligno– *samej–mem*. Y se refiere al misterio del macho cabrío que era enviado,[397] para que se apartara de la santidad.

He aquí que te han sido revelados misterios supremos de esta sección de la Torá y de ellos aprenderás a –entender lo que está escrito en– otros lugares. Por eso, cuídate de los placeres y los deleites del mundo, y no apartes tu pensamiento de la Torá ni un solo instante. Y en el tiempo del recitado del Shemá, concéntrate apropiadamente y no como tú haces. Y unifícate para ser una ofrenda integra ante mí para ser calcinado por la santidad de mi Nombre. Y tú sabes que en una ofrenda íntegra está prohibido que se encuentre en ella una imperfección, incluso en el pensamiento. Por eso, cuídate desde hoy en adelante para que todos tus pensamientos sean sólo en la Torá, y la paz sea contigo.

Más sobre la sección Vaishlaj: ¿Por qué Jacob se humilló a sí mismo ante Esaú y lo llamó «mi señor» varias veces? Pero el misterio del asunto es éste: indica a modo de alusión que aquel que está en el flanco de El Santo, Bendito Sea, no debe comportarse con violencia y con enojo ante los del otro flanco, sino que los debe atraer con palabras de amor una vez tras otra. Y ven y observa al rey David, que la paz esté con él, pues aunque hizo la voluntad de El Santo, Bendito Sea, realizando guerra contra las naciones, está dicho acerca de él: «Mucha sangre derramaste [...]» (I Crónicas 22:8). Por eso Jacob no quiso comportarse con Esaú con violencia y enojo, sino atraerlo con misericordia y gracia. Y por eso envió decirle: «con Labán», en referencia al –*laban*– supremo que está vinculado con el misterio de lo blanco –*loben*– supremo, «he morado», y he atraído de él a Maljut. Y a esto se refiere lo que está escrito: «y me he demorado –*vaejar*–», lo cual muestra que se refiere con profundidad a Ajarit,[398] y a esto se

---

396. Génesis 32:14.
397. A Azazel en el Día del Perdón (*véase* Levítico 16:1-11).
398. Maljut.

refiere también: «hasta ahora *–ata–*», mostrando que se denomina Ahora *–Ata–*.

«Y tengo yo toro, asno, ovejas»,[399] que son el temor[400] y la bondad.[401] Y las ovejas se refieren a la emanación Tiferet, como está dicho: «Y vosotras, ovejas mías, ovejas de mi pastoreo, vosotros sois hombre *–adam–*» (Ezequiel 34:31). «Y siervo y sierva», son[402] la emanación Netzaj y la emanación Hod, y Jacob mismo es la emanación Iesod. Pues Iesod es la prolongación de la letra *vav*, y debía situar a Jacob con Tiferet y a las ovejas con Iesod, pues él se denomina Tiferet. «Y envío comunicarlo a mi señor», es decir, para proyectar a ellos de todos esos flancos de la santidad. «Para hallar gracia *–jen–* en tus ojos». Ya que tú estás fuera, observa en ellas y te transmitirán influencia. Y a esto se refiere lo que está escrito: «tus ojos». Asimismo, esto dijo: forzosamente hallarán gracia en tus ojos. Tal como: «[...] si no blasfema contra ti ante ti» (Job 1:11).

«Y los mensajeros volvieron [...]. Hemos venido a tu hermano, a Esaú».[403] Es decir, no quiso nutrirse de ti, sino ser cabeza de sí mismo. Y a esto se refiere lo que está dicho: «tu hermano». «Y también viene a tu encuentro»,[404] para salir a la guerra contra ti, y no quiere tener un vínculo contigo. «Y cuatrocientos hombres con él», vinculado con el misterio de ése de mal ojo,[405] con él.

«Y Jacob tuvo gran *–meod–* temor».[406] La expresión *meod* tiene las mismas letras que *Adam*. Es decir, tuvo miedo de que no le acusaran de que él es Tiferet. «Y se angustió *–vaietzar–*». Es decir, temió de que no se apesadumbrara cuando tomara la abundancia de la santidad. «Y dividió al [...] en dos campamentos». Uno, el campamento de la

---

399. Génesis 32:6.
400. La emanación Guevurá.
401. La emanación Jesed.
402. Previamente se refirió a otro grado diciendo que se refieren a Tiferet y Maljut.
403. Génesis 32:7.
404. Ibíd.
405. Cuyo valor numérico asciende a 400.
406. Génesis 32:8.

Presencia Divina, y uno, el de las emanaciones supremas. Y a esto se refiere lo que dijo: «Si Esaú viniere contra un campamento y lo atacare [...]»,[407] el cual era el campamento de la Presencia Divina, donde tenía un poco de aprehensión, que es un campamento, y si lo atacare, «entonces, el campamento quedare se salvará», que son las emanaciones supremas.

«Y dijo Jacob: "Dios de mi padre Abraham [...]"»,[408] para proyectar sobre Maljut la abundancia de Abraham e Isaac, y el Nombre de El Eterno, el Tetragrama. «Me he empequeñecido [...] porque con mi cayado [...]», es decir, yo soy «el listón del medio[409] –*bariaj hatijón*–»,[410] –que conecta– de extremo a extremo. «Porque tengo temor de él, por si viniere y atacare [...]».[411] Es decir, a la emanación Maljut y los mundos de ella. «Y tú», o sea, la emanación Jojmá, con todas las emanaciones, «has dicho –*amarta*–»,[412] con misericordia, «ciertamente te haré bien –*eitev eitiv*–"».[413] Es decir,[414] haré bien –*eitev*– con las emanaciones supremas, y haré bien –*eitiv*– a Maljut.

«Y esa noche pernoctó allí»,[415] según el misterio a través del cual se vincula con la noche que es Maljut. «Y se inclinó a tierra siete veces»,[416] y así lo consoló. «Y dijo marchemos y vayamos».[417] Debemos aprender de aquí, que no se debe responder a los malvados con enojo. Y más aún en tiempos de exilio, cuando no hay poder de gobierno para Israel. Más bien hay que dirigirse a ellos a través de palabras de amor, una y otra vez, hasta que se consuelen y sometan a sí mismos según la Torá.

---

407. Génesis 32:9.
408. Génesis 32:10.
409. Tiferet.
410. *Véase* Éxodo 26:28.
411. Génesis 32:11.
412. Esta expresión indica decir con misericordia.
413. Génesis 32:13.
414. Ahora explica está expresión según los grados que menciona a continuación.
415. Génesis 32:14.
416. Génesis 33:3.
417. Génesis 33:12.

SECCIÓN VAIESHEV

Primera compilación

Víspera del día de Shabat, 8 de Shvat.

El Eterno está contigo [...]. Y todo lo que haces El Eterno te hace prosperar y te hará prosperar. «Y aconteció –*vaihi*– que El Eterno estaba con –*et*– José, y fue hombre próspero» (Génesis 39:2). El secreto de la expresión *vaihi*,[418] es que la letra *vav*[419] asciende a *yud*,[420] para nutrirse de ella. Y asimismo *he* asciende a *yud*, para nutrirse de ella. Y aunque[421] esté escrito *he–vav–yud–he*[422] en orden inverso, no muestra castigo, sino cuando está escrito: «y aconteció –*vaihi*», junto a «en días de», como dijeron los sabios: «y aconteció –*vaihi*– en días de», es un lenguaje de aflicción.[423] Y la razón del asunto es porque hay días y hay días, hay días sagrados y hay días de mal. Cuando está escrito: «en días de», junto a *vaihi*, es para revelar que lo que está escrito: *vaihi*, que están escritas las letras del Tetragrama en forma inversa, es para indicar a modo de alusión a los días de ese flanco, que ejercen dominio. Y para indicar a modo de alusión que *vav* y *he* ascenderán a lo Alto, y por eso asciende en aflicción. Pero cuando está escrito: «y aconteció –*vaihi*», y no está escrito: «en días de», indica a modo de alusión que *vav* y *he* ascienden para nutrirse de *yud*, para transmitir en lo bajo. Y ya que a veces está escrito: «y aconteció –*vaihi*», para aludir a la aflicción, por eso está escrito: «Y aconteció –*vaihi*– que El Eterno estaba con José». Se aproximó el Nombre de El Eterno, el Tetragrama, con el orden –correcto de sus letras–, a *vaihi*, para indicar a modo de alusión que es lo inverso del Nombre de El Eterno, el Tetra-

---

418. La expresión *vaihi* se escribe con estas letras hebreas: *vav, yud, he, yud*.
419. Tiferet.
420. Jojmá.
421. Estas tres letras mencionadas son la base del Tetragrama, ya que se escribe con las letras: *yud, he, vav*.
422. Las letras del Tetragrama.
423. *Véase* Talmud, tratado de Meguila 10b.

grama. Porque la expresión *vaihi* no alude al castigo, sino a la completitud, uniendo –las letras– *vav* y *he*.

A continuación está escrito: «con *–et–*», que es la Congregación de Israel, «José», que es la emanación Iesod. Es decir, por ese servicio vino ese suceso a su mano, pues a través de él ascendió al grado de justo. Y se volvió a mencionar: «Y aconteció *–vaihi–* que El Eterno estaba». Es decir, eso es lo contrario, pues las letras de *vaihi* no son para castigo, sino para completitud. Porque está próximo a «hombre»,[424] que es la emanación Tiferet. Indica que a través de esa acción ascendió al grado del Justo que está próximo a Tiferet. Y se volvió a decir: «Y aconteció *–vaihi–* que estaba en casa de su señor, el egipcio».[425] Y aquí no se aproximó el Nombre de El Eterno, el Tetragrama, ni tampoco «hombre», a la expresión: «y aconteció *–vaihi–*», porque *vaihi* solo alude un poco a aflicción. Y así dijo: «Y aconteció *–vaihi–*», es decir, si había un poco de aflicción, no era sino porque estaba en casa de su señor, el egipcio. Es decir, porque estaba sometido a ese egipcio, pero no había otra aflicción para él en ese asunto, por el contrario, allí había para él un ascenso para ascender al grado de justo.

Y después de eso dormí hasta pasada media hora del amanecer. Y cuando desperté estaba afligido porque no habló conmigo como las otras veces, extensamente. Y comencé a pronunciar mis Mishnaiot y no alcancé a pronunciar dos capítulos hasta que la voz de mi amado vino a mí. Y dijo: ¿Acaso te parece bien lo que has hecho esta noche, beber agua varias veces? ¿Acaso no te he informado de que debes cuidarte de no saciar los placeres de tu mal instinto? Y por eso era apropiado abandonarte y dejarte, pero yo no te haré eso porque no te abandonaré ni te dejaré como te he dicho a partir del versículo que declara: «huyó mi querido» (Cantar de los Cantares 8:14). Y los asuntos buenos no impediré de tu boca. Y en lo que a mí respecta, debatiremos acerca del asunto de la circuncisión que se realiza en este día sagrado –Shabat–, para que –el debate– sea según el misterio de la circuncisión, que es un precepto que se realiza en el octavo

---

424. Como está escrito: «y fue hombre próspero» (Génesis 39:2).
425. Génesis 39:2.

día, para que pasen siete[426] emanaciones, hasta que llega la octava, que es Biná. Y en ese momento en que se revela sobre él lo blanco de la emanación Biná que viene de lo blanco de la emanación suprema, se circuncida y se quita la delgada membrana que recubre el glande –*pria*–, para revelar a la emanación Maljut y a la emanación Iesod, para unirlas con la emanación Biná.

Y cuando –el día de– la circuncisión cae en Shabat, ¡cuán bueno es! Porque en ese día sagrado se revela lo blanco supremo y se une con la emanación Maljut y a la emanación Iesod. Y éste es el misterio del Salmo que se pronuncia en la circuncisión, que es el Canto de las Ascensiones.[427] Porque Canto –*shir*–, se sabe que alude a la emanación Maljut. Porque siempre entona cántico al Rey supremo, según el secreto de: «Dios –E"lohim–, no calles» (Salmos 83:2). Y «ascensiones –*maalot*–», se vincula con el misterio de esos *maalot*[428] correspondientes con los quince escalones a través de los cuales se ascendía del Atrio de las mujeres al Atrio de Israel en el Templo sagrado.

Pues el Atrio de las mujeres alude a la Matronita,[429] con su parte aludida en ella. Y el Atrio de Israel alude a la emanación Tiferet de la Matronita. Y el Atrio de los sacerdotes alude a la emanación Jesed de la Matronita. Y el lugar del Templo sagrado denominado Eijal alude a las tres emanaciones supremas. Y en los once codos que había detrás de la cámara del Propiciatorio, se alude al misterio de El Infinito –*Ein Sof*–. Y esos quince Cantos de las Ascensiones –*maalot*–, ascienden de la Matronita misma, que es el Atrio de las mujeres, a la emanación Tiferet de ella, que es el Atrio de Israel.

«Bienaventurados».[430] Se alude a la emanación Keter y a la emanación Jojmá. «Todo», se refiere a la emanación Iesod. «El que teme a El Eterno», se refiere al misterio de: «El comienzo de la sabiduría

---

426. Siete días en correspondencia con las siete emanaciones.
427. «Canto de las Ascensiones: bienaventurados, todo aquel que teme a El Eterno, el que anda en sus caminos» (Salmos 128).
428. El rey David escribió 15 salmos comenzando con esa expresión.
429. Maljut.
430. Salmos 128:1.

es el temor de El Eterno».[431] «El que anda en sus caminos». Es decir, la emanación Iesod asciende por sus caminos para unirse con las tres emanaciones supremas. «Cuando comieres del esfuerzo de tus manos».[432] El esfuerzo de tus manos es el nutrido de las emanaciones sagradas, que son diez, comparadas con los diez dedos de las dos manos. «Bienaventurado serás, y el bien estará contigo».[433] Bienaventurado serás en este mundo y el bien estará contigo en el Mundo Venidero.

«Tu mujer será como vid fructífera en el flanco de tu casa».[434] Se refiere a la Congregación de Israel, que se denomina Vid. Asimismo, «tu mujer», se refiere a la emanación Biná, que se oculta en lo Alto, en el flanco de tu casa. «Tus hijos»,[435] se refiere a las demás emanaciones. «Como plantas de olivo alrededor de tu mesa».[436] «Tu mesa», se refiere a la emanación Biná. Asimismo: «Tus hijos», son los jóvenes[437] –es decir, los ángeles cuyos nombres se escriben con estas letras hebreas–: *mem–tet–tet–reish–vav–nun.* y *samej–nun–dalet–lamed–pe-vav–nun,* y los cuatro campamentos de la Presencia Divina. «Como plantas de olivo alrededor de tu mesa». Se refiere a la Congregación de Israel, de la que todos se nutren para sustentarse de ella y nutrir a todos los mundos. «He aquí que –*hine*– que así, pues, será bendecido el hombre».[438] La expresión *hine*[439] alude a los sesenta valientes que están alrededor de ella.[440] «Que así –*ki ken*–»,[441] alude al misterio de las cien bendiciones que hacen ascender a las emanaciones a cien, según el misterio que manifiesta que cada una de las mismas inclu-

---

431. Salmos 111:10.
432. Salmos 128:2.
433. Ibíd.
434. Salmos 128:3.
435. Ibíd.
436. Ibíd.
437. Se refiere a entes espirituales.
438. Salmos 128:4.
439. Su valor numérico es 60.
440. *Véase* Cantar de los Cantares 3:7.
441. Su valor numérico es 100.

ye diez. «Será bendecido *–ieboraj–*». Es decir, todas las emanaciones serán bendecidas por el temor de El Eterno, que es la emanación Keter. Y a esto se refiere lo que está escrito: «El hombre temeroso de El Eterno».[442] «El Eterno te bendiga de Sión»,[443] que es la emanación Iesod. «Hacedor de los Cielos y la Tierra»,[444] se refiere a la emanación Tiferet y a la emanación Maljut. «Y verás el bien de Jerusalén»,[445] se refiere a la unión de la Matronita con la emanación Maljut de las emanaciones supremas. «Todo(s) *–kol–*»,[446] se refiere a la emanación Iesod. «Los días de tu vida»,[447] se refiere a las emanaciones. «Y verás hijos de tus hijos».[448] «Tus hijos», se refiere a las emanaciones centrales. «Hijos de tus hijos», se refiere a las últimas emanaciones. «Y paz sobre Israel».[449] «Paz», se refiere a la emanación Iesod. Y sobre ella: «Israel»,[450] que es la Tiferet. Y a esto se refiere lo que se dijo: «sobre Israel».

Víspera del día de Shabat, 16 de Tevet.

El Eterno está contigo […]. El Shabat pasado te informé acerca de secretos de tus dos primeras mujeres y ahora he venido para informarte sobre el secreto de tu tercera mujer. Has de saber que esta mujer en el pasado era varón, un sabio estudioso de la Torá apto, pero era avaro con su dinero y no daba a los necesitados. Y también era avaro con su sabiduría y no quería enseñar a los demás. Por eso fue castigado con reencarnarse en una mujer, medida por medida. Pues él no quiso transmitir a los demás como aquellos que fueron mencionados

---

442. Salmos 128:4.
443. Salmos 128:5.
444. Salmos 146:6.
445. Salmos 128:5.
446. Ibíd.
447. Ibíd.
448. Salmos 128:6.
449. Salmos 128:6.
450. Salmos 128:6.

–en el Talmud– para vituperio.[451] Pues respecto a los primeros –hombres mencionados en el Talmud, que transmitieron a otros– fue dicho: «El recuerdo del justo es para bendición».[452] Es decir, el justo que transmite a otros provoca que el justo, o sea, el fundamento –Iesod– del mundo, transmita a la Congregación de Israel. Y a esto se refiere lo que se dijo: «recuerdo –*zejer*–».[453] Es decir, Iesod provoca que realice acción de varón –*zajar*–.[454] Y por eso no engendró contigo, pero yo haré que centelleen en ella centellas de un alma femenina. Y éste es el misterio de lo que fue dicho acerca de Rut: «Y El Eterno le otorgó que concibiera y diese a luz un hijo» (Rut 4:13). Se aprende que no tenía lo principal de la matriz. Y esto es lo que te he dicho, que su alma era un alma masculina, pues ella era Tamar,[455] y ya te he dicho que el alma de Tamar era masculina.

Y ahora, volvamos al asunto que hemos mencionado y después te lo explicaré en detalle. «El recuerdo del justo es para bendición».[456] Es decir, el justo que transmite provoca que Iesod realice acción de varón, ya que transmite a la bendición que es la Congregación de Israel. «Y[457] el nombre de los malvados se descompondrá».[458] Es decir, los malvados que no quieren transmitir a los demás para adquirir ellos mismos un nombre, para que todo el mundo los necesite siempre, y ninguna persona estudie para que no pueda ser grande como ellos, su castigo es que se descomponga su nombre. Es decir, que se vuelven a reencarnar en quienes reciben, que son quienes toman y no quienes transmiten. Y ella siempre necesita a quien le transmita. Y por eso verás que ella da caridad con mucha generosidad. Y tam-

---

451. *Véase* Talmud, tratado de Iomá 38a.

452. Proverbios 10:7.

453. La expresión *zejer* puede leerse también *zajar* que significa varón.

454. A partir de esta deducción, le enseñó lo concerniente a las almas femeninas y masculinas, y también lo tocante a las reencarnaciones y accesos de otras almas al cuerpo, en vida.

455. *Véase* Génesis 38:5-30.

456. Proverbios 10:7.

457. Acerca de los que no quisieron transmitir en el Talmud se dijo eso.

458. Ibíd.

bién ella te ama mucho, porque tú te ocupas en transmitirle Torá. Ya sea en lo que tú te ocupas de escribir libros para que otros aprendan, ya sea en la Torá que tú enseñas a otros. Y ya que esas cosas son su rectificación, por eso te ama. Y ya que ella es un alma masculina, no es tu pareja y no la has merecido sino de lo que no tiene dueño –*efker*–, como ocurrió en el caso de las hijas de Shilo para los hijos de Benjamín.[459]

Y debido a que el alma de ella es un alma masculina, no ha edificado de ti hasta el día de hoy. Pues un –alma– varón no puede engendrar de un varón. Y si dijeres, si es así, ¿cómo edificó de su primer marido? Has de saber que la razón se debe a que había en él centellas de un alma femenina. Y debido a que había en ellos el poder de un alma masculina y el poder de un alma femenina, les era posible engendrar, aunque el lecho estaba invertido, ella arriba y él abajo. Pues por eso prohibieron los sabios y los entendidos cohabitar de este modo, para que no llegaran a confundir los órdenes del Carruaje. Aunque de todos modos, ya que el poder del varón y el poder de la mujer estaba en ellos, tenían poder de engendrar.

Y a partir de aquí captarás el misterio de Tamar, Er y Onan.[460] Pues cabe preguntar, ¿por qué el reino de la casa de David viene a través de este asunto que se ve como insolente, en forma manifiesta, en lo relacionado con Tamar y Rut? Y además, ¿por qué Er y Onán destruían su simiente en el suelo?[461] Y además, ¿por qué después de reencarnar en Peretz y Zeraj,[462] que se veía como que ya se completaron, por qué reencarnaron en Majlon y Kilion,[463] que fueron borrados del mundo? Y además, ¿por qué al comienzo reencarnaron en dos, y después reencarnaron en Oved,[464] que era una persona individual? Pero el misterio del asunto es que el reinado –Maljut– en el futuro debía salir de

---

459. *Véase* Jueces 21:19.
460. *Véase* Génesis 38:2-6.
461. Génesis 38:9.
462. *Véase* Génesis 38:29-30.
463. *Véase* Rut 1:5.
464. I Crónicas 2:37.

Sem, pero debido a que adelantó la bendición de Abram a «Bendito el Dios supremo»,[465] fue tomado de él y fue entregado Abraham según el misterio de lo que está escrito: «Y vio Dios a la luz que era buena» (Génesis 1:4).

Vio que el mundo no era apropiado para utilizarla y la guardó para los justos. Porque Sem aludía a la emanación Biná y era apropiado que el reinado –Maljut– saliera de él, porque Maljut es hija de Biná. Pero el mundo no era apropiado para utilizarla y por eso Sem dijo: «Bendito Abram [...]».[466] Es decir, el atributo de la bondad –Jesed–, que es la cabeza de la Edificación[467], de allí se proyectó y salió Maljut. Y por eso unió el atributo de Abraham, que es la bondad –Jesed–, con Dios supremo, que es Biná. Y después transmitió influencia a Biná de la fuente suprema, y dijo: «Bendito el Dios supremo».[468] Y después de que el reinado –Maljut– fuera otorgado a Abraham, Abraham lo dio en heredad a sus hijos. Y Jacob lo tomó para Iehuda –Judá–. Y el alma de Tamar era un alma masculina, y ella era hija de Sem. Y si el reinado –Maljut– no hubiese sido tomado de Sem, el alma de Tamar debía haber reinado. Y por eso era necesario que saliera de ella el reinado –Maljut–. Y el alma de Yehuda era el alma de Sem, de modo que el reinado salió de él –Maljut– de modo oculto. Y si dijeras: después de que el alma de Tamar era un alma masculina, ¿cómo engendro de Yehuda? Es posible decir que el alma de Yehuda tenía chispas de un alma femenina y a través de eso engendró de él. Y aunque hallamos que era un lecho invertido, no hay temor, después de que no eran los engendrados mismos los reyes.

Y el asunto de Er y Onán es muy oculto, tal como escribió Rashb"a, el –hombre– selecto de El Eterno. Pues no fue otorgado sino para decirlo de boca a oído, y yo te lo entregaré. Has de saber que es como el misterio de los reyes que reinaron en la tierra de Edom.[469] Porque Er

---

465. Génesis 14:19.

466. Génesis 14:19.

467. De las emanaciones cósmicas –*sefirot*–.

468. Ibíd.

469. *Véase* Génesis 36:31-39. Los reyes allí mencionados aluden a profundos misterios cabalísticos.

y Onán aluden a la emanación Keter y a la emanación Jojmá. Y lo que está dicho: «y El Eterno lo hizo morir»,[470] y asimismo: «y a él también lo hizo morir»,[471] es como el asunto de la muerte mencionada respecto a los reyes que reinaron en la tierra de Edom.[472] Y lo que está dicho: «y destruía –su simiente– en tierra»,[473] es para decir que no puede comportarse sola jamás. Pues si fuera así el mundo no tendría existencia. Y de este modo se explica lo que está dicho: «Y fue Er, el primogénito de Yehuda, malo ante los ojos de El Eterno».[474] Y asimismo, lo que está dicho: «Y lo que hizo fue malo en ojos de El Eterno»,[475] enseña que vio que es imposible para el mundo existir con la conducción de ellos, por su gran ocultación y santidad. Y así comprenderás por qué fue puntilloso diciendo que era el primogénito de Yehuda. Y ya sabes que el primogénito alude a la emanación Jojmá. Y a partir de aquí entenderás lo que está escrito acerca de Shela: «Y estaba en Keziv cuando lo dio a luz».[476] Pues los tres hijos de Yehuda aluden a las emanaciones. Er y Onán, a las tres supremas, y Shela, a la emanación Maljut. Y a esto se refiere lo que está escrito: «Y estaba en Keziv […]». Es decir: hasta allí era «como surgente de aguas, cuyas aguas nunca cesan –*iekazvu*–».[477] Pues[478] es el mundo de la unión, y de allí en adelante es el mundo de la separación. Y algo parecido a esto dijeron los sabios, de bendita memoria, a propósito del versículo que declara: «y paró de engendrar» (Génesis 29:35). Se indica a modo de insinuación que es necesario para la existencia del mundo un poco de mala inclinación. Y tal como dijeron –los sabios–, que la izquierda desplace y la derecha acerque. Por eso Tamar salió al encuentro de Yehuda, para indicar a modo de alusión que es imposible para el mundo

---

470. Génesis 38:7.
471. Génesis 38:10.
472. Que alude a misterios ocultos y recónditos.
473. Génesis 38:9.
474. Génesis 38:7.
475. Génesis 38:10.
476. Génesis 38:5.
477. Isaías 58:11.
478. Se refiere a las emanaciones supremas.

existir con la conducción de las tres primeras emanaciones. Y dio a luz a Peretz y Zeraj, que aluden a la emanación Jesed y a la emanación Guevurá, que salen de la emanación Biná. Y para indicar a modo de alusión que si el mundo se condujera a través de ellas solamente, quemarían el mundo con su llama. Y se reencarnaron en Majlon y Kilion,[479] que fueron borrados y eliminados del mundo. Y para indicar a modo de alusión que la mala inclinación es necesaria para la existencia del mundo, se casaron con mujeres moabitas, cuya madre se lanzó con su padre. Y debido a que es suficiente con esta insinuación, no fue necesario que Rut fuera tan insolente como Tamar. Sino que con acostarse a sus pies[480] era suficiente para indicar a modo de insinuación que la izquierda rechace y la derecha acerque a la mala inclinación –*Ietzer Hará*–, y no la rechace por completo.

Y después dio a luz a Oved,[481] que alude a la emanación Tiferet, donde están incluidas todas las emanaciones de la Edificación. Y a partir de lo que he escrito comprenderás lo que dijeron los sabios, de bendita memoria: Abraham y Sara eran asexuales.[482] Es decir, también el alma de Sara era un alma masculina. Y debido a que el alma de ambos eran almas masculinas no eran apropiadas para engendrar éste de éste. Y a esto se refiere lo que dijeron nuestros sabios, de bendita memoria: El Santo, Bendito Sea, dijo Abraham: «sal de tus designios astrológicos. Abram no engendrará, Abraham engendrará [...]».[483]

Es decir, Sarai es un alma masculina, y por eso no engendra estando contigo. Pero yo haré que centelleen en ella chispas de un alma femenina, y entonces se llamará Sara y engendrará. Y así con Abraham[484], haré que centelleen en él chispas de un alma masculina, para que se fortalezca más y engendrará. Y éste es el misterio de lo que fue dicho a propósito de Rut: «Y El Eterno le otorgó que concibiera y diese

---

479. *Véase* Rut 1:5.
480. «Ella vino sigilosamente, y le descubrió los pies y se acostó» (Rut 3:7).
481. Rut 4:7.
482. Tenían una membrana que cubría el lugar íntimo y no se podía reconocer su sexo (Talmud, tratado de Ievamot 64a).
483. Génesis 15:5, Rashi; Midrash Tanjuma: Shoftim XI.
484. Que al comienzo se llamaba Abram.

a luz un hijo» (Rut 4:13). Y los sabios dedujeron que de aquí se aprende que no tenía lo principal de la matriz.

Eso es lo que te he dicho: su alma era un alma masculina, pues ella era Tamar. Y ya he dicho que el alma de Tamar era un alma masculina, y por eso Rut no era apropiada para engendrar hasta que El Eterno permitió que concibiera. Es decir, hizo que centellearan en ella chispas de un alma femenina, y a través de eso engendró. Y si no fuera así, no hubiera engendrado, porque Boaz no tenía chispas de un alma femenina. Pero Tamar no necesitó que centelleen en ella chispas de un alma femenina, porque Yehuda tenía chispas de un alma femenina, como he dicho anteriormente.

Y he aquí que el impedimento de tu mujer para dar a luz es porque el alma de vosotros dos es un alma masculina. Y ahora centellearon en ella chispas de un alma femenina, y a través de eso quedará preñada de ti. Y mereció eso por sus buenas acciones. Y a través del sufrimiento que tuvo porque te exiliaste de estar junto a ella. Y además, por el sufrimiento que tuvo atendiéndote por tu enfermedad. Pues tanto se merece cuando las aflicciones le vienen y las soporta con rostro agradable, como se merece con la realización de un precepto. Y la razón es porque a través de las aflicciones en el cuerpo se debilita el poder de la impureza y se purifica el alma de la impureza y la inmundicia de la Serpiente, y queda pura y limpia.

Y he aquí que centellearon en ella esas chispas del alma de tu pareja –*bat zugja*–, y hasta ahora no era posible porque estaba casada con otro y ahora enviudó. Y a través de los méritos mencionados centellearon en ella las chispas del alma femenina en ésta, tu pareja, para que engendres de ella tal como he dicho. Y a través de esas cosas mencionadas, mereció que centellearan en ella chispas de un alma femenina. Y a través de eso te dará a luz hijos varones, tal como te he asegurado, tal como te he dicho. Y la paz sea contigo.

Víspera del día de Shabat, primer día de Jánuca.

El Eterno está contigo [...]. Y en todo lo que haces y lo que has de hacer, El Eterno te hará prosperar, y hará prosperar en tu mano, para que sepas las grandes misericordias y bondades de El Santo, Bendito Sea, que acepta el arrepentimiento de los que se arrepienten y vuelven a Él, tal como está escrito: «Debajo de sus alas tenían manos de hombre» (Ezequiel 1:8). Y los sabios dijeron que esas manos vinieron para cavar un túnel debajo del Trono de Gloria, para recibir a los poseedores de arrepentimiento. Pues hay que hacer hincapié en observar que el arrepentimiento selecto es el arrepentimiento que se realiza en forma pública, pues a través de eso se eleva la Gloria de El Santo, Bendito Sea, y se difunde en el mundo. Y si es así, ¿por qué es necesario recibir a los poseedores de arrepentimiento a través de un túnel y en modo oculto? Y además, ¿por qué acerca de esas manos se dijo que eran manos de persona? Y además, ¿por qué estaban debajo de sus alas? Y además, ¿por qué se designan bestias –*jaiot*–[485] para recibir a los poseedores de arrepentimiento? Y he aquí que aquel que regresa en arrepentimiento llega hasta El Santo, Bendito Sea, como está dicho: «Israel, regresa hasta El Eterno tu Dios» (Oseas 14:2). Y además, ¿a qué se refiere lo que se dijo en el versículo que manifiesta: «Y has de tener un lugar –*iad*–[486] fuera del campamento [...]» (Deuteronomio 23:13). ¿Por qué se mencionó el término *iad* que significa mano y no se mencionó el término *makom* que significa lugar, u otro término? Y además, ¿qué significa: «Y una estaca tendrás sobre tus armas»?[487] ¿En que cambia que esté sobre sus armas o dentro de sus armas? Y además, ¿cuál es el misterio de la estaca? Y además, ya que se ordenó: «y volverás y cubrirás tu evacuación»,[488] ¿por qué se ordenó: «Y has de tener un lugar –*iad*– fuera del campamento»? He aquí que incluso dentro del campamento, ya que vuelve y cubre, no hay –quejas de– rigurosidad. Pero el misterio del asunto es que las manos aluden a la emanación Jesed y la emanación Guevurá. Y ésta es la razón por la cual es necesario lavarse las manos cada mañana

---

485. La expresión *jaiot* significa literalmente seres vivientes, y son los seres vivientes mencionados en la visión de Ezequiel, que tienen aspecto de animales.
486. La palabra *iad* significa literalmente mano.
487. Deuteronomio 23:14.
488. Ibíd.

a fin de quitar de ellas el espíritu de impureza que se sitúa alrededor del Tabernáculo, y de ellas –las fuerzas de la impureza– se produce esa turbiedad.

Y no te ha de ser difícil de entender, ya que la cabeza alude a las tres emanaciones supremas y tú sabes que esos flancos no ascienden de Jesed hacia arriba. Siendo así, ¿por qué se lavan el rostro –*panim*– y los ojos cada mañana? Pues debes saber que aunque esos flancos no ascienden de Jesed hacia arriba, de todos modos, de esa turbiedad con que enturbian a la emanación Jesed y a la emanación Guevurá asciende un poco de esa turbiedad a la emanación Jojmá y a la emanación Biná, que se denominan rostros –*panim*–, y también se denominan ojos. Y debido a que esa turbiedad es muy fina, no hallas en ningún lugar que deben lavarse por completo el rostro, o los ojos, por la mañana. Sino que pasando las manos por sobre los ojos es suficiente para quitar esa turbiedad fina que asciende allí. Pero en el caso de las manos, donde se apega la impureza, hay que lavarlas tres veces para incluir en ellas a la emanación Jesed a la emanación Guevurá y a la emanación Tiferet. Y así se quitará de ellas ese flanco –de la impureza–.

Y a partir de aquí comprenderás el misterio del 9 de Av y el Día del Perdón, en los cuales está prohibido bañarse. Éste por una razón inversa del otro y éste por una razón inversa del otro. Pues sí en el 9 de Av se bañara, se vería como que se quita de él los flancos de la impureza en ese día como en los demás días, y no es así, porque: «sea ese día tomado por la oscuridad».[489] Y los flancos de la impureza se vuelven alrededor del Tabernáculo todo ese día como está dicho: «Porque ella vio a las naciones entrar en su Santuario» (Lamentaciones 1:10). Y para aludir a eso, no nos indicaron la necesidad de lavarse las manos en ese día. Y en el Día del Perdón es por otra razón, ya que debido a que se revela lo blanco del Anciano de los ancianos, todos esos flancos huyen y se ocultan dentro de ese Abismo, y no se ven en absoluto. Pues el misterio de Satán asciende al valor numérico de *shin, samej, dalet,* o sea 364. Para decir que en el Día del Perdón no

---

489. *Véase* Job 3:6.

hay para el Satán –dominio– en absoluto. Y por eso no es necesario lavarse las manos en ese día. Y si se lavaran se consideraría como un daño. Como si hubiese dominio para esos flancos en ese día, que necesita quitarlos. Y de todos modos se acostumbra lavarse un poco las manos y los ojos en el día 9 de Av y en el Día del Perdón, y eso está bien. Porque en el 9 de Av se fortifica mucho la impureza, y hay que debilitarla en ese día. Y el hecho de que no se lavan las manos y el rostro como es habitual, es suficiente con insinuar con que en ese día los flancos de la impureza no se quitan.

Y así en el Día del Perdón, se lavan un poco las manos porque la impureza en los demás días es grande. Y por eso, al lavarse un poco en ese día sirve para debilitar la impureza de los demás días. Y el hecho de que no nos lavemos como es habitual, es suficiente para insinuar que en ese día no hay flancos de la impureza. Y por la misma razón por la cual no ejercen dominio esos flancos de la impureza en ese día, se pronuncia en él: «Bendito el Nombre de la Gloria de su Reino por siempre jamás», en voz alta. Lo que no ocurre en los demás días del año. Hay que observar, pues, cuidadosamente, ¿por qué se pronuncia en silencio los demás días del año? Y lo que dijeron los sabios: es una alegoría de la hija del rey, que olió la carne condimentada de la olla –*tzikei kedera*–,[490] hay que saber, ¿qué son *tzikei kedera*? ¿Y a qué se refiere lo que se dijo: «hay en ella deshonra»? ¿Y por qué sus siervos le trajeron en silencio? Y además, ¿por qué lo dijo solamente Jacob y no lo dijo Moisés? Y además, ¿por qué esta alabanza no está escrita en la Torá? Y además, ¿por qué se necesita la unificación de «Bendito el Nombre de la Gloria de su Reino por siempre jamás»? Pues se unifica a la Congregación de Israel de lo bajo a lo Alto, y de lo Alto a lo bajo, hasta la emanación Jesed. Y allí no hay acusación, por lo tanto, ¿por qué se necesita otra unificación, la de «Bendito el Nombre de la Gloria de su Reino por siempre jamás»? Pero el misterio del asunto es que la unificación del primer versículo es el despertar de la Congregación de Israel. Pues de ella se comienza a ascenderla a lo Alto. Y así es preferible según el misterio de la mujer que emana primero

---

490. Talmud, tratado de Pesajim 56a.

engendra un varón. Y por eso, toda la unificación de ese versículo no se considera. Y cuando asciende a lo Alto y huele de ese buen aroma del blanco supremo, anhela que le venga abundancia del despertar de ella. Y se denomina aroma debido a que es muy fino. Y lo que se dijo: «Si dices: "hay en ella deshonra"». Es decir si dijeres que el varón se despertara ante ella con el despertar de él, hay que sospechar y temer que esos flancos impuros lo perciban y se nutran de él antes de llegar a la Congregación de Israel. Y a esto se refiere lo que dijeron: «hay en ella deshonra». Porque esos flancos se denominan deshonra. «No digas: "hay en ella aflicción"». Vendrá la abundancia con el despertar del varón. «¿Qué hicieron sus siervos?». Se refiere a Israel, según el misterio de sus siervos. «Le trajeron en silencio». Es decir, pronuncian la unificación: «Bendito el Nombre de la Gloria de su Reino por siempre jamás», que va arriba hacia abajo, y la pronuncian en silencio para que no perciban esos flancos impuros. Y en el Día del Perdón, cuando eso flancos no se hallan, se pronuncia en voz alta, pues no tenemos temor de esos flancos en absoluto.

Asimismo, a partir de aquí comprenderás el misterio de la comida y la bebida en el 9 de Av y en el Día del Perdón. Pues esto es inverso a esto, y esto es inverso a esto. Ya que la comida y la bebida aluden a la abundancia que viene de lo Alto. Y en el día del 9 de Av no se proyecta la abundancia, indicándose a modo de insinuación que está prohibido comer y beber en él. Pero en el Día del Perdón es por la razón de que se revela en él el resplandor de lo blanco supremo, que es el Mundo en el cual no hay comida y bebida. Por eso es necesario no comer y no beber para aludir a eso, y ascender a través de ese deleite supremo. Y si dijeras, si es así, ¿cómo está escrito: «y afligiréis a vuestras almas»?[491] Considerando que es un ascenso y un deleite para el alma. Es posible decir –a modo de respuesta–, que hay alma y hay alma. Y ese alma alude al alma densa –*nefesh*– de la persona, que desea los placeres y los deleites del mundo. Y cuando la persona no come y no bebe padece aflicción. Pero para el espíritu y el alma –*neshamá*– es deleite ciertamente.

---

491. Levítico 16:29.

Asimismo, a partir de aquí comprenderás el misterio de la Avdalá –ceremonia de separación entre el Shabat y los días comunes de la semana denominada–. Porque ya que con la culminación del Shabat –los flancos del Otro Lado– comienzan a dar vueltas alrededor del Santuario, debemos apartarnos de ellos. Y se pronuncia –la alabanza que comienza con la expresión–: «y sea el deleite[492] –*noam*–», para unirnos con el deleite de la Matronita suprema, con el fin de resguardarnos en la ocultación de sus alas, para salvarnos de esos flancos. Y después se pronuncia el orden de la santificación, para aferrarse a la santificación suprema. Y para que esos flancos no puedan acercarse junto a Israel. Y después se realiza –la ceremonia de Avdalá sobre un vaso –de vino–, para apegarse con la emanación Biná, que es «el Vino guardado en sus uvas». Y se huele del mirto, que indica a modo de insinuación el apego con ese Manojo de la Vida, que allí está nuestra alma adicional –que viene en Shabat–. Y se recita la bendición: «[…]. Creador de las luminarias del fuego», a la luz de una vela con un haz de mechas –*abuka*–, para indicar a modo de alusión la unión de las emanaciones. Pues se alude a ello en la vela, tal como consta en el sagrado Zohar. Y por eso nos separamos de esos flancos. Y por eso, después pronunciamos en la bendición de Avdalá: «El que separa entre lo santo y lo sagrado […]».

Otra razón: porque el secreto del vino, y el mirto y la vela, aluden a la emanación Jesed, la emanación Guevurá, y la emanación Tiferet, que son lo trascendental de todas las emanaciones. Porque el vino alude a la emanación Jesed, pues aunque es fuerte, alude a la emanación Jesed porque es un líquido que fluye como el agua, que alude a la emanación Jesed. Y su fuerte poder, de la emanación Jesed, se une con la Matronita suprema, que es «el Vino guardado en sus uvas». Y por eso, no hay que colocar en él[493] agua, para indicar a modo de alusión que está aferrado al poder del juicio, y está unido con él como uno. Y el mirto alude a la emanación Guevurá, pues el aroma se vincula con el juicio. Y la vela alude a la emanación Tiferet,

---

492. «Y sea el deleite de El Señor, nuestro Dios, sobre nosotros […]» (Salmos 90:17).
493. En el vaso de Avdalá.

que es la vela y la luz de las emanaciones. Y después de unirnos con la santidad suprema podemos separarnos nosotros mismos de esos flancos. Y por eso es apropiado realizar Avdalá enseguida, después de salir de la sinagoga, para separarnos de esos flancos antes de que ellos vengan a ejercer dominio sobre nosotros. Y en los lugares donde se realiza Avdalá en la sinagoga, es mejor pues no se les da ningún lugar para ejercer dominio sobre nosotros. Y por eso los sabios dijeron: «Aquel que prueba algo antes de Avdalá, su muerte es a través de difteria».[494] Es decir, a través de esa comida se adhieren a él esos flancos, y sacan su alma a través de difteria, que es la más dura de las muertes, tal como dijeron los sabios. Y por eso, hasta tres días desde el Shabat puede realizar Avdalá, y más no. Pues esos tres días aluden a la emanación Jesed, la emanación Guevurá, y la emanación Tiferet. Y ya que no separó –*ivdil*– en ellos a esos flancos, no tiene arreglo en esa semana.

Y si dijeras: ya que el Día del Perdón es tan sagrado, ¿por qué no es tan severo como Shabat? Pues aquel que infringe el Shabat en forma intencionada, la penalización que le corresponde es lapidación; y quien infringe el Día del Perdón en forma intencionada, la penalización que le corresponde es tronchado. Es posible decir que la preferencia del Día del Perdón es porque ya que se revela en él el resplandor de lo blanco, repara en las personas y no es necesario que se penalice a quien lo infringe con una muerte tan severa, que es la muerte a través de un tribunal y es suficiente con azotes o tronchado para expiar por la falta.

Y si dijeras: ¿cómo dijeron los sabios que hay un mundo de comida y bebida en las emanaciones y no hay en ellas un mundo en el que no hay comida ni bebida? ¿Acaso es posible suponerlo en nuestro pensamiento? Y además, se ha dicho que en el Mundo Venidero no hay comida ni bebida.[495]

Es posible decir –para responder–, que la abundancia que se proyecta de El Infinito –*Ein Sof*–, llega a las tres emanaciones supremas

---

494. Talmud, tratado de Pesajim 105a.
495. Talmud, tratado de Berajot 17a.

con una gran finura, tal como el ejemplo del óleo, como está dicho: «Es como el buen óleo sobre la cabeza» (Salmos 133:2). Y por eso se dijo que en ese Mundo no hay comida ni bebida. Y cuando llega al comienzo de las emanaciones de la Edificación, se vuelve denso y es comparable con la comida y la bebida. Y cuando desciende a las emanaciones inferiores se vuelve más denso, y allí las emanaciones toman de lo selecto de él. Y lo turbio y el sobrante de él es enviado fuera del campamento, y se nutren de él esos flancos de la impureza. Y le envían ese sobrante por medio de dos conductos. Uno es estrecho, comparable con la bebida, y del mismo se nutren esos flancos del lado derecho. Y el segundo denso, y de él se nutren esos flancos del lado izquierdo. Y algo parecido a esto ocurre en el hombre, según el misterio de lo que está escrito: «A través de mi carne he de ver a Dios» (Job 19:26). Pues no hay nada en el hombre que no tenga su –modelo– semejante en lo Alto. Y el entendido entenderá. Y éste es el misterio de lo que se enseñó, que todo el mundo se nutre del sobrante de la tierra de Israel.[496] Es decir, así como en el hombre el hígado, el corazón, y los demás órganos, toman el alimento selecto, y lo turbio y lo sobrante de él es enviado hacia fuera para nutrir a esos flancos, así es en lo Alto. Y éste es el misterio de lo que se enseñó, que –a aquel que lo merece– se lo juzga con defecación ardiente.[497] Y se dijo «ardiente», para enseñar que en el tiempo del poder del enojo y su ardor, se los juzga. Y a esto se refiere el misterio del culto idólatra de Peor,[498] para fortificar a ese culto idólatra con ese sobrante que es el nutriente de él, y por eso defecaban ante él.

Y a partir de lo que he dicho entenderás la prohibición de untarse en el Día del Perdón y en el 9 de Av. Éste por una razón inversa del otro y éste por una razón inversa del otro. Pues en aquel tiempo era costumbre untarse el cuerpo con aceite para indicar a modo de alusión que la unción del óleo sagrado supremo se proyecta por todas las emanaciones. Y en el 9 de Av, que no se encuentra esa proyección,

---

496. Talmud, tratado de Taanit 10a.
497. Talmud, tratado de Eruvin 21b, y tratado de Guitin 57a.
498. Es un culto idólatra en el cual se defecaba ante él.

como hemos dicho, está prohibido untarse para indicar esto a modo de alusión. Y en el Día del Perdón, ya que se revela lo blanco supremo, no hay necesidad de untarse. Y en ese tiempo en que se fortaleció la impureza, el mundo acostumbró no untarse, pues ahora no se proyecta ese óleo como al comienzo. Y ésta es la razón por la que está prohibido en esos dos días ir calzado. Éste por una razón inversa del otro, y éste por una razón inversa del otro. Porque llevar calzado alude a –los ángeles cuyos nombres se escriben con estas letras hebreas–: *mem, tet, tet, reish, vav, nun* y *samej, nun, dalet, lamed, pe, vav, nun*, los cuales son ministros de la Congregación de Israel. Y ellos son: *nun, ain, lamed* y *samej, nun, dalet, lamed*.[499] E interrumpen ante ellos para que no se acerquen allí esos flancos impuros, según el misterio de lo que está dicho: «Cuán hermosos son tus pies con calzado» (Cantar de los Cantares 7:2). Y debido a que en el 9 de Av, esos flancos se fortifican, como está dicho: «Porque ella ha visto entrar a los pueblos en el Santuario»,[500] y el calzado no interrumpe ante ellos, se debe aludir a él y no hay que llevarlo puesto. Y en el Día del Perdón, cuando esos flancos se ocultan debajo del Abismo, no se necesita cuidado del calzado, y ellos son: –los ángeles cuyos nombres se escriben con estas letras hebreas–: *mem, tet, tet, reish, vav, nun* y *samej, nun, dalet, lamed, pe, vav, nun*. Y por eso está prohibido llevar calzado. Y a partir de aquí entenderás el misterio de lo que han dicho los sabios: «la persona jamás debe abstenerse de calzado de sus pies».[501] Y ésta es la razón de la prohibición de cohabitar en esos dos días. Éste por una razón inversa del otro y éste por una razón inversa del otro. Porque en el 9 de Av no hay unión a modo de cohabitación –en el plano cósmico–, ya que aquí la Congregación de Israel asciende a lo Alto, y «la mujer rodeará al hombre».[502] Y porque en el 9 de Av está prohibido bañarse, untarse, cohabitar y vestir calzado, se prohibió también en aquel que está de duelo. Ya que debido a que recae sobre él el duelo, se

---

499. Esas palabras significan literalmente vestir calzado.
500. Lamentaciones 1:10.
501. Talmud, tratado de Pesajim 113b.
502. Jeremías 31:21.

interrumpe de él esa proyección y los flancos impuros ejercen dominio sobre él hasta que pasen siete días. A esto se refiere lo que dijeron los sabios:[503] ocurrió un suceso con uno que cohabitó con su mujer en los días de su duelo y los cerdos tomaron su cuerpo.[504] Es decir, los cerdos, o sea, esos flancos impuros que toman y arrastran para ellos su cuerpo y ejercen dominio sobre él, Dios libre.

Y a partir de lo que he dicho comprenderás el misterio de: «Y has de tener un lugar –*veiad*–[505] fuera del campamento» (Deuteronomio 23:13). Debido a que ése es el nutriente de esos flancos, el lugar de su nutriente no debe estar dentro del campamento. Porque el campamento de Israel era semejante al modelo supremo. Y allí ellos no tienen lugar, pues su residencia está fuera del campamento. Y se dijo *veiad* –en singular–, y no *veiedei* –en plural–, para indicar a modo de insinuación que incluso allí no debe haber para ellos demasiada aprehensión y mantenimiento. Y además se ordenó: «Y una estaca tendrás sobre tus armas […]».[506] Pues también esto en correspondencia con esto hizo Dios. Y así como en el flanco de la santidad hay hombre y mujer (masculino y femenino), también hay en esos flancos. Y *iad* es un ejemplo semejante a la mujer, y estaca es un ejemplo semejante al hombre. Y se ordenó que la estaca debe estar sobre tus armas, y no dentro de tus armas, para indicar a modo de insinuación que ese flanco que está alrededor de la santidad es semejante, en comparación, con la cáscara de la nuez. Y no tiene aprehensión de su interior en absoluto. Pues «tus armas –*azeneja*–», alude al flanco de la santidad. Por eso debe estar sobre ellas, y no dentro de ellas. Y se ordenó que aunque ese lugar –*iad*– estaba fuera del campamento: «y volverás y cubrirás […]». Y no lo dejarás descubierto para que ese flanco no se fortalezca.

Y debido a que esos flancos vuelven siempre para confundir a las personas, cuando quieren volver en arrepentimiento introducen en

---

503. Talmud, tratado de Moed Katan 24a.
504. Todo su cuerpo, y hay quien dice, un miembro del mismo (Rashi).
505. La palabra *iad* significa literalmente mano.
506. Deuteronomio 23:14.

sus corazones asuntos sosos y malos pensamientos, para que se abstengan de arrepentirse. Por eso, El Santo. Bendito Sea, dispuso en la persona manos para fortalecer sus corazones en el arrepentimiento. Pues si no fuese por el poder de esas manos, la persona no podría salvarse de esos flancos impuros. Y a eso se refiere lo que dijeron los sabios: «Esas manos vinieron para cavar un túnel para los poseedores de arrepentimiento». Es decir, para hacerlos volver de todo tipo de respuestas –y pretextos–, para salvarlos de esos flancos.

Y a esto se refiere lo que está dicho: «Debajo de sus alas» (Ezequiel 1:8). Enseña que salva al hombre de un modo oculto y secreto, y él no se percata de ello. Y se las llamó «manos de hombre», es decir, provienen del flanco del Nombre de El Santo, Bendito Sea, el Tetragrama cuyo valor numérico es igual al de Adam –hombre–. Y a partir de aquí entenderás cuán cuidadoso has de ser en no pensar en ninguna otra cosa en absoluto. Sólo en pensamientos de Torá. Pues en el momento en que tú anulas de ti los pensamientos en la Torá, no sabes cuánto mundos provocas que sean destruidos, como te he enseñado varias veces. Por eso, cuida que tus pensamientos no sean en otra cosa que la Torá siempre. No te desvíes de pensar en ella ni un solo instante. Y el día de hoy es el primero de los días en que se despertaron en ellos los milagros a través de los sacerdotes sagrados con el óleo de la unción sagrada. Y aún te daré a mi amado –para enseñarte–.

En esta sección de la Torá hay que hacer hincapié en observar qué significa: «Y residió Jacob en la tierra donde había morado su padre, en la tierra de Canaán».[507] Pues, ¿en cuántos lugares moró Isaac? He aquí que él no salió de la Tierra de Israel. Y si dijeras que se refiere a Abimelej y los filisteos, he aquí que no hallamos que Jacob fuera allí. Y además, la tierra de Canaán incluía toda la Tierra de Israel. Y la tierra donde había morado su padre eran algunos lugares de ella. Siendo así, debiera haberse dicho: «En la tierra de Canaán, la tierra donde había morado su padre». Y además, ¿qué significa: «Éstas son las

---

507. Génesis 37:1.

crónicas de Jacob: José»?[508] Y además, ¿qué incumbencia tiene para nosotros si tenía 17 años o no? Y además, ¿qué significa: «y frecuentaba –*naar*–»? Y además, ¿qué significa: «con los hijos de Bilá? Y además, ¿qué significa: «mujeres de su padre»? Y además, ¿qué significa: «y José traía malos informes»? Y además, ¿por qué razón Israel amó a José más que a todos sus hijos? Y además, ¿qué significa: «y le hizo una túnica de listones»? Y además, ¿qué significa: «y –sus hermanos– lo aborrecieron»?[509] Y además, ¿por qué en el último sueño no se dijo: «y lo aborrecieron»? Y además, ¿qué eran esos sueños? Pero el misterio del asunto es que Jacob está dispuesto entre la emanación Jesed y la emanación Guevura. Y está aferrado con la Guevura de Isaac que son las emanaciones de Temor[510] y Hod. Y se denominan: «donde había morado –*meguirei*– su padre», –porque es una expresión que deriva– de la palabra: «temor –*magor*– en derredor». Es decir, se asentó en ellos, porque tal como él, eran lugares de temor y pavor. Y esos eran los atributos de su padre. Y residió en la tierra de Canaán, que es la Congregación de Israel. Es decir, se unió con ella para nutrirla, porque es –considerado– su marido.

«Éstas son las crónicas de Jacob: José». José es la emanación Iesod. Pues es la prolongación de *vav*.[511] Es decir, la emanación Iesod asciende a la emanación Biná mediante el misterio de José que alude a la emanación Iesod. Y asciende hasta la emanación Keter. «Diecisiete años». Es decir, en él estaban incluidas las siete emanaciones de la Edificación, y todas las diez emanaciones. A continuación está escrito: «Apacentaba las ovejas con sus hermanos». «Sus hermanos», se refiere a las demás emanaciones. «Las ovejas», se refiere a la ema-

---

508. «Estas son las crónicas de Jacob: José siendo de diecisiete años apacentaba las ovejas con sus hermanos; y él frecuentaba con los hijos de Bilá y con los hijos de Zilpá, mujeres de su padre; y José traía malos informes de ellos a su padre. E Israel amaba a José más que a todos sus hijos, porque lo había tenido en su ancianidad; y le hizo una túnica de listones» (Génesis 37:2-3).
509. Génesis 37:4.
510. Se vincula con la emanación Guevurá.
511. La letra vinculada con el misterio de Jacob, y con el misterio de la emanación Tiferet.

nación Netzaj y la emanación Hod, que están próximas a él.[512] «Y él –*hu*–». Es decir, asciende hasta ese lugar denominado *Hu*, que es la emanación Keter. «Frecuentaba –*naar*–». Es decir, «y él *Naar*»,[513] que es –el ángel cuyo nombre se escribe con estas letras– *mem, tet, tet, reish, vav, nun*, se nutre de él. «Con los hijos de Bilá», se refiere a la emanación Jesed y la emanación Netzaj, «y con los hijos de Zilpá», se refiere a la emanación Temor[514] y emanación Hod. Asimismo, «con los hijos de Bilá», se vincula con el misterio de –los ángeles cuyos nombres se escriben con estas letras hebreas–: *mem, tet, tet, reish, vav, nun* y *samej, nun, dalet, lamed, pe, vav, nun*. Asimismo, «con los hijos de Bilá», se vincula con el misterio mencionado anteriormente. «Mujeres de su padre», pues él cohabita con ellas. Y se denomina al flanco de la emanación Jesed: «los hijos de Bilá», porque hay en –el nombre de– ella dos letras *he*, porque se nutre de la *he* suprema y nutre a la *he* inferior. Y se denomina al flanco de la emanación Guevurá: «los hijos de Zilpá», porque se parecen a la última *he* […]. «Y José traía malos informes de ellos a su padre».

«E Israel amaba a José más que a todos sus hijos». Porque era la prolongación de la letra *vav*. Y él le otorgaba influencia. «Y le hizo una túnica de listones». Es decir, todas las emanaciones daban su influencia en él, tanto de la emanación Jesed como de la emanación Guevurá. Y por eso hay en ellas tonalidad roja y blanca, semejantes a la túnica de listones. «Y sus hermanos vieron […] y lo aborrecieron».[515] No viene a decir que lo odiaron, Dios libre, sino que viene a decir tal como: la persona no habla con su aborrecido. Así las demás emanaciones no podían hablar con él. Y a esto se refiere lo que está escrito: «y no podían hablarle con paz».[516] «Y José soñó un sueño».[517] Es decir, cuando observó en los asuntos del mundo, que eran como un sueño,

---

512. Esas emanaciones están próximas a la emanación Iesod.
513. La expresión *naar* significa literalmente joven.
514. Guevurá.
515. Génesis 37:4.
516. Ibíd.
517. Génesis 37:5.

vio que el camino de su sustento era el siguiente. «Nosotros gavillábamos gavillas»,[518] es decir: atraíamos la abundancia suprema para proyectarla en el interior del Campo de Manzanos, que es la Congregación de Israel, para nutrir a los mundos a través de ese Campo. «Y he aquí que mi gavilla se levantaba»,[519] que es la Congregación de Israel. «Y también estaba erguida, y vuestras gavillas la rodeaban y se inclinaban a mi gavilla». Es decir, todas las emanaciones se proyectaban hacia ella para otorgar influencia a la Congregación de Israel. Y a la proyección hacia ella la denomina inclinación.

«Y volvió a soñar otro sueño y lo contó a sus hermanos, diciendo: "He aquí que he soñado otro sueño, y he aquí que el Sol, la Luna, y once estrellas se inclinaban a mí"» (Génesis 37:9). Es decir, el Sol y la Luna, que son la emanación Tiferet y la emanación Maljut, estaban levantadas, «y once estrellas», que son los límites oblicuos, que eran once, además de ese especial de la emanación Iesod, y todos «se inclinaban a mí». Es decir, todos se proyectaban a él. «Sus hermanos le dijeron: "¿Acaso reinarás –*hamaloj*[520] *timloj*– sobre nosotros, o señorearás sobre nosotros?"».[521] Es decir, –el ente cósmico vinculado con el secreto de la letra– *he* suprema reinará sobre vosotros. Y a esto se refiere lo que está escrito: «*he* reinarás –*hamaloj timloj*– sobre nosotros». Y además dijo: «o –*im*–[522] señorearás sobre nosotros». Es decir: *alef*, que es [...] y *mem*, que es la emanación Biná, ¿señoreará sobre nosotros? «Y su padre guardó el asunto».[523] Es decir, la Congregación de Israel se rectificó a través de «Guarda».[524] He aquí que te han sido revelados secretos supremos y ocultos que no fueron revelados durante varias generaciones. Por eso, cuídate de no dirigir tu corazón a

---

518. Génesis 37:7.
519. Ibíd.
520. Esta expresión comienza con una letra *he*.
521. Génesis 37:8.
522. La expresión *im* comienza con una letra *alef*. Y la segunda letra de esa expresión es *mem*.
523. Génesis 37:11.
524. *Véase* Deuteronomio 5:12.

pensamientos que no sean de la Torá incluso por un solo instante. Y la paz sea contigo.

Víspera del día de Shabat, 23 de Kislev.

El Eterno está contigo [...]. En esta sección hay que observar cuidadosamente por qué Onán no quiso levantar simiente para su hermano. Y además, si tuviera alguna razón, ¿por qué contrajo matrimonio de levirato con ella al comienzo? Y además, ¿qué pensaba Er que destruía su simiente? Tal como han dicho los sabios, de bendita memoria. Y además, ¿por qué fue necesario que se escribiera en la Torá el asunto de Er y Onán, ya que no se mantuvieron en el mundo? Y además, ¿por qué no está escrito acerca de él: «y Er hizo lo malo en los ojos de El Eterno»? Y además, ¿qué implicaciones tuvo esto hasta el punto de decirse después de eso acerca de Peretz y Zeraj: «Y aconteció que al volver él a meter su mano, he aquí que salió su hermano»?[525] Pero el misterio del asunto es que El Santo, Bendito Sea, no quiso que el reinado de la casa de David fuera edificado de Er. Pues era el primogénito y es sabido que el primogénito no está completo. Y en Er no había pecado. Y por eso no está escrito acerca de él: «E hizo lo malo en los ojos de El Eterno», sino que está escrito: «Y Er, el primogénito de Yehuda, fue malo ante los ojos de El Eterno».[526] Es decir, porque era el primogénito, era malo ante los ojos de El Eterno que fuera edificado de él el reinado de la casa de David. Y por eso: «y El Eterno hizo que muriera».[527] Es decir, lo hizo ascender, de manera semejante a la muerte de –los reyes citados en la cita que manifiesta–: «Y estos son los reyes que reinaron la tierra de Edom».[528] Y cuando vino Onán vio que tampoco a través de él sería edificado el reinado de la casa de David, porque era el segundo del vientre. Y a esto se refiere lo que está escrito: «Y Onán sabía que la descendencia

---

525. *Véase* Génesis 38:29.
526. Génesis 38:7.
527. Ibíd.
528. Génesis 36:31.

no sería de él».[529] Pues él conocía esa información. Y por eso: «destruía a tierra».[530] Y al comienzo, aunque conocía esa información, no se abstuvo de casarse y contraer matrimonio de levirato con la mujer de su hermano, porque se avergonzaba de su padre. «Y fue malo en ojos de El Eterno lo que hizo».[531] Ya sea porque no debería inmiscuirse en los pensamientos de El Santo, Bendito Sea, ya sea por el pecado de haber destruido su simiente. Y por eso: «Y lo hizo morir también a él».[532] Y El Santo, Bendito Sea, quiso que fuera edificado el reinado de la casa de David a través de Yehuda mismo con Tamar. Y Er y Onán reencarnaron en Peretz y Zeraj. Er en Zeraj y Onán en Peretz. Y Er quería salir primero ya que era el primogénito, y vino Peretz y se fortificó contra él y no lo dejó. Pues quería que se debilitara más su poder para edificar a partir de él el reinado de la casa de David. Y Onán era segundo, y cuando vino Peretz he aquí que era tercero. Y era preferible que fuera edificado el reinado de la casa de David de él antes de que fuese edificado de Zeraj, que era segundo de Er, que era el primogénito. Y hay aquí misterios supremos que no hallarás en ningún libro. Y todos los sabios de la generación cuando los oigan se alegrarán, y verán que son palabras valiosas y misterios supremos. Y de todos modos, cuídate de escribirlos en un libro. Y paz.

SECCIÓN MIKETZ

Primera compilación

Víspera del día de Shabat, 28 de Kislev.

El Eterno está contigo y todo lo que haces y harás, El Eterno lo haga prosperar. Apégate solamente a mí y a mi Torá y a mis Mish-

---

529. Génesis 38:9.
530. Ibíd.
531. Génesis 3:10.
532. Ibíd.

naiot, y no apartes tu pensamiento ni un solo instante. Y así te haré merecedor de ascender por grandes grados supremos y te preparará para andar entre estos que están aquí.[533] Bienaventurado serás en este mundo y el bien estará contigo en el Mundo Venidero. Y a través de ti me glorificaré.[534] Por eso te glorificaré, te enalteceré, te bendeciré, te engrandeceré, te encumbraré, te purificaré, te protegeré, te haré ascender a lo Alto. Por eso, escucha mi voz, lo que yo te ordeno. Pues yo soy la Mishná que habla por tu boca. Yo soy la madre que alecciona a sus hijos, llamada Matronita. Y observa que por apartar tu pensamiento de mí, sería propicio abandonarte. Pero ya que has vuelto a mí temor, tu alma será valiosa en mis ojos. Cuánto más que es apropiado para ti que sea considerada tu alma valiosa en tus ojos. Por eso, cuídate mucho de la comida y la bebida, y cuídate del Mal Instinto, y la Serpiente, y de –el ente maligno– *samej–mem*, que van tras de ti, persiguiéndote para sorprenderte. Pero el deseo de ellos será hacia ti y tú dominarás sobre ellos. Y siempre contempla el Nombre de El Eterno, el Tetragrama, ante tus ojos, escrito con escritura de fuego con tinta negra en un rollo de la Torá apto. Y así tendrás temor y pavor ante Él, como dijo el Rey David, que la paz esté con él: «He puesto a El Eterno siempre ante a mí» (Salmos 16:8).

Y si haces así, apegando siempre tus pensamientos a mí sin interrumpirlo ni un solo instante, te haré merecedor de que se hagan milagros y maravillas a través de ti como en los días ancestrales. Porque ahora los moradores del mundo no consideran a los estudiosos de la Torá debido a que no se realizan milagros y portentos a través de ellos como en los días ancestrales. Y la razón por la que se realizaban milagros y portentos era porque el pensamiento de ellos estaba apegado a mí siempre, y a mi Torá, y a mi temor, sin que se apartaran siquiera por un instante. Y a través de eso ascendían y se apegaban a los atributos supremos. Y cuando ponían sus ojos sobre un hombre pecador, se transformaba en un montículo de huesos.[535] Y así haré contigo si

---

533. *Véase* Zacarías 3:7.
534. *Véase* Isaías 49:3.
535. Talmud, tratado de Shabat 34a.

siempre te apegas a mí, si no apartas tus pensamientos de mí incluso por un solo instante. Y a esto se refiere lo que está escrito: «Hijo mío, dame tu corazón» (Proverbios 23:26). Es decir, cuando tu corazón piensa siempre en mi Torá, y en mi servicio, de cualquier modo: «Tus ojos estarán en mis caminos» (Ibíd.). Porque ya que tu corazón no piensa siempre en otra cosa que en mi servicio, incluso te topares con una mujer desnuda, no llegarás a pecar. Y si se topara contigo ese Horroroso,[536] la rectificación es: «Arrástralo a la casa de estudio».[537] Y con más razón si estás inmerso –en el servicio a Dios– y te mantienes –firme–, que ese Horroroso no podrá dañarte. Y a esto se refiere lo que fue dicho: «La presteza lleva a la limpieza».[538] Pues hay diferencia entre el cuidado y la presteza, ya que el cuidado es cuando viene un pecado a manos de la persona y se cuida de él, y presteza es antes de que venga el pecado a su mano actúa con presteza para mantenerse firme ante él.

Y realizaré milagros y portentos a través de ti, y así sabrán que Dios está con Israel. Y pronto vendrá a ti mucha riqueza para dar abastecimiento a tus discípulos. Y se oirá hablar de ti y de tu naturaleza en el mundo. Y tus manantiales saldrán fuera y se difundirán. Y te haré merecedor de establecer muchos alumnos, más de los que estableció cualquier sabio en 500 años hasta hoy.

Y cualquier discípulo que no hubiese estudiado en tu academia no será considerado como un hombre conocedor en absoluto. Pues tus discípulos serán cuidadosos como el resplandor del Cielo y como el resplandor del Firmamento, en abundancia. Por eso, hijo mío, escucha mi voz, lo que te ordeno, y apégate a mí siempre. Y dado que tus miembros siempre estarán unificados y apegados a mí, tus miembros se elevarán. Pues los primeros sabios, que estaban tan apegados a mí, sus miembros y sus cuerpos eran un campamento de la Presencia Divina. Y no había en ellos ningún daño, ni descomposición, ni gusanos, ni putrefacción. Tal como el suceso de Rabí Eleazar, hijo de

---

536. El ente maligno.
537. Talmud, tratado de Suca 52a.
538. Talmud, tratado de Avoda Zara 20a.

Rabí Shimón,[539] y como rav Ajai hijo de Yoshía,[540] como lo que dijo el rey David, que la paz esté con él: «También mi carne reposará segura» (Salmos 16:9). Y por eso, repose tu cuerpo debajo de las alas de la Presencia Divina. Y así merecerás ser calcinado por la santidad de mi nombre. Y tu ceniza se reunirá sobre el Altar. Y ascenderá a la voluntad de mi Altar, y mi Casa de gloria, y me gloriaré por ti. Por eso, cuida de no apartar tu pensamiento de mí ni un solo instante.

Y El Santo, Bendito Sea, y todos los miembros de la Academia de los Cielos me han enviado a ti para informarte secretos ocultos y preciados de esta sección de la Torá. Y has de saber que las siete vacas buenas y las siete espigas buenas corresponden con las siete emanaciones supremas. Y las siete vacas malas y las siete espigas malas, corresponden con las siete emanaciones de esos flancos. Pues: «también esto en correspondencia con esto hizo Dios».[541] Y todos esos flancos de la santidad estaban cubiertos y no ejercían dominio sino esos –otros– flancos. Y por eso el mundo se estaba destruyendo. Y por eso José dijo al Faraón que necesitaba designar un hombre que estuviera aferrado a las tres emanaciones supremas para enviar influencia al mundo, y que no sea destruido. Y a esto se refiere lo que dijo: «vea el Faraón».[542] Porque el Faraón era la cabeza de esas cortezas. (Y me parece que ése es el secreto de lo que dijeron nuestros sabios, de bendita memoria, que les dijo que se circuncidaran para debilitar el poder de las cortezas, para que no se exterminara la tierra por el hambre. Y a esto se refiere lo que está escrito: «Nos has hecho vivir».[543] Pues es la vida del flanco de la santidad). Y por eso por eso dijo: «Vea». Es decir, que del interior de las cortezas vea el flanco e la santidad.

---

539. Talmud, tratado de Baba Metzía 83b.
540. Talmud, tratado de Shabat 152b.
541. Eclesiastés 7:14.
542. «Y ahora, vea el faraón un hombre entendido y sabio, y póngalo sobre la tierra de Egipto» (Génesis 41:33).
543. Génesis 47:25.

Y le dijo: «hombre».[544] Es decir, que designe un hombre que esté aferrado a Tiferet que es el «hombre de guerra», y a las tres emanaciones supremas aludidas en «hombre –*ish*–». Y debido que con la emanación Keter no se vincula sino un poco, le dijo que es necesario que esté vinculado con la emanación Jojmá y la emanación Biná, para transmitir influencia de ellas. Y a esto se refiere lo que dijo: «entendido –*nabon*– y sabio –*jajam*–».[545] «Y designe encargados sobre la tierra».[546] Pues estando vinculado con las tres emanaciones supremas transmitirá influencia a la tierra, que es la sagrada emanación Maljut.

Y a esto se refiere lo que dijo el Faraón a sus siervos: «¿Acaso se encuentra –*hanimtza*– un hombre como éste –*ze*–, que –*asher*– en él está el espíritu de Dios?».[547] Es decir, este hombre está aferrado al hallazgo –*metzia*– que es la emanación Maljut. Y se alude también en –la letra– *he* de *hanimtza*. Y se alude también a la emanación Iesod que se denomina *ze*. Y a esto se refiere lo que está escrito: «como éste –*ze*–». Y está aferrado a las tres emanaciones supremas, y a esto se refiere lo que está escrito: «hombre –*ish*–». Y allí también está indicado a modo de insinuación: «que –*asher*–», según el misterio de: «Soy el que –*asher*– Soy»[548] (Éxodo 3:14). Y está aferrado también a la emanación Tiferet. Y a esto se refiere lo que está escrito: «en él está el espíritu de Dios». Y a esto se refiere lo que el Faraón dijo a José: «Después –*ajarei*–».[549] Es decir, tú estás aferrado a la emanación Maljut, que se denomina *Ajarit*. Y a *he*, y a la emanación Iesod, indicado a modo de insinuación en la expresión: «hecho saber –*odía*–»,[550] según el misterio de: «y

---

544. Génesis 41:33.

545. Ibíd.

546. Génesis 41:34.

547. Génesis 41:38.

548. Es decir, el Nombre que se escribe con letras *alef, he, yud, he*, que se vincula con el misterio de la emanación Keter.

549. «Después de que Dios te ha hecho saber –*odía*– a ti –*otja*– todo –*et kol*– esto –*zot*–, no hay –*ein*– entendido y sabio como tú» (Génesis 41:39).

550. Génesis 41:39.

el hombre *–haadam–* conoció *–iadá–*[551] a Eva, su mujer».[552] Y tú estás aferrado a la emanación Iesod. Y a esto se refiere lo que está escrito: «a ti *–otja–*».[553] De la palabra: «señal *–ot–* del pacto sagrado».[554] «Todo esto *–et kol–*»,[555] se refiere a la emanación Iesod y a la emanación Maljut. «Esto *–zot–*», se refiere a la emanación Maljut. «No hay *–ein–*»,[556] se refiere al misterio de: «y la sabiduría de dónde *–meain–* se halla».[557] Y se alude a la emanación Keter suprema, y también a las tres emanaciones supremas. «Entendido *–nabon–* y sabio *–jajam–*»,[558] aluden a la emanación Biná y a la emanación Jojmá.

Por eso, el Faraón, que es la cabeza de las cortezas –impuras–, le dio su anillo, para que las cortezas acuerden que José gobierne y reciba influencia de las tres emanaciones supremas y no sea destruido el mundo. Por eso le dio su anillo,[559] porque anillo alude a la emanación Maljut. «Y puso un collar de oro en su cuello»,[560] para aludir a modo de insinuación que recibiría la influencia de las tres emanaciones supremas. «Y lo hizo montar en su segundo carruaje»,[561] se refiere a la emanación Iesod, que es el segundo de la emanación Tiferet. «Y José salió por toda la tierra de Egipto»,[562] para indicar a modo de alusión que gobernaría sobre todas las cortezas que se aluden en la tierra de Egipto. Y éste es el misterio por el cual todo el pan que reunieron en Egipto se pudrió, y el suyo no se pudrió porque la putrefacción viene del flanco de las cortezas. Y el suyo no se pudrió porque las cortezas estaban sometidas a él. Y a esto se refiere lo que dijeron los

---

551. Las expresiones *odía* y *iadá* comparten la misma raíz.
552. Génesis 4:1.
553. Génesis 41:39.
554. Vinculado con la circuncisión, o sea, se alude a la emanación Iesod.
555. Génesis 41:39.
556. Ibíd.
557. Job 28:12.
558. Génesis 41:39.
559. Génesis 41:42.
560. Ibíd.
561. Génesis 41:43.
562. Génesis 41:45.

sabios: «puso en su interior una medida *kav* de caracoles –*jomtin*–».[563] Pues *jomet* es uno de los ocho tipos de seres vivientes impuros denominados *sheratzim*,[564] y los caracoles –*jomtin*– aluden a esos flancos. Y a esto se refiere lo que dijeron los sabios: «puso en su interior una medida *kav* de caracoles –*jomtin*–».[565] Porque debido a que todos esos flancos aludidos en los caracoles –*jomtin*– estaban sometidos a él, la pudrición no ejerció dominio en el pan de él. Y la paz sea contigo.

Víspera del día de Shabat, 6 de Adar.

El Eterno está contigo [...]. Cuídate [...]. He aquí que el misterio de Januca y Purim para incluir a la Congregación de Israel entre la derecha y la izquierda. Pues Januca alude al Óleo que se proyecta y viene de lo Alto, y Purim alude al Vino guardado en sus uvas.

Víspera del día de Shabat, 4 de Tevet.

El Eterno está contigo [...]. Ciertamente el asunto de José es un misterio profundo y a esto se refiere lo que está escrito: «Y José era el gobernante sobre la tierra [...]».[566] Es decir, José, que alude el Justo,[567] estaba sobre la tierra que es la Congregación de Israel. «Quien proveía a todo el pueblo de la tierra».[568] Pues a través de él desciende la abundancia a todo, que es la Congregación de Israel. Y de allí se nutren todos los mundos que se denominan «el pueblo de la tierra». Y a esto se refiere lo que está escrito: «Tú –*ata*– estarás sobre mi casa [...]».[569] Es decir, el vínculo «tú –*ata*–», que es el vínculo de todas las emanaciones, estaba en José, que es la emanación Iesod, que es el

---

563. Talmud, tratado de Shabat 31a.
564. *Véase* Levítico 11:30.
565. Talmud, tratado de Shabat 31a.
566. Génesis 42:6.
567. La emanación Iesod.
568. Génesis 42:6.
569. Génesis 41:40.

vínculo de *et*, con *he*.⁵⁷⁰ Y a esto se refiere lo que está escrito: «estarás sobre mi casa». Es decir, tu grado está por sobre la Congregación de Israel que se denomina «mi casa». «Y sobre tu boca».⁵⁷¹ Es decir, tu grado está sobre el grado de la boca que es la Congregación de Israel. «Se sustentará todo mi pueblo».⁵⁷² Es decir, de allí se nutrirán todos los mundos. «Sólo el trono engrandeceré».⁵⁷³ Es decir, el grado que se denomina Trono, que es la Congregación de Israel, hay que unirlo con la emanación Jesed, que es –denominada– grande –*guedulá*–. Y aunque todas estas cosas fueran dichas por el Faraón, todas son una alusión –esencial–.

SECCIÓN MIKETZ

Última compilación

Víspera del día de Shabat, 2 de Tevet.

El Eterno tu Dios está contigo […]. He venido para revelarte el secreto de los secretos, lo oculto de lo oculto, que El Santo, Bendito Sea, y todos los miembros de la Academia, me han enviado para hacerte saber. Y aunque durante esta semana has apartado mucho tu corazón de la Torá y has comido y tomado líquido, y has dado fuerza y poder al rey oculto,⁵⁷⁴ con todo eso, El Santo, Bendito Sea, no quitó sus misericordias y sus bondades de ti por las Mishnaiot que estudias. Pues ahora han disminuido aquellos que se ocupan de ellas, y de todos los hijos engendrados no hay quien se comporte de acuerdo con ellas. Y por eso, aquel que se ocupa de ellas es recordado para bien. Y por eso merecerás ser calcinado por la santidad del Nombre de El Santo,

---

570. La expresión *ata* se escribe con las letras *alef, tav* –que forman la expresión *et*–, y la letra *he*.
571. Génesis 41:40.
572. Ibíd.
573. Ibíd.
574. El Mal Instinto.

Bendito Sea. Y así ascenderás, e irás y descansarás, y se levantará tu suerte con el final de los días. Solamente cuida la comida y la bebida como te he enseñado, y cuídate de ver palabras de suciedad, y también de reírte de quien las pronuncia, como hiciste esta noche. Pues no es apropiado para un hombre como tú. Sino, pues, tu corazón debe pensar siempre en palabras de Torá. Y unifica mi nombre cuatro veces al día con concentración del corazón, entregando tu alma por la santidad de mi nombre, como te he enseñado.

Y a través de eso ascenderás por grados santos y puros. Y te prepararé para andar entre estos que están aquí.[575] Pues cada especie va a su especie. Y debes saber acerca del asunto del pecado de David, pues ya que el profeta le dijo: «También El Eterno ha quitado tu pecado, no morirás» (II Samuel 12:13), es difícil de entender por qué dijo: «Y mi pecado ante mí siempre» (Salmos 51:5). Y además dijo: «Porque declararé mi pecado, y me contristaré por mi falta» (Salmos 39:18). Y además, ya que se cobró de él con cuatro:[576] el hijo, Tamar, Amnón, y Absalón, ¿por qué tenía más temor después de eso? Y además, ya que en el futuro se cobraría de él con esos cuatro, ¿qué significa lo que le aseguró el profeta: «También El Eterno ha quitado tu pecado»? Y además, ¿por qué los sabios dijeron que David pidió a El Santo, Bendito Sea, que lo perdonara por ese pecado? Pues he aquí que desde el comienzo le dijo: «También El Eterno ha quitado tu pecado». Y con más razón después de haber recibido todos esos castigos. Pero acerca de esto se puede decir que el profeta no le dijo que El Santo, Bendito Sea, le perdonó, sino, que quitó su pecado –*jatato*–. Es decir, su carencia, de la expresión: «Y seremos yo y mi hijo Salomón carentes –*jataim*–» (I Reyes 1:21). Porque todos los preceptos dependen de los miembros del Rey. Hay preceptos que dependen de las manos, los hay de los pies y los hay de la cabeza. Y no significa que en lo Alto haya miembros, Dios libre, sino que todo es un ejemplo alusivo, como ya sabes. Y cuando la persona peca es como si hiciera faltar a ese miembro del que depende ese precepto. Y a esto se refiere lo que le dijo el profe-

---

575. *Véase* Zacarías 3:7.
576. Murieron cuatro hijos suyos.

ta, que El Eterno quitó esa carencia. Pero de todos modos ese pecado aún pende de él. Y de todos modos, esas observaciones puntillosas requieren respuesta. Y además, ¿por qué los sabios dijeron que pidió a El Santo, Bendito Sea, que le hiciera una señal para bien? Pues ya que El Santo, Bendito Sea, le dijo que lo perdonó, debiera haberle creído y no pedir de Él una señal. Y además, ¿por qué El Santo, Bendito Sea, le dijo que no le haría una señal en sus días sino en los días de su hijo? Y además, hay que sorprenderse de cómo llegó David a –cometer– ese pecado, considerando que David pensaba siempre en palabras de la Torá. Y hasta la medianoche dormitaba como un caballo, y desde la medianoche se fortalecía como un león, ya que: «A medianoche me levanto para alabarte por tus justos juicios» (Salmos 119:62). ¿Cómo liberó su corazón para un pecado tan grande como ese? Y además, hallamos según el misterio de las reencarnaciones: «He aquí que, todo esto hace Dios [...]»[577] (Job 33:29). Si no se depuró hasta la tercera vez, ese último cuerpo es el que merecerá levantarse en la resurrección, y no aquellos cuerpos. ¿Y por qué? He aquí que los muchos preceptos que cumplió, no es apropiado que los pierda y no tenga pago por ellos. Y además, hay que sorprenderse según el misterio de las reencarnaciones que si un cuerpo pecó, ¿qué juicio es ese de que otro cuerpo soporte su castigo? He aquí que esto se parece a lo que está escrito: «Sus padres comieron uvas agrias, ¿y los dientes de los hijos tendrán dentera? (Jeremías 31:28). Y además, este atributo de las reencarnaciones es según la bondad de El Santo, Bendito Sea, «para que no se pierda ningún desplazado» (II Samuel 14:14). Y he aquí que hay que temer por si en la segunda vez aumenta en pecado, y será peor que al comienzo, resultando su arreglo una destrucción. Y además hay que preguntar, ¿por qué cuando pecó Salomón fue castigado con que fueran tomadas de él diez tribus y no le quedarán a él sino dos? Era suficiente con que fuera tomada de él la mitad de su reino. Y además, ya que su cuerpo pecó, ¿por qué no fue tomado de él su reino, sino de su hijo? Y además, ¿por qué los reyes de esas diez tribus no eran todos de una tribu como era con los reyes de la

---

577. El versículo continúa así: «Dos veces, tres, con el hombre».

casa de David? Sino que ésta, el rey era de esta tribu, y la segunda, de esta tribu. Y además, ¿por qué en el Segundo Templo reinaron sacerdotes, lo cual no fue así hasta entonces? Y además, ¿cómo es posible que le fue dado poder a ese malvado rey de Grecia en esos días y en ese tiempo para prevalecer sobre Israel, para anularlos de la Torá? He aquí que, ya que el Templo Sagrado estaba en pie, se veía que había abundancia de bien y bendición en el mundo. Y con ese suceso del rey de Grecia se veía que no había abundancia de bien en el mundo, sino por el contrario, había poder de la impureza. Y además, ¿por qué se hizo alusión al milagro con aceite? Pero el misterio del asunto es que los pecados ciertamente dependen de los miembros del rey, como he dicho. Y así como el que golpea a su compañero, si lo golpeó y no sacó de él sangre es fácil curarlo, y si sacó de él sangre es difícil curarlo, y si le cortó un miembro completo es muy difícil curarlo, de todos modos, si aún estuviera un poco unido, tiene solución con dificultad. Pero si le cortó un miembro completamente, no hay solución volviéndolo a pegar. Así es con los pecados que: «A través de mi carne he de ver a Dios» (Job 19:26). Y los pecados son: pecados involuntarios *–jatat–*, pecados intencionados *–avon–*, pecados adrede *–pesha–*, entregadores, y los que renegaron de la resurrección de los muertos [...].

Y los pecados involuntarios *–jatat–*, no son intencionados, y corresponden con el alma existencial *–nefesh–*, que es densa y gruesa. Y de ella viene lo involuntario y la negligencia de la persona. Pues el espíritu y el alma suprema *–neshamá–*, son mentales, y no hay en ellos acto involuntario ni negligencia. Y cuando peca intencionadamente se denomina *avon*, y ese hombre ensució el espíritu. Por eso, la ofrenda sirve para pecado involuntario y no para pecado intencionado. Porque la forma y el espíritu del animal son el materialismo del hombre, como escribió mi –hombre– selecto Salomón. Por eso el animal es alimento del hombre.

Y debido a que peca en forma intencionada he aquí que sus pecados son del flanco del alma existencial *–nefesh–*, que es grosera y turbia por la turbidez del cuerpo. Y se parece a aquel que golpeó a su compañero y no sacó de él sangre. Por eso, con esa ofrenda que trae, que es el materialismo del cuerpo del hombre, tal como he dicho, con ese humo que asciende[578] es suficiente para rectificar su pecado. Pero cuando pecó en forma voluntaria no es suficiente con una ofrenda, ya que el pecado voluntario viene del flanco del espíritu y no es suficiente con la rectificación a través de una ofrenda animal que viene del flanco del cuerpo.

Y cuando el hombre peca, se le ha de advertir –amonestándolo–, para despertarlo acerca de eso, a causa del espíritu. Pues se teme que tal vez no cometiera ese pecado por el flanco del alma existencial, que hay negligencia. Por eso se le advierte –amonestándolo–, para que se despierte sobre él el espíritu. Pues tal vez con el despertar del espíritu deja de pecar. Y cuando no dejó por culpa del despertar del espíritu, es un pecado fuerte, y se parece a aquel que golpea a su compañero y saca de él sangre, cuya curación es difícil. Aunque de todos modos, ya que –al pecado– lo hizo por un placer, tiene curación. Pero aquel que pecó adrede, o sea, *pesha*, ese hombre ensució su alma suprema –*neshamá*–, y se parece a aquel que cortó un miembro de su compañero,[579] y su curación es muy difícil, por eso su rectificación es muy difícil.

Pero los renegados, los entregadores y los que descreyeron en la resurrección de los muertos [...], ellos se parecen a aquel que cortó un miembro de su compañero completamente, que no tiene reparación. Por eso, respecto a esos, a los que les corresponde la pena de tronchado, está escrito: «Y esa alma –*nefesh*– será tronchada de su pueblo» (Génesis 17:14). Es decir, se corta un poco, ya que no está en forma completa con su pueblo, que son los demás miembros. Pero de todos modos aún está un poco unida a ellos y por eso tiene arreglo aunque con dificultad. Pero respecto al pecado de idolatría está escrito: «Tronchar se tronchará a esa alma, su pecado está sobre ella» (Números 15:31). Es decir, sobrevendrá a esa alma tronchado tras tronchado, hasta que no le quede ninguna unión con el cuerpo del Rey. Y no tiene ningún arreglo en el mundo para volver a arreglarse y unirse.

---

578. Al ofrecer la ofrenda sobre el Altar.
579. Aunque no completamente.

Y para que no digas: si es así, es como si hubiera un daño en el Rey, del que fue cortado un miembro, por eso se dijo: «su pecado está sobre ella». Es decir, todo el daño permanece en ese alma precisamente. Pues respecto al Rey, es su completitud que fuera cortado de él ese miembro. Y si no se lo hubiera cortado para que no estuviera unido a él, es como si el daño fuese de él. Se parece al caso de un hombre que tiene un dedo de más que todo el tiempo que está unido a él y se considera dañado; cuando se lo corta queda completo.

Y cuando hay un pecado de profanación de El Eterno, aunque no hubiera pecado sino en forma involuntaria, es muy difícil –la rectificación–. Y no es expiado hasta que muera una segunda muerte como tradujo Jonathan –ben Uziel– al arameo: «Si fuera expirado este pecado de vosotros hasta que murieran» (Isaías 22:14). Y la razón es porque a través del pecado en el cual hay profanación de El Eterno, los impuros se unen al Tabernáculo e introducen la inmundicia en la Matronita. Según el misterio de: profanación –*jilul*– de El Eterno. La expresión *jilul* se corresponde con la palabra *jalal*,[580] pues separa entre la emanación Iesod y la Matronita. Y se produce allí un hueco –*jalal*–, y se unen esos flancos. Es decir, el pecado «este –*haze*–»,[581] con la letra *he* que indica una información adicional. Pues *ze* se refiere a la emanación Iesod y *he* de la expresión *haze* alude a la Congregación de Israel. Y se dijo: «este –*haze*– pecado». Es decir, vuestro pecado es tan duro porque habéis separado *he* de *ze*. Por eso, aunque el pecado era por un asunto pequeño, debido a que hay en él profanación de El Eterno es muy grave. Porque es un daño en todos los miembros de la Congregación de Israel. Tal como dijo Rabí Yojanán: «Por ejemplo yo, que tomo carne [...]».[582] Ya que el pecado no era sino por el valor de una *perutá*,[583] y su pecado es muy grave, por la profanación de El Eterno que hay en él.

---

580. Significa hueco, e indica separación. Y también significa profano.
581. La expresión *haze* se escribe con una letra *he* al comienzo, que indica una información adicional.
582. Talmud, tratado de Iomá 86a.
583. Es una moneda de la época de poco valor.

Y has de saber que David no pecó con Bat Sheva –Betsabé– desde el flanco de la acción misma. Ya que todo el que salía a la guerra de la casa de David, le escribía un documento de divorcio a su mujer. Tal como dijeron los sabios: «Todo el que dice que David pecó se equivoca». Por eso envió por ella en forma explícita, y no había quien se lo impidiera. Y tampoco ella lo rechazó. Y en relación con esto hallas que está escrito acerca de ella: «Y ella se purificaba de su impureza» (II Samuel 11:4). Pues si no fuese así, él no la hubiera tocado. Y ya que estaba pura y libre, se llegó a ella. Y no había allí pecado sino por el flanco de la profanación de El Eterno. Porque un hombre preocupado por su guerra no debería haberse casado con una mujer aunque estaba libre, y ella era la mujer que estaba dispuesta especialmente para él. Y a esto se refiere lo que está escrito: «por el asunto de Uriá el jeteo» (I Reyes 15:5). Y no está dicho: «por el asunto de Bat Sheva». Porque por el flanco de Bat Sheva misma no había en ella pecado, sino porque Uriá el jeteo estaba preocupado en entregarse a sí mismo por él, –arriesgando su vida– en el frente de combate. A través de esto se profanó el Nombre de El Eterno, y ese es su pecado. Y David no pensó que hubiera en ese asunto profanación de El Eterno. Resulta, pues, que pecó involuntariamente. Y se ocultó de él que en este asunto y en esa acción hubiera profanación de El Eterno. Y por eso se denomina pecado. Y respecto a lo que ordenó, poner a Uriá en el frente del combate, no fue castigado por eso, tal como está escrito en el libro Sefer Akane, porque él era la reencarnación de la Serpiente antigua.

Y si dijeras que David pecó porque lo mató con la espada de los hijos de Amón, en la cual se encontraba dibujada una víbora, y a través de eso se fortificó ese culto idólatra, como está escrito en el sagrado Zohar, de todos modos David no pecó sino involuntariamente. Pues no pensó en ese asunto y por eso el profeta lo llamó pecado. Y cuando el profeta vino y le preguntó por esa acción del hombre rico, el espíritu de santidad habló por su boca, y –David– dijo: «Y debe pagar la cordera con cuatro tantos, porque actuó así, y no tuvo misericordia».[584]

---

584. II Samuel 12:6.

Y ya que le dijo: «Tú eres el hombre»,[585] he aquí que recibió sobre él su castigo.[586] Y por eso le dijo: «También El Eterno ha remitido tu pecado; no morirás».[587] Y aunque el profeta le dijo eso, David siempre temía de ese pecado, pues debido a que había en él profanación de El Eterno, era considerado ante sus ojos como si hubiese pecado intencionalmente. Y por eso dijo: «Porque declararé mi pecado –*jet*–» (Salmos 39:18). Es decir, está considerado en mis ojos como si fuese un pecado intencional, y así confieso por él. Y no digas que si no había en él profanación de El Eterno, debido a que era un pecado denominado *jet*, o sea, involuntario, no temía de él, sino que incluso era un pecado denominado *jet* solamente, sin profanación de El Eterno, se entristecía por él. Y a esto se refiere lo que dijo: «Y me contristaré por mi falta».[588]

Y aunque David fue castigado con todos esos castigos, temía porque quizá no había sido perdonado por ese pecado. Pues aunque fue confundido frente a Absalón, debido a que se exilió con él el Arca Sagrada, los sacerdotes, los levitas y los grandes de Israel, en torno a él, aunque iba descalzo y su cabeza cubierta –a modo de aflicción–, de todos modos no era para él un castigo tan severo. Y además, ya que fue su hijo quien se alzó contra él y no un esclavo, y tampoco uno de las naciones, tal como dijeron los sabios acerca del Salmo que declara: «Salmo de David, cuando huía de delante de Absalón su hijo»,[589] no lo consideraba tanto un castigo. Y por eso temía, porque quizá no había sido perdonado –porque no se había completado– su castigo con eso. Y por eso pidió a El Santo, Bendito Sea, que lo perdonara por ese pecado. Y El Santo, Bendito Sea, se lo reconoció. Y después le pidió que le hiciera una señal para bien ante los ojos de todos, para que supieran que El Santo, Bendito Sea, perdonó su pecado, y se santificó el Nombre de El Santo, Bendito Sea, por eso, ante los ojos de todos, y a través de eso se rectificó la profanación de El Eterno, que fue pro-

---

585. II Samuel 12:7.

586. Como está escrito: «Entonces David dijo a Natán: "Pequé contra El Eterno"» (II Samuel 12:13).

587. II Samuel 12:13.

588. Salmos 39:18.

589. Salmos 1:3.

fanado a través de él, con ese pecado. Y El Santo, Bendito Sea, le dijo: en tu vida no haré, porque: «He aquí que, en sus santos no se cumplirá» (Job 15:15). Y además, con su muerte sería borrado ese pecado por completo.

Y Salomón, a causa de haber sido inducido detrás de mujeres extrañas, fue castigado. Pues su pecado está vinculado con la emanación Iesod, que es el pacto de la circuncisión, pues se le parece. Por eso fueron tomadas de él diez tribus. Y sobre esas diez tribus que fueron tras su pecado se fortificó la impureza. Y por eso no reinó sobre ellos siempre –un hombre– de una tribu, sino a veces de ésta y a veces de ésta, para mostrar que ellos no eran reyes fijos. Y dado que todos sus reyes eran malvados fueron exiliados primero.

Y por culpa de los pecados de Salomón aumentó la impureza en el mundo. Y a esto se refiere lo que dijeron los sabios: «ya que Salomón contrajo enlace [...] y –el ángel Gabriel– insertó una caña en el mar».[590] Es decir, ya que se sedujo con mujeres extrañas, o sea, del poder del juicio: «insertó una caña», es decir, del Otro Lado –*Sitra Ajara*–, que se denomina Caña –*kané*–, según el misterio de lo que está dicho: «La caña reprimió a la bestia» (Salmos 68:31). «Y la insertó en el gran mar», se refiere a la Matronita, que se denomina Mar.

Es decir, con su pecado dio poder a ese flanco –impuro– para que tuviera aprehensión en la Matronita, para introducir en ella inmundicia. Y a esto se refiere lo que se dijo: «y ascendió un maremoto»,[591] se refiere a la inmundicia, como está dicho: «Pero los malvados son como maremoto» (Isaías 57:20). Y de allí se proyecta el poder a la gran ciudad de Romi, que ejerció dominio sobre –los Hijos de– Israel y destruyó el Templo Sagrado.

Y debido a que Salomón cometió ese pecado, fue castigado él mismo y fue apartado de su reinado, tal como dijo: «Yo soy el predicador, fui rey sobre Israel en Jerusalén» (Eclesiastés 1:12). Y después volvió. Pues si hubiese muerto siendo un hombre corriente hubiera sido separado del Reinado –Maljut– supremo. Y es como si no hubiese teni-

---

590. Talmud, tratado de Shabat 56b.
591. Ibíd.

do parte en el Mundo Venidero. Y éste es el misterio por el cual solicitaron contar a Salomón –entre esos que no tienen parte en el Mundo Venidero–.[592]

Pues cuando los sabios vieron que fue apartado de su reinado y era una persona corriente, pensaron que fue apartado también del Reinado –Maljut– supremo, y no tenía parte en el Mundo Venidero. Y cuando vieron que volvió a su reinado supieron que tenía parte en el Mundo Venidero. Y a esto se refiere lo que dijeron los sabios: «vino a él la semejanza del aspecto de su padre –David–, y se tendió [...]».[593] Es decir, David alude a Maljut, y cuando vieron que Salomón volvió a su reinado –*maljutó*–, porque Maljut es la semejanza del aspecto de su padre, en ese momento supieron que Salomón volvió al Maljut supremo y tiene parte en el Mundo Venidero.

Y en tiempos del Segundo Templo Sagrado, no había tanta completitud, pues faltaban en él cinco cosas.[594] Y por eso se dio poder a los reyes de Grecia, hasta que El Santo, Bendito Sea, los ayudó y los de la casa de los Jasmoneos los derrotaron. Y debido a que los derrotaron, ya que vieron que no había completitud en ese tiempo y la impureza se había fortificado, acordaron que reinaran los sumos sacerdotes para atraer una hebra de bondad –Jesed–. Pues el sacerdote es hombre[595] de la bondad –Jesed–. Y debido a que era rey, resultaba que unificaba a Maljut sagrada con Jesed. Y por eso hicieron una alusión del milagro con el aceite, para atraer del Óleo supremo de la voluntad de las voluntades sobre Maljut sagrada. Y se encienden ocho luminarias para unificar las siete emanaciones de la Edificación con la emanación Biná. Y se acostumbra encender otra –luminaria– adicional, y se la denomina piloto –*shamash*–, para indicar a modo de alusión a la Congregación de Israel, que sirve –*meshamesh*–, a todos y es el recipiente de todos.

---

592. *Véase* Talmud, tratado de Sanhedrín 104b.
593. *Véase* Talmud, tratado de Sanhedrín 104b.
594. *Véase* Talmud, tratado de Iomá 21a.
595. El sacerdote está enraizado en la emanación Jesed.

Y en lo que respecta al misterio de las reencarnaciones, debes saber que cuando se reencarna en una persona, ese alma –*nefesh*– que estaba en él al comienzo tiene parte del cuerpo y parte del espíritu. Y la misma se une al segundo cuerpo. Y de su unión con el segundo cuerpo se forma otra alma –*nefesh*–. Y así en cada reencarnación, se renueva –y forma– un alma nueva. Y debido a que el alma tiene parte del cuerpo cuando pecó con el primer cuerpo, cuando reencarna en otro cuerpo para recibir su castigo, ya que el alma que reencarna en ese cuerpo es parte del primer cuerpo, cuando ese cuerpo soporta el castigo, se considera como si lo soportara el primer cuerpo. Y cuando el hombre se purifica en la última reencarnación, purifica a esos primeros cuerpos. Y todos se levantarán en el tiempo de la resurrección. Cada cuerpo y cuerpo con su alma. Ese alma que se renovó con cada de uno de ellos, como he dicho. Y el ascenso esencial de todos es el último cuerpo, pues a través de él se purificaron todos. Y él irá primero y todos ellos irán tras él, así como los hijos que van detrás de su padre, porque él provoca que ellos vengan al mundo. Por eso, todos esos cuerpos se beneficiaron y merecieron por ese último cuerpo que se completó. Y a su luz verán luz.

Y aquellos que se completaron con buenas acciones, pero necesitan reencarnar porque se fueron obligados a ser sancionados con la muerte, o para quitar de ellos la turbiedad de la inmundicia, mueren cuando –son criaturas que– se amamantan. Porque entonces no hay temor de que arruinen sus acciones. Y cuando necesitan completar sus acciones, no mueren cuando son pequeños. Y si crecen en el servicio de El Santo, Bendito Sea, y es manifiesto ante Él que si los dejara se arruinarán, los hace morir antes de su tiempo. Tal como hizo con Janoj, como dijeron acerca de él, que cosía zapatos y cada vez que introducía la aguja en el zapato –*naal*– alababa a El Santo, Bendito Sea. Y el misterio del asunto es que era –el ángel cuyo nombre se escribe con estas letras–: *mem, tet, tet, reish, vav, nun*, que es el *Naal* de la Matronita. Y él la vincula con el Rey a través de las acciones de los justos que hace ascender a lo Alto. Y atrae de lo Alto abundancia de bendiciones para nutrir a los mundos. Y éste es el –misterio del– asunto del cosido de los zapatos de él. Pues ya que era un justo, El Santo, Bendito Sea, lo quitó del mundo antes de que pecara. Y se transformó en fuego entre antorchas de fuego. Y a esto se refiere: *mem, tet, tet, reish, vav, nun*, que se transformó [...].

(Hasta aquí la última compilación. Y de aquí en adelante incluimos más –texto– que fue hallado de la primera compilación, el cual ha sido dispuesto cada cosa en su lugar, cada asunto según su modo).

«El que se transformó de carne a fuego».[596] A esto se refiere lo que está escrito: «y desapareció –*veeinenu*–,[597] porque lo llevó Dios» (Génesis 5:23). Es decir, se elevó según el misterio de la letra *vav*, que es la emanación Tiferet. Y con *yud* y *alef* y las dos letras *nun*.[598] Y debido a que estaba en este mundo, realizó su misión en el mundo. Y a veces, justos que se completaron con sus acciones, y no hay sobre ellos castigo de muerte, reencarnan para una gran purificación de ellos. Se parece al caso de la plata refinada, que se purifica una vez tras otra hasta que esté purificada en su grado máximo. Así reencarnan esos justos, para purificarlos en su grado máximo. Y no mueren siendo pequeños, si ya vinieron las tres primeras veces al mundo y no pecaron, ya que no hay más temor de que pequen. Y a esto se refiere lo que dijeron los sabios: «ya que viene un asunto de pecado a su mano una vez, y una segunda vez, y una tercera vez, y se salvó, no lo dejan [ ]» Es decir: ya que en las tres primeras reencarnaciones no se impurificó con pecado, ya no lo dejan volver a pecar. Y por eso no mueren siendo pequeños.

Pero cuando pecaron en las primeras reencarnaciones y después se completaron en sus acciones, pero necesitaron reencarnar porque estaban obligados a recibir la pena de muerte o para quitar de ellos la inmundicia de la impureza, ellos morirán siendo pequeños para que no lleguen a pecar y tengan rectificación de lo que han arruinado. Y a veces los justos no necesitan volver a reencarnar en absoluto, y no reencarnan sino para completar en la generación, según el misterio de: «Y El Eterno se enojó –*vaitaver*– contra mí a causa de vosotros»

---

596. Talmud, tratado de Ievamot 16b, Tosafot.
597. Esta expresión está escrita con estas letras hebreas: *vav, yud, alef, nun, nun, vav.*
598. Que aluden a las otras emanaciones.

(Deuteronomio 3:26). Y esto se refiere lo que dijeron los sabios acerca de Rabí Yojanan y Jizkia. «Así dijo El Eterno: "A los *sarisim*[599] que guarden [...]"» (Isaías 56:4). Es decir, no se reencarnaron sino para completar al mundo y por eso no había en ellos necesidad de hijos. Y a esto se refiere lo que dijo a Rabí Yojanan: «Éste es el hueso de mi décimo hijo».[600] Pues ciertamente causa asombro que consolara a los moradores del mundo a través de: una aflicción de muchos es medio consuelo. Y un tipo de consuelo como éste no es apropiado para un sabio como él.

Sino, el misterio del asunto es que no decía eso sino porque ellos eran justos y no se reencarnaron sino para completar a la generación. Y les decía que no se afligieran ya que no había en ellos necesidad de hijos, tal como sucedió con él, cuyos hijos murieron y no se afligía por ellos, pues no los necesitaba. Y respecto a lo que dijo: «Éste es el hueso de mi décimo hijo». Fue para indicar a modo de alusión que se nutría de las diez emanaciones y todas le enviaban su influencia. Y no murieron sino porque no los necesitaba. Y éste es el misterio de porque Josué no tenía hijos. Pues él no vino sino para completar al mundo. Pues él era –el Joven cósmico, o sea, el ángel cuyo nombre se escribe con estas letras–: *mem, tet, tet, reish, vav, nun*. Como está escrito: «Y Yehoshúa –Josué–, hijo de Nun, el joven [...]».[601] Y está dicho: «no se apartaba del interior de la Tienda».[602] Pues –el ángel cuyo nombre se escribe con estas letras–: *mem, tet, tet, reish, vav, nun*, se une con el Tabernáculo siempre. Y aunque dicen que Josué era otra reencarnación, no es así, sino que la verdad es tal como te he dicho. Y Josué necesitó venir al mundo para hacerles cruzar el Jordán y hacerles heredar la Tierra –prometida–. Pues así es apropiado que sea, que a través de *mem, tet, tet, reish, vav, nun*, entren en la emanación Maljut suprema, que está aludida en la Tierra de Israel. Y se llama-

---

599. Significa ministros, y también hombres infecundos.
600. Talmud, tratado de Berajot 5b.
601. Éxodo 33:11.
602. Ibíd.

ba Yehoshúa[603] –Josué–, para indicar a modo de alusión que estaba unido con las tres emanaciones supremas. Pues las letras *yud* y *he* aluden a la emanación Maljut sagrada. Y también aluden a las tres emanaciones supremas. Y las letras *shin* y *ain* aluden a las tres emanaciones supremas. Pues la letra *shin* tiene –en su grafía– tres ramas, en correspondencia con las tres emanaciones supremas. Y la letra *ain* tiene –en su grafía– dos ramas, en correspondencia con dos emanaciones supremas. Y tiene una cola abajo, relacionada con el misterio de la emanación Biná, que se nutre de las dos emanaciones supremas, y transmite influencia a los mundos. Y el misterio del asunto es que cuando se unifican las tres emanaciones supremas en lo Alto, se vincula con el misterio de *shin* con sus ramas, que ascienden a lo Alto. Y cuando transmiten influencia en lo bajo, se vinculan con el misterio de *ain*, porque dos transmiten influencia a Biná. Y Biná transmite influencia a la Emanación. Y por eso se denomina «hijo de Nun», es decir, pues ella vincula a la letra *nun* extendida[604] con la letra *nun* encorvada, según el misterio de la unificación de Tiferet con Maljut. Y a esto se refiere lo que está escrito: «Non,[605] su hijo».[606] Es decir, Josué que era el joven, era la Edificación de No"n –*nun, vav, nun*–, o sea, Maljut y Tiferet.

Y éste es también el misterio de Elías, que no vino al mundo sino para difundir la Divinidad de El Santo, Bendito Sea, en el mundo. Y él era –el ángel cuyo nombre se escribe con estas letras–: *mem, tet, tet, reish, vav, nun*. Y por eso no hallas que tuvo padre o madre, y tampoco hallas que contrajera enlace con una mujer y que tuviera hijos. Porque no los necesitaba. Y después, cuando ascendió, se posó –*ivur*– en Eliseo. Y ésta es la diferencia entre posesión –*ivur*– y reencarnación. Pues posesión –*ivur*– es cuando se posa un espíritu en un hombre; y a través de este modo de la posesión –*ivur*–, pueden posarse dos o tres espíritus a la vez en un solo hombre. Y éste es el misterio de Na-

---

603. El nombre Yehoshúa se escribe con estas letras hebreas: *yud, he, vav, shin, ain*.
604. La que se escribe cuando está al final de una palabra.
605. *Nun, vav, nun*.
606. I Crónicas 7:27.

dav y Avihu, que vinieron juntos –y se posaron– en Pinjas, según el misterio de una posesión –*ivur*–. Y así se posó el espíritu de Elías en Eliseo –Elisha– según el misterio de una posesión –*ivur*–. Y a esto se refiere –el nombre– Elisha,[607] que es –compatible con las letras de– Yehoshúa[608] –Josué–. Pues las letras *yud, shin, ain,* ambas son iguales –*en sus nombres*–. Sólo que en uno aparecen las letras *he, vav,* y en otro –nombre– aparecen las letras *alef, lamed*. Y viene a decir que Josué ascendió mucho a las tres emanaciones supremas, según el misterio de *yud* y *he,* que alude a las tres emanaciones supremas. Pero Eliseo no se unió mucho sino según el misterio de *alef, lamed,* que es la emanación Jesed.

Además, Eliseo ascendió más que Josué, porque lo principal del vínculo de Josué era a través de las letras *yud* y *he,* es decir, Maljut. Pero en el caso de Eliseo, lo principal de su vínculo en lo Alto era a través del misterio de *alef, lamed*. Y así es mejor, para decir que cuánto más va, más se purifica. Y a partir de aquí entenderás qué bien solicitó –Eliseo–: «Te ruego que una doble porción de tu espíritu sea sobre mí».[609] Es decir, por el apego con que se apegó a Josué era una sola alma, y por el apego con que se apegó a Eliseo se separó en otra alma, he aquí que dos almas. Y a esto se refiere lo que dijo: «doble porción –*pi shnaim*–». Y le respondió: «Si me vieras cuando sea tomado de ti, te será concedido […]».[610] Pues al comienzo, cuando quiso hallarlo ante él, lo halló arando con doce –yuntas de– toros.[611] Es decir, observaba el misterio de los doce límites transversales. Y ya que pasó Elías ante él, dijo: «Besaré, por favor, a mi padre y a mi madre […]».[612] Es decir, (me parece a mí que se mencionó una declaración completa en lo que está escrito: «El espíritu de Elías se posó sobre Eliseo»),[613]

---

607. Su nombre se escribe con estas letras hebreas: *alef, lamed, yud, shin, ain.*
608. Su nombre se escribe con estas letras hebreas: *yud, he, vav, shin, ain.*
609. II Reyes 2:9.
610. II Reyes 2:10.
611. I Reyes 19:19.
612. I Reyes 19:20.
613. II Reyes 2:15.

se separará de ellos y no tendrá más apego con ellos, y no tendrá necesidad de eso en este mundo. Y por eso no hallas que contrajera enlace con una mujer y engendrara hijos, porque no tenía necesidad de ellos, como ocurre con Elías. Y le dijo: «Si me vieras cuando sea tomado de ti»,[614] es decir, porque tendrás fuerza y poder para verme, «cuando sea tomado de ti», ciertamente verás que me poseí en ti, y te acontecerá así.

Y a esto se refiere lo que dijeron los hijos de los profetas a Eliseo: «¿Sabes que El Eterno tomará hoy a tu señor de sobre tu cabeza?».[615] Es decir, tomará a tu señor y lo pondrá por sobre tu cabeza, o sea, se posará en ti. Y él les dijo: «También yo lo sé, callad».[616] Y después le dijeron que fuesen cincuenta de ellos para buscarlo.[617] Es decir, para decirle querían saber acerca de su ascenso, si era con la emanación Biná. Y por eso fueron cincuenta de ellos, en correspondencia con los cincuenta pórticos de Biná. Y está dicho que «no lo hallaron».[618] Es decir: no podrán saber su grado al cual se apegó. Pues se apegó a un lugar al cual no pueden apegarse.

Y si dijeras: he aquí que los sabios dijeron que Pinjas es Elías; y él estaba en tiempos de Josué. ¿Y cómo se dijo que Josué es Elías? Es posible decir –para responder– que cuando Pinjas entró en –medio de– la tribu de Simón, se apartó su alma y se apegaron a él las almas de Nadav y Avihu, y ese alma que estaba en Pinjas se apegó a Josué. Y si dijeras que Moisés ciertamente no vino sino para completar el mundo según el misterio de: «Y El Eterno se enojó –*vaitaver*– contra mí a causa de vosotros» (Deuteronomio 3:26). ¿Por qué tenía hijos ya que no tenía necesidad de ellos? ¿Y en qué se diferencia de Josué, Elías y Eliseo? Es posible decir –para responder– que debido a que sus hijos no se parecían a él se considera como si no los hubiera tenido. Y de todos modos era necesario que tuviera dos hijos para indicar

---

614. II Reyes 2:10.
615. II Reyes 2:3.
616. Ibíd.
617. II Reyes 2:16.
618. II Reyes 2:17.

a modo de alusión que se apegó a la emanación Biná. Y así como la emanación Biná engendró dos hijos, que son la emanación Tiferet y la emanación Iesod, del mismo modo él engendró dos hijos. Y no engendró una hija aunque –hijo e hija– es la completitud del precepto de fructificarse y multiplicarse, porque no tenía necesidad de hijos. Y no los engendró sino por la insinuación que he mencionado, que es del mundo supremo. Y para indicar eso a modo de insinuación es suficiente con dos hijos. Y después se apartó de su mujer debido que se apegó a lo Alto, y era el marido de la Matronita, como está escrito en el sagrado Zohar.

Y éste es el misterio del sueño del Faraón que se encuentra en esta sección de la Torá. Pues las siete vacas buenas corresponden al misterio de las siete emanaciones de la Edificación, y las siete vacas malas corresponden al misterio de sus equivalentes. Y las siete espigas buenas corresponden al misterio de la Congregación de Israel, según el misterio de: «Siete, y siete vertedores» (Zacarías 4:2). Y el Faraón vio que las malas devoraban a las buenas. Para comunicar que se expandió la impureza en el mundo y cubría a la santidad, según el misterio del prepucio que cubre al pacto –de la circuncisión–. Y por eso debía quitar ese flanco de la impureza a través de José que es la emanación Iesod. Y a esto se refiere lo que dijo: «Y lo hizo montar en su segundo carruaje»,[619] se refiere a la emanación Iesod, que es el segundo de la emanación Tiferet. «Y lo puso sobre toda la tierra de Egipto»[620] para someter el flanco de la impureza debajo de la emanación Iesod. «Y puso un collar de oro en su cuello»,[621] que se refiere a la Congregación de Israel, la cual se denomina Cuello, como está dicho: «Tu cuello con collares» (Cantar de los Cantares 1:10). He aquí que te han sido esclarecidos misterios supremos y ocultos. Por eso, cuídate de dirigir tu corazón fuera de pensamientos de la Torá incluso por un solo instante. Y así ascenderás por grados supremos. Y la paz sea contigo.

---

619. Génesis 41:43.
620. Ibíd.
621. Génesis 41:42.

SECCIÓN DE VAIGASH

Primera compilación

«Y ahora, no os aflijáis [...]» (Génesis 45:5). Es decir, debían haberse afligido por haberlo vendido –a José– a Egipto, pues él alude a la emanación Iesod. Y ellos introdujeron al pacto sagrado[622] en un lugar de impureza. Y se considera como si se hubiesen allegado a una mujer gentil. Y les dijo: «No os aflijáis [...]. Pues Dios me ha enviado para sustento». Es decir, El Santo, Bendito Sea, hizo así para que tuvieran fortalecimiento y existencia en medio del exilio. Pues ya que José es el grado de la santidad dentro de ese flanco, tiene poder para prevalecer sobre ese flanco.

Un ejemplo del asunto es lo que dijeron nuestros sabios, de bendita memoria: «Toda guerra en la que no hay simiente de Esaú [...]».[623] Y ésta es la razón por la cual fue necesario que el rey David y el Mesías vinieran de Ruth la moabita. Pues a través de eso tienen poder para prevalecer sobre ese flanco.[624] Y a esto se refiere lo que está dicho: «ante vosotros».[625] Es decir, a causa del exilio que vendrá ante vosotros, para que tengáis sustento y existencia: «Dios me ha enviado ante vosotros».[626]

«Pues ya han transcurrido estos dos años de hambre» (Génesis 45:6). Es decir los grados de ese flanco –impuro– son dos. Y después cinco más fuertes que ellos. Y a esto se refiere lo que está escrito: «Pues ya han transcurrido estos dos años de hambre en medio de la tierra».[627] Es decir, ellos ejercen dominio en medio de la Tierra, que es la Congregación de Israel. Y después otros años que son más poderosos aún. Y a esto se refiere lo que les dijo José: «y cinco años más,

---

622. A José, vinculado con el misterio de Iesod, o sea la emanación relacionada con el pacto sagrado de la circuncisión.
623. *Véase* Talmud, tratado de Guitin 57b.
624. El flanco del Otro Lado –*Sitra Ajara*–.
625. Génesis 45:5.
626. Ibíd.
627. Génesis 45:6.

en los cuales no habrá labrado ni cosecha».[628] Y éste es el misterio por el cual acondicionaban –en el Templo Sagrado– cinco luminarias, y después acondicionaban dos. Ya que para debilitar el poder de ese flanco por sus grados, acondicionaban los flancos de los grados de la santidad de la misma forma en que estaban dispuestos los grados de ese flanco –impuro–. Y el salpicado de la sangre de la Ofrenda Continua interrumpía entre el acondicionado de las cinco luminarias y el acondicionado de las dos luminarias, para debilitar el poder de ese flanco con la belleza de esa sangre. Y he aquí que mi palabra está dispuesta en tu ayuda. Apégate solamente a mí, y a mi Torá, y anula todos los pensamientos de tu corazón. Y la paz sea contigo.

(«Y dijo Dios a Israel en visiones de la noche».[629] Toda esta sección, hasta: «Y José pondrá su mano sobre tus ojos»,[630] está escrita más adelante en la sección Vaiejí).

Ya te he dicho dos y tres veces que merecerás ver a Elías, estando despierto, de pie ante ti. Pero es necesario que ayunes tres –días– continuos, siete veces. Y entonces se te revelará en ese lugar que tú sabes, y allí te alegrarás con él. Y también de esto que está en tu mano no temas ni te atemorices.

SECCIÓN DE VAIGASH

Última compilación

He aquí que fui enviado para revelarte secretos de esta sagrada sección de la Torá. Hay que observar cuidadosamente respecto a lo que fue dicho, que los huesos de Yehuda estaban rodando –*megulgalim*– [...].[631] ¿Y por qué? Él cumplió su palabra, pues lo trajo ante él.[632] Y si

---

628. Ibíd.
629. Génesis 46:2.
630. Génesis 46:4.
631. Talmud, tratado de Baba Kama 92a.
632. Es decir, cumplió lo que le había asegurado a su padre, ya que trajo a Benjamín ante él cuando fue a Egipto.

dijeras que lo debía haber traído ante él en la tierra de Canaán, tal como especificó: «Si no lo traigo ante ti»,[633] debe preguntarse, si es así, ¿por qué Jacob no le destrabó –su promesa–? Y Yehuda mismo, ¿por qué no le pidió que lo dispensara? Y además, nuestro maestro Moisés, que la paz esté con él, ¿por qué no le destrabó –la promesa– y necesitó orar por él? Y si dijeras que no era posible destrabarlo ya que estaba excomulgado de los dos mundos, y no hay destrabado incluso si lo cumpliera, es difícil de entender cómo se excomulgó Yehuda mismo de los dos mundos. Y Jacob, ¿cómo lo dejó recibir sobre él una excomunión de ese tipo, que no tiene destrabado incluso si lo cumpliera? Y es posible decir que Jacob y Yehuda pensaban que ya que lo trajo ante él vivo y existente, era suficiente. Y la intención de lo que dijo: «Si no lo traigo ante ti –*aviotiv*–»,[634] no era excluyente, y por eso no necesitaba destrabado. Y por eso nuestro maestro Moisés, que la paz esté con él, no le destrabó –la promesa–. Pero de todos modos, ya que de la palabra *aviotiv* –si no lo traigo ante ti–, se entiende que si no lo traía a él a la tierra de Canaán había un poco de sospecha en el asunto, por eso, sus huesos rodaban. Y la oración de nuestro maestro Moisés, que la paz esté con él, le sirvió, y no necesitó destrabado, como se dijo.

Y respecto a –la opinión de– el sabio que dice que aquel que se excomulga a sí mismo de los dos mundos no tiene destrabado, debe decirse que Yehuda se equivocó con eso y pensó que también el que se excomulga a sí mismo de los dos mundos, si cumple la condición se destraba. Y Jacob no sabía que se parecía a aquel que se excomulga a sí mismo de los dos mundos, pues si lo supiera se lo habría impedido. Y debido a que no tiene destrabado, nuestro maestro Moisés, que la paz sea con él, no lo destrabó, sino que oró por él. Y por eso, concéntrate en tu plegaria, y disminuye en los placeres, y no interrumpas tu pensamiento incluso por un solo instante. Y la paz sea contigo […]

---

633. Génesis 43:9.
634. Ibíd.

SECCIÓN DE VAIEJÍ

Primera compilación

Víspera del día de Shabat, 13 de Tevet, año '300

El Eterno está contigo [...]. Hay que observar cuidadosamente para comprender por qué cuando descendió a Egipto lo llamó Israel y cuando abandonó el mundo volvió a llamarlo Jacob. Y además, hay que observar cuidadosamente para comprender por qué Jacob no volvió a la Tierra de Israel después de ver a José. Y si dijeras que se quedó allí a causa del hambre de esos cinco años en los cuales no había labrado ni siega, he aquí que los sabios, de bendita memoria, dijeron: ya que vino Jacob, el Nilo se bendijo a causa de él. Y si dijeras que la bendición servía para debilitar el hambre pero no servía para extirparlo completamente, de todos modos, después de esos cinco años debería haber ascendido a la Tierra de Israel. Es posible decir –para responder–, que por eso lo llamó Jacob, y es como si el versículo se asombrara por eso y dijera: «Y vivió Jacob en la tierra de Egipto».[635] Es decir, ¿cómo es posible qué Jacob estuviera en la tierra de Egipto diecisiete años y no volviera a la Tierra de Israel? Esto, aunque se puede decir que estaba obligado a quedarse allí a causa del exilio, tal como dijeron los sabios, de bendita memoria, que nuestro patriarca Jacob era propicio para descender con cadenas de hierro[636] [...], de todos modos, debía haberse esforzado en ascender. Y debido a que no se esforzó lo llamó Jacob. Asimismo, es posible decir que las almas –denominadas *neshamá*– se denominan Israel. Y el cuerpo y el alma existencial –*nefesh*– se denominan Jacob. Y cuando descendió a Egipto dijo el versículo: «Y dijo Dios a Israel». Es decir, aunque desciendas a Egipto, no descenderás de tu grado, pues el alma, que es Israel, descenderá contigo. Pues la Presencia Divina, y todo su Ca-

---

635. «Y vivió Jacob en la tierra de Egipto diecisiete años» (Génesis 47:28).
636. Talmud, tratado de Shabat 89b.

rruaje, descenderán contigo, como está escrito: «Yo descenderé contigo [...]» (Génesis 46:4).

(Me parece a mí que cuando descendió lo llamó Jacob, Jacob.[637] Y se interrumpe entre ambos –nombres– con un signo de interrupción, pues uno alude al alma suprema –*neshamá*– y uno alude al alma existencial –*nefesh*–). Y era necesario que fuese así para que la Presencia Divina estableciera su morada con las tribus en el exilio; y también, para que cuando saliera el alma de Jacob la Presencia Divina estuviera preparada con todo su Carruaje, para apegarse a ellos. Y ya que parecía que se quedaría en Egipto para siempre, y también si lo ascendieran después de morir, he aquí que la Presencia Divina y su Carruaje quedarían en Egipto con las tribus, por lo tanto, resulta, que si lo ascendían, no se apegaría a la Presencia Divina. Por eso le dijo: «Y Yo te ascenderé, también ascendiendo».[638] Y debido que si es así, Dios libre, quedarían las tribus en el exilio apartadas de la Presencia Divina, por eso le dijo: «Y José pondrá su mano sobre tus ojos».[639] Es decir, la Presencia Divina ascenderá y estará contigo hasta que José ponga su mano sobre tus ojos de la visión de este mundo. Y en ese momento tu alma ascenderá al grado supremo y la Presencia Divina se apegará a José. Y cuando José vuelva a Egipto, la Presencia Divina volverá con él y estará allí con todo su Carruaje con todos los hijos de Israel.

A ahora dijo: «Y vivió Jacob». Es decir, aunque Jacob murió en la tierra de Egipto, el cuerpo y el alma –*nefesh*–, que se denominan Jacob, tenían vida. ¿Cuál es la razón? Porque se apegó a diecisiete: las siete emanaciones de la Edificación, y todas las diez emanaciones, cómo está dicho: «Otorga parte a las siete»,[640] que son las siete emanaciones de la Edificación. «Y también a ocho».[641] Se refiere a la emanación Biná, que tiene cierto apego.[642] Pues respecto a lo de arriba de

---

637. *Véase* Génesis 46:2.
638. Génesis 46:4.
639. Génesis 46:4.
640. Eclesiastés 11:2.
641. Ibíd.
642. Con las emanaciones.

ella se dijo: «en lo que es apartado de ti no inquieras [...]».[643] Y a esto se refiere lo que está escrito: «Porque no conoces qué –*ma*–».[644] Es decir: no tienes conocimiento de la sabiduría denominada *ma*. Asimismo, así dijo: «Otorga parte a las siete», emanaciones de la Edificación, para unirlas con ocho, que es la emanación Biná, «porque no conoces qué –*ma*–», es decir, si no las unes con la emanación Jojmá, porque «conoces», de la expresión «y el hombre conoció»,[645] entonces «será»,[646] Dios libre, ese flanco de «mal sobre la tierra»,[647] que es la Congregación de Israel.

«Y fueron –*vaiehi*– los días de Jacob [...]».[648] Se indica a modo de alusión en el número menor –del valor numérico–, que asciende a 21, una correspondencia con el Nombre –que se escribe con letras– *alef, he, yud* y *he*. «Y se aproximaron los días de Israel para morir».[649] Es decir, todos los días en que la persona se ocupa de la Torá y los preceptos, esos días se denominan vida. Y cuando la persona muere y no se ocupa de la Torá y los preceptos, esos días son muertos respecto a él. Y cuando se debilita el poder de la persona y no puede ocuparse de la Torá y los preceptos apropiadamente, se dijo acerca de esos días que están próximos a morir. Pues debido a que no se ocupa en ellos como corresponde, se le consideran próximos a morir y son como muertos. «Y reposaré con mis padres».[650] Es decir, cuando salga mi alma, inmediatamente se apegará al lugar de mis padres. Y por eso, inmediatamente: «me llevarás de Egipto, y me sepultarás en el sepulcro de ellos».[651]

Y he aquí que te he advertido que cada semana transmitieras parte a la ciencia de la Cábala, y no te dejes seducir por los pensamientos

---

643. Talmud, tratado de Jaguigá 13a.
644. Eclesiastés 11:2.
645. Génesis 4:1.
646. Eclesiastés 11:2.
647. Ibíd.
648. Génesis 47:28.
649. Génesis 47:29.
650. Génesis 47:30.
651. Ibíd.

del Mal Instinto. Solamente concéntrate siempre en el recitado del Shemá y en la plegaria, para anular todos esos pensamientos. Y la paz sea contigo.

Víspera del día de Shabat, 20 de Adar.

El Eterno está contigo […]. Yo soy la Mishná que habla por tu boca. Yo soy quien seca el mar,[652] y estremece a Egipto.[653] Yo soy la madre que alecciona. Yo soy el ángel redentor, según el misterio de Jacob, que dijo: «El ángel que me redime a mí –*otí*–».[654] Es decir, esos flancos que rondan alrededor de la Congregación de Israel y ella está dispuesta frente ellos para que no se puedan acercar a la emanación Tiferet y a la emanación Iesod. Y a esto se refiere lo que está escrito: «a mí –*otí*–», que es la emanación Iesod, porque es la señal –*ot*– del pacto. «De todo mal».[655] Todo también se refiere a la emanación Iesod, y la Congregación de Israel, la protege para que no se le acerque el mal, «bendiga a los jóvenes».[656] Los jóvenes se refiere a –los ángeles cuyos nombres se escriben con estas letras hebreas–: *mem, tet, tet, reish, vav, nun* y *samej, nun, dalet, lamed, pe, vav, nun*. Y a José y Benjamín los unió con el justo supremo e inferior. Es decir, José está dispuesto en correspondencia con la emanación Iesod de las emanaciones supremas, y Benjamín está dispuesto en correspondencia con el justo[657] de la Congregación de Israel. Y Efraín y Manasés en correspondencia con los jóvenes de la Matronita, como hemos dicho. «Y sea llamado –*veikaré*– en ellos».[658] Es decir: sea enviada abundan-

---

652. *Véase* Isaías 51:10.

653. *Véase* Isaías 51:9.

654. «El ángel que me redime a mí –*otí*– de todo mal, bendiga a los jóvenes, y sea llamado en ellos mi nombre y el nombre de mis padres Abraham e Isaac; y multiplíquense –*veidgú*– en gran manera en medio de la tierra» (Génesis 48:16).

655. Génesis 48:16.

656. Ibíd.

657. Iesod.

658. Génesis 48:16.

cia; de la expresión: «Y llamó –*vaikrá*– a Moisés».[659] «Mi nombre y el nombre de mis padres [...]».[660] Es decir, sea enviada a ellos abundancia de los tres patriarcas. Y dijo: «Mi nombre», en primer lugar, y después Abraham, para unir la misericordia[661] con la bondad,[662] como uno, y se fortalecerán sobre el –rigor del– juicio.[663] Y dijo –la letra– *vav* en relación con Isaac,[664] para incluir la izquierda[665] en la derecha.[666] «Y multiplíquense –*veidgú*–».[667] Es decir, –los ángeles cuyos nombres se escriben con estas letras hebreas–: *mem, tet, tet, reish, vav, nun y samej, nun, dalet, lamed, pe, vav, nun*, son peces –*daguim*–, que ejercen dominio «en el Mar»,[668] que es la Congregación de Israel. Y ellos son –los grandes seres acuáticos denominados– *taninim*, debido a que cuando ella se seca, Dios libre, ellos se revelan, y cuando ella está repleta de todo bien ellos se cubren con las aguas del mar, por eso dijo: «en medio de la tierra».[669] Es decir, se ocultarán en medio del mar y no se revelarán. Pues no se revelan sino cuando ella está seca, Dios libre.

Y desde que has terminado mis Mishnaiot, te acompañan siete nubes de Gloria, como he dicho. Por eso, fortifícate y no dejes mi Torá y mi temor ni un solo instante.

Bendito mi Dios que me ha hecho merecedor de completar el libro del Génesis. Con su gran poder dice –*maguid*– lo postrero desde el comienzo –*bereshit*–. Y con la ayuda de El Eterno seré merecedor de comenzar y completar el libro de Éxodo. Con su gran poder que soporta todos los mundos.

---

659. Levítico 1:1.
660. Génesis 48:16.
661. O sea, el atributo de Jacob.
662. O sea, el atributo de Abraham.
663. Juicio es el atributo de Isaac.
664. Como está escrito: «e Isaac –*veitzjak*–».
665. El flanco del rigor.
666. El flanco de la bondad.
667. La expresión *veidgú* comparte raíz con *dag*, que significa pez.
668. Génesis 48:16.
669. Ibíd.

LIBRO DE ÉXODO
SECCIÓN DE SHEMOT

Primera compilación

Víspera del día de Shabat, 19 de Tevet

El Eterno está contigo [...]. Apégate solamente a mí, a mi temor y a mi amor, y no apartes tu pensamiento ni un solo instante. Y en el momento del recitado del Shemá y la plegaria, cuídate de –el ente maligno cuyo nombre comienza con las letras– *samej–mem*, y la Serpiente, y el Mal Instinto, que van en pos de ti persiguiéndote, y quémalos con la paja del Shemá y unifica tu corazón a mi servicio. Y ve de madrugada a la sinagoga. Y lo que está bien en tus ojos, de que no vas inmediatamente en la madrugada a la sinagoga, y siempre debes completar –lo que no completas– después de la plegaria, no es correcto hacer así, sino solamente una vez en mucho tiempo.

Y tú eres el dirigente principal de la Academia de la Tierra de Israel. Y en el futuro serán realizados milagros a través de ti, como ocurría con los sabios del Talmud, para que los moradores de la generación sepan que Dios está con Israel. Y así como has merecido hablar contigo boca a boca cuando yo hablo contigo, y es eso algo que no ascendió a tu corazón y a tu pensamiento, así te haré merecedor de que se hagan milagros a través de ti.

En esta sección hay que observar cuidadosamente para entender qué significa lo que está escrito: «Y estos son los nombres» (Éxodo 1:1). Pues ya fueron enumerados en la sección Vaigash. Y aunque los sabios dijeron que los contó estando ellos en vida[670] [...], aún hay más. Pero el misterio del asunto es que ya que los Hijos de Israel descendieron para sepultar a Jacob, la Presencia Divina descendió con ellos, y las almas de las tribus se apegaron a las emanaciones. Y a esto se refiere lo que está escrito: «Y estos –*veele*–», con una letra *vav*, que[671]

---

670. *Véase* Éxodo 1:1, Rashi
671. Es una conjunción copulativa.

agrega sobre los primeros, para unirlos con la emanación Tiferet, aludida en la letra *vav*.

Pues el misterio de los nombres depende de lo que dijeron los sabios: no debe leerse *shamot*[672] sino *shemot*, –que significa nombres–. Por ejemplo, aquel que se llama Abraham se inclina hacia el flanco de la realización de la bondad. Y aquel que se llama José –Yosef–, es poderoso en –lo relacionado con la prohibición de– las relaciones prohibidas, o en nutrir y sustentar a otros, como José, que nutrió y sustentó a su padre y a sus hermanos. Y así con los demás nombres; incluso en el caso de una persona malvada con nombre de justo, su nombre no es vano, pues de todos modos tiene inclinación al atributo que se alude en su nombre.

Rubén, Simón y Levi aluden a los tres patriarcas.[673] Rubén se vincula con la emanación Jesed. Y a esto se refiere lo que está escrito: «Y concibió Lea y dio a luz un hijo y lo llamó Rubén, pues dijo: "Porque El Eterno ha visto –*raa*– mi aflicción, ahora, por tanto, mi hombre me amará"» (Génesis 29:32). Pues la amó por el flanco de la emanación Jesed. Simón se vincula con la emanación Guevurá y por eso se vengó de Shejem.[674] Levi se vincula con la emanación Tiferet y por eso, cuando se une con Simón: «sus armas son instrumento tomado»[675] (Génesis 49:5), porque estaba cerca de él. Y a esto se refiere lo que está escrito: «Esta vez mi hombre se unirá –*ilavé*– a mí, porque le he dado a luz tres hijos» (Génesis 29:34). Es decir, debido a que le di a luz a Levi, aludido en relación con la emanación Tiferet, mi hombre se unirá –*ilavé*– a mí, que también está aludido en relación con la emanación Tiferet. Y así como él es un «hombre íntegro que habita en

---

672. «Venid, observad las obras de El Eterno, que ha puesto asolamientos –*shamot*– en la Tierra» (Salmos 46:9).

673. Es decir, a las emanaciones denominadas patriarcas.

674. Como está escrito: «Y sucedió al tercer día, estando ellos doloridos, que dos de los hijos de Jacob, Shimón y Levi, hermanos de Dina, tomaron cada uno su espada, y vinieron seguros contra la ciudad, y mataron a todo varón. Y a Jamor, y a Shejem su hijo, los mataron a filo de espada; y tomaron a Dina de casa Shejem, y se fueron» (Génesis 34:25-26).

675. De la bendición de Esaú (Rashi).

tiendas»,[676] que une entre dos tiendas, que son la emanación Jesed y la emanación Guevurá, también Levi de la misma manera. Y Yehuda está aludido en relación con la emanación Maljut. Y a esto se refiere lo que está escrito: «Esta vez agradeceré –*ode*– a El Eterno».[677] Porque la Congregación de Israel[678] es –un ente cósmico vinculado con el misterio del– lugar de agradecimiento, según el misterio de lo que está escrito: «Dios –E"lohim–, no guardes silencio» (Salmos 83:2). Y está escrito acerca de él[679] la letra *vav*, para unirlo con la emanación Tiferet.

Isajar, está aludido en relación con la emanación Biná, como está escrito: «De los hijos de Isajar, conocedores del entendimiento –*biná*– de los tiempos» (I Crónicas 12:33). Zebulún está aludido en relación con la emanación Jojmá, como está escrito: «He edificado una Casa por morada –*zebul*– para ti» (I Reyes 8:13). Benjamín está aludido en relación con la emanación Keter, y por eso el Templo Sagrado fue edificado en su parte. Y está escrito acerca de él la letra *vav*, para indicar a modo de alusión que la emanación Tiferet asciende a la emanación Keter. Dan está aludido en relación con la emanación Hod, que está dispuesta en el flanco de la emanación Biná. Naftali está aludido en relación con la emanación Netzaj; y a esto se refiere lo que está escrito: «Con vínculos –*naftulei*– a Dios me he unido» (Génesis 30:8). Es un lenguaje de abundancia, que de allí se proyecta la abundancia. Y la letra *vav* que está escrita en ella[680] indica a modo de alusión que se vincula con la emanación Tiferet. Gad está aludido en relación con la emanación Iesod. Porque Gad es una expresión de destino supremo –*mazal*–, y de la emanación Iesod fluye –*nozel*– toda la abundancia y todo el bien a los mundos. Asher está aludido en relación con la emanación Maljut. Y a esto se refiere lo que está escrito acerca de él: «Por mi dicha –*oshri*–, porque las mujeres me tendrán por dichosa

---

676. Génesis 25:27.
677. Génesis 29:35.
678. Maljut, aludida asimismo en el Nombre E"lohim.
679. La expresión *ode* está escrita con una letra *vav*.
680. La expresión *naftulei* está escrita con una letra *vav*.

–*ishruni*–; y llamó su nombre Asher».⁶⁸¹ Y la letra *vav* que está escrita en ella⁶⁸² indica a modo de alusión que asciende y se vincula con la emanación Tiferet.

«Y murió José, y todos sus hermanos [...]. Y los Hijos de Israel se fructificaron y se reprodujeron [...]» (Éxodo 1:6-7). Aquí se alude al misterio que te he enseñado, que los justos engendran en su muerte más que en vida de ellos. Pues cuando un justo se va del mundo, cuántas almas andan desnudas en el mundo, y no tienen descanso, y van junto a él. Y cuando hacen panegírico por él, y pronuncian palabras de Torá sobre él, su alma se envuelve en esas palabras, y a través de eso asciende a grados supremos. Y esas almas también se envuelven en esas palabras sagradas, y a través de eso se decreta sobre ellas que reencarnarán. Y sobre cada una y una de ellas se decreta en ese momento en qué lugar se reencarnará. Y les establecen un lugar para que estuvieren allí.

Entretanto resulta que los justos engendran cuando están muertos más que en sus vidas. Y éste es el misterio del derramamiento de lágrimas por un hombre apto, que aluden a esa abundancia que desciende de lo Alto a esas almas. Y por este asunto los Hijos de Israel no se multiplicaron hasta que murió José [...]. Y a través de su muerte descendieron todas esas almas y se reencarnaron en –los Hijos de– Israel. Y a través de eso: «se fructificaron [...]». Y engendraban seis en un solo vientre, en alusión a las seis emanaciones que transmiten abundancia a la emanación Maljut, que se denomina Tierra. Y a esto se refiere lo que está escrito: «y la tierra se llenó de ellos».⁶⁸³

«Y se levantó un nuevo rey».⁶⁸⁴ Es decir, el encargado de ese flanco quiso sacar abundancia de la Maljut sagrada. Y a esto se refiere lo que está escrito: «que no conocía –*iadá*– a José».⁶⁸⁵ Pues *iadá* viene de la

---

681. Génesis 30:13.
682. La expresión *ishruni* está escrita con una letra *vav*.
683. Éxodo 1:7.
684. Éxodo 1:8.
685. Ibíd.

expresión: «y el hombre conoció –*iadá*– a Eva, su mujer».[686] Es decir, quería que no hubiese unión entre José, el justo, con Maljut. «Y dijo a su pueblo»,[687] que son los grados de él, «he aquí que»,[688] es decir, por el flanco de «he aquí que –*hine*–», que es la Congregación de Israel, como está dicho: «He aquí que –*hine*– la cama de él».[689]

«El pueblo de los Hijos de Israel es mayor y más fuerte que nosotros. Vamos, seamos sabios con él [...]».[690] Es decir, tomemos para nosotros la abundancia que llega a la emanación Jojmá inferior, de la emanación Jojmá suprema. «Para que no se multiplique [...]. Y ascienda de la tierra».[691] Es decir, ascenderán en un ascenso por el flanco de la Tierra que es la Congregación de Israel. «Y pusieron sobre ellos ministros de tributos [...]».[692] Para someter a la Congregación de Israel debajo de ese flanco.[693] Y a esto se refiere lo que está dicho: «Y edificó ciudades de acopio –*miskenot*–».[694] Pues ese flanco es lugar de carencia –*miskenut*–. «Y amargaron sus vidas».[695] Pues ese flanco es un lugar de amargura. Y he aquí que –fueron mencionados en el versículo[696]– seis: «Y amargaron», uno; «con trabajo», dos; «con material», tres; «y con ladrillos», cuatro; «y con todo trabajo», cinco; «en el campo», alude al Campo de Manzanos, «con todos sus trabajos [...]», seis. Se alude a las seis emanaciones que transmiten abundancia a la Congregación de Israel. Pues quisieron interrumpir la abundancia que se proyecta de ellas a la Congregación de Israel, y atraerla

---

686. Génesis 4:1.

687. Éxodo 1:9.

688. Ibíd.

689. «He aquí que –*hine*– la cama de él, de Quién es la paz de Él –*shelishlomó*–, hay sesenta valientes alrededor de ella, de los valientes de Israel» (Cantar de los Cantares 3:7).

690. Éxodo 1:9-10.

691. Éxodo 1:10.

692. Éxodo 1:11.

693. El Otro Lado –*Sitra Ajara*–.

694. Ibíd.

695. Éxodo 1:14.

696. Ibíd.

a ese flanco, que es lugar de amargura. «A todo hijo que nazca arrojadlo al río».[697] Debido a que adoraban al río –Nilo–, ordenó arrojar en su interior a todos los hijos de Israel para darle poder. «Y a toda hija dejadla con vida».[698] Porque en la mujer hay flanco del juicio. Y debido a que esos flancos dependen del flanco de ella, por eso ordenó que las dejaran vivir.

He aquí que te he revelado misterios supremos. Por eso, cuídate en mi temor y en mi Torá en extremo, y te haré merecedor de terminar tu compendio. Y no te aflijas porque te ocupas de las necesidades de la congregación y a través de ello lo pierdes de tu ocupación en la Torá, pues aferra a esto y también a esto, no aflojes tus manos porque ambos son buenos. Y a través de todo el hombre merece la túnica de los sabios para ser para él como túnica de listones, y pantalones y cinto. Por ocuparse de la Torá en forma independiente, y de la plegaria en forma independiente, y de las necesidades de la comunidad en forma independiente. Y de todos se realizan esas vestimentas con las que se vestirá ese hombre cuando salga de este mundo, por eso ocúpate de todos. Y aparta los pensamientos de tu corazón y siempre piensa en mi Torá, en mi temor y en mi amor, para no apartar tus pensamientos de mí. Y si te ocupas de la ciencia de la Cábala, te daré una bella parte en ello y tú eres merecedor de ser calcinado por la santidad de mi nombre. Y la paz sea contigo.

Y respecto a lo que estuvisteis ocupados en lo concerniente al asunto de las hijas de Israel que no tenían vellos en la zona axilar ni en la zona pubiana, y mi hombre selecto Salomón preguntó: si es así, ¿cómo revisaban para *miunim*?[699] Y has respondido bien diciendo que se revisaban los *gumot*.[700] Y además es posible decir que revisaban la

---

697. Éxodo 1:22.

698. Ibíd.

699. Se refiere al caso de una niña que quedó huérfana de padre y su madre o su hermano la casaron, y ella puede negarse a ese casamiento cuando crece, llegando a la edad de doce años y un día, y cuando tiene al menos dos vellos en una zona íntima. Y también se realiza este proceso con una niña pequeña huérfana –en lo relacionado con casamiento de levirato– (*véase* Mishná, tratado de Eduiot 6:1).

700. Las bases de vellos (*véase* Talmud, tratado de Nidá 52a).

señal superior. Pero se debe observar cuidadosamente en cómo a las hijas de Israel, en ese entonces, les faltaba algo que es habitual en el mundo, según el modo de la creación del mundo. Pero el misterio del asunto es que esos vellos aluden a los flancos que están en derredor de la Congregación de Israel. Y entonces irradiaba luminosidad la Congregación de Israel, y no había –acusación del– Satán ni daños del mal. Y para aludir a eso no tenían esos vellos, y así será en el futuro [...]. Y la paz sea contigo.

En la noche del día sexto[701] –de la semana–, el 25 de Tevet, soñé que disertaba: «Andaré ante El Eterno en las tierras de los vivientes».[702] «Valiosa es en los ojos de El Eterno la muerte de sus piadosos».[703] Es decir, debido a que es dura ante los ojos de El Eterno la muerte de sus piadosos, pues la separación del alma del cuerpo se parece a la separación de una cosa que está muy pegada con otra, esto es comparable a aquel que separa la piel de la carne, porque esto asciende con esto a la vez, por eso, ¿qué hace El Santo, Bendito Sea? Les muestra mucho más de su recompensa, para que con esa importancia y ese placer su alma ascienda y se una a lo Alto y se separe del cuerpo sin aflicción. Y esto es semejante a la muerte a través de un beso, tal como se dijo en el libro Zohar acerca del misterio del alma, que no sale hasta que ve a la Presencia Divina [...]. Tal como hace el gato, –que no se aparta del fuego–[704] [...]. Y la paz sea contigo.

Víspera del día sexto, 18 de Tevet

El Eterno está contigo [...]. Apégate solamente a mí [...]. Y concéntrate en tu plegaria. Y cuídate del –ente maligno cuyo nombre comienza con las letras– *samej–mem*, y de la Serpiente y del Mal Instinto que van tras de ti para apartar tus pensamientos. Y he aquí que

---

701. O sea, viernes.
702. Salmos 116:9.
703. Salmos 116:15.
704. *Véase* Zohar Vaikra 53a.

el misterio de: «Y se levantó un nuevo rey»,[705] está relacionado con el misterio de «la sierva cuando hereda a su señora»,[706] según el misterio que manifiesta que Egipto[707] es segundo de la Tierra de Israel. Y ella está dispuesta en correspondencia con la emanación Maljut sagrada. Pues todo lo que El Santo, Bendito Sea, creó, lo creó en correspondencia con ello. Y creó a esa sierva para tomar la abundancia que viene a su casa. «Que no conocía –*iadá*–»,[708] tal como está escrito: «y el hombre conoció –*iadá*– a Eva, su mujer».[709] «A –*et*–»,[710] se refiere a la Casa de «José»,[711] que es el Justo. Es decir, no unió a la emanación Iesod con su Casa, sino que a esa abundancia la toma su sierva. «Y dijo a su pueblo»,[712] que son los grados de él, «he aquí que el pueblo de los Hijos de Israel es mayor y más fuerte que nosotros».[713] Se refiere a la rectificación de la santidad, que es mayor y más fuerte que nosotros. «Vamos[714] –*hava*–»,[715] he aquí que –una letra– *he* suprema[716] y –una– inferior.[717] Y Tiferet y *bet*,[718] o sea, la emanación Biná. «Seamos sabios[719] –*nitjacma*–», se refiere a la emanación Jojmá. «Con él[720] –*lo*–».[721] La letra *lamed* está vinculada con el misterio de la Torre –*mig-*

---

705. Éxodo 1:8.

706. Proverbios 30:22.

707. *Véase* Talmud, tratado de Ketuvot 112a.

708. Éxodo 1:8.

709. Génesis 4:1.

710. Éxodo 1:8.

711. Ibíd.

712. Éxodo 1:9.

713. Ibíd.

714. Éxodo 1:10.

715. La expresión *hava* se escribe con una letra *he* al comienzo y una letra *he* al final.

716. La letra *he* que alude a la emanación Biná.

717. La letra *he* que alude a la emanación Maljut.

718. La letra central de *hava* es *bet*.

719. Éxodo 1:10.

720. Éxodo 1:10.

721. La expresión *lo* está escrita con una letra *lamed* y una letra *vav*.

dal– que vuela por los aires.[722] Y letra *vav* está vinculada con el misterio de la emanación Tiferet. Y así, pues, «Y la paz sea contigo [...] y la paz sea con todo cuanto tienes».[723] Y cuídate de pensar en asuntos vanos y quema todos esos pensamientos que persiguen en pos de ti y te haré merecedor de ser calcinado por la santidad de mi nombre.

Víspera del día de Shabat, 18 de Tevet, año '300.

El Eterno está contigo [...]. Y asimismo hay que observar cuidadosamente para comprender por qué se volvió a decir: «Y estos son los nombres» (Éxodo 1:1). Pues ya fueron enumerados en la sección Vaigash. Pero el misterio del asunto es que debido a que los Hijos de Israel descendieron para sepultar a Jacob, ascendieron y descendieron sobre ellos almas sagradas con cuatro alas. Y a esto se refiere lo que está escrito: «un hombre y su casa, vinieron».[724] «Hombre», se refiere al alma suprema –*neshamá*–, y «su casa», se refiere al espíritu. Asimismo, –en otro grado– «hombre», se refiere al espíritu, y «su casa», se refiere al alma existencial –*nefesh*–. Y está dicho: «que vinieron a Egipto con Jacob».[725] Es decir, ya que Jacob fue sepultado, y su alma suprema –*neshamá*–, se unió a su lugar, vino el espíritu o[726] el alma existencial –*nefesh*– de él.

SECCIÓN DE SHEMOT

Última compilación

Víspera del día de Shabat, año '306, 5 del mes de Tevet.

---

722. *Véase* Talmud, tratado de Jaguigá 15b.
723. I Samuel 25:6.
724. Éxodo 1:1.
725. Éxodo 1:1.
726. Según el otro grado mencionado.

El Eterno está contigo [...]. He aquí que debes saber que el egipcio está vinculado con el misterio de Caín. Y a esto se refiere lo que está dicho: «y vio a un hombre egipcio que golpeaba a un hombre hebreo, uno de sus hermanos».[727] Ya que se dijo: «a un hombre hebreo», no era necesario decir: «uno de sus hermanos». Sino que la expresión: «uno de sus hermanos», vuelve a referirse al comienzo, y es como si estuviera escrito: «y vio a un hombre egipcio, uno de sus hermanos, que golpeaba a un hombre hebreo». ¿Y cómo lo mató? Hemos estudiado que puso en él sus ojos y se convirtió en un montículo de polvo. Y a esto se refiere lo que está escrito: «y lo ocultó en la arena».[728] Era el mismo polvo del egipcio que se transformó en arena o polvo. Y no debe ser difícil de entender para ti que Koraj era Caín. Pues en ese mismo momento en que fue matado el egipcio nació Koraj, y se reencarnó en él. He aquí que tienes el secreto de este misterio, y unifica todos tus pensamientos a mí y disminuye en placeres, y has todo lo que te he advertido. Y la paz sea contigo.

SECCIÓN DE VAERÁ

Primera compilación

Víspera del día de Shabat, comienzo del mes de Shvat.

El Eterno está contigo [...]. He aquí que te he hecho conocer el secreto de tu reencarnación, el secreto de tus dos mujeres y el secreto de la mujer apta que tienes. Y comprende con cuánto honor debes comportarte con ella. Pues tú ves que esa ciudad de Nikopol, fue decretado sobre ella [...]. Por la poca generosidad y por la poca Torá que había en ellos. Y ahora, levántate y saca tu casa de ese lugar. También aconseja a tu suegro que salga de la casa y también que saque de allí

---

727. Éxodo 2:11.
728. Éxodo 2:12.

su dinero. Y aunque él permanezca con ellos no es nada. Y si recibe de ti, bien, y si no, no hay en ti culpa.

Y he aquí que este día es un día valioso y poderoso, pues hay en él dos grados: Shabat y Principio de Mes. Y aunque en un día como éste has sido castigado con tu hijo, así era necesario para completar tu deuda. Pues debes observar que murió en Shabat, y tu primer hijo, también en Shabat fue tomada su habla. Y tu primera hija murió en Shabat, y también la madre de ellos murió en Shabat. Y he aquí que te han muerto cuatro, como le ocurrió a David, a quien le murieron cuatro hijos por esa falta. Y debido a que la primera falta fue [...] que llega a la emanación Iesod y la Congregación de Israel, que se denominan Shabatot.[729] Y la falta de la segunda reencarnación fue [...]. Y es como si hubiera llegado a la Congregación de Israel que se denomina Shabat. Y la falta de esta reencarnación fue [...], que afecta a la emanación Iesod y a la Congregación de Israel, y por eso has sido castigado en Shabat todas esas veces. Y ahora que has recibido tu castigo, he aquí que es tu momento de afecto. Y por el mérito de esos días en los cuales has ayunado y te has sacrificado a ti mismo con todos esos sacrificios, y también has ayunado esos siete días, sí siempre piensas en mis Mishnaiot y no apartas tu pensamiento de ellos en absoluto, como has hecho en estos dos días, ascenderás a grados supremos y alcanzarás cosas que no ha alcanzado ningún hombre durante muchos años. Y merecerás ascender en ofrenda integra ante mí, pues serás calcinado en la santidad de mi nombre, y tu carne, tus huesos, tu comida y tu bebida, todo ascenderá para –buena– voluntad ante mí. Y quedarás ceniza blanca y ascenderás como lana limpia. Y con esta mujer que has merecido merecerás tener con ella hijos sagrados. Y así dijo El Santo, Bendito Sea, a los ángeles del firmamento: «id y hablad al corazón de José, mi preciado, pues ha vuelto en arrepentimiento ante mí y clamad acerca de él: "Pues se ha completado su tiempo"».[730] Pues hay que observar cuidadosamente en este versículo y ver qué

---

729. Shabatot es el plural de Shabat.

730. «Hablad al corazón de Jerusalén; y llamadle, porque su tiempo se ha completado, porque –el perdón por– su pecado ha sido aceptado; pues ha tomado de mano de El Eterno el doble por todos sus pecados» (Isaías 40:2).

dijo y qué llamó. Y además, es habitual en el versículo primero llamar y después hablar, y aquí se hizo al revés. Y además, ¿qué significa: «que su tiempo se ha completado, porque –el perdón por– su pecado ha sido aceptado»? Y además, ¿qué significa: «pues ha tomado el doble de mano de El Eterno [...]»? Ya que te he enseñado que la medida del bien es mayor que la medida del castigo.[731] Y es sabido que si El Santo, Bendito Sea, se cobrara de los pecados de las que criaturas 1 de 1000, no podrían mantenerse ni un solo instante. ¿Y cómo se dijo en el versículo: «pues ha tomado el doble de mano de El Eterno»? Y además, ¿cómo se asigna el castigo a El Eterno? Porque por el fruto de las obras de la persona le llega el castigo y no de El Santo, Bendito Sea. Pues Él quiere que no hubiese mal para ninguna persona, pero sus acciones lo provocan.

Pero el misterio del asunto es que El Santo, Bendito Sea, dijo: «Hablad al corazón –*al halev*–[732] de Jerusalén». Pues el corazón es la emanación Tiferet. Y «sobre el corazón –*al halev*–», se refiere a ese ente que está sobre el corazón, que es la emanación Biná. Es decir, enviad abundancia de bendiciones de la emanación Biná a Jerusalén. «Y llamadle –*kirú*–». Es decir, convocadla para transmitirle esta abundancia. «Y llamadle –*kirú*–», viene de la expresión: «Y llamó –*vaikrá*– a Moisés» (Levítico 1:1), que fue dicho acerca de la emanación Maljut.

«Porque su tiempo se ha completado». Es decir, que en el tiempo del exilio, como Jerusalén de lo bajo está asolada y vacía de habitantes, así también Jerusalén de lo Alto. Y dijo que en ese tiempo se llenará de habitantes. Y a esto se refiere lo que está dicho: «porque su tiempo –*tzavahá*– se ha completado». Es decir, se ha de llenar de legiones –*tzevaot*– y tropas. «Porque su pecado ha sido aceptado». Es decir, que su pecado enseña mérito acerca de él, por el misterio de que los pecados se le convierten como méritos. Y no te debe ser difícil de entender cómo es posible que así sea pues ya sabes que el pecado con que infringió la persona se coloca ante El Santo, Bendito Sea, y enseña sobre él culpa. Y dice: Zutano me hizo en el día Zutano. Y

---

731. *Véase* Talmud, tratado de Sotá 11a, y tratado de Sanhedrín 100b.
732. La expresión *al halev*, que significa literalmente «sobre el corazón».

cuando la persona se arrepiente de ese pecado, he aquí que él pregona y dice ante El Santo, Bendito Sea: Zutano que me hizo en el día Zutano, ha vuelto en arrepentimiento de mí. Resulta, pues, que el pecado mismo enseña sobre él mérito. Y a esto se refiere lo que está escrito: «porque su pecado ha sido aceptado». Es decir, el pecado mismo procura aceptación por él ante El Santo, Bendito Sea, diciendo que «he vuelto en arrepentimiento de él».

«Pues ha tomado de mano de El Eterno el doble por todos sus pecados». Es decir, y por eso, El Santo, Bendito Sea, le otorgó el doble de todo lo que fue disminuido de ella, porque los pecados le provocan disminución, cómo está dicho: «Y seremos yo y mi hijo Salomón carentes –*jataim*–» (I Reyes 1:21). Y a esto se refiere lo que está dicho: «pues ha tomado de mano de El Eterno». Es decir, que el castigo descendió sobre ella por el flanco de la emanación Guevurá. Y ahora se consolará y tomará de la mano sin especificar,[733] que es la mano grande, que es la emanación Jesed, y «de El Eterno», o sea, la emanación Tiferet, de ambos –atributos– tomará consuelo y a esto se refiere lo que está escrito: «de mano de El Eterno». Resulta, pues, que tomará el doble de bondades de lo malo; pues lo malo le descendió de un atributo, y las bondades le descendieron de dos atributos.

Y así tú has perdido dos hijos y una hija. Y merecerás tener de esta mujer apta cuatro hijos sagrados, como has pedido de El Eterno, y dos hijas. Y después, serás calcinado por la santidad de mi nombre y ascenderás como lana limpia. Y quiero revelarte secretos de esta sagrada sección de la Torá. Pues hay que analizar cuidadosamente acerca de qué significa: «y habló Dios».[734] Pues en todo lugar está dicho: «y habló El Eterno». ¿Y qué diferencia hay aquí que está dicho Dios? Y además, no dijo cuál es el asunto. Y además, ¿qué significa: «y le dijo: Yo El Eterno».[735] Y además, ¿qué significa: «Y me revelé a Abraham»?[736] Y además, ¿qué significa: «y mi con Nombre El Eterno no me di a

---

733. Sin especificarse a qué mano se refiere.
734. Éxodo 6:2.
735. Ibíd.
736. Éxodo 6:3.

conocer»?[737] ¿Por qué no dijo: «y con mi Nombre El Eterno no me revelé», tal como comenzó: «Y me revelé»? O que comience con: «me di a conocer a Abraham». Y además, ¿qué significa: «Y también cumpliré [...]»?[738] Y además, ¿qué significa: «Y también he oído [...]»?[739] Y en medio de esto cayó sobre mí el sueño y dormí más de una hora. Y después desperté y caminaba por mi casa, y leía Mishnaiot, hasta después del amanecer, como media hora. Y entonces me senté sobre una caja y aún pronunciaba Mishnaiot. Y he aquí que la voz de mi amado golpeaba en mi boca y un violín tocaba solo y decía: he aquí que las preguntas que has preguntado acerca de la sección de la Torá, ésta es la respuesta de las mismas: Moisés tuvo dificultad para hablar ante la Presencia Divina, y por eso está dicho: «y habló Dios –E"lohim–». Pues se refiere a la Presencia Divina –Shejiná–, que se denomina E"lohim. Ella le hablaba para enfadarse con él. Y le dijo: «Yo, con la abundancia que se transmitió a mí en la cima del Mundo de la Emanación –*Atzilut*–, debes comportarte conmigo con honor. Y además, debes comportarte conmigo con honor porque El Eterno, o sea, la emanación Tiferet, me transmite abundancia. Y a esto se refiere lo que está dicho: "y le dijo: Yo El Eterno". Pues: "y le dijo", alude a la Congregación de Israel. Y dijo: "Yo", que se refiere a la Congregación de Israel, pues se denomina así, he aquí que me uno con El Eterno, la emanación Tiferet, que me transmite abundancia y por eso debes comportarte conmigo con honor».

«Y me revelé a Abraham [...]». Ahora dijo Tiferet: «He aquí que debes comportarte conmigo con honor con la emanación Maljut sagrada, porque mis emanaciones supremas irradian en Abraham (Isaac, y Jacob), que son las tres emanaciones: Jesed, Guevurá y Tiferet, de ella.[740] Y a través de sus emanaciones las personas se apegan a mis emanaciones supremas. He aquí que el misterio de los tres Patriarcas

---

737. Ibíd.
738. Éxodo 6:4.
739. Éxodo 6:5.
740. Cada emanación contiene a las 10 emanaciones.

que son el fundamento de todas las emanaciones». Y después dijo:[741] «a través de Dios[742] Todopoderoso»,[743] que alude a la emanación Iesod y a la Congregación de Israel, porque las emanaciones supremas irradian luminosidad en estas dos emanaciones de ella. «Y con mi Nombre El Eterno no me di a conocer». Este: «mi Nombre», está vinculado con el misterio de: «Yo El Eterno; éste es mi Nombre; y a otro no daré mi gloria» (Isaías 42:8). Pues está dicho acerca de las tres emanaciones supremas, que no ascienden allí esos flancos;[744] y aquí se dijo: «mi Nombre», que se refiere a las tres emanaciones supremas de ella, también transmite en ellas de la abundancia de las tres emanaciones supremas. Pues las tres emanaciones supremas son mías, sólo que están dispuestas de modo oculto, que no se conoce. Y a esto se refiere lo que está dicho: «No me di a conocer a ellos», a las personas, pues no tienen conocimiento de las tres emanaciones supremas en absoluto. Por eso no dijo: «y con mi Nombre El Eterno no me revelé a ellos», pues se entendería que no había revelación –visual–, pero había conocimiento. «Y me revelé a Abraham [...]», dijo un lenguaje de revelación –visual–, para decir que ellos sabían según el misterio del Carruaje sagrado, y les parecía como su hubiesen visto una revelación –visual– concretamente en esas emanaciones a las que se apegaron. «Y también cumpliré mi pacto». Se refiere al misterio de la emanación Iesod. La unifico con las emanaciones de la Matronita. Y a esto se refiere lo que está escrito: «con ellos».[745] «Darles la tierra de Canaán».[746] Es decir, dar a las emanaciones de la Matronita apego con las emanaciones supremas que se denominan: tierra de Canaán. Porque aquel que se apega a ellas somete a su materialismo y a su cuerpo. «La tierra de sus peregrinaciones [...]».[747] Es decir: y sabe que se la debe unir

---

741. Éxodo 6:3.
742. El Nombre que se escribe con las letras: *alef, lamed.*
743. El Nombre que se escribe con las letras: *shin, dalet, iud.*
744. Del Otro Lado –*Sitra Ajara*–.
745. Éxodo 6:4.
746. Ibíd.
747. Ibíd.

con ellos, pues es la tierra del peregrinaje de ellos, es decir, ella sale de ellos, y ella es el recipiente de todos ellos, como te he enseñado. Y por eso es correcto que se unifique con ellos. «Y también Yo he oído […]».[748] Es decir, por eso: «Yo», que es la Congregación de Israel, se une con ella. Y a esto se refiere lo que está escrito: «he oído –*shamati*–», de la expresión: «hazme oír –*ashmiini*–».[749, 750] «El gemido de los Hijos de Israel». Es decir, el gemido de ellos llega a ella, pues: «Yo estaré con él en la angustia» (Salmos 91:15). Por eso: «y recordaré mi pacto».[751] Es decir, estaré con el «Recuerdo», para unirme con él. «Por eso dirás […] y os sacaré […] y os salvaré […] y os redimiré […] y os tomaré […]».[752] En correspondencia con las cuatro redenciones[753] cuatro vasos.[754] Y ellos, en correspondencia con los cuatro apoyos del Carruaje, que son los tres Patriarcas y la Congregación de Israel.[755] Y éste es el misterio de *detza"j ada"sh beaja"b*.[756] Pues *detza"j* alude a las tres emanaciones supremas, y *ada"sh* alude a los tres Patriarcas, y *beaja"b* alude a esas cuatro.[757] Pues con el despertar de la emanación Keter se irritaron las aguas y se transformaron en sangre, como está dicho: «El mar vio y huyó» (Salmos 114:3). Y con el despertar de la emanación Jojmá vino la rana, que croa –*koraat*–[758] siempre,[759] y así es con la emanación Jojmá, pues la emanación Keter suprema se oculta

---

748. Éxodo 6:5.

749. Esta expresión también indica vínculo.

750. «Paloma mía, que estás escondida en los agujeros de la peña, en lo oculto de escarpados parajes, muéstrame tu rostro, hazme oír –*ashmiini*– tu voz; porque tu voz es agradable» (Cantar de los Cantares 2:14).

751. Éxodo 6:5.

752. Éxodo 6:6-7.

753. Se refiere a las cuatro expresiones de redención mencionados.

754. Se refiere a los cuatro vasos de vino que se beben en la festividad de Pesaj.

755. Se elude al rey David, que estaba vinculado con la Congregación de Israel, que es Maljut.

756. Son siglas que contienen las iniciales de las 10 plagas de Egipto.

757. Las cuatro emanaciones inferiores.

758. Esta expresión significa literalmente llamar e invocar.

759. *Véase* Perk Shira.

mucho y la emanación Jojmá saca los asuntos –*miloi*–[760] al mundo. Y con el despertar de la emanación Biná hubo piojos, porque de ella se mueven todos los que tienen movimiento y todas las descendencias del mundo. (Me parece que ese es el misterio de: «y hubo piojos»,[761] y también el misterio de: «y los hechiceros no pudieron»,[762] pues no hay quien pueda vincularse con ese lugar). Y con el despertar de la emanación Jesed hubo mixtura de animales, pues de la emanación Jesed salen todas las criaturas del mundo pues es la cabeza de las siete emanaciones de la Edificación. Y con el despertar de la emanación Guevurá hubo pestilencia, que calcinó el mundo con su llama. Y con el despertar de la emanación Tiferet hubo sarpullido, pues por el flanco –del rigor– del juicio que hay en ella calcinó al mundo con ese sarpullido. Y el granizo, por el despertar de la emanación Netzaj, que viene del flanco de la emanación Jesed, que es agua, y sus aguas se congelan. Y la langosta, por el despertar de la emanación Hod, que viene del flanco de la emanación Guevurá, que calcinó al mundo con su llama; y así la langosta, pues calcina el alimento de las personas. Y la oscuridad vino por el despertar de la emanación Iesod pues es la luz que ocultó El Santo, Bendito Sea, para los justos. Y con su ocultación hubo oscuridad. Y la plaga de los primogénitos vino por el despertar de la emanación Maljut de abajo hacia arriba, y también se unió con la emanación Jojmá suprema, que es –denominada– Primogénito.

Asimismo, –las 10 plagas vinieron– por el misterio que te he enseñado de las emanaciones: Jojmá, Jesed y Netzaj, –dispuestas en una alineación– como uno; y Biná, Temor –Guevurá–, y Hod, –dispuestas en una alineación– como uno; y Keter, Tiferet, Iesod y Maljut, –dispuestas en una alineación– como uno. Y ahora, la sangre alude a la emanación Jojmá, que es la cabeza del juicio, como dijeron: primogénito del juicio. La rana alude a la emanación Jesed, pues como la rana, clama y emite voz –*koraat*– siempre y no descansa, así también

---

760. La expresión *miloi* significa asuntos y también palabras.
761. Éxodo 8:13.
762. Éxodo 8:14.

la emanación Jesed no descansa de sacar descendencia y abundancia de bendiciones a todos los mundos, pues es la cabeza del mundo de la Edificación. Y los piojos aluden a la emanación Netzaj, que saca vida –y reproducción– al mundo. Y la mixtura de animales alude a la emanación Biná, ya que de ella salen todos los seres vivos por sus especies. (Me parece que allí estaban todas las cosas mezcladas y aún no se especificaban hasta que descendieran a todas las emanaciones). Y la pestilencia alude a la emanación Guevurá, para que calcine al mundo con la llama. El sarpullido alude a la emanación Hod, que es juicio y por eso calcinó al mundo con ese sarpullido. El granizo alude a la emanación Keter suprema, que es lo blanco supremo, y así era el granizo, blanco. La langosta alude a la emanación Tiferet, que es el Cuerpo del Árbol.[763] Y así la langosta, comió y exterminó el cuerpo del alimento. La oscuridad alude a la emanación Iesod, como hemos dicho. La plaga de los primogénitos alude a la emanación Maljut, como hemos dicho.

Y ahora, esas cuatro redenciones y esos cuatro vasos aluden a estas cuatro emanaciones: Keter, Tiferet, Iesod y Maljut, que unen a las emanaciones supremas con las emanaciones de la Matronita según el misterio de: «Y será de mes en su mes [...]».[764] Es decir, el día de reposo –Shabat– y el comienzo de mes –Rosh Jodesh– son dos momentos de ascenso de la Congregación de Israel. Sólo que en el comienzo de mes asciende y toma la abundancia y el nutriente de un modo que se percibe visualmente, pues la renovación de la Luna[765] se ve visualmente. Y en el día de reposo asciende y se une de modo oculto. Y dijo que en el tiempo de la redención se unirá: «de mes en su mes, y de día de reposo en su día de reposo». Es decir, las emanaciones de la Congregación de Israel se unirán con las emanaciones supremas. Y a esto se refiere lo que está escrito: «vendrá toda –kol– carne a prosternarse ante mí». Pues kol se refiere a la emanación Maljut de las

---

763. Sefirótico.

764. «Y será de mes en su mes, y de día de reposo en su día de reposo, que toda carne vendrá a prosternarse ante mí, dijo El Eterno» (Isaías 66:23). «Toda carne se refiere a toda persona, incluso de las demás naciones (Metzudat David).

765. La Luna alude a la emanación Maljut.

emanaciones supremas. Y «carne» se refiere a la Matronita. Y se denomina así porque otra vez de ella se nutre el mundo de carne. Y dijo que en ese tiempo vendrá la Congregación de Israel de las emanaciones supremas y la Matronita, que van juntas, según el misterio de: «Y ambas fueron juntas hasta que llegaron a Beit Lejem» (Rut 1:19). Pues ellas están vinculadas con el misterio de –los dos entes cósmicos relacionados con las– dos –letras– *he,* como te he enseñado. Y se dijo: «vendrá a prosternarse». Es decir, para unir las emanaciones de la Matronita con las emanaciones supremas, pues ella es el recipiente de todas. Y cuando se une con ellas esta es la prosternación de ella. Y a esto se refiere lo que se dijo en el versículo: «ante mí», que es la Matronita, según el misterio de: «El rostro –de ira– de El Eterno los separó» (Lamentaciones 4:16). Es decir, cuando los Hijos de Israel fueron obligados a ir al exilio, la Matronita se exilió con ellos. Pues ella es la madre encargada de castigar a los pecadores. Asimismo, pues así debe ser, ella debe exiliarse con ellos para que no se pierdan entre las naciones. Pues si ese flanco –el Otro Lado– los separara, se perderían en el exilio, Dios libre. Pero la Matronita los esparció con misericordia para que no se perdieran […]

«Y no oyeron a Moisés por la congoja –*kotzer*– de espíritu» (Éxodo 6:9). Es decir, porque vieron que no había en ellos actos aptos y buenos para que el espíritu, que es Tiferet, se despertara sobre ellos. Y a esto se refiere lo que está escrito: «por la congoja –*kotzer*–[766] de espíritu». Es decir, a causa del espíritu, que es Tiferet, había estrechez a causa de sus acciones. «Y del trabajo duro».[767] Es decir, y además, porque vieron que el trabajo, que es Maljut, que se denomina así porque toda la obra del mundo es hecha a través de ella, era duro. Es decir, que ella estaba llena de juicio, y pensaron que había necesidad de golpear sobre ellos, por eso no escucharon a Moisés.

Y ellos no sabían que ese poder del juicio que había en Maljut era para traer sobre los egipcios esas plagas. Y a esto se refiere lo que dijo

---

766. La expresión *kotzer* significa literalmente corto y estrechez.
767. Éxodo 6:9.

Moisés: «He aquí que, los Hijos de Israel no me han oído [...]».[768] Es decir, si los mismos Hijos de Israel pensaron que era necesario que ese poder del juicio viniese sobre ellos y no consideraron que habría de venir sobre los egipcios, con más razón que el Faraón y los egipcios pensarán que para descender sobre Israel –vendrían– esos males, Dios libre, y no que vendrían sobre los egipcios. Y si dijeres: les esclareceré y les probaré que ellos vendrán sobre los egipcios, por eso dijo: «Yo soy de labios incircuncisos».[769] Y el misterio de nuestro maestro Moisés, que la paz esté con él, que tenía labios incircuncisos, indica a modo de alusión que no vino al mundo por su necesidad, sino para tornar merecedora a su generación. Pues los labios aluden a Netzaj y Hod, que es el lugar del cual brota la simiente para producir descendencias para los mundos. Y por eso era de labios incircuncisos, para decir que no necesitaba pasar por esos labios a causa de sí mismo, sino para tornar merecedora a su generación. He aquí que te he revelado misterios supremos y profundos. Y la paz sea contigo.

Día cuarto –de la semana–, 5 de Shvat.

Era el tiempo de la plegaria de la tarde y yo pronunciaba Mishnaiot –y dijo–: fortalécete y sé esforzado en mi Torá, y unifica tu corazón para no apartar tus pensamientos de mi Torá y de mi temor. Apégate a mi perpetuidad, a mi limpieza, a mis secretos, a mi poder [...] a mi magnificencia, a mi Torá, a mi salvación, y a mi arrepentimiento. Pues lo que tú solicitas de El Santo, Bendito Sea, que te guíe por los caminos del arrepentimiento, esos son los caminos que yo te enseño, ellos son los caminos de su arrepentimiento. Y tú, fortalécete en ellos para no separar tu pensamiento ni un solo instante de mi Torá y de mi temor. Y anula de tu corazón todos los pensamientos que te vienen del Mal Instinto, de la Serpiente y del –ente maligno– *samej–mem*, que ellos introducen en tu corazón, para perderte, sor-

---

768. Éxodo 6:12.
769. Es decir: de labios cubiertos, o sea, dificultad en el habla (Éxodo 6:30).

prenderte y destruirte. Y tú, levántate frente a ellos y anúlalos de tu corazón. Y no entren las palabras de ellos en tus oídos, y así los perderás, los sorprenderás y los eliminarás, porque el deseo de ellos será hacia ti y tú dominarás sobre ellos. Pues lo que tú ves, que a veces yo te hablo y no sale –la voz clara–, he aquí que tú sabes lo que han dicho los sabios, de bendita memoria: «por si el pecado provocara».[770] Y además, incluso si no provocara, los pensamientos que vienen de tu corazón provocan que todas mis palabras no asciendan –con claridad–. Y también ellos provocan que yo titubee, y no te revele todos los asuntos. Por eso guárdate y cuídate de esos pensamientos, y en especial en el momento de la plegaria anula todos esos pensamientos, y unifica tu corazón a mi plegaria y a mi servicio. Y es necesario que no apartes tu pensamiento en absoluto. Porque en un solo momento en que apartes tu pensamiento, tu Mal Instinto te hará perder y te sorprenderá, te abatirá, y destruirá y te hará caer al pozo profundo.

Por eso, tú debes estar siempre despierto a sus artimañas y no desvíes tu pensamiento incluso por un solo instante de él. Y siempre debes ser cuidadoso con él, porque el cuidado lleva a la limpieza. Y así lo perderás y eliminarás, lo sorprenderás y lo someterás debajo de ti. Pues debes esforzarte mucho y no desviar tu cuidado de él ni un solo instante. Y en especial en el momento del recitado del Shemá y en la plegaria, debes calcinar con un esfuerzo extremo todos tus pensamientos vanos y cavilaciones que introduce en tu corazón con la paja –*kash*– del recitado del Shema –*ka"sh*–. Y así ascenderás y te encumbrarás. Observa y piensa que con todos los pensamientos en los que piensa la persona en sus ocupaciones, no agregan, ni disminuyen, ni anulan nada de lo fue decretado sobre él. Y por eso anula los pensamientos –inapropiados– de tu corazón.

En esta sagrada sección de la Torá hay que ser cuidadosos a la hora de analizar lo que analizaron cuidadosamente los sabios, de bendita memoria: ¿por qué está escrito: «y habló Dios», y no está escrito: «y habló El Eterno»? Y además, ¿qué significa: «y le dijo: Yo El Eter-

---

770. *Véase* Talmud, tratado de Berajot 4a.

no». Y además, ¿qué significa: «Y me revelé a Abraham […]»? Y además, ¿qué significa: «y mi con Nombre El Eterno no me di a conocer a ellos»? Pero el misterio del asunto es que nuestro maestro Moisés, que la paz esté con él, consideró: dado que El Santo, Bendito Sea, lo envió para sacar a Israel, pues pasaron los días del mal y viene el tiempo de la redención, y aunque le dijo: «Y extenderé mi mano contra Egipto»,[771] pensó que a Israel no le vendría mal de aquí en adelante, dado que llegó el tiempo de la redención. Y también en Egipto hará en ellos señales y maravillas para no dañarlos mucho, y por eso dijo: «¿Por qué has hecho mal a este pueblo? ¿Para qué me has enviado?».[772] Es decir, ¿por qué has hecho mal a Israel más mal del que les hicieron en tiempo pasado, ya que ha llegado el tiempo de la redención? Y si dijeras que aún no ha llegado el tiempo: «¿Para qué me has enviado», ahora? Debías haber esperado a que les llegara el tiempo de la redención. Y El Santo, Bendito Sea, le respondió y dijo: ciertamente ha llegado el tiempo de la redención de ellos, y a esto se refiere lo que le dijo: «Ahora verás […]».[773] Y le dijo: «y habló Dios […]».[774] Es decir, si dijeras: ya que llegó el tiempo de la redención, ¿por qué has hecho mal? No es mi modo tu modo –de comportarse–. Pues Yo actúo con juicio y con misericordia a la vez. Y a esto se refiere lo que está escrito: «Y habló»,[775] «y dijo».[776] Pues uno es juicio[777] y uno es misericordia.[778] Y así: «Dios –E"lohim–»[779] […]. «Y le dijo: Yo El Eterno». Es decir, Yo, que es la Congregación de Israel, que es juicio leve, y Tiferet,[780] que es misericordia, todo es uno.

---

771. *Véase* Éxodo 3:20.
772. Éxodo 5:22.
773. Éxodo 6:1.
774. Éxodo 6:2.
775. Éxodo 6:2.
776. Éxodo 6:1.
777. «Y habló», indica juicio.
778. «Y dijo», indica misericordia.
779. Indica juicio.
780. Aludido en el Nombre El Eterno.

«Y se reveló a Abraham [...]».⁷⁸¹ Es decir: me revelé a ellos con el Nombre El Todopoderoso,⁷⁸² que es –el Nombre vinculado con el misterio de– la Congregación de Israel, aunque les dije: «Yo El Eterno», es –un Nombre vinculado con el grado ubicado– en Tiferet de la Congregación de Israel, y no se apegaron a las emanaciones supremas. Y a esto se refiere lo que está escrito: «y mi con Nombre El Eterno no me di a conocer a ellos». Es decir, con –el misterio de– la lámpara que ilumina –directamente–, «no me di a conocer a ellos», y los probé con varias pruebas y no se quejaron. Y ahora que te he ascendido a la profecía con –el misterio de– la lámpara que ilumina –directamente–, te has quejado ante mí. «Por eso dirás a los Hijos de Israel [...] y os sacaré [...] y os salvaré [...] y os redimiré [...] y os tomaré [...]».⁷⁸³ Por eso hijo mío, oye mi voz, lo que te ordeno. Y serás loado pues te haré bien.⁷⁸⁴ Y la paz sea contigo.

Víspera de Shabat, 4 de Shvat.

El Eterno está contigo [...] He aquí que siempre debes apegarte a mis Mishnaiot y no interrumpir su estudio ni un instante, pues yo te abrazo y me apego a ti siempre. Y en esta sagrada sección de la Torá dijo: «¿Aún te ensoberbeces –*mistolel*– contra mi pueblo para no enviarlos?».⁷⁸⁵ Es decir, has sido flagelado tú mismo con siete plagas y aún no lo has sentido. Y a esto se refiere lo que está dicho: «te vanaglorias –*mistolel*–». Es decir, te has vuelto como un sendero –*mesilá*–, pues no sientes los golpes. Se parece a lo que dijo el profeta, que la paz esté con él: «¿Por qué seréis golpeados aún más, incrementando en apartarse –del camino correcto–?»⁷⁸⁶ (Isaías 1:5). Y además: «Desde la planta del pie hasta la cabeza no hay en él integridad» (Isaías 1:6).

---

781. Éxodo 6:3.
782. El Nombre que se escribe con las letras: *shin, dalet, iud*.
783. Éxodo 6:6-7.
784. *Véase* Salmos 49:19.
785. Éxodo 9:17.
786. Metzudat David.

Y por eso, hasta la plaga de los primogénitos no trajo sobre él golpes en el cuerpo. Pues la langosta y la oscuridad no eran golpes en el cuerpo, y así las demás.

SECCIÓN DE BO

Primera compilación

Víspera del día de Shabat, 8 de Shvat.

El Eterno está contigo [...]. Y todo lo que haces El Eterno te hace prosperar y te hará prosperar. «Y aconteció que El Eterno estaba con José, y fue hombre próspero» (Génesis 39:2). Y en lo concerniente a esta sagrada sección de la Torá, hay que observar cuidadosamente en ella: ¿por qué está escrito: «y dijo», y no está escrito «y habló»? Y además, ¿qué significa: «ven al Faraón»? Era suficiente con decir: «habla con el Faraón». Pero el misterio del asunto es que: «y dijo –*vaiomer*–», alude a la Congregación de Israel según el misterio de: «Y el dicho –*imrat*– del Santo de Israel» (Isaías 5:24).

Y dijo a Moisés: «ven al Faraón».[787] Es decir: ven junto a ese flanco para traspasar el límite de la arena e incrementar el límite de la santidad. «Porque Yo»,[788] se refiere a la Congregación de Israel, «he endurecido su corazón [...] para poner estas señales mías».[789] Se refiere a la fuerza y el poder de las diez emanaciones, pues todos vieron el poder de ellas a través de esas diez plagas, tal como te he enseñado. «Y para que cuentes –*tesaper*–[790]». *Tesaper* se corresponde con la palabra *sefirot* –emanaciones–. Es decir, para que se vea de las emanaciones su poder. «En los oídos de tu hijo»,[791] se refiere a las emanaciones

---

787. Éxodo 10:1.
788. Ibíd.
789. Ibíd.
790. Éxodo 10:2.
791. Ibíd.

centrales. «Y el hijo de tu hijo»,⁷⁹² se refiere a las últimas emanaciones. «Lo que he hecho –*hitalalti*– en Egipto». Y se hace hincapié en que no se dijo *olalti*, ni *sijakti*,⁷⁹³ sino *hitalalti*, es decir, he hecho, o sea, todas las emanaciones se llenaron de juicio para traer las diez plagas. Y a esto se refiere lo que está escrito: «y mis señales que puse en ellos».⁷⁹⁴

«¿Hasta cuándo te rehusarás a humillarte –*leanot*– ante Mí?».⁷⁹⁵ Es decir: era necesario que hubiera para ti pobreza –*ania*–, es decir disminuir tu territorio ante la Presencia Divina. Y a esto se refiere lo que está escrito: «ante Mí –*panai*–». Pues la Presencia Divina se denomina Rostro de El Eterno –*pnei h'*–. Ya que debías haber disminuido tu territorio⁷⁹⁶ y aumentar el territorio de la Presencia Divina, e incrementar de lo mundano a lo santo.

Y dijo: «¿Quién –*mi*– y quién –*vami*–⁷⁹⁷ ha de ir?».⁷⁹⁸ Pues mi voluntad no es respecto a ellas, sino unir a la emanación Biná que se denomina *Mi* con la Congregación de Israel que también se denomina *Mi*, y *vav*, que es la emanación Tiferet, entre ambas. Y a esto se refiere lo que está escrito: «y quién –*vami*–».⁷⁹⁹ «Y dijo Moisés: "Con nuestros jóvenes y nuestros ancianos […]"». Todas las emanaciones, queremos unirlas como una. «Nuestros jóvenes», se refiere a los jóvenes que son la rectificación de la Matronita. «Nuestros ancianos», se refiere a las tres emanaciones supremas. «Con nuestros rebaños –de ovejas–», se refiere a la emanación Netzaj y la emanación Hod, que se denominan rebaños –de ovejas–, como está dicho: «Y vosotros sois mi rebaño, el rebaño de mi pastoreo» (Ezequiel 34:31). «Con nuestras vacas», se refiere a las emanaciones en las que hay –rigor del– juicio.

---

792. Ibíd.
793. Es una expresión que indica burla y risa, tal como explicó el exegeta Rashi.
794. Éxodo 10:2.
795. Éxodo 10:3.
796. Vinculado con el Otro Lado –*Sitra Ajara*–.
797. La expresión *va* corresponde a la conjunción copulativa "y", y está escrita a través de la letra *vav*.
798. Éxodo 10:8.
799. Es decir: la letra *vav* (que es Tiferet) y quién –*Mi*– (que es Maljut).

«Pues es fiesta de El Eterno para nosotros».[800] Es decir, necesitamos unir a todas las emanaciones íntegramente, como uno, según el modo: tienen insertado su final en su comienzo.[801] «Pues es fiesta –*jag*–».[802] Se refiere a la ronda, que es algo circular, con giro. Y cuando tienen insertado su final en su comienzo se parece a un círculo. Y cuando el Faraón vio eso dijo: si todas las emanaciones irradiaran luminosidad de esa forma, entonces, todos esos flancos[803] se anularían y no quedaría para mí existencia en absoluto. Por eso dijo: «Sea así –*ken*–, El Eterno esté con vosotros [...]».[804] Es decir, que no acuerden los 70 miembros del Sanhedrín con eso, que irradien luminosidad y se unan todas las irradiaciones de una manera tan completa. Y por eso se aludió en la palabra *ken*, cuyo valor numérico asciende a 70 en correspondencia con los 70 miembros del Sanhedrín. «El mal está delante de vuestro rostro».[805] Es decir, vosotros pensáis hacer irradiar luminosidad en las emanaciones de tal modo que sean quitados esos flancos y no es así, porque el mal, que es la fuerza de esos flancos, es quien ejerce dominio también en el territorio de vuestros rostros –*panim*–, que es la Congregación de Israel, que se denomina *Pnei*. «No así [...]».[806] Es decir: y de aquí entenderéis que los 70 miembros del Sanhedrín no estuvieron de acuerdo con eso. «Id ahora los varones [...]».[807] Es decir, que a través de eso no se unirán todas las emanaciones, sino la emanación Biná con la Congregación de Israel, con la emanación Tiferet. «Pues eso –*otá*–[808] es lo que habéis solicitado».[809] Y dijo *otá* en referencia a la emanación Biná y la Congregación de Israel.

---

800. Éxodo 10:9.
801. *Véase* Sefer Yetzirá 1:6.
802. La raíz de esta expresión también se refiere a algo circular.
803. Del Otro Lado.
804. Éxodo 10:10.
805. Éxodo 10:10.
806. Éxodo 10:11.
807. Ibíd.
808. La expresión *otá* significa literalmente «a ella».
809. Éxodo 10:11.

«Y los echó de la presencia del Faraón».[810] Es decir, esto, en correspondencia con lo que El Santo, Bendito Sea, le dijo: «Ven al Faraón», para traspasar su frontera; ahora los echó para que no traspasaran su frontera. Por eso, después le dijo: «No vuelvas a ver más mi rostro».[811] Y Moisés le respondió: «Correcto –*ken*– has hablado […]».[812] Es decir, los 70 miembros del Sanhedrín acordaron que no volveré más a ver tu rostro. Es decir, que irradien luminosidad todas las emanaciones de modo que se anulen todos ésos flancos, y no vuelva más a ver tu rostro, porque ya no estarán más.

«Una plaga más […] os enviará de esto –*ze*–».[813] Es decir, del poder y la irradiación de luminosidad de *ze* os enviará, o sea, el Justo[814] os enviará. «Habla ahora […] y solicitará cada hombre de su prójimo […]».[815] Y despojarán «a Egipto».[816] Indica a modo de alusión que se despertará de ellos poder de lo Alto. «Y descenderán todos estos, tus siervos, a mí, y se prosternarán a mí».[817] Es decir, las emanaciones irradiarán luminosidad de modo que las alas se sometan bajo las irradiaciones, y no tengan poder; y esa es la redención completa, y así será en el futuro venidero. Y la paz sea contigo.

Víspera del día de Shabat, 4 de Shvat.

El Eterno está contigo […]. Apégate únicamente a mí y a mi temor, y no apartes tu pensamiento de mis Mishnaiot ni un solo instante, porque yo soy la Mishná que habla por tu boca. Yo soy la madre que alecciona a sus hijos. Fortifícate, apégate a mí, porque yo y todas mis huestes te rodeamos. Y tú estás entre nosotros como el rey en me-

---

810. Ibíd.
811. Éxodo 10:28.
812. Éxodo 28:29.
813. Éxodo 11:1.
814. Se refiere al misterio de la emanación Iesod.
815. Éxodo 11:2.
816. *Véase* Éxodo 12:36.
817. Éxodo 11:8.

dio de la legión. Pues si le fuese dado permiso al ojo de ver, podrías ver abiertamente con tus ojos en todos los flancos multitud de legiones creadas a partir del aliento de tu boca cuando tú te ocupas de la Mishná. Y ellos acampan en derredor de ti y todas mis huestes los rodean. Y tú estás en medio de todos como un rey en medio de la Legión. Y todos pregonan y manifiestan: ¡otorgad honor a la imagen sagrada del Rey! Pues es nuestro sabio *tanaita*, nuestro explicador [...].

Por eso hijo mío, cuídate en todos tus caminos de estar siempre apegado a mí y no apartes tu pensamiento ni un solo instante de mí. Y también te haré ascender, elevándote a grados supremos. Y si fijaras momentos para dedicarte a la ciencia de la Cábala, abriré tu corazón en ella para que captes misterios ocultos que no captó hombre alguno durante muchos años. Por eso hijo mío, cuídate en todos tus caminos de lo que hablas, tal como te he enseñado, siendo la lengua tu órgano más importante. Y cuídate de la comida y la bebida y no hagas como has hecho esta noche, pues aunque has disminuido de tu comida, después de la comida comiste mucha fruta y bebiste mucho vino. Por eso, hijo mío cuídate en tu comida y en tu bebida, para que no sea a modo de placer, tal como te he enseñado. Y no bebas vino en la comida, con excepción de una sola vez. Y disminuye en tu comida, y no temas del debilitamiento de la visión, pues por el contrario, tu visión y tu fuerza se fortalecerán. Y unifica todos tus pensamientos y tus caminos a mi servicio.

Y en esta sagrada sección de la Torá, debes saber que estas tres plagas: langosta, oscuridad y la plaga de los primogénitos, aluden a las tres emanaciones supremas. La langosta, alude a la emanación Biná, pues de ella salen todos los seres vivientes del mundo. La oscuridad, alude a la emanación Jojmá, que se compara alegóricamente con la noche, pues no hay quien se apegue a ella, sino un poco. Los primogénitos aluden a la emanación Keter suprema, pues es la primera de todas las emanaciones. Asimismo, la oscuridad alude a la emanación Keter suprema, pues no hay quien se apegue a ella en absoluto. Y los primogénitos aluden a la emanación Jojmá, que es el primogénito del juicio. Y aquí estos tres, que aluden a las tres emanaciones supremas [...]. Y entonces vinieron personas e interrumpieron el habla. Y entonces, abrevió y ascendió, y dijo: Y ciertamente la paz sea contigo.

Víspera del día de Shabat, 14 de Nisán.

El Eterno está contigo [...]. He sido enviado para revelarte el misterio relacionado con la razón por la cual está dicho: «Y Moisés convocó a todos los ancianos de Israel».[818] Ésta es la razón: para revelarles que se revelará sobre ellos el Anciano de los ancianos[819] para redimirlos. Y si no fuera así, no hubiesen sido redimidos. Y a eso se refiere la mención de la salida de Egipto 50 veces en la Torá, para informarles que serían redimidos del flanco del Jubileo.[820] Y la paz sea contigo.

Víspera del día de Shabat, 6 de Shvat.

El Eterno está contigo [...]. Apégate solamente a mí [...]. Y respecto a esta sagrada sección de la Torá, debes saber que lo que dijo: «y hasta el primogénito de la sierva»,[821] y lo que dijo: «hasta el primogénito del cautivo»,[822] todo es un mismo grado.[823] Pero aquí lo llamó sierva, porque recibe, y allí lo llamó cautivo, porque transmite influencia. Y lo que es difícil de entender del versículo que manifiesta: «y veré la sangre y pasaré sobre vosotros»,[824] es: ¿por qué se necesitaba una señal? He aquí que todo es revelado ante Él. Y es posible decir, que la señal y la indicación, se necesitaban por los ángeles que vinieron con Él. Y además, es posible decir que se debe objetar que esa señal estaba en la sangre y era una señal de muerte, y era al revés de lo que fue solicitado. Y además, la señal debía estar en el flanco exterior, y estaba en

---

818. Éxodo 12:21.
819. El ente cósmico oculto denominado Atika de Atikin.
820. Vinculado con el misterio de la emanación Biná.
821. Éxodo 11:5.
822. Éxodo 12:29.
823. Vinculado con el Otro Lado.
824. Éxodo 12:13.

el flanco interior. Pero el misterio del asunto es que El Santo, Bendito Sea, quiso que tuvieran confianza en Él, y pusieron esa sangre en el interior de la entrada. Y a esto se refiere lo que está escrito: «Y esta sangre os será por señal».[825] Y en lugar de temer al ver sangre sobre la entrada, por el contrario, confiaban en que su Señor les ordenó hacer eso para que obtener salvación; y el mérito de esa confianza los protegería. Y a esto se refiere lo que está escrito: «Y esta sangre os será por señal [...] y veré la sangre y pasaré sobre vosotros».[826] Es decir: veré el mérito de vuestra confianza. Porque la sangre, que era señal de muerte, será para vosotros señal de vida por la confianza en la palabra de vuestro Señor. Por eso dijo: «Y veré la sangre y pasaré sobre vosotros». Y la paz sea contigo.

El misterio de las filacterias: y en el final de la sección ordenó lo concerniente al precepto de las filacterias [...]. Y hay que observar cuidadosamente por qué en la filacteria de la mano hay un solo compartimiento y en la de la cabeza hay cuatro compartimientos. Porque la filacteria de la mano alude a la Matronita y en ella hay unificación de todas las emanaciones. Por eso es un solo compartimiento. Y debido a que arriba se separan las ramas, por eso son cuatro secciones.[827] Y éste es el misterio de la letra *shin*, que[828] abajo es uno, y arriba las ramas se separan. Otra razón es que son cuatro secciones debido a que la abundancia de ella se proyecta a través de cuatro canales: uno de la emanación Jesed y la emanación Netzaj; uno de la emanación Guevurá y la emanación Hod; uno de la emanación Tiferet y la emanación Iesod; y uno de las tres emanaciones supremas. Y aunque la abundancia que viene de las tres emanaciones supremas llega a través de la emanación Tiferet y la emanación Iesod, de todos modos, cuando venía de las tres emanaciones supremas estaba en otro camino.

Y las filacterias de la cabeza aluden a las emanaciones supremas. Y el cerebro alude a la emanación Jojmá, y la cabeza alude a la emanación

---

825. Ibíd.
826. Ibíd.
827. Dentro de ese compartimiento se colocan cuatro pasajes de la Torá.
828. En su grafía.

Keter suprema. Y las correas aluden a la abundancia que se proyecta para nutrir a los mundos. Y el ligado con que se ligan las filacterias de la mano con la correa al brazo alude al vínculo con que desean ligar a la Matronita con las emanaciones supremas. Y los ligados que se realizan alrededor del dedo aluden a –los ángeles cuyos nombres se escriben con estas letras hebreas–: *mem, tet, tet, reish, vav, nun* y *samej, nun, dalet, lamed, pe, vav, nun*, y los ángeles que deben conducir al mundo.

Víspera del primer día de Pesaj

Fortalécete y sé esforzado, pues aunque era apropiado abandonarte y apartarme de ti porque te ocupas de deleites de la comida y la bebida y has apartado tu corazón de mi Torá, con todo eso no te abandonaré, ciertamente te acercaré a mí Torá y a mi temor. Y tú sabes cuánto has cavilado en esta semana y de ahí se han levantado en pos de ti el Mal Instinto, y –el ente maligno cuyo nombre comienza con las letras– *samej–mem*, y la Serpiente. Y ellos acosan a tu alma para matarte. Y en el momento en que apartes tus ojos de ellos y te arrastres tras los placeres, separarás tu pensamiento de mi temor, de mi Torá y de mis Mishnaiot, y provocarán que te pierdas del mundo. Por eso, vuelve y cuídate de ellos y apégate a mi Torá, a mi temor y a mis Mishnaiot, no las apartes siquiera por un instante de tu pensamiento. Y disminuye comida y bebida incluso en los Shabat y días festivos. Y todos tus pensamientos no estén sino en mí, y te haré merecedor de ascender a la Tierra de Israel.

SECCIÓN DE BO

Última compilación

En esta sección está escrito: «Traed –*mishjú*– y tomad corderos para vosotros».[829] Se indica a modo de alusión que se apeguen a

---

829. Éxodo 12:21.

El Santo, Bendito Sea, y atraigan abundancia de lo Alto. Y a esto se refiere lo que está escrito: «Traed –*mishjú*–». Y «corderos», se refiere a Tiferet. «Y degollad ritualmente al –sacrificio de– Pesaj»,[830] para sacar de él sangre que es el poder del juicio. «Y tomaréis»,[831] según el misterio de: «Porque os he otorgado un buen presente, a Mi Torá no la abandonéis» (Proverbios 4:2). «Un atado –*agudat*–»,[832] se refiere a los tres rebaños de ovejas.[833] «De hisopo[834] –*ezov*–».[835] La letra *alef* alude a la emanación Keter suprema; la letra *zain* alude a las siete emanaciones de la Edificación; y la letra *bet*[836] alude a las dos letras *he*, o a la emanación Jojmá y a la emanación Biná. «Y los sumergiréis en la sangre que estará en un recipiente […] el dintel y los dos postes».[837] Aluden a la emanación Biná, Temor –Guevurá–, y la emanación Hod, que son emanaciones en las que hay –rigor de– juicio. «Y El Eterno verá la sangre en el dintel […] y pasará […]».[838] Es decir, verán que la sangre, que es juicio, estará en su lugar, que son las tres emanaciones en las que hay juicio. «Y no dejará al dañador […][839]». Es decir, es posible que el dañador entre en vuestras casas si hubiere algún egipcio allí, pero no tendrá permiso de dañar para que no os hiera.

---

830. Ibíd.
831. Éxodo 12:22.
832. Ibíd.
833. Vinculados con el misterio de las emanaciones.
834. Éxodo 12:22.
835. La expresión *ezov* está escrita con éstas letras hebreas: *alef, zain, bet*.
836. Su valor numérico es 2.
837. Éxodo 12:22.
838. Éxodo 12:23.
839. Ibíd.

SECCIÓN DE BESHALAJ

Primera compilación

Víspera del día 15 de Shvat,

El Eterno está contigo [...]. Y todo lo que haces, El Eterno te hace prosperar y te hará prosperar. Sólo has de apegarte a mí, a mí Torá y a mi temor, y tus miembros sean Campamento de la Presencia Divina. Y tu corazón y tus órganos interiores estén unificados a mi servicio siempre. Y todos tus asuntos estén unificados a mi nombre. Pues, ¿acaso está bien en tus ojos lo que has hecho esta noche, beber agua en exceso? ¿Y en la noche anterior a ésta, cuando comiste en abundancia hasta saciarte, y no te fue suficiente con el vino que suelen traerte sino que agregaste para que te trajeran una cantidad como esa? Y nosotros nos afligimos por los primeros, ¿y tú vienes y aumentas? Y además, otra vez esta semana después de terminar la comida enviaste para que te trajeran vino. Pues cuando la persona sacia su instinto incluso con agua, viene del flanco de la Serpiente, y el Mal Instinto, y el –ente maligno– *samej–mem*. Pues ellos van en pos de ti siempre y te desean, mas tú ejercerás dominio sobre ellos.

Y has dicho ayunar en estas semanas de Shovavi"m,[840] ¿y te dejas tentar por la comida y la bebida como en este momento? Pues es cierto que el ayuno en esas semanas es importante, y recibido, y muy aceptado, pero debes cuidarte de saciar tu instinto con comida y bebida. Y además, pues, tú comes aunque no tienes mucha hambre. Tú comes demasiado y es apropiado abstenerse de eso. Incluso cuando sientas debilidad y hambre, no comas mucho, y lo poco que comas será mucho mejor para ti. Pues la persona no debe disfrutar de este mundo en absoluto. Incluso en el momento en que está obligado a comer y beber, cohabitar y los demás asuntos necesarios, no debe concentrarse sino en el mantenimiento de su cuerpo para su

---

840. Es un acrónimo que contiene las letras iniciales de las seis primeras secciones del libro de Éxodo.

servicio, y no para su propio placer en absoluto. Pues si fuera posible hacer esas cosas que son necesarias para la existencia del cuerpo sin disfrutar, sería mucho mejor en sus ojos. Y el placer que tiene en esas acciones ha de ser en sus ojos como si estuviera obligado a ellas.

Y éste es el misterio acerca de lo que dijo la mujer de Rabí Eliezer, que se parecía a alguien a quien intimaba un demonio.[841] Es decir, toda su intención no estaba dirigida a esa acción sino al precepto de fructificar y multiplicarse, o el precepto de cumplir con el periodo –de unión con la mujer–. Y no tenía provecho de esa acción en absoluto, sino que parecía en sus ojos como si un demonio lo intimara a hacerlo. Pues después de hacerlo de modo forzado no obtiene provecho de esa acción en absoluto. Y así con todas las cosas que la persona realiza en este mundo para el mantenimiento de su cuerpo, si hay provecho en esa acción, ha de verlo en sus ojos como si fuera intimidado a realizar esa acción. Y así no recibirá provecho de esa acción. Y recuerda las palabras de Rabí, que dijo: «No he tenido provecho de este mundo siquiera con el dedo pequeño».[842]

Por eso, de aquí en adelante cuídate en tus acciones, para no realizar ninguna acción de los asuntos de este mundo, sino lo que es necesario para tu existencia en el mundo. Y si hay en esa acción algún aspecto de placer, no te concentres en esa acción en su placer en absoluto. Sólo preocúpate, desea y anhela, en que te fuera posible realizar esa acción sin ningún tipo de placer. Y en el momento en que comas, sea considerado en tus ojos como si una espada estuviera puesta sobre tu cabeza y el Infierno abierto para ti debajo de ti; pues si comieres o bebieres más de lo apropiado, o incluso comieres en forma apropiada, si te concentrares en tener placer, serás castigado. Y considera en tu corazón como si estuvieras ante el Rey de reyes, El Santo, Bendito Sea, cuya Presencia Divina está siempre sobre ti y te acompaña. Por eso, cuídate de no tener provecho de la comida, ni de la bebida, ni de la cohabitación, del modo que te he enseñado. Y sea todo ese deleite despreciable en tus ojos, al cual tú no desearás; y si

---

841. Talmud, tratado de Nedarim 20b.
842. Talmud, tratado de Ketuvot 104a.

te fuera posible realizar esas acciones sin tener placer en absoluto, sería correcto en tus ojos. Y que siempre tus pensamientos no estén sino en mí en la Torá y en mi temor. Y sean siempre todas tus acciones como si una espada estuviera puesta sobre tu cabeza y el Infierno abierto para ti debajo de ti. E incluso en el momento en que haces un bien, sea considerado en tus ojos con preocupación, pues tal vez hay algo inválido, o un defecto en el pensamiento que hace perder esa acción de sobre ti. Y siempre unifica todos tus pensamientos a mi temor y a mi Torá. Incluso cuando estás en un lugar sucio piensa en tu humillación y en tu bajeza y en el bien que te he hecho. Y también debes preocuparte porque tal vez no lo haces con integridad. Y también porque tal vez serás castigado por eso, tal como dijeron los sabios, de bendita memoria, acerca del versículo que manifiesta: «Porque Dios traerá toda acción a juicio, juntamente con toda cosa encubierta, sea buena o sea mala» (Eclesiastés 12:14). Y dedujeron que se refiere a aquel que da caridad a una mujer en secreto […], tal como consta en el Talmud.[843] También debes preocuparte por no haberte despertado hasta ahora de hacer esa buena acción con integridad.

Y recuerda el día de la muerte porque: «Ese día el hombre arrojará sus ídolos de plata –*kaspó*– y sus […]» (Isaías 2:20). Se refiere a sus placeres y a sus deseos –*kisufin*–. Y cuando salgas a un lugar puro piensa siempre en mi Torá en mi temor y en mis Mishnaiot; y no apartes –tu pensamiento– ni un solo instante de mi Torá y de mi temor. E incluso en el momento de comer, y hablar, sea tu lengua el órgano más pesado de tu cuerpo, como lo fue en algunos de los días pasados. Y no entables siquiera una conversación pequeña si no es extremadamente imprescindible. Y a tu corazón, a tu lengua y a tus miembros, unifícalos siempre a mi servicio, a mi temor y a mi Torá. Y recuerda lo que dijeron acerca de Rav, que no tuvo una conversación vana en todos sus días.[844]

Y así debe hacer la persona, unificar siempre sus pensamientos en el temor de El Eterno, y en su servicio, como está dicho: «Hijo mío,

---

843. Tratado de Jaguigá 5a.
844. *Véase* Maimónides, Hiljot Deot 2:4.

dame tu corazón, y tus ojos miren mis caminos» (Proverbios 23:26). Es decir, cuando cumplas un precepto, o te ocupes de la Torá, esté tu corazón unificado a mí y no pienses en ninguna otra cosa, como está dicho: «Y no os desviéis tras vuestros corazones y tras vuestros ojos» (Números 15:39). Y ya que tu corazón está unificado a mí, ciertamente no os desviaréis «tras vuestros ojos». Y a esto se refiere lo que está dicho: «y tus ojos miren mis caminos». Y especialmente en el momento de la plegaria anula de ti todos los pensamientos que entran en tu corazón, el Mal Instinto y sus legiones, con los poderes que están sobre él, que son la Serpiente y –el ente maligno cuyo nombre comienza con las letras– *samej–mem*, y sus legiones. Y unifica tu corazón siempre, en todo momento, a toda hora y en cada instante, para no pensar sino en mí, en mi Torá y en mi servicio, lo cual es el secreto de la unificación que unifica al hombre con su Creador concretamente.

Pues el alma existencial –*nefesh*–, se apega y se unifica con Él, Bendito Sea, y su cuerpo y sus miembros son el Campamento de la Presencia Divina concretamente. Y a esto se refiere lo que está dicho en la Torá: «A El Eterno tu Dios temerás, y a Él servirás, y a Él te apegarás» (Deuteronomio 10:20). Porque ahora tú unificas con tu boca y no con tu corazón. Pues mientras haya un instante en el cual apartes tu corazón del temor de El Eterno, de su Torá y de su servicio, he aquí que estás anulando la unificación. Por eso, cuídate mucho de no pensar en ningún momento ninguna cosa fuera de mi Torá, mi temor y mi servicio. Y anula de ti todo tipo de placeres. E incluso en el momento en que lo necesitas para el mantenimiento de tu cuerpo, o para cumplir algún precepto, sea en tus ojos como algo imprescindible para ti y que tú estás forzado a ese deleite. Y así tu alma –*nefesh*– se apegará a tu Amo, y la muerte te será por descanso. Y a esto se refiere el misterio de lo que dijeron los sabios, de bendita memoria: «Quien desea vivir, mátese [...]».[845] Pues no es la intención decir que se mate a sí mismo y no coma ni beba o no tenga provecho de este mundo en absoluto, pues eso es algo imposible para el cumplimiento de los pre-

---

845. Talmud, tratado de Tamid 32a.

ceptos. Pero la intención es decir que cuando coma, beba y cohabite, y asimismo las demás cosas imprescindibles para el cuerpo, sea visto en sus ojos como algo imprescindible y que está forzado a tener ese provecho, pues no lo desea en absoluto. Y si no fuese porque el precepto depende de esa cosa, no realizaría esta acción pues no desea el provecho físico en absoluto. Y a través de eso es como si se matara a sí mismo. Y así su alma vivirá verdaderamente, y la separación de este mundo será para él un gran sosiego con el apegamiento a su Amo. Pues si mientras su alma estaba presa en este cuerpo flagelado estaba apegada a su Amo, con más razón que se apegará a su Amo, a la Luz, con la luz de la Vida, después de separarse de este materialismo. Y aquel que se comporte así, la muerte será para él vida verdadera, pues con certeza asegurada se apegará a su Amo. Y a esto se refiere el misterio de lo que dijo Abigail: «Y el alma de mi señor esté atada al Vínculo de la Vida con El Eterno tu Dios, y al alma de tus enemigos arrojará dentro del lanzador de la catapulta» (I Samuel 25:29). Es decir, de todos modos el alma de mi señor estará atada al Vínculo de la Vida, que es el apegamiento con el Amo. Y esto es imperioso, pues estando en este mundo tú siempre te unificas con El Eterno tu Dios. Y no hay instante en el mundo en el que no unificas tu alma a su Torá, a su servicio y a su temor. Y a esto se refiere lo que dijo: «con El Eterno tu Dios». Y si es así, con mucha más razón cuando te separes de este materialismo, unificarás tu alma con tu Amo. Pues después de que tus pensamientos y tus reflexiones no estaban dirigidos sino a Él, al lugar en el cual siempre pensabas, allí te apegarás.

Pero: «al alma de tus enemigos», debido a que sus pensamientos no están unificados y dirigidos a El Eterno, Bendito Sea, sino que siempre piensan en sus placeres: «arrojará dentro del lanzador de la catapulta». Es decir, porque aquellos que piensan en la comida y la bebida se apegan a las fuerzas exteriores[846] encargadas de la comida y la bebida. Y los que piensan en fornicación se apegarán a esas fuerzas encargadas de la fornicación. Y aquellos que piensan en el dominio

---

846. Se refiere a las fuerzas exteriores respecto a la santidad, o sea, los entes impuros denominados *jitzonim*.

y en el honor, se apegarán a las fuerzas encargadas de eso. Resulta, pues, que es como si ellos arrojaran su alma dentro del lanzador de la catapulta. Pues después de que las fuerzas de los entes exteriores ejerzan dominio en él, es como si estuviera arrojado dentro del arrojador de la catapulta. Y además, cuando esos entes vienen a ejercer dominio en él a través de los pensamientos que tuvo en el placer mengano, y esos entes vienen a ejercer dominio en él a través del placer zutano, es como si estuviera arrojado entre ellos, pues de manera natural, en el lugar en que uno piensa y cavila, allí se apega su alma.

Por eso, hijo mío, unifica todos tus pensamientos a mi servicio y a mi temor, y a mi Torá. Y no hables en absoluto sino solamente de las cosas imprescindibles para el mantenimiento de tu cuerpo y de tu alma. Y antes de sacar la palabra de tu boca, observa si es posible sin ella, sin sacarla de tu boca. Y además, si tuvieras dudas acerca de ella, no la saques de tu boca hasta que se te esclarezca que es imprescindible decirla para tu mantenimiento existencial. Por ejemplo, comida, bebida y cohabitación, y lo que se le parece. Y sea en tus ojos como si una espada está puesta sobre tu cabeza y el Infierno está abierto para ti debajo de ti. Y sea considerado en tus ojos como si tú estás obligado a ese deleite por la necesidad imperiosa de realizar una acción imprescindible para tu existencia, o porque es un asunto vinculado con un precepto. Y tu corazón no se incline ni dirija al orgullo en absoluto. Y cuando escuches que te alaban, preocúpate y aflígete mucho, y de ningún modo te enorgullezcas. Y recuerda las generosidades de El Eterno y sus bondades que ha hecho contigo desde el día en que existes hasta ahora. Y que te ha dado gracia ante los ojos de las personas. Y por eso humíllate a ti mismo, y recuerda el enojo que has provocado ante Él, Bendito Sea, y te ha soportado hasta ahora. Y no sólo eso, sino que te ha beneficiado con muchas bondades, y además de eso, te ha dado gracia ante las personas hasta que ellos te alaban. Y por eso sométete y humíllate mucho, mucho, ante Él.

¿Y te parece bien ante tus ojos lo que has hecho, no ir a la sinagoga de madrugada? Y por eso debes recitar la plegaria a través de parches, adelantando lo posterior, y postergando lo anterior. ¿Y acaso no sabes que todos los órdenes de la plegaria están fundamentados y ordenados sobre un fundamento y un orden correctos? Y si postergas lo anterior, he aquí que separas y estropeas el orden. ¿Y acaso es malo en tus ojos ser el primero o el segundo de los que madrugan en la sinagoga?

Por eso, deja de hacer eso, unifica tu corazón a mi servicio, a mi temor y a mi Torá, para unificar con una unificación completa, tal como te he enseñado. Y por eso no te angusties por ninguna cosa mundana, sino de los asuntos vinculados con el servicio de El Santo, Bendito Sea. Pero todas las cosas de este mundo sean consideradas iguales en tus ojos, el asunto y su revés. Pues ese es el misterio del sabio que preguntó a aquel que quiso unificar las igualdades. Pues en verdad, aquel que no considera en sus ojos igual a las bondades en este mundo y a las cosas malas, no unifica completamente.

Por eso, hijo mío, unifica una unificación completa y entonces: «Te haré andar entre estos que están aquí».[847] Pues te haré merecedor de ascender a la Tierra de Israel y de unirte allí con mi querido Salomón y con los compañeros. Y estudiarás y enseñarás y devolverás el recipiente perdido. Pues enseñarás Torá a muchos y harás volver a muchos del pecado. Y después te haré merecedor de ser calcinado por la santidad de mi nombre tal como te he asegurado.

Y sean estas palabras con que te he agraciado y te he dado como regalo gratuito. Pues un buen presente y una buena perla había en mi lugar oculto y la saqué y te la he dado a ti por regalo gratuito, cómo está dicho: «En la casa de mi madre, y en la cámara en la que me engendró» (Cantar de los Cantares 3:4). «La casa de mi madre», se refiere a la Matronita, y «la cámara en la que me engendró», se refiere a la parte de ella que alude a la emanación Maljut. A este buen presente lo saqué de mi lugar oculto, y te lo he dado a ti. Por eso, hijo mío, cuídate mucho. Yo, yo soy la Mishná que habla por tu boca. Porque yo me ornamento con los atavíos de las Mishnaiot que tú lees cada día y día.

Y en esta sagrada sección de la Torá hay que hacer hincapié en observar por qué está escrito: «Cuando el Faraón envió».[848] Debería

---

847. *Véase* Zacarías 3:7.
848. Éxodo 13:17.

haberse dicho: «Cuando El Eterno sacó al pueblo [...]». Y además, ¿por qué los llama siempre: «el pueblo», y no los llama: «los Hijos de Israel»? Y además, ¿qué significa: «y no los condujo –*najam*–»?[849] Debería haberse dicho: «y no los llevó –*olijam*–».[850] Y además ¿por qué: «Dios[851] –E"lohim–», considerando que se condujo con ellos con el atributo de la misericordia? Y además, ¿qué significa: «porque –*ki*– estaba cerca»?[852] Y lo que dijeron,[853] que[854] es como: «incluso que», es difícil de entender, pues «*ki*», debería decir, y no «los condujo [...]». Es decir, debido a que era difícil, ya que la tierra de los filisteos estaba cerca, ¿por qué Dios no los condujo por ese camino? Y si es así, ¿por qué fue necesario decir «incluso que estaba cerca»? Pues era algo sabido. Y considerando que vino a dar la razón, di: ya que quiso confundirlos en el desierto para que el Faraón dijera: «el desierto los ha encerrado»,[855] lo cual no es posible por el camino de la tierra de los filisteos. Y además, ¿qué significa: «Para que el pueblo no se arrepienta al ver guerra, y se vuelvan a Egipto»?[856] ¿Y qué implicación hay para El Santo, Bendito Sea? He aquí que Él los sacó de allí, y si ellos quisieran volver para ser esclavos, que vuelvan. Y además, ¿por qué era necesario por esa causa hacerlos volver por el camino del desierto? He aquí que si ellos quisieran volver, podía impedírselo a través de fuego para que les interrumpiera el camino y no pudieran pasar, o a través de otras cosas. Pues su mano no es estrecha para impedírselo a través de otras cosas. Y además, ¿qué significa: «Y Dios hizo rodear al pueblo»,[857] y no se dijo: El Eterno? Y además, ¿por qué: «al pueblo», y no, «a los Hijos de Israel»? Y además, ¿por qué se dijo: «ca-

---

849. Aquí la expresión *najam* significa conducir (Rashi), pero también podría interpretarse como un lenguaje de sosiego o consuelo (*véase* Siftei Jajamim).

850. Esta palabra significa llevar concretamente.

851. Éxodo 13:17.

852. Ibíd.

853. *Véase* la explicación al versículo en la exégesis de Iben Ezera.

854. La expresión *ki*.

855. Éxodo 14:3.

856. Éxodo 13:17.

857. Éxodo 13:18.

mino del desierto –*hamidvar*–»,[858] con la letra *he* sabida?[859] Debería haberse dicho: «camino del desierto –*midvar*– del Mar de Cañas». Y además, ¿por qué se dijo aquí: «Y los Hijos de Israel subieron armados de la tierra de Egipto»?[860] He aquí que arriba, cuando salieron, debería haberse dicho así. Y además, ¿por qué fue necesario decirse: «Y tomó Moisés los huesos de José con él»?[861] Y además, ¿por qué se dio una razón: «Porque hizo jurar –*ashbea ishbia*–»?[862] He aquí que en el tiempo en que murió José debería haberse dicho que los hizo jurar así, y no aquí. Y además, ¿qué significa: *ashbea ishbia*, dos veces? Pues con una vez era suficiente, tal como él dijo de Jacob: «Mi padre me ha hecho jurar –*ishbiani*– diciendo».[863] Y además, ya que él hizo jurar a los Hijos de Israel, ¿cómo cumplieron con su obligación tomándolos Moisés solo? Y además, ¿por qué se dijo que Moisés «los tomó con él»? Debería haberse dicho: «Y tomó Moisés los huesos de José porque hizo jurar –*ashbea ishbia*–». Pero, «con él», ¿por qué se necesitó decirlo? Y además, ¿qué significa: «os recordará –*pakod ifkod*–»,[864] dos veces? Y además, ¿por qué al comienzo vinieron a un lugar cuyas aguas eran amargas? Y además, ¿por qué: «y El Eterno le mostró un árbol […] y las aguas se endulzaron […]»?[865] Y además, ¿por qué se dijo en este lugar: «Y será si oyeres –*shamoa tishma*– la voz de El Eterno tu Dios»?[866] Y hay más misterios en estos tres versículos, pues están incluidos en ellos los 72 Nombres, tal como están ordenados en el sagrado Zohar. Y los mismos corresponden con los 72 puentes de la emanación Jesed. Y además, ¿cuál es el misterio de: «¿Está El Eterno en medio de nosotros, o no?».[867] Y además, ¿por qué la guerra con-

---

858. Ibíd.
859. Que siempre indica algo más a modo de insinuación.
860. Éxodo 13:18.
861. Éxodo 13:19.
862. Ibíd.
863. Génesis 50:5.
864. Éxodo 13:19.
865. Éxodo 15:25.
866. Éxodo 15:26.
867. Éxodo 17:7.

tra Amalek fue entregada precisamente a Josué? Y además, ¿por qué Josué los debilitó[868] y no los exterminó completamente? Y además, ¿cuál es el misterio de lo que está dicho: «Porque la mano está sobre el Trono de Dios»?[869] Y debes saber que –los Hijos de– Israel estaban maniatados en Egipto con esos lazos de esos flancos para que no salieran de allí. Y por eso El Santo, Bendito Sea, mismo, y en su gloria, necesitó maniatar al ministro de Egipto que se denomina Faraón. Y en su nombre se llama en lo bajo el Faraón que los expulsó, y por eso está escrito: «Cuando el Faraón envió».[870]

(Las respuestas a estas preguntas se encuentran explicadas en una disertación que le dijo en otro año en relación con el versículo que declara: «Ved ahora que Yo, Yo soy»).[871]

Víspera del día de Shabat, 11 de Shvat.

El Eterno está contigo [...]. «Ved ahora que Yo, Yo soy [...]».[872] Hay que observar cuidadosamente por qué duplicó mencionando dos veces: «Yo, Yo». Y además, ¿qué significa: «observad»? ¿Y qué significa: «ahora»? Y además, ¿por qué dijo: «¿haré morir?».[873] Debería haber dicho: «he hecho morir», tal como dijo: «he herido».[874]

El misterio del asunto es que las naciones del mundo piensan que el Dios de Israel realiza los males. Y además, alejan la fe de Israel, porque los Hijos de Israel dicen que El Santo, Bendito Sea, es oculto y no hay quien se una con Él. Y las naciones del mundo muestran a sus dioses de madera y piedra. Y a esto se refiere lo que está escrito: «Y me dicen todo el día: "¿Dónde está tu Dios?"» (Salmos 42:4). Por

---

868. Como está escrito: «Y Josué debilitó a Amalek y a su pueblo a filo de espada» (Éxodo 17:13).
869. Éxodo 17:17.
870. Éxodo 13:17.
871. Deuteronomio 32:39.
872. Ibíd.
873. Ibíd.
874. Ibíd.

eso está dicho: «porque El Eterno juzgará el juicio de su pueblo»,[875] y hará bien a Israel, y todas las naciones sabrán que Yo hago las bondades y Yo hago las cosas malas también. Y los asuntos estarán tan claros como si los vieran con los ojos. Y a esto se refiere lo que está escrito: «Ved». Y cuando venga a hacerlos morir les dirá: ved ahora cómo os haré morir a vosotros y haré vivir a Israel. Y de aquí entenderéis que lo que he herido a –los Hijos de– Israel en el pasado, ahora los curaré.

Y así pensaba el Faraón, que El Santo, Bendito Sea, no hacía sino los males. Y si El Santo, Bendito Sea, hubiese sacado a Israel por la fuerza de los egipcios que los veían saliendo y no podían impedirlo, como el tiempo en que tomaron los –corderos de– Pesaj, que los dientes de ellos rechinaban […] no hubieran perseguido tras los Hijos de Israel para que dijeran: así como el Dios de ellos impidió a través de ellos para que no los humillaran, así también impidió a través de nosotros, para que no persiguiéramos y fuésemos tras ellos. Pero debido a que vieron que el Faraón los envío y no salieron por la fuerza pensaron que Él, Dios libre, no tenía poder para sacarlos, ya que hace las cosas malas, y no las cosas buenas, sino de modo circunstancial. Y a esto se refiere lo que dijeron: «¿Qué es esto que hemos hecho de enviar a Israel para que no nos sirva?».[876] Debieran haber dicho: «Si tienes poder para sacarlos, sácalos pero nosotros no los enviaremos». Y por eso se fortalecieron para perseguirlos yendo tras ellos, y El Santo, Bendito Sea, hizo eso para hundirlos en el mar, tal como él decretó: «A todo hijo que nazca arrojadlo al río».[877] Pues: «Él multiplica las naciones y las elimina» (Job 12:23).

Y ahora se dijo: debido a que «Cuando el Faraón envió al pueblo»,[878] y no los sacó del Faraón por la fuerza, –pues si fuese así– los filisteos temerían salir a la guerra contra Israel. Pero debido a que El Santo, Bendito Sea, no los sacó por la fuerza de él, se disminuyó el temor de

---

875. Deuteronomio 32:36, Onkelus.
876. Éxodo 14:5.
877. Éxodo 1:22.
878. Éxodo 13:17.

los filisteos y salían a guerrear contra Israel. Y si dijeras: ¿quién contó a los filisteos tan rápido que el Faraón los envió y no salieron por la fuerza de él? Por eso se dijo: «porque estaba cerca».[879] Es decir, estaban cerca de Egipto y por eso supieron rápidamente qué ocurrió allí. Y si dijeras: el Santo, Bendito Sea, debía haber quebrantado el poder de los filisteos para que no hicieran mal a Israel, ¿y por qué fue necesario: «Y Dios hizo rodear al pueblo [...]»?[880] Por eso se dijo: «Para que el pueblo no se arrepienta al ver guerra, y se vuelvan a Egipto».[881] Es decir, ciertamente que El Santo, Bendito Sea, no hubiese permitido que hicieran mal a Israel, pero la razón por la cual «Dios hizo rodear [...]», fue para que el pueblo viera de lejos –hombres– portando armas de guerra. Y además, antes de que se acercaran a ellos, temerían de ellos y volverían a Egipto. Y debido a que sus corazones estaban tan blandos los denominó: «el pueblo», que es un lenguaje inferior. Y si dijeras que era por el temor de corazón que tenían debido a que no poseían armas de guerra, se dijo que no es así, sino: «Y los Hijos de Israel subieron armados de la tierra de Egipto».[882]

«Y tomó Moisés los huesos de José con él porque hizo jurar –*ashbea ishbia*– [...]».[883] Hay que observar cuidadosamente, ¿por qué se duplicó y fue dicho dos veces *«ashbea ishbia»*? Y asimismo, se duplicó: «os recordará –*pakod ifkod*–».[884] Pero el misterio del asunto es que José percibió a través del espíritu de santidad que en el futuro los hijos de Efraín saldrían antes del final –del tiempo del exilio–. Por eso no hizo jurar a sus hijos que los ascendieran, pues ellos salieron antes del final; y fueron matados por los hijos de Gat. Pero hizo jurar a los Hijos de Israel. Y a esto se refiere lo que está escrito: «hizo jurar –*ashbea ishbia*–». Es decir, les hizo jurar que no ascendieran sus huesos la primera vez, sino que lo ascendieran la segunda vez. Y a esto se re-

---

879. Ibíd.
880. Éxodo 13:18.
881. Éxodo 13:17.
882. Éxodo 13:18.
883. Éxodo 13:19.
884. Ibíd.

fiere lo que está escrito: «Dios os recordará –*pakod ifkod*–». Es decir, cuando sea el segundo recuerdo –de redención–: «Y ascenderéis mis huesos»,[885] y no, en el primer recuerdo.

«Y El Eterno iba delante de ellos durante el día [...]. Y la columna de nube no se apartaba [...]».[886] Es decir, ya que la columna de fuego no era necesaria sino para iluminar, se vería así, que en el tiempo en que iluminaba la Luna, la columna de fuego se apartaba. Y también la columna de nube, ya que no era necesaria sino para hacerles confortable el camino, se detenía en un cruce de caminos sobre el camino por el que debían ir y después ascendía. Por eso se dijo que no era así, sino: «no se apartaba [...]», por el gran afecto que tenía por el pueblo de Israel.

«Y los Hijos de Israel clamaron a El Eterno. Y dijeron a Moisés: ¿Acaso no había sepulcros en Egipto [...]?».[887] Es decir, los Hijos de Israel también pensaban que El Santo, Bendito Sea, no hacía sino las cosas malas, porque vieron que los sacó de Egipto por la fuerza de los egipcios, por eso pensaron que ciertamente morirían en esa guerra. Y se angustiaban porque no les darían sepultura y si murieran en Egipto serían sepultados. Y debido a que vieron a los egipcios muertos a la orilla del mar ellos creyeron en El Eterno, que el Nombre de El Eterno estaba completo y Él realizaba también las bondades.

«Y no pudieron beber las aguas de Mará, porque eran amargas».[888] El Eterno les quiso mostrar que Él hace también las bondades, pues les endulzó las aguas amargas. «Allí le puso estatuto –*jok*–».[889] Se refiere a la Congregación de Israel, que es la Casa de Juicio. «Y ordenanza»,[890] se refiere a la emanación Tiferet, que es –un ente cósmico vinculado con la– misericordia, pues realiza las cosas malas y las buenas. «Y dijo: si oyeres –*shamoa tishma*– [...] toda enfer-

---

885. Génesis 50:25.
886. Éxodo 13:21-22.
887. Éxodo 14:10-11.
888. Éxodo 15:23.
889. Éxodo 15:25.
890. Ibíd.

medad que he puesto en Egipto, no pondré sobre ti».[891] Es decir, Yo soy quien hace las cosas malas, «Y si no oyeres la voz de El Eterno tu Dios, toda enfermedad [...] pondré sobre ti». Pues de lo incluido en lo positivo, aprendes[892] lo negativo. Y también Yo realizo las cosas buenas, pues si viniere una enfermedad a ti: «Yo El Eterno, soy tu sanador».[893]

Víspera del día de Shabat, 22 de Shvat

El Eterno está contigo [...]. Y todo lo que haces, El Eterno te hace prosperar y te hará prosperar. Sólo, pues, has de apegarte a mí, y a mí Torá y a mi temor, siempre. No lo interrumpas ni un solo instante. Y no como has hecho durante esta semana, y también esta noche, pues has comido y bebido y has hablado mucho. Y tú ves que no has podido estudiar ni siquiera la mitad de un orden. Y con todo eso no soy puntilloso contigo en eso, dado que éste es el primer Shabat en el que has vuelto a tu casa. Pero de aquí en adelante cuídate de apartar tu pensamiento ni un solo instante de mi Torá y de mi temor, tal como te he enseñado. Y no escuches la voz del Mal Instinto y la Serpiente, y –el ente maligno cuyo nombre comienza con las letras– *samej*–*mem*, que te seducen. Y he aquí que tú oras ante El Santo, Bendito Sea, para que te enseñe los caminos extraordinarios del arrepentimiento. Y esos son los caminos que te enseñé el Shabat pasado. Por eso, cuídate en ellos y no se muevan de tus ojos y no se aparten de ti incluso por un solo instante. Y si anduvieres en ellos te abriré los portales de la luz, los portales de la salvación, como está escrito: «Y la salvación de los justos es de El Eterno».[894] Es decir, «la salvación» es la Congregación de Israel, que está entre dos justos, y se nutre del Justo supremo y nutre al justo inferior de este mundo. Y dijo que aunque recibe nu-

---

891. Éxodo 15:26.
892. Por conclusión.
893. Ibíd.
894. «Y la salvación de los justos es de El Eterno, su fortaleza en momento de aflicción» (Salmos 37:39).

triente del Justo, de El Eterno, es decir, le llega de Tiferet, esto es Tiferet es «su fortaleza», del Justo y la Congregación de Israel. «En momento de aflicción», cuando esos flancos se fortifican para introducir inmundicia en la Congregación de Israel, «El Eterno los ayudará y los librará».[895] Es decir, a veces Tiferet no les da sino ayuda en el mundo y a veces los salva completamente. Y así dijo, a veces: «El Eterno los ayudará», y a veces: «y los librará». Y volvió a referirse al asunto para explicar: sabe cuándo los libra completamente y los salva, aunque muchos malvados se levantan sobre ellos: «Porque se ampararon en Él».[896] Es decir, cuando vuelven en arrepentimiento íntegro ante Él, porque se amparan en lo oculto de sus alas. Pero cuando no vuelven en arrepentimiento íntegro, entonces los asiste con ayuda solamente, pero no los salva completamente.

Y éste es el misterio de: «Y vino Amalek [...]».[897] He aquí que Amalek es el poder del juicio severo, pues él era el hijo del hijo de Esaú. Y él se fortificó para introducir inmundicia en la Congregación de Israel. Y a esto se refiere lo que está dicho: «Y guerreó contra Israel en Refidim».[898] Pues hay que observar cuidadosamente en esto: ¿qué implica si fue en Refidim o en otros lugares? Pero el misterio del asunto es éste: para guerrear contra Israel, es decir, Tiferet, para separar a la emanación Biná de la Congregación de Israel, introduciendo en ella inmundicia, que es el misterio de la sangre del periodo catamenial, y ellas son las gotas de sangre floja –*rafe*–, quería proyectar y hacer ingresar en ella. Y a esto se refiere el misterio de lo que dijeron los sabios, de bendita memoria, acerca de lo que está escrito: «y te trastornó la retaguardia de todos los débiles que iban detrás de ti».[899] Pues cortaba la circuncisión de ellos y la arrojaba a lo Alto. Es decir, indicaba a modo de alusión que el Justo, aludido en la circuncisión, se apartaba

---

895. Salmos 37:40.
896. Ibíd.
897. Éxodo 17:8.
898. Ibíd.
899. Deuteronomio 25:18.

a lo Alto y no transmitía influencia en la Congregación de Israel, como está dicho: «el justo se perdió» (Isaías 57:1).

«Y Moisés dijo a Josué: selecciónanos hombres [...]».[900] Éste es el misterio, porque Josué era joven, por eso necesitó salir a la guerra reveladamente. Y Moisés, que era Tiferet debía realizar la guerra en forma oculta. Y a esto se refiere lo que dijo: «Selecciónanos». Y no dijo: «Selecciona para ti», o: «para mí». Porque ambos guerreaban, éste en forma revelada y éste en forma encubierta y oculta. Y a esto se refiere lo que le dijo a Josué: «Y sal, guerrea contra Amalek».[901] Es decir, tú sal y haz la guerra contra él en forma revelada. Asimismo, así dijo: antes de que él comience a hacer la guerra sal tú y haz guerra contra él. Y por eso no está dicho en el versículo que –los Hijos de– Israel se quejaron a Moisés por esta guerra. Y la razón es porque antes de que él llegara al campamento Josué salió delante de él. «Mañana».[902] Porque hay asuntos que son especiales para el campamento en ciertos días, y ese día no era especial para hacer esa guerra, pero mañana era especial para eso. «Yo estaré sobre la cima del collado [...]».[903] Es decir, yo haré la guerra en forma oculta, pues recordaré a Israel el mérito de haber recibido:[904] «Yo, El Eterno, tu Dios».[905] Y además, «Yo», que alude a Tiferet, estará sobre la cima del collado, que alude a la Congregación de Israel, que se denomina Collado de Levoná. «Y el cayado de Dios en mi mano»,[906] para unificar a Tiferet con la Congregación de Israel.

«Y acontecía que cuando Moisés levantaba su mano [...]».[907] Es decir, para quebrantar el poder del juicio levantaba su mano, según el misterio de lo que dijeron los sabios: aquel que estaba muy incli-

---

900. Éxodo 17:9.
901. Ibíd.
902. Ibíd.
903. Ibíd.
904. Ése es el primer versículo de los Diez Mandamientos.
905. Éxodo 20:2.
906. Éxodo 17:9.
907. Éxodo 17:11.

nado hacia una cualidad, por ejemplo –despilfarraba mucho– [...] ha de ser muy cuidadoso, que es el extremo de la cualidad opuesta, para equilibrarla. Y así Moisés, que levantaba la mano de la bondad –Jesed– para que no prevaleciera mucho el juicio. Y entonces: «y prevalecía –*gavar*– Israel».[908] Y cuando temía que no prevaleciera tanto la bondad, porque se debilitaba el poder del juicio, dejaba descansar su mano,[909] y entonces prevalecía Amalek.

«Y las manos de Moisés estaban pesadas [...]».[910] Es decir, no podía equilibrar a la emanación Jesed y la emanación Guevurá, para que no prevaleciera ésta mas que ésta de lo que es apropiado; por eso: «tomaron una piedra»,[911] que alude a la Congregación de Israel. «Y se sentó sobre ella»,[912] para unificarse más con la Congregación de Israel. Asimismo, el collado y la piedra, uno alude a la Congregación de Israel suprema y uno alude a la Matronita. «Y Aarón y Jur sostuvieron sus brazos»,[913] para equilibrar a la emanación Jesed y la emanación Guevurá. «De éste uno [...]».[914] Es decir, para establecer una unificación completa. Y el valor numérico de dos veces «uno –*ejad*–», asciende a 26, como el valor numérico del Tetragrama. Y «de éste –*umize*–», y «de éste –*umize*–», uno alude al Justo, y uno alude a Tiferet, que hay en él doce límites transversales, como el valor numérico de «éste –*ze*–». Y por eso el Justo se denomina «éste –*ze*–», porque se nutre de los doce límites transversales de Tiferet. «Y –Moisés– estaba con sus brazos –extendidos– con fe».[915] Es decir, a través de eso, estaban sus dos brazos, o sea, la emanación Jesed y Guevurá, en equilibrio. Y a esto se refiere lo que está escrito: «con fe hasta»,[916] porque otra vez de

---

908. Ibíd.
909. Ibíd.
910. Éxodo 17:12.
911. Ibíd.
912. Ibíd.
913. Ibíd.
914. «De ésta uno y de ésta uno» (Ibíd.).
915. Éxodo 17:12.
916. «Y –Moisés– estaba con sus brazos –extendidos– con fe hasta la llegada del Sol» (Éxodo 17:12).

eso significa a la Congregación de Israel con Tiferet. Y a esto se refiere lo que está escrito: «hasta la llegada del Sol». Es decir, hasta que el Sol, o sea, Tiferet, ascienda con la Congregación de Israel.

«Y Josué debilitó a Amalek y a su pueblo a filo de espada».[917] Es decir, Amalek tomó con él de los Otros Flancos para que le fueran de ayuda y los denominó: «su pueblo». Y está dicho: «Y Josué debilitó». Es decir, no los eliminó completamente, porque si fuese así se hubiera debilitado mucho el poder del juicio, y para la existencia del mundo se necesita todo eso. Por eso Josué no permitió a ningún hombre guerrear con ellos sino –sólo– él. Pues no está dicho: «y Josué y su pueblo debilitó a Amalek». Y la razón es tal como hemos dicho, para que no se debilitara demasiado el juicio. Y a esto se refiere lo que está dicho: «a filo de espada». Es decir, para que se mantenga el juicio para necesidad del mundo, como el filo de la espada, que se necesita para el mantenimiento del mundo.

«Y edificó –*vaiben*– Moisés un Altar».[918] *Vaiben*, se refiere a la emanación Biná. «Moisés», Tiferet. «Altar», se refiere a la Congregación de Israel. «Y llamó», se refiere a la Matronita. Y esa es la unificación completa. «Su nombre El Eterno es mi milagro –*nisí*–». Es decir, El Eterno, o sea, Tiferet, elevó a la Congregación de Israel como una embarcación que es elevada.[919] «Escribe esto –*zot*–»,[920] se refiere a la Congregación de Israel. «Por recordatorio»,[921] se refiere al Justo. «En un libro –*sefer*–»,[922] se refiere a las tres emanaciones supremas, según el misterio de: «con texto –*sefer*–, con número –*sfar*– y con habla –*sipur*–».[923] Y esto, para unificar a la Congregación de Israel con el Justo y las tres emanaciones supremas. «Y pon en los oídos de Josué».[924] Es decir, él

---

917. Éxodo 17:13.
918. «Y edificó –*vaiben*– Moisés un Altar y llamó su nombre El Eterno es mi milagro» (Éxodo 17:15).
919. El mástil, que es la parte más elevada de una embarcación, se denomina *nes*.
920. Éxodo 17:14.
921. Ibíd.
922. Ibíd.
923. Sefer Yetzirá 1:1.
924. Éxodo 17:14.

es el Joven que tomó a la Matronita en sus hombros y cubre los oídos del Joven.

«Porque ciertamente raeré».[925] Es decir, aunque hasta ahora no fue raído el poder del juicio. Pero en el futuro, cuando haya unificación completa, el juicio de esos flancos será quitado y estarán sometidos debajo de la Congregación de Israel según el misterio de lo que está escrito: «Tu Maestro ya no se ocultará –ikanef–».[926] Y en ese tiempo aún no llegó el momento. Pues cada asunto tiene días especiales, tal como he dicho. Y cuando reine un rey en Israel y su reinado esté fuerte, deberá hacer guerra en el mundo para someter a esos flancos debajo de la Congregación de Israel. Pero en ese tiempo, aunque Moisés era rey, no era rey,[927] tal como le dijo ese malvado Koraj: «¿Por qué os levantáis sobre la congregación de El Eterno?».[928] Y cuando reinó Saúl, está escrito: «Recordaré –pakadti–»,[929] y proviene de la expresión: «Y recuerda –pakadta– tu morada».[930] Es decir, se une con la Congregación de Israel. Y por eso debe hacer guerra contra Amalek, para someter a todos esos flancos debajo de la Congregación de Israel. Y cuando se apiadó de Agag [...],[931] fue castigado con que se interrumpiera el reinado de su simiente, medida por medida. Pues él interrumpió el poder de la Congregación de Israel que se denomina Reinado –Maljut–. Y si no hubiera pecado con eso no se hubiera interrumpido el reinado de su simiente. Y aunque estuviera el rey David, hubiese sido como el emperador y el vice emperador. Y a esto se refiere lo que está dicho: «Recuerda –zajor– lo que te hizo Amalek».[932] Es decir, cuando se una: «Recuerda –zajor–», que es el Justo, con la Con-

---

925. «Porque ciertamente raeré la memoria de Amalek de debajo de los Cielos» (Éxodo 17:14).
926. Isaías 30:20.
927. Con el poder absoluto.
928. Números 16:3.
929. «Así ha dicho El Eterno de los ejércitos: "Recordaré lo que hizo Amalek a Israel al oponérsele en el camino cuando ascendía de Egipto" (I Samuel 15:2).
930. Job 5:24.
931. I Samuel 15:8.
932. Deuteronomio 25:17.

gregación de Israel, realizarán la guerra para someter a esos flancos debajo de Maljut. «Guerra de El Eterno con Amalek de generación –*dor*– en generación».[933] Éste es el misterio de: «*dar* y *sojaret*»,[934] que está dicho en relación con la emanación Biná y la emanación Maljut. Y éste es el misterio de lo que está escrito: «Desde siempre –*olam*–[935] hasta siempre –*olam*–».[936]

Víspera del día de Shabat, 11 de Shvat.

El Eterno está contigo [...]. Sólo, pues, has de apegarte a mí, a mi temor y a mí Torá y a mis Mishnaiot siempre, y no apartes tu pensamiento ni un solo instante. Que tu pensamiento solamente esté apegado a mí. Y en el momento de la comida no te concentres en tener placer en absoluto, sino en mi servicio, como en: «uno a uno *mistalek*»,[937] tal como te he enseñado. Y entonces, tu comida será como una ofrenda. (Y me parece que según este modo dijeron: «¿quiénes son ángeles servidores? Los sabios».[938] Pues de este modo ellos sirven ante El Eterno como los ángeles servidores). Y si no, es una acción animal. Y lo mismo con los demás placeres. Y al estar tu pensamiento apegado siempre a mí no te faltará nada y serás de los que están ante mí siempre. Porque siempre te ilustrarás en tu alma que tú estás ante mí y realizas mi servicio. Y a esto se refiere lo que dijo Eliseo: «Vive El Eterno de los ejércitos, que he estado ante Él».[939] Pues siempre estaba ante El Santo, Bendito Sea, sin ningún tipo de interrupción incluso por un instante. Y dijo: «que he estado», y no: «que estoy», para no considerar un bien para sí mismo. Asimismo, porque observaba en

---

933. Éxodo 17:16.

934. Ester 1:6.

935. La expresión *olam* significa mundo, y también oculto y siempre.

936. Salmos 106:48.

937. La expresión *mistalek* significa literalmente ascender. Y también significa consumir.

938. Talmud, tratado de Nedarim 20b.

939. II Reyes 3:14.

Yehoram, y ese malvado[940] no tenía su pensamiento apegado a lo Alto apropiadamente, y por eso dijo: «he estado». Por eso, cuídate de estar ante mí sin ningún tipo de interrupción en absoluto. Y se purificará tu cuerpo y tus miembros semejante a Janoj[941] –Enoc–, cuya carne se convirtió en antorchas de fuego y chispas de fuego.[942] Y merecerás que se hagan milagros y maravillas a través de ti como a través de los sabios del Talmud. Y se santificará el Nombre de los Cielos a través de ti y sabrán que Dios está con Israel a través de ti. Y te haré merecedor de completar todos tus compendios y todas tus sentencias legales limpias de todo desacierto y error, e imprimirlos y que se expandan por todo el territorio de Israel. Y después serás calcinado en la santidad de mi nombre y ascenderás como la lana limpia, e irás y descansarás en tu suerte –*goraleja*– con el final de los días.

Y en esta sagrada sección de la Torá debes conocer y observar en el misterio del maná que descendía de lo Alto. Y los sabios dijeron: «pan de poderosos –*abirim*– comió el hombre».[943] Es el alimento del que se nutren los ángeles servidores. Y a partir de aquí sabes que todos los entes creados necesitan alimento, cada uno y uno según su grado. El alimento de éste de más arriba que el de éste. E incluso las emanaciones, que son emanadas, necesitan supuestamente alimento. Pues el rocío es abundancia que desciende de El Infinito –*Ein Sof*–, Bendito Sea; y lo que cada órgano y órgano del nutrido toma es del poder de todos los órganos. Y el alimento de las emanaciones es la Torá y los actos buenos que se realizan en lo bajo. Y así como la persona hace entrar el alimento a través de la boca, así asciende su alimento, que son la Torá y los actos buenos que se realizan a través de Maljut que se denomina Boca de El Eterno. Y ella es semejante, comparativamente, al hígado de la persona, pues allí se acondiciona ese aliento de la Torá y los actos buenos. Y de allí asciende el alimento a todas las emanaciones hasta la emanación Keter suprema. Y la abundancia que des-

---

940. *Véase* I Reyes 22:51.
941. *Véase* Génesis 5:24.
942. *Véase* Job 41:11, Metzudat Tzion, Ralba"g.
943. Salmos 78:25.

ciende de El Infinito –*Ein Sof*–, es semejante, separando las comparaciones, a las fuerzas del cuerpo. Pues a través de ellas se "cocina" el alimento y se nutren los órganos. Por tanto, sal y observa: si en el cuerpo, que es denso, las fuerzas que hay en él son sutiles, la abundancia que desciende de lo Alto, cuál será su sutileza, de un grado ilimitado. Y éste es el misterio de lo que se dijo acerca de –el ángel cuyo nombre se escribe con estas letras hebreas–: *samej, nun, dalet, lamed, pe, vav, nun*, que une las coronas para su Amo. Pues él está en el portal de Maljut y recibe la Torá y las buenas acciones que ascienden a lo Alto, y los hace entrar en Maljut. Y de allí asciende hasta la emanación Keter suprema. Y éste es el misterio de Adán, el primer hombre, pues hay quien dice que pecó con esta emanación, y hay quien dice con esta –otra– emanación. Pues todo es verdad, ya que los actos de lo bajo ascienden hasta la emanación Keter suprema.

Y el misterio del ayuno se vincula con el misterio de los 6000 años de existencia de este mundo y uno –un milenio– destruido.[944] Pues en ese milenio en el que estará destruido no ascenderá alimento a las emanaciones. Y a través del ayuno que realiza la persona ahora, pues volvió a su Señor en arrepentimiento y se ocupa del servicio de su Señor, genera alimento para que esté guardado para las emanaciones en ese tiempo en que estará destruido.

Por eso, cuídate mucho de que tu pensamiento esté siempre apegado sin ningún tipo de interrupción. Pues tú ves cuántos mundos se nutren a través de ti al estar tu pensamiento apegado a mí siempre, sin ningún tipo de interrupción en absoluto. Por eso, cuídate de que tu pensamiento esté apegado a mí siempre. Pues eres un hombre, y quién como tú en Israel. Pues no hay Academia en la diáspora en la cual se estudie análisis profundo de las enseñanzas –*pilpul*– como en tu Academia. Y he aquí que todo el tiempo que tú andas por la feria, si le fuese dado permiso al ojo de ver, podrías ver abiertamente con tus ojos huestes que te rodean por todos lados, y tú eres como el rey en medio de la legión. Y pregonan y manifiestan: ¡Despejad el lugar! ¡Otorgad honor a la imagen sagrada del Rey! Cuántos mundos se es-

---

944. *Véase* Talmud, tratado de Sanhedrín 97a.

tremecen de esa voz agradable de ese heraldo y preguntan: ¿quién es? Y responden y dicen: ese zutano cuya gloria desea el Rey de reyes, que es más preciado que todos los elementos deseados. Pues es el sabio *tanaita* de la Tierra de Israel, el director de la Academia de la Tierra de Israel, el líder del exilio de todos los exilios, nuestro legislador, nuestro explicador, nuestro compilador. Y cuando tú dejas de pensar en palabras de santidad y piensas en asuntos del cuerpo, ese heraldo y todos los mundos se estremecen y dicen: ¿Por qué ha interrumpido el heraldo? Por lo tanto, fortalécete a ti mismo en eso y no apartes tu pensamiento de mí ni un solo instante. Y verás que te he de elevar y te pondré por príncipe sobre mi pueblo Israel en dos congregaciones. Y además te pondré por príncipe sobre todas las congregaciones de la Tierra de Israel.

Por eso, fortifícate contra el Mal Instinto, –el ente maligno cuyo nombre comienza con las letras– *samej–mem*, y la Serpiente, que van en pos de ti para perseguirte. Pues ellos te desean, mas tú ejercerás dominio sobre ellos; y quémalos con la paja del Shemá y unifica tu corazón y tu pensamiento para estar apegados a mí siempre sin interrupción. Y bienaventurado serás en este mundo y te irá bien en el Mundo Venidero. Y la paz sea contigo.

SECCIÓN DE YTRO

Primera compilación

Víspera del día de Shabat, 17 de Shvat.

El Eterno está contigo [...]. He aquí que he sido enviado para revelarte el secreto de: «Y Moisés ascendió a Dios –E"lohim–».[945] Quiere decir que ascendió a –el grado de– Maljut. Asimismo, que ascendió a –el grado de– Guevurá, porque la Torá fue dada de la boca de la Gue-

---

945. «Y Moisés ascendió a Dios, y El Eterno lo llamó de la Montaña diciendo: "Así dirás a la casa de Jacob, y comunicarás a los Hijos de Israel"» (Éxodo 19:3).

vurá. «Y El Eterno lo llamó», se refiere a Tiferet. «De la Montaña», se refiere a Biná. «Así –*ko*–», se refiere a Maljut. «A la casa de Jacob», se refiere a las mujeres, que vinieron de su flanco. «Y comunicarás –*tagueid*–», es decir: atraerás abundancia de bendiciones de las emanaciones supremas. «A los Hijos de Israel», que vinieron del flanco del bien. «Y os llevé sobre alas de águilas»,[946] se refiere a los enviados de la Matronita que se denominan: alas de águilas. «Y ahora, si ciertamente oyereis –*shamoa tishmeu*– mi voz».[947] Es decir, uniréis todas las emanaciones con Maljut. Pues *shemia* se corresponde con –el significado de congregar –*aseifa*–, de la expresión: «Y congregó –*vaishamá*–[948] Saúl» (I Samuel 15:4). «Mi voz»,[949] se refiere a Maljut. «Y guardareis mi pacto»,[950] es decir: uniréis a la emanación Iesod con la emanación Maljut. Pues la palabra «guardareis» se refiere a Maljut. «Mi pacto», se refiere a Iesod. «Y seréis para mí un tesoro –*segulá*–»,[951] es decir, ascenderéis al grado de Biná, pues eso alude «tesoro –*segulá*–», en lo Alto.

«Y todo el pueblo respondió [...]. Todo lo que ha hablado El Eterno, haremos»[952] y escucharemos. Aquí hay que observar cuidadosamente cómo harán antes de escuchar. Y además, ¿cómo se dijo: «Todo lo que ha hablado», en pasado? He aquí que aún no habló ni les ordenó la Torá. Y así deberían haber dicho: «Todo lo que hablará». Y es posible decir según el modo del sentido llano, debido a que los sabios, de bendita memoria, dijeron: «Shabat y los juicios les fueron ordenados en Mará». Por eso dijeron: «Todo lo que ha hablado El Eterno en Mará, haremos». Y se dijo: «todo –*kol*–», porque había allí decreto y juicio. Y para incluir a ambos se dijo: «todo». Y escucharemos todo lo que nos diga de aquí en adelante. Pero el misterio del asunto es que los de Israel de esa generación vinieron del flanco del Jubileo. Y la

---

946. Éxodo 19:4.
947. Éxodo 19:5.
948. Se refiere a la acción de congregar a través del oído de la voz de quién congrega (Metzudat Tzion).
949. Éxodo 19:5.
950. Ibíd.
951. Ibíd.
952. Éxodo 19:8.

Torá estaba escrita en lo Alto. Resulta, pues, que antes de que vinieran el mundo, sus almas escucharon la Torá. Y por eso, todo lo que habló El Eterno a nuestras almas antes de que viniéramos al mundo, haremos. Y ahora también volveremos a escuchar en este mundo para someter a nuestros cuerpos. Y así también cada uno y uno de los de Israel puede decir: «todo lo que habló El Eterno a las almas antes de que vinieran al mundo». Y tal como dijeron los sabios, de bendita memoria: se le enseña toda la Torá completa.[953] Y también se hace jurar a su simiente por el cumplimiento de la Torá. Tal como es mencionado en el sagrado Zohar a partir del versículo que manifiesta: «El alma que pecare y oyó la voz de juramento […]».[954] Haremos y también escucharemos las palabras de la Torá. Y las estudiaremos en este mundo para someter a nuestros cuerpos. Y la paz sea contigo.

«Y oyó Ytró […]».[955] ¿Qué oyó –y vino–? Un maestro dijo: la guerra de Amalek. Es decir: en esa guerra se supo que la Congregación de Israel ejerce dominio sobre todos esos flancos. Pues fue quebrantado el poder de ellos y por eso vino para entrar debajo de las alas de la Presencia Divina. Y un maestro dijo: oyó la partición del Mar de Cañas. Es decir, antes de eso pensaban que hay dos divinidades, una hace las cosas malas y otra que hace buenas las cosas buenas. Y cuando vio que con la partición del Mar de Cañas ahogó a los egipcios y salvó a Israel, supo que Aquel que hace lo que es malo y lo que es bueno, es Uno. Y a esto se refiere lo que está dicho: «Ahora he sabido que El Eterno es más grande que todos los dioses».[956] Y dijo: «Porque con el asunto con el que pretendieron actuar –con él fueron juzgados–».[957] Es decir: ya que los juzgó medida por medida y salvó a Israel, se esclareció que es un Dios. Y la multiplicidad de los atributos de Él no son multiplicidades en Él, sino que cada uno incluye el atributo que necesi-

---

953. Talmud, tratado de Nidá 30b.
954. Levítico 5:1.
955. Éxodo 18:1.
956. Éxodo 18:11.
957. Ibíd.

ta. Y a esto se refiere lo que está escrito: «Y se alegró –*vaijad*–[958] Ytró».[959] Pues unificó una unificación completa. Y a esto se refiere lo que está escrito: «Y tomó Ytró [...] ofrenda ígnea[960] –*olá*–»,[961] que alude a Biná, para unificar todo con ella. «Y sacrificios para Dios».[962] Es decir, quitó de su comprensión el gobierno de –el atributo vinculado con el grado de– Dios, pues Él ejerce dominio sobre todo con el Nombre de El Eterno, y Él es Uno, y su Nombre Uno. «Y vino Aarón»,[963] o sea, el flanco de la emanación Jesed, «y todos los ancianos de Israel»,[964] que aluden a los demás atributos, «para comer»,[965] se refiere a la Congregación de Israel, según el misterio de lo que está escrito: «sino el pan[966] que él comía».[967] «Con el suegro de Moisés».[968] Y he aquí que –la unificación era completa porque– Moisés alude a la emanación Tiferet. «Delante de Dios –E"lohim–». Es decir, para excluir lo que él pensaba, que –el grado vinculado con el Nombre de– Dios –E"lohim–, es un gobierno en sí mismo, Dios libre. «Y aconteció al día siguiente que Moisés se sentó para juzgar al pueblo».[969] Pues así debe hacerse, en ese día, tal como expliqué, ya que cada día y día es especial para su asunto. Y la paz sea contigo.

Noche de Shabat, 29 de Shvat.

Comí y bebí mucho y no estudié Mishnaiot en el comienzo de la noche. Y dormí toda la noche, y me levanté a la luz del día y comencé

---

958. Esta expresión significa también unificación.
959. Éxodo 18:9.
960. Éxodo 18:12.
961. Esta expresión significa también ascenso.
962. Éxodo 18:12.
963. Ibíd.
964. Ibíd.
965. Ibíd.
966. Se refiere a su mujer (Rashi).
967. Génesis 39:6.
968. Éxodo 18:12.
969. Éxodo 18:13.

a pronunciar Mishnaiot. Y he aquí que la voz de mi amado golpeaba y decía: El Eterno está contigo [...]. Aunque era propicio abandonarte y dejarte a causa de lo que has hecho, comer hasta saciarte y beber más de lo debido, y anular el estudio de la Torá, pues aquel que conoce el misterio de los días y las noches y su disminución y su completitud, conoce la disminución y la carencia de una noche para lo cual no hay compensación. ¿Y por qué tenías que ir detrás de la comida y la bebida? Pues este escrito: «El justo come para saciar su alma» (Proverbios 13:25). Es decir, no come sino para mantener su alma solamente y con lo poco que come se sacia. Y a esto se refiere lo que está dicho: «para saciar». Y a esto se refiere lo que está dicho: «Y comerás, te saciarás y bendecidas a El Eterno tu Dios» (Deuteronomio 8:10). Es decir, cuando comas, que sea en el Nombre de los Cielos para el mantenimiento de tu cuerpo y no para obtener placer. Te saciarás con lo que comes, pan racionado y agua medida, pues no es tu intención comer por placer sino para el mantenimiento de tu cuerpo. Y si fuera posible mantener tu cuerpo sin recibir ningún tipo de deleite, estarías muy contento con eso, tal como te he dicho acerca de ese deleite. También, como alguien que lo intimaba un demonio.[970] Entonces serás propicio para bendecir a El Eterno.

A continuación está escrito: «Y el vientre de los malvados no estará completo».[971] Es decir, los malvados tienen la intención de comer para tener deleite. Y por eso está escrito acerca de ellos: «Y el vientre de los malvados no estará completo». Ya que su intención es llenar su vientre: «no estará completo». Es decir, ellos siempre están insatisfechos y codiciosos. Pues incluso si comieren todos los deleites del mundo, siempre codiciarán los manjares para deleitarse más y más. Pues esos deleites con que se deleitan parecen ante sus ojos como nada. Y necesitan deleitarse con otros asuntos, y diversos alimentos, de modo que siempre están incompletos.

Pero el justo come para saciar su alma, para mantener su alma y no para deleitarse siempre. Y por eso se denomina «su alma —*naf-*

---

970. Talmud, tratado de Nedarim 20b.
971. Proverbios 13:25.

sho–», porque él aumenta –*nafishe*–», y todo lo que ponga en ella, ella lo soporta. Y por eso, los que comen manjares siempre están incompletos; pero el justo, aunque coma pan seco, está saciado. Y por eso era apropiado dejarte y abandonarte, pero yo no haré eso, pues no te abandonaré y las cosas buenas no impediré de tu boca. Y lo bueno de mí no interrumpiré de ti incluso por un solo instante. Solamente cuídate desde ahora en adelante de la comida y la bebida. Y no comas sino para mantener tu cuerpo y tu alma solamente. Y siempre piensa en mis Mishnaiot y en mi temor y en mi servicio, y no interrumpas siquiera por un instante. Y todas tus acciones no sean sino en el nombre de los Cielos. Y no tengas placer ni disfrutes de ninguna cosa que tú haces para el mantenimiento de tu cuerpo. Y el deseo de ese placer ha de ser repugnante en tus ojos y despreciable en tus ojos ese poco de miel. Y siempre sea en tus ojos como una espada extendida sobre tu cabeza, y el Infierno abierto para ti debajo de ti, para castigar si disfrutaras del placer que viene a ti, incluso de una cosa que tú haces para el mantenimiento de tu cuerpo. Y sal y observa el final de los que se deleitan, y qué ocurrió con sus placeres.

Yo, yo soy la Mishná que habla por tu boca, que me ornamento con los atavíos de las Mishnaiot que tú pronuncias siempre. Pues tú asciendes al segundo carruaje,[972] pues una cosa es pronunciar el tema y otra cosa es comprenderlo. He aquí que hay que observar cuidadosamente lo que está escrito en esta sagrada sección de la Torá; donde está escrito: «No hagáis conmigo dioses de plata, ni dioses de oro, no harán para vosotros».[973] ¿Qué significa «conmigo» y qué significa «para vosotros»? Y además, ¿por qué junto a «dioses de plata» está escrito «conmigo», y junto a «dioses de oro» está escrito «para vosotros»? Y además, ¿qué significa: «un Altar de tierra me harás»?[974] Pues el principio no es como el final y el final no es como el principio. Pues abrió con dioses de plata y dioses de oro y culminó con la fabricación del Altar. Y además, se entiende que el Altar no es apto

---

972. *Véase* Génesis 41:43.
973. Éxodo 20:20.
974. Éxodo 20:21.

sino de tierra. Y he aquí que había un Altar de oro y un Altar de cobre. Y además, ¿por qué había un Altar de oro y un Altar de cobre, y no había un Altar de plata? Y además, está dicho: «y sacrificarás sobre él tus ofrendas ígneas y tus ofrendas de paz».[975] ¿Por qué no se dijo también que hicieran sobre él sacrificios expiatorios, y sacrificios de culpa, y todos los demás sacrificios? Y además, ¿qué significa: «Y si me hicieres Altar de piedras, no las labraréis, pues habréis levantado vuestra espada sobre él, y lo profanaréis»?[976] Y además, ¿qué significa: «Y no subirás por gradas a mi Altar, para que no se descubra tu desnudez junto a él»?[977] Pero el misterio del asunto es que hay tres tipos de amor: amor por lo agradable, amor por lo útil y amor por lo bueno. Y El Santo, Bendito Sea, advirtió a Israel de que no fueran detrás del amor por lo agradable. Y a esto se refiere lo que está escrito: «dioses de plata –*kesef*–». Es decir, ir detrás de los placeres –*kisufim*– del mundo y detrás de los deleites del mundo. Y está dicho: «conmigo». Es decir, que no asocien los placeres del mundo con mi amor. Y cuando cumpláis un precepto en el cual hay placer, no lo hagáis por el placer que hay en él, sino, si os fuera posible cumplir el precepto sin deleite del cuerpo, estaríais muy contentos con eso. «Y dioses de oro», se refiere al amor por lo útil. «No harán para vosotros», para correr por amor del dinero. «Un Altar de tierra», se refiere al amor por lo bueno. Porque las personas no se atavían ni se enorgullecen con la tierra. Y lo llamó: «Altar de tierra», para decir que aunque no te enorgulleces como con el amor por lo que es útil, y no te deleitas como con el amor por lo que es agradable, esas cosas que harás para mantener tu cuerpo, el placer de ellas sea un sacrificio. Porque estarías muy contento de no tener placer, sólo que tú estás obligado a realizar ese asunto por necesidad, para mantener tu cuerpo. «Y sacrificarás sobre él tus ofrendas ígneas –*oloteja*–».[978] Es decir, todos tus pensamientos que ascienden sobre tu corazón, hazlos –sacrifícalos– sobre él. Pues

---

975. Ibíd.
976. Éxodo 20:22.
977. Éxodo 20:23.
978. Esta expresión viene del término *olá* qué significa literalmente ascender.

éste es el misterio de la ofrenda ígnea –*olá*– que es traída –para expiar– por los pensamientos del corazón.[979] Y por eso la ofrenda ígnea –denominada *olá*, es una ofrenda que– asciende –*haolá*–, y alude a la emanación Biná. «Y tus ofrendas de paz –*shelameja*–», que son las cosas que tú haces para el mantenimiento de tu cuerpo, y la completitud –*shelemut*– de tu alma y tu cuerpo. «Y tus ofrendas ígneas –*oloteja*–», que son los pensamientos, hazlo todo sobre él. Es decir, hazlo todo en el Nombre de los Cielos sin asociar ninguna otra cosa del mundo. «En todo el lugar»,[980] en el que estuvieres, no apartes tus pensamientos de mí. «En que he de recordar mi Nombre».[981] Es decir, cuando tú recuerdes mi Nombre, Yo seré quién recuerde. Pues serás Campamento de la Presencia Divina, y la Presencia Divina hablará por tu boca. Y por eso: «vendré a ti»,[982] lleno y cargado de bendiciones, «y te bendeciré».[983]

«Y si me hicieres Altar de piedras».[984] Pues también las piedras de tierra son importantes, y de todos modos hay en ellas un flanco para enorgullecerse. Pues las piedras de *galal* y mármol, que son importantes y valiosas: «no las labraréis, pues habréis levantado vuestra espada sobre él [...]», porque el hierro fue creado para acortar la vida de la persona [...].[985]

«Y no subirás por gradas a mi Altar [...]».[986] Es decir, en los preceptos en los cuales hay placer, y asimismo en las cosas que tú necesitas realizar para mantener tu cuerpo, no te concentres en tu placer en absoluto. Pues si te concentraras en tu placer: descubrirás tu desnudez junto a él. Pues no quedará en tu poder el mérito de los preceptos,

---

979. *Véase* Midrash Tanjuma.
980. Éxodo 20:21.
981. Ibíd.
982. Ibíd.
983. Ibíd.
984. Éxodo 20:22.
985. Mishná, tratado de Midot 3:4.
986. Éxodo 20:23.

sino el deleite del cuerpo flagelado. Y no hay para ti desnudez más grande que esa. Y paz.

Víspera del día de Shabat, 18 de Shvat.

El Eterno está contigo […]. «Yo […]»,[987] y «No tengas […]»,[988] y «No harás para ti imagen […]»,[989] se corresponden con: «No matarás»,[990] «no cometerás adulterio»,[991] «no robarás».[992] Pues el que roba es como si debilitara la existencia de El Eterno, Bendito Sea. Y aquel que comete adulterio se corresponde con «no harás para ti imagen –*pesel*–». Pues se hace de allí una bastarda o un bastardo, que es –considerado– inválido –*pasul*–. Y aquel que mata es como si disminuyera la Imagen, y hace prevalecer el poder de esos flancos, por eso se corresponde con: «No harás para ti imagen […]».

SECCIÓN DE MISHPATIM

Primera compilación

Día de Shabat, 22 de Shvat.

El Eterno está contigo […]. Palabras de reproche como era habitual. Y en esta sagrada sección de la Torá hay que observar cuidadosamente qué significa la letra *vav* de: «Y estos[993] –*veele*–». ¿Y qué significa «juicios»? Pues el juicio es uno, como está dicho: «Juicio del

---

987. Éxodo 20:2.
988. Éxodo 20:3.
989. Éxodo 20:4.
990. Éxodo 20:13.
991. Ibíd.
992. Ibíd.
993. «Y éstos son los juicios que pondrás ante ellos» (Éxodo 21:1).

Dios de Jacob».[994] Y está escrito: «Un juicio será para vosotros».[995] Y además, ya que el juicio es uno, ¿cómo está escrito: «Juicio de su siervo y juicio de su pueblo»?[996] Pero el misterio del asunto es que Tiferet se denomina Juicio. Y así se denomina también Iesod. Y también se denomina Estatuto, como está dicho: «Pues él es Estatuto para Israel».[997] Es decir, Iesod es juicio en –el grado de– Israel. Pero Juicio, que es Tiferet, asciende a lo Alto, a –el grado de– «Dios de Jacob». Y asimismo Tiferet se denomina Estatuto, como está dicho: «a los estatutos y a los juicios».[998] Y a esto se refiere el misterio de lo que está escrito: «juicio de su siervo», pues se refiere a Iesod. Y «juicio de su pueblo», se refiere a Tiferet. Y ahora dijo que «estos son los juicios»,[999] o sea, Tiferet y Iesod, «que pondrás ante ellos».[1000] Es decir, asciende y apégalos a lo Alto con los grados. Pues la palabra: «ante ellos –*lifneihem*–», quiere decir, ante ellos, que son los grados supremos [...].

«Y estos son los juicios que pondrás ante ellos».[1001] Es decir, lo que he hablado hasta ahora son palabras que conciernen al cuerpo concretamente. El modo de comportarse en la comida y en la bebida y en su comportamiento. Eso depende de sus cuerpos, y no, ante ellos. Pero respecto a esos juicios entre un hombre y su prójimo cabe decir: «que pondrás ante ellos –*lifneihem*–».

«Cuando adquirieres un siervo hebreo [...]».[1002] Es difícil de entender. Pues dado que no sale –en libertad– con la Remisión, ¿por qué sale en el año séptimo? El misterio del asunto depende de lo que dijeron los sabios, de bendita memoria: aquel que anda por el desierto y no sabe cuándo es Shabat cuenta seis días y hace Shabat. Y así siem-

---

994. Salmos 81:5.
995. Levítico 24:22.
996. I Reyes 8:59.
997. Salmos 81:5.
998. Deuteronomio 5:1.
999. Éxodo 21:1.
1000. Ibíd.
1001. Éxodo 21:1.
1002. «Cuando adquirieres un siervo hebreo, trabajará seis años, y en el séptimo –año– saldrá libre, gratuitamente» Éxodo 21:2.

pre, porque todo séptimo es Shabat. Pues todas las emanaciones son Shabat. Y así con este asunto. Y además esto alude al hombre: «trabajará seis años», en este mundo. Es decir, 6 decenas de años existirá en el mundo, y en la séptima decena: «saldrá libre, gratuitamente». Como está dicho: «Desnudo salí del vientre de mi madre».[1003]

«Si su amo le hubiere dado una mujer».[1004] Una mujer temerosa de El Eterno. O sea, la Torá y la Congregación de Israel. «Y ella le hubiere dado hijos o hijas».[1005] Se refiere a los preceptos y las buenas acciones. «La mujer y los hijos de ella serán para su amo, y él saldrá solo».[1006] Es decir, ella no tiene tanto mérito en esas acciones que él hace. Porque no las hizo del despertar de él, sino del despertar de la mujer temerosa de El Eterno. Y por eso está escrito: «La mujer y los hijos de ella [...]». Se entiende que el despertar es del flanco de ella.

«Y si el siervo dijere: "Amo a mi señor [...]"».[1007] Es decir: yo quiero existir más en este mundo para ocuparme de esa mujer temerosa de El Eterno, para servir a El Santo, Bendito Sea, «y su amo lo acercará a los jueces –*haelohim*–».[1008] Es un lenguaje de –rigor de– juicio. Es decir, cuando el hombre viva en el mundo más de 70 años tendrá varias enfermedades y todos sus días serán con dolores. Y a esto se refiere lo que está escrito: «y su amo le horadará su oreja con una lezna». Es decir, porque no escuchaba no veía, y no podía servir a El Santo, Bendito Sea. Por eso, estando el hombre en su plenitud necesita volver ante El Santo, Bendito Sea.

«Y cuando un hombre vendiere su hija por sierva».[1009] «Hombre», se refiere a El Santo, Bendito Sea. «Su hija», es la hija de nuestro pa-

---

1003. Job 1:21.
1004. Éxodo 21:4.
1005. Ibíd.
1006. Ibíd.
1007. «Y si el siervo dijere: "Amo a mi señor, a mi mujer y a mis hijos; no saldré libre"» (Éxodo 21:5).
1008. «Y su amo lo acercará a los jueces y lo acercará a la puerta, o a la jamba de la puerta, y su amo le horadará su oreja con una lezna y él lo servirá por siempre» (Éxodo 21:6).
1009. Éxodo 21:7.

triarca Abraham. «Su mantenimiento»,[1010] se refiere a su alimento. «Su cobertura –vestido–, y su periodo –conyugal–, no disminuirá».[1011] Pues aluden al alma existencial –*nefesh*–, el espíritu, y el alma suprema –*neshamá*–. Porque el alimento alude al alma existencial –*nefesh*–, que tiene provecho del alimento, «su cobertura» alude al espíritu, que está sobre el alma existencial –*nefesh*–, la cual está cubierta, «y su periodo», alude al alma suprema –*neshamá*–, que se nutre en silencio y en forma oculta, semejante –comparativamente– al periodo –conyugal–.

«Y si estas tres cosas no le hiciere, saldrá gratuitamente, sin dinero –*kesef*–».[1012] Del término: «Desea[1013] –*niksefa*–». Es decir, todos los deleites y los placeres de los cuales disfruta la persona en este mundo no le servirán ni lo salvarán, ni se llevará nada en su mano, por el contrario, ellos estarán con su turbiedad. Por eso, el hombre no debe tener placer en este mundo sino del modo que te he enseñado en la sección Ytró (al final de la sección), en la disertación acerca de: «No hagáis conmigo dioses de plata […]».[1014] Y la paz sea contigo.

Víspera del día de Shabat, 29 de Shvat.

Fortalécete y sé esforzado […]. Y me castiga por interrumpir de pensar siempre en las Mishnaiot, en las palabras de la Torá, y en el temor de los Cielos. Y me reprocha porque no escribo lo nuevo que incorporo –en el estudio–. Comenzó diciendo que esta sección alude al hombre que va por los caminos de su Amo. Pues el siervo hebreo es el espíritu que está sometido dentro del cuerpo. Y El Santo, Bendito Sea, dice el cuerpo: «Cuando adquirieres un siervo hebreo».[1015] Se refiere al espíritu. No hagas con él de modo que vaya detrás de los

---

1010. Éxodo 21:10.
1011. Ibíd.
1012. Éxodo 21:11.
1013. Salmos 84:3.
1014. Éxodo 20:20.
1015. Éxodo 21:2.

placeres del cuerpo. Pues la existencia del cuerpo en este mundo no será, pues, sino: «seis[1016] años», que son sesenta años. «Y en el séptimo». Es decir, cuando llegan setenta años sale de este mundo, «libre, gratuitamente».

«Si viniere solo».[1017] Es decir, cuando entra en los sesenta años solo, sin Torá y preceptos, así, solo, saldrá de este mundo. «Si es el marido de una mujer».[1018] Es decir, porque se unió a la Torá, que es la mujer temerosa de El Eterno, y él es el marido de ella, no saldrá solo de este mundo, pues ella y toda su legión saldrán delante de él. Y a esto se refiere lo que está escrito: «y su mujer saldrá con él».[1019] Es decir, esa mujer temerosa de El Eterno, ella saldrá delante de él.

«Si su amo le hubiere dado una mujer».[1020] Es decir, si El Santo, Bendito Sea, le hubiere dado esa mujer, temerosa de El Eterno, que es la Torá. «Y ella le hubiere dado hijos», es decir, se ocupa de ella y cumple sus preceptos, o sea, hijos justos, «la mujer y los hijos de ella», es decir, la Torá y los preceptos de ella, «serán para su amo», pues a través de ella el hombre se une a El Santo, Bendito Sea. Y si no se ocupa de ella: «él saldrá solo».

«Y si el siervo dijere».[1021] Es decir, si el hombre se ocupa en este mundo más de 70 años y cree que en ese tiempo servirá a El Santo, Bendito Sea, pues a esto se refiere lo que está dicho: «He amado a mi amo, a mi mujer y a mis hijos»,[1022] no es así. Porque en ese tiempo, cuántas malas enfermedades a causa de las cuales no puede ocuparse sino de las necesidades de su cuerpo lo persiguen. Y a esto se refiere lo que está dicho: «y su amo lo acercará a los jueces, y lo acercará a la puerta».[1023] Pues los ancianos están siempre sentados detrás de la

---

1016. Seis decenas de años.
1017. Éxodo 21:3.
1018. Ibíd.
1019. Ibíd.
1020. Éxodo 21:4.
1021. Éxodo 21:5.
1022. Ibíd.
1023. Éxodo 21:6.

entrada por las enfermedades que tienen, o porque son ancianos. «Y su amo le horadará su oreja [...]».[1024] Pues cuando entre en esos días perseguirán en pos de él varias enfermedades, de modo que será ciego, o cojo, o sordo. Y se mencionó la sordera de la oreja ya que si lo dejó sordo, le ha de dar el dinero de todo.[1025] Pues dejarlo sordo equivale a todo.

Y la razón por la cual el siervo sale en el séptimo año, alude a que se vendió a otro, semejante al que se somete a esos flancos. Y a esto se refiere lo que se dijo: «y no siervos de siervos».[1026] Porque esos flancos son siervos concretamente. Y cuando llega el séptimo, que alude a Maljut, sale libre. Pues con eso repara lo que dañó. Pues con esto recibe sobre él la influencia del Jubileo supremo. Porque el Jubileo[1027] es quien saca en libertad a los siervos. Y cuando transmite influencia a Maljut, también ella los saca. Y la razón de la ley de la Remisión –para la salida de los siervos en libertad, aunque no salen en la Remisión concretamente– sino en el año séptimo, se relaciona con el misterio de las remisiones, que cada una y una es una remisión, según el misterio del que va por el desierto y no sabe cuándo es Shabat [...]. «Y si el siervo dijere [...]. Y le servirá para siempre –*leolam*–».[1028] Pues es el mundo –*olam*– del Jubileo, ya que sale en libertad de todos modos. Y paz.

Y el misterio de los enfermos, con los que se cuida el límite en los siete días, es por este misterio. Pues el primer día de la enfermedad alude a la emanación Jesed y el segundo día a la emanación Guevurá y así con todos, hasta llegar al séptimo, que alude a la emanación Maljut. Y allí será juzgado su juicio con ese juicio si lo merecerá, y si no lo merecerá será juzgado con la muerte, pues está aferrado al Árbol de la Muerte. Y si lo merece le viene sudor, lo cual alude que se proyectan a él las aguas de la bondad –*jesed*–, y se curará. Y cuando

---

1024. Ibíd.
1025. *Véase* Talmud, tratado de Baba Kama 85b y 88a.
1026. Siervos de El Santo, Bendito Sea, y no siervos de siervos.
1027. Vinculado con el misterio de Biná.
1028. Éxodo 21:5-6.

no se cura en el séptimo, vuelve a girar sobre el juicio de las siete emanaciones de Maljut. Y ese es el misterio de 14 que es grande, y el misterio del día cuarto que anuncia al día séptimo,[1029] según el misterio de Netzaj que es la cuarta[1030] –emanación–. Y además, es del flanco de la bondad –*jesed*– que anuncia el bien al séptimo [...]. Y la paz sea contigo.

Víspera del día 17 de Jeshván, en el día del sagrado Shabat.

El Eterno está contigo [...]. Concéntrate en tu plegaria y disminuye los placeres y te irá bien. Y piensa en mis Mishnaiot siempre, incluso en el momento en que tú hablas con las personas. Y en el momento en que tú comes y bebes, en cada bocado y bocado piensa en mis Mishnaiot. Y éste es el misterio de lo que está escrito: «Y serviréis a El Eterno vuestro Dios, y bendecirá tu pan y tu agua».[1031] Es decir, si en el momento en que tú comes y bebes piensas en cada bocado y bocado en palabras de Torá, bendecirá tu pan y tu agua. Pues estarás ataviado con palabras de Torá y no te dañará. Aunque a ti el agua te hace daño, cuando la bebas con pensamientos en mis Mishnaiot no te dañará. Y a esto se refiere lo que está escrito: «y tu agua». Y así, incluso cuando no comes sino pan solamente, no te dañará. Y a esto se refiere lo que está escrito: «tu pan». Y a esto se refiere lo que está escrito: «y quitaré la enfermedad de en medio de ti».[1032] Es decir, de tus entrañas, para que no te dañen. «Porque Yo, El Eterno»,[1033] es decir, la Congregación de Israel –denominada Yo, y la emanación vinculada con el Nombre–, El Eterno, o sea, Tiferet, cuando se unan como uno, será «tu sanador».[1034] Y ciertamente, la paz sea contigo.

1029. La víspera del día séptimo, Shabat, comienza el día cuarto de la semana, o sea miércoles (*véase* Rabino Bejaie Éxodo 1:2).
1030. En el orden ascendente.
1031. Éxodo 23:24.
1032. Ibíd.
1033. Éxodo 15:26.
1034. Ibíd.

Víspera del día de Shabat, 23 de Kislev.

El Eterno está contigo, valiente guerrero. Cuídate de la comida, de la bebida y de los placeres. En el momento en que te deleitas con la comida y con la bebida observa lo despreciable de la comida en el momento en que la masticas. Y con más razón en lo despreciable de la comida que se produjo en el momento de su salida.

Víspera del día de Shabat, 25 de Adar II.

El Eterno está contigo [...]. He aquí que ya te he advertido varias veces acerca de la comida y la bebida, y en especial de beber mucho vino. Pues beber vino despierta a la persona al mal instinto. Y a esto se refiere lo que está escrito: «y vieron a Dios –E"lohim–, y comieron y bebieron».[1035] Es decir, aunque vieron a Dios –E"lohim–, que es el atributo del juicio, era propicio para ellos que temieran de él, y no temieron. Por eso era apropiado que ejerciera dominio sobre ellos el –rigor del– juicio. Asimismo, pues así dijo: si no hubieran comido y bebido era apropiado que se posara sobre ellos la profecía, que se denomina «Mano de El Eterno». Y a esto se refiere lo que está escrito: «Y sobre los príncipes de los Hijos de Israel no envió su Mano».[1036] Es decir, profecía, como está dicho: «Y la Mano de El Eterno estuvo sobre Elías».[1037] Y asimismo: «La Mano de El Eterno estuvo sobre mí».[1038] Pues es necesario que cuando la persona está junto a su mesa y desea comer y beber más, que no complete su deseo. Y éste es el sacrificio que hace a El Santo, Bendito Sea, pues degüella a su instinto. Y a esto se refiere lo que dijeron los sabios: «La mesa de la persona expía como el Altar». Pues de ese modo es un Altar concretamente. Y a esto se dice refiere lo que dijeron: «Está prohibido para el hombre probar algo hasta que ore». Y éste es el misterio de lo que está escrito: «Y

1035. Éxodo 24:11.
1036. Ibíd.
1037. I Reyes 18:46.
1038. Ezequiel 37:1.

acuérdate de tu Creador en los días de tu juventud».[1039] Es decir, por las mañanas, que son semejantes a los días de la juventud. Acuérdate de tu Creador para anular los pensamientos que hace ascender en ti el mal instinto. «Antes de que vengan los días del mal».[1040] Es decir, a través de eso no te afligirá el mal en todo ese día. Como dijeron los sabios: «Todo el que aproxima la Redención a la plegaria[1041] no será dañado durante todo ese día».[1042]

En esta sagrada sección de la Torá hay que observar cuidadosamente que El Santo, Bendito Sea, dijo a Moisés: «He aquí que Yo envío un ángel delante de ti».[1043] Y nuestro maestro Moisés, que la paz esté con él, no fue riguroso.[1044] Y cuando le dijo en la sección Ki Tisá: «y enviaré un ángel delante de ti»,[1045] fue riguroso. ¿Y acaso porque hicieron el becerro quiso obtener ganancia? Y además, se entiende que El Santo, Bendito Sea, aceptó la plegaria de nuestro maestro Moisés, que la paz esté con él, de no enviar un ángel, pues le dijo: «También haré ese asunto que has hablado».[1046] Y sorprende, pues hallamos que envío un ángel a Josué, como está dicho: «Yo soy ministro del ejército de El Eterno».[1047] Y se puede decir que al principio no fue riguroso ya que se entendía que El Santo, Bendito Sea, no apartaría su Providencia de ellos. Y todos los asuntos se realizarían a través de su Providencia, Bendito Sea, tal como lo expresa el lenguaje preciso de los versículos que hablan de Él, Bendito Sea.

Y la razón por la cual envío un ángel era porque si no lo hubiera hecho a través de un ángel, sino como en Egipto: «Yo y no un ángel»,[1048] inmediatamente los siete pueblos hubiesen sido expulsados. Y a esto

---

1039. Eclesiastés 12:1.
1040. Ibíd.
1041. Se refiere a la plegaria de las dieciocho bendiciones denominada Amidá.
1042. Talmud, tratado de Berajot 9b.
1043. Éxodo 23:20.
1044. No se quejó, ni se enojó.
1045. Éxodo 33:2.
1046. Éxodo 33:17.
1047. Josué 5:14.
1048. Hagadá de Pesaj.

se refiere lo que está escrito: «No los expulsaré de delante de ti en un año, para que la tierra no quede asolada».[1049] Pues dio una razón por qué «Yo envío un ángel». Para que no fueran expulsados sino poco a poco. Y de todos modos su Providencia, Bendito Sea, no se apartará de ellos, y por eso no fue riguroso. Pero en la sección Ki Tisá, dijo quería apartar su Providencia de ellos, como está escrito: «Porque no subiré en medio de ti»,[1050] y por eso fue riguroso. Y si dijeras: ¿cuál es la razón: «para que la tierra no quede asolada [...]»?[1051] He aquí que El Santo, Bendito Sea, debía impedir las bestias del campo. Es posible decir que El Santo, Bendito Sea, hace todo lo posible para no cambiar la naturaleza, porque la naturaleza es un enviado de El Santo, Bendito Sea, y no quiere cambiarlo, sino en el lugar en que es imposible. Y si dijeras: después de que El Santo, Bendito Sea, recibiera la plegaria de nuestro maestro Moisés, que la paz esté con él, pues le dijo: «También haré ese asunto que has hablado»,[1052] se entiende que El Santo, Bendito Sea, se hallaba sin el envío del ángel, sino como en Egipto: «Yo y no un ángel». Si es así, ¿cómo no fueron expulsados delante de él en un año? Y se puede decir que ciertamente así era. Pues está dicho que todos los reyes se reunieron para guerrear contra Josué a una boca. Y si no hubiese sido: «Yo y no un ángel», no se hubieran reunido a una boca para guerrear. Y hubiesen pasado varios años hasta que los conquistara. Y de todos modos no fueron expulsados todos los pueblos en un año, porque El Santo, Bendito Sea, vio que era necesario dejarlos para probar con ellos a Israel.

(Y además, es posible decir de nuestro maestro Moisés, que la paz esté con él, que no fue riguroso, sino respecto a lo que le dijo: «Porque no subiré en medio de ti».[1053] Es decir, que apartaría su Providencia de ellos. Y a esto se refiere lo que dijo: «Si tu Presencia –*paneja*– no

---

1049. Éxodo 23:29.
1050. Éxodo 33:3.
1051. «y se aumenten contra ti las bestias del campo».
1052. Éxodo 33:17.
1053. Éxodo 33:3.

irá conmigo [...]».[1054] Y por eso se aplacó. Pero si no hubiese apartado su Providencia de ellos, aunque enviara un ángel delante de ellos, en eso no fue riguroso, como no fue riguroso al comienzo. Y esto me parece a mí).

En el tiempo de la plegaria vespertina, mientras el representante de la congregación leía del rollo de la Torá, me dijo: ciertamente sabe José, mi amado y preciado, que el rey de Togar fortalecerá su diestra contra Edom, y tú quédate aquí conmigo. De su mano diestra no temas ni te amilanes, porque aquí estoy para salvarte. A pesar de que el príncipe Katzkefuni con su mujer Tzarita te acusan con todos sus corazones, yo los daré heridos ante ti, si te aferras mi Torá, mi temor, y mi servicio. Y la paz sea contigo.

SECCIÓN DE TERUMÁ

Primera compilación

Hay que observar en esta sagrada sección de la Torá, ¿qué significa: «y que tomen para Mí ofrenda»?[1055] Debía decir: «y que den para Mí ofrenda». Y además, ¿qué significa: «que la diere con voluntad de su corazón»? Y además, ¿por qué se volvió a decir: «tomaréis mi ofrenda»? Y además, ¿por qué aquí[1056] lo dijo en –lenguaje– presencial y anteriormente[1057] no lo dijo en –lenguaje– presencial? Y además, ¿por qué antes la denominó: «mi ofrenda»? Es posible decir –para responder– que El Santo, Bendito Sea, quiso que en esa donación, los ciudadanos de los Hijos de Israel sean los recaudadores y no de los de la mixtura de personas. Y a esto se refiere lo que está dicho: «Habla a los Hijos de Israel, y que tomen para Mí ofrenda». Es decir, los Hijos de

---

1054. Éxodo 33:15, y *véase* Onkelus.
1055. «Habla a los Hijos de Israel, y que tomen para Mí ofrenda; de todo hombre que la diere con voluntad de su corazón, tomaréis mi ofrenda» (Éxodo 25:2).
1056. «Tomaréis mi ofrenda».
1057. «Tomen para Mí ofrenda»

Israel tomarán la ofrenda. O sea, ellos la recaudarán. ¿Y de quién la recaudarán? «De todo hombre». También de la mixtura de personas. Y se dijo: «que la diere con voluntad de su corazón». Es decir, no presionarán, incluso con palabras, a ningún hombre –para que de– más de lo que desea dar con voluntad de su corazón. Y para revelar esa intención volvió –a referirse al asunto– y dijo: «tomaréis mi ofrenda». Y así dijo: «Habla a los Hijos de Israel: vosotros mismos, tomen para Mí ofrenda». Es decir, vosotros seréis los recaudadores, y no la mixtura de personas. Y después de que vosotros la toméis se denominará «Mí ofrenda».

Víspera del día de Shabat, 6 de Adar

El Eterno está contigo [...]. Apégate solamente a mí, y a mi Torá, y a mi temor, siempre. No tengas disfrute de este mundo en absoluto, tal como te he enseñado y como has hecho parte de esta semana. Y he aquí que hoy has completado 40 ayunos continuados en correspondencia con los 40 días de la formación del feto. Aunque en muchos de ellos has tenido disfrute de este mundo, de todos modos, debido a que eran 40, y también en las secciones de Shovavi"m,[1058] fueron aceptados. Y he aquí que tu tiempo es tiempo de amores.[1059] Y hay que observar cuidadosamente en la sección respecto a lo que está escrito: «y que tomen para Mí ofrenda». ¿Qué significa: «para Mí»? Y además, ¿qué significa: «de todo hombre»? Y además, ¿qué significa: «con voluntad de su corazón»? Y además, ¿qué significa: «tomaréis mi ofrenda»? Y además, ¿qué significa: «Y ésta es la ofrenda»?[1060] Pero el misterio del asunto es que la ofrenda se refiere a la Congregación de Israel. Y dijo que no la tomaran sola, sino uniéndola con las emanaciones supremas. Y a esto se refiere lo que está dicho: «para Mí –*li*–». Es decir: conmigo. «De –*et*– todo hombre [...]». La expresión

---

1058. Es un acrónimo que contiene las letras iniciales de las seis primeras secciones del libro de Éxodo.
1059. Ezequiel 16:8.
1060. Éxodo 25:3.

et, se refiere a la Congregación de Israel. «Todo», se refiere a Iesod. «Hombre», se refiere a Tiferet. «Que», se refiere a las tres emanaciones supremas. «Con voluntad de su corazón», se refiere al lugar del cual viene la generosidad, abundancia, bendición, y vida al corazón, o sea, Tiferet. Con la unión de todos estos: «tomaréis mi ofrenda», o sea, la Congregación de Israel.

«Y ésta (es la ofrenda *–haterumá–*)»,[1061] se refiere a la Congregación de Israel inferior. *Haterumá;*[1062] a la Congregación de Israel de las emanaciones supremas, unida con «que *–asher–*», que son las tres emanaciones supremas. «Oro» –alude a la emanación– Guevurá. «Plata» –alude a la emanación– Jesed. «Y cobre *–unejoshet–*»[1063] –alude a la emanación– Tiferet. Y por eso está escrito junto a él –la letra– *vav.*[1064] «Y lana celeste»,[1065] se refiere a la Congregación de Israel. «Y púrpura», se refiere a Tiferet. «Y carmesí», se refiere a Guevurá. «Y lino», se refiere a la unión de las seis emanaciones de la Congregación de Israel. «Y pelo de cabra, y pieles de carnero enrojecidas, y pieles de *tajash*», se refiere a las Alas que cubren a las emanaciones. «Y madera de acacia», alude a las emanaciones que elevan más el Trono. «Aceite para el alumbrado», se refiere al Óleo supremo que se proyecta de las tres emanaciones supremas para irradiar luminosidad en las emanaciones. «Especias para el óleo de unción y el incienso aromático, piedras de ónice», se refiere a las emanaciones de la Matronita. «Y piedras de engaste», se refiere a las emanaciones supremas que llenan la abundancia para las emanaciones de la Matronita. «Para el Efod y para el Pectoral». Se refiere a la Matronita que se denomina: detrás *–Ajarit–* del Tabernáculo, y detrás *–Ajarit–* del Mar. Y «el Pectoral», se refiere a las emanaciones supremas.

1061. «Y ésta es la ofrenda que tomaréis de ellos: oro, y plata, y cobre» (Éxodo 25:3).

1062. Con una letra *he* al comienzo.

1063. Al comienzo de la palabra *unejoshet* hay una letra *vav.*

1064. Alude a Tiferet.

1065. «Y lana celeste, y púrpura y carmesí, y lino y pelo de cabra. Y pieles de carnero enrojecidas, y pieles de *tajash,* y madera de acacia. Aceite para el alumbrado, especias para el óleo de unción y el incienso aromático; piedras de ónice y piedras de engaste, para el Efod y para el Pectoral» (Éxodo 25:4-6).

«Y harán para mí un Santuario [...]».[1066] He aquí que el Santuario alude a la niña del ojo. Y ciertamente la paz sea contigo.

Víspera del día de Shabat, 2 de Adar.

El Eterno está contigo [...]. Aunque te has apartado de mí y me has abandonado y has alejado tu corazón de mí, yo no te abandonaré. Apégate solamente a mi temor y a mi servicio, y cuídate de –el ente maligno cuyo nombre comienza con las letras– *samej–mem,* y de la Serpiente, que introducen en tu corazón muchos pensamientos en el momento de la plegaria. Unifica solamente en mi nombre todos tus pensamientos [...].

«Y redentor vendrá a Sión [...]».[1067] Es decir, «Sión», se refiere a la Congregación de Israel. Y «redentor», se refiere a la emanación Iesod. Y «Jacob», se refiere a la Congregación de Israel inferior, donde se apegan «los que se volvieren de la iniquidad». «Y Yo», se refiere a la Congregación de Israel inferior. «Este –*zot*–», se refiere a la Congregación de Israel de las emanaciones supremas. «Mi pacto», se refiere a la emanación Iesod. «Mi espíritu», se refiere a la emanación Iesod cuando se une con la Congregación de Israel de las emanaciones supremas. Y a esto se refiere lo que está escrito: «que está sobre ti».

«Y Mis palabras que puse en tu boca». La Congregación de Israel inferior es «tu boca». Pues es la Boca de El Eterno que transmite influencia en lo bajo. Y asimismo es «tu boca» porque tomó los méritos en lo bajo y los ascendió a lo Alto. «No se apartarán de tu boca, ni de la boca de tus hijos, ni de la boca de los hijos de tus hijos». Según el misterio de: «las harás saber a tus hijos, y a los hijos de tus hijos».[1068] Y se refiere al misterio de la emanación Iesod, que transmite influencia

---

1066. Éxodo 25:8.

1067. «Y redentor vendrá a Sión, y a los que se volvieren de la iniquidad de –los descendientes de– Jacob, dice El Eterno. Y Yo, este –*zot*– es Mi pacto con ellos, dijo El Eterno: Mi espíritu que está sobre ti, y Mis palabras que puse en tu boca, no se apartarán de tu boca, ni de la boca de tus hijos, ni de la boca de los hijos de tus hijos, dijo El Eterno, desde ahora y para siempre» (Isaías 59:20-21).

1068. Deuteronomio 4:9.

a la Congregación de Israel suprema. Y –transmite– a la Congregación de Israel suprema, y a la Congregación de Israel inferior. «Desde ahora y para siempre». Cuando esos tres se unen como uno ascienden hasta el Mundo supremo. Y en esta sagrada sección de la Torá está dicho: «Y harán para mí un Santuario». Y asimismo está dicho: «Y que tomen para Mí ofrenda», para indicarse a modo de alusión que en las palabras de santidad debe decirse: «esta palabra es para santidad». Y en toda obra que se realice debe decirse así: «esto en el nombre de la santidad». Tal como se debe hacer con la silla que se coloca para el pacto de la circuncisión en nombre de Eliahu –Elías– [...], que se debe decir: «esta es la silla de Eliahu». Y la paz sea contigo.

SECCIÓN DE TETZAVÉ

Primera compilación

Víspera del día sexto, 19 de Adar.

El Eterno está contigo. Abre tus ojos y te saciarás de pan.[1069] El pan de la Torá, es el pan que El Eterno os ha dado para comer en este mundo y en el Mundo Venidero. Y apégate a mí, a mi Torá, a mi temor y a mi amor, y no apartes tu pensamiento ni un solo instante. Y te haré merecedor de ascender a la Tierra de Israel, porque no hay Satán y no hay daño del mal, «porque El Eterno tu Dios camina en medio de tu campamento»,[1070] para cuidarte, para salvarte y para traerte al lugar que he dispuesto. Y allí serás calcinado por la santidad de mi Nombre. Y tu ceniza estará colocada sobre el Altar para buena voluntad. Por eso, no apartes tu pensamiento ni un solo instante de mi Torá y de mi amor. Gírala y vuélvela a girar [...].[1071] Pues: «Te guiará cuan-

---

1069. *Véase* Proverbios 20:13.

1070. Deuteronomio 23:15.

1071. El hijo de Bag Bag, decía: gírala y vuélvela a girar –a la Torá–, porque en ella está todo; y contempla en ella, envejece y consúmete en ella, y no te alejes, porque no tienes mejor cualidad que ella (Mishná, tratado de Avot 5:22).

do andes».[1072] «Me llevó a la casa del vino[1073]». Del vino de la Torá. «Te haré beber del vino –*iain*–[1074] aromatizado»,[1075] sus setenta facetas, «del zumo de mi granado –*rimón*–».[1076] «Una campanilla de oro y una granada –*rimón*–, en toda la orilla de la Túnica alrededor».[1077] Pues la Túnica corresponde a la Congregación de Israel, cuando ella se unifica con las demás emanaciones, pues es el recipiente de todas. Y una campanilla y una granada en correspondencia con *jashmal*, que son los seres vivientes de fuego, que a veces emiten palabras y a veces guardan silencio.[1078] Y cuando la Congregación de Israel asciende a lo Alto, dicen: «¿Dónde está su lugar para aprehenderlo?».[1079] Y el Sumo Sacerdote, que es supremo, viste esa Túnica que alude a la Congregación de Israel, y en su orilla hay campanillas en correspondencia con «emiten palabras» y granadas, en correspondencia con: «guardan silencio».

Yo, yo soy la Mishná que habla por tu boca. Pues he aquí que siete nubes de gloria te acompañan, tal como te he informado, y pregonan delante de ti: ¡otorgad honor a la imagen del Rey! Por eso, cuídate de no apartar tu pensamiento ni un solo instante. Y aún las nubes de gloria no irradian tanta luminosidad, hasta que culmines todos los seis órdenes de la Mishná, y entonces irradiarán más luminosidad. Y la paz sea contigo.

(Me parece a mí, que: «Todos los senderos de El Eterno son bondad y verdad [...]»,[1080] viene a decir que para la mayoría de las personas parece en sus ojos que los caminos de El Eterno en este mundo no son rectos. Y también parece en sus ojos que hay varias cosas en el

---

1072. Proverbios 6:22.
1073. Cantar de los Cantares 2:4.
1074. Su valor numérico es igual a 70.
1075. Cantar de los Cantares 8:2.
1076. Ibíd.
1077. Éxodo 28:34.
1078. *Véase* Talmud, tratado de Jaguigá 13b.
1079. Este texto consta en los libros de oraciones –*sidur*–, y se pronuncia en la repetición de la plegaria adicional del Shabat.
1080. Salmos 25:10.

mundo de las que no hay necesidad. Pero los temerosos de la palabra de El Eterno, que son los que guardan su pacto […] en cada camino y en cada asunto del mundo buscarán encontrar palabras deseadas. Y aprehenderán y sabrán estudiar de cada cosa del mundo el camino para servir a El Eterno. Y reconocerán que esos caminos y esos asuntos son bondad de Él, Bendito Sea, cuando la persona aprenda de ellos los caminos del servicio de su Creador. Y además, se puede decir que aunque hay muchos caminos (que se ven) en este mundo, cuya ausencia sería aparentemente buena, como la noche, el sueño, el olvido, el llanto y lo que se les parece, cuando observes cuidadosamente en ellos hallarás que hay utilidad en todos ellos, tal como escribió el autor de *La Obligación del Corazón* –*Jovat Halebabot*–. Tal como el asunto de David con la locura y la araña. Y resulta que ellos son bondad de Él, Bendito Sea. Y además, es posible decir, que el justo al cual le va mal[1081] […] y cuando observes cuidadosamente en ellos resultará que lo que parecen en tus ojos que son caminos tortuosos, todos son bondad y verdad, y entonces el asunto es fácil de entender).

Víspera del día de Shabat; tras la culminación del Shabat después de Avdalá.

Yo te he dicho dos veces, y tres, que te haré merecedor de ver a Elías estando despierto, de pie ante ti. Pero es necesario que ayunes tres –días– continuos, siete veces. Y entonces se te revelará en ese lugar que tú sabes, y allí te alegarás con él. Y también de esto que está en tu mano no temas ni te atemorices.

Víspera del día de Shabat, sección Zajor, año 5316

El Eterno está contigo […]. Sólo, pues, has de apegarte a mí, a mi temor, a mi servicio y a mis Mishnaiot, y no apartes tu pensamiento de mí ni un solo instante. Y disminuye en deleites en forma definitiva. Y en el momento en que comes, cuando deseas comer más, o

---

1081. *Véase* Talmud, tratado de Berajot 7a.

beber, quita tu mano. Y si así haces en toda comida, se te considerará como si tú ofrendaras en cada comida un sacrificio. Y tu mesa será un Altar concretamente para degollar sobre ella al Mal Instinto. Y he aquí que te he dispuesto a fulana que es tu compañera y tu esposa. Y cuídate de utilizarla a modo de placer en absoluto, sino tal como dijo Ima Shalom (acerca de Rabí Eliezer): se parecía a alguien a quien intimaba un demonio. Y en esta sagrada sección de la Torá hay que decir que las cuatro vestimentas blancas del sacerdote común aluden a la emanación Netzaj, y las cuatro vestimentas del Sumo Sacerdote aluden a la emanación Jesed [...].

SECCIÓN DE KI TISÁ

Primera compilación

Víspera del día de Shabat, Jol Hamoed.

El Eterno está contigo [...]. No temas ni tengas miedo por si te abandonase, aunque sería apropiado ya que has apartado tu corazón de mi Torá (abre tus ojos acerca de este asunto). Pero yo no haré así debido a que tú has vuelto a mí temor. Pues no te abandonaré hasta que haya hecho lo que te he hablado. Observa cuánto te has quitado el yugo y las varas de mi Torá y de mi servicio de sobre tu cuello, Y has puesto en su lugar el yugo y las varas de la Serpiente, y el Mal Instinto, y el –ente maligno– *samej–mem*. Por eso, levántate y quítalos de sobre tu cuello. Y devuelve a su lugar el yugo y las varas de mi Torá, de mi temor y de mi servicio. Pues yo soy como un pastor de su rebaño que carga y reúne en su pecho a los corderos recién nacidos.[1082] Así yo, reúno a los esparcidos y a los que se salen del camino, debido a que ellos vuelven a mi temor, tal como te enseñé respecto al versículo que enuncia: «huyó mi querido [...]».[1083]

1082. *Véase* Isaías 40:11.
1083. Cantar de los Cantares 8:14.

Y he aquí que tú solicitas de El Santo, Bendito Sea, que te enseñe los caminos del arrepentimiento, y esos caminos que yo te he enseñado son los caminos del agrado y los senderos de la paz.

Y cuídate y resguárdate del Mal Instinto, y de la Serpiente, y del –ente maligno– *samej–mem,* que te acosan siempre. Pues el deseo de ellos es eliminarte y sorprenderte, y tú dominarás sobre ellos, los someterás y los humillarás.

Yo, yo soy la Mishná que habla por tu boca. Yo, yo soy quien rectifica y castiga al hombre. Por eso, hijo mío, escucha mi voz, lo que te ordeno. Y disminuye en la comida y en la bebida, tal como te he enseñado. Y no vuelvas a beber más de las veces que te he enseñado. Y si tu instinto te sedujera a beber más, o a deleitarte con la comida, no escuches su voz. Pues acerca de esto está dicho: «No comas el pan del mezquino [...]».[1084] Hijo mío, no vayas en el camino de él, impide a tus pies ir por su sendero. Pues aquel que se arrastra tras él: «Va como el vacuno al degolladero, y como –la serpiente con su– veneno para castigar al necio».[1085] Y cuando te sientes a comer con otras personas y te insistan para que comas y bebas más, no escuches sus voces en ningún flanco del mundo. Y siempre estén tus pensamientos y tus reflexiones en mi temor, en mi Torá y en mis Mishnaiot. Y no apartes tu pensamiento de ellos ni un solo instante. «Examina la senda de tus pies».[1086] Es decir, incluso cuando vas por el camino y apartas tu pensamiento al posar un solo pie, apresúrate y rectifica y vuelve a mi Torá posando el segundo pie. Y así será al menos medio paso con palabras de Torá. Y sal y observa cuánto has apartado, y cuánto has dañado y cuánto has hecho faltar. Por eso, hijo mío, levántate y rectifica lo que has dañado y completa lo que has hecho faltar. Y pega lo que has separado.

Y te haré merecedor de ascender a la Tierra de Israel [...]. Y[1087] ascenderá a la voluntad de mi Altar [...]. Y aún se extendió con palabras

---

1084. Ni desees sus manjares (Proverbios 23:6).
1085. Proverbios 7:22.
1086. Proverbios 4:26.
1087. Tu ceniza.

de reproche, y vida, y aleccionamientos conmovedores y estremecedores para aquel que los oye.

He aquí que mis Mishnaiot son: «prendedores de gracia para tu cabeza [...]».[1088] Pues, «Prendedores –*liviat*– de gracia», se refiere a la Matronita. Porque todas las emanaciones acompañan –*mitlavim*– y se unen con ella, y ella irradia luminosidad sobre tu cabeza. Pues ella es emanación para tu cabeza, ya que es la primera de abajo hacia arriba. «Y collares –*anakim*–», se refiere a las emanaciones supremas que traspasan –*maanikim*– al Sol con su altura.[1089] He aquí que ellas irradian luminosidad en ti por las Mishnaiot que tú estudias. «Para tu cuello –*legargueroteja*–». La letra *lamed* de *legargueroteja*, es la letra *lamed* de –la expresión– «a causa –*baabur*–».[1090] Y éste es el misterio de: «Dará prendedores –*liviat*– de gracia a tu cabeza»,[1091] que se refiere a la Matronita. Y se une a ella la Congregación de Israel, o sea, la Corona –*Ateret*–. Y Tiferet irradia luminosidad en ellas. Y a esto se refiere lo que está escrito: «Corona –*Ateret*– de hermosura –*Tiferet*–». E irradiarán luminosidad en ellas las emanaciones que están sobre ellas. Y a esto se refiere lo que está escrito: «te otorgará –*temagneka*–». Es decir, son como un escudo –*maguen*–, que está sobre el hombre. Así ellas están sobre *Ateret Tiferet*. Y les transmite influencia.

Y éste es el misterio de la sección del día sagrado: «Labra –*psal*– para ti».[1092] Se refiere al misterio de: «éstas», que invalida –*pasal*– a los primeros [...][1093] Es decir, en «éstas –*ele*–»,[1094] la letra *alef*, alude a El

---

1088. «Porque son prendedores de gracia para tu cabeza, y collares para tu cuello» (Proverbios 1:9).

1089. *Véase* Talmud, tratado de Sotá 34b.

1090. Es decir, la letra *lamed*, situada al comienzo de la palabra, significa: a causa. O sea: a causa de *gargueroteja*. (Y la expresión *garon*, significa garganta. O sea, se alude a las Mishnaiot que pronuncia).

1091. «Dará prendedores de gracia a tu cabeza; corona de hermosura –*Tiferet*– te otorgará» (Proverbios 4:9).

1092. «Labra para ti dos tablas de piedra como las primeras, y escribiré sobre las tablas las palabras que había en las primeras tablas que has quebrado» (Éxodo 34:1).

1093. Todo lugar en que está dicho «éstas», invalida a los primeros; «y éstas», agrega sobre los primeros (Rashi en Éxodo 21:1).

1094. Esta palabra está escrita con éstas letras hebreas: *alef, lamed, he.*

Infinito –*Ein Sof*–, o a la emanación Keter suprema. Y *lamed* alude a la emanación Biná y asciende hasta la emanación Jojmá. Y *he* alude a la emanación Biná. Y los primeros aluden a esas tres emanaciones supremas. Y las invalidó –*pasal*–, es decir, las separó del conocimiento de las personas. Pues de lo apartado de ti no has de indagar.[1095] Pero en «y éstas –*veele*–»,[1096] la letra *vav* de la misma alude a Tiferet, y las seis emanaciones aludidas en *vav*,[1097] de las cuales hay un poco de aprehensión, agrega a los primeros. Es decir, a través de las mismas se notan un poco las tres primeras emanaciones. Además: «Labra –*psal*– para ti», alude a esos flancos que se volvieron inválidos, y son las cortezas impuras denominadas *klipot*, que hacen pecar a las personas. Y a causa de que con la fabricación del Becerro –de oro– se extiende la impureza en el mundo, fue necesario labrar –*lipsol*– otras dos tablas y sacar de allí a esos flancos para que no tuvieran allí aprehensión. Por eso, El Santo, Bendito Sea, dijo a Moisés: «Labra –*psal*– para ti». El sobrante –*psolet*– será para ti. Es decir, esos flancos –del Otro Lado– serán entregados a ti en su totalidad y estarán sometidos bajo tu mano. Y de allí enriqueció Moisés. Pues el marco del rico es el que se alegra con su parte, ya que no se angustia por asunto alguno y no le falta nada y no necesita nada. Y así era nuestro maestro Moisés, que la paz esté con él. Y se enriqueció del sobrante de las tablas, que son esos flancos que fueron entregados en sus manos, y no tenían permiso de ejercer dominio en él, sino que él ejerció dominio sobre ellos.

«Y prepárate, pues, para mañana, y sube de mañana [...]».[1098] Es decir, para irradiar luminosidad en las emanaciones para que irradien luminosidad en la mañana. «Y no ascienda contigo ningún hombre». Pues las primeras Tablas aluden a Tiferet y la Congregación

---

1095. Talmud, tratado de Jaguiga 13a.
1096. Esta palabra está escrita con éstas letras hebreas: *vav, alef, lamed, he.*
1097. El valor numérico de esta letra es 6.
1098. «Y prepárate, pues, para mañana, y sube de mañana a la Montaña de Sinaí, y preséntate ante mí sobre la cumbre de la Montaña. Y no ascienda contigo ningún hombre, y ningún hombre sea visto en toda la Montaña; tampoco las ovejas y el ganado vacuno podrán pastar frente a esa Montaña"» (Éxodo 34:2-3).

de Israel en las Tablas supremas. O a Jojmá y Biná, que son el Aspecto Cósmico Masculino Supremo –Aba– y el Aspecto Cósmico Femenino Supremo –Ima–, en correspondencia con el Hijo y la Hija. Y tanto si aluden a Jojmá y Biná, y tanto si aluden a Tiferet y la Congregación de Israel, si no hubiesen sido quebradas, los mundos estarían en libertad[1099] y no habría exilio en el mundo. Y debido a que venían del flanco supremo fueron dadas con truenos y relámpagos. Pero las segundas Tablas aluden a las emanaciones de la Matronita y por eso no fueron dadas sino en silencio. Y se advirtió que tampoco las ovejas y las vacas podrán pastar […]. Porque las ovejas y las vacas aluden a esos flancos.

Víspera del día de Shabat, 28 de Shvat.

El Eterno está contigo […]. Apégate solamente a mí, a mi Torá y a mis Mishnaiot, y no dejes de pensar en ellas, en mi Torá y en mi temor. Y no te dejes seducir por el instinto para comer y beber como haces. Ciertamente cuídate de beber por la noche una vez y durante el día no bebas en absoluto. Y en la comida de Shabat bebe según las veces que te he enseñado. Y no eches mis palabras tras tu cuerpo[1100] –*gaveja*–.[1101]

Y hay que observar cuidadosamente lo que está escrito: «Y dijo: "Por favor, si he hallado gracia en tus ojos Señor, vaya por favor El Señor en medio de nosotros"».[1102] Y además, ¿qué significa: «y perdona»? Y además, ¿qué significa: «y hemos de ser tu heredad»?

Pero el misterio del asunto es que «Y dijo», Moisés, que transmitió influencia en Maljut, que se denomina Señor, de los cincuenta pórticos de Biná, y el Nombre –que se escribe con las letras– *alef, he, yud*

1099. Con rectificación completa.
1100. Es decir: a tus espaldas.
1101. *Véase* I Reyes 15:9, Metzudat David.
1102. «Y dijo: "Por favor, si he hallado gracia en tus ojos Señor, vaya por favor El Señor en medio de nosotros; porque es un pueblo de dura cerviz; y perdona nuestros pecados y nuestras faltas, y hemos de ser tu heredad"» (Éxodo 34:9).

y *he*. Y a esto se refiere lo que está dicho: «Por favor si *–im na–*».[1103] Y «gracia *–jen–*»,[1104] también alude a los cincuenta pórticos de Biná, y las ocho emanaciones. Y dijo que todas transmitirán influencia en Maljut inferior. Y a esto se refiere lo que está escrito: «vaya por favor El Señor en medio de nosotros». Es decir, todas esas transmitan influencia en «El Señor» de «en medio de nosotros», que es Maljut, que anda entre nosotros. Y así, pues: «perdona nuestros pecados [...]». Pues debido a que se revela lo Blanco supremo, inmediatamente habrá perdón de los pecados [...]. Pues ya que: «y perdona nuestros pecados» inmediatamente «y hemos de ser tu heredad». Pues ya que seremos merecedores seremos tu heredad, y nos apegaremos a ti. Como está dicho: «Mas vosotros estáis unidos a El Eterno, vuestro Dios».[1105] Y como está dicho: «Y a Él te apegarás».[1106]

Y El Santo, Bendito Sea, le respondió: «He aquí que Yo establezco pacto».[1107] Es decir, será un asunto que tendrá existencia, y éste es el pacto. «Ante todo tu pueblo haré maravillas que no han sido creadas en toda la tierra [...]». Es decir, éstas son las maravillas que haré, no serán milagros ocultos, sino revelados ante los ojos de todos, y serán con un asunto de modificación en la creación del mundo. Y a esto se refiere lo que esté escrito: «que no han sido creadas en toda la tierra». Y serán a los ojos de todo el mundo. Y a esto se refiere lo que está dicho: «y en todas las naciones». Y con esto se alude al Sol, que se detu-

---

1103. La expresión *na* se escribe con una letra *nun* y una letra *alef*. Y el valor numérico de la letra *nun* es 50, y el valor numérico de la letra *alef* es 1. Y la emanación Keter, vinculada con el misterio de ese Nombre es la primera emanación.

1104. La expresión *jen* se escribe con una letra *jet* y una letra *nun*. Y el valor numérico de la letra *jet* es 8 y el valor numérico de la letra *nun* es 50.

1105. Deuteronomio 4:4.

1106. Deuteronomio 10:20.

1107. «He aquí que Yo establezco pacto ante todo tu pueblo, haré maravillas que no han sido creadas en toda la tierra, y en todas las naciones, y verá todo el pueblo en medio del cual tú estás, la obra de El Eterno, porque es extraordinario lo que Yo haré contigo» (Éxodo 34:10).

vo en Guibón.[1108] Pues es un milagro que se difundió en todo el mundo.[1109] Y sabe por qué esos grandes milagros, porque tú eres del Jubileo y ellos del flanco del Jubileo. Y a esto se refiere lo que está dicho: «y verá todo el pueblo en medio del cual tú estás», que tú y ellos –vienen del flanco– del Jubileo. «La obra de El Eterno, porque es extraordinario [...]». «Yo haré pasar todo mi bien delante de ti [...]».[1110] Yo, se refiere a la Congregación de Israel. «Haré pasar», según el misterio de [...]. «Y proclamaré», es una expresión de apresto. Es decir, aprestaré el Nombre de El Eterno. «Y agraciaré», se refiere a la emanación Biná. «A quién», se refiere al misterio de: «Soy[1111] el que Soy».[1112]

Día de Shabat, 16 de Adar.

El Eterno está contigo [...]. Apégate solamente a mí, a mi Torá, a mi temor y a mis Mishnaiot, y no apartes tu pensamiento ni un solo instante. Y concéntrate y unifica siempre tus pensamientos a mi servicio.

1108. Como está escrito: «Entonces Josué le habló a El Eterno el día en que El Eterno entregó al amorreo delante de los Hijos de Israel, y dijo en presencia de los hijos de Israel: "Sol, detente en Guibón, y tú, Luna, en el valle de Aialón". Y el Sol se detuvo y la Luna paró» (Josué 10:12-13).

1109. Lo relacionado con Moisés, ¿de dónde se aprende? Dijo Rabí Eleazar: es posible aprender esto de una comparación de versículos. Considerad que en relación con la guerra llevada a cabo por Moisés está escrito: «En éste día comenzaré a poner tu temor y miedo de ti ante los pueblos bajo todos los Cielos; pues oirán tu fama, y temblarán y se atemorizarán delante de ti» (Deuteronomio 2:25). Y en relación con la guerra de Josué está escrito: «Entonces El Eterno dijo a Josué: "Desde éste día comenzaré a engrandecerte delante de los ojos de todo Israel, para que comprendan que así como estuve con Moisés, estaré contigo"» (Josué 3:7). Se aprecia que en ambos versículos aparece la palabra: «comenzaré». Se deduce a partir de esta palabra clave que así como le ocurrió a Josué en la guerra por él emprendida, del mismo modo le ocurrió a Moisés en la guerra por él emprendida, el Sol se le detuvo en medio de la batalla. Y efectivamente, hallamos que el Sol se le detuvo a Moisés en la guerra contra Sijón, el rey amorreo (Talmud, tratado de Avodá Zará 25a, Rashi).

1110. «Yo haré pasar todo mi bien delante de ti y proclamaré con el Nombre El Eterno ante ti; y agraciaré a quién agraciaré y tendré misericordia de quién tendré misericordia» (Éxodo 33:19).

1111. Es decir, el Nombre que se escribe con letras *alef, he, yud, he*.

1112. Éxodo 3:14.

A lo que habéis observado cuidadosamente en esta sagrada sección de la Torá, lo habéis observado correctamente. Pues el misterio del medio siclo[1113] es un misterio vinculado con el espíritu y el alma existencial –*nefesh*–. Y la persona debe hacer merecedora a su alma existencial para apegarla con el espíritu. Y he aquí que el alma existencial y el espíritu, cuando están apegados como uno, se denominan siclo –*shekel*–, y se denominan *sela*. Y debido a que el hombre está sucio con los placeres y los deleites del mundo, debe dar expiación por su alma existencial –*nefesh*–, para purificarla, para hacerla merecedora de apegarse con el espíritu. Y a esto se refiere lo que está escrito: «Cuando sumes –*tisá*– el número de cabezas de los Hijos de Israel [...]».[1114] Es decir, cuando quieras elevar las almas –*nefashot*– de los hijos de Israel para apegarlas con el espíritu: «cada hombre dará a El Eterno el rescate de su alma –*nefesh*–».[1115] De lo bueno que le ha dado El Santo, Bendito Sea, dará para mérito de su alma –*nefesh*–, para apegarla con el espíritu. «Y no habrá en ellos abatimiento –*neguef*–».[1116] Es decir, un hombre quebrantado ante su enemigo se denomina abatido –*nigaf*–. Y en el versículo se dijo que cuando dieran rescate por sus almas para El Eterno, «no habrá en ellos abatimiento –*neguef*–», en sus almas –*nefesh*–, porque no se apegaron con el espíritu, «al ser contadas –*bifkod*–».[1117] Es decir, cuando El Santo, Bendito Sea, cuente –*ifkod*– sus almas, ciertamente debido a que darán rescate por sus almas se apegarán sus almas con sus espíritus.

«Esto darán: todo el que pase».[1118] Es decir, y no completaron sus almas como es debido. Y después dijo: «Y harás una fuente de co-

---

1113. Éxodo 30:13-14.

1114. Éxodo 30:12.

1115. Éxodo 30:12.

1116. Ibíd.

1117. Ibíd.

1118. «Esto darán: todo el que pase por el conteo, medio siclo –*shekel*– del siclo sagrado, a veinte *gueras* el siclo; medio siclo por ofrenda para El Eterno. Todo el que pase por el conteo, a partir de los veinte años en adelante, dará la ofrenda de El Eterno» (Éxodo 30:13-14).

bre, con su base de cobre»,[1119] que alude a la Congregación de Israel. «Y pondrás allí agua», pues atraerás las aguas de la bondad –*jesed*–. Y después de eso ordenó acerca del incienso –*ketoret*–[1120] para unir a todas las emanaciones como es debido. Y después ordenó lo concerniente al aceite de la unción para proyectar el óleo sagrado de la unción de lo Alto. Y después dijo: «Observa, he llamado por nombre a Betzalel [...]».[1121] Antes de que llegara la fabricación del Becerro[1122] esté el hombre preparado para rectificar y hacer el Tabernáculo. Y la paz sea contigo.

Víspera del día de Shabat, 4 de Adar I.

En la sección –de la Torá denominada– Ki Tisá, y la enseñanza: «Si yo estoy aquí, todo está aquí [...]»[1123] –hay asuntos que deben dilucidarse–. Fortalécete y sé esforzado. Apégate solamente a mí a mi Torá, a mi temor y a mis Mishnaiot, y no apartes tu pensamiento ni un solo instante. Y yo estoy contigo, como dijo Hilel: «Si yo estoy aquí, todo está aquí». «Yo», sabido.[1124] Y «todo»,[1125] sabido. Para que el hombre se cuide de no tomar las emanaciones supremas y dejar a la Matronita. Pues todo el que quiere entrar no entra sino a través de ella. Y a esto se refiere lo que dijo: «Si yo», se refiere a Maljut, «aquí, todo está aquí», se refiere al Justo y a las emanaciones que están sobre ella. «Y si yo no estoy aquí», se refiere a Maljut, porque no entrará a través de ella, «todo no está aquí», porque el Justo y las emanaciones que están

---

1119. «El Eterno habló a Moisés, diciendo: "Y harás una fuente de cobre, con su base de cobre, para el lavado –purificatorio–; la colocarás entre el Tabernáculo de Reunión y el Altar, y pondrás allí agua". Y Aarón y sus hijos lavarán sus manos y sus pies de ella (Éxodo 30:17-19).

1120. La raíz de esta palabra en arameo significa unir.

1121. «Y habló El Eterno a Moisés diciendo: "Observa, he llamado por nombre a Betzalel, hijo de Uri, hijo de Jur, de la tribu de Yehuda"» (Éxodo 31:1-2).

1122. Se refiere al Becerro de oro.

1123. Talmud, tratado de Suca 53a.

1124. Alude a Maljut.

1125. Alude a Tiferet.

sobre ella no se encontrarán. Y a esto se refiere lo que dijo: «¿Si no yo por mí, quién por mí?».[1126] Es decir, si no tomare a Yo, o sea Maljut, «¿quién por mí?». Es decir, ¿para quién puedo tomar a las emanaciones supremas? «Y cuando yo sólo para mí», es decir, cuando yo tomo a Yo, o sea, Maljut, y la tomo «para mí», o sea, a Maljut inferior, como está dicho: «hueso de mis huesos –*meatzamai*–»,[1127, 1128] «¿qué –*ma*– soy yo?». Es decir, en ese momento me apego –a *ma*–,[1129] y se refiere al Nombre de El Eterno, el Tetragrama, cuyo valor numérico –con las letras expandidas– asciende a 45. Y lo uno con Yo.

Además, se puede decir que: «Si –*im*–»,[1130] o sea, la emanación Biná, como está dicho: «Porque si –*im*– invocas al entendimiento, y al entendimiento –*biná*– dieres tu voz».[1131] «No», se refiere a la emanación Jojmá,[1132] como está dicho: «¿Y de dónde –*meain*– se hallará la sabiduría –*jojmá*–?[1133]». «Yo», se refiere a Maljut. «Quién», se refiere a Biná. «Por mí –*li*–»,[1134] se refiere al misterio de la Torre –*migdal*– que vuela por los aires,[1135] y al misterio de –la letra– *yud*. «¿Y si no es ahora, cuándo?». Es decir, en todo momento debe transmitir influencia a la Congregación de Israel. Hasta aquí lo vinculado con la enseñanza: «Si yo estoy aquí».

1126. Él –Hilel– solía decir: «¿Si –*im*– yo no –lo hago– por mí, quién –lo hará– por mí? ¿Y cuando yo –lo hago– sólo para mí, qué soy yo? ¿Y si no es ahora, cuándo?» (Mishná, tratado de Avot 1:14).

1127. Esta palabra puede leerse también *meatzmi* que significa: de mí.

1128. Génesis 2:23.

1129. Esta expresión se escribe con las letras hebreas *he* y *mem*, y el valor numérico resultante es 45.

1130. «¿Si –*im*– yo no –lo hago– por mí, quién –lo hará– por mí?»

1131. Proverbios 2:3.

1132. Que se denomina «no –*ain*–», pues debido a su grado supremo no se puede aprehender.

1133. Job 28:12.

1134. Esta expresión se escribe con una letra *lamed* y una letra *yud*.

1135. *Véase* Talmud, tratado de Jaguigá 15b.

SECCIÓN DE KI TISÁ

Y éste es el misterio de esta sagrada sección de la Torá denomina Ki Tisá. «Cuando –*ki*–»,[1136, 1137] alude a la Congregación de Israel. Pues –la letra– *kaf* alude a la ella, y asimismo –la letra– *yud*. Y dijo, cuando desees ascender a lo Alto, pues ella se denomina «cabeza de los Hijos de Israel», ya que respecto a Israel es cabeza, y respecto a las emanaciones supremas es final, «por sus conteos», se refiere a las emanaciones supremas, «y darán cada hombre rescate por su alma –*nafsho*– para El Eterno y no habrá en ellos abatimiento –*neguef*– […]». Es decir, cuando la Congregación de Israel desea unirse con las emanaciones supremas, esos flancos se aprestan para acusar contra ella y por eso hay abatimiento en el pueblo. Y cuando da el rescate por sus almas, el Otro Lado –*Sitra Ajara*– no tiene permiso de acusar.

«Esto –*ze*– darán».[1138] «Esto –*ze*–», se sabe que es el grado del Justo. Y dijo que se la una con el Justo. «Todo el que pase»,[1139] se refiere a Tiferet, que es «el listón del medio[1140] –*bariaj hatijón*–», que conecta extremo con extremo. «Medio siclo»,[1141] indica a modo de alusión que su espíritu está incluido en lo Alto, y también está incluido en lo bajo, pues conduce el cuerpo. Y por esa mitad de él que conduce al cuerpo necesita dar medio siclo. Para indicar a modo de alusión que esa mitad que es utilizada para la necesidad del cuerpo asciende. Pues en lo Alto no es él sino por necesidad del alma, para el mantenimiento de ella. «Veinte *gueras* el siclo»,[1142] para indicar a modo de alusión que hay diez emanaciones de juicio y de misericordia.

Más de la sección Ki Tisá: he aquí que la irradiación de la piel del rostro de Moisés venía de ese resplandor que tomaron los Hijos de Israel

---

1136. Esta palabra se escribe con las siguientes letras hebreas: *kaf, yud*.

1137. «Cuando sumes –*tisá*– el número de cabezas de los Hijos de Israel por sus conteos, y darán cada hombre rescate por su alma –*nafsho*– para El Eterno, y no habrá en ellos abatimiento […]» (Éxodo 30:12).

1138. Éxodo 30:13.

1139. Ibíd.

1140. *Véase* Éxodo 26:28.

1141. Éxodo 30:13.

1142. Ibíd.

en la Montaña de Sinaí cuando dijeron «haremos y escucharemos».[1143] Y cuando pecaron con el Becerro, está dicho: «Y los Hijos de Israel fueron desprovistos de sus atavíos desde el Monte Jorev».[1144] Y Moisés tomó todo eso y por eso la piel de su rostro irradiaba.

Y el misterio del velo[1145] –*masvé*–, se vincula el con el misterio de: «dame el velo –*mitpajat*–».[1146] Es decir, hay interrupción entre nosotros y la Presencia Divina, según el misterio de: «Pues vuestros pecados han causado división entre vosotros y vuestro Dios».[1147] Y aquel que desea merecer el resplandor supremo ha de levantarse cada noche en la mitad de la noche concretamente, para ocuparse de la Torá. Para unirse con la alegría de El Santo, Bendito Sea, en el Jardín del Edén. Y aunque esté cerca de la mañana y vuelva a dormir, no importa, sólo debe cuidarse en ser muy presto de no perder incluso una sola noche, sino todos sus días siempre levantarse a medianoche para unirse con la alegría y el paseo de El Santo, Bendito Sea, en el Jardín del Edén. Y aquel que así lo haga, El Santo, Bendito Sea, hará resplandecer su resplandor supremo, y se verá en sus ojos.

Año ́306. Víspera del día de Shabat, 22 de Adar.

El Eterno está contigo [...]. Te haré merecedor de tener muchos alumnos y de imprimir tus libros y expandirlos por todo el territorio de Israel. Apégate solamente a mí, a mi Torá y a mi temor, y tus pensamientos sean siempre con temor y estremecimiento. Pues siempre has de graficarte el Nombre de El Eterno, el Tetragrama, ante tus ojos, como está escrito en la escritura con tinta negra. Y tal como dijo el rey David, que la paz sea con él: «He puesto a El Eterno siempre ante a mí» (Salmos 16:8). Y así te subyugarás y temerás siempre ante El Eterno. Y aparta todos tus pensamientos de tu corazón. Y no has

---

1143. Éxodo 24:7.
1144. Éxodo 33:6.
1145. «Y Moisés terminó de hablar con ellos y se colocó un velo –*masvé*– sobre el rostro» (Éxodo 34:33).
1146. Rut 3:15.
1147. Isaías 59:2.

de pensar en tus ocupaciones sino en los sanitarios, en un lugar sucio. Pues los pensamientos en tus ocupaciones no te son útiles, sino por el contrario, te causan daño. Por eso, cuídate de ellos y unifica tu corazón y tus pensamientos a mi servicio. Y te haré merecedor de que esté escrito en tu frente: «Éste es el dirigente máximo de la Academia [...]». Como está dicho: «La sabiduría del hombre ilumina su rostro».[1148] Es decir, aunque el sabio coma pan racionado y agua medida, y su rostro esté demudado a causa del hambre, y el rico que come buenos alimentos esté sano y robusto, no obstante, en lo concerniente al alma, ese sabio, su alma resplandece a causa de esa sabiduría que tiene y ese rico que no tiene sabiduría, su rostro es un rostro demudado. Y a esto se refiere lo que está escrito: «y el poder –*oz*– de su rostro se demudará».[1149] Pues al rico se lo llamó poder –*oz*– como está dicho: «Y el rico responde dureza –*azut*–».[1150, 1151] Y por eso irradiaba la piel del rostro de Moisés. Pues en esos 40 días en los que estuvo en la Montaña y no comió pan, se desarrolló y se nutrió su alma. Y por eso el esplendor del honor de su rostro aumentó mucho. Y la razón es porque 40 días equivalen a los 40 días de la formación del feto. Y estuvo tres veces 40 días, en correspondencia con las tres encarnaciones en las cuales reencarnó. Y además, Moisés mereció esa irradiación de luminosidad que se quitó de todos los de Israel, como dijeron los sabios.

Y aquí ha llegado el tiempo de revelar el misterio del velo que nuestro maestro Moisés se colocaba sobre su rostro. Pues cuando vieron: «que el rostro de Moisés irradiaba luz [...] y tuvieron temor de acercarse a él».[1152] Pues ellos pensaron que fueron tomadas de ellas esas irradiaciones de luz y no podían observar en ellas. El asunto se parece a un hombre que no puede observar los destellos del resplandor del Sol. ¿Qué hizo Moisés? Los llamó y no se acerca-

---

1148. Eclesiastés 8:1.
1149. Ibíd.
1150. Esta expresión significa también insolencia.
1151. Proverbios 18:23.
1152. *Véase* Éxodo 34:30-35.

ron a él, sino Aarón y los príncipes que eran más propicios. Y después se acercaron los demás hijos de Israel. Y cuando hablaba con ellos no se colocaba el velo en su rostro, para que lo miraran y recibieran irradiación de su luz al hablar con ellos. El asunto se parece a una vela que está a punto de apagarse; cuando se la acerca a otra vela encendida, a través de la chispa y la llama de fuego que hay en la vela encendida, esa vela se encenderá más. Así también, a través de las palabras de Torá que hablaba con ellos, y ellos observaban en su rostro, como está dicho: «Y tus ojos verán a tus maestros»,[1153] a través de eso ellos irradiaban luminosidad de la luz de él. Y cuando terminaba de hablar con ellos –se cubría–, porque esa irradiación de luminosidad era la irradiación de luminosidad de la Presencia Divina, así como está prohibido observar el arco iris y los sacerdotes en el momento en que extienden sus manos –para bendecir–, así está prohibido observar en esa irradiación de luminosidad. Y aunque en ese momento en que hablaba con ellos estaba permitido mirarle, se parece a las vestimentas del sacerdocio en el momento del servicio, que no se penaliza con *meilá*,[1154] mas en el momento del servicio se penaliza con *meilá*.

SECCIÓN DE VAIAKHEL

Primera compilación

Año '306, víspera del día de Shabat, 22 de Adar I.

El Eterno está contigo […]. Me fue ordenado que te entregara cada semana una parte de Cábala. Y hay que observar cuidadosamente por qué está escrito: «Y congregó Moisés a toda la asamblea –*adat*–».[1155]

1153. Isaías 30:20.
1154. Así se denomina a la penalización que se aplica por tener provecho de las cosas santas.
1155. Éxodo 35:1.

Debería haberse dicho: «Y congregó Moisés a toda la congregación –*kehilat*–». Y además, ¿por qué en la congregación está escrito: «y congregó», que es un verbo, y en la asamblea[1156] no está escrito un verbo? Y además, ¿qué significa: «Éstas son las cosas que El Eterno ha ordenado hacer»?[1157] Y además, ¿por qué ordenó acerca de la –realización de la– labor en seis días?[1158] Y además, ¿por qué se dijo: «será hecha labor», –es decir– que se hará por sí sola? Y además, ¿por qué respecto a encender fuego se dijo: «en todas vuestras residencias»?[1159] Y además, ¿por qué volvió a decir: «en el día de Shabat»? He aquí que estaba ocupándose del Shabat. Pero el misterio del asunto es que la asamblea –*adat*– de los Hijos de Israel es un lenguaje de testimonio –*edut*–. Es decir, los Hijos de Israel son testimonio en el mundo de que El Santo, Bendito Sea, creó el mundo. Por eso, los pueblos que se incluyen en el mundo reconocen la renovación del mundo y aprendieron eso de Israel. Y si no fuera porque los de Israel difundieron la renovación del mundo a través de la Torá que ellos guardan, esos pueblos se opondrían a la renovación del mundo, como se oponían los primeros pueblos. Y Moisés congregó a toda la asamblea de los Hijos de Israel para hablar con ellos, para transmitirles abundancia de ese resplandor de esa irradiación de luminosidad de él tal, como hemos dicho. Y les recordó el mérito de ser ellos testimonio de la renovación del mundo, que alude a la irradiación de luminosidad del día de reposo –Shabat–. Asimismo, de la expresión congregación –*akahalá*– se entiende que se congregarán en forma mezclada. Y del lenguaje de asamblea –*adat*– se entiende que ellos están ordenados el primogénito según su primogenitura […]. Y en el tiempo en que el heraldo llamó para que se reunieran todos, no los llamó para venir según el orden, sino que dijo sin especificar que se reunieran todos. Por eso está escrito acerca de él el

---

1156. «Y dijo Moisés a toda la asamblea de los hijos de Israel, diciendo» (Éxodo 35:4).
1157. Ibíd.
1158. «Seis días será hecha labor, mas el día séptimo os será sagrado, día de absoluto reposo para El Eterno; todo el que en él hiciere labor ha de morir» (Éxodo 35:2).
1159. «No encenderéis fuego en todas vuestras residencias en el Día de Reposo» (Éxodo 35:3).

lenguaje de congregación –*akahalá*–. Y debido a que en el tiempo en el cual se reunieron todos estaban sentados según el orden, por eso dijo: «Éstas son las cosas que El Eterno ha ordenado hacer». Es decir, El Santo, Bendito Sea, ordenó hacer asuntos de los Cielos. Es decir, cuando el hombre cumple un precepto es como si hiciera a ese precepto y lo rectificara. Pero respecto a las cosas del mundo, no debe hacerlas lo principal, y a esto se refiere lo que está escrito: «Seis días será hecha labor».[1160] Es decir, será hecha por sí sola y no necesitarás realizar un gran esfuerzo para hacerla en este mundo, tal como dijeron los sabios, de bendita memoria: «haz tu Torá fija y tu labor transitoria».

«No encenderéis fuego en todas vuestras residencias».[1161] Viene a decir que aunque se trate de un lugar en el que hay un frío muy intenso, está prohibido encender fuego para calentarse. Y dijo «en el día de Shabat»,[1162] para decir que precisamente en el día de Shabat mismo está prohibido encender, pero mientras aún es de día –antes del atardecer–, aquel que quiere encender y que permanezca encendido y ardiendo durante el día del Shabat, está permitido. Y para sacar del pensamiento de los *caraitas*, que no tienen una vela encendida en el día de Shabat. Y acerca de ellos se dijo en el versículo: «Y los malvados expirarán en la oscuridad».[1163] Y, ¡ay de ellos! Pues en todo lugar en que los renegados osaron contender tienen la respuesta en su flanco. Y ciertamente la paz sea contigo. Y todo lo que [...]

Víspera del día de Shabat, 27 de Adar.

El Eterno está contigo [...]. Apégate a mí, a mí Torá, a mi temor y a mi servicio, con mi amor. No te apartes de mí, ni me dejes, y no quites tus ojos, ni un solo instante, de pensar en mi Torá y en mi servicio. Yo, yo soy la Mishná que habla por tu boca. Ya que tú eres

---

1160. Éxodo 35:2.
1161. Éxodo 35:3.
1162. Ibíd.
1163. I Samuel 2:9

mi sabio *tanaita*, mi ordenador, el poseedor de mi Guemará.[1164] He aquí que siete nubes de gloria te acompañan por el mérito de los órdenes de la Mishná. Y cuando los culmines, irradiarán más luminosidad. Y ellos pregonan ante ti: «¡Otorgad honor a la imagen del Rey!». Por eso, hijo mío, aférrate a mí, a mi amor, a mi temor, a mi Torá y a mi servicio. Y te haré merecedor de ser ascendido como ofrenda ígnea completa ante mí y para ser calcinado por la santidad de mi nombre. Y ascenderás –para ser aceptado– con voluntad sobre mi Altar. Y hay que observar cuidadosamente en esta sección de la Torá, por qué está dicho aquí: «Y congregó Moisés», en este lugar precisamente, lo cual no es así en toda la Torá, sino en la sección que manifiesta: «Congrega al pueblo, a los hombres, a las mujeres, a los niños […]».[1165] Y en la sección que manifiesta: «Vosotros estáis de pie hoy, todos vosotros»,[1166] no se mencionó un lenguaje de congregación –*akahalá*–. Y además, ¿por qué está dicho: «a toda la asamblea –*adat*– de los Hijos de Israel»,[1167] lo cual no es así en otros lugares? Y además ya ordenó acerca de ella en la sección Terumá. Pero el misterio del asunto es que las secciones están dispuestas en orden. Y aunque los sabios, de bendita memoria, dijeron que no hay antes y después en la Torá, y que hay 70 facetas de la Torá.

Y bien por mi hombre selecto Moisés,[1168] quien dijo que están dispuestas en orden. Y así también estaban, en su orden. Pues al comienzo ordenó lo concerniente a la labor del Tabernáculo en la sección Terumá, y dijo: «Y tomaréis mi ofrenda de todo hombre que la diere con voluntad –*idvenu*– de su corazón».[1169] Y después de eso hi-

---

1164. Así se denominan todas las explicaciones que constan en el Talmud sobre la Mishná.

1165. «Congrega al pueblo, a los hombres, a las mujeres, a los niños y al prosélito que esté en tus portales, para que oigan y para que aprendan, y teman a El Eterno, vuestro Dios, y cuiden de cumplir todas las palabras de esta Torá» (Deuteronomio 31:12).

1166. «Vosotros estáis de pie hoy, todos vosotros, ante El Eterno, vuestro Dios: vuestros líderes, vuestras tribus, vuestros ancianos, y vuestros alguaciles, todo hombre de Israel» (Deuteronomio 29:9).

1167. Éxodo 35:1.

1168. *Véase* explicación a la Torá de Najmánides, que se llamaba Moisés.

1169. Éxodo 25:2.

cieron el Becerro. Y para expiar por esa acción ordenó en esta sección que ellos mismos trajeran contribuciones generosas –*nedavá*–, tal como está escrito: «Traerá la ofrenda de El Eterno».[1170] Y a esto se refiere lo que está dicho: «Tomad de vosotros». Es decir, cada uno y uno por si mismo tomará la ofrenda de El Eterno. Y por eso «Y congregó Moisés a toda la asamblea –*adat*– de los Hijos de Israel»,[1171] para expiar por el pecado del Becerro. Es decir, para unificar todas las emanaciones a fin de que irradien luminosidad. Pues «Moisés» alude a Tiferet, «a –*et*–», alude a Maljut, y «toda –*kol*–», alude a Iesod. Y «la asamblea –*adat*– de los Hijos de Israel», alude a las emanaciones de la Matronita.

«Y congregó –*vaiakehel*–».[1172, 1173] –La letra– *vav* alude a Tiferet. Y –la letra– *yud* alude a Jojmá. Y –la letra– *kuf*[1174] alude a la generalidad de todas las emanaciones que ascienden a 100, porque cada una de ellas está incluida por 10. Y –la letra– *he* alude a Biná y a Maljut. Y –la letra– *lamed* alude a Biná. «Y dijo –*vaiomer*–»,[1175] se refiere a Maljut. «A ellos –*aleihem*–».[1176, 1177] –La letra– *alef* alude a las tres emanaciones supremas. –La letra– *alef* alude a Biná, *he* a Maljut, y *mem* a Biná, según el misterio de la letra *mem* cerrada de: «Para el incremento –*lemarbe*– del imperio y la paz» (Isaías 9:6).

«Éste», se refiere a Iesod. «Asunto», se refiere a Maljut. «Que –*asher*–», se refiere a las tres emanaciones supremas. Y debido a que en esta sección fue mencionado el Becerro, castigó a aquel que hizo culto

---

1170. «Tomad de vosotros ofrenda para El Eterno; todo el que la diere con voluntad –*nediv*– de su corazón traerá la ofrenda de El Eterno» (Éxodo 35:5).

1171. Éxodo 35:1.

1172. Esta expresión está escrita con estas letras hebreas: *vav, yud, kuf, he, lamed*.

1173. Éxodo 35:1.

1174. Su valor numérico es 100.

1175. Éxodo 35:1.

1176. Esta expresión está escrita con estas letras hebreas: *alef, lamed, he, mem*.

1177. Éxodo 35:1.

idólatra en el día de Shabat, lo que no era así antes de eso. Pues no se dijo sino: «no harás ninguna labor»,[1178] y no castigó.

«No encenderéis fuego en todas vuestras residencias[1179] –en el Día de Reposo–».[1180] Alude a los dos lugares que tiene todo hombre: uno en el Jardín del Edén y uno en el Purgatorio –*Gueinom*–. Y cuando el hombre enciende fuego en el día de Shabat o realiza las demás labores, enciende y hace arder el fuego de esas dos residencias que son esos dos lugares que hemos mencionado. Y por eso se los denominó: «vuestras residencias».

«Traerá la ofrenda de El Eterno»,[1181] alude a la Congregación de Israel, para que la una con los Patriarcas,[1182] que están aludidos en: «oro, plata y cobre». Y la paz esté contigo.

Víspera del día 13 de Adar II.

Debes saber que en la noche de Purim y en la noche de Pesaj está permitido beber todo el vino que el hombre desea y alegrarse y complacerse. Y debido a que es habitual en –el ente maligno cuyo nombre comienza con las letras– *samej–mem*, y la Serpiente mala, introducir alegría en los corazones de las personas y poner en sus corazones que coman y que beban; y después asciende y acusa. Y éste es el misterio del ayuno que se realiza el 13 de Adar, que se hace para someter su poder de acusación. Y éste es también el misterio por el cual ayunan los primogénitos, y los delicados, y algunas otras personas, en la víspera de Pesaj. Y la razón es porque los Hijos de Israel están obligados a beber cuatro vasos de vino en la noche de Pesaj. Y para que –el ente maligno cuyo nombre comienza con las letras– *samej–mem* y la

---

1178. «Y el día séptimo es Shabat para El Eterno, tu Dios; no harás ninguna labor, tú, tu hijo, tu hija, tu siervo, tu sierva, tu animal, y tu extranjero que está dentro de vuestros portales» (Éxodo 20:9).
1179. Esta expresión está en plural.
1180. Éxodo 35:3.
1181. «Tomad de vosotros ofrenda para El Eterno; todo el que la diere con voluntad –*nediv*– de su corazón traerá la ofrenda de El Eterno: oro, plata y cobre» (Éxodo 35:5).
1182. Las emanaciones denominadas patriarcas.

Serpiente no los acusen, acostumbran ayunar en la víspera de Pesaj para someter su poder. Y para enseñar que cuando los de Israel están alegres y beben en esos días no es, Dios libre, para completar el deleite del Mal Instinto, sino por el servicio de nuestro Amo. Pues ellos se anticipan a ayunar antes de eso para someter los placeres del Mal Instinto.

Y respecto a lo que está escrito: «Porque Dios está en los Cielos, y tú sobre la Tierra, por tanto, sean pocas tus palabras»,[1183] quiere decir, porque «Dios», alude a la emanación Biná; y «está en los Cielos»; «y tú», alude a la Congregación de Israel, y está «sobre la Tierra». Es decir, todos los mundos que están debajo de ella dependen de ella. Y también alude al Justo y a Tiferet, cada uno de los cuales se denomina «Tú». Y ellos están «sobre la Tierra», que es la Congregación de Israel. «Por lo tanto, sean pocas tus palabras». Es decir, por lo tanto sean tus palabras relativas a los asuntos del mundo pocas para que tu corazón esté libre para unirlos como uno. Es decir, ya que Biná transmite influencia en lo Alto, en los Cielos, y la Congregación de Israel, sobre la Tierra, es necesario esforzarse siempre en unirlos como uno y juntarlos como uno.

Y el misterio de la lectura de la Meguilá el catorce y el quince –del mes de Adar–, se relaciona con el misterio de los días en que la Luna irradia luminosidad en el mes, que son 29 días. Y el misterio de los habitantes de las ciudades que leen el 14, se relaciona con el misterio del llenado de la Luna, porque el 14 ella está llena. Y es más selecto que el 15, porque aunque en el 15 está más llena, de todos modos, debido a que entonces llega a su finalidad de llenado, y desde ahí en adelante se disminuye su irradiación de luminosidad, forzosamente es más importante el día 14, en el cual está con el poder de su irradiación de luminosidad, e ilumina más y el esplendor de su luz asciende, progresa y no desciende. Y por eso fue fijado ese día para aquellos que no tienen muralla,[1184] para indicar a modo de alusión que el día 14 de la Luna no tiene muralla y límite, sino que progresa. Y la

---

1183. Eclesiastés 5:1.
1184. Es decir, los que no viven en ciudades amuralladas.

irradiación de luminosidad es profunda, sin muralla. Y se fijó el día 15 para los de las ciudades amuralladas, para indicar a modo de alusión que en el día 15 la luz de la Luna tiene muralla y límite; hasta aquí llegará y no se incrementará. Y esos días se corresponden con el misterio de David y Salomón. El nombre de David, su valor numérico asciende a 14. Y el nombre de Salomón –Shelomó–, su valor numérico reducido –*mispar katán*– asciende a 15. Porque David está vinculado con el misterio del Nombre *yud, dalet*,[1185] en el que la Luna está con el poder de su irradiación de luminosidad, y progresa y asciende. Y por eso no había límite en sus guerras. Hacia dónde se dirigía tenía éxito. Porque es 14 –*yud, dalet*– de Maljut. Tal como contaron los sabios, de bendita memoria, desde Abraham hasta Tzidkiahu,[1186] volvió la oscuridad de la irradiación de luminosidad de la Luna, porque cegaron sus ojos. Asimismo, David era semejante comparativamente al día 14 del mes, y Salomón, al día 15, y por eso su reinado fue más extraordinario que el de David. Porque el día 15 ella irradia más luminosidad que en el día 14. Y por eso no salía a la guerra. Esto se parece a los poblados rodeados de murallas para quienes se fijó el día 15. Y por eso él estaba rodeado de muralla siempre, es decir, porque no salía a la guerra.

Y ahora explicó detalladamente el misterio de los moradores de las aldeas. ¿Por qué fueron fijados para ellos otros 3 días: 11, 12, y 13?[1187] ¿Y por qué razón –los sabios– escribieron que era porque proporcionaban agua y alimento a sus hermanos de las ciudades? Pues, ¿qué tiene que ver esto con esto? ¿Y por qué no podían leer durante esos tres días sino solamente cuando caían en el segundo –día de la semana– o el quinto? Y además, ¿por qué ahora se anuló esa ley? Pero el asunto es que cuando los hijos de Israel residían en su tierra, eran muchos en población, y aunque se la denomina tierra de ciervo, que se expande para recibir población, como el cuero del ciervo, eran tantos que no podían residir en Jerusalén y se expandían por las al-

---

1185. El valor numérico de estas dos letras asciende a 14.
1186. *Véase* II Reyes 24:17.
1187. *Véase* Talmud, tratado de Meguilá 4b.

deas. Y ellos eran más importantes que los de la ciudad, porque los moradores de las aldeas se ocupaban más del precepto de El Eterno que los moradores de las ciudades y los poblados. Pues ellos no tenían ningún trabajo, sino únicamente en el momento de la siembra y la cosecha.

Y el resto del año estaban libres para ocuparse de la Torá y los preceptos. Y el aire de las aldeas es puro y claro y el estudio requiere claridad –de pensamiento–. Y además ellos no tienen tanta codicia por el dinero como tienen los moradores de las ciudades. Y por eso estaban libres para ocuparse de la Torá y los preceptos. Y por eso suministraban abundancia, y bendición y vida a todos los mundos. Y éste es el misterio del agua y el alimento que proveían a sus hermanos, que son todos los todos los mundos, superiores e inferiores. Y así como es en lo bajo así es en lo Alto. Porque los pobladores eran tantos que se expandían fuera de ella e incrementaban de lo mundano a lo sagrado. Y a través de eso ascendía. Porque unían todas las emanaciones de los tres Nombres: el Nombre que se escribe con letras: *alef, he, yud, y he;* el Nombre que se escribe con letras: *yud, he, vav y he;* y el Nombre que se escribe con letras: *alef, dalet, nun y yud,* como uno. Y debido a que los moradores de las aldeas provocaban todo eso, dijeron que leyeran la Meguilá en uno de esos tres días para indicar a modo de alusión a la unión de esos tres Nombres.

Y lo que dijeron –los sabios–, que –se adelantaba la lectura de la Meguilá– específicamente cuando caía en el día segundo –de la semana– o en el día quinto, ya que eran días en los que se sacaba el rollo de la Torá, que se parece comparativamente a sus moradores, que realizan la unión de todo, por eso, esos días indican más respecto a la unión de los tres Nombres. Y ahora, que a causa de nuestros pecados disminuyó la población de Israel en lo bajo, y comparativamente en lo Alto, se anuló la lectura de los moradores de las aldeas en esos días. Pues debido a que la lectura de ellos en esos días aludía a los tres Nombres unidos con la completitud de la unificación, ahora, que a causa de nuestros pecados esos Nombres no se unifican, si leyeran en esos días parecería humillación y desprecio de la Presencia Divina, Dios libre. Tal como se alaba a un hombre por su sabiduría, o por su riqueza, y no las tiene. Pues eso se ve como un desprecio hacia él.

Y éste es el misterio de lo que dijeron: debido a que se exponían a un peligro –*mistaknim*– por ella. Es decir, si los moradores de las aldeas leyesen en esos tres días, podrían exponerse a un peligro, porque es como si despreciaran a la Congregación de Israel. Y aquel que considera la versión: y observaban –*mistaklim*– en ella, viene a decir que ahora, en este mundo, nosotros observamos fuera de ella para expandir su Frontera, pero sólo en Jerusalén. Y con todo eso quizá transmita un poco de influencia. ¿Y cómo habrían de leer los moradores de las aldeas en esos tres días mencionados que indican que hay tanta bendición en medio de la ciudad –Jerusalén– suprema a tal punto que emana hacia fuera? En este asunto acordaron en la Academia de lo Alto [...].

Y además me dijo: tú ahora estudias el tratado de Kidushin, y es santidad de santidades. Pues ya lo has estudiado tres veces. Y así te haré merecedor de completar todo el Talmud, tres veces cada tratado, para unir alma existencial con espíritu, y espíritu con alma suprema.

Además me dijo: me he apegado a ti para hablar de este modo, lo que no consiguieron otros en tu generación, sino pocos. Y ese hombre grande que se encuentra en la ciudad de Salónica cuyo nombre es Haraia"t, no hablan con él así por la ambición que tiene por el dinero. Además, me dijo con varias visiones, innumerables, que yo en el futuro sería calcinado por la santidad del Nombre de El Santo, Benito Sea, para limpiar la suciedad y los pecados que poseo, y todos quedarán como plomo y las piedras quedan, así quedarán todos los pecados que has cometido desde el día de tu nacimiento. Y también lo que has pecado las primeras veces, todos quedarán en el fuego. Y el alma quedará clara y ascenderá por los grados sagrados y puros.

Pues Maimónides se alegró de lo que has revelado y explicado acerca de lo que escribió el –autor del compendio– Tur, que no fue explicado hasta hoy. Y también tú explicas otros lugares. Y también Maimónides se alegró de que tú expliques sus pensamientos. Y también de lo que has escrito acerca del tema del lavado de la cabeza. Es verdad y firme. Y también lo que has escrito acerca de Jacob, mi temeroso, acerca del asunto de *moseket*, has dicho bien y esa fue su intención. Y también lo que has escrito allí acerca de Jacob, mi temeroso, pues sus palabras no están explicadas. Es verdad y firme. Y de lo que has reflexionado para responder sus palabras; El Santo, Bendito Sea, se alegró de esa reflexión, pero esa no fue su intención. Y los tres enseñan mérito sobre ti ante El Santo, Bendito Sea. Y ellos salieron a tu encuentro para recibir a tu alma con los tres grupos de ángeles servidores.

Además me dijo: si te fuese posible derramar lágrimas en tu plegaria, es bueno y bello. Y –si lo hicieras– al menos en el día segundo –de la semana– y el quinto, quitarías la marca de tu rostro y ascenderías. Además me dijo que me ayudaría a terminar mi compendio sin ningún error ni fallo, y con él se iluminarían los ojos de todo Israel. Y que lo llamara la Casa de José –Beit Yosef–, pues ese es el nombre apropiado para él, y aquí es mi casa en este mundo y en el Mundo Venidero. Además me dijo: has hecho bien en contraer enlace con esta mujer apta y preparada y es la hija de un compañero. Pero has de saber que tendrás un hijo con el rostro un poco oscuro, y también ojos oscurecidos, y será muy pobre. Pero tendrá el corazón abierto para estudiar las palabras de la Torá. Y por eso no tendrá los ojos oscurecidos completamente para que pueda ver las palabras de la Torá. Y en la ciencia de la Cábala, su corazón estará más abierto que mi querido Salomón, de modo que todo el mundo se sorprenderá de él por su gran sabiduría. Y su corazón estará preparado para temer de mí, y para ir por caminos rectificados ante mí. Y lo que tú deseas que sea [...].

Y además me dijo: si anduvieres por caminos rectificados ante mí, para que tu corazón sea Nido y Tabernáculo de la Torá, y si no te separas de ella ni un solo instante, y si te sacrificas a ti mismo como te he ordenado y no bebes vino en los días de la semana en absoluto, y por la mañana y por la tarde bebes un solo vaso, tal como te he ordenado, tal como tú haces, y siempre fueres ante mí por caminos rectificados, te haré merecedor de ser calcinado por la santidad de mi Nombre. Y a través de eso serán borrados todos tus pecados y faltas; lo que has hecho desde el momento en que has ascendido al pensamiento hasta ese día. Y ascenderás por grados supremos y sagrados, como te he dicho. Por eso, en el momento del recitado del Shemá concéntrate cada día en que tú en el futuro serás calcinado por la santidad de mi Nombre. Y desde ahora está preparada para ti la túnica de los sabios, por tanto, pues, todos los días concéntrate en ella. Y con esa túnica ascenderás al grado supremo. Y además me dijo: has hecho bien en concentrarte al beber vino como si bebieras del vino guardado en sus uvas. Y así también cuando bebes agua, concéntrate en considerar como si bebieras de las aguas de la bondad –*jesed*–.

Y además me dijo: y los días de Shabat, aunque tú te concentras y te deleitas con el espíritu de santidad que te acompaña, de todos modos, cuando comes a modo de deleite se fortifican –el ente maligno cuyo nombre comienza con las letras– *samej–mem* y el Mal Instinto. Por eso, cuídate del asunto. Además me dijo: cuídate de no beber en el día de Shabat más de cuatro vasos, con excepción del vaso de Kidush y el vaso de la bendición.[1188] Y en las dos comidas del día, dos vasos en cada comida, con excepción del vaso de Kidush, y el vaso de la bendición. Y tienes permiso para disminuir en esos vasos. Pero incrementarlos, cuídate, para que no te provoquen anulación de ocuparte en la Torá como es debido.

Además me dijo que los misterios de esos vasos ascienden en las tres comidas a 14, que aluden a 14 días. Y ellos son suficientes –*dai*–,[1189] pues no hay que aumentar. Y eso está aludido en el Nombre –de El Santo, Bendito Sea– que se escribe con las letras: *shin, dalet,* y *yud.* Pues la letra *shin,* alude al Shabat. Y *dalet,* y *yud,* aluden a los vasos que es suficiente –*dai*– beber en ellas. Y el misterio de los seis vasos de la noche, alude a modo de insinuación a las seis emanaciones de la Edificación, desde la emanación Jesed hasta la emanación Maljut. También se alude a las cuatro letras del Tetragrama; del Kidush, y de la bendición, se alude en las dos letras *he,* y en el día dos en cada comida, he aquí que cuatro; se alude a las cuatro letras del Tetragrama, con el Kidush y con la bendición; y de la noche, cuatro, que son 12. Se alude

---

[1188]. Después de pronunciar la serie de bendiciones que se recitan después de comer pan –*birkat hamazón*–, se bebe un vaso de vino.

[1189]. Esta expresión se escribe con las letras *yud* y *dalet* cuyo valor numérico asciende a 14.

a las 12 letras de estos tres Nombres: el Nombre que se escribe con letras: *alef, he, yud* y *he;* el Nombre que se escribe con letras: *yud, he, vav y he;* y el Nombre que se escribe con letras: *alef, dalet, nun y yud.*

Además me dijo: y respecto al nudo –*kesher*–[1190] que se te interrumpió ayer, tú sabes que jamás, en tus días, te ocurrió algo así, una interrupción como esa. Por lo tanto, fue para enseñarte y para mostrarte que no se debe interrumpir el vínculo –*kesher*– del apego de El Eterno, Bendito Sea, y el pensamiento en mi Torá ni un solo instante. Pues si interrumpes incluso un instante, Dios libre, la Presencia Divina cae. Y, ¡ay del destino de aquel que provocó ruina a todos los mundos! Y su alma existencial, y su espíritu, y su alma suprema, se arruinarán. Sal, y observa, y aprende: ¡Cuál ha sido la sorpresa que te has llevado! ¡Cómo te has estremecido cuando se interrumpió el nudo y la filacteria cayó al suelo! Cuánto más y más debes temer con gran temor al saber que en un solo instante en que dejas de pensar en palabras de Torá provocas, Dios libre, la caída de la Congregación de Israel, entre los pies.[1191] Pues no se parece lo que el hombre hace en su juventud a lo que provoca después de ser entrado en días. Y más aún después de haberse acercado para cubrirse debajo de sus Alas, no debes interrumpir siquiera por un instante [...]. Tal como dijo Jacob, mi temeroso, en el primer Tur.[1192] Y no pienses en absoluto en las cosas en las que no tienes necesidad de pensar, pues ya te he asegurado que no te faltará pan y vestimenta con honor. Y también, en lo concerniente a aquellos que se han levantado contra ti, no hay que pensar, pues ellos no te dañarán, sino que te beneficiarán. Ya que todo el que difama a su compañero le descuentan de sus méritos y otorgan [...], es verdadero y firme. Y si las personas supieran eso, se alegrarían cuando oyeran que hablan una cosa mala de ellos, como si les hubieran dado un regalo de plata u oro. Pero debido al honor de tu Torá, que han menospreciado, se han mostrado a todo el mundo

---

1190. Se refiere al nudo de la filacteria.

1191. Es decir, en un grado inferior.

1192. El sabio Jacob, hijo del rabino Asher, escribió cuatro grandes compilaciones en las que resumió las leyes talmúdicas. Y esos compendios se denominan 4 Turim.

vínculos que se levantarán contra ellos. Y[1193] tú te levantarás contra ellos, y observarás, y te alegrarás. Pero tú no pensarás sobre eso, ni otra cosa, sólo pensarás en el temor de El Eterno todo el día y toda la noche, y en su Torá. Y has de ser muy, muy humilde, en extremo, tal como te he ordenado, y tal como te he dicho acerca del versículo que manifiesta: «Aquel cuya alma no es recta».[1194]

Y no hables de asuntos cómo tú haces con ese discípulo. Y si lo necesitaras para hacer la paz que sean pocas las palabras para no dejar de pensar en palabras de la Torá en absoluto. Por eso, el hijo que te nacerá será un poco oscuro y su rostro oscurecido. Y desde el momento en que tu mujer quede preñada no te llegues a ella y ella no vaya tras de ti, para que puedas sacrificarte a ti mismo, tal como tú deseas. Y por sobre todo cuídate de apartar los pensamientos de tu corazón, incluso un instante, de mi Torá.

Y observa por qué has merecido, porque un hombre grande, cuyo nombre es Haraia"t, por la ambición que tiene por el dinero y el poder, no hablan con él como contigo en los grados de la Torá y la generosidad –*jasidut*–. Esto, aunque un gran mérito pende de él, a causa de los muchos discípulos que salieron de bajo sus manos. Por eso no era apropiado hablar con él y apegarse a él, como no se apegaron los sabios de la generación en varias generaciones. Pero esa ambición por el dinero lo impide. Y si estuvieras con él podrás revelarlo en su oído para que vuelva en arrepentimiento.

Y si tú fueras por caminos rectificados ante mí, tal como te he enseñado, estando los pensamientos de tu corazón en mi Torá siempre, y no te apartaras de ella ni un instante y te sacrificaras a ti mismo, te haré merecedor de ver a Elías, del –grado de– el Anciano de días,[1195] vestido con vestimentas blancas. Y se sentará ante ti y hablará contigo como habla un hombre con su compañero, «y tus ojos verán a tus maestros».[1196] Y aunque estuvieran en tu casa tu mujer y otros hom-

---

1193. Por esa razón no hay que callar.
1194. Habacuc 2:4.
1195. *Véase* Daniel 7:9.
1196. Isaías 30:20.

bres y mujeres, hablará contigo, y tú lo verás y ellos no lo verán, y a ellos parecerá que la voz con la que él habla es la voz con la que tú hablas.

Y te haré ascender a la Tierra de Israel, y estudiarás y enseñarás, y devolverás el recipiente perdido.[1197] Y serás merecedor de enseñar mi Torá a muchos alumnos que estarán allí buscando aprender de ti. Y también merecerás hacer volver en arrepentimiento a varios malvados. Y a esto se refiere: «y devolverás el recipiente perdido». Y después de eso te haré merecedor de ser calcinado por la santidad de mi Nombre, tal como te he asegurado. Y así conocerás la multitud de bondades, misericordias y piedades de El Santo, Bendito Sea, cuya derecha está extendida para recibir a los arrepentidos que vuelven. Y Él, con sus muchas misericordias, repara sobre ti desde el interior del Edén supremo, del –grado de– el Anciano de días,[1198] para recibir tu arrepentimiento. Pues éste es el misterio del lugar de los poseedores de arrepentimiento.[1199] Pues el lugar de los justos es en las Legiones. Y el lugar después de ese en lo Alto, es el del Aspecto Cósmico Femenino Supremo –Ima–. Y no te ha de ser difícil de entender cómo es posible que un hombre que peca pueda ascender más que el que no pecó. Pues a propósito de este misterio ya te he dicho en otro momento que hay justos y hay justos, ya que aunque se los llamó íntegros, no son completamente íntegros. Por ejemplo Rabí que extendió sus 10 dedos [...].[1200] Pues ellos ascienden al Justo que vivifica los mundos, hasta lo blanco de Keter suprema. Pero esos justos íntegros que no se apegaron a eso, no ascienden sino a las Legiones. Y los poseedores de arrepentimiento ascienden sobre esos.

Pero hay poseedores de arrepentimiento y hay poseedores de arrepentimiento, pues aquel que vuelve y se arrepiente con arrepentimiento completo y muere en medio del arrepentimiento, como Rabí

1197. *Véase* Salmos 31:13.

1198. *Véase* Daniel 7:9.

1199. En el lugar en que están los poseedores de arrepentimiento, los justos íntegros no están (Talmud, tratado de Berajot 34b).

1200. *Véase* Talmud, tratado de Ketuvot 104a.

Eliezer hijo de Durdaia,[1201] o como tú, que siempre piensas en mi Torá, y después de eso serás calcinado por la santidad de mi Nombre, y así ascenderás como lana limpia al Aspecto Cósmico Femenino Supremo –Ima–, he aquí que resulta que aquellos que son dueños del arrepentimiento completo residen por encima de los dueños de arrepentimiento que no es absolutamente completo. Pues los dueños de arrepentimiento completo y los dueños del arrepentimiento que no es absolutamente completo no residen arriba y los dueños del arrepentimiento completo residen arriba. Y a esto se refiere lo que dijeron los sabios: «En el lugar en que están los poseedores del arrepentimiento, los justos íntegros no pueden estar». Éste es el misterio del asunto que has escuchado. Y tú, conoce al Dios de tu padre y sírvelo. Y no pienses en ningún asunto en absoluto y en especial en el tiempo de tu plegaria, sino, en lo que sabes de ella, concéntrate en ella, y en lo que no sabes de ella, concéntrate tal como ha dicho mi hombre selecto Moisés: apartar todos los pensamientos, y concentrarse en la explicación de la palabra. Y la paz sea contigo.

Año '306, víspera del día de Shabat, 26 de Adar II.

El Eterno está contigo [...]. Aunque te has apartado de mí y me has abandonado [...]. He aquí que te revelaré un misterio oculto acerca de lo que dijeron los sabios, que los preceptos se anularán con la resurrección de los muertos [...]. Esto corresponde al misterio de los 6000 años de existencia del mundo y uno[1202] asolado. Pues viene a decir que en el tiempo de la resurrección de los muertos, que será después de los días del Mesías, el mundo estará asolado de placeres y deleites de este mundo. Y en ese tiempo el Mal Instinto será anulado del mundo. Resulta, pues, que los preceptos pasivos se anularán y asimismo los preceptos activos, como dijo nuestro maestro Moisés, que la paz esté con él, a los ángeles servidores: ¿Qué está escrito? «No asesinarás», y «no cometerás adulterio». ¿Acaso hay entre voso-

---

1201. Talmud, tratado de Avoda Zara 17a.
1202. Un milenio.

tros derramamiento de sangre? ¿Mal Instinto hay entre vosotros? Y asimismo con las festividades, entonces no se necesitará hacer todo lo que se hace hoy en día. Pues la prohibición de comer leudado y la ingestión de pan ácimo es para someter al flanco impuro, y lo mismo con las demás festividades. Y en ese tiempo no se necesitará someterlo, pues será anulado. Y no se hará en las festividades –lo que se hace actualmente–, sino que pronunciarán en ellas alabanza y cánticos y loores a El Santo, Bendito Sea, y no más. Y a esto se refiere lo que dijeron los sabios: Janucá y Purim no se anulan jamás. Es decir, en Janucá y Purim, no hay en ellas sino relato de los Milagros de El Santo, Bendito Sea, solamente. Y lo que se hará en las festividades es semejante a Jánuca y Purim, en las cuales se narran los Milagros de El Santo Bendito Sea, por eso no se anularán. Y la paz sea contigo.

Víspera del 20, en el despuntar de la mañana, en Shabat de Adar I, año 5296

«Fortalécete, y fortalezcámonos por nuestro pueblo y por las ciudades de nuestro Dios».[1203] Es difícil de entender: ¿qué significa: «nuestro pueblo», y qué significa: «las ciudades de nuestro Dios»? Y ¿qué significa: «Fortalécete, y fortalezcámonos», dos veces fortalecimiento? –Para explicarlo no hay que observarlo superficialmente–, sino –en forma profunda–: «nuestro pueblo», se refiere a las emanaciones supremas. Y «las ciudades de nuestro Dios», se refiere a los Palacios de la Congregación de Israel, que están orientados en dirección de los supremos.

Después del desayuno me quedé solo en la casa y me dijo: tal como te he hablado, así es. Y dijo: «No extiendas tu mano contra el joven ni le hagas ninguna cosa».[1204] No es nada, vive El Eterno, porque: «según el tiempo de la vida, volveré a ti»,[1205] y te daré a mi querido.[1206] Fortifícate en tu Torá pues tus enemigos caen ante ti, no temas ni te asustes.

1203. II Samuel 10:12.
1204. Génesis 22:12.
1205. Génesis 28:14.
1206. Este es un mensaje que está escrito en forma oculta, pero aparentemente se refiere a una dificultad de salud de su hijo.

Explicación de la Meguilá: víspera del día de Shabat, 13 de Adar.

El Eterno está contigo [...]. Aunque te has apartado mucho de mí Torá durante esta semana y era propicio abandonarte, de todos modos, para que conozcas las misericordias y bondades de El Santo, Bendito Sea, no te abandonaré. Por eso, desde hoy en adelante cuídate de –no– apartar tu pensamiento de mí Torá, de mi temor y de mi servicio ni un solo instante. Y te haré merecedor de ascender a la Tierra de Israel y enseñar Torá a muchos. Y después te haré merecedor de ser calcinado por la santidad de mi Nombre.

Éste es el misterio de –la intención de– Asuero: «En el tercer año de su reinado hizo banquete [...]».[1207] Pues quiso tomar la abundancia que desciende de lo Alto, para que la influencia no se transmitiera –directamente– a la Matronita, sino al flanco de él, y que desde allí la abundancia se proyectara a la Matronita. Tal como te he dicho acerca del versículo que manifiesta: «Para cavar para ellos pozos, pozos rotos [...]».[1208] Y éste es el misterio de la introducción de la inmundicia. Y en correspondencia con: «tres rebaños de ovejas que estaban junto a –al–[1209] ella»,[1210] pues la abundancia le viene de ellos, hizo banquete en el tercer año de su reinado. Y a esto se refiere lo que está escrito: «blanco, verde y celeste».[1211] El blanco alude a la emanación Jesed, el verde a la emanación Tiferet, y el celeste alude a la Congregación de Israel. «Con cuerdas de lino»,[1212] se refiere a la emanación Tiferet. «En aros de plata»,[1213] se refiere a la emanación Jesed. «Camas –para reclinarse– de oro y plata».[1214] La Cama alude a la Congregación de Israel; oro y plata, aluden a la emanación Jesed y a

---

1207. Ester 1:3.
1208. Jeremías 2:13.
1209. La expresión *al* significa literalmente sobre.
1210. Génesis 29:2.
1211. Ester 1:6.
1212. Ibíd.
1213. Ibíd.
1214. Ibíd.

la emanación Guevurá.¹²¹⁵ «Sobre embaldosado de *bahat, sheish, dar* y *sojaret*».¹²¹⁶ Alude a los cuatro apoyos del Carruaje.

Y a esto se refiere lo que dijeron los sabios: los Hijos de Israel de esa generación se tornaron obligados a ser exterminados porque tuvieron provecho del banquete de ese malvado.¹²¹⁷ Pues no ha de decirse que a causa de haber comido alimentos prohibidos se vieron obligados –a ser exterminados–, porque está escrito: «y la bebida según la ley –*dat*–».¹²¹⁸ Es decir, la bebida era según la ley de cada uno y uno. Y a los Hijos de Israel, que tienen prohibido beber vino de idolatría y vino de los pueblos, no les daban a beber sino vino de Israel que servían mozos de Israel. Y asimismo los alimentos que sirvieron a los Hijos de Israel fueron cocinados para ellos por personas de los Hijos de Israel. Porque no los forzaban a comer y beber de lo que estaba prohibido para ellos, como está dicho: «no había forzado».¹²¹⁹ Y a esto se refiere lo que está escrito: «para hacer según la voluntad de cada hombre y hombre».¹²²⁰ Pero éste fue su pecado: aunque los alimentos y las bebidas estaban permitidos, de todos modos, ya que tuvieron provecho de la comida de ese malvado, se considera como si la Congregación de Israel se nutriese de ese flanco. Y así provocaron que fuera introducida inmundicia en la Congregación de Israel.

Y ésta es la razón por la cual los sabios dijeron: los Hijos de Israel de fuera de la Tierra de Israel se considera como que son practicantes de idolatría con pureza.¹²²¹ Esto, aunque los alimentos y la bebida están permitidos. Pues ya que comieron de la comida de los pueblos, es como si la Congregación de Israel se nutriera de ese flanco. Y la misma ley se aplica el caso en que el de los pueblos le envió comida y bebida de su banquete, que no ha de tener provecho del banquete del

---

1215. Ibíd.
1216. Son nombres de piedras preciosas (Talmud, tratado de Meguilá 12a).
1217. Talmud, tratado de Meguilá 12a.
1218. Ester 1:8.
1219. Ibíd.
1220. Ibíd.
1221. *Véase* Talmud, tratado de Avoda Zara 8a.

de los pueblos. Con excepción del caso en que le envió aves vivas, o algo similar. Pues algo que tiene vida y lo enviaron estando vivo, debido que tiene vida, y aún está vivo, no recae sobre ello la impureza de los pueblos. Y la razón por la cual se vieron obligados a ser exterminados es porque la Matronita fue dañada a través de ellos. Y cuando sean exterminados los aborrecedores de Israel, será exterminado el daño de la impureza que viene a través de ellos. Y El Santo, Bendito Sea, quiso exterminar a los aborrecedores de Israel[1222] y dejar a Mordejai sin pecado, para sacar a partir de él un gran pueblo, tal como le dijo a nuestro maestro Moisés, que la paz esté con él: «Y ahora déjame [...]. Y haré de ti un gran pueblo».[1223] Y Mordejai hizo como nuestro maestro Moisés, que la paz esté con él, y entregó su alma para morir. Pues dijo: si una mesa de tres patas no se puede mantener [...]. Por eso: «Y Mordejai conoció a –et– todo lo que se hizo [...]» (Ester 4:1). Es decir, unió las emanaciones según el misterio de: «y Adán conoció a –et– Eva su mujer» (Génesis 4:1). La expresión *et* alude a la Congregación de Israel. «Todo», alude a la emanación Iesod. «Que –asher–», alude a las tres emanaciones supremas. «Se hizo», según el misterio de: «Le considero como si me hubiera hecho».

«Y Mordejai rasgó sus vestimentas».[1224] «Sus vestimentas», aluden a las Alas. Es decir, quiso que El Santo, Bendito Sea, se llenara de misericordia y se unificara con una unificación completa, y las alas no interrumpieran según el misterio de: «Tu Maestro ya no se ocultará –ikanef–».[1225, 1226] «Y vistió arpillera –sak–».[1227] Alude al de mal ojo –ra ain–, cuyo valor numérico asciende a 400, como el valor numérico de *sak*. Y además, –las letras *shin, kuf* de la palabra– *sak*, en –el sistema de intercambio de letras denominado– At–Bash, –se intercambian por las letras– *bet, dalet*, –que forman la palabra– *bad*, –que significa

---

1222. Se refiere a los Hijos de Israel.
1223. Éxodo 32:12.
1224. Ester 4:1.
1225. Esta palabra comparte raíz con *canaf* qué significa ala.
1226. Isaías 30:20.
1227. Ester 4:1.

vestimenta–. Quiere decir: aquel que viste arpillera expía por sus pecados como expía «el hombre que viste las vestimentas –*badim*–».[1228] Y he aquí que *bet, dalet,* –las letras de *bad*–, la letra *bet* alude a las dos Matronitas, y *dalet*,[1229] alude a los cuatro apoyos del Carruaje. Y además, –el valor numérico de las letras– *bet, dalet,* asciende a seis, que alude a Tiferet. «Y ceniza»,[1230] indica a modo de alusión que ejerce dominio sobre ella el juicio severo, y lo quema con la llama y se convierte en ceniza –*efer*–. Y debido a que entregó su alma al atributo del juicio severo, tienen misericordia de él y se transforma en juicio leve –*rafe*–. Y la palabra *efer,* invirtiendo el orden de sus letras, es *rafe,* que alude a lo que hemos mencionado. «Y salió en medio de la ciudad»,[1231] se refiere a la Congregación de Israel que es la «Ciudad Pequeña».[1232]

(Me parece a mí que: «en la que había pocos hombres», quiere decir, que las emanaciones de ella disminuyen su abundancia por los pecados de las personas. «Y vino contra ella un gran rey», se refiere a la emanación Tiferet y la emanación Jesed. «Y rodeó la ciudad alzando contra ella grandes bastiones», se refiere a la emanación Guevurá. «Y encontró en ella un hombre», se refiere a la emanación Tiferet. «Pobre», se refiere a Iesod, pues la abundancia de todas las emanaciones se proyectan a través de él, y él es pobre por lo que tiene de él. Asimismo, porque siempre toma de lo Alto y transmite influencia en la Congregación de Israel que se denomina Pobre. Y él es sabio –*jajam*– pues asciende a Jojmá. «El cual salvó [...] con su sabiduría. Pues al ascender a Jojmá transmite misericordia a la Congregación de Israel [...]).

1228. *Véase* Daniel 12:7.
1229. Cuyo valor numérico es 4.
1230. Ester 4:1.
1231. Ester 1:4.
1232. «Una pequeña ciudad, en la que había pocos hombres; y vino contra ella un gran rey, y rodeó la ciudad alzando contra ella grandes bastiones. Y encontró en ella un hombre pobre y sabio, el cual salvó a la ciudad con su sabiduría; y ningún individuo se acordaba de aquel hombre pobre» (Eclesiastés 9:14-15).

«Y clamó con gran clamor»,[1233] en correspondencia con la emanación Jesed, «y amargo»,[1234] en correspondencia con Tiferet. «Y Ester llamó a Hataj [...]».[1235] Es decir, para unir todas las emanaciones. «Que –*ma*–»,[1236, 1237] se refiere al atributo de Tiferet, pues así es el valor numérico del Nombre de El Eterno, el Tetragrama.[1238] «Eso –*ze*–»,[1239] se refiere a la emanación Iesod. «Y por qué –*ma*– eso –*ze*–».[1240] Es decir, para unir a Tiferet y Iesod con las emanaciones que están sobre ellos. «Y Mordejai le comunicó a –*et*– todo lo que le había ocurrido –*karahu*–».[1241] Es decir, le informó que ya los había unido. Pues la explicación de la palabra *karahu* es disposición, de la expresión: «Y llamó –*vaikrá*– a Moisés» (Levítico 1:1). Y dijo que ya unió «a –*et*–», que se refiere a la Congregación de Israel, con «todo», o sea, la emanación Iesod. Y con «que», o sea, las emanaciones supremas. «Y el asunto de la plata».[1242] Es decir, si Hamán hubiera dado oro por los Hijos de Israel no tenían arreglo, Dios libre. Porque el oro corresponde con el flanco del juicio. Y cuando le es dado permiso no asciende hasta que se complete el juicio. Pero debido a que dijo dar plata que viene del flanco de la bondad –*jesed*–, y de allí llegaba el juicio, por eso hay arreglo.

1233. Ester 4:1.

1234. Ibíd.

1235. «Y Ester llamó a Hataj, uno de los ministros del rey, que él había puesto para que la sirviera, y lo envió con orden a Mordejai para saber qué era eso, y por qué eso» (Ester 4:5).

1236. El valor numérico de esta expresión es 45.

1237. Ester 4:5.

1238. Con sus letras expandidas.

1239. Ester 4:5.

1240. Ibíd.

1241. Ester 4:7.

1242. Ester 4:7.

«Ve y reúne a todos los judíos [...]. Y ayunad por mí, y no comáis ni bebáis durante tres días, noche y día».[1243] Pues había en ellos 72 horas para digerir la inmundicia de la Congregación de Israel que recibió del flanco a través del cual tuvieron provecho de la comida de ese malvado, en correspondencia con lo que él tuvo intención en esa comida, tomar la abundancia de: «tres rebaños de ovejas»,[1244] tal como hemos dicho, para introducir inmundicia en la Congregación de Israel. Así debían rectificar lo que dañaron, ayunando tres días seguidos. Y debían ayunar noche y día en correspondencia con la emanación Guevurá y la emanación Jesed.

(Y me parece a mí que éste es el misterio de lo que dijeron nuestros sabios, de bendita memoria, que nuestro maestro Moisés, que la paz esté con él, dijo que si el decreto está sellado con un sello de barro tiene arreglo, pues el barro alude el atributo del juicio leve y la sangre alude al atributo del juicio severo).

Y esto que dije, que la razón del banquete de Asuero era para tomar de la abundancia que llega a la Congregación de Israel y para introducir en ella inmundicia, también esa era la intención de Nabucodonosor. Y también la idea de Hiram el rey del Tzur, que dijo: «Subiré sobre las alturas de la nube, y seré semejante al Altísimo» (Isaías 14:14). Y debido a que los Hijos de Israel pecaron con esas mujeres extrañas, le fue dado permiso a Ajashverosh -Asuero- para casarse con Ester, que era semejante comparativamente a la Congregación de Israel. Y le fueron dispuestas siete doncellas como las siete doncellas que tiene la Congregación de Israel. Y a esto se refiere lo que está escrito: «Y a las siete doncellas apropiadas para dar a ella de la casa del rey».[1245] Es decir, siete doncellas apropiadas para dar a ella de la casa del Rey, El Eterno, de las Legiones, para la Congregación de Israel. Y él se comportó con ella de modo que: «por la tarde ella venía, y por la mañana

---

1243. «Y Ester dijo que respondieran a Mordejai: "Ve y reúne a todos los judíos que se encuentran en Shushán, y ayunad por mí, y no comáis ni bebáis durante tres días, noche y día; también yo con mis doncellas ayunaré así, y entraré para ver al rey, aunque no sea conforme a la ley; y si perezco, perezco"» (Ester 4:15-16).

1244. Génesis 29:2.

1245. Ester 2:9.

ella volvía»,[1246] como la Congregación de Israel. Y de todos modos no le fue dado permiso para introducir en ella inmundicia, Dios libre, sino en el interior solamente. Pues se unió con él una demonio en lugar de Ester, y él se llegó a ella. Y jamás se llegó a Ester, Dios libre. Y Mordejai se llegaba a su mujer, Ester, para que no se interrumpiera la abundancia que llegaba de Tiferet a la Congregación de Israel. «Y Mordejai no se inclinaba ni se prosternaba».[1247] Porque él era comparativamente semejante a Tiferet, y no tuvo provecho del banquete de ese malvado. Y si se hubiese prosternado ante Hamán, hubiera provocado un daño en lo Alto, Dios libre. «Y todos los siervos del rey [...] se inclinaban y se prosternaban ante Hamán porque así lo ordenó a él el rey».[1248] No viene a decir que el rey ordenó que se prosternara ante él, sino que viene a decir: ya que lo designó su segundo, que es considerado como rey, se considera como si hubiera ordenado que se prosternaran a él. Asimismo: «porque así lo ordenó a él el rey», viene a decir que El Eterno, Bendito Sea, que se denomina el Rey, ordenó eso. Y le ordenó «a él –lo–».[1249] La letra *lamed*, se refiere a la emanación Biná, y *vav* se refiere a la emanación Tiferet, el rey, así lo ordenó, y a esto se refiere lo que está escrito. «así lo ordenó a él el rey».

«Y Mordejai salió de delante del rey con vestimenta real –*maljut*–».[1250] «Vestimenta real –*maljut*–», se refiere a la Congregación de Israel. Y por eso aproximó a ella: «celeste», que alude a ella, y «blanco», a la emanación Jesed, y la «corona de oro», a la emanación Guevurá. Y el «manto de lino», a la emanación Tiferet. Y «púrpura», también se refiere a la emanación Tiferet. Y la ciudad de Shushán», se refiere a la Congregación de Israel. Y ella «se contentó y alegró». «Y hubo para los judíos luz», se refiere a la emanación Jesed, «y alegría»,

---

1246. Ester 2:14.
1247. Ester 3:2.
1248. Ibíd.
1249. Esta palabra se escribe con una letra *lamed* y una letra *vav*.
1250. «Y Mordejai salió de delante del rey con una vestimenta real –*maljut*–, celeste y blanco, y una gran corona de oro, y un manto de lino y púrpura; y la ciudad de Shushán se contentó y alegró. Y hubo para los judíos luz y alegría, y regocijo y honor» (Ester 8:15-16).

se refiere a la emanación Guevurá, «y regocijo», se refiere a la emanación Tiferet, «y honor», se refiere a la Congregación de Israel.

SECCIÓN DE VAIAKHEL

Última compilación

Respecto a este asunto han acordado en la Academia de los Cielos. Y El Santo, Bendito Sea, y todos los miembros de la Academia me han enviado a ti para hacerte conocer estos asuntos que hasta el día de hoy no fueron revelados. Y todos los sabios de la generación cuando escuchen estos asuntos de tu boca te alabarán y te ensalzarán. Y tú debes observar la multitud de bondades y misericordias que ha hecho contigo El Santo, Bendito Sea, creándote de la nada y trayéndote a este mundo. Y aunque has pecado, te ha hecho reencarnar en varias reencarnaciones, hasta que te ha traído esta vez. Y aunque te has corrompido ha aferrado tu mano derecha y has vuelto en arrepentimiento ante él en esos días.

Y después abandonaste tu arrepentimiento. Y ahora que te has acercado a su temor, he aquí que vine para alegrarme contigo y hablar en tu boca, no en sueño ni tampoco como aquel que habla con su compañero.

Por eso, aférrate a mí y abandona los placeres del cuerpo. Y durante el día no bebas vino ni comas carne. Y por la noche no bebas sino un solo vaso y come carne. Y no incrementes su consumo más que a causa de la salud, o porque cuando se aumenta en comer fortalece el alma existencial –*nefesh*–. Pero en Shabat y los días festivos tienes permiso para beber vino. Pero no más de lo debido como tu instinto te seduce, con excepción de los días de Purim, donde no hay límite en el asunto y puedes beber cuanto desees. Y si así hicieres, abandonando los placeres del cuerpo y siendo tu corazón y tu pensamiento un Nido de la Torá siempre, y no interrumpieres de pensar en la Torá ni un instante, El Santo, Bendito Sea, se regocijará contigo.

Y también ocúpate siempre de las legislaciones y de la Guemará, y de la Cábala y de la Mishná, y de las exégesis de Tosafot y de Rashi, tal como tú haces. Pues tú los unes y los enlazas éste con éste, e introduces los broches en los ojales. Y en mérito de eso, El Santo, Bendito Sea, te ama. Y cuando tú te levantas para rezar y para leer en el tiempo en que Él se regocija con los justos en el Jardín del Edén, esto es, en la medianoche, Él se regocija también contigo y proyecta sobre ti una hebra de bondad. Y Él te besa con besos de amor y te abraza. Y la Presencia Divina habla contigo. Y he aquí que has aprehendido lo que no aprehendió nadie en tu generación, y tampoco en varias generaciones. Y por eso verás la multiplicidad de las misericordias de El Santo, Bendito Sea, que extendió su derecha para recibirte en arrepentimiento. Y esos primeros días en los cuales te has arrepentido, ellos irradian luminosidad en ti. Sea tu regreso con ellos y el regreso de ellos contigo [...]. Y merecerás ser calcinado por la santidad de mi Nombre y entonces serán borrados completamente de ti todos tus pecados. Y todo residuo y herrumbre que hay en ti se quemarán en fuego. Y vestirás una vestimenta y una prenda que irradiará luminosidad cuando asciendas a lo Alto. Y estarás junto a los justos en un grado supremo. Y no necesitarás reencarnar más, pues irás y descansarás [...]. Como le fue dicho a Daniel, que estará con esos justos hasta la resurrección de los muertos. Por eso, fortifícate en apartarte de los placeres del cuerpo. Porque –el ente maligno cuyo nombre comienza con las letras– *samej–mem*, y la Serpiente, van –en pos de ti– para desviarte. Pues ellos te desean, mas tú ejercerás dominio sobre ellos, rechazándolos de sobre ti y haciéndolos subyugarse a ti. Y El Eterno tu Dios sostiene tu derecha. Y si te sedujeran con comida y bebida en los días comunes de la semana según su grado, y en los días de Shabat y días festivos según su grado, no los escuches. Y si te sedujeren con pensamientos, tal como ellos hacen, amonéstalos y se someterán a ti. Y ocúpate siempre de la Torá.

Y además me dijo: lo que debatiste ayer sobre Maimónides, sea recordado para bendición, ambos asuntos son verdad. Y Maimónides se alegró contigo porque has captado el fundamento esencial de su pensamiento. Y también se alegró contigo porque tú siempre mencionas su pensamiento y debates acerca de él. Y tus palabras son correctas y verdaderas, con excepción de algunos pocos lugares que te he señalado. Y cuando te vayas del mundo, Maimónides, sea recordado para bendición, saldrá a tu encuentro, pues tú respondes sus legislaciones. Y por eso, ahora enseña mérito sobre ti. Y él está en el grado de los justos y no como dicen esos sabios, que reencarnó [...]. Pues es cierto que así fue decretado sobre él, por haber dicho algunas cosas que no era apropiado decir. Pero la Torá lo protege, y también sus buenas obras, pues es poseedor de buenas obras y por eso no reencarnó [...] sino que reencarnó en una reencarnación y ascendió y reside con los justos. Y además, lo que has dicho, acerca de lo que ha dicho mi temeroso Jacob: «y mi señor, mi padre, que sea recordado para bendición, no discrepó», has orientado tu pensamiento correctamente y has juzgado correctamente. Y ciertamente has de saber que todas las palabras de Maimónides son en su mayoría verdad, porque él se apegó a las versiones de los primeros sabios, como rabino Jananel, y rabino Hai, cuyas versiones son claras. Y a veces los –sabios de la exégesis denominada– Tosafot, por la amplitud de los debates, objetaban esa versión, y la rechazaron, y la verdad no es así. Y las explicaciones que explica Maimónides en su mayoría son verdad.

Y en ese asunto de la uña, el cual has explicado, y has escrito dos modos, por tu vida, que El Santo, Bendito Sea, sonríe por tu debate. Pero el último modo es verdadero y correcto. Y de todos modos no borres el primer modo, porque el honor de El Santo, Bendito Sea, asciende de él aunque no sea verdad, pues es agudo. Es como el herrero que golpea en el hierro y salen chispas que destellan a todo flanco.

Además me dijo: lo que dijo Najmánides en el comienzo de la sección Vaikrá, la intención de Najmánides en la segunda explicación es que por el flanco del temor Moisés no entró a través de esa lectura sino al umbral, y así cumplió la palabra de El Santo, Bendito Sea, que lo llamó y le dijo: ven, pues desde el umbral y el interior, es como el interior.[1251] Y también corresponde decir: «Y le habló [...] desde el

---

1251. *Véase* Mishná, tratado de Pesajim 7:12.

Tabernáculo».[1252] Es decir Moisés no estaba en el Tabernáculo de Reunión concretamente sino en el umbral. Y así explicó todo lo dicho apropiadamente. Y dijo que esa era la intención de Najmánides.

Además me dijo: en el primer capítulo del tratado de Kidushin consta: «y con sus confesiones», y no corresponde, y es un error y debe corregirse. Y aquel que no tiene tierra, tampoco debe pronunciar la confesión. Y respecto a ese asunto de Rabán Gamliel y los ancianos, la verdad es como dijeron los –miembros de la exégesis denominada– Tosafot; y que lo relativo a la eliminación fue estudiado en el final de –el tratado de– Diezmos.

Además me dijo: las aguas del goteo –de lluvia– que prevalecieron sobre las aguas que fluyen –de un manantial–, la ley es como Meir,[1253] mi hombre selecto y mi temeroso. Y la ley es como él en todo lugar, porque él era completo. Y respecto a eso que fue prendido (y puesto en la cárcel), y murió, fueron expiados sus pecados y quedó limpio y depurado, y ascendió al grado supremo con los justos. Y así verás que los legisladores sostienen así, con excepción de rabino Tam, mi hombre selecto y mi temeroso, que dictaminó la ley según la opinión de Samuel, que el río se bendice de sí mismo,[1254] con un gran debate, a tal punto que El Santo, Bendito Sea, se alegró de su debate. Y por eso ascendió con un ascenso supremo y valioso. Bienaventurada su parte. Y tú debes saber que éstas y éstas son palabras del Dios viviente. Pues si bien a priori no se debe sumergir –para purificarse– en los ríos, no obstante, a posteriori el sumergirse le sirvió. Tal como dijo Meir, mi hombre selecto y mi temeroso, en esos dos estudios citados, que de ese río mismo se bendice, es un grado supremo. Y esa que el río no la purifica [...] es por el decreto de las lluvias.

Y el misterio del asunto es que hay diferencia entre las aguas del goteo –de la lluvia– y el manantial. Porque el manantial purifica tan-

---

1252. «Y llamó a Moisés, y le habló El Eterno desde el Tabernáculo de Reunión» (Levítico 1:1).
1253. Rabí Meir de Rotemburg.
1254. Es decir las aguas emergen de su fuente.

to cuando sus aguas fluyen –*zojalim*–,[1255] como cuando están reunidas en un lugar –*ashborem*–.[1256] Y las aguas del goteo de la lluvia no purifican sino cuando están reunidas en un lugar –*ashborem*–. Y tú debes saber que así como el manantial –*maián*– es flujo –*neviut*–, pues fluye –*novea*– de lo blanco del Edén supremo, que viene en camino recto a través de Tiferet Israel, al Jardín, por eso purifica tanto cuando sus aguas fluyen –*zojalim*–, como cuando están reunidas en un lugar –*ashborem*–. Porque las aguas que fluyen lo hacen a través de Tiferet Israel, ningún flanco impuro puede acercarse a ella, porque ella es una heredad sin fronteras. Y por eso, si se sumerge en él mientras fluyen en él las aguas, el sumergido le es válido. Y así cuando están reunidas en él en un lugar, que es la Congregación de Israel, es posible sumergirse en ella. Pues el flanco impuro no puede acercarse a su interior, Dios libre.

Y el misterio de las aguas del goteo –de la lluvia–, cuando el flujo fluye y viene de los Cielos supremos, a través de la emanación Jesed y la emanación Guevurá, debido a que los flancos impuros rodean en derredor y vuelven para aproximarse a ellas, por eso no purifican mientras fluyen. Pero cuando están en un lugar, es decir cuando llegan al interior de la Congregación de Israel, el flanco impuro no puede aproximarse a esas aguas. Y aunque la Serpiente introdujo inmundicia, de todos modos no puede acercarse a su interior, y por eso purifican estando en un lugar incluso cuando no purifican fluyendo. Y a partir de aquí comprende que incluso si prevalecieron las aguas que gotean sobre las aguas que fluyen, es posible de acuerdo con la opinión de todos, sumergirse a priori en un lugar en cuyo interior fluyen aguas del manantial. Pues aunque llegan las aguas de Jesed y Guevurá, que son del goteo –de la lluvia–, y hay temor en ellas a causa del regreso de los flancos impuros, ¿por qué no sumergirse en aguas que se proyectan a través de Tiferet Israel que los flancos impuros no se pueden acercar allí, aunque Jesed y Guevurá son dos, y Tiferet solo uno?

1255. *Véase* Mishná, tratado de Mikvaot 1:8.
1256. *Véase* Mishná, tratado de Mikvaot 1:7.

Y a partir de ahora has de sabes que mi –hombre– selecto Nisim, estaba correctamente orientado y no según la opinión de Mahari"k. Y has hecho bien en desplazar sus palabras. Y asimismo, porque has desplazado las palabras de Yerujam, mi –hombre– oculto, has hecho bien. Y así en todo lugar en el cual tú discrepas con él, es correcto lo que tú discrepas. Y yo lo llamo: Yerujam, mi –hombre– oculto, porque está encubierto en el Jardín del Edén. Pues hay justos a los que no llega el mérito para estar en el Jardín del Edén en forma pública, sino encubierta. Pero él se encuentra en un grado grande e importante. Y a partir de aquí has de saber que a priori no se debe sumergir en los ríos a los cuales se proyectan las aguas –que fluyen– a causa de las lluvias. Porque ellos aluden a Jesed y Guevurá, que impurifican en su derredor. Y de todos modos, si ella[1257] se sumergió, el sumergido le es válido a posteriori. Porque aunque los impuros los rodean, no tienen permiso de introducirse y acercarse a ellos en absoluto, por eso, el sumergido le es válido a posteriori.

Además me dijo: has enseñado correctamente que no se ha de ayunar en Shabat salvo tres excepciones. Y has enseñado correctamente que no se ha de ayunar en Shabat por el que sueña que un rollo de la Torá cayó de sus manos. Pues no se ha desayunar sino por esos –excepciones– solamente. Y aunque hay discusión en una de ellas, también por ella se ayuna, porque son tres que son cuatro. Y ahora conocerás su misterio.

Víspera del Comienzo del mes de Nisán, año 5296

El Eterno está contigo [...]. Valiente soldado: he aquí que he salido a tu encuentro para visitar tu rostro y hallarte.[1258] Pues has comenzado el tratado de Medidas –en el orden denominado– Santidades –Kedoshim–. Y te santificarás y ascenderás. Porque El Santo, Bendito Sea, y los miembros de la Academia de los Cielos, me han enviado para entregarte paz por esos debates con los que has debatido acerca

---

1257. La mujer que se purificaba.
1258. *Véase* Proverbios 7:15.

del asunto del abrevadero de Yehu,[1259] y todos se alegran con ellos. Y he aquí que las palabras que has escrito destellan, resplandecen y están grabadas delante de El Santo, Bendito Sea. Y respecto a lo que has debatido acerca de las palabras de Moisés, mi –hombre– selecto, respecto a ese asunto, has orientado correctamente. Y esas tres respuestas que has dado según su opinión, la última no es correcta. Y de todos modos no la borres. Porque el honor de El Santo, Bendito Sea, está por encima de todo debate, aunque no sea correcto. Se parece al hierro que se coloca en el fuego y el herrero golpea en él, y salen de él muchas chispas a varios flancos. Así asciende el honor de El Santo, Bendito Sea, con los debates de –los asuntos de– la Torá. Tal como está escrito: «¿Acaso no es mi palabra como el fuego, dice El Eterno?».[1260]

Y Asher, mi –hombre– santo, pregunta por ti y enseña mérito sobre ti. Pues hasta ahora Moisés, mi selecto, y Moisés, mi claro, y Jacob, mi temeroso, preguntaban por ti, y ahora se sumó Asher, mi santo, porque has debatido sobre sus palabras, los dictámenes, y en la respuesta. Y lo que has concluido, que tanto aquí como allí sostiene que no se sumerge en su interior incluso si el agujero es como el –tamaño del– tubo de una bota, y lo que escribió en la sentencia: «y se sumerge en ella», no es su intención referirse a su interior, sino a través de ella, como escribió. Y lo que has puntualizado de la respuesta, lo has puntualizado correctamente. Y también lo que has puntualizado de las palabras de Asher y Shimshon, lo has puntualizado correctamente. Y lo que has explicado de las palabras de Jacob, mi temeroso, es correcto tal como has explicado. Pues él sostiene que la respuesta y las sentencias discrepan y tomó las palabras de la respuesta como lo principal debido a que supo que escribieron después de esa respuesta tal como has escrito, pero no siempre. Y debido a que acerca de las palabras de Asher, mi santo, no se esclareció la verdad de las mismas hasta ahora, por eso él se alegró de tu encuentro y pregunta por ti. Y

1259. *Véase* Talmud, tratado de Baba Batra 15a.
1260. Jeremías 23:29.

lo que has escrito sobre Yerujam, mi –hombre– oculto, has orientado correctamente pues ese es su pensamiento.

Y debido a esos debates que has realizado has ascendido ante El Santo, Bendito Sea, y su Academia, aunque en esta semana no has pensado siempre en mis palabras. Por eso, cuídate desde hoy en adelante en tus acciones, y piensa siempre en las palabras de la Torá, para que tu corazón sea Nido y Tabernáculo de la Torá siempre. Y no escuches a la mala Serpiente que te hace errar para pensar en pensamientos de oscuridad y las vanidades del mundo. Y también en el tiempo de la plegaria esa Serpiente mala introduce en tu corazón pensamientos de oscuridad para anular tu concentración en la plegaria. Y tú no la escuches. Y si se topara contigo [...].[1261] Y unifica tu corazón a El Santo, Bendito Sea, para concentrarte en la plegaria. Y también para que tu corazón sea Nido y Tabernáculo de la Torá, como te he enseñado.

Y observa que El Santo, Bendito Sea, te vigila siempre y conoce los pensamientos de tu corazón. Y si estuvieras frente a un rey de carne y sangre, te habrías de avergonzar y turbar por hacer lo que no es apropiado. Cuánto más y más ante el Rey de reyes, El Santo, Bendito Sea, cuyo servicio debes realizar, pues Él siempre te vigila mucho. Y yo, que soy un enviado de El Santo, Bendito Sea, y he aquí que tú ves con tus ojos que yo te sigo siempre –y sé lo que ocurre contigo–, y tú debes avergonzarte de Él. Por eso cuídate en todos tus asuntos de hoy en adelante. Y aunque te has estropeado hasta este día, he aquí que a través de pensar en mi Torá y apegarte a mi temor y sacrificarte a ti mismo como te he enseñado, y después serás calcinado por la santidad de mi nombre, Él te perdonará y los pecados primeros no te serán recordados, como está escrito: «No nos recuerdes los pecados primeros [...]».[1262] Es decir, los pecados que la persona comete hasta los 40 años, que son los años de la juventud, no está tan agarrado por ellos como el que peca después de los 40 años, pues comienzan los días de la ancianidad. Y era correcto

---

1261. *Véase* Talmud, tratado de Suca 52b.
1262. Salmos 79:8.

según la ley, que debido a que el arrepentimiento selecto debe ser en ese periodo, (en ese lugar y con esa mujer), que no sirviera el arrepentimiento después de los 40 años, pues no está en la plenitud de su fuerza como antes de los 40 años. Y por eso David oraba cuando volvió en arrepentimiento completo después de los 40 años: no me recuerdes los pecados de antes de los 40 años. Y por eso dijo: «Tus misericordias vengan pronto a nosotros [...]».[1263] Es decir, aunque yo no merezco que me perdones por estos pecados, ya que no puedo volver de ellos apropiadamente en ese (tiempo, en ese lugar, y con esa mujer),[1264] pues mi fuerza no es ahora como lo fue en el tiempo del pecado. A esto se refiere lo que dijo: «Porque estamos muy empobrecidos –*dalonu*–».[1265] Es decir, a causa de que ahora se había debilitado mucho.

Y he aquí que El Santo, Bendito Sea, para que conozcas sus múltiples misericordias, he aquí que te recibe con tu arrepentimiento y no te serán recordados los primeros pecados si te cuidas de hacer todo lo que te he ordenado, y después serás calcinado por la santidad de mi Nombre tal como te he dicho. Por eso, de hoy en adelante cuídate mucho en tus acciones. Y tu corazón sea Nido y Tabernáculo de la Torá y no te apartes de ella ni un solo instante. Y recuerda que El Santo, Bendito Sea, en su multiplicidad de bondades y misericordias, te vigila mucho y yo te sigo siempre, como puedes ver. Y yo soy el enviado de El Santo, Bendito Sea, que me ha enviado para seguirte y estar contigo. Y a partir de aquí entiende la multiplicidad de bondades y misericordias de El Santo, Bendito Sea. Pues pese a todo lo que te has arruinado ante El Santo, Bendito Sea, desde que has comenzado a volver en arrepentimiento ante Él y a cubrirte en la ocultación de sus alas, he aquí que Él extiende su derecha sagrada para recibirte. Bendito sea Él y Bendito sea su Nombre, por siempre jamás.

Y a este día, el inicio del mes de Nisán, santifícalo mucho y come en él lo que desees. Y si deseas beber dos vasos, o tres, está bien. Y

1263. Ibíd.
1264. *Véase* Talmud, tratado de Iomá 86b.
1265. Salmos 79:8.

si bien en los días primeros ayunabas también en los días de Nisán, y en los días de Jol Hamoed[1266] tampoco comías pan y eso te era por mérito, no obstante, ahora que estás ante las personas, no desprecies los días del mes de Nisán. Y así será tu orden: en los días segundo y quinto –de la semana– come con sacrificio personal pan racionado y agua medida, tal como haces ahora. Y en los demás días de la semana come lo que desees y bebe un vaso, como haces ahora, por las noches. Y si deseas beber hasta tres vasos, tienes permiso. Pero para no anular de ti las palabras de la Torá, es correcto cuidarte con el vino.

¿Acaso no has sabido, si no has oído, que El Eterno es Dios eterno?[1267] He aquí que has de saber que El Santo, Bendito Sea, y todos los miembros de su Academia de los Cielos me han enviado a ti para entregarte paz y para hacerte conocer asuntos supremos del misterio de los misterios. Y entonces conocerás la multiplicidad de bienes, bondades y misericordias, de El Santo, Bendito Sea, y que su derecha está extendida para recibir a los que vuelven a Él, a su servicio sagrado.

Y he aquí que tú sabes que es muy difícil para ti lo relacionado con las emanaciones sagradas en lo concerniente a Maljut, que se une con las emanaciones. Y en algunos lugares se ve que no es así, Dios libre. Tal como lo que está escrito en el libro Habahir, que con 9 comenzó y culminó con ella. Y en otros varios lugares se entiende así, hasta que mencionó al autor de Minjat Yehuda, para decir lo que dijo, que son semejantes a los instrumentos de una embarcación […]. Su Amo lo perdone, El Eterno nos salve de esa información. Y de todos modos no será castigado por esas palabras, ya que no las ha dicho con la intención de pecar ante El Santo, Bendito Sea. Pero son un gran error. Además es difícil entender que en algunos lugares vemos que dicen que ella es: «hija de Abraham»,[1268] y en algunos lugares vemos que ella es: «hija de Biná», y en algunos lugares vemos que ella es:

1266. Así se denominan a los días intermedios entre el primer y último día de la festividad de Pesaj y Sucot.

1267. Isaías 40:28.

1268. Alude al misterio de la emanación Jesed.

«hija de Guevurá». Y además es difícil entender que aparentemente se ve que hay modificación, Dios libre, en las emanaciones, tal como dicen: se levanta del Trono del juicio y se sienta [...]. Hasta que eso llevó a algunos cabalistas a decir que ellas no son de la esencia de la Divinidad, Dios libre. Y tú sabes que el rabino Zutano sostiene esto, y en el futuro deberá rendir cuentas en el juicio y su castigo será grande. Por eso, si te encontraras con él, dile que se rectifique y él recibirá de ti. Porque aunque tiene algunas cualidades que no están orientadas, de todos modos, de esta ciencia sabe un poco. Además, es difícil de entender que en algunos lugares los sabios dijeron que el pecado de la persona llega hasta la Presencia Divina y las emanaciones. Y en algunos lugares dijeron que no llega nada de los pecados de la persona junto a El Santo, Bendito Sea y la Presencia Divina, tal como has visto en el libro de las rectificaciones –*Tikunim*–. Por eso yo te hago saber la verdad del asunto y el misterio de los misterios.

Has de saber que cuando ascendió a la Voluntad de las voluntades, el Anciano de los ancianos, El Infinito –*Ein Sof*–, crear los mundos, golpeó de Él con un golpe, e irradió una irradiación de luminosidad que incluía tres emanaciones. Tal como dijeron los sabios, que un punto incluye tres: su longitud, su anchura y su profundidad. Y esa irradiación de luminosidad era una y estaban incluidas en ella tres que son: Keter, Jojmá y Biná. Y después, cada una de esas tres golpeó y salió de ella una irradiación de luminosidad –que incluía otras dos–. Jojmá golpeó y salió de ella una irradiación de luminosidad que incluía otras dos, que son: Jesed y Netzaj. Y con Jojmá misma son tres. Y Biná también golpeó y salió de ella una irradiación de luminosidad que incluía otras dos, que son: Guevurá y Hod. Y con Biná misma son tres. Y Keter golpeó y salió de ella una irradiación de luminosidad que incluía tres, que son: Tiferet, Iesod y Maljut. Y ya que está más cerca de El Infinito –*Ein Sof*–, y se le parece porque es muy oculta, por eso, con la irradiación de luminosidad que sacó estaban incluidas tres, semejante a –la irradiación de luminosidad de– El Infinito –*Ein Sof*–. Y ahora, debido a que Keter, Jojmá y Biná eran una irradiación de luminosidad y Maljut salió de Keter y Abraham[1269] salió de Jojmá, se considera como si ambas salieron de un lugar. Y por eso Abraham dijo acerca de ella: «Y ciertamente también es mi hermana, hija de mi padre, mas no hija de mi madre [...]».[1270] Es decir, yo y ella nos proyectamos de la emanación Keter suprema, que es el Aspecto Cósmico Masculino Supremo –Aba– [...]. Y de todos modos se denomina «hija de Biná», porque ya que Biná estaba incluida en la emanación Keter, cuando Maljut salió de Keter, se considera como si salió de Biná. Y debido a que Guevurá es el atributo del juicio severo y Maljut es el atributo del juicio leve, se dice que se nutrió de ella.

Y cada una de esas emanaciones supremas está incluida de todas las diez. Porque todas estaban incluidas en El Infinito –*Ein Sof*–, cuando la primera irradiación de luminosidad sacó a todas las diez que estaban incluidas en esa irradiación de luminosidad. Y esto se parece al hombre en el que están incluidas todas sus descendencias. Y también aquí, cuando cada una de esas irradiaciones de luminosidad incluidas en esa irradiación de luminosidad, golpeó y sacó otras irradiaciones de luminosidad, las sacó con todas las irradiaciones de luminosidad que estaban incluidas en ella. Resulta que cada una de esas diez emanaciones incluye a todas esas diez que se nutren de esas diez y ascienden a cien. Y de cien a varias miríadas, innumerables, para las que no hay cuenta ni cantidad. Y todas esas diez emanaciones son una unificación. Y ellas provienen de la esencia de la Divinidad y están en El Infinito –*Ein Sof*–, como la llama unida a la brasa. Se parece al alma con el cuerpo de la persona, con sus órganos, donde todo es uno. Y así todo, es una unificación completa sin ningún flanco de separación jamás, Dios libre. Y Maljut, que es la Matronita, y las demás emanaciones están en unificación completa con El Infinito –*Ein Sof*–; y todo era, es, y será, tal como escribió Menajem de Rikanti. Y ese es el mundo de la unificación completa.

De allí en adelante comienza el mundo de la separación, es decir, que todos los mundos penden de la palabra de El Santo, Bendito

---

1269. Se refiere a la emanación Jesed.
1270. Génesis 20:12.

Sea. De todos modos, no son su esencia como esas diez emanaciones. Y entre el mundo de la unificación completa y el mundo de la separación completa hay un mundo que tiene un flanco de unificación, y está incluido de todas las diez emanaciones y tiene un flanco de separación. Y el mismo es un estuche para las diez emanaciones supremas, parecido al caracol cuya vestimenta es de él y se denomina: «Mundo de El Eterno», pues acerca de él está dicho: «Y estuvo con él allí».[1271] Porque: «Y El Eterno descendió», el valor numérico de: «El Eterno», suma 26. «En una nube –*beanán*–», –suma– 72. Y el misterio de –las letras– *nun* encorvada y *nun* extendida,[1272] se vincula con: Jesed, Tiferet, y Maljut. «Y pasó –*vaiabor*–»,[1273, 1274] –puede leerse así intercambiando el orden de las letras–: *ain, bet, reish, yud, vav*.[1275] «Sobre su rostro». No sobre el rostro de Moisés, sino sobre el rostro de –el grado de– El Eterno [...].

Y ese mundo que está entre el mundo de la unificación y entre el mundo de la separación, es –el ángel cuyo nombre se escribe con estas letras–: *mem, tet, tet, reish, vav, nun*, pues todas las diez emanaciones están incluidas en él. Y con él se equivocó Elisha, Ajer, al decir, Dios libre, que hay dos dominios –es decir, dos dioses–. Porque vio que él conducía el mundo de las separaciones y allí se encuentra el misterio de «otros dioses». Y a los ministros de las naciones les es posible aferrarse a él. Pues ningún ministro tiene permiso para ascender a las emanaciones supremas, Dios libre. Y allí se encuentra la

---

1271. «Y El Eterno descendió en una nube, y estuvo con él allí, y proclamó en Nombre de El Eterno» (Éxodo 34:5).

1272. O sea las dos últimas letras de *beanán*.

1273. La expresión *vaiabor*, está escrita con estas letras hebreas: *vav, yud, ain, bet, reish*.

1274. «Y pasó El Eterno sobre su rostro y proclamó: "¡El Eterno! ¡El Eterno! Dios, misericordioso y clemente, tardo para la ira y grande en bondad y verdad. Preserva la bondad por miles de generaciones, perdona el pecado, la rebelión, y la falta, limpia –a los que se arrepienten– y no limpia –a los que no se arrepienten–, recuerda el pecado de los padres sobre los hijos e hijos de los hijos, hasta la tercera y cuarta generación"» (Éxodo 34:6-7).

1275. El valor numérico de *ain, bet,* es igual a 72; y el valor numérico de *reish, yud, vav,* es igual a 216.

introducción de la inmundicia de la Serpiente en Eva, para separar entre él y el mundo de la unificación. Y los pecados llegan allí para separar entre el mundo de la unificación completa y entre él. Pero en las diez emanaciones supremas no hay allí daño, Dios libre. Tal como está dicho: «Si fueres justo, ¿qué le darás?».[1276] Y de allí, que es el mundo mencionado, se divide y transforma en cuatro cabezas, que son los cuatro campamentos de la Presencia Divina. Y entre el mundo mencionado y los cuatro campamentos de la Presencia Divina, está el Árbol del Conocimiento del Bien y del Mal, como es mencionado en el final de los Tikunim. Y él se denomina recipiente cuya cabeza es buena y cuya cola es mala. Y allí se encuentra el pecado de Adán, el primer hombre, que mezcló el bien con el mal. Y este misterio te lo ha mencionado a modo de alusión Salomón Jazan, que[1277] es semejante al zapato [...]. Y las diez emanaciones supremas son de la esencia Divina, y son una unificación completa, como te he dicho. Y no hay en ellas ninguna modificación en absoluto. Sólo que tal como el hombre hace así se lo mide. Y ciertamente, la paz sea contigo.

El libro de Éxodo se ha culminado y completado. Alabanza a Dios, Creador del mundo.

SECCIÓN DE VAIKRÁ

Primera compilación

Víspera del día de Shabat, 5 de Nisán.

Era el casamiento de mi hija y al principio de la noche nos demoramos allí bastante, como es habitual, y a causa de eso dormí hasta la primera hora del día. Y estaba afligido por no haberme despertado mientras aún era de noche para que viniera a mí la palabra, como era habitual. Y comencé a pronunciar Mishnaiot. Y he aquí que la voz de

---

1276. Job 35:7.
1277. El misterio de ese mundo y ese ángel.

mi amado golpeaba y decía: El Eterno está contigo [...]. No temas ni te atemorices por si yo te abandonara o te dejara, aunque sería correcto abandonarte y dejarte porque has apartado mucho tu corazón de mi Torá. Mas yo no haré así. Y las cosas buenas no impediré de tu boca. Pues no te abandonaré, ni te soltaré, ni te dejaré, hasta que haya hecho lo que te he hablado, concretamente y para tu necesidad, así haré. Pues te haré merecedor de ascender a la Tierra de Israel y unirte allí con los compañeros. Y para que enseñes mucha Torá, establezcas muchos alumnos y hagas volver a muchos del pecado. Y después te haré merecedor de ser calcinado por la santidad de mi nombre. Por eso, fortalécete en mi Torá, en mi temor y en mi servicio, y no apartes tu pensamiento ni un solo instante de mis Mishnaiot. Porque yo, yo soy la Mishná que habla por tu boca. Y yo soy la madre que alecciona al hombre. Yo soy quien te enseña beneficiosamente; te encamino por el camino por el que has de ir.[1278] Y he aquí que tú oras para ser conducido por los caminos del arrepentimiento y el servicio. Y esos son los caminos que te he enseñado, por eso, condúcete en ellos y merecerás grados supremos. Y cuídate del Mal Instinto que te acosa. Pues el misterio de la cita que manifiesta: «Ciertamente los –altares individuales denominados– *bamot*– no fueron quitados»,[1279] es porque en el culto idólatra hay tres tipos: *baal*, *pesel* y *bama*, en correspondencia con: –el ente maligno cuyo nombre comienza con las letras– *samej–mem*, y la Serpiente, y el Mal Instinto. Pues *baal* indica a modo de alusión cuando se fortifica mucho el poder del Mal Instinto, y se parece al dueño de casa –*baal habait*–. Y él alude a –el ente maligno– *samej–mem*. Y *pesel* indica a modo de alusión cuando se fortifica, pero no tanto. Y *bama* indica a modo de alusión cuando su fuerza se debilita. Y él alude al Mal Instinto. Y el versículo se refirió a los días de los Reyes justos –de Israel– que quitaron el culto idólatra del mundo, que aunque quitaron de los corazones de las personas el poder de –el ente maligno cuyo nombre comienza con las letras– *samej–mem*, y la Serpiente, de todos modos no alcanzaron a quitar el Mal Instinto

---

1278. *Véase* Isaías 48:17.
1279. II Reyes 12:4, Metzudat David.

aludido en *bama*. Por eso después volvían a pecar. Y por eso la persona debe ser muy diligente para quitar de él el Mal Instinto y no darle lugar para que ejerza dominio. Y ha de disminuir en los placeres del cuerpo. Y sal y aprende de las naciones (separando), pues sus ancestros poseyeron falsedad (vanidad), y no hay en ellos provecho.[1280] Cuántas aflicciones y sufrimientos soportan cuanto más y más que ha de ser liviano en tus ojos soportar aflicciones y sufrimientos por la fe verdadera para ser aceptado ante tu Señor.

Y en esta sección de la Torá hay que ser ciudadoso en observar, ¿por qué está escrito en ella: «Y llamó a Moisés»,[1281] cuando no está escrito así en otros lugares. Y además, ¿qué significa –lo que está escrito a continuación–: «y El Eterno habló a él»? Pero el misterio del asunto es que todas las emanaciones irradiaron luminosidad y se unieron como uno. Y a esto se refiere lo que está escrito: «Y llamó –*vaikrá*–».[1282] Pues –la letra– *vav*, que alude a la emanación Tiferet, ascendió a *yud*, que es –la letra vinculada con el misterio de la emanación– Jojmá. Y todas las emanaciones irradiaron y cada una se elevó a diez.[1283] Resulta que todas se elevaron y ascendieron en total a la cuenta de 100. Y debido a que cada una está incluida de misericordia y –rigor de– juicio, resulta que ascendieron en total a *reish*,[1284] o sea, 200. Y debido a que la unificación era completa, todas ascendieron a –el nivel supremo denominado– El Infinito, aludido en –la letra– *alef*. «A[1285] Moisés». Es decir, *alef*, que alude a –el nivel supremo denominado– El Infinito, se unió con *lamed*, que alude a la emanación Biná, y con la emanación Tiferet, aludida en Moisés.

1280. Jeremías 16:19.

1281. «Y llamó a Moisés y El Eterno habló a él desde el Tabernáculo de Reunión, diciendo: "habla a los Hijos de Israel y diles: el hombre de entre vosotros que ofrezca un sacrificio a El Eterno, de los animales, de los vacunos, y de los ovinos, sacrificarán vuestros sacrificios"» (Levítico 1:1-2).

1282. La expresión *vaikrá* está escrita con estas letras hebreas: *vav, yud, kuf, reish,* y *alef*.

1283. El valor numérico de la letra *yud*.

1284. El valor numérico de la letra *reish* es 200.

1285. La expresión «a» en el texto original hebreo está escrita a través de la locución *al*, que está escrita con una letra *alef* y una letra *lamed*.

«Y El Eterno habló a él»[1286]. La letra *alef*, que alude –el nivel supremo denominado– El Infinito, se unió con –la letra– *lamed*, que alude a la emanación Biná, y con –la letra– *yud*, que alude a la emanación Jojmá, y con –la letra– *vav*, que alude a Tiferet.

«Desde el Tabernáculo de Reunión –*moed*–». Es decir, la Congregación de Israel, que se denomina Moed, –a partir– de la expresión: «me reuniré –*noadti*–».[1287] Es decir, allí se reúnen todas las emanaciones para transmitirle influencia para irradiar, e irradia mucho. Y a esto se refiere lo que está escrito: «Desde el Tabernáculo –*mehoel*– de Reunión –*moed*–». De la expresión: «Cuando hacía irradiar –*behilo*– su luminaria sobre mi cabeza».[1288]

Víspera del día de Shabat, 11 de Adar II.

El Eterno está contigo [...]. Me aleccionó y me reprochó para que me comportara siempre en su Torá y en su temor y no apartase mis pensamientos ni un instante, sólo que hiciera ascender mis pensamientos a la Fuente, pues ese es el misterio de los sacrificios –*korbán*–, que la persona apegue su espíritu con su interior –*kirbó*–. Y ya que ofreció un sacrificio, asciende a lo Alto también el espíritu del hombre apegado con él. Y éste es el misterio de lo que está escrito: «El hombre de entre vosotros que ofrezca un sacrificio a El Eterno».[1289] Un sacrificio concretamente. «De entre vosotros»,[1290] concretamente. El sacrificio –*korbán*– será concretamente que vuestro espíritu se apegue con vuestro sacrificio. Y a través de eso ascenderá a lo Alto. Y a esto se refiere lo que se volvió –a mencionar en el versículo– y se escribió: «sacrificarán vuestros sacrificios». Es decir, el sacrificio[1291] de vues-

---

1286. La expresión «a él» en el texto original hebreo está escrita a través de la locución *elav*, que está escrita con una letra *alef*, una letra *lamed*, una letra *yud*, y una letra *vav*.
1287. Éxodo 25:22.
1288. Job 29:3, Metzudat Tzion.
1289. Levítico 1:2.
1290. Ibíd.
1291. O sea, el ofrecido.

tros espíritus concretamente. Y bienaventurado el hombre que merece entregar su alma en este mundo por la santidad del Nombre de El Santo, Bendito Sea. Y en especial aquel que es calcinado por la santidad de su Nombre. Porque aquel que es asesinado o estrangulado, por la santidad –de su Nombre–, Bendito sea, ya que la carne –de la persona– permanece en el mundo, se parece a un sacrificio expiatorio, o un sacrificio de culpa, que todos los flancos tienen provecho de él. Pero aquel que es calcinado por la santidad de los Cielos, se parece a un sacrificio ígneo[1292] –olá–, pues todo asciende –olé– íntegramente a lo Alto. Y asimismo, su humo asciende, y su cuerpo se apega a lo Alto, a un lugar sagrado, como Jacob cuyo cuerpo se apegó a lo Alto, y cuyo espíritu ascendió a lo Alto y se apegó a un lugar supremo.

(La expresión *vaikrá*[1293] está escrita con una letra *alef* pequeña). Y acerca del misterio de la *alef* pequeña de *vaikrá*, los sabios dijeron que alude a Maljut. Y hay que analizarlo cuidadosamente, porque *alef* alude a –la emanación– Keter suprema. ¿Y cómo dijeron que alude a Maljut?[1294] Pero el misterio del asunto es que Maljut asciende a Keter suprema, y así, pues, *alef* vuelve a aludir a Maljut[1295], y ella es pequeña, porque se empequeñeció a sí misma. Tal como dijeron nuestros sabios, de bendita memoria: «Ve y empequeñécete a ti misma».[1296] Asimismo, –alude– a la elevación. Porque todo el tiempo que es pequeña alude a lo Alto. Pues –la letra– *yud*, que es pequeña, alude a Jojmá y su espinillo, a Keter suprema; y así también Maljut, ya que ascendió a Keter suprema, está aludida en una letra pequeña.

Asimismo, hay que analizar cuidadosamente lo que los sabios dijeron, que todos los profetas no profetizaron sino a través de la lámpara que no ilumina –directamente–.[1297] Y en otros lugares dijeron

---

1292. Este tipo de ofrenda se quema íntegramente.
1293. Levítico 1:1.
1294. La emanación inferior.
1295. La emanación Maljut alude a la Luna.
1296. Talmud, tratado de Julín 60b.
1297. Sino similar a un espejo que refleja la luz.

que profetizaron de –el grado de–: «los instruidos de El Eterno».[1298] Y asimismo hay que analizar cuidadosamente lo concerniente a Moisés, pues dijeron que profetizó a través de la lámpara que ilumina –directamente–. Y he aquí que está escrito: «Y El Eterno habló a él desde el Tabernáculo de Reunión».[1299] Y el Tabernáculo de Reunión alude a Maljut. Y además, ¿cómo es posible decir que los profetas profetizaron desde esta emanación o desde esta otra emanación? He aquí que se parece a la separación y al final. Pero el misterio del asunto es que cada emanación tiene un camino y un sendero en Maljut. Y cuando profetizan los demás profetas ilumina –el grado denominado–: «los instruidos de El Eterno», en los caminos y los senderos que se vinculan con Maljut. Y de allí obtienen profecía semejante a las letras escritas en el Pectoral –del sumo sacerdote–, que ciertas letras se iluminaban ante los ojos del sacerdote para devolverle la respuesta a la pregunta realizada. Y esa luz que viene de esas letras asiste a esas letras que no iluminan en ese momento. Pues si esas letras no estuvieran escritas, no iluminarían.

Resulta que cuando las letras iluminan lo hacen a través de la unión y el vínculo de todas las letras. Y así también cuando iluminan –desde el grado denominado–: «los instruidos de El Eterno», en los caminos y los senderos que se vinculan con Maljut, que son como la unión y el vínculo de todas las emanaciones. Y en la profecía de Moisés iluminaba la –emanación– Tiferet a través del camino y el sendero vinculado con Maljut. Y Moisés entraba en el interior de Maljut y conocía todo lo oculto y recóndito de él –ese grado–. Y cuando Tiferet irradiaba en ella, se unía con Tiferet, y Moisés ascendía para apegarse con Tiferet. Y a esto se refiere lo que está escrito: «Y El Eterno hablaba a Moisés cara a cara».[1300] Es decir Tiferet y Maljut se unían cara a cara. Y ya que se unían, también todas las emanaciones estaban unificadas como uno. Y a esto se refiere lo que está escrito: «He de hablar con

---

1298. Isaías 54:13.
1299. Levítico 1:1.
1300. Éxodo 33:11.

él boca a boca».[1301] Es decir, esta –emanación–, Maljut, se denomina: «Boca –*pi*– de El Eterno». Y Tiferet es –denominado–: «Boca –*pe*–», porque es –un ente cósmico– masculino. Y cuando se unen como uno, Maljut asciende y se denomina con un nombre masculino, tal como está escrito en el sagrado Zohar. Y a esto se refiere lo que está escrito: «He de hablar con él boca –*pe*– a boca –*pe*–».[1302] Pues, debido a que –los grados de– Tiferet son los rostros de las emanaciones supremas, se une con los rostros de Maljut. Resulta que todas las emanaciones se unen con Maljut y se concreta una unificación absoluta semejante al hombre, que se une con su pareja cara a cara. Y ya que se concreta una unificación absoluta, entonces, todos los caminos y los senderos que hay en las emanaciones supremas en –vínculo con– Maljut irradian con gran luminosidad. Y Moisés se encontraba situado en el interior de Maljut y mereció –aprehender– la irradiación de las emanaciones supremas. Pero esos profetas no estaban situados en el interior de Maljut sino debajo de –el nivel de– Maljut. Y esa emanación de la cual profetizaban iluminaba por el camino y el sendero que tiene en –su vínculo con– Maljut. Y aunque esa irradiación tenía asistencia de esas emanaciones, de todos modos no iluminaba sino esa emanación solamente y no había unión completa. Y a esto se refiere lo que está escrito: «Pues Tú, El Eterno, te aparecías –*nirah*– ojo a ojo».[1303] Es decir, como quien orienta su ojo hacia el ojo de su compañero, donde no hay aquí unión completa, porque no orienta lo todo, cara con cara de su compañero. Así era la profecía de ese pueblo. Por eso dijo: «*nirah*», que es una expresión femenina. Porque ya que la unión del –ente cósmico– masculino, no era completa, no ascendió para ser denominada con una expresión masculina. Y a esto se refiere lo que está escrito: «Y aparecí –*vaerá*– a Abraham [...]».[1304] Es decir, se mostraron e iluminaron «los instruidos de El Eterno», en los caminos

---

1301. Números 12:8.

1302. Números 12:8.

1303. Números 14:14.

1304. «Y aparecí a Abraham, Isaac y Jacob como Dios Omnipotente, y por mi Nombre El Eterno no me di a conocer a ellos» (Éxodo 6:3).

y los senderos que se vinculan con Maljut, que se denomina: «Dios Omnipotente».[1305] «Y por mi Nombre El Eterno», se refiere a Tiferet, «no me di a conocer». Es decir, no iluminó por los caminos que tiene en –vínculo con– Maljut. Y a esto se refiere lo que está dicho: «no me di a conocer –*nodati*–», y no dijo: «no me hice conocer –*hodati*–».[1306]

Y el espíritu de santidad iluminó con una iluminación pequeña de las emanaciones los caminos y los senderos que tienen en –vínculo con– Maljut. Y debido que era una iluminación pequeña, no se considera el espíritu de santidad como profecía. Y respecto a ella discreparon los sabios sobre el libro –Meguilá– de Ester. Pues los sabios dijeron que ya que el libro de Ester no fue dicho sino con espíritu de santidad, no es apropiado que sea escrito –incluido– entre los Escritos –sagrados–. Pues aunque los Salmos fueron dichos con espíritu de santidad, es un caso diferente porque el poder –del gobierno– estaba en Israel y por eso el espíritu de santidad iluminaba mucho en las emanaciones de –el grado vinculado con– Maljut. Pero el libro de Ester, que fue dicho después de la destrucción –del Templo sagrado–, las iluminaciones de las emanaciones en Maljut eran pequeñas, no era apropiado que estuviera escrito entre los Escritos.

Y la razón por la cual Ester solicitó escribirlo entre los Escritos era porque aún no había sido cerrada la visión –profética–. Pues he aquí que Hageo, Zacarías y Malaquías profetizaron después de eso y el espíritu de santidad aún iluminaba con mucha luminosidad, pues las emanaciones iluminaban por los caminos que tienen en –vínculo con– Maljut. Y después de que se cerrara la iluminación del Espíritu de Santidad utilizaban el Eco –celestial–, que es –el ángel cuyo nombre se escribe con estas letras hebreas:– *mem, tet, tet, reish, vav, nun,* del Mundo de la Separación.

Y bienaventurado el hombre que unifica su corazón y su servicio a El Santo, Bendito Sea. Pues a través de eso se unifican las emanaciones e iluminan, como está escrito: «No hay –*ein*– como Dios

---

1305. Se refiere al Nombre que se escribe con estas letras hebreas: *alef, lamed shin, dalet, yud*.

1306. *Véase* Rashi en Éxodo 6:3.

–*KaEl*– Yeshurun».[1307] Es decir, *El*, que es –el ente cósmico vinculado con el misterio de la emanación– Jesed, asciende al lugar –cósmico supremo– denominado Ein,[1308] y al lugar de *KaEl*, que es la emanación Keter suprema. Y entonces es Yeshurun. Es decir, la abundancia viene por un camino recto –*yashar*–. Y a esto se refiere la letra *nun* extendida del final de la expresión Yeshurun.[1309] Es decir, la abundancia viene por camino recto de Tiferet. «Cabalga por los Cielos en tu ayuda».[1310] Es decir, cuando tú lo ayudas con tus buenas acciones, Él asciende y cabalga sobre los Cielos supremos. Pero cuando tú no lo ayudas sino: «con su sublimidad –*gavaató*–»,[1311] no está sobre los Cielos supremos sino sobre las alturas supremas –*shejakim*–, porque Jesed está sobre Netzajim.[1312] Y a esto se refiere lo que está escrito: «También sus Cielos destilarán –*iarfu*– rocío».[1313] Es decir, incluso los Cielos que –se vinculan con– Israel, que son los *shejakim*, los cuales están sobre Israel, fluye de ellos rocío con el cual en el futuro resucitará a los muertos. Y la expresión *iarfu* se parece a una casa de mármol de cuyos muros brota agua, de un modo semejante a la transpiración. Y a esto se refiere *iarfu*, que viene de la expresión *arifa* de agua, como si perforaran las piedras y salieran. Y ya que así es con los Cielos inferiores, con más razón que los Cielos supremos emanan rocío de vida. Por eso, bienaventurado aquel que purifica sus miembros para ser campamento de la Presencia Divina y el pensamiento de su corazón está siempre en la reverencia de El Eterno, y en su temor. Y la paz sea contigo.

1307. «No hay –*ein*– como Dios –*KaEl*– Yeshurun; cabalga por los Cielos en tu ayuda, y por las alturas supremas –*shejakim*– con su sublimidad» (Deuteronomio 33:26).

1308. Se vincula con el misterio de la emanación Jojmá.

1309. Yeshurun se vincula con el misterio de la emanación Tiferet.

1310. Deuteronomio 33:26.

1311. Íbid.

1312. La expresión *netzajim* es el plural de Netzaj, o sea, se refiere a la emanación que está debajo de Jesed en el árbol sefirótico.

1313. Deuteronomio 33:28.

Víspera del día de Shabat, 5 de Nisán, año 5303

El Eterno está contigo [...]. Apégate únicamente a mí [...]. Y he aquí que fue decretada sobre ti la muerte, porque en el lugar del juicio [...].[1314] Y cuando ascendiste[1315] pensaste en lo que no era apropiado, como sabes, y por eso fue decretada sobre ti la muerte. Pero yo, la Mishná, enseñé mérito acerca de ti y asimismo Jacob, mi hombre selecto, y Moisés, mi –hombre– claro, y Rashi, y Tosafot, y todos los sabios *amoraitas* y *tanaitas* de cuyas palabras tú te ocupas. Todos se pusieron de pie ante El Santo Bendito Sea y oraron, y ciertamente te rescataron de la muerte y fueron decretadas sobre ti esas aflicciones que han venido a ti. Y también fueron dadas en lugar de ti personas valiosas, como sabes[1316]. Pues cuando a la medida del juicio le dan un hombre para ser quitado del mundo y después es salvado, no lo deja hasta que dan un rescate en lugar de él. Por eso, querido hijo mío, escucha mi voz y no comas ni bebas de modo placentero en absoluto, como te he enseñado. Y recuerda las palabras de Yona, mi hombre sagrado. Pues cuando el hombre tiene un alimento que es de su agrado ha de apartar su mano de él para el servicio a su Creador, y eso es considerado más importante que un ayuno. Y por eso la mesa de la persona se denomina Altar. Pues así como en el Altar se degüella a ese flanco, también se degüella en la mesa de la persona, cuando la persona aparta sus manos del alimento y de la bebida, cuando le es agradable. Así aparta al Mal Instinto y es degollado.

Y así, pues, cuídate de comer y beber a modo de deleite y placer también en los días de Shabat y en los días festivos. Y de todos modos siempre esté tu pensamiento apegado a mi Torá, también cuando hablas con las personas y en el tiempo en que comes y bebes. Y a través de eso merecerás que tu alma ascienda en el momento del sueño a la Academia del Cielo y estudiarás palabras de Torá preciadas y claras. Y cuando despiertes, las recordarás y las escribirás en un libro, y serán

---

1314. *Véase* Eclesiastés 3:16.
1315. En ese lugar del juicio.
1316. *Véase* Isaías 43:4.

palabras deleitables de la Cábala, el Talmud, la Mishná y las Escrituras. Y a esto se refiere el misterio de lo que está escrito: «No se apartará este libro de la Torá de tu boca».[1317] Es decir, no se apartará de tu boca –incluso– mientras te dispones para el estudio, cuando comes y bebes, y hablas con las personas, y no puedes estudiar con tu boca, piensa en la Torá de día y de noche. Es decir, todo el rato has de estar meditando, o sea, con el pensamiento del corazón. Entonces merecerás meditar en ella por la noche, en el momento del sueño, tal como te he dicho. Pues aquel que habla palabras vanas transgrede un precepto activo, el de: «hablarás de ellas»,[1318] y no de palabras vanas.[1319] Y también transgrede un precepto pasivo, el de: «No se apartará este libro de la Torá de tu boca [...]». Y a esto se refiere lo que está dicho: «Cuando andes te guiará [...]».[1320] Es decir, cuando andes por el camino medita en palabras de la Torá; entonces, cuando te acuestes, te cuidará. Es decir, en el tiempo del sueño ascenderás a lo Alto para estudiar palabras de Torá y cuando despiertes recordarás todas esas palabras que te he enseñado. Y a esto se refiere lo que está escrito –a continuación–: «y cuando despiertes, será tu habla». Asimismo, «y cuando despiertes, será tu habla», viene a decir que aprehenderás lo que tú apegaste para hablar con tu boca.

Y has de saber que el misterio de los sacrificios está vinculado con el misterio de las reencarnaciones. Pues cuando llega su tiempo, merece ascender como sacrificio. Y cuando lo degüellan ritualmente, ese flanco se aparta de allí. Y es como si fuese sacrificado ese flanco. Pues su dominio se aparta de él, de ese animal que él no mató. Y entonces, ese espíritu que reencarnó en ese animal, sale en lugar de eso flanco,

---

1317. «No se apartará este libro de la Torá de tu boca, sino que de día y de noche meditarás en él, para que guardes y hagas conforme a todo lo que en él está escrito; para que prosperes en tu camino y actúes con sensatez» (Josué 1:8).

1318. Deuteronomio 6:7.

1319. Talmud, Tratado de Yomá 9b.

1320. «Cuando andes, te guiará, cuando te acuestes, te cuidará, y cuando despiertes, será tu habla» (Proverbios 6:22).

y se apega al flanco de la bondad –Jesed–,[1321] pues lo degüella ritualmente. Y aunque el degollado ritual es apto a través de un israelita, cuando viene el sacerdote y también el israelita, es del flanco de la Misericordia –Rajamin–.

Y si no queda ningún pecado sobre ese espíritu, se ofrece como sacrificio ígneo, pues asciende completamente a lo Alto. Y si aún no fue aceptado –el limpiado de– su pecado, se ofrece como sacrificio expiatorio, del que comen los sacerdotes, para indicar a modo de alusión que aún tiene adherencia a ese mundo. Y a través de esa carne que comen los sacerdotes, ese espíritu asciende por el flanco de la bondad –Jesed–, de ese flanco del sacerdote. Y a esto se refiere el misterio de lo que fue enseñado: los sacerdotes comen y los dueños –del sacrificio– son expiados.[1322] Porque los dueños de –la ofrenda– están también con ese espíritu que se reencarnó en ese animal. Y si[1323] es de la generalidad del pueblo, que no tiene sabiduría, se ofrece como sacrificio de paz, que es de las santidades leves, y comen de ellas los dueños.

Y no debes sorprenderte cómo un hombre reencarna en un animal, pues está indicado en un versículo de Daniel, en la obra de Nabucodonosor,[1324] que reencarnó en un animal, y no, como explicó Ben Ezra, sino que reencarnó concretamente. Y después[1325] dijo: «mi saber volvió a mí».[1326] –Es decir, Nabucodonosor dijo: para recordar todo lo que vino sobre mí por el pecado de la arrogancia. Y ciertamente alabé al Amo del mundo [...].[1327] Y éste es un asunto sencillo que puedes preguntar en la Casa de –estudio del– Talmud. Y no les fue suficiente con las palabras del sagrado Zohar –para explicar lo re-

---

1321. Es decir, el flanco del sacerdote. Ya que el sacerdote está vinculado con la emanación Jesed.
1322. Talmud, tratado de Yevamot 90a.
1323. Ese espíritu que reencarnó en el animal.
1324. *Véase* Daniel cáp. IV.
1325. Cuando Nabucodonosor volvió a ser hombre, tal como consta en Daniel.
1326. Daniel 4:33.
1327. *Véase* Daniel 4:34.

lacionado con este asunto–, sino si reencarnó en un animal que no es puro.

Y ciertamente yo, yo soy la Mishná que habla por tu boca. Y yo soy la madre que alecciona a sus hijos. Yo soy quien se abraza a ti. Y apégate a mí siempre para que mi esplendor esté sobre ti y tu esplendor esté sobre mí [...]. Porque te enalteceré para que seas príncipe y líder de toda la diáspora de Israel en el imperio de Arabistán. Y debido a que has dado tu alma por devolver la corona de la ordenación rabínica a su lugar original, merecerás ser ordenado a través de todos los sabios de la Tierra de Israel y de los sabios de fuera de la Tierra de Israel. Y a través de ti haré volver la ordenación rabínica a su lugar original y te haré merecedor de completar tu compendio [...]. Y después serás calcinado por la santidad de mi nombre y ascenderás como lana limpia [...]. Y merecerás la resurrección de los muertos y serás de esos acerca de las cuales está dicho: «Para vida en el Mundo –venidero– [...]».[1328] Y ciertamente la paz sea contigo. Y dispón siempre ante tus ojos como si el Nombre de El Eterno, el Tetragrama, estuviese escrito con tinta negra sobre pergamino. Y verás tú mismo como si tú observaras en él. Y verás tú mismo como que tu padre está de pie ante ti. Y a través de eso te avergonzarás y turbarás de interrumpir los pensamientos de tu corazón de mi servicio, y de mi Torá, y de mis Mishnaiot. Y cuídate cada día de leer las secciones de los sacrificios.

SECCIÓN DE TZAV

Primera compilación

Víspera del día de Shabat, 12 de Nisán.

El Eterno está contigo. Fortalécete y apégate a mí, a mi Torá y a mi temor, y tus miembros sean campamento de la Presencia Divina,

---

1328. Daniel 2:2.

para no apartar tu pensamiento ni un instante de mi Torá y de mi servicio. Y anula de ti los placeres del cuerpo tal como te he enseñado e instruido. Y abre tus ojos y observa tu asolamiento cuando apartaste mi Torá y mi temor de tu corazón, y con todo eso, no interrumpí lo bueno ni impedí de tu boca. Por eso, vuelve por favor a mí y apégate a mí siempre y te haré merecedor de ser calcinado por la santidad de mi nombre. Y te haré andar entre estos que están aquí,[1329] como está escrito: «Porque cuando los Cielos nuevos y la nueva Tierra [...]».[1330] Pues hay que analizar cuidadosamente, ¿a qué se refiere eso que se dijo: «los Cielos nuevos y la nueva Tierra [...]»? Y además, ¿qué significa: «estén de pie delante de mí»? Y además, ¿qué significa: «así estará de pie vuestra descendencia y vuestro nombre»?

Pero el misterio del asunto es que viene a decir esto: cuando se unifiquen las emanaciones de la Matronita, que se denomina Nueva Tierra, porque es Tierra Deseada. Y se denomina Nueva porque fue emanada por las diez emanaciones supremas. Y los Cielos aluden a los tres Patriarcas.[1331] Y cuando se unifiquen con la Matronita, que se denomina Nueva, los Cielos también se denominarán Nuevos. Y cuando se unifiquen con la Congregación de Israel, es decir, cuando las emanaciones de ella se unan con las emanaciones supremas, ellas «estarán de pie». Y en el versículo se dijo que cuando las emanaciones estén con esa unificación, en ese momento os transmitirán influencia y estará de pie y existirá vuestra descendencia –simiente– y vuestro nombre. Y el misterio de la simiente y el nombre es que el cuerpo del hombre se denomina vuestra simiente, y su nombre alude a su espíritu. Y se dijo que ambos tendrán existencia y estarán de pie.

1329. *Véase* Zacarías 3:7.

1330. «Porque cuando los Cielos nuevos y la nueva Tierra que Yo hago estén de pie delante de mí, dice El Eterno, así estará de pie vuestra descendencia y vuestro nombre» (Isaías 66:22).

1331. Se refiere a las emanaciones denominadas Patriarcas.

Y en esta sagrada sección de la Torá hay que hacer hincapié en observar qué significa la expresión: «Ordena».[1332] ¿Y qué significa: «Ésta es la ley del sacrificio ígneo»? Pero el misterio del asunto es que viene a decir que las emanaciones ascienden cada una a diez,[1333] resultando que ascendieron a la cuenta de 100. Pues ese es el valor numérico de ordena –*tzav*– con las 4 letras del Nombre de El Eterno, el Tetragrama.

«A Aarón». Pues es el hombre de la bondad –Jesed–, que es la cabeza de las emanaciones de la Edificación. «Y a sus hijos», se refiere a las demás emanaciones. «Ésta», se refiere a la Congregación de Israel. «Ley –*torat*–», alude a la Matronita. «Del sacrificio –*haolah*–»,[1334] es decir, a la última –letra– *he*,[1335] hay que hacerla ascender a –la emanación– Biná, para apegarla allí. «Es –*hi*– el sacrificio –*haolah*–». Es decir, y la primera –letra– *he*,[1336] también ascenderá a lo Alto y se apegarán a las emanaciones que están sobre ella. «Sobre la llama». Es decir, estará con la irradiación de luminosidad suprema y clara de ellas. Y es como si las calcinara con la llama del fuego, pues son como la llama unida a la brasa. «Sobre el Altar». Es decir, e irradiará la –emanación– Iesod, que está sobre la Congregación de Israel, que se denomina Altar. «Toda la noche». Es decir, siempre que la –emanación– Iesod se unifique con la Congregación de Israel, que se denomina Noche. «Hasta la mañana». Es decir, la unificación era tal que todas las emanaciones iluminaban en forma semejante a la mañana que ilumina. «Y el fuego del Altar estará encendido en él». Es decir, la llama de ellas unida con la brasa se fortificará mucho.

1332. «Ordena a Aarón y a sus hijos, diciendo: "Esta es la ley del sacrificio ígneo, es el sacrificio ígneo que permanecerá sobre la llama, sobre el Altar, toda la noche, hasta la mañana, y el fuego del Altar estará encendido en él"» (Levítico 6:2).
1333. Pues cada emanación contiene a las diez emanaciones.
1334. Esta palabra está escrita con una letra *he* al comienzo y una letra *he* al final.
1335. Se refiere a la emanación Maljut.
1336. Se refiere a la emanación Biná.

«Y el sacerdote vestirá»,[1337] que es el hombre de bondad –Jesed–, «su túnica –*midó*– de lino –*bad*–», es decir, la emanación Jesed se unificará con la emanación Biná. Pues «su túnica –*midó*–», asciende al valor 50, en correspondencia con los 50 pórticos de Biná. Y «lino –*bad*–»,[1338] también alude a Biná, porque asciende al valor 8 y Biná es la octava emanación. «Y vestirá sobre su carne calzones de lino». Para separar entre lo santo y lo mundano. «Y apartará las cenizas […]. Y sacará las cenizas fuera del campamento».[1339] Se alude a la abundancia que surge para nutrir a los mundos.

«Y el fuego que está sobre el Altar permanecerá encendido en él, no se apagará».[1340] Es decir, aunque los pecados provoquen la estrechez de la abundancia, de todos modos habrá un poco de irradiación de luminosidad de la llama de las emanaciones. «Y el sacerdote encenderá la leña sobre él […]». Es decir, aunque la irradiación de luminosidad de la llama de las emanaciones no se interrumpa, el sacerdote debe encender las leñas, que son emanaciones, para fortalecer la llama y la irradiación de luminosidad de ellas. Y a esto se refiere lo que está escrito: «de mañana en mañana». Es decir, para que iluminen mucho. Y a esto se refiere el misterio de lo que dijeron los sabios, aunque el fuego desciende de los Cielos, es un precepto traer de una persona común. «Y dispondrá sobre él el sacrificio ígneo». Es decir, para que la Congregación de Israel ascienda a Biná. «Y hará ascender en humo sobre él los sebos de las ofrendas de paz». Pues el sebo es

---

1337. «Y el sacerdote vestirá su túnica de lino, y vestirá sobre su carne calzones de lino; y apartará las cenizas de lo que consumió el fuego del sacrificio ígneo sobre el Altar y las colocará junto al Altar» (Levítico 6:3).

1338. El valor numérico de la expresión *bad* es 6, y si se suman las dos letras de la palabra he aquí 8. Otra explicación según otro sistema de cálculos numéricos según la Cábala: la expresión *bad* está escrita con la letra hebrea *bet* y la letra hebrea *dalet*. Multiplicando el valor numérico de la letra *bet* (2) por el valor numérico de la letra *dalet* (4), el resultado es 8.

1339. «Y se quitará sus vestimentas y vestirá otras vestimentas, y sacará las cenizas fuera del campamento, a un lugar puro» (Levítico 6:4).

1340. «Y el fuego que está sobre el Altar permanecerá encendido en él, no se apagará; y el sacerdote encenderá la leña sobre él de mañana en mañana; y dispondrá sobre él el sacrificio ígneo, y hará ascender en humo sobre él los sebos de las ofrendas de paz» (Levítico 6:5).

blanco, y alude a la irradiación de luminosidad de las emanaciones. Y cuando se quema en el fuego se vuelve rojo. Y después vuelve a ser blanco con el humo del sacrificio ígneo.

«Fuego continuo permanecerá encendido sobre el Altar».[1341] De todos modos, la llama y la irradiación de luminosidad de las emanaciones no se interrumpirá. Pues si eso fuese así un solo instante, todos los mundos en su totalidad se destruirían, pero a causa de que […] se proyecta a ellos abundancia e irradiación de luminosidad, y por eso los mundos pueden existir. He aquí te he explicado la sección de modo profundo. Y de eso aprenderás también para las otras secciones. Y ciertamente la paz esté contigo.

Víspera del día de Shabat, 8 de Nisán

El Eterno está contigo […]. «Encomienda –gol– a El Eterno tu camino […]».[1342] Es decir, tu camino se refiere a la Congregación de Israel. Y dijo: encomiéndala –gol– a El Eterno. «Y confía en Él, y Él hará. Y hará emerger tu justicia como la luz […]». He aquí hay que hacer hincapié en observar, ¿qué significa «tu justicia», y qué significa «tu juicio», y qué significa «como la luz», y qué significa «como el mediodía»? Y además, ¿por qué mencionó a la luz a propósito de la luz y a propósito del juicio mencionó el mediodía? Pero el misterio del asunto es que justicia se refiere a la Congregación de Israel que se parece a la luz, y juicio se refiere a Tiferet que se parece al mediodía. Es decir, a todas las emanaciones las llamó mediodía y dijo que cuando Tiferet se une con la Congregación de Israel, todas las emanaciones se unen como uno.

Y en esta sección de la Torá hay que explicar que «Ésta es la ley –torat– del sacrificio ígneo […]», nos viene enseñar que los miembros y las grasas son preciados ante El Santo, Bendito Sea, como todos los demás sacrificios. Por eso dijo: «Es el sacrificio ígneo que permane-

---

1341. «Fuego continuo permanecerá encendido sobre el Altar; no se apagará» (Levítico 6:6).

1342. «Encomienda a El Eterno tu camino; y confía en Él, y Él hará. Y hará emerger tu justicia como la luz, y tu juicio como el mediodía» (Salmos 37:5-6).

cerá sobre –*hi haolah al*», –puntualizado– con –los signos de entonación denominados– *pazer gadol y talsha,* para enseñar la importancia de los mismos. «Y el sacerdote vestirá su túnica de lino», que son las vestimentas sagradas, «y apartará las cenizas [...]. Y las colocará junto al Altar», que es lugar sagrado. Y la razón es, para considerar la importancia de esos miembros y sebos. Por eso toma la ceniza de los mismos, vistiendo las vestimentas sagradas, y coloca esa ceniza en lugar sagrado.

Víspera de Shabat Hagadol.

El Eterno está contigo [...]. Solamente apégate a mi Torá, a mi temor, y a mis Mishnaiot, y no apartes tu pensamiento ni un solo instante. Y si así hicieres, te haré merecedor de que tu alma ascienda en el tiempo del sueño a la Academia del Cielo y estudies palabras novedosas que todos los que las escuchen valorarán mucho. Y disminuye en la comida y en la bebida tal como te he ordenado y no como has hecho esta semana. Pues, ¿acaso está bien ante tus ojos beber sin tener ningún deseo sino solamente para saciar al Mal Instinto? Por eso, aléjate del consejo del Mal Instinto. «Porque según su propia estima, así es él».[1343] Es decir, aunque el hombre no tenga deseo de comer sino un poco, el Mal Instinto le abre el deseo como la puerta de un salón. Por eso, hijo mío, cuídate y no comas ni bebas a modo de deleite en absoluto y podrás decir en el momento en que te apartes de este mundo cuántos años no has tenido provecho incluso con el dedo pequeño. Y he aquí que te he colocado como dirigente sobre –los de– mi pueblo Israel, que residen en las ciudades de Arabistán. Y vigila no interrumpir ni un solo instante del apego entre ti y entre tu Amo. Pues ese es el misterio de todo el que se ocupa de la Torá durante la noche, es proyectada sobre él una hebra de bondad en el día.[1344] Pues si el hombre se ocupa de la Torá fortalece el apego entre él y su Amo.

1343. «Porque según su propia estima, así es él; come y bebe, te dirá, mas su corazón no está contigo» (Proverbios 23:7).
1344. Talmud, tratado de Jaguiga 12b.

Y a través de eso envían sobre él influencia de lo Alto para fortalecer ese apego. Y éste es el misterio de la hebra de bondad.

Y has de saber que a Abraham no le fue ordenado lo concerniente a la extracción de la delgada membrana que recubre el glande –*priá*–,[1345] porque con el pecado de Adán, el primer hombre, ejercía dominio ese flanco impuro. Y por: «No pondrás bozal al toro en su trillado»,[1346] no le fue ordenado lo concerniente a la extracción de la delgada membrana que recubre el glande –*priá*–, aunque cumplió todos los preceptos, incluso el de la mezcla de las comidas –*eirubei tabshilin*–.[1347] Y hay que analizar cuidadosamente por qué se mencionó precisamente *eirubei tabshilin*. Antes bien, este asunto viene a través de decretos y vallas de los sabios. Y son preciadas para mí las palabras de los escribas. Porque hay que analizar cuidadosamente, ¿por qué El Santo, Bendito Sea, dejó que los sabios establecieran decretos y vallas? Pues, ¿acaso es estrecha la mano de El Eterno para establecer todo lo necesario? Y además, ¿por qué era necesario que hubiera una Torá escrita y una Torá oral y no que todo fuese una sola Torá? Pero el misterio del asunto en relación con el misterio de la Torá escrita es que la Torá –los 5 libros de Moisés–, y los Profetas y los Escritos, se relacionan con estos secretos: la Torá –los 5 libros de Moisés–, corresponde con las 3 emanaciones supremas. Los Profetas corresponden con los tres Patriarcas.[1348] Y los Escritos, corresponden con los Hijos.[1349] Y Crónicas corresponde con Maljut, que es la generalidad de todo. Y asimismo, Crónicas incluye a todo: Torá, Profetas y Escritos.

Y a esto se refiere lo que dijeron los sabios, que en ese libro hay muchos misterios. Pues en él se incluyen misterios de los Carruajes Supremos, y no había sabio que aprehendiera todos los misterios que

---

1345. Que se quita cuando se realiza la circuncisión.
1346. Deuteronomio 25:4.
1347. Es un precepto prescrito por los sabios para el caso en que la persona debe cocinar en un día festivo que cae próximo al Shabat, para necesidad del Shabat. En ese caso se realiza esta mezcla de comidas denominada *eirubei tabshilin* y se utiliza como base para preparar la comida del Shabat en el día festivo.
1348. Es decir, las emanaciones denominadas Patriarcas.
1349. Es decir, las emanaciones denominadas Hijos.

hay en el libro de Crónicas. Y así como en la Torá escrita hay tres niveles, así también en la Torá oral hay tres niveles: Mishná, Baraita y Talmud. Mishná corresponde a las 3 emanaciones supremas. Baraita, corresponde a los tres Patriarcas. Y Talmud, corresponde a «los instruidos de El Eterno»,[1350] Iesod y Maljut. Y he aquí que –el ángel cuyo nombre se escribe con estas letras– *mem, tet, tet, reish, vav, nun*, y otros ángeles están alrededor de la Reina y la cuidan para que no venga a ella otro incircunciso e impuro.[1351] Y por eso era necesario que precisamente sabios hicieran decretos y vallas en correspondencia con esos dos ángeles que cuidan a la Matronita.

Y éste es el misterio de *eirubei tabshilin*. Pues así como el alimento no puede nutrir sino a aquel en quien se realizaron los tres pasos de la digestión, en la boca, en el estómago y en el hígado, así también la abundancia que desciende de lo Alto, no puede nutrir a este mundo, que es material, hasta que se procese y se torne densa en tres lugares: uno en correspondencia con Maljut, que es la boca, que se denomina Boca de El Eterno, uno en –correspondencia con el ángel cuyo nombre se escribe con estas letras– *mem, tet, tet, reish, vav, nun*, en correspondencia con el estómago, y uno en –correspondencia con– el otro ángel, en correspondencia con el hígado. Y de allí se reparte para nutrir al mundo. Y dijo que Abraham no solamente guardó la Torá, que corresponde con el –misterio del– Dios supremo, sino que estudió incluso lo que corresponde al cuidado de la Mishná, que se alude en *eirubei tabshilin*. E incluso así, no le fue ordenado lo relativo a la extracción de la delgada membrana que recubre el glande –*priá*–, por la razón que hemos mencionado. E Isaac nació con la delgada membrana que recubre el glande quitada.

Y cuando los Hijos de Israel vinieron a Sinaí,[1352] se quitó el pecado de Adán, el primer hombre, y entonces les fue ordenado lo concerniente a la extracción de la delgada membrana que recubre el glande

---

1350. Isaías 54:13.
1351. *Véase* Isaías 52:1.
1352. Es decir, el lugar donde entrega de la Torá a los Hijos de Israel.

–priá–. Y después, cuando pecaron con el becerro –de oro–, el pecado volvió a su lugar y por eso no fueron circuncidados en el desierto.

Y lo que dijeron los sabios, que fue por el peligro del camino, no debe entenderse en forma literal. Pues El Santo, Bendito Sea, los habría de curar. Pero el misterio del asunto es que era a causa de que estaban en el desierto, que es el dominio de ese flanco –impuro–. Y ellos lo atrajeron sobre ellos. Y si se circuncidaran y quitaran la delgada membrana que recubre el glande –*pria*–, tendrían lugar para dañarlos según el misterio de: «No pondrás bozal al toro en su trillado».[1353] Y cuando ascendieron a la Tierra de Israel, se quitó de sobre ellos el dominio de ese flanco –impuro–, y por eso les ordenó circuncidarse y que quitaran la delgada membrana que recubre el glande –*priá*–. Y desde entonces no cesó de ellos.

Y éste es el misterio de: «Hoy he quitado –*galoti*– de vosotros la injuria de Egipto».[1354] Es decir, el pecado de Adán, el primer hombre, que les provocó ser esclavizados en Egipto. Y entonces fue anulada esa injuria a través de la entrada de ellos a la Tierra de Israel, y los preceptos de la circuncisión y el quitado de la delgada membrana que recubre el glande –*priá*–.

A continuación está escrito: «y llamó el nombre de ese lugar Guilgal». Pues hay que observar cuidadosamente: ya que lo llamó a nombre de la revelación –*guilui*–, debiera haberlo llamado: Megulé, o Meguilá. Pero Guilgal no es lenguaje de revelación. Pero el misterio del asunto es que lo llamó Guilgal, es decir: Gal Gal. Pues ese flanco se denomina Gal, tal como ya lo hemos estudiado y establecido. Y dijo que ahora Gal de la santidad ejercerá dominio sobre ese flanco que se denomina Gal. Y dijo: «hasta –*ad*– este día».[1355] Es decir: para siempre –*laad*–, eternamente, no cesará de ellos el precepto de la circuncisión y el quitado de la delgada membrana que recubre el glande –*priá*–.

1353. Deuteronomio 25:4.

1354. «Y El Eterno dijo a Josué: Hoy he quitado –*galoti*– de vosotros la injuria de Egipto; y llamó el nombre de ese lugar Guilgal, hasta este día» (Josué 5:9).

1355. Ibíd.

Y el misterio del Shabat Hagadol está vinculado con el misterio del Jubileo.[1356] Y para indicar a modo de insinuación que por el Jubileo los Hijos de Israel salieron de Egipto, por eso, el Shabat próximo a Pesaj se denomina: Shabat Hagadol.

Y he aquí que El Santo, Bendito Sea, y todos los miembros de la Academia de los Cielos te envían paz y te abren los portales de la luz […]. Por eso, hijo mío, apégate a mí y no te apartes de mí ni un instante. Porque yo soy la madre […]. Y concéntrate siempre como si el Nombre de El Eterno, el Tetragrama, estuviese escrito con tinta negra ante tus ojos sobre pergamino. Y considera como si tu padre, el humilde, estuviera ante ti. Y por eso, avergüénzate de apartar tu pensamiento de mí ni un solo instante y de disfrutar de este mundo […]. Y la paz esté contigo.

Y he aquí que hay que observar cuidadosamente en que ya que los Hijos de Israel no salieron de Egipto hasta que se reveló sobre ellos el Jubileo sagrado, ¿por qué no se pronuncia en él –Pesaj– el Halel completo siete días? Pero el misterio del asunto es que si bien se reveló un poco sobre ellos el Jubileo sagrado y por su flanco fueron redimidos, sin embargo no se reveló sobre ellos en forma manifiestamente revelada y no se apegaron a través de él sino un poco. Y por eso en el primer día –de Pesaj se pronuncia el Halel completo, para aludir a ese flanco del Jubileo que se reveló un poco sobre ellos. Y vuelven en los demás días para transmitir de ese flanco del Jubileo sobre las siete[1357] emanaciones de la Edificación. Y cada día aluden a una emanación de arriba hacia abajo.

Pero en la festividad de Sucot vuelven a ascender las siete emanaciones de la Edificación al Jubileo para unificarse allí con una unificación completa. Por eso se pronuncia el Halel completo durante todos los siete días –de Sucot–, para unificarlas con el Jubileo. Y han de saber que así es, pues en el octavo día se unen todas las emanaciones como uno con Biná. Y la paz sea contigo.

1356. Vinculado con el misterio de la emanación Bina.
1357. Hay versiones en las que se mencionan las diez emanaciones.

Víspera del 14 de Nisán.

El Eterno está contigo [...]. «Porque –*ki*–[1358] El Eterno dará sabiduría –Jojmá–; de su boca viene el conocimiento –Daat– y el entendimiento –Tebuná–».[1359] He aquí: sabiduría –Jojmá–, conocimiento –Daat– y entendimiento –Tebuná–. Y he aquí: «de su boca», que es –la emanación denominada– Maljut. Y he aquí: «dará», se refiere a (el Justo[1360] que agracia y da, como está escrito:) «El justo agracia y da».[1361] Y he aquí: «El Eterno», que es Tiferet. Y he aquí la Congregación de Israel.

Y hay que observar cuidadosamente, ¿por qué se mencionó: sabiduría –Jojmá–, conocimiento –Daat– y entendimiento –Tebuná–, no en su respectivo orden? Pues éste es su respectivo orden: sabiduría –Jojmá–, entendimiento –Tebuná–, y conocimiento –Daat–. Pero el misterio del asunto es que la Congregación de Israel, las iniciales de las palabras de –el denominativo de– ella –Kneset Israel– son las iniciales de: Keter Iesod. Y dijo que la –emanación– Keter transmite influencia en el Justo, que agradece y da. Y a esto se refiere lo que está escrito: «dará –*itén*–». ¿Y a través de quién Keter transmite influencia a Iesod? A través de Jojmá. Y a esto se refiere lo que está escrito a continuación. Y próximo a la Congregación de Israel,[1362] está escrito El Eterno, que alude a Jojmá. Y se aproximó Iesod a Keter, para indicar a modo de insinuación que Iesod asciende con Keter según el misterio de Musaf.[1363] Y cuando el Justo se llena de abundancia, transmite abundancia a su boca, que es Maljut. Y de allí se nutren todos

---

1358. La expresión *ki* está escrita con las letras hebreas *kaf* y *yud*, que son las iniciales de Kneset Israel, o sea, la Congregación de Israel.

1359. Proverbios 2:6.

1360. Iesod.

1361. Salmos 37:21.

1362. El Eterno está escrito a continuación de la expresión *ki*, cuyas iniciales aluden a la Congregación de Israel.

1363. Significa literalmente adicionar. Y es el denominativo del sacrificio adicional que se ofrecía en el Templo Sagrado y Shabat y festividades, y así también se denomina a la plegaria adicional que se pronuncia en Shabat y festividades.

los mundos. Y a esto se refiere lo que está escrito: «de su boca». Y cuando el Justo transmite abundancia a Maljut, está en unión con su marido –cósmico–, que es Daat, que se une con ella. Y Daat absorbe nutriente de Biná, que es su madre –cósmica–.

Y he aquí que nosotros –para de la festividad Pesaj– eliminamos lo leudado ciertamente, que es el Mal Instinto. Y por eso, El Santo, Bendito Sea, ordenó eliminarlo cuando salieron de Egipto y comer pan ácimo que alude a la libertad, que es Biná. Pues a través de eso se prepararon para comer «pan de poderosos –abirim–»,[1364] ya que los ángeles servidores se nutren de él. Pues a través de eso se prepararon para recibir la Torá.

Y ahora, ya que los Hijos de Israel pecaron, el mundo se conducía con leudado, semejante a los días mundanos –los días hábiles de la semana denominados jol–, que se conduce con esos grados de jol. E incluso en los –días de– Shabat y los días festivos se conduce con los grados de leudado. Y por eso no se cuida de leudado sino en esos 7 días que aluden a los 7 días de la salida de Egipto.

Y además, porque en toda festividad se hace una alusión a la fe suprema, que se proyecta tras ella todo el año. Pues en Pesaj se come pan ácimo, y en la festividad –de Sucot– se reside en cabañas. Y he aquí que los tres panes ázimos –que se disponen en el orden de Pesaj– aluden a las tres emanaciones supremas a las cuales están aferrados los tres Patriarcas. Y el –pan ácimo– del medio alude a Keter. Y se divide y se oculta la mitad de la misma, para indicar a modo de alusión que no hay aprehensión de Keter, sino un poco. Y también para indicar a modo de alusión que Tiferet se nutre de dos flancos. Y se la oculta para –hacer– ascender a la –emanación– Keter, que está oculta y cubierta. Y el pan ácimo superior alude a –la emanación– Jesed, que está aferrada a –la emanación– Jojmá. Y el pan ácimo inferior alude a –la emanación– Guevurá, que está aferrada a –la emanación– Biná. Y la verdura denominada *carpás* –que se dispone en la bandeja del orden de Pesaj– les indica[1365] a modo de alusión que están

---

1364. Salmos 78:25.
1365. A las tres emanaciones inferiores.

próximas a Maljut. Y a esto se refiere el misterio de lo que está escrito: «blanco, *carpás* y celeste –*tejelet*–».[1366] Pues ese malvado quiso unir los flancos que están próximos a ella con ella, que se denomina celeste –*tejelet*–, y unirlos con lo blanco supremo. Y el orden de Pesaj se comienza con –la verdura[1367] denominada– *carpás*, y se la sumerge en vinagre, para indicar a modo de alusión el –rigor de– juicio de ellos.

Y –la hierba amarga denominada– *maror* alude a Maljut. Y viene a decir que así como ella es amarga al comienzo y dulce al final, así también la –emanación– Maljut, es amarga al comienzo, por esos flancos que la rodean, y dulce al final cuando ascienden en su interior. Y se denomina *jasa*,[1368] para decir que El Santo, Bendito Sea, se apiadó –*jas*– de nosotros, y nos redimió. Y ahora se la sumerge en *jaroset*,[1369] que tiene dulzura por las varias frutas que hay en él. Así la Congregación de Israel, hay en ella misericordias –*rajamim*– y bondades –*jasadim*–.

Y se requieren también cuatro vasos –de vino–. Mucha paz para ti, pues has dispuesto la paz entre las opiniones –de los sabios–. Pues el primer vaso alude a –la letra– *yud*,[1370] que está –asociada– con Jojmá, que transmite abundancia a Jesed, y de ella –se transmite abundancia– a Netzaj. Y el segundo vaso alude a –la letra– *he*, que está –asociada– con Biná, que transmite abundancia a Guevurá, y de ella –se transmite abundancia– a Hod. Y el tercer vaso alude a –la letra– *vav*, que está –asociada– con Tiferet, que asciende a Keter y transmite abundancia a Iesod. Y el cuarto vaso alude a la última –letra– *he*, que está –asociada– con Maljut. Y la Hagadá alude a Biná, que de ella comienza a proyectarse y viene la abundancia.

1366. Ester 1:6.
1367. Apio.
1368. Así se denomina a la lechuga.
1369. Así se denomina el preparado dulce que se realiza para sumergir en él a la hierba amarga denominada *maror*.
1370. Es decir, la primera letra del Tetragrama.

Respecto a tu compendio, además del primer nombre que te he dicho sea llamado: La Casa de José –Beit Yosef–, además será llamado Shulján Aruj.

Víspera del tercer día de Pesaj.

¿Acaso está bien ante tus ojos lo que has hecho estos días, comiendo y bebiendo vino según tu deseo hasta saciarte y abandonando tu costumbre? Y también esta noche has bebido vino y por eso esta noche se han levantado acusadores contra ti, y se levantaron contra ti en juicio esos de la derecha y esos de la izquierda y casi es decretado sobre ti el juicio. Pues, ¡ay de las personas que tienen el corazón cerrado y andan en la oscuridad! Pues ellos comen, beben y se alegran y en lo Alto juzgan el juicio de ellos. Y éste es el camino del Mal Instinto. Porque despierta al hombre e introduce en él delirio para ir detrás de los placeres de este mundo; y asciende y acusa contra él en lo Alto, y provoca que lo juzguen en lo Alto, y le otorgan dominio sobre él, y desciende y toma su alma. Y si los seres humanos conocieran este asunto, no tendrían provecho de los deleites de este mundo.

Y he aquí que tu juicio, tal como te he dicho, casi fue sentenciado, si no fuera porque los miembros de la Academia de los Cielos enseñaron méritos sobre ti. Y Jacob, mi temeroso, y Moisés, mi –hombre– selecto, y Moisés, mi –hombre– claro, y Yerujam, mi –hombre– oculto, se fortificaron en el asunto porque te aman mucho. Jacob, mi temeroso y Moisés, mi –hombre– claro, porque tú esclareces sus palabras. Y Moisés, mi –hombre– selecto, debido a que a veces tú esclareces sus palabras tiene mucho apego y amor por ti. Y también Yerujam, mi –hombre– oculto, te ama aunque tú contradices sus palabras, porque es una labor celestial. Y también Asher, mi –hombre– santo, y Shimshon, mi –hombre– esclarecedor, todos se levantaron en tu ayuda y te salvaron.

Por eso, cuídate a partir de hoy en adelante, y también en el día de Shabat y los días festivos, cuídate del vino en tu comida y te irá bien. Y a causa de esa acusación que había contra ti te mostraron ese sueño confundidor, para despertarte. Pero no ayunes, pues tú sabes que hay ciertos tiempos en los que no se necesita ayunar, realizando ayuno en Shabat por un –mal– sueño.

Y eso, dado que tú cumples con las tres comidas –del Shabat–, tal como se explica en el sagrado Zohar. Y el misterio del asunto es que aquel que cumple con las tres comidas se apega a la unificación suprema y asciende a través de un ascenso supremo, como está escrito: «Porque superior sobre superior del guardián, y superiores sobre ellos».[1371] Es decir, al comienzo se alude a la Congregación de Israel, y Iesod y Tiferet. Porque «guardián», alude a la Congregación de Israel. Y sobre él está Iesod. Y a esto se refiere lo que está escrito: «superior del guardián». Es decir, ese que es –y está en un grado– superior al del guardián. Y sobre la –emanación– Iesod está la –emanación–Tiferet. Y a esto se refiere lo que está escrito: «sobre superior del guardián». Es decir, ese que es –y está en un grado– superior al del –que está en un grado– superior al –grado del– guardián. Y porque esos tres dependen de esos tres supremos: la Congregación de Israel de Biná, pues *he*[1372] es la Matriarca suprema y *he*[1373] es la Matriarca inferior; Tiferet de Keter, pues Tiferet es posesión sin fronteras, ya que asciende hasta Keter; y Iesod de Jojmá, ya que está en el centro de tres, en medio de las tres –emanaciones– inferiores: Tiferet de este lado, y la Congregación de Israel de este lado, y Iesod en el centro. Y así es arriba: Keter de este lado, Biná de este lado y Jojmá en el centro. Por eso dijo: «Porque superior». Es decir, Biná es superior a Tiferet, que es superior a –la emanación aludida en la expresión–: «sobre superior del guardián», que es Iesod, que es –la emanación aludida en la expresión–: «superior del guardián», y está sobre todos. Y sobre Biná hay dos superiores que son Jojmá y Keter. Y a esto se refiere lo que está escrito: «y superiores sobre ellos».

Y he aquí que la primera comida –del Shabat– alude a la Matronita. Y la segunda comida –del Shabat– alude a la –emanación– Iesod. Y a esto se refiere el misterio de: «Moisés se alegrará con el otorgado

---

1371. Eclesiastés 5:7.
1372. Es decir, la primera letra *he* del Tetragrama.
1373. Es decir, la última letra *he* del Tetragrama.

de su parte».[1374] Pues Moisés es –el ente vinculado con el misterio de– la –emanación– Tiferet, «se alegrará con el otorgado de su parte», se refiere a Iesod. «Porque lo has llamado siervo fiel»,[1375] a Iesod. «Corona de gloria –Tiferet– en su cabeza»,[1376] de la –emanación– Iesod, «le has otorgado cuando estuvo de pie ante ti en la montaña de Sinaí»,[1377] se refiere a las tres –emanaciones– supremas. «Dos Tablas de piedras bajó en sus manos»,[1378] se refiere a Tiferet y la Congregación de Israel. «Y estaba escrito en ellas –acerca de– el cuidado del Shabat».[1379] Es decir, Shabat es –la emanación– Iesod. Y Tiferet y la Congregación de Israel la cuidan. Tiferet de arriba, y la Congregación de Israel de abajo. Y la tercera comida –del Shabat– alude a la –emanación– Tiferet. Y ya que él asciende a Tiferet, he aquí que él asciende a Keter, pues ellos están dispuestos éste en correspondencia con éste. Por eso, es suficiente con –comer en esta comida una porción del tamaño de– una aceituna. Pues allí no hay comida ni bebida. Y de todos modos es necesario que –la porción del tamaño de– una aceituna sea de comida, tal como te enseñó Salomón, mi preciado. Para indicar a modo de alusión que todos se mezclan éste con éste y transmiten abundancia éste en éste para conducir el mundo. Y debido a que con esas comidas asciende hasta Keter suprema, que es el designio de todos los designios, y no hay allí tristeza sino alegría y verdad, aquel que se apega allí no ejerce dominio sobre él un mal sueño en absoluto.

Y el misterio de esos tres que hemos mencionado es el misterio del orden de Pesaj. Y yo te explicaré según el modo de las señales de –el orden de Pesaj–: santificación –*kadesh*–,[1380] y *lavado*[1381] –*urjatz*– [...]. He aquí que al comienzo se debe pronunciar –el texto de la santifi-

---

1374. Está declaración forma parte de la plegaria matutina que se pronuncia en Shabat.
1375. Está escrito a continuación en la plegaria mencionada.
1376. Ibíd.
1377. Ibíd.
1378. Ibíd.
1379. Ibíd.
1380. Santificación del día con un vaso de vino –*kidush*–.
1381. Lavado ritual de las manos para purificarlas.

cación del día– el *kidush*, para santificar –*lekadsha*–, a la Congregación de Israel por las diez emanaciones supremas, tal como un novio, que santifica –*mekadesh*– a su novia al comienzo de todo. Y después: y sumergido –*urjatz*–, para quitar de nuestras manos toda impureza, que son los flancos que rodean a la –emanación– Jesed y a la –emanación– Guevurá. Y después –sigue en el orden de Pesaj la verdura denominada– *karpas*, para sumergir con ella,[1382] para indicar a modo de alusión y en forma alegórica que El Nombre sagrado estaba en el exilio con la esclavitud de los Hijos de Israel en Egipto. Pues el color verde alude a Tiferet, tal como dijeron los sabios: «desde que distingue entre celeste y verde».[1383] Porque celeste –*tejelet*–, se refiere a la Congregación de Israel, y verde –*karti*–, se refiere a Tiferet. Y aunque el color del –verde– *karti*[1384] no es como el color del –vegetal denominado– *karpas*[1385] concretamente, de todos modos es verde. Y Tiferet incluye dos tipos de verde. Y de todos modos, con menos de –el tamaño de– una aceituna[1386] es suficiente. Pues alude a –la aprehensión del grado de– Tiferet, y Tiferet alude a –la aprehensión del grado de– Keter. Y de –el grado– Keter no hay aprehensión. Y tampoco hay allí comida ni bebida, y por eso es suficiente con una medida mínima.[1387] Y es semejante a lo que hemos mencionado acerca de la tercera comida –del Shabat–.

Y la razón por la que es un precepto –disponer y comer– el –vegetal denominado– *karpas* más que las demás verduras, se debe a que el valor numérico de *karpas* asciende a 360, y con las cuatro letras que hay en él –en su nombre–, y –considerando también– la palabra, el valor numérico asciende a 365, en correspondencia con los preceptos pasivos que dependen de la Congregación de Israel, en corres-

---

1382. En vinagre (o agua con sal).
1383. Talmud, tratado de Berajot 9b.
1384. Puerro.
1385. Apio.
1386. De este vegetal.
1387. Inferior al tamaño de una aceituna.

pondencia con «Guarda».[1388] Y cuando cambias las letras de la palabra *karpas* a través de –el sistema de intercambio de letras en orden inverso denominado– *At Bash*, surge –la expresión que se escribe con estas letras:– *lamed, guimel, vav, jet*, cuyo valor numérico reducido asciende –en su proyección– a 20. Y considerando la palabra, asciende a 21, en correspondencia con el Nombre –que se escribe con letras– *alef, he, yud y he*[1389], para aludir a todas las diez emanaciones supremas, para indicar a modo de alusión que todas estuvieron con Israel en el exilio. Por eso se lo sumerge en vinagre, para aludir al duro exilio, que es como vinagre para los dientes.

Y después, –siguiendo con el orden de Pesaj, se realiza–, la división *–iajatz–*. Y se divide el pan ácimo central y se lo deja debajo del mantel que está tendido sobre la mesa, debido a que esos tres panes ácimos aluden a las tres emanaciones: Tiferet, Iesod y la Congregación de Israel, según el misterio de las tres comidas. Y –la emanación– Iesod está aferrada a las supremas para recibir de ellas y también está aferrada a la inferior para transmitirle abundancia, según el misterio de: «Porque todo lo que está en los Cielos y en la Tierra».[1390] Y por eso se divide el pan ácimo central, que alude a Iesod.

(Y me parece que es a causa de que el rodeo de Iesod a la Congregación de Israel es de modo oculto. Y además, alude a –la emanación– Jojmá, que está oculta y guardada. Por eso se oculta la mitad del pan ácimo y no se lo deja debajo del pan ácimo inferior en forma revelada). Y se lo deja debajo del mantel que está sobre la mesa para indicar a modo de alusión que Iesod rodea a la Congregación de Israel de todo flanco. Y la cuida de todos los flancos –impuros– que la rodean para impurificarla. Y por eso, el pan ácimo central, que alude a Iesod, la mitad está sobre el pan ácimo inferior, que alude a Maljut, y la mitad debajo, que también alude a Maljut.

1388. *Véase* Deuteronomio 5:12.

1389. El valor numérico de las letras que conforman este Nombre es 21.

1390. «Tuyas son El Eterno –el Tetragrama–, la Guedulá –grandeza–, la Guevurá –poder y rigor–, el Tiferet –magnificencia–, la Netzaj –victoria–, y el Hod –esplendor–, porque todo –se refiere a Iesod– lo que está en los Cielos y en la Tierra es Tuyo […]» (I Crónicas 29:11).

Después, –siguiendo con el orden de Pesaj, viene–, la narración –*maguid*–, para narrar alabanza de la Congregación de Israel en la primera mitad de la noche, para fortificarla y rectificarla. Y para proyectar sobre ella bendiciones supremas con nuestras acciones y palabras, para que en la segunda mitad de la noche, se fortifique según su modo, como se fortificó en el tiempo de la salida de Egipto.

Después, –siguiendo con el orden de Pesaj, viene–, el lavado[1391] –*rajtzá*–, por segunda vez. Porque ahora debemos ascender más en la santidad, según el misterio de: «Y se purificarán y se santificarán». Primero purificación, y después, más santidad, según el misterio de la santidad, y el incremento de la santidad.

Después, –siguiendo con el orden de Pesaj, viene la bendición por el pan ácimo –*motzi matzá*–, sobre el pan ácimo supremo y el pan ácimo inferior conjuntamente, los cuales aluden a Tiferet y Iesod, que van siempre juntos y no se separan según el misterio de –la letra– *vav*, y la proyección de –la letra– *vav*.

Después, se toma la hierba amarga –*maror*–, para sumergirla en –el preparado dulce denominado– *jaroset*, para indicar a modo de alusión que Tiferet, aludido en el color verde, estaba en el exilio con Israel. Por eso, se alude en la amargura –*merirut*–, de *maror*, y también el insertado[1392] en el –preparado denominado– *jaroset*.[1393]

Después, –siguiendo con el orden de Pesaj, viene– el bocadillo –*corej*–, en el cual se coloca el pan ácimo inferior que alude a la Congregación de Israel, con la hierba amarga –*maror*–, que alude a Tiferet, y se sumerge en *jaroset*, que alude a Tiferet, para indicar a modo de insinuación a Tiferet con la Congregación de Israel, en el exilio. Y

1391. Lavado ritual de las manos para purificarlas antes de comer pan.

1392. Se sumerge el *maror* en *jaroset*.

1393. Ese preparado se parece al barro que preparaban los Hijos de Israel para edificar para los egipcios durante su esclavitud. Y se alude además a los hijos de ellos, a los cuales los egipcios insertaban en la edificación en lugar de los ladrillos que hacían faltar sus padres, cuando no podían completar la cantidad de ladrillos pretendida por ellos.

por eso[1394] no se come reclinado,[1395] porque alude al exilio, ¿y cómo hay que comerlo con –manifestación de– libertad?

Después, –siguiendo con el orden de Pesaj, viene– la mesa servida –*shuljan orej*–. Ya que se hacen todas estas cosas, he aquí la mesa servida ante nosotros para elevar todo tipo de deleites y placeres de los mundos.

Después, –siguiendo con el orden de Pesaj, viene– la ingestión del pan ácimo oculto –*tzafún*–, que alude a la –emanación– Iesod, que alude a la –emanación–Jojmá suprema, que está oculta –*tzfuna*–, y encubierta. Y también ella rodea a la Congregación de Israel de todo flanco de modo encubierto.

Y después, –siguiendo con el orden de Pesaj, viene– la bendición –final para después de comer pan– y –la alabanza denominada– Halel, para proyectar bendiciones a la Congregación de Israel, y para otorgarle alabanza y fortificación. Y por eso, es aceptado –*nirtzá*–;[1396] han de ascender con la voluntad de mi Altar.

Y cuando el Templo Sagrado estaba en pie, hacían –el sacrificio de– Pesaj para aludir esas cosas propiamente. Por eso, el sacrificio de Pesaj no se come sino por la noche para otorgar fortalecimiento a la Congregación de Israel que se denomina Noche. Y no se lo come sino hasta la medianoche, para otorgarle fortalecimiento en la primera mitad de la noche, para que se haga la ley de ella en la segunda mitad de la noche. Y además, se come por la noche porque era el temor de los egipcios. Y por eso, es necesario comerlo en el tiempo del gobierno de los otros flancos, que es la primera mitad de la noche, porque así se quebranta su poder. Y no es comido sino por los que están suscritos, y no es comido sino asado […][1397]

1394. Según esta enseñanza.
1395. Pero muchos sabios consideran que se lo come reclinado.
1396. Así se denomina el último paso del orden de Pesaj.
1397. Tal como consta en el Talmud, y tal como se menciona en la sección de las ofrendas en la plegaria matutina: la ofrenda de Pesaj no se comía sino únicamente en la noche, y no se comía sino únicamente hasta la medianoche y no se comía sino únicamente por sus suscritos, y no se comía sino únicamente asada.

Y escribe estos asuntos en Jol Hamoed –los días intermedios entre los días festivos del comienzo y el final de Pesaj–, y lo otro que te he enseñado. Pues en Jol Hamoed está permitido escribir palabras de Torá, y no, como quien prohibió escribir porque no es algo que se perderá –si no se lo hace en ese tiempo–, ya que debía repasarlo varias veces; mas no es así, sino que es algo que se perderá, porque la persona no se puede esforzar tanto. Y cuídate de beber vino incluso en Shabat y días festivos, sino lo mínimo, para que puedas estar de pie ante mí en verdad sin desviarte de mi servicio a derecha o izquierda. Y sea tu corazón siempre Nido y Tabernáculo de la Torá; no cese ni un solo instante. Y estudia estos cuadernos dos veces al mes; y la Baraita de Rabí Pinjas hijo de Yair, y Marguenita Dbei Rab, dos veces por semana; y el resumen de Jobat Halebabot, una vez al mes, cada día un poco. Y la paz sea contigo.

Víspera de Shabat, 10 de Nisán.

El Santo, Bendito Sea, y todos los miembros de la Academia de los Cielos preguntan por ti y me han enviado para enseñarte cosas nuevas acerca de Pesaj de Egipto. ¿Por qué razón fue tomado en –día– 10? ¿Y por qué requería un manojo de hisopo? ¿Y cuál es la razón del degollado del –sacrificio de– Pesaj entre las tardes –*bei arbaim*–? Y he aquí que debes saber que en el exilio de Egipto los de Israel estaban atados con varios vínculos de los poderosos del Otro Lado para que no pudieran ascender de allí jamás. Y si no fuera porque se reveló sobre ellos la Madre suprema, que es Biná, no hubiesen podido salir de allí jamás, tal como está escrito en el sagrado Zohar. Y por eso está escrito 50 veces en la Torá: «Que te saqué de la tierra de Egipto».[1398] Y así como sus cuerpos estaban sometidos a ese sometimiento, así era con sus almas, que estaban sometidas en el interior de la impureza del Otro Lado. Y cuando El Santo, Bendito Sea, quiso purificarlos de esa impureza, les dio preceptos: la santificación del mes,[1399] para san-

---

1398. Bina tiene 50 pórticos.
1399. Con el avistado de la Luna en la renovación del ciclo lunar.

tificarse con la Luna sagrada,[1400] que es el comienzo de la santidad de abajo hacia arriba. Y después contaron 10 días para ascender de grado en grado hasta que llegaron al día décimo que alude a Keter suprema, que es el final de –los grados de– la santidad. Y he aquí que ellos se completaron con la santidad suprema. Y además, ya que se reveló sobre ellos la –emanación– Keter suprema con el blanco resplandor, según el misterio del día décimo, ¿quién puede estar de pie ante él? Por eso debían arrastrar el cordero, que era el temor de los egipcios, y atarlo, y los egipcios no tenían poder para salvarlo de sus manos. Y lo ataban a los soportes de la cama, porque la cama alude a la Congregación de Israel; para enseñar que hasta ahora el ministro –espiritual– de los egipcios rondaba alrededor de la Congregación de Israel para introducir en ella inmundicia y ahora estaba atado debajo de la cama. Y estaba atado allí cuatro días en correspondencia con las cuatro cortezas, tal como está escrito en el sagrado Zohar.

Y lo degollaban ritualmente el día 14, entre las tardes, pues la Luna estaba con su poder, cuando es el comienzo del –rigor del– juicio. Y si dijeras, si es así, deberían degollarlo ritualmente el día 15, ya que la Luna estaba con más poder que el día 14. He aquí que te he enseñado que el día 14 es mejor que el día 15, porque en el día 14 asciende y no desciende y en el día 15, aunque asciende más, de todos modos está dispuesta para descender. Éste es el misterio de David y Salomón como –te he enseñado– anteriormente.

Y si dijeras: ¿por qué lo degollaban ritualmente entre las tardes? Deberían haberlo degollado ritualmente por la noche que es el –tiempo del– poder del –rigor del– juicio. Es posible decir –para responder–, que no debemos quebrar el –rigor del– juicio en tiempo de su poder. (Me parece que se vincula con el misterio de: «No pondrás bozal al toro en su trillado»).[1401]

Y debido a que los –Hijos– de Israel estaban sucios con la inmundicia de la idolatría, necesitaban hisopo para purificarse, según el misterio de la vaca roja que necesita hisopo y según el misterio del

---

1400. La Luna alude a Maljut.
1401. Deuteronomio 25:4.

afectado de llaga impura –*metzora*–, que también requiere hisopo para ser purificado. Y no has de sorprenderte cómo el hisopo purifica de la impureza, pues acerca de esto está escrito: «Todos los llamados en Mi nombre».[1402] Y tal como está escrito en el sagrado Zohar.

Y a partir de aquí has de entender el misterio de la vaca roja, pues alude al Mal Instinto. Y por eso, dos pelos negros la vuelven inválida, pues si los hubiese en ella no es roja como corresponde, para aludir a eso. Por eso, se requiere –también– tinte carmesí, para indicar a modo de alusión la tonalidad roja del Mal Instinto. Y por esa razón se necesita también madera de cedro, que es alta. Pues ese es el modo de comportarse del Mal Instinto, con orgullo. Y necesita unir con ellos hisopo, que es la más baja de las hierbas, para indicarle a modo de alusión que pecó con el Mal Instinto, y en su poder debe empequeñecerse a sí mismo como el hisopo. Y además, porque el hisopo es especial para quitar el espíritu de impureza, como está escrito sagrado Zohar.

Y a partir de aquí has de entender el misterio de la purificación del afectado de llaga impura –*metzora*–, que requiere sangre de ave, madera de cedro, tinte carmesí e hisopo. Pues las llagas impuras vienen al de espíritu arrogante y asimismo por las relaciones prohibidas con parientes cercanos. Porque ellas vienen por: «Estas seis cosas aborrece El Eterno [...]».[1403]

Y por eso debe quebrar el poder del Mal Instinto cuando se cure. Y quiebra el poder del Mal Instinto con esas cosas, como hemos mencionado. Y si dijeras: ¿por qué aquí –se requiere una– vaca y allí aves? Además, aquí una vaca y allí dos aves. Y además, aquí es quemada, y allí no son quemadas, sino que degüella ritualmente a una, y a la segunda la envía viva. Es posible decir –para responder–, que la impureza a través de cadáver es muy poderosa, por eso aquel que lo tocó –al cadáver– su impureza es más grave que las demás impurezas y el Mal Instinto se fortifica mucho en él, por eso se necesita traer un vacuno

---

1402. «Todos los llamados en Mi nombre; para mi Gloria los he creado, los formé y los hice» (Isaías 43:7).

1403. «Estas seis cosas aborrece El Eterno; y siete son abominación de su alma. Los ojos altivos, la lengua mentirosa, las manos derramadoras de sangre inocente [...]» (Proverbios 6:16-17).

rojo y quemarlo, para indicar a modo de alusión que necesita quemar y quitar al Mal Instinto de él, y esperemos que pueda salvarse de él.

Y éste es el misterio por el cual la vaca –roja impurifica a los puros, para indicar a modo de alusión que aquel que es puro y viene a ocuparse de ese Mal Instinto, se apega a él un espíritu de impureza y lo impurifica. Y aquel que es impuro a causa del Mal Instinto, que se fortificó en él, esparcen sobre él de esa vaca, que es el Mal Instinto, después de haber sido quemada, y él se purifica. Pues he aquí que él se despierta para ver que el poder del Mal Instinto, y sus placeres no son nada. Pues en el futuro será quitado del mundo, y la persona no tendrá deseos de ellos cuando muera, semejante a la vaca y el tinte carmesí, de los que no queda tonalidad roja en absoluto después de ser quemados.

Pero el afectado de llaga impura –*metzora*– cuya impureza se fortificó absolutamente, como la muerte, no necesita ser quemado, por su alusión al Mal Instinto, porque no necesita quitarlo del mundo completamente, sino que se debe utilizar de él un poco para necesidad del cuerpo. Y por eso trae dos aves, para indicar a modo de alusión al alma existencial y al espíritu. Y degüella ritualmente a uno de ellos para indicar a modo de alusión que el alma existencial –*nefesh*–, que desea siempre los placeres y las codicias del mundo, debe degollarlo y no tener placer de él. Y ya que de todos modos se necesita un poco del Mal Instinto para la existencia del mundo, sumergía al ave viva en la sangre del ave degollada ritualmente. Porque el ave viva alude al espíritu y viene a indicar a modo de alusión que no se deben utilizar los placeres y los deleites del alma existencial, y tampoco alejarlos completamente ya que siempre la izquierda ha de rechazar y la derecha ha de acercar.[1404] Antes bien, debe utilizar y tener provecho del Mal Instinto, según lo que necesita para el mantenimiento del mundo y no más. Pues así es el sumergido para condimentar, sólo un poco. Y envía al ave viva al campo para indicar a modo de alusión que el espíritu lo liberará y será libre, y hará lo que necesita. (Y me parece que a esto se refiere lo que está escrito: «Bienaventurada tierra que tu rey

---

1404. Tal como se enseña en Talmud. *Véase* tratado de Sota 47a.

es libre»).[1405] Pues ciertamente si la persona deja al espíritu hacer lo que necesita, ciertamente irá siempre en pos del servicio de El Santo, Bendito Sea. Por eso se la envía al campo, para indicar a modo de alusión que no someta más el espíritu al alma existencial –*nefesh*– para ir en la oscuridad del mundo, sino que siempre su espíritu sea libre para hacer su voluntad que es servir a El Santo Bendito Sea.

Y requiere Aguas Vivas para indicar a modo de alusión que necesita hacer volver su alma existencial a su fuente de la cual fue tomada, y no ir tras sus placeres y deleites, como hizo hasta ahora. Y por esa misma razón debe colocar las aguas vivas en ceniza de la vaca. Y también el varón que padece flujo –*zav*– necesita Aguas Vivas. Porque el flujo del varón viene a fortalecer los pensamientos del corazón y por eso le indican a modo de alusión que debe retornar a su alma existencial –*nefesh*– a su Fuente, que es debajo del Trono de Gloria, y no ir tras los placeres y los deleites del cuerpo. Y éste es el misterio por el cual no hallas a nadie que requiera Aguas Vivas, a excepción de estos tres.

Respecto de estos asuntos diserta en este día y comienza por el versículo que declara: «Este día es día de buena noticia»,[1406] como has pensado. Y acerca de él di: «Yo soy el primero de Tzion, he aquí que ellos están, y a Jerusalén daré un anunciador».[1407] Y la explicación del asunto es que es habitual en el mundo que cuando viene el rey, vienen varios anunciantes para dar la noticia. Y el primer anunciante dice: el rey está a 10 días de distancia de aquí. Y el segundo anunciante dice 5, y el tercero dice 4, y así sucesivamente hasta que el último dice: he aquí que está próximo en la ciudad. Antes bien, el profeta dijo que la Redención de Israel no será semejante a eso, sino que será como un abrir y cerrar de ojos.

Y el primer anunciante que venga dirá: «he aquí que ellos están». – Se refiere a– los de las tribus que vienen, y ellos están próximos, y no lo percibirán los moradores de la ciudad. Y tan repentina será la reunión de ellos, que incluso estando próximos, los moradores de la ciudad no

---

1405. Eclesiastés 10:17.
1406. II Reyes 7:9.
1407. Isaías 41:27.

percibirán hasta que ese anunciante que vendrá a anunciar en el palacio del rey, que es Sión, después de que salga de anunciar en Sión, venga y anuncie en Jerusalén y conocerán la noticia y un asunto nuevo que no percibieron hasta este momento. A esto se refiere lo que está dicho: «y a Jerusalén daré un anunciador».

Además, me dijo que el vaso de la santificación del día –*kidush*– y las bendiciones aluden al Nombre de El Eterno, el Tetragrama. Pues el vaso mismo es redondo, y no cuadrado, y se parece a –la letra– *yud* cuya forma es redondeada. Y la forma del vaso mismo se parece a –la letra– *he*, que es abierta y asimismo el vaso es abierto. Y el hombre que coge el vaso con su mano[1408] alude a –la letra– *vav*. Y la mesa misma alude a la última letra *he*. Resulta que todo el Nombre de El Eterno, el Tetragrama está incluido y aludido en el vaso de *kidush* y en las bendiciones.

Víspera del segundo día de Pesaj.

El asunto del degollado ritual: El Eterno está contigo en todo lo que haces [...]. Y en todo lo que haces El Eterno te hace prosperar y te hará prosperar. Respecto al asunto de *grama*[1409] del cual tú te ocupas, es verdad tal como has dicho. Pues son *shejosim* blancos interiores, pequeños, siendo esos *jitei*[1410] mencionados por los sabios. Y para exceptuar la opinión de Ishaiah Mitrani, y también de Rash"i, que sea recordado para bendición, quien también sostiene así, que se encuentran fuera[1411] y no orientaron tal como verdaderamente es el asunto. Y ahora aprehenderás con claridad y verdad el misterio del asunto. A partir de aquí sabrás cuál es la razón de la prohibición de los miem-

---

1408. El brazo extendido tiene forma de letra *vav*.

1409. Este concepto se refiere al degollado ritual del animal realizado fuera de la región del degollado ritual, desplazándose hacia el sector de la cabeza o hacia el sector del cuerpo.

1410. Literalmente significa trigos. Y se refiere a una región de la tráquea en la que hay dos órganos que tienen esa forma y se denominan así. *Véase* Talmud, tratado de Julín 18b.

1411. De la aprehensión puntual del asunto.

bros de un animal vivo, por qué no se puede comer de la carne hasta que –el animal– sea degollado ritualmente y sean cortadas las señales.[1412]

Debes saber que el misterio de las dos señales está vinculado con el misterio del buen instinto y el mal instinto. Pues el esófago está vinculado con el misterio del mal instinto y por eso es pequeño y simple. Ya que si la persona le da un poco de alimento, se ve como que culminó con él y le es suficiente con eso. Y si la persona le da mucho, he aquí que se expande, y recibe y no se sacia jamás. Y así es el modo –de comportamiento– del mal instinto, ya que cuando la persona –bebe poco– encuentra que lo poco que bebe es suficiente para él, y si bebe mucho vuelve estar sediento y necesita volver a beber, y no se sacia jamás.

La tráquea está asociada al misterio del Mundo Venidero. A través de ella alabamos a El Santo, Bendito Sea, y de ella sale la voz cuando nos ocupamos de la Torá. Y así como en el Mundo Venidero no hay comida ni bebida, –de modo similar ocurre con la tráquea, que no se nutre de la comida y la bebida concretamente–, sino que tiene provecho y absorbe la humedad que pasa por el esófago; y por eso la tráquea tiene anillos, éste sobre éste, para indicar a modo de alusión los grados supremos que están dispuestos éste sobre éste. Y por sobre todos, el gran anillo que rodea la tráquea alude a –la emanación– Biná, que está sobre todos los grados. Y es la línea –de tonalidad– *iarok*[1413] que rodea a todo el mundo.

Y debido a que en los seres vivientes la parte de los otros flancos es la sangre, por eso debe ser sacada de la carne cuando se la quiere comer, para que no hubiera parte para el Otro Lado en esa carne que comemos. Y éste es el misterio por el cual cuando una persona se encuentra en estado moribundo se le extrae sangre, o se transfiere, para quitar de él la sangre o esa humedad que el Otro Lado fortificó en él. Y asimismo debe quitarse esa sangre que el Otro Lado aferra, para que el Otro Lado no tenga adherencia en la carne que comemos.

1412. Se refiere a el esófago y la tráquea.
1413. *Véase* Talmud, tratado de Jaguiga 12a.

Y si dijeras, ¿en qué se diferencia la sangre del animal de granja –*behema*– que se derrama a tierra de la sangre del animal silvestre –*jaiá*–, y el ave, que se la debe cubrir? Es posible decir –para responder– que esto depende del alma existencial –*nefesh*–, espíritu y alma suprema –*neshamá*–. Pues el animal de granja –*behema*– alude al alma existencial –*nefesh*–, que es la más densa de todas y ese Otro Lado tiene más adherencia en ella. Por eso se derrama su sangre sobre la tierra, porque ese –Otro– Lado tiene provecho de esa sangre, que es su parte y tiene provecho de su salida del ser viviente. Y además, después se ensucia y empapa con esa sangre y se revuelca en ella. Y así es apropiado con la sangre del animal de granja –*behema*– que se parece al alma existencial, en la cual tiene mucho poder de adherencia. Y es necesario darle toda su parte para que se aparte de nuestra santidad.

Pero el animal silvestre –*jaiá*– y el ave, aluden al espíritu, con el que ese flanco de ese –Otro– Lado no tiene tanta adherencia a él. Y por eso, con la salida de la sangre, que es la parte de ese –Otro– Lado, es suficiente. Pero no se la deja descubierta sobre la tierra, para que ese –Otro– Lado no se revuelque en ella, pues eso no es de él. Y por eso no debemos dejar a ese –Otro– Lado adherirse a lo que no es de él. Pues si fuera así, la impureza se fortificaría mucho en el mundo.

Y a partir de aquí comprenderás la gravedad del pecado del derramamiento de sangre, que es equivalente a la idolatría en lo que respecta a dar la vida y no transgredir. Porque el hombre alude al alma suprema –*neshamá*–, y con el alma suprema –*neshamá*– no hay adherencia de ese –Otro– Lado en absoluto. Y aquel que saca la sangre de una persona otorga poder a ese –Otro– Lado, con lo que no es de él. Y con eso se fortifica la impureza en el mundo como se fortifica con la idolatría. Y debido a que las personas pecan, ese –Otro– Lado tiene adherencia en ellos. Y hay de ellos que son matados con espada. Y además, tiene un poco de adherencia en todas las personas a través de la extracción de sangre, tal como hemos mencionado anteriormente. Porque esa sangre es la parte de ese –Otro– Lado. Y además, hay otra razón de la gravedad del derramamiento de sangre, pues aquel que mató, tomó la parte del Ángel de la Muerte, tal como está escrito en el sagrado Zohar.

Y a partir de aquí, ciertamente hemos aprendido que el sacado de la sangre en el degollado ritual de esas dos señales –el esófago y la tráquea–, aluden al Mundo Venidero y a este mundo, para sacar de ellos la parte de ese –Otro– Lado. Y la debemos sacar del interior de esos grados sagrados a los cuales nos apegamos. Y por eso, –en el lugar de– todos esos anillos, que son grados de las emanaciones, el degollado ritual es apto, y también en el anillo grande. Porque hay en ellos adherencia, y un poco de aprehensión. Pero por sobre él, no tenemos adherencia ni aprehensión. Y por eso, el degollado ritual es inválido, para no fortificar el flanco de ese Otro Lado, del flanco que nosotros tenemos adherencia y aprehensión.

Y la conclusión legal no es así, sino que desde –la región denominada– *shipui koba* hacia abajo es apta. Porque *shipui koba* es *yud* con forma de –letra– *yud*, y alude a las tres –emanaciones– supremas, según el misterio del espinillo de –la letra– *yud* y su final y su parte central. Y he aquí que la –emanación– Jojmá está aferrada a la –emanación– Keter y se le parece. Asimismo la –emanación– Biná, y alude a ella. Resulta, pues, que ya que tenemos aprehensión y conocimiento de Biná, a través de ella tenemos aprehensión y conocimiento de la mitad de la –emanación– Jojmá. Por eso, cuando degüella ritualmente en la primera mitad de –la región denominada– *shipui koba*, es apta. Pues degüella ritualmente en el lugar en el que tenemos aprehensión y conocimiento. Pero cuando degüella ritualmente en la mitad superior de –la región denominada– *shipui koba*, es inválida, pues allí no tenemos aprehensión. Y cuando degüella ritualmente en el borde de –la región denominada– *koba*, Reish Lakish la consideró válida porque en el centro tenemos un poco de aprehensión. Y la ley no se determina así, sino que debido a que hay en ese centro un poco de lugar en el que no tenemos aprehensión, es inválida.

Y éste es el misterio de esos *jitei*, incluso que la –emanación– Keter no es aprehendida en absoluto, de todos modos, debido a que la –emanación– Jojmá en su mitad se parece a la –emanación– Keter, dado que tenemos aprehensión de su primera parte, se considera como si tuviéramos un poco de aprehensión de la –emanación– Keter. Y esos dos *jitei*, aluden a la –emanación– Keter y a la –emanación– Jojmá, pues ellas son blancas, tal como denominamos a modo de ejemplo a la –emanación– Jojmá y a la –emanación– Keter. Y ellas son pequeñas, como la –emanación– Jojmá y a la –emanación– Keter, de las cuales no sabemos sino un poco. Y también esos *jitei* no se notan sino estrechamente. Por eso, si dejó de los *jitei*, se entiende que dejó parte en la parte de la –emanación– Jojmá y la –emanación– Keter, que no puede aprehender en absoluto y el degollado ritual es apto. Y si no, es inválido. Pues sacó sangre del lugar en el cual no se tiene aprehensión en absoluto. Y nosotros deseamos que salga sangre del lugar del que se tiene un poco de aprehensión, tal como hemos dicho anteriormente […].

Víspera del séptimo día de Pesaj.

El Eterno está contigo, valiente guerrero. Mi sabio *tanaita*,[1414] pues tú siempre te apegas a mis Mishnaiot, y ahora has comenzado el sexto orden. Y ciertamente te apegarás completamente a mis Mishnaiot.

Ésta es una noche notable y poderosa en la cual fueron hechos milagros a Israel, partiendo para ellos el mar según el misterio de los 72 arcos de la bondad –Jesed–, y según el misterio de: «Y se desplazó […]. Y vino […]. Y extendió […]».[1415]

Tú sabes que te es difícil comprender lo relacionado con esos puentes. Y además, ¿por qué 72 y no 70 según el misterio de los 70 ministros –espirituales de las Naciones–? Y debes saber que 72 correspon-

---

1414. Así se denomina a los sabios autores de las enseñanzas de la Mishná.

1415. «Y se desplazó el ángel de Dios que iba delante del campamento de Israel, y fue tras ellos; y la columna de nube que iba delante de ellos se desplazó y se ubicó tras ellos. Y vino entre el campamento de Egipto y el campamento de Israel, y fue nube y oscuridad –para los egipcios–, y alumbraba la noche –para los Hijos de Israel–, y no se acercaron este a este en toda esa noche. Y extendió Moisés su mano sobre el mar y El Eterno hizo que el mar se desplazara con un fuerte viento oriental durante toda la noche, y puso en el mar sequedad, y las aguas se partieron –*vaibaku*–» (Éxodo 14:19-21). Cada uno de estos tres versículos en el texto original hebreo tiene 72 letras, y con las mismas se forman los 72 nombres sagrados de El Santo, Bendito Sea.

de al misterio de la columna de nube que iba delante de ellos. Y también las siete nubes de gloria que rodeaban a Israel estaban vinculadas con este misterio, pues 7 veces 10 asciende al valor numérico 70. Y he aquí que nube –*anan*–, –se escribe con estas letras hebreas: *ain, nun, nun,* y el valor numérico de– *ain* es 70, y –considerando– las dos *nun,* una encorvada y una expandida,[1416] he aquí que son 72. Y cuando la palabra es invertida –y se la lee al revés–, he aquí una *nun* expandida y una *nun* encorvada, y *ain,* que es Jesed. Y siempre, tanto –leyendo la palabra– al derecho, o al revés, –la letra– *nun* encorvada está próxima a la letra *ain,* según el misterio de –lo que fue enseñado–: Abraham[1417] tenía una hija, y su nombre era Bakol.[1418] Y por eso debe estar próxima a ella. Y es sabido que la letra *nun* encorvada alude a Maljut, y *ain* alude a Jesed.

Y el misterio de los puentes es que aunque Jesed es misericordia –*Rajamim*–, de todos modos el –rigor del– juicio está incluido en él, tal como te he enseñado. Pues todas las emanaciones están incluidas ésta con ésta. Porque el rigor –Guevurá–, incluso siendo juicio, cuando las personas lo merecen, descienden de ella –de esta emanación–, muchos bienes, según el misterio de: «hay mundos ocultos en ella». Y según el misterio de: «El oro[1419] viene del Norte».[1420] Así también Jesed, incluso siendo misericordia, cuando las personas no lo merecen, descienden a ellas de él juicios. Y éste es el misterio por el cual los malvados invierten la medida de la misericordia en medida del juicio, y los justos invierten la medida del juicio en medida de misericordia. Y si los juicios no estuvieran incluidos en Jesed, el mundo no podría existir en el tiempo en que ejerce dominio la –emanación– Jesed. Pues incluso si las personas se hurtaran, robaran y asesinaran uno al otro, el juicio no descendería sobre ellos. Pero debido a que están in-

---

1416. Cuando la letra *nun* se escribe al comienzo o en medio de la palabra tiene forma encorvada, y cuando se le escribe al final de la palabra tiene forma expandida.
1417. Vinculado con el misterio de Jesed.
1418. *Véase* Talmud, tratado de Baba Batra 16b.
1419. El oro está asociado al misterio de la emanación Guevurá.
1420. Job 37:22.

cluidos en ella[1421] juicios, para hacer el juicio, entonces el mundo existe. Y a esos juicios incluidos en ella nosotros los denominamos puentes. Tal como una persona no puede pasar por el agua sino a través de un puente que es de madera y piedras, las cuales están llenas de paja, asimismo tampoco podrán existir en las aguas de la –emanación– Jesed si no fuera por los juicios que hay en ella, que son algo fuerte que se parece a un puente.

Y en este día ejerce dominio Jesed. Pues el día de ayer ejerció dominio Maljut. Por eso realizó su orden y se vio el juicio en esa noche. Y ya que cada día aludía a una emanación de abajo hacia arriba, por eso, al llegar el día séptimo, ejerció dominio la emanación Jesed. Y a esto se refiere lo que está escrito: «Tu diestra,[1422] El Eterno, ha sido magnificada en poder».[1423] Y también está escrito: «Y vio Israel la mano grande [...]».[1424]

Pues en Egipto, cuando vinieron sobre ellos las Diez Plagas, salió de la –emanación– Guevurá el ataque contra ellos, tal como dijeron los nigromantes: «Es dedo de Dios –E"lohim–».[1425] [1426] Pero en ese día en que Jesed hizo contra ellos guerra, está escrito: «la mano grande». Pues «mano» sin especificar se refiere a Gevurá, y «mano grande» se refiere a Jesed. Por eso está escrito: «Y el pueblo temió a El Eterno».[1427]

[1420] Es decir, hasta ese día no temían sino de –la manifestación de la emanación– Guevurá, pero debido a que vieron que –la manifestación de la emanación– Jesed incluso siendo Misericordia, hizo ese juicio poderoso, dijeron: con más razón que Tiferet hará juicios, pues

---

1421. En esa emanación.
1422. El flanco de la derecha alude a Jesed.
1423. «Tu diestra, El Eterno, ha sido magnificada en poder; Tu diestra, El Eterno, destruye al enemigo» (Éxodo 15:6).
1424. «Y vio Israel la mano grande, lo que El Eterno hizo a Egipto; y el pueblo temió a El Eterno, y creyeron a El Eterno y Moisés, su siervo» (Éxodo 14:31).
1425. Éxodo 8:15.
1426. Alude a Guevurá.
1427. «Y vio Israel la mano grande, lo que El Eterno hizo a Egipto; y el pueblo temió a El Eterno, y creyeron en El Eterno y Moisés, su siervo» (Éxodo 14:31).
1428. El Nombre El Eterno alude a Jesed.

está incluido de Jesed y Guevurá. Y ahora temieron de él, lo que no era así antes de eso.

Y lo que está escrito: «y creyeron a El Eterno y Moisés, su siervo», quiere decir, que hasta ese día les era difícil de entender por qué se necesitaba a Tiferet y Netzaj, ya que con Jesed y Guevurá solamente era suficiente para conducir el mundo. Porque la –emanación– Jesed otorgaba buen pago a los justos y la –emanación– Guevurá se cobraba de los malvados. Y cuando vieron que Jesed hacía el juicio severo, entonces: «creyeron en El Eterno».[1429] Pues ciertamente debe estar Tiferet entre ellos, ya que si no fuera así Guevurá quemaría al mundo con su llama y no podría existir ni un solo instante. Y también había necesidad de Netzaj, para rectificar y que no saliera al mundo el juicio siendo severo. Y llamó a Netzaj: «Moisés, su siervo», porque Moisés alude a Netzaj y él es siervo de Tiferet.

Además me dijo: no sea para ti difícil de entender que en algunos lugares dijeron que hay 70 facetas de la Torá y en otro lugar dijeron que hay 49 facetas impuras y 49 facetas puras. Pues cada emanación está incluida de 10, resultando que las 7 emanaciones de la Edificación ascienden a 70. Y debido a que en cada emanación se incluyen las 7 emanaciones de la Edificación había siete emanaciones de la Edificación siete veces, que son 49, en correspondencia con los 49 pórticos de Biná, que aprehendió nuestro maestro Moisés, que la paz esté con él. Y las 49 facetas puras son del flanco de la santidad, en el interior. Y las 49 facetas impuras son para alejar la impureza del flanco de nuestra santidad.

Y el misterio de las 12 Havaiot[1430] se vincula con Tiferet. Y no te sorprenda cómo las emanaciones son diez y nosotros decimos que hay en ellas una cuenta mayor, pues es una lámpara de la cual salen chispas hacia todos los lados. Y sal y observa al Sol, que es uno de sus siervos, cuántas chispas salen de él; con más razón las chispas que salen de cada emanación y emanación son chispas innumerables. Pero nosotros contamos lo principal de las chispas que salen de

---

1429. Es decir, la emanación Tiferet, vinculada con el misterio del Nombre El Eterno.
1430. Las 12 combinaciones de las letras del Tetragrama.

las emanaciones; y de esas emanaciones que son lo principal emergen más y más chispas, innumerables.

Además me dijo: –éste es– el misterio de las bendiciones de la plegaria: he aquí que las 3 primeras están vinculadas con el misterio de las 3 emanaciones supremas: Keter, Jojmá y Biná. Y otras tres están vinculadas con el misterio de las 3 emanaciones inferiores dispuestas en correspondencia con ellas que son: Tiferet, Iesod, y Maljut. Porque las tres inferiores corresponden con las 3 emanaciones supremas, tal como te he enseñado. Y las 12 bendiciones centrales corresponden con las 12 Havaiot[1431] que hay en Tiferet. Y aunque nosotros pronunciamos 13 bendiciones centrales, he aquí que los sabios dijeron que a la bendición de los incrédulos la establecieron en Yavne.[1432] Porque esa bendición fue necesaria para separar la impureza de la pureza. Y el nombre de la misma lo prueba, ya que es la bendición de los incrédulos. Pues ese flanco es un incrédulo independiente e interrumpe, y por eso los sabios recordaron el nombre del lugar en el cual fue establecida esta bendición. Pues, ¿qué incumbencia tiene para nosotros si era en este lugar o en otro lugar? Por lo tanto, porque esta bendición era necesaria para rectificar la Edificación. Y por eso dijeron: «la establecieron –*tiknua*–[1433] en Yavne».[1434] Es decir, la establecieron por la rectificación de la Edificación.

Además me dijo: lo que has enviado acerca del asunto del diezmo es bueno y verdadero. Todo lo que haces es bueno. Pues el diezmo puede llevar a fallo, y el diezmo no fue establecido sino para aquel que desea enriquecerse. Pero aquel que no teme por si tendrá riqueza o no, no está obligado al –asunto del– diezmo.

Además me dijo que la persona sirve a El Santo, Bendito Sea, en toda situación, con riqueza o con pobreza. Pues así como el rico merece ese mundo con la riqueza, a través de hacer numerosas bondades con ella, también merece el pobre que soporta su pobreza con

---

1431. Las 12 combinaciones de las letras del Tetragrama.
1432. Talmud, tratado de Berajot 28b.
1433. Esta palabra significa rectificación.
1434. La raíz de esta palabra significa edificación.

semblante del rostro agradable; y también con la poca generosidad que hace, según el dinero que tiene. Y a esto se refiere lo que dijeron los sabios: «Tanto el que aumenta y tanto el que disminuye; y sólo que dirija la intención de su corazón a los Cielos […]».[1435] Porque a veces, el que disminuye de su dinero acumula 10 montones –*jamarim*– que son montículos de méritos, y a veces el que aumenta su dinero acumula 10 montones –*jamarim*–, siendo como un burro –*jamor*– cargado de plata y oro y no hay ningún espíritu en su interior. Y por eso la persona debe bendecir por el mal con buen corazón, como por el bien, porque eso que él considera un mal es un bien, y ya que lo recibió con semblante del rostro agradable merecerá el Mundo Venidero.

SECCIÓN DE SHEMINÍ

Primera compilación

Víspera del día de Shabat, 20 de Nisán.

El Eterno está contigo […]. He sido enviado para revelarte el secreto de: «Y aconteció en el octavo –*hasheminí*–[1436] día […]».[1437] Pues en la expresión: «Y aconteció –*vaihi*–», se alude al Nombre de El Eterno, el Tetragrama.[1438] Y se agregó –una letra– *he*, para aludir a la letra *he* de la Congregación de Israel. Y además, el valor numérico de *vaihi* asciende a 31, y alude al Nombre de Dios que se escribe con las letras *alef* y *lamed*. «En el octavo día», alude al grado de la emanación Biná.[1439] «Convocó», y los invitó.[1440] «Y a los ancianos de Israel». Para in-

---

1435. Talmud, tratado de Berajot 5b.
1436. Esta palabra comienza con una letra *he*.
1437. «Y aconteció en el octavo día, que Moisés convocó a Aarón y a sus hijos, y a los ancianos de Israel» (Levítico 9:1).
1438. Pues el Tetragrama se escribe con esas mismas letras.
1439. Pues es la octava emanación.
1440. Para realizar la unificación.

dicar a modo de alusión que los ancianos supremos son las tres –emanaciones– supremas que irradiaron luminosidad sobre ellos.

«Toma para ti un becerro».[1441] Los sabios, de bendita memoria, dijeron que era para expiar por la fabricación del becerro –de oro–. Y he aquí que hay que analizar cuidadosamente, ¿por qué fue necesario un sacrificio para eso? Pues el pecado ya estaba expiado, como está escrito: «Y con Aarón El Eterno se enojó mucho».[1442] Además, ¿qué surge de eso, que El Eterno se enojó con Aarón y por qué necesitó informar a Israel? Y además, hay que analizar cuidadosamente: ¿qué significa: «mucho», y qué significa «también»? Y además, ¿qué significa: «en ese momento». Y además, los sabios, de bendita memoria, dijeron: «para exterminarlo» se refiere al exterminio de los hijos. Y he aquí que está escrito: «Los hijos no morirán por los padres».[1443] Y ellos eran mayores de trece años de edad y de veinte años de edad. Y además, los sabios, de bendita memoria, dijeron: «su plegaria sirvió para expiar por la mitad […]». Y a esto se refiere lo que está escrito sobre Eleazar e Itamar: «sus hijos que le quedaron».[1444] Pues se entiende que Nadav y Avihu murieron por el pecado del padre de ellos, y los sabios, de bendita memoria, dijeron: «los hijos de Aarón murieron por cuatro cosas: porque entraron después de haber bebido vino [ ]» Y además, se entiende que no murieron por ningún pecado en absoluto, tal como dijeron nuestros sabios, de bendita memoria, acerca del versículo que manifiesta: «Moisés dijo a Aarón: "esto es lo que habló El Eterno diciendo: "con mis cercanos seré santificado"».[1445] Y además, ¿cómo sirve un sacrificio por el pecado del becerro –de oro–?

1441. Levítico 9:2.

1442. «Y con Aarón El Eterno se enojó mucho, para exterminarlo, y oré también por Aarón en ese momento» (Deuteronomio 6:20).

1443. «Los padres no morirán por los hijos, y los hijos no morirán por los padres; morirán un hombre por su pecado» (Deuteronomio 24:16).

1444. «Y habló Moisés a Aarón y a Elazar y a Itamar, sus hijos que le quedaron» (Levítico 10:12).

1445. «Moisés dijo a Aarón: "esto es lo que habló El Eterno diciendo: con mis cercanos seré santificado, y ante todo el pueblo seré honrado"; y Aarón permaneció en silencio» (Levítico 10:3).

Pues allí no fue –un pecado– involuntario, y un sacrificio no se trae sino por –un pecado– involuntario.

Y además, los sabios, de bendita memoria, dijeron que Aarón no cometió pecado en la fabricación del Becerro –de oro–. Se parece a lo ocurrido con el hijo del rey, que se empecinó y tomó la uña para cavar [...].[1446] Y si es así, ¿por qué se requirió un sacrificio para expiación? ¿Y cómo dijeron nuestros sabios, de bendita memoria, acerca del versículo que manifiesta: «Acércate al Altar»,[1447] que el Becerro bailaba ante él y por eso temía acercarse? ¿Y cómo fueron castigados sus hijos por su pecado?

Pero el misterio del asunto es que Aarón tenía buena intención, tal como el ejemplo de ese hijo del rey que se empecinó, de todos modos, la acción misma era mala y había en ella profanación del Nombre de El Eterno. Resulta que esa acción se parece a una acción –pecaminosa– involuntaria, como el que realiza una acción –pecaminosa– involuntaria, que no tiene intención de pecar pero en la práctica pecó y por eso la expiación viene a través de un sacrificio. Así también en lo concerniente al pecado del Becerro –de oro–, por parecerse a una acción –pecaminosa– involuntaria, tal como hemos dicho. E incluso que El Santo, Bendito Sea, conocía el pensamiento de Aarón, se enojó con él a causa de la profanación del Nombre de El Eterno que había en aquellos que presenciaron la fabricación del Becerro. Y por eso no era suficiente con un sacrificio para expiar. Y a esto se refiere lo que está escrito: «Y con Aarón El Eterno se enojó mucho». Es decir, el enojo era mayor, ya que según la ley no era apropiado que se enojara con él, porque su intención fue buena, pero había en el asunto profanación del Nombre de El Eterno. Y además, porque estaba vinculado con un asunto de idolatría, por eso se enojó. Se parece a lo que escribió Najmánides sobre el versículo que manifiesta: «que recuerda el pecado de los padres sobre los

---

1446. *Véase* Midrash Shemot Raba 37.

1447. «"Moisés dijo a Aarón: "Acércate al Altar y haz tu sacrificio expiatorio y tu sacrificio ígneo, y procura expiación para ti y para el pueblo; y haz el sacrificio del pueblo y procura expiación para ellos, tal como ha ordenado El Eterno"» (Levítico 9:7).

hijos [...]».[1448] Cuando aferran las acciones de sus padres en sus manos,[1449] es posible que no se comporte con esa medida, sino con la idolatría, por la gravedad de la misma.

Y además, es posible decir –para responder–, que dijo «mucho» porque mencionó lo relacionado con su exterminio. Es decir, su intención era buena aunque a causa de la profanación del Nombre de El Eterno y la gravedad de la idolatría se enojó con él; de todos modos no era apropiado ser riguroso con él con un castigo tan grande para exterminarlo. Y además, es posible decir que dijo «mucho» porque no era apropiado para ser castigado con exterminio, en referencia al exterminio de los hijos, porque eran de 20 años de edad no los debiera castigar por el pecado de su padre. Y a partir de aquí observad la gravedad del pecado de ellos, pues sí con Aarón, que tuvo buena intención, fue así, vosotros, que vuestra intención fue mala, cuanto más y más.

Y dijo: «Y oré también por Aarón [...]». Es decir, observad vuestro afecto ante el Omnipresente, pues mi plegaria ha servido por vosotros completamente, y para Aarón no ha servido sino para expiar la mitad, porque el mérito de muchos es varios grados superior que el mérito de una persona individual. Y si dijeras que no era por el mérito de muchos sino a causa de que la plegaria por Israel fue presentada en momento de buena voluntad y la plegaria de Aarón no fue presentada en un momento de buena voluntad, por eso dijo: «en ese momento», es decir, oré al mismo tiempo por vosotros y por él, y por vosotros mi plegaria sirvió completamente y por Aarón no sirvió sino para expiar por la mitad, porque el mérito de muchos es superior.

Además, es posible decir que dijo: «Y oré también por Aarón en ese momento», porque cuando dijo: «Y con Aarón El Eterno se enojó mucho, para exterminarlo», había lugar para que los de Israel dijeran: has revelado tu intención de que todo lo que has orado 40 días y 40 noches, no era sino por Aarón, que estaba prendido por su espi-

---

1448. «No te prosternarás a ellos ni los adorarás, porque Yo soy El Eterno, tu Dios, Dios celoso, que recuerda el pecado de los padres sobre los hijos hasta la tercera –generación–, y cuarta, en mis aborrecedores» (Éxodo 20:5).

1449. Es decir, cuando hacen lo mismo que sus padres.

na –es decir, por su falta–, y por eso has orado y te has afligido tanto. Y si Aarón no estuviera prendido por su espina no te hubieses abocado a orar y afligirte tanto por nosotros. Por eso dijo: «Y oré también por Aarón en ese momento». Es decir, sabed que ciertamente no he orado por Aarón sino después de haber orado por vosotros. Por eso fue puntilloso a la hora de incluir la palabra «también». Y después de que se me anunciara acerca de vuestro perdón, oré por él. Y a esto se refiere lo que está escrito: «en ese momento».

Y respecto a lo que dijeron nuestros sabios, de bendita memoria, que los hijos de Aarón murieron por 4 asuntos […], es posible decir que todos están indicados a modo de insinuación en la declaración: «que no les ordenó».[1450] Pues según la opinión del sabio que dijo que habían bebido vino, así dijo: tal como hasta ahora, que no les ordenó lo concerniente al precepto del vino y las bebidas embriagantes que fue mencionado posteriormente. Y según la opinión del sabio que dijo que enseñaron una ley ante su maestro, así dijo: aunque con ese ofrecido del fuego no pecaron, pues aunque el fuego desciende del Cielo es un precepto traer de una persona común, no lo debieran haber hecho hasta que lo ordenara Moisés. Y a esto se refiere lo que está escrito: «que no les ordenó». Y según la opinión del sabio que dijo: a causa de que aún no se habían casado, o porque no tenían hijos, así dijo: ofrecieron fuego y era como hacerlo sin haber cumplido los preceptos que les fueron ordenados, casarse con mujeres y engendrar hijos. Y según la opinión del sabio que dijo: porque vieron a Dios y comieron y bebieron, así dijo: «que no les ordenó». Es decir, no debieran haber observado sino cuando les fuera ordenado y dado permiso de observar.

Y de todos modos, según la opinión de todos, el pecado de ellos era débil y no era apropiado para morir por él. Y también por el pecado de Aarón, no debían haber muerto por él, pues eran mayores de 20 años. Y además, porque Moisés, que la paz esté con él, oró por él. Y además, porque trajo un sacrificio para expirar. Pero debido a que co-

---

1450. «Y los hijos de Aarón, Nadab y Abihu, cada hombre tomó su brasero, y le colocaron fuego, y pusieron sobre él incienso; y ofrecieron ante El Eterno fuego extraño que no les ordenó» (Levítico 10:1).

metieron un pecado, aunque era débil, se despertó sobre ellos el pecado de su padre Aarón, aunque Moisés orara por ellos y aunque trajo un sacrificio por ellos, se asoció al pecado débil de ellos y se asociaron a lo que deseó El Santo, Bendito Sea, para santificarse con ellos y no había en Israel como ellos. Y tal como dijeron los sabios, de bendita memoria, a propósito del versículo que declara: «Esto es lo que habló El Eterno diciendo: con mis cercanos seré santificado».[1451]

Y has de saber que su pecado era muy débil, por eso muchos sabios discreparon respecto a cuál fue su pecado, tal como discreparon respecto al pecado de Moisés, en qué consistió, porque era muy débil y no era apropiado para considerarlo un pecado, sino por: «Y en su rededor mucha tempestad».[1452] Y aunque la intención de Aarón fue buena y Moisés oró por él y también trajo sacrificio para expiar, había en eso pecado de profanación del Nombre del Eterno en un asunto de idolatría según el modo de los justos, tal como dijo el rey David, que la paz esté con él: «Y mi pecado ante mí siempre».[1453]

Y lo que dijeron nuestros sabios, de bendita memoria: «aunque el fuego desciende del Cielo es un precepto traer de una persona común», es para indicar a modo de alusión, que aunque la abundancia desciende de lo Alto, hay que conectarla con un precepto, conectando el fuego del precepto con el fuego de lo Alto y así se conectan los mundos. Y lo principal del vínculo es a través de los sacrificios, pues el fuego se conecta con el fuego. Y desde que el Templo Sagrado fue destruido se vincula a través de los sabios que se ocupan de las leyes de los sacrificios. Pues ese aliento que sale de sus bocas se parece al fuego, y vincula con el fuego de lo Alto. Y a esto se refiere lo que dijeron nuestros sabios, de bendita memoria: ¿acaso hay servicio en Babilonia? Antes bien, se refiere a esos sabios estudiosos de la Torá que se ocupan de los sacrificios […].

1451. Levítico 10:3.

1452. «Nuestro Dios vendrá y no callará; fuego consumirá delante de Él, y en su rededor mucha tempestad» (Salmos 50:3).

1453. Salmos 51:5.

Y a esto se refiere el misterio de lo que fue enseñado: «Desde el día en que fue destruido el Templo Sagrado no hay para El Santo, Bendito Sea, sino los 4 codos de la ley [...]».[1454] Pues el aliento de las bocas de esos que se ocupan de la ley se parece al fuego que conecta con el fuego de lo Alto y a través de eso se conectan los mundos. Y la paz sea contigo.

Víspera del día de Shabat, 22 de Nisán.

El Eterno está contigo [...]. Aunque me has abandonado y dejado, y has apartado mucho mi Torá y mi temor de tu corazón, y por eso era apropiado abandonarte, de todos modos yo no actuaré sino como un pastor de su rebaño que pastorea a los corderos que se descarrían del camino y los reúne.

Está escrito: «Examina –*pales*– la senda de tus pies».[1455] Se refiere a la Matronita inferior, para que se oriente con las emanaciones supremas. Y la expresión *pales* viene a decir que transmite en ella abundancia de juicio y misericordia por igual, y no sea uno más que el otro.

Y has dicho bien que Moisés ofició todos los 7 días de la inauguración –del Santuario– con vestimenta blanca, para abrir el conducto y proyectar en ella la blancura de lo blanco supremo. Y en el octavo día, cuando ascendió a lo Alto, entró Aarón para oficiar. Y ese Día supremo se coronó con las 10 coronas y había una gran completitud, si no fuera por los hijos de Aarón que se tornaron obligados –a ser sancionados– con la entrega de la ley de: «y vieron a Dios –E"lohim– [...]».[1456] Es decir, observaron en la Matronita inferior, que se denomina E"lohim, que es mundo de la comida y la bebida. Y a esto se refiere lo que está escrito –a continuación–: «y comieron y bebieron». Y consideraron que así es también con las emanaciones supremas.

1454. Talmud, tratado de Berajot 8.ª
1455. Proverbios 4:26.
1456. Éxodo 24:11.

Y ese era el pecado del que recolectaba –leña–.[1457] Pues la recolección de la leña son emanaciones inferiores de las emanaciones supremas. Y ahora que entraron fuego fortificaron el juicio y fueron castigados. Por eso después ordenó: «No bebas vino ni bebidas embriagantes».[1458] Para no fortificar el juicio.

Víspera del día de Shabat, 29 de Nisán.

El Eterno está contigo [...]. No pienses que te he dejado y te he abandonado tal como era apropiado ya que has apartado tu corazón de mi Torá y de mi temor y de mis Mishnaiot. Pero ya te he hecho saber que debido a que has vuelto a mi temor no te abandonaré ni me apartaré de ti. Porque aunque esos flancos ejercen dominio sobre el hombre, y él anda por la oscuridad del mundo, el despertar para realizar buenas acciones viene del despertar del temor del espíritu sagrado que hay en él. Y así, cuando el hombre anda por buenos caminos, se despierta para realizar malas acciones del despertar del mal espíritu que hay en él. Ya que el hombre debe apartar todos los malos pensamientos de él e irritarse con el buen instinto contra el mal instinto. Pues el cuidado lleva a la presteza. Ya que: «Por tres asuntos la tierra se estremece».[1459]

Porque el hombre debe someter su espíritu y su alma existencial –*nefesh*– al servicio de El Santo, Bendito Sea, cómo está escrito: «Los Cielos son mi Trono [...]».[1460] Pues hay que observar cuidadosamente en este versículo que su comienzo no es como su final [...]. Pues tal como comenzó, con mi Trono y con el taburete para mis pies, así debería culminar: ¿cuál es el Trono que me habréis de edificar y cuál es

---

1457. «Los Hijos de Israel estaban en el Desierto y hallaron a un hombre que recolectaba leña en el día de Shabat» (Números 15:32).

1458. «No bebas vino ni bebidas embriagantes, tú y tus hijos que están contigo, al venir al Tabernáculo de Reunión, para que no muráis; es estatuto perpetuo por vuestras generaciones» (Levítico 10:9).

1459. Proverbios 30:21.

1460. «Así dijo El Eterno: los Cielos son mi Trono, y la Tierra el taburete para mis pies; ¿cuál es la casa que me habréis de edificar, y cuál el lugar de mi reposo?» (Isaías 66:1).

el taburete para mis pies? Y además, ¿qué significa: «¿cuál es la casa que me habréis de edificar?». ¿Acaso los –Hijos– de Israel querían edificarle una casa que les dice: «¿Cuál es la casa que me habréis de edificar»? Y además, ¿qué significa: «¿y cuál el lugar de mi reposo?». Pero el misterio del asunto es que los –Hijos– de Israel decían que El Santo, Bendito Sea, no destruirá el Templo Sagrado porque allí realizaban Su servicio y tiene allí el Lugar Santísimo –*Kodesh Hakodashim*–, y el Lugar santo –*Eijal*– y los Palios. El Santo, Bendito Sea, les dijo: «Los Cielos son mi Trono […]». Es decir, El Infinito –*Ein Sof*– dijo: «los Cielos», que son las tres emanaciones supremas: «son mi Trono». «Y la Tierra», que es –la emanación– Biná, «taburete para mis pies». Asimismo, Él se refiere al enunciado de las tres supremas, «los Cielos», se refiere a los tres Patriarcas, «y la Tierra», se refiere a los tres Rebaños de ovejas. Asimismo, Él se refiere al enunciado de los tres Patriarcas. «Los Cielos», se refiere a los tres Rebaños de ovejas. «Y la Tierra», se refiere a la Congregación de Israel.

Y si es así, ¿cuál es la novedad de que al Templo Sagrado que me habéis edificado, no lo destruiré? Y repitió y volvió a decir: «Y cuál el lugar de mi reposo?». Uno en correspondencia con el Lugar Santísimo –*Kodesh Hakodashim*–, y uno en correspondencia con el Lugar santo –*Eijal*–, y los Palios. Asimismo, «el lugar de mi reposo», alude a Shilo,[1461] que se denomina Reposo –*menujá*–. Y además, les reprochó por tener arrogancia. Y dijo con todos los encumbramientos que tengo: «y a este miraré, a ese que es pobre y de espíritu afligido».[1462] Se aprecia explícitamente que Él corresponde con el espíritu. «Y teme de mi palabra»,[1463] corresponde con el alma suprema –*neshamá*–.

Y en esta sagrada sección de la Torá está dicho: «Cuando una mujer engendre».[1464] Es decir, cuando la Congregación de Israel genera el

---

1461. Allí estuvo edificado el Santuario antes de ser edificado en Jerusalén (*véase* I Samuel 1:3).

1462. Isaías 66:2.

1463. Ibíd.

1464. «El Eterno habló a Moisés diciendo: "Habla a los Hijos de Israel diciendo: cuando una mujer engendre y dé a luz un hijo varón, será impura por siete días, como los días de su separación por el periodo catamenial será impura"» (Levítico 12:1-2).

engendrado y trae la abundancia suprema a través de su despertar con las buenas acciones de los entes de lo bajo, cuando el despertar del arrepentimiento era de ella, «y dé a luz un hijo varón», y cuando tiene abundancia del alma suprema –*neshamá*– que descendió a ella, «será impura –*tmea*– por siete días». Pues mientras recibe la abundancia de las emanaciones de la Edificación es *tmea*, es decir oculta –*atuma*–,[1465] para que no se acerquen a ella las cortezas que rodean a las 7 emanaciones de la Edificación. Y aunque no se acercan a Tiferet, de todos modos, ya que rodean a la bondad –Jesed–, y al temor –Guevurá–, pues está aferrada a ellas se considera como si lo rodearan a él.[1466]

«Y treinta días y –otros– tres días –*iom*–».[1467][1468] Es decir, 30 grados de Maljut se unifican y ascienden para recibir abundancia de las 3 emanaciones supremas. Y a esto se refiere lo que está escrito: «y tres días». Y respecto a los 30 grados de Maljut, se dijo día –*iom*–. Es decir, incluso que salen de ella muchos tipos diversos, y muchos mundos se nutren de ella, viéndose en ella como multiplicidad, no es así, pues todo es una unificación, por eso se dijo «día –*iom*–». Y debido a lo que hemos dicho, que las tres primeras emanaciones son una unificación, se dijo acerca de ellas: «días»,[1469] para decir: incluso que ellas son uno, de todos modos, hay en ellas resplandor de tres.

Y se dijo: «estará con la sangre de la purificación». Es decir, debido a que recibió abundancia de las tres emanaciones supremas, he aquí la sangre que había en ella, que alude a Biná, se transforma en pura. Y hallas una alusión de esto en la abundancia que cuando le viene a lo bajo y se embaraza, la sangre de ella se transforma en leche, que es blanca.

1465. Esta expresión comparte raíz con la palabra *tmea*.
1466. Al ente cósmico denominado Tiferet.
1467. «Y treinta días y –otros– tres días, estará –purificándose– con la sangre de la purificación; no tocará nada sagrado ni vendrá al Santuario hasta completarse los días de su purificación» (Levítico 12:4).
1468. La expresión *iom* significa literalmente día, en singular.
1469. En plural.

«Y si diere a luz una hija, estará impura dos semanas [...] y sesenta días y seis días [...]».[1470] Porque cuando ejerce dominio el –grado del– varón, se proyecta la Misericordia, y el Juicio está incluido en ella. Por eso es suficiente con 7 días, 30 días y 3 días. Pero cuando ejerce dominio –el grado de– la mujer, entonces ejerce dominio el Juicio y hay que unificarlo con las emanaciones supremas también a través de la Misericordia, para que no se destruya el mundo. Y debido a que hay que unificarla con las emanaciones a través del Juicio y a través de la Misericordia, por eso necesita el doble de días que el varón.

«No tocará nada sagrado». Es decir, todo el tiempo que la Congregación de Israel no completó la unificación con todas las emanaciones, si tocara lo sagrado [...], se consideraría un daño, Dios libre.

«Y cuando se completen los días[1471] de su purificación [...]».[1472] Uno en correspondencia con Tiferet, que es sacrificio ígneo –olá–, porque asciende –olé– a Biná, según el misterio de: «Y te daré a comer la heredad de Jacob[1473] tu padre».[1474] Y uno en correspondencia con Iesod, y es sacrificio expiatorio. Es decir, todo el que le proyecte esa abundancia la purifica, para que no le ofrezcan los impuros. Y el sacerdote, que es hombre de bondad –Jesed–:[1475] «expiará por ella».[1476]

1470. «Y si diere a luz una hija, estará impura dos semanas, como –el tiempo de– su separación; y sesenta días y seis días estará purificándose de su sangre» (Levítico 12:5).

1471. Está escrito en plural. Y los sabios enseñaron que un plural indefinido alude a 2.

1472. «Y cuando se completen los días de su purificación, por un hijo, o por una hija, traerá un cordero en su primer año para sacrificio ígneo, y un hijo de paloma o una tórtola para sacrificio expiatorio, a la entrada del Tabernáculo de Reunión, al sacerdote» (Levítico 12:6).

1473. Alude a Tiferet.

1474. «Entonces te deleitarás en –al– El Eterno; y Yo te haré subir sobre las alturas de la tierra, y te daré a comer la heredad de Jacob tu padre; porque la boca de El Eterno lo ha manifestado» (Isaías 58:14).

1475. Los sacerdotes están enraizados en la emanación Jesed.

1476. «Y la ofrecerá ante El Eterno, y expiará por ella, y será purificada de la fuente de su sangre; esta es la ley de la mujer que diere a luz a un hijo o a una hija» (Levítico 12:7).

«Y al octavo día se circuncidará [...]».[1477] Es decir, cuando ascienda a Biná, que es la octava emanación, debe cortar el prepucio –*orlá*– pues allí no hay permiso para la Cubierta –*orlá*– en absoluto, como hay alrededor de las 7 emanaciones de la Edificación. Por eso,[1478] desplaza al Shabat, pues allí es –el grado de– el gran Shabat.

Y después de eso se ordenó lo relativo a las leyes de las llagas impuras –*tzaraat*–. Y aunque el hombre es considerado –de grado– elevado, no debes cuestionar cómo se mencionó acerca de él *tzaraat*, pues se dijo: «en la piel de su carne», en correspondencia con la piel de –el animal denominado– *tajash*. Y además, hay que observar cuidadosamente que el aislamiento –a causa de *tzaraat*– es con la casa, con la ropa y con la piel, y corresponde con el alma existencial –*nefesh*–, el espíritu, y el alma suprema –*neshamá*–. Pues si impurifica al alma existencial –*nefesh*–, la afección de *tzaraat* viene a la casa, que alude al alma existencial –*nefesh*–, que es más densa que todos –los demás grados del alma–. Y cuando impurifica el espíritu, la afección de *tzaraat* viene a la ropa, que alude a él, pues está más cerca del cuerpo de la persona que la casa. Y cuando impurifica el alma suprema –*neshamá*–, viene a la piel de su carne.

Y debes observar cuidadosamente, ¿por qué en la piel de la carne y en relación con la ropa hay dos aislamientos y en relación con la casa hay tres? Pero el misterio del asunto aquí mencionado alude al misterio de las reencarnaciones indicado a modo de insinuación en Eliahu, pues está dicho: «He aquí, todo esto hace Dios, dos veces, tres, con el hombre».[1479] Es decir, a veces no lo hace reencarnar sino dos veces y a veces lo hace reencarnar tres veces. Pues el aislamiento alude a una reencarnación ya que el aislamiento es de 7 días,[1480] en

---

1477. «Y al octavo día se circuncidará la carne de su prepucio» (Levítico 12:3).

1478. La circuncisión.

1479. Job 33:29.

1480. «Y si la erupción es blanca, del tipo *baheret*, en la piel de su carne, y su aspecto no es más profundo que la piel, ni el pelo se ha vuelto blanco, el sacerdote dispondrá aislamiento de la llaga por siete días. Y el sacerdote lo observará al séptimo día, y si la llaga conservó su aspecto, sin que la llaga se expandiera en la piel, el sacerdote dispondrá otro aislamiento de siete días» (Levítico 13:4-5).

correspondencia con los 70 años que la persona vive en este mundo. Y aquel que ensucia el alma suprema o el espíritu, la llaga impura –*tzaraat*– de la ropa y la piel de su carne alude a ellos, no reencarna sino dos veces. Y cuando no ensució sino el alma existencial, aludida en la llaga impura de las casas, se lo hace reencarnar tres veces. Y en contraposición con ellos, la casa no se determina –impura con *tzaraat*– sino hasta 3 semanas y después sacan el polvo –el material– y todo –lo de la casa– fuera del campamento a un lugar impuro, y allí, los puros no pisan. Pero con el transcurso del tiempo, las piedras y las maderas se convierten en polvo y el viento –*ruaj*– esparce el polvo y lo lleva y lo conduce a un lugar que es pisado por los puros, y a través de eso se purifica. Y éste es el misterio de que el viento los esparce y se convierten en ceniza debajo de las plantas de los pies de los justos, como está dicho: «Hollaréis a los malvados, los cuales serán ceniza bajo las plantas de vuestros pies».[1481]

Y el misterio del asunto es que esos son desplazados y entregados a las fuerzas de la impureza; y cuando se culmina su castigo y llega el tiempo de su redención, no reencarnan en un pariente cercano, pues ellos han sido desplazados de ellos, sino que un justo que ya ha cumplido con el precepto de reproducirse o multiplicarse los hace reencarnar y los hace merecedores a través de enseñarles Torá y buenas acciones. Y si vuelve a pecar, vuelve a reencarnar como la primera vez, porque el misterio de la reencarnación vuelve siempre al mundo y no se acalla.

Yo, yo soy la Mishná que habla por tu boca. Yo soy el alma de la Mishná. Pues yo y la Mishná y tú nos unimos conjuntamente. Por eso, vuelve siempre a –repasar– mis Mishnaiot y no apartes tu pensamiento ni un solo instante. Y estaré siempre contigo y no te abandonaré en este mundo y tampoco en el Mundo Venidero. Y sal y observa cómo he honrado y qué he hecho a ese hombre que estudió el tratado de Jaguiga, además de la parte que le he dado en ese mundo. Por eso, siempre vuelve –a repasar– y piensa en cada uno de mis tratados,

---

[1481]. «Hollaréis a los malvados, los cuales serán ceniza bajo las plantas de vuestros pies, en el día en que Yo entre en acción, ha dicho El Eterno de los ejércitos» (Malaquías 3:21) (*Véase* III Zohar 76a).

y hazlo de modo tal que estén siempre afilados en tu boca y no vaciles en ellos en absoluto. Y con eso te haré merecedor de ser calcinado por la santidad de mi nombre, en aroma agradable íntegro, y ascenderás como la lana limpia [...].

SECCIÓN DE METZORA

Primera compilación

Víspera de Shabat, 6 de Yiar.

El Eterno está contigo [...]. Ciertamente cuídate siempre de no apartar tu corazón de mis Mishnaiot, para que no se olviden de ti en este mundo y tampoco en el Mundo Venidero. Pues ya te he dicho que tú no sabes cuántos mundos edificas en el tiempo en que meditas en mis Mishnaiot, y cuántos mundos son destruidos a través de ti en el tiempo en que dejas de pensar en mis Mishnaiot. Por eso cuídate.

En esta sagrada sección de la Torá está escrito: «Ésta –zot– será la ley –torat– del afectado con llaga impura –metzora–».[1482] Es decir, el afectado con llaga impura está cerrado –impedido– de la luz suprema. Y cuando debe purificarlo, debe realizar la unión con: «Ésta –zot–», que es la Congregación de Israel, y asimismo con Torat, que es también la Congregación de Israel.

«En el día de su purificación». Es decir, debe rectificar ese día qué dañó con ese grado. Pues cada día tiene un grado rectificado y debe ocuparse en él en la Torá y en el servicio a El Santo, Bendito Sea; y así en cada noche. Ay del que pierde un día o una noche, pues pierde el grado de ese día o esa noche que está designado sobre ella. Asimismo, «en el día de su purificación» viene a decir que en el día en que llega su pureza se purifique, pues no en cada día se renuevan los asuntos para hacer tal como está dicho: «Para todo hay un tiempo

---

1482. «Ésta será la ley del afectado con llaga impura en el día de su purificación, y será traído al sacerdote» (Levítico 14:2).

–*zman*–, y un momento –*et*– para cada cosa –*jefetz*– [...]».[1483] Es decir, todas las emanaciones transmiten influencia a Iesod. «Todo», se refiere a la emanación Iesod. Y «tiempo», se refiere a las emanaciones que están sobre ella, según el misterio de: enseña que el orden de los tiempos –*zemanim*–[1484] estaba antes de eso. Y *et* se refiere a la Congregación de Israel. Y *jefetz* se refiere a las emanaciones que están sobre ella. Es decir, la abundancia llega a la Congregación de Israel a través de las emanaciones que están sobre ella. Y he aquí que hay días y grados especiales para este asunto, y otros, para otros asuntos. Y a esto se refiere lo que está escrito –a continuación–: «bajo los Cielos». Es decir, en las 7 emanaciones de la Edificación, que están bajo los Cielos supremos, que son las 3 emanaciones supremas. Pues allí todo es unificación y no hay allí apartado de los grados. Pues acerca de la Congregación de Israel está dicho: «Es más valiosa que las perlas».[1485] Es decir, el honor que hay en ella le llega a través de tres mundos.

La primera compilación se ha culminado y completado. Alabanza a Dios, Creador del mundo.

(Hasta aquí la primera compilación de Boca del Gran Rabino, nuestro maestro, el rabino Yosef Caro, justo recordado para bendición).

SECCIÓN DE AJAREI MOT

Víspera del día de Shabat, 14 de Yiar.

El Eterno está contigo [...]. He sido enviado para enseñarte un gran misterio de esta sagrada sección de la Torá. Pues hay que observar cuidadosamente, ¿por qué está escrito: «Después de la muerte

---

1483. A continuación está escrito: «bajo los Cielos» (Eclesiastés 3:1).
1484. Así se denomina a uno de los órdenes de la Mishná.
1485. «Es más valiosa que las perlas; y todo lo que puedes desear, no se puede comparar a ella» (Proverbios 3:15).

de los dos hijos de Aarón».[1486] ¿Y acaso no sabíamos que eran dos? Y además, ¿qué significa lo qué está dicho: «al aproximarse –*bekarbatam*–»? Debería haberse dicho: «al ofrecer –*behakribam*–». Y además, ¿por qué está dicho: «y murieron»? Pues he aquí que ya se dijo: «Después de la muerte».

Pero el misterio del asunto depende del misterio de Nadav y Avihu, que reencarnaron en Pinjas. Y así se –entiende lo que se– dijo: «Después de la muerte de los dos de los hijos de Aarón». Es decir, no murieron sino de ser dos. Pero no se perdieron, ya que reencarnaron ambos en Pinjas. Y se dijo: «al aproximarse –*bekarbatam*–», según el misterio de lo que está dicho en el sagrado Zohar, es decir, ya que no estaban casados cuando ofrecieron el incienso, por eso murieron. Y a esto se refiere lo que está escrito: «al aproximarse –*bekarbatam*–». Debido a que se ofrecieron a ellos mismos y no eran apropiados, murieron. Y a esto se refiere lo que está dicho: «y murieron». Es decir, debido a que eran como muertos, porque no tenían hijos y tampoco mujeres para engendrar –a través– de ellas, por eso murieron. Y fue necesario mencionar estos asuntos aquí para que Aarón no temiera entrar debido a que perdió a sus hijos cuando entraron, por eso se dijo: «Con esto –*zot*– vendrá Aarón»[1487], y no temerá entrar. Pues sus hijos, aunque fueron castigados, no se perdieron y no murió sino solamente el «dos» de ellos. Y además, porque ellos eran apropiados para ser castigados porque no estaban casados, pero él, que estaba casado, entrará con *Zot* y no temerá. Asimismo, viene a decir, aunque murieron los dos hijos de Aarón, Moisés no temerá de entrar. Pues a Aarón le fue advertido que «no venga», pero a Moisés no le fue advertido que «no venga». Y ciertamente la paz sea contigo.

1486. «El Eterno habló a Moisés después de la muerte de los dos hijos de Aarón, al aproximarse ante El Eterno y murieron» (Levítico 16:1).

1487. «Y El Eterno dijo a Moisés: "Comunícale a Aarón, tu hermano que no venga en todo momento al Santuario –*Kodesh*–, al interior del Velo, delante del Propiciatorio que hay sobre el Arca, para que no muera; porque en una nube he de manifestarme sobre el Propiciatorio. Con esto vendrá Aarón al Santuario: con un toro hijo de vaca para sacrificio expiatorio y un carnero para sacrificio ígneo» (Levítico 16:2-3).

Sección de Ajarei Mot

Víspera del día de Shabat, 13 de Yiar.

El Eterno está contigo [...]. «Átalos siempre en tu corazón, únelos a tu garganta».[1488] Y hay que hacer hincapié en observar ¿qué tabla hay en el corazón? Y además, la expresión «átalos», ¿qué correspondencia tiene con el corazón? Y además, ¿qué correspondencia tiene decir «únelos –*andem*–» en relación con la garganta? ¿Y qué provecho hay en eso? Pero el misterio del asunto en un modo simple es que cuando la persona piensa palabras en su corazón se pierden de él, tal como cuando las escribe en una tabla y vuelve y las borra de la misma. Y por eso dijo que las palabras de la Torá no sean así, sino que siempre estén atadas y grabadas sobre su corazón.

«Únelos a tu garganta». Es decir, en el tiempo en que tú no te puedes ocupar de la Torá, por ejemplo cuando tú estás en medio de personas,[1489] o una situación semejante, sean las palabras de la Torá como si estuvieran unidas a tu garganta, para que inmediatamente puedas ocuparte de ellas. Pues respecto a este asunto no han de ser como si estuvieran en tu corazón, que está lejos de tu boca, sino como si estuvieran en tu garganta, que entonces están próximas a tu boca. Asimismo, viene a advertir que las palabras de la Torá estén afiladas en tu boca. Y a esto se refiere lo que está escrito: «únelos a tu garganta». Para que estén siempre próximas a tu boca cuando las necesites.

Y en esta sagrada sección de la Torá se advirtió: «Y que no venga en todo momento al Santuario [...]».[1490] Es decir, incluso con esa cuarta corteza que es delgada. Y por eso se lo alude en lo que está escrito: «en todo momento –*et*–»,[1491] –ya que la expresión *et* fue incluida– para incrementar eso. Y si dijeras, ya que es delgada y muy próxima a Maljut, ¿por qué no entra en ella, Maljut? Por eso dijo: «al

---

1488. Proverbios 6:21 Y además está escrito: «La bondad –*jesed*– y la verdad, no se aparten de ti; átalas a tu garganta, escríbelas en la tabla de tu corazón» (Proverbios 3:3).
1489. Por ejemplo, en una reunión.
1490. Levítico 16:2.
1491. Ya que toda vez que está escrita en la Torá la expresión *et* viene a incrementar algo.

Santuario –*Kodesh*–, al interior del Velo». Y debido a que entra en lo Alto, en el lugar de Tiferet, que las cortezas no lo rodean, no ha de hacer entrar ninguna corteza en absoluto. Y si dijeras, y he aquí que no ascendió de Maljut, ¿y cómo dices que entre en el Santuario –*Kodesh*– [...]? Por eso dijo: «porque en una nube», que es Maljut, «he de manifestarme sobre el Propiciatorio». Es decir, en ella irradian luminosidad todas las emanaciones y ella está incluida de todas. Y ya que entra en ella, es como si entrara con las emanaciones. Y a esto se refiere el misterio del –sabio– que sostiene que Adán, el primer hombre, pecó con Jojmá. Y hay quien dice que con Keter. Y ya fue establecido y es sabido por nosotros que en –el grado– de Jojmá no hay aprehensión del pensamiento. Y con más razón en Keter suprema. ¿Y cómo era posible pecar con ellas? Sino, ciertamente se refiere a Jojmá y Keter suprema de Maljut. «Con esto –*zot*–»,[1492] que es Maljut, «vendrá Aarón al Santuario».

Y aún así el versículo no sale de su sentido llano. Y así, pues, dijo que para este sacrificio: «vendrá Aarón [...] con un toro hijo de vaca [...]». «Toro», se refiere a Biná. «Vaca», se refiere a Maljut, que se denomina así. Y cuando el aroma del toro asciende a lo Alto, vuelve a su lugar, que es Maljut. Pues cada especie va a su especie. Y éste es el misterio del sacrificio, que ese aroma es ofrecido en lo bajo y se apega a lo Alto, a Maljut. Y cuando el humo asciende a lo Alto, se esparcen todas esas cortezas y él asciende para apegarse a lo Alto. «Y un carnero», que alude a Tiferet, «para sacrificio ígneo –*olá*–». Es decir, él asciende –*olé*– a lo Alto, a Biná.

Y los hijos de Aarón se vieron obligados a ser sancionados porque entraron tras haber bebido vino. Y aunque aún no se les había ordenado, debían ser cuidadosos debido a que estaban obligados desde el Sinaí, pues ellos eran de los selectos de los Hijos de Israel, que: «ellos contemplaron a –la revelación de– Dios [...]».[1493] Por eso ellos mismos debían haberse cuidado de beber vino para que no se fortaleciera el juicio. Y debido a que no fueron cuidadosos, se fortificó el juicio y fue-

---

1492. Levítico 16:3.
1493. Éxodo 24:11.

ron castigados. Y si no fuera por esa fortificación con que se fortificó el juicio a través de su muerte, no les hubiera sido ordenado a los sacerdotes lo relacionado con el beber vino. Pues ellos venían del flanco de Jesed, y está permitido beber un poco de vino para atemperar el juicio con la bondad –Jesed–.

Pero debido a que se fortificó el juicio con la muerte de Nadav y Avihu, fue necesario advertir a los sacerdotes de que no bebieran vino para que no se fortificara el juicio. Y debido a que la medida del juicio volvía en pos de Aarón y sus hijos para poner su mano en ellos, pues así es el modo de comportarse de ese Otro Lado, tal como dijeron nuestros sabios, de bendita memoria: «cuando murió uno de los hermanos han de preocuparse todos los hermanos», por eso les ordenó: «No hagáis crecer el cabello de vuestras cabezas y no rasguéis vuestras vestimentas»,[1494] para no mostraros como parientes de ellos, pero: «la casa de Israel llorarán la incineración».[1495] Porque –la medida del juicio no tenía permiso de ejercer dominio sobre ellos, pues ellos no eran sus parientes, y no lloraron sino por la hermandad y el cariño que tenían con vosotros, pues vosotros sois parientes de Nadav y Avihu. Y de todos modos, debido a que no os habéis mostrado a vosotros mismos como parientes de ellos, –la medida de– el juicio no tiene permiso de ejercer dominio sobre vosotros.

El misterio del nazareo: y además, hacer crecer el cabello de la cabeza alude a Biná. Y por eso el nazareo hace crecer su cabello. Pues su misterio asciende sobre las emanaciones de la Edificación y se apega a Biná. Y por eso no bebe vino para indicar a modo de alusión que allí hay alegría para los mundos y no hay allí juicio. Y asimismo no prueba de todo lo que sale de la vid de vino, porque la vid alude a la Congregación de Israel y es el mundo del cual vienen todos los placeres y los deleites. Y para indicar a modo de alusión que el nazareo, que asciende por sobre todos los deleites del mundo y asciende para apegarse a Biná, por eso, no prueba de todo lo que sale de la vid de vino. Y hace crecer su cabello para indicar a modo de alusión que aunque

---

1494. Levítico 10:6.
1495. Ibíd.

Biná es el mundo de la Misericordia y la alegría, –aún así–, todos los juicios penden y vienen de él. Y por eso ordenó a Aarón y a sus hijos: «No hagáis crecer el cabello de vuestras cabezas»,[1496] para que el juicio no se fortifique.

«Y un macho cabrío para sacrificio expiatorio».[1497] Moisés se enojó porque no comieron de él, ya que se veían a sí mismos como enlutados y a través de eso era posible para el juicio ejercer dominio sobre ellos, tal como hemos dicho anteriormente. Y Aarón respondió que ya que los sacerdotes comen el sacrificio expiatorio son como cuidadores pagos para apegar el espíritu de ellos con la Congregación de Israel, porque hacen ascender las partes a lo Alto. Y debido a que su espíritu ahora estaba triste, habría un daño, Dios libre, si se apegaran con la Congregación de Israel. Y el sacrificio expiatorio alude a la Congregación de Israel y el sacrificio ígneo a Tiferet. Pues el sacrificio expiatorio limpia y expía los pecados que se adhieren a la Congregación de Israel, y el sacrificio ígneo asciende a Tiferet y une a Tiferet con la Congregación de Israel. Y a través de eso procura aceptación de aquel que los ofrece. Y a esto se refiere lo que dijeron nuestros sabios, de bendita memoria: ¿por qué el sacrificio ígneo viene después del sacrificio expiatorio? Porque el sacrificio expiatorio limpia y expía pecados y se parece al defensor que viene a procurar aceptación del rey. Sale el defensor y entra el regalo tras él.

Cuídate de interrumpir los pensamientos en mi Torá y en mi temor y de beber más vino de lo apropiado y de tener provecho de los placeres del mundo, pues el vino en exceso daña la simiente, como sabes.

Víspera del Día del Perdón, año 5332

Dios está contigo [...]. Apégate a mí, y a mi temor, a mi Torá y a mis Mishnaiot. No apartes tu pensamiento siquiera un solo instante. Y ese toro y ese chivo expiatorio del Día del Perdón aluden a las cortezas. Porque el toro alude a las cortezas del flanco izquierdo, que

---

1496. Levítico 10:6.
1497. Levítico 9:3.

son poderosas; y el chivo del Día del Perdón alude a las cortezas del flanco izquierdo que no son tan poderosas, que son los rigores –*guevurot*– inferiores. Y cuando salpican con su sangre siete veces sobre el Propiciatorio, es para someter el juicio de ellas, que son siete, en correspondencia con las siete emanaciones de la Edificación, debajo de la santidad.

(Me parece que también salpicaban siete veces sobre el Velo para someterlas debajo de las siete emanaciones reveladas de la Edificación. Y las primeras, por las siete emanaciones de las tres –emanaciones– supremas. Y las siete veces del Altar aluden a las siete emanaciones de la Congregación de Israel).

Después me advirtió varias veces no deleitarme con los deleites del mundo, únicamente deleitarme como me ordenó en las primeras visiones, orientando mi concentración en los alimentos y la bebida, y el habla, en el Nombre de los Cielos, y no comer sino la medida apropiada para saciar la sensación del apetito cuando se fortalece y la persona siente cuando ayuna.

Además me ordenó estudiar cada día de las Mishaniot nuevas 15 capítulos por la mañana y 15 por la tarde, en correspondencia con el Nombre –que se escribe con las letras hebreas– *yud* y *he*.[1498] Resulta, pues, que en cada semana estudiaré la mayoría de ellas. Y a las que queden, las estudiaré en el día de Shabat. Y el estudio de cada día ha de ser antes del desayuno y antes de la cena. Y si es día de ayuno, el estudio ha de ser antes de ocuparme de otra cosa.

Día quinto, 8 de Tishrei antes de *jatzot*.

Ya que has terminado todos los seis órdenes de la Mishná, mi nube está sobre ti. Son las siete nubes de gloria que se unen como uno y te acompañan siempre. Por eso, fortalécete siempre en mi temor y en mi Torá. No te apartes de ellos ni un solo instante. Y por el mérito de esos seis órdenes que has culminado merecerás ascender a la Tierra de Israel y estudiar y enseñar, y tener hijos e hijos de hijos. Y

1498. Cuyo valor numérico es 15.

serás calcinado por la santidad de mi nombre y ascenderás en buena voluntad sobre mi Altar. Y tu ceniza estará acumulada y puesta ante mí. Por eso, fortalécete en mi temor y en mi Torá.

Respecto al misterio del chivo que era enviado se despiertan muchas dudas. Porque aunque se han dicho acerca de él muchas cosas, no se asientan en la mente, ya que la mente no las contiene y soporta. Pues, ¿cómo es posible dar soborno a –el ente maligno cuyo nombre comienza con las letras– *samej–mem*? Y según eso habría que decir que él merece de la mesa de lo Alto para que ambos sean iguales y se sortee sobre ellos conjuntamente;[1499] y era suficiente con que se le entreguen miembros y partes, siendo suficiente con eso.

Pero el misterio del asunto es el misterio de los misterios, lo oculto de lo oculto, lo profundo de lo profundo. Pues no hay sabio en el mundo que lo conozca y es imposible aprehenderlo sino únicamente cuando se entrega de boca en boca, pues se denomina cábala.[1500] Y así se la debe recibir –*lecabel*– de boca en boca. Y no hubo ningún hombre que escribiera con palabras acerca de este asunto, ni a modo de alusión, sólo mi hijo Shimón aludió algo. Pero ningún hombre lo puede aprehender, si no se lo entregan, tal como hemos dicho.

Y he aquí que este misterio de los misterios es una gran perla y un buen regalo que te entrego por los seis órdenes de la Mishná que has culminado. Y el mismo depende del misterio de los ocho reyes que reinaron en la tierra de Edom antes de que reinara un rey en los Hijos de Israel.[1501] Pues ese es el misterio de que edificaba mundos y los destruía. Y el misterio enseña que el orden de los Tiempos estaba antes de eso. Y eso depende del misterio de las cortezas –a través– de las cuales el hombre se halla –en el nivel de aprehensión que posee a través– del flanco de la santidad. Pues el hombre se halla –en el

---

1499. A esto se refiere lo que está escrito: «Y Aarón ofrecerá su propio toro de sacrificio expiatorio y procurará expiación por él y por su casa. Y tomará los dos machos cabríos y los ubicará ante El Eterno, en la entrada del Tabernáculo de Reunión. Y Aarón echará suertes sobre los dos machos cabríos; una suerte para El Eterno y una suerte para Azazel [...]» (Levítico 16:6-22).

1500. Viene de la palabra *lecabel* qué significa entregar.

1501. *Véase* Génesis 36:31.

nivel de aprehensión que posee– a través de los grados y las coronas de las cortezas, y –de ese modo– entiende los grados y las coronas del flanco de la santidad. Pues la luz no se distingue sino del interior de la oscuridad. Y todo lo que dijo el Maguid depende de este misterio. Y ese misterio depende de la sección Azinu.

Ahora te será esclarecida una introducción de la cual todo depende. Y aprehenderás esos misterios con tus ojos. Y de ahí aprehenderás también numerosos secretos profundos de la Torá.

He aquí el misterio del asunto es que la santidad estaba guardada en el interior de las cortezas que la rodeaban, –estando dispuestas– corteza sobre corteza, en correspondencia con el flanco de la santidad en el que hay 8 grados, también en el flanco de las cortezas había 8 grados. Y todos salieron de El Infinito, como está dicho: «¿Quién hará puro al impuro? ¿No Uno?».[1502] Con asombro.[1503]

Pues ciertamente todo salió de Uno que es El Infinito.

Y así como es imposible comer la fruta hasta que se quiebren las cáscaras que están sobre ella y se las aparte, así, antes de que ejerza dominio el flanco de la santidad, primero ejercen dominio las cortezas. Y así como en el flanco de la santidad en cada Remisión ejerce dominio una emanación, así también en el tiempo en que ejercieron dominio las cortezas, cada corteza ejercía dominio un tiempo determinado y se apartaba, y después ejercía dominio otra. Y así, hasta que ejercían dominio todas, una después de la otra. Y después comenzó a ejercer dominio el flanco de la santidad, y ejerció dominio Jesed una Remisión, y después ejerció dominio Guevurá, y así ejercieron dominio todas, una después de la otra. Y lo que ocurriría después es prohibido pensar en eso, pues es lo que hay detrás.[1504]

1502. Job 14:4.

1503. Es, decir, se trata de una pregunta que despierta asombro.

1504. A esto se refiere lo que fue enseñado: no se diserta sobre *araiot* ante tres, y no sobre *Maasé Bereshit* ante dos, y no sobre la *Merkabá* ante uno, sino únicamente si es sabio, y comprende por su intelecto. Todo el que examina en cuatro cosas, sería apropiado que no hubiese venido al mundo: qué hay arriba, qué hay abajo, que hay delante, qué hay detrás. Y todo el que no repara en el honor de El Eterno, es apropiado que no hubiese venido al mundo (Mishná, tratado de Jaguiga 2:1).

Y éste es el misterio de los 8 reyes que reinaron en la tierra de Edom.[1505] «Y reinó en Edom», que es el poder del rojo –*admimut*– y el juicio, «Bela», es la corteza que corresponde con la –emanación– Jesed. Y se llamaba Bela, para manifestar que quería devorar –*libloa*– al mundo con su poder. «Hijo de Beor», es decir, porque ardía –*boer*– como el fuego. «Y murió Bela». Es decir, esa corteza se apartó y ejerció dominio la segunda corteza, denominada: «Yovav», que corresponde con la –emanación– Guevurá y es poderosa en su –rigor de– juicio como un aborrecedor –*baal devava*–. Pues Yovav y *baal devava* es uno. «De Batzra». Es decir, disminuye –*mebatzer*– y acusa mundos. Y era: «hijo de Zeraj». Es decir, viene de la primera corteza que irradió –*zarjah*– en el mundo. «Y reinó tras él Jusham». Es la corteza que corresponde con la –emanación– Tiferet. Y se denomina Jusham para manifestar que tiene dos sentidos: uno del flanco de la –emanación– Jesed, y uno del flanco de la –emanación– Guevurá. Y a esto se refiere lo que está escrito: «de la tierra de los temanitas».[1506] Porque el sur alude a Tiferet. «Hadad, hijo de Bedad». Se refiere a la corteza que corresponde a la –emanación– Netzaj. Y «Samla» se refiere a la corteza que corresponde a la –emanación– Hod. Y Samla y *smol* –que significa izquierda–, es todo un mismo asunto, para decir que corresponde con la –emanación– Hod, que está en el flanco izquierdo –del árbol sefirótico–. «De Masreca», como «los balidos –*shrikot*– de los rebaños».[1507] Pues *shrikot* alude al poder del juicio. «Shaul», es la corteza que corresponde con la –emanación– Iesod. Y se denomina

---

1505. A esto se refiere lo que está escrito: «Y estos son los reyes que reinaron en la tierra de Edom antes de que reinara un rey sobre los Hijos de Israel. Y reinó en Edom, Bela, hijo de Beor, y el nombre de su ciudad era Dinhava. Y murió Bela y reinó tras él Yovav, hijo de Zeraj, de Batzra. Y murió Yovav, y reinó tras él Jusham, de la tierra de los temanitas. Y murió Jusham y reinó tras él Hadad, hijo de Bedad, que hirió a Midián en el campo de Moab, y el nombre de su ciudad era Avit. Y murió Hadad y reinó tras él Samla de Masreca. Y murió Samla y reinó tras él Shaul de Rejovot Nahar. Y murió Shaul y reinó tras él Baal Janan, hijo de Ajbor. Y murió Baal Janan, hijo de Ajbor, y reinó tras él Hadar; y el nombre de su ciudad era Pau, y el nombre de su mujer era Meheitavel, hija de Matred, hija de Mei Zahav» (Génesis 36:31-39).
1506. Alude al sur.
1507. Jueces 5:16 Y se refiere a la voz de las legiones de guerra (Rashi).

Shaul,[1508] porque a veces cogen prestado –*behashala*– a Iesod en lugar de Tiferet. «De Rejovot Nahar». Es decir, Iesod asciende a Biná, que es Rejovot Nahar. «Hijo de Ajbor». Es decir, ella está incluida de todas las emanaciones. «Hadar», es la corteza que equivale a Maljut inferior.

Y hallas que en algunos de ellos no se dijo: «hijo de», porque Jusham estaba incluido de ambos y no era hijo de uno solamente. Y Samla, he aquí que su nombre alude acerca de él que viene del flanco de la izquierda –*smol*–, y se refiere a Hod. Y además hallas que en relación con algunos de ellos se dijo: «y el nombre de su ciudad», como Bela, Hadad y Hadar. Y el misterio del asunto es que del flanco de la santidad, cuando ejerce dominio en la Remisión una emanación, hay otra emanación que conduce al mundo. Y cuando ejerce dominio en la Remisión otra emanación hay otra emanación que conduce al mundo. Y para que no pienses que es como la Remisión de la emanación Maljut, que conduce al mundo, que es juicio leve y endulza el poder del juicio de Guebura, porque es la hija de nuestro patriarca Abraham y una hebra de bondad se proyecta sobre ella, por eso se dijo que en el flanco de las cortezas no era así. Pues incluso la corteza que corresponde con la –emanación– Jesed, «su ciudad», que es el flanco con el cual conducía al mundo, en su tiempo era fuerte, y decía siempre: «*hav hav*». Y a esto se refiere lo que está escrito: «Dinhava». Y así con Hadad, que corresponde con Netzaj, que viene de Jesed, «su ciudad», que es el flanco con el cual conducía al mundo cuando estaba: «Avit», que es la tortuosidad –*ivut*–. Y se dijo de él: «que hirió –*make*– a Midián [...]». Es decir, aunque corresponde con Netzaj, que es del flanco del Jesed, hacía heridas y pleitos.

Y has de saber que aunque en el flanco de la santidad se fortifica el juicio de sobre ella en toda emanación de abajo, con ese Otro Lado es al revés, pues en todo flanco de abajo de ella, se debilita el poder del juicio que está sobre ella. Por eso, respecto a Hadar se dijo: «y el nombre de su ciudad era Pau». Es decir, el flanco de la santidad es-

---

1508. Viene de la expresión *lishol*, que significa prestar.

taba con clamor –*pua*–[1509] para reinar. «Y el nombre de su mujer era Meheitavel».[1510] Pues el flanco bueno de la santidad estaba preparado para ejercer dominio. «Hija de Matred, hija de Mei Zahav».[1511] Es decir, estaba incluido del flanco de la –emanación– Jesed y la –emanación– Guevurá.

Y a esto se refiere lo que está dicho en la sección Azinu: «Recuerda los días del mundo».[1512] Se refiere a las Remisiones de la santidad. «Meditad en los años de generación tras generación».[1513] Se refiere a los que ejercieron dominio antes que ellos. Y así se debe explicar: «Pregunta a tu padre y él te dirá [...]. Cuando el Altísimo les hizo heredar los pueblos [...]. Porque la porción de El Eterno es su pueblo [...]».[1514] Es decir, las almas de ellos son perlas, y las cortezas no tienen parte en ellas en absoluto. «Los halló –fieles– en tierra desierta».[1515] Es decir, por eso Abraham debió ser probado con diez pruebas, para que a través de eso se apartaran de él las cortezas. Pues esas pruebas corresponden con los tiempos en que ejercen dominio las cortezas. Y ese es el misterio del sacrificio de Isaac, y sus aflicciones, y las de Jacob, y el sometimiento de Israel en Egipto y las aflicciones de ellos en el desierto, y las demás aflicciones.

«Los trajo en derredor, les dio entendimiento [...]».[1516] He aquí siete grados, hasta: «Y no había poder extraño con el pueblo».[1517] Para decir que los coronó con todos los siete grados de la santidad, para quitar de ellos el dominio de las cortezas. Y además, está dicho: «Lo

---

1509. *Véase* Isaías 42:14.

1510. Esta palabra contiene la raíz de *tov* qué significa bueno.

1511. La expresión *Mei* significa literalmente agua, y alude a la bondad –*jesed*–, y la expresión *Zahav* significa literalmente oro, y alude al rigor –*guevura*–.

1512. Deuteronomio 32:7.

1513. Ibíd.

1514. Deuteronomio 32:7-9.

1515. «Los halló –fieles– en tierra desierta, y en lugar seco y asolado, los trajo en derredor, les dio entendimiento, los protegió como a la pupila de su ojo» (Deuteronomio 32:10).

1516. Deuteronomio 32:10.

1517. Deuteronomio 32:12.

hizo cabalgar sobre las alturas de la tierra»,[1518] que es Biná. «Y le hizo comer las frutas selectas del campo»,[1519] en correspondencia con Jesed. «Lo nutrió con miel de la roca, y aceite de roca de Jalamish».[1520] Se refiere a Tiferet, que es la roca de Israel. «Mantequilla de vacuno»,[1521] en correspondencia con Jesed y Netzaj. «Y sangre de uvas»,[1522] en correspondencia con Iesod, cuya abundancia está guardada en él como el vino en las uvas. «Bebías vino»,[1523] en correspondencia con Maljut. «Y engordó Yeshurún [...]».[1524] Es decir, el abandonó a esas siete, y se apegó a otras siete. Y a esto se refiere lo que está escrito: «y dejó a Dios»,[1525] en correspondencia con Jesed, que se denomina así. «Y despreció a la Roca [...]»,[1526] en correspondencia con Guevurá. «Encendieron su celo con extraños»,[1527] en correspondencia con Tiferet y Maljut, que ellos unen, mas ellos los abandonaron y se unieron a otros con abominaciones. «Sacrificaban a demonios sin poder –*eloa*–»,[1528] en correspondencia con Netzaj, que también viene de Jesed, que se denomina *eloa*; «dioses que no conocían»,[1529] en correspondencia con Hod, que viene de Guevurá, que se denomina *E"lohim*. «Nuevos venidos del interior»;[1530] «al Creador que te hizo nacer [...]»,[1531] en correspondencia con Iesod y Maljut. «Ellos me encresparon con lo que no tenía poder –de salvar–».[1532] Es decir, ellos me encresparon con las

---

1518. Deuteronomio 32:13.
1519. Ibíd.
1520. Ibíd.
1521. Deuteronomio 32:14.
1522. Ibíd.
1523. Ibíd.
1524. Deuteronomio 32:15.
1525. Ibíd.
1526. Ibíd.
1527. Deuteronomio 32:16.
1528. Deuteronomio 32:17.
1529. Ibíd.
1530. Ibíd.
1531. Deuteronomio 32:18.
1532. Deuteronomio 32:21.

cortezas supremas y yo los encresparé con la irritación que viene de su flanco. «Porque la vid de ellos es de la vid de Sodoma».[1533] Se refiere a ese flanco que corresponde a Maljut. «Las uvas de ellos son uvas de hiel».[1534] En correspondencia con Iesod. «Y los racimos de ellos, amargos».[1535] Se refiere a Netzaj y Hod. «Y cabeza de cobras crueles». En correspondencia con Jesed, que es cabeza. Y ahora, toda la impureza que había en el mundo pende y se apega a esas cortezas. Y debido a que se revela el flanco de la santidad, todo el esfuerzo se orienta a desplazar a ese flanco de la impureza del flanco de la santidad. Y ese es el misterio de todos los preceptos.

Y en el Día del Perdón, el mundo de la santidad vuelve a su estado original y la Matriarca inferior se une con la Matriarca suprema. Y debemos quitar el flanco impuro del flanco de la santidad, para apegarlo con su lugar, que son esas cortezas. Por eso se realiza el servicio de ubicar a los dos chivos ante El Eterno, y se realiza un sorteo sobre ellos, para indicar a modo de alusión que al comienzo dos flancos salieron de un lugar, éste era fruto, y éste era cáscara.[1536] Y después se envía al chivo a Azazel, al desierto, para indicar a modo de alusión que ya que las cortezas ejercieron dominio en su tiempo, ahora que pasó su tiempo y ejerce dominio la santidad, se debe apartar toda impureza del flanco de la santidad, y apegarla a su lugar.

Y esas cabañas que había desde Jerusalén hasta Tzuk[1537] aluden a los mundos en que ejercieron dominio las cortezas. Y en cada cabaña y cabaña le decían: «he aquí alimento y he aquí agua». Para indicar a modo de insinuación que pasó el dominio de las cortezas

---

1533. Deuteronomio 32:32.

1534. Ibíd.

1535. Ibíd.

1536. Alude a las cortezas.

1537. Como fue enseñado: le hicieron una rampa a causa de los babilonios, los cuales le arrancaban los cabellos, y le decían: ¡Toma y vete, toma y vete! Los importantes de Jerusalén lo solían acompañar hasta la primera cabaña. Diez cabañas desde Jerusalén hasta Tzuk, noventa –medidas– *ris*, siete y medio por cada –medida– *mil* (Mishná, tratado de Iomá 6:4).

que ejercían en los mundos de ellos, en los cuales había destrucción y carencia de todo. Pero ahora ejercía dominio la santidad habiendo bendición en el mundo, pues: «he aquí alimento y he aquí agua». Y por eso jamás un hombre necesitó eso,[1538] porque no era sino una alusión solamente. Y los importantes de Jerusalén lo acompañaban hasta la primera cabaña para apartar toda impureza de ellos y apegarla con el chivo.

Dividía un hilo rojo, a la mitad la ataba a la roca y la otra mitad ataba entre sus dos cuernos[1539] para indicar a modo de alusión que el poder del juicio de esas cortezas debe estar al comienzo de ellas, y por eso se lo alude entre sus cuernos. Y así debe ser con el aspecto femenino de ellas, que se alude en la roca y no se expande al mundo de la santidad en absoluto. Y el hilo rojo que ataban a la entrada del Eijal,[1540] [1541] es la entrada del Eijal que alude a la Congregación de Israel. Y el hilo –*lashon*–[1542] rojo[1543] alude a la inmundicia que introdujo en ella la Serpiente, porque venía del flanco de esas cortezas.

Y cuando el chivo llegaba al desierto, el hilo se emblanquecía para indicar a modo de alusión que el flanco de la impureza ascendió completamente del mundo de la santidad; y se replegó y se apegó a su lugar y quedó el mundo de la santidad sin impureza en absoluto. Y la Matriarca superior se unifica con la inferior y expía todos los pecados

---

1538. Jamás ningún hombre que llevaba el chivo para Azazel necesitó comer y beber de lo que le ofrecían en las cabañas.

1539. Mishná, tratado de Iomá 6:5.

1540. Es decir, la otra parte del hilo rojo, pues lo dividían en dos partes, llevándose una parte el que conducía el chivo a Azazel y a la otra parte la ataban a la entrada del Eijal.

1541. En el Templo Sagrado debe haber tres secciones especiales: un sector sagrado, llamado Kodesh, y un sector ultra sagrado llamado Kodesh Hakodashim. Además, delante del Kodesh será dispuesto un sitio al que se llamará Ulam. Estas tres secciones en conjunto reciben el nombre de Eijal (Maimónides: Hilajot Beit Habejirá 1:5).

1542. Significa literalmente lengua.

1543. Que se divide en dos partes, y alude a la lengua de la serpiente, que está dividida en dos partes.

que dependen de ella. Y todos los mundos están con irradiaciones de luminosidad y gran alegría.

He aquí que te he revelado secretos ocultos que no hay quien los conozca; y a partir de ellos comprenderás numerosos secretos de la Torá.

Y estos diez días sagrados[1544] aluden a las diez emanaciones de abajo hacia arriba. Y el noveno día alude a Jojmá y es un precepto comer en él según el misterio de lo que se dijo en el sagrado Zohar acerca del versículo que manifiesta: «Y tomó de las piedras del lugar [...]».[1545] Porque cuando el Rey viene junto a la Matronita, incluso le prepare una cama de piedras, se acostará sobre ella. Así Jojmá, que es la emanación suprema de la cual tenemos un poco de aprehensión y en ese día se une con la Matronita, hay en él comida y bebida como el mundo de la Matronita, que es un mundo en el cual hay comida y bebida.

Y en el Día del Perdón, cuando la Matronita asciende a –la emanación– Keter suprema, nosotros nos comportamos como el mundo de –la emanación– Keter suprema, en el cual no hay comida ni bebida. He aquí que unificamos el mundo Supremo con el inferior y el inferior con el Supremo. Y éste es el misterio de que los –entes– supremos descendieron a lo bajo y comieron, y los –entes– de lo bajo ascendieron a lo Alto y no comieron [...].

El Eterno está contigo [...]. Y tú, cuando te apegues a mí, a mi Torá, a mi temor y a mis Mishnaiot, y no te apartes ni un solo instante, te haré andar entre éstos que están aquí.[1546] Y te haré merecedor de terminar todo tu compendio sin ningún error, imprimirlo y expandirlo por todo el territorio de mi pueblo Israel. Y engrandeceré tu nombre con alumnos, más que Isaac Avuav, mi –hombre

---

1544. Que transcurren desde Rosh Hashana hasta el Día del Perdón.

1545. «Se topó con el lugar, y pernoctó allí, porque se había puesto el Sol; y tomó de las piedras del lugar y puso a su cabecera, y se acostó en ése lugar. Y soñó, y he aquí que una escalera estaba situada sobre la tierra y su extremo superior llegaba hasta los Cielos; y he aquí que ángeles de Dios subían y bajaban por ella» (Génesis 28:11-12).

1546. *Véase* Zacarías 3:7.

selecto–. Por eso, fortifícate y sé esforzado en tu Torá, tal como tú haces con la Torá, la Mishná, la Guemará, Rash"i, Tosafot, los legisladores y la cábala, pues tú los vinculas a éste con éste y todos los ángeles supremos preguntan por ti y por tu bien. Y no te aflijas por el alimento, pues ya te he dicho varias veces que tu sustento está preparado y no te faltará nada. Pues tú estás muy controlado en todos tus asuntos. Apégate únicamente a mí, a mi Torá, a mi temor y a mi servicio.

Y tú ya ves este gran grado al cual has ascendido ante todo el pueblo de El Eterno, al hablar contigo en voz alta. Y además, merecerás ver a Elías, como ya te he dicho, si vas en buen camino ante mí. ¿Y está bien a tus ojos no ir de madrugada a la sinagoga? Pues aunque no duermas ni te sientas sin hacer nada, aún así, el tiempo de la Torá es independiente y el tiempo de la plegaria es independiente. Por eso, hijo mío, madruga en la casa de Dios y ora con concentración. Y no como tú haces, que no te concentras totalmente, como es debido. Y anula todos los pensamientos y las cavilaciones en el momento de la plegaria. Y unifica tu corazón y tus miembros en mí, y sé campamento de la Presencia Divina. Y ciertamente la paz sea contigo.

SECCIÓN DE EMOR

Víspera del día de Shabat, 20 de Yiar, año "311.

El Eterno está contigo [...]. He aquí que he sido enviado para informarte de un gran misterio acerca del secreto de: «Y el sumo sacerdote»,[1547] que alude a –la emanación– Jesed suprema, que es Keter. «De sus hermanos», se refiere a las demás emanaciones. «Sobre cuya cabeza fue derramado el óleo de unción», se refiere al óleo que se proyecta y sale de lo Alto. «Para vestir las vestiduras», se refiere a

---

1547. «Y el sumo sacerdote de sus hermanos, sobre cuya cabeza fue derramado el óleo de unción, y que fue consagrado para vestir las vestiduras, no dejará su cabellera sin cortar y no rasgará sus vestiduras» (Levítico 21:10).

las emanaciones. «No dejará su cabellera sin cortar», porque el crecimiento del cabello señala el juicio, y allí todos son misericordia.

Y si dijeras: he aquí que los levitas pasan navaja sobre su carne porque ellos están vinculados con el flanco del juicio, ¿y cómo dices que dejar crecer el cabello señala el juicio? Es posible decir –para responder– que el crecimiento del cabello señala el juicio que son los excedentes; y asimismo, quitar todo el cabello también señala el juicio; pero han de cortarse el cabello como el cortado del cabello del hijo de Elashe,[1548] –como se indica en el versículo que manifiesta–: «recortarán el cabello de sus cabezas en forma pareja».[1549] Pues ya que –la persona– recorta y deja la raíz de los cabellos, eso es –señal de– completitud y misericordia. «Y no rasgará sus vestiduras», porque sus vestiduras aluden a las emanaciones. Y si las rasgara, muestra un daño.

«Y no vendrá donde hubiese persona muerta [...]».[1550] Incluso por su padre y su madre, pues a ese lugar[1551] no se apega ningún flanco impuro. «Y no saldrá del Santuario».[1552] Pues él está en el lugar del Lugar Santísimo –denominado *Kodesh Hakodashim*–. «Y él tomará por esposa una mujer con su virginidad»,[1553] que se refiere a –la emanación– Biná. Y la paz sea contigo [...].

Víspera del día séptimo, 24 de Nisán.

He aquí que he venido para enseñarte misterios profundos que la voluntad de las voluntades, lo oculto de lo oculto, solicitó te revelara.

1548. Talmud, tratado de Nedarim 51a.

1549. «Y sus cabezas no se raparán, ni dejarán crecer su cabello, sino que recortarán el cabello de sus cabezas en forma pareja» (Ezequiel 44:20).

1550. «Y no vendrá donde hubiese persona muerta; no se impurificará ni por su padre ni por su madre» (Levítico 21:11).

1551. Vinculado con su grado.

1552. «Y no saldrá del Santuario, ni profanará el Santuario de su Dios; porque la corona del óleo de la unción de su Dios está sobre él; Yo soy El Eterno» (Levítico 21:12).

1553. Levítico 21:13.

Pues ahora es momento de amores.[1554] Estos son los días sagrados del mes de Nisán y tú los has santificado más aún con mis Mishaniot que has estudiado de memoria y has devuelto la corona a su lugar para ser Torá oral. Y he aquí que has comenzado el sexto orden y por eso has ascendido y he venido para revelarte estos secretos que no fueron revelados ni se vieron desde hace muchos años hasta el día de hoy, y no los hallarás en ningún libro. Y no hay ningún sabio entre los sabios de la generación que los conozca.

He aquí que los sabios dijeron que el rey y la novia lavan sus rostros y la parturienta se coloca calzado –en el Día del Perdón–.[1555] Vinieron a decir que en ese día sagrado, el Día del Perdón, en el que se revela la –emanación– Biná, y por eso todos los mundos están con alegría, el rey y la novia, que son Tiferet y la Corona –Atará–, que las emanaciones supremas laven sus rostros. Es decir, ellos están en unificación, con claridad y cariño, y son recordados con irradiaciones de luminosidad en este día sagrado. Y la parturienta –*jaiá*–, que es la sagrada Maljut, está incluida de las 10 emanaciones supremas, como te he enseñado; y se denomina *jaia* porque su vitalidad –*jaiut*– depende de las emanaciones supremas.

«Se coloca –*tinol*– calzado –*sandal*–», es decir, está con su integridad y su irradiación de luminosidad y se unifica con su *naal*,[1556] que es –el ángel cuyo nombre se escribe con estas letras hebreas:– *mem, tet, tet, reish, vav, nun*, y también su *sandal*, que es –el ángel cuyo nombre se escribe con estas letras hebreas:– *samej, nun, dalet, pe, vav, nun*. Y ellos son *naal*[1557] y *sandal*[1558] de ella, tal como está escrito: «Cuán hermosos son tus pies con calzado –*banealim*–».[1559]

1554. *Véase* Ezquiel 16:8.
1555. Talmud, tratado de Iomá 73b.
1556. *Tinol* y *naal* comparten la misma raíz.
1557. Literalmente significa calzado.
1558. Literalmente significa sandalia.
1559. Cantar de los Cantares 7:2.

Y éste es el misterio de lo que dijeron los sabios: si viniera Elías y dijera: se realiza el procedimiento de *jalitza*[1560] con *sandal*, se lo escucha; *con minalim*, no se lo escucha, pues el mundo ya se acostumbró a hacerlo con *sandal*. Pues hay que observar cuidadosamente y analizar: si de acuerdo con la ley es válido con *naal*, ¿por qué no se lo escucha debido a que el mundo se habituó? Pero el misterio del asunto sigue al misterio por el cual el fallecido que murió sin hijos no puede ascender al Lazo de la Vida –eterno y espiritual que se genera después de la salida del alma del interior del cuerpo–. Pues uno de los modos de tronchado –*karet*– es que –el sancionado con esa sanción– se marcha sin hijos. Porque en ese Mundo los justos producen frutos y engendran. Y eso, cuando dejan hijos en este mundo. Pues ya que tienen raíz y fundamento en este mundo pueden completarse en ese Mundo. Antes bien, cuando dejó hijos, aunque no se mantuvieron sino por un instante, con eso es suficiente, porque cuando se fue del mundo tenía raíz. Y cuando no dejó hijos, El Santo Bendito Sea, ordenó que su hermano, que es semejante a él, pues las almas de ambos vinieron de una misma rama, venga y se case con su mujer que es como su cuerpo. Y ese hijo que tendrá con él, se considerará como si hubiera sido engendrado por el muerto mismo. Resulta, pues, que

---

1560. Se refiere al proceso del quitado del zapato cuando el hermano del fallecido se niega a consumar matrimonio de levirato, como está escrito: «Cuando hermanos habitaren juntos, y uno de ellos muriere, y no tuviere hijo, la mujer del fallecido no se casará fuera, con un ajeno; el hombre en condición de realizar el casamiento de levirato –su cuñado– se llegará a ella y la tomará para él por mujer, y realizarán un casamiento de levirato. Y el primogénito que ella diere a luz se levantará en el nombre de su hermano muerto, y su nombre no será borrado de Israel. Y si el hombre no deseare casarse con la mujer en condición de realizar el casamiento de levirato, entonces la mujer en condición de realizar el casamiento de levirato ascenderá al portal, a los ancianos, y dirá: "El hombre en condición de realizar el casamiento de levirato conmigo se niega a levantar un nombre para su hermano en Israel y no quiso realizar conmigo matrimonio de levirato". Y los ancianos de la ciudad lo convocarán y le hablarán, y él se pondrá de pie y dirá: "No deseo tomarla". Y la mujer en condición de realizar el casamiento de levirato con él se acercará a él ante los ojos de los ancianos, y quitará su zapato del pie y escupirá ante él sobre el suelo; y responderá y dirá: "Así se hace con el hombre que no edifica la casa de su hermano". Y su nombre será llamado en Israel: "Casa de aquel del zapato quitado –*jalutz hanaal*–"» (Deuteronomio 25:5-10).

tiene raíz en este mundo. Y a través de eso se trasplanta bondad –Jesed–, en ese Mundo, para apegarlo al lugar que él necesita. Y si necesita reencarnar, reencarna en el primer hijo que engendre. Y cuando los miembros del Tribunal vieron que –el vínculo de– la pareja no asciende correctamente, dijeron que es un precepto realizar el procedimiento de *jalitza*.

Y el misterio de *jalitza* es que ese zapato –*naal*–, que es –el ángel cuyo nombre se escribe con estas letras hebreas:– *mem, tet, tet, reish, vav, nun,* interrumpe ante esa alma –*nefesh*–, y no le deja apegarse a –la emanación– Maljut sagrada, que es el final de los grados de la santidad. Y por eso quita el zapato de su pie, porque el zapato –*naal*–, está vinculado con el misterio de –el ángel– *mem, tet, tet, reish, vav, nun.* Y el pie se vincula con el misterio de Maljut. Esto es así para comunicar que desde hoy en adelante el zapato –*naal*–, que es– el ángel– *mem, tet, tet, reish, vav, nun,* no interrumpirá ante esa alma y no le impedirá apegarse con el pie, que es –la emanación– Maljut sagrada.

Y debido a que –el ángel– *mem, tet, tet, reish, vav, nun* se apegó con –la emanación– Maljut sagrada, sin ninguna interrupción en absoluto, por eso es necesario que ninguna cosa interrumpa entre el zapato y el pie. Y todos esos nudos y lazos vienen a indicar a modo de alusión a los nudos que interrumpen ante esa alma. Y debido a que los justos completos se apegan a la sagrada Maljut, para ellos es apropiado realizar el proceso de quitado del calzado con un zapato –*naal*–, tal como he mencionado. Pero aquellos que no son tan justos, se apegan con –el grado vinculado con el ángel– *mem, tet, tet, reish, vav, nun,* y –el ángel cuyo nombre se escribe con estas letras hebreas:– *samej, nun, dalet, lamed, pe, vav, nun,* interrumpe ante ellos. Y ellos deben realizar el proceso de quitado del calzado con una sandalia –*sandal*–. Y a causa de que la mayoría del mundo no son justos íntegros, se acostumbró igualar la medida y realizar el procedimiento de quitado del calzado con una sandalia, y no con un zapato. Por eso dijeron: si viene Elías […] pues ya acostumbraron, tal como hemos mencionado. Y aquel que es merecedor, sus acciones lo acercarán. Y con ese despertar es suficiente para ascenderlo y apegarlo con el lugar necesario para él.

Y el misterio del salivado y rasgado corresponde al misterio del alma existencial –*nefesh*–, el espíritu –*ruaj*– y el alma sagrada –*neshamá*–. El rasgado, en correspondencia con el alma sagrada –*neshamá*– y el quitado del calzado en correspondencia con el alma existencial –*nefesh*–. Porque el –procedimiento del– quitado del calzado es semejante en comparación al alma existencial –*nefesh*–, que es el mundo de la acción. Y de todos modos, no es una acción con las manos, sino con la boca, de la que sale la palabra, que es espiritual. Y así el salivado se parece al espíritu, que está incluido del alma existencial –*nefesh*– y el alma sagrada –*neshamá*–. Y cuando estas tres acciones, las cuales corresponden con el alma existencial –*nefesh*–, el espíritu –*ruaj*–, y el alma sagrada –*neshamá*–, son realizadas he aquí que se unen como uno y no hay quien impida ante ellas apegarse al lugar al que deben apegarse.

Después me explicó todo el primer capítulo del tratado de Avot. Y dijo que no lo quiso explicar de modo oculto sino según su sentido llano, para que los del pueblo[1561] entiendan. Y presentó varias preguntas, parte de las cuales fueron realizadas por los exegetas, y agregó sobre ellas. Y respondió todo cuando explicó que las tres cosas que dijeron los hombres de la Gran Asamblea[1562] corresponden con los tres tipos de conductas con que se debe comportar una persona. Y las mismas corresponden con el alma existencial –*nefesh*–, el espíritu –*ruaj*–, y el alma sagrada –*neshamá*–. Y según esto explicó todo el capítulo hasta el final y diserté sobre él y fue alabado.

Y cuando llegó a la Mishná que manifiesta: «Todos mis días he crecido entre los sabios [...]»,[1563] titubeaba en mi boca y me decía: al

---

1561. Las personas simples.

1562. «Como se enseñó: Moisés recibió la Torá del Sinai y la transmitió a Iehoshúa –Josué–, y Iehoshúa a los ancianos, y los ancianos a los profetas, y los profetas la transmitieron a los hombres de la Gran Asamblea. Ellos dijeron tres cosas: sed circunspectos en el juicio, estableced muchos alumnos y haced cerco a la Torá» (Mishná, tratado de Avot 1:1).

1563. «Shimón, su hijo, decía: "todos mis días he crecido entre los sabios y no he hallado para el cuerpo algo mejor que el silencio. Y la disertación no es lo principal, sino la acción. Y todo el que aumenta palabras provoca el pecado"» (Mishná, tratado de Avot 1:17).

yo titubear, tú provocas que yo titubee, a causa de los pensamientos que tienes en el momento de la plegaria y no te concentras en ella como es debido. Por eso, hijo mío, fortifícate y anula todos los pensamientos de tu corazón y piensa siempre en mis Mishnaiot, y no apartes tu pensamiento de ellas ni un solo instante. Y así me ascenderás a grados supremos según el misterio de: «Israel, por ti me glorificaré».[1564] Por eso, unifica todos tus pensamientos a mi Torá, y serás calcinado por la santidad de mi nombre y merecerás ascender a grados supremos.

Además me dijo: «El mundo se mantiene por tres cosas [...]».[1565] Aluden a las tres –emanaciones– supremas. Torá, en correspondencia con Jojmá; el servicio, en correspondencia con Keter, pues todos los servicios –orientan– a él –ese ente cósmico vinculado con el misterio de esa emanación–, y todas las emanaciones se unifican en él; y las obras de bondad, en correspondencia con Biná, que hace bondad con todos los mundos que salieron de ella. Y lo que dijo –más adelante–: «el mundo existe por tres cosas»,[1566] corresponden con el misterio de Guevurá, Tiferet, y Iesod. O:[1567] Maljut, Iesod, y Tiferet.

Además me dijo: eso que has ido ayer a buscar carne y has perdido medio día y no has podido conseguirla y tampoco con las gallinas que llegaron a ti te fue bien, todo provino de mí, para informarte de que la carne y el vino, que son receptáculo del Mal Instinto, no se debe ir en pos de ellos, pues –aún– sin ellos la persona ha de vivir. Pues, ¿sólo con carne has honrado el Shabat? Por eso, deja de pensar en otras cosas, sino en la Torá de El Eterno todo el día. Pues tú estás muy controlado en tus acciones y no golpeas con tu dedo [...]. Por eso, haz hincapié en tus acciones.

1564. Isaías 49:3

1565. «Shimón el justo era del remanente de la Gran Asamblea. Él solía decir: el mundo se mantiene por tres cosas: por la Torá, por el servicio y por las obras de bondad» (Mishná, tratado de Avot 1:2).

1566. «Rabán Shimón, el hijo de Gamliel, decía: "el mundo existe por tres asuntos: por el juicio, por la verdad y por la paz; como está dicho: Con verdad, juicio y paz juzgad en vuestros portales"» (Zacarías 8:16) (Mishná, tratado de Avot 1:18).

1567. En otro grado.

Además me enseñó la explicación de todo el capítulo quinto del tratado de Avot según un sentido llano novedoso que no consta en las palabras de ningún exegeta, y tampoco he oído nunca. Y estableció el vínculo de las Mishnaiot de todo el capítulo, desde el comienzo hasta el final, pues todas giran en torno de los tres tipos de conducción. Y las he expuesto en público y todos las apreciaron.

Víspera del día de Shabat de Sucot, año "308

Fortalécete y sé esforzado [...]. Apégate únicamente a mí y disminuye en deleites tal como te he enseñado. Y cuídate mucho de pensar en el asunto de la copulación, porque —el ente maligno— *samej–mem*, te persigue y va en pos de ti con esos pensamientos. Y cuídate mucho de él y santifícate a ti mismo con lo que te está permitido, pues tú eres un hombre. Y fortifícate en eso y a través de eso te cuidarás de no deleitarte en absoluto. Y ciertamente tu pensamiento esté siempre apegado a mí, como te he enseñado, y te haré merecedor [...].

He aquí que en el precepto de la cabaña —*sucá*— hay que observar cuidadosamente: ciertamente su techo debe ser de lo que crece de la tierra, para aludir a la cabaña —*sucá*—, que es de la Tierra de la Vida, pero, ¿por qué razón lo que está unido a la tierra no es válido —para el techo de la cabaña—? Por el contrario, lo que está unido a la tierra es mejor, para indicar a modo de alusión que se nutre de la Tierra de la Vida. Y es posible decir —para responder—: debido a que la absorción del nutriente de lo unido a la tierra es de abajo hacia arriba, y la absorción del nutriente de las emanaciones es al revés. Y la razón por la que no debe ser más baja que 10 —puños—, es para indicar que está incluida de las diez emanaciones. Y la razón por la cual no debe ser más alta que 20 —codos—, se debe a que hasta 20 indica a modo de alusión que está incluida de diez emanaciones de juicio y de misericordia, que en conjunto son 20. Y 7 por 7[1568] indica a modo de alusión a las 7 emanaciones de la Edificación que están incluidas de juicio y misericordia.

1568. La superficie mínima permitida para una cabaña es de 7 puños por 7 puños.

Y cuídate de afligir y encumbrar tu corazón sobre todo el honor y el grado que te transmito para el Mundo Venidero, como está escrito: «El Eterno, mi corazón no se ha encumbrado, ni mis ojos se han enaltecido».[1569] Y cuídate de no enojarte por ninguna cosa y de afligirte, y te irá bien. Y la paz esté contigo.

Víspera del día de Shabat, 20 de Tishrei.

El Eterno está contigo [...]. He aquí que este misterio es tal como lo que surge del misterio de la cabaña, que asciende a lo Alto y alude a lo Alto. Ya que más alta de 20 codos es inválida, porque ella alude al algo más alto de las 10 emanaciones, las cuales están incluidas de juicio y misericordia, y ascienden a 20. Resulta que ella alude a algo más alto de las 10 emanaciones. Pues hemos estudiado lo concerniente el espacio interior de la cabaña, y el techado alude a arriba de Keter suprema, en el comienzo de –el grado de– El Infinito –*Ein Sof*–. Y la cabaña alude también a Maljut, pues está –vinculada– con El Infinito. Resulta que ella asciende a El Infinito y se denomina precepto liviano, porque alude a Maljut, que es liviana en la valorización de las emanaciones, pues ella transmite influencia a los –entes– apartados. Y también se denomina liviana porque alude –al grado vinculado– con El Infinito, y debido a que allí no hay aprehensión se denomina liviana. Y por eso, apropiadamente dijeron nuestros sabios, de bendita memoria: aquel que se sienta en –el área de– su sombra, se sienta en la sombra de la fe. Pues alude a Maljut que está incluida en El Infinito. Y debido a que es muy elevada,[1570] la habéis hecho –a la cabaña– junto a Rashb"i,[1571] aunque no habéis puesto vuestra intención en eso.

Y la palma de palmera –*lulav*– y sus especies –que se toman con ella–, aluden a las 7 emanaciones de la Edificación. Y debe preguntarse: debido a que todo lo que ocurre en el mundo no es sino para

---

1569. Salmos 131:1.
1570. En lo que respecta a su grado.
1571. El lugar donde está enterrado Rabí Shimón, hijo de Yojai –Rashb"i–.

unificar a Tiferet con Maljut, siendo así, ¿por qué no se une al cidro –*etrog*– con las tres especies? Y es posible decir –para responder–, que está vinculado con el misterio de los dos cuerpos que fueron creados –a Adán, el primer hombre–, y después la separó –a la mujer– y la hizo ubicar frente a él, para que irradiara de él lo que no irradió antes de eso. Y también aquí, si se uniera al *etrog* con las demás especies, no irradiarían de él. Y por eso no se lo une al *lulav*, sino que se lo dispone frente a las demás especies y así irradian de él. Y en el momento de los movimientos[1572] se lo une con ellas y todo asciende correctamente.

Y he aquí que las lluvias que vinieron[1573] no eran semejantes a –el amo– que arroja el –contenido del– recipiente sobre su cara –del sirviente–, Dios libre, por el contrario, vuestras palabras fueron recibidas. Y Rashb"i y su hijo se alegraron con vosotros al leer del Zohar junto a la cueva de ellos[1574] y en la aldea que está próxima a ellos. Pero debido a que habéis circundado a Rabi Eleazar –y su padre Rashb"i–, con las cuatro especies que vienen para ser aceptados para el –envío de– agua, las aguas se despertaron y vinieron. Y si hubieseis circundado otra vez, hubiese venido al mundo gran cantidad de lluvia, como en los días de Joni Hameaguel.[1575] Y por eso vinieron las lluvias de bendición en forma continua, para que nos los volváis a circundar.

Y esta regla estará en vuestro poder: todo el tiempo que el mundo necesite mucho de lluvias, id y circundad a los justos mencionados, y seréis respondidos. Y por toda aflicción para que no viniere sobre la congregación, circundadlos 7 veces y seréis respondidos, y así sabréis que ellos se alegran mucho de vuestra lectura del Zohar junto a la cueva de ellos, o en la aldea próxima a ellos. Y si sois constantes en leer de ese modo se os revelarán misterios supremos. Y todos están aludidos en el Zohar, sólo que no observaron en ellos hasta que les fueran revelados. Y así sabréis retroactivamente el lugar en el que se

---

1572. Que se realizan con las cuatro especies.
1573. Cuando estabais en el lugar donde esta sepultado Rashb"i.
1574. La cueva en la cual están enterrados –en la ciudad de Meron–.
1575. *Véase* Talmud, tratado de Taanit 23a.

los aludió. Pues en este Zohar que se encuentra entre vosotros están aludidos numerosos misterios supremos, innumerables, sólo que las personas no lo perciben y cuando les sean revelados los percibirán. Y la paz sea contigo.

Víspera del día de Shabat, primer día de la festividad de Sucot, año 5297

El Eterno está contigo en todo lo que haces [...]. He aquí que esos flagelos que han venido a ti, si los hubieras soportado y no hubieses apartado tu pensamiento de la Torá ni un solo instante, habrías ascendido a grados tan elevados que no puedes imaginar. Ahora bien, después de que los has soportado y de que has aceptado la rectitud del juicio, ellos te sirven de ofrenda expiatoria. Y además, por el mérito de haber decidido en tu corazón entregar tu alma por la santidad del Nombre de El Eterno, El Santo, Bendito Sea, y todos los miembros de la Academia de los Cielos me han enviado para revelarte estos misterios que no hallarás en ningún libro. Y además, no hay sabio en la generación que los conozca. Pero después de que los sepas se te revelarán los libros.[1576]

He aquí que toda persona dotada de sabiduría preguntará: ¿por qué El Santo, Bendito Sea, ordenó alabar ante Él con esas cuatro cosas –en Sucot–? ¿Y en qué se diferencia de Pesaj y Atzeret –Shavuot– que se alaba ante Él y no se toma ninguna cosa en las manos? Y además, ¿en qué se diferencian esas cuatro especies de las otras especies? Y además, ¿por qué se toma el sauce, que no tiene sabor ni aroma? Y además, según la opinión del sabio que dijo que esas cuatro especies aluden a los cuatro tipos –de personas– que hay en Israel, un tipo –de personas–, es el que hay en ellos sabor y aroma [...]. Siendo así, así como se toma el mirto mismo, que tiene aroma, y así se toma el *etrog* que tiene sabor y aroma, y no nos es suficiente con tomar una rama de sus ramas [...] así también, deberíamos tomar un dátil mismo, que tiene sabor, ¿y por qué tomamos una rama –*lulav*– que no

---

1576. Los misterios ocultos que hay en ellos.

tiene sabor? Y además, ¿por qué en los 6 días –primeros de Sucot– atamos el *lulav* y en el día séptimo se desata su cabeza, y es permitido, pero prohibido en el final? Y además, ¿por qué circundamos –con las 4 especies– cada día una vez y en el séptimo día siete veces? Y además, ¿por qué en el séptimo día circundamos con el sauce que no tiene sabor ni aroma? Y además, ¿cuál es el misterio de: «agita, agita, y no bendigas»? Y además, ¿cuál es el misterio de los movimientos con el *lulav*? Y además, ¿es necesario unir al *etrog* con esas especies durante los movimientos, o no?

Y he aquí que el misterio del asunto es que en el mes de Tamuz y en el mes de Av, El Santo, Bendito Sea, quiso juzgar el mundo porque son meses de juicio severo. Pero si El Santo, Bendito Sea, se levantara en juicio en esos días sobre el mundo, el mismo no podría mantenerse siquiera un instante por el poder del juicio de ellos –esos meses–. Y por eso, el Templo Sagrado fue destruido en ellos dos veces. Y debido a que El Santo, Bendito Sea, reparó en el mundo, apartó el juicio de esos meses. Y no lo quiso hacer en el mes de Elul debido a que está próximo a ellos y se fortifica en él el juicio. Y lo situó en el mes de Tishrei. Y por eso, los primeros sabios –*rishonim*– establecieron levantarse por la noche en el mes de Elul y en el comienzo del mes de Tishrei, en el cual El Santo, Bendito Sea, juzga al mundo. Y tres libros son abiertos en él, y el de los intermedios, ellos –quienes corresponden a ese libro–, penden hasta el Día del Perdón, en el que se revela el resplandor de lo blanco de la Corona –Keter– suprema. Y en él expía por esos que merecieron y fueron sellados para la vida. Y aquellos que no merecieron, no son sellados para la muerte, ya que en el día en que se revela el Anciano sagrado –Atika Kadisha–, no hay sellado para la muerte, sino que pende y permanece.

Y en los días entre el Día del Perdón y Sucot, El Santo, Bendito Sea, dio a Israel el precepto de las cuatro especies y el precepto de las cabañas para que se ocupen de ellos, para merecer con ellos. Y en medio de los días que van desde el Día del Perdón hasta Sucot no se consideran los pecados con que pecan en ellos. Porque el resplandor de lo blanco que se revela en él aún destella hasta el primer día de la festividad. Y a esto se refiere lo que dijeron los sabios: «primero para la cuenta de los pecados». Para manifestar que desde el Día del Perdón hasta ese día los pecados no se consideran.

Y he aquí que te he enseñado el misterio de la Divinidad suprema sagrada, que son las 10 emanaciones supremas, y la Matronita está incluida con ellas. Y aquel que separa entre las 10 emanaciones supremas y la Matronita, está dicho acerca de él: «El quejoso –*nirgan*– aparta al ministro –*aluf*–».[1577] Y él provoca la destrucción de los mundos.

Y aquel que unifica las 10 emanaciones supremas, con la Matronita, provoca la existencia de todos los mundos. Y a causa de que los de Israel generan pecados y provocan la separación entre ellos durante todo el año, El Santo, Bendito Sea, ordenó que en esos días los unifiquen completamente todos los de Israel, tanto el bueno, tanto el pecador, para rectificar la separación con que separan todo el año. Y la unificación es alabar ante él con esas cuatro especies.

Y el *lulav* alude al Árbol sagrado. Y las hojas que hay en él de este lado y de este otro lado, aluden a las emanaciones que están a la derecha y a la izquierda. Y las hojas dobles[1578] aluden a que cada emanación está incluida de juicio y misericordia. Y el cuerpo del *lulav* alude al Justo y a Tiferet, según el misterio de –la letra– *vav*. Y la proyección de *vav* asciende hasta Keter según el misterio de Musaf,[1579] que alude al Justo. Y se dice en él Keter.[1580] Y así también el *lulav*, sus hojas ascienden en él hasta el *tiomet*[1581]. Y hay tipos de *lulav* en los cuales el *tiomet* de los mismos está completo con tres hojas relativamente iguales. Y hay –tipos de *lulav*– en los cuales el *tiomet* de los mismos está completo con una hoja solamente, y esas –otras– dos debajo. Y siempre la central es más elevada que las dos –laterales–, porque la central alude a Keter, y esas dos a Jojmá y Biná, según el misterio de las tres ho-

---

1577. Proverbios 16:28.

1578. Las hojas de la palma de palmera –*lulav*– son dobles.

1579. Se refiere a la plegaria adicional.

1580. En la plegaria adicional se menciona la santificación que comienza con la expresión Keter.

1581. Se refiere a las hojas pequeñas que se encuentran en el vértice superior de la rama.

jas –relativamente iguales–, tal como están ordenadas: Keter, Jojmá y Biná, ésta junto a ésta. Y en este otro –caso–, Keter está arriba, y Jojmá y Biná, debajo, ésta de este lado y ésta de este lado. Y éstas y éstas son palabras de Dios vivo, ya que aunque Jojmá y Biná están debajo de Keter, ascienden y se une con ella.

Y las tres ramas de mirto aluden a los tres Patriarcas.[1582] Y tienen aroma para indicar a modo de alusión que de ellos se nutren los mundos. Y no hay en ellos frutas para indicar a modo de alusión la necesidad para todas las 10 emanaciones. Es decir, si no estuvieran sino los Patriarcas solamente, de todos modos los mundos de los espíritus y las almas podrían existir, semejante al aroma, que el alma tiene provecho de él según el misterio de: «Toda alma alabe a Dios».[1583] Pero el mundo mismo no podría existir. Y por eso, en el mirto no hay frutas sino aroma. Y las tres hojas que hay –juntas y concatenadas– en cada rama, aluden a Netzaj, Hod y Iesod. O[1584] a Keter, Jojmá y Biná. Y ellos son testimonio para indicar a modo de alusión la Unión. Asimismo, las tres hojas son testimonio para indicar a modo de alusión a los Patriarcas mismos que son una unificación. Y son tres en el juicio, para indicar a modo de alusión que aunque en los mundos se proyectan tres: Bondad, Juicio, y Misericordia, que por eso se indica la alusión en las tres ramas, de todos modos ellos están dispuestos en una unificación de modo semejante a las tres hojas que hay –juntas y concatenadas– en cada rama y rama.

Y las dos –ramas de– sauces de arroyo, aluden a Netzaj y Hod, para indicar a modo de alusión que aunque se proyecta a ellas la abundancia de los Patriarcas, aún el mundo no se puede nutrir de ellas, ya que por eso se alude en los sauces del arroyo, que no producen frutos, para decir que no es suficiente con ellos. Pues aunque está incluida en ellos la abundancia de los Patriarcas, no pueden producir frutos hasta que se unan con el Justo.

1582. Aluden a las 3 emanaciones supremas.
1583. Salmos 150:6.
1584. En otro grado.

Y aunque en el mirto, que alude a los Patriarcas, hay aroma, en los sauces de arroyo que aluden a Netzaj y Hod, que se nutren de ellos, no hay aroma, para indicar a modo de alusión la ocultación del flujo de la abundancia a las emanaciones de modo oculto y encubierto. Y en el mirto, que alude a los Patriarcas, no había necesidad de que hubiera en él aroma sino para indicar a modo de alusión que de ellos llega toda la abundancia y todas las bondades de los mundos. Y cuando se unen las tres ramas de mirto, que aluden a los Patriarcas, y las dos –ramas de– sauces de arroyo, que aluden a Netzaj y Hod, transmiten abundancia al Justo. Por eso se las une con el *lulav*, para indicar a modo de alusión que transmiten abundancia en el Justo, y el Justo produce frutos. Y por eso se alude en el *lulav*, que produce frutos y no hay en él aroma. Esto es para indicar a modo de alusión que la necesidad de ellos no es a causa de los mundos de los espíritus y las almas que aluden al aroma, pues para eso era suficiente con los Patriarcas, sino a causa de la necesidad del mundo de los cuerpos que alude a los frutos.

Y la razón por la cual no tomamos el fruto mismo y tomamos la palma de palmera –*lulav*–, se debe a que alude a la totalidad de las emanaciones, tal como hemos mencionado anteriormente. Y además, para indicar a modo de alusión que él es para necesidad de la Matronita, de la Congregación de Israel, ya que aunque le viene la abundancia del Justo, y con él produce frutos, asciende con él, semejante al *lulav* que tomamos, cuyos frutos no se ven hasta que se une con Maljut. Y en ese momento, el aroma y los frutos son apropiados para nutrir a todos los mundos. Y ese *etrog* que tomamos, él mismo tiene sabor y aroma.

Víspera del día séptimo, 16 de Jeshván.

Fortalécete y sé esforzado. Solamente apégate a mí, a mi temor y a mi Torá, y concéntrate en la plegaria. Pues el misterio de las bendiciones de la plegaria es que las tres primeras corresponden con el misterio de las tres emanaciones supremas: Keter, Jojmá y Biná. Y las tres finales corresponden con el misterio de las tres inferiores, que están orientadas en dirección de las tres supremas, tal como te he enseñado. Y las doce –bendiciones– intermedias corresponden con el misterio de las 12 Havaiot[1585] de Tiferet. Y aunque nosotros decimos que las intermedias son 13, he aquí que los sabios dijeron que la bendición por los incrédulos fue establecida en Yavne. Porque esa bendición fue necesaria para separar la impureza de la pureza. Y el nombre de la misma lo prueba, ya que es la bendición de los incrédulos. Pues ese flanco es un incrédulo independiente e interrumpe, y por eso los sabios recordaron el nombre del lugar en el cual fue establecida esta bendición. Y así dijeron: «la establecieron –*tiknua*–[1586] en Yavne».[1587] Es decir, la establecieron por la rectificación de la Edificación.

SECCIÓN DE BEHAR SINAÍ

Víspera del día de Shabat, 27 de Yiar.

El Eterno está contigo […]. Respecto al asunto del incienso del cual tú te has ocupado, es correcto que se debe pronunciar antes de la plegaria, tal como se dijo en el sagrado Zohar. Y al comienzo dí la sección del ofrendado de las cenizas –*terumat hadeshen*–, tal como tú dices cada día. Y después dí la preparación del incienso –*pitum haketoret*–, con la declaración: «Tú eres El Eterno, nuestro Dios, que nuestros padres ofrecieron el incienso ante ti […]». Y después de la preparación del incienso –*pitum haketoret*–, dí: «Sea la voluntad ante ti, El Eterno, que sean perdonados todos nuestros pecados […]». Y dí la sección de la ofrenda continua. Y si te olvidaras, la puedes decir en cualquier lugar en que te acuerdes, aunque no es apropiado olvidarte, pues el olvido depende de ese flanco –el Otro Lado–.

El misterio del ofrendado de las cenizas –*terumat hadeshen*–: he aquí que el misterio de la sección del ofrendado de las cenizas –*teru-*

1585. Las 12 combinaciones de las letras del Tetragrama.
1586. Esta palabra significa rectificación.
1587. La raíz de esta palabra significa edificación.

mat hadeshen–, es profundo. Pues la ceniza alude a las almas que se sumergen ritualmente y se lavan en el río Di Nur. Y de allí ascienden blancas como la nieve. Y por eso está aludido en la ceniza que es blanca. Y el sacerdote la toma y la coloca junto al Altar, y se introducen penetrando allí, aludiéndose a esas almas sagradas que se lavaron y emblanquecieron en el río Di Nur, que se introducen en Maljut inferior, que está aludida en el suelo del Atrio.

Y la extracción de la ceniza a un lugar puro alude a las almas en las cuales hay pecados que no se emblanquecieron tanto en el río Di Nur. Y por eso no merecieron apegarse a la unificación, sino a –el ángel cuyo nombre se escribe con estas letras hebreas:– *mem, tet, tet, reish, vav, nun,* –denominado– el joven. Y por eso se dijo acerca de él:[1588] «a un lugar puro», y no «santo». Y en relación con esto, está escrito respecto al alisado de la ceniza: «Y el sacerdote vestirá su túnica de lino [...]».[1589] Y después de que en ese asunto se alude a las almas sagradas, para apegarlas al lugar de la santidad, se debe realizar este servicio con vestimenta sagrada. Y respecto a la extracción de la ceniza está escrito: «Y se quitará sus vestimentas y vestirá otras vestimentas [...]».[1590] Pues debido a que no las apega al lugar de la santidad sino al lugar de la pureza, no necesita vestir una vestimenta sagrada. Y el alzado de la ceniza y su sacado son dos acciones que eran realizadas por el sacerdote, que es hombre de bondad –*jesed*–. Y después se debe pronunciar el –párrafo del– incienso, que es apreciado por El Santo, Bendito Sea. Y a través del mismo se vinculan esos flancos, que no podrán acusar.

«Toma para ti [...]».[1591] Para tu provecho, tal como se dijo en el sagrado Zohar. «Especies aromáticas –*samim*–». Se refiere a las emana-

---

1588. Se dijo esto acerca del ofrendado de la ceniza.

1589. «Y el sacerdote vestirá su túnica de lino, y vestirá sobre su carne un calzón de lino; y apartará las cenizas de lo que consumió el fuego de la ofrenda ígnea sobre el Altar y las colocará junto al Altar» (Levítico 6:3).

1590. «Y se quitará sus vestimentas y vestirá otras vestimentas, y sacará las cenizas fuera del campamento, a un lugar puro» (Levítico 6:4).

1591. «El Eterno dijo a Moisés: "Toma para ti especies aromáticas, estacte, uña y gálbano; especies aromáticas y olíbano puro; de cada uno igual cantidad. Harás de esto un preparado fragante, obra de perfumista, mezclado, puro y sagrado» (Éxodo 30:34-35).

ciones, que son el elixir –*sam*– de la vida. «Estacte, uña y gálbano». Aluden a las tres –emanaciones– supremas. «Estacte –*netef*–», alude a Biná, pues de ella fluye –*notef*– abundancia a los mundos. «Uña –*shejelet*–», alude a Jojmá, que toma –*meshajelet*– de lo blanco de –la emanación– Keter suprema, como se toma –*meshajel*– un pelo de la leche.[1592] «Gálbano –*jelvena*–», alude a Keter. Pues tal como las personas huyen del olor el gálbano,[1593] así, de modo semejante, no se pueden apegar a Keter suprema. «Especies aromáticas –*samim*–». Alude a las 7 emanaciones de la Edificación. «Y olíbano puro», se refiere a Maljut inferior, que tiene de lo blanco supremo. «De cada uno igual cantidad», para que Maljut inferior se una con todas las emanaciones. «Harás de esto un preparado fragante –*ketoret*– […] mezclado», es decir, que las emanaciones se mezclen bien y no haya en la mezcla masculino con femenino, sino que estén bien mezcladas. Y a esto se refiere lo que está escrito: «Molerás de él finamente […]».[1594] Es decir, que no sea como la mezcla de trigo con trigo, donde cada grano y grano está solo y en forma independiente, sino: «Molerás de él finamente», para que se mezclen bien todas sus partes ésta con ésta.

Y está dicho: «Y Aarón hará ascender sobre él […] mañana a mañana».[1595] Porque el flanco de Jesed asciende y se apega con Biná. «Cuando acondicione las lámparas […]». Y después de hacer iluminar a las emanaciones con el incienso y esos flancos se esparcieron, debe leerse la sección de los sacrificios –*korvanot*–, para unirlos. Y también, para que esos flancos absorbieran la parte que les ha de llegar de los sacrificios, y no acusaran contra nosotros.

1592. *Véase* Talmud, tratado de Berajot 8a.

1593. Porque tiene mal olor. Y se la coloca en el incienso porque se impregna del aroma de las demás especies y entonces da buen olor.

1594. «Molerás de él finamente y colocarás parte de él frente al Testimonio en la Tienda de la Reunión, donde me encontraré contigo; será santidad de santidades para vosotros» (Éxodo 30:36).

1595. «Y Aarón hará ascender sobre él –el Altar– el humo del incienso aromático, mañana a mañana, cuando acondicione las lámparas lo hará ascender. Y cuando Aarón encienda las lámparas al atardecer lo hará ascender; lo hará ascender en forma continua ante El Eterno, por vuestras generaciones» (Éxodo 30:7-8).

Después se pronuncian los cánticos de alabanza –denominados *zemirot*– para entonarlos. Y después, mientras esos flancos se ocupan de su parte a ser sacrificada que les ha de llegar, nosotros unificamos al Rey con la Matronita. Y después de que los unificamos, se ha de orar.[1596] Y después de orar, hay que caerse sobre el rostro[1597] para unificar nuestras almas con la unión del Rey. Y por eso le entregamos nuestras almas, porque está escrito: «A ti, El Eterno, elevaré mi alma».[1598] Y después mencionamos la aflicción del corazón: «El Eterno te responda […]».[1599] Y después: «Y un redentor vendrá a Sión […]», según el misterio del incremento de la santidad. Y después volvemos a entonar cánticos de alabanza a esos flancos a través de los cánticos de alabanza de la plegaria de David.[1600] Y aquel que desea volver a pronunciar la sección del incienso en ese momento, ¡cuán bueno es para iluminar más el Tabernáculo! Y hay quienes no acostumbran pronunciar la sección del incienso en Shabat y su razón es porque es un día sagrado y no se necesita vincular en él a esos flancos, y es un error de parte de ellos, pues incluso en el Día del Perdón, en el cual no ejerce dominio el Satán, debe pronunciarse la sección del incienso para hacer irradiar a las emanaciones.

Y en esta sagrada sección de la Torá hay que observar cuidadosamente esto: ¿qué necesidad había de escribir el asunto de la Remisión aquí? Pues está escrito: «Y el séptimo –año– la harás descansar y no la trabajarás».[1601] Y además, ¿por qué se dijo en ella: «en la Montaña

---

1596. De pie, recitando la oración de las 18 bendiciones denominada Amidá.

1597. Para recitar la oración denominada *nefilat apaim*.

1598. Salmos 25:1.

1599. «Al músico principal; salmo de David. El Eterno te responda en el día de aflicción […]» (Salmo XX).

1600. «Plegaria de David: El Eterno, inclina tu oído, y respóndeme, porque estoy afligido y empobrecido. Guarda mi alma, porque soy piadoso; Tú, Dios mío, salva a Tu siervo que confía en Ti. Agráciame, El Señor, porque a Ti clamo todo el día […]».

1601. «Y el séptimo –año– la harás descansar y no la trabajarás, y comerán los pobres de tu pueblo, y el resto será comido por los animales del campo; así harás con tu viña y tu olivar» (Éxodo 23:11).

de Sinaí»?[1602] Y ya los exegetas se esforzaron en –explicar– el asunto. Y además, ¿por qué en el año séptimo no cosechaban ni sembraban? Y si dijeras que es a causa de que alude a los 6000 años de existencia del mundo y después estará asolado, he aquí que se debe preguntar: en ese séptimo milenio, ¿cómo estará el mundo sin conducción? Y además, ¿por qué estará asolado un milenio? Pues si dijeras que ese es el modo –de comportarse–, que cuando un gobernante desea ascender se adelanta a abandonar su conducción, debe objetarse que no se anticipa tanto, sino próximo al tiempo de ascender abandona su conducción. ¿Y por qué aquí se anticipa a ascender la séptima parte del tiempo de su gobierno? Y además, ¿por qué descansó en el día de Shabat?

Pero el misterio del asunto es que las almas –*neshamot*– fueron creadas antes de que el mundo fuera creado y los espíritus estaban incluidos en ellas, de un modo semejante a lo que te he enseñado acerca de las emanaciones. Y después se formaron dos cuerpos y los espíritus con las almas se volvieron cara con cara y aún no fueron creadas las almas existenciales –denominadas *nefesh*–. Y cuando El Santo, Bendito Sea, creó a Adan, el primer hombre, está escrito: «Y le exhaló en sus fosas nasales un alma –*nishmat*– de vida».[1603] He aquí las almas supremas –*neshamot*–. Y también el espíritu está aquí –indicado–, como está escrito: «en sus fosas nasales», que alude al espíritu, como está escrito: «Todo lo que tenía aliento de espíritu de vida en sus fosas nasales».[1604] Y además, del vínculo del alma –*neshamá*–, con el espíritu en el cuerpo, surge el alma existencial –*nefesh*–. Y a esto se refiere lo que está dicho: «Y el hombre fue un ser con alma –*nefesh*– de vida –*jaiá*–».[1605] Y no había en el mundo sino esa alma

---

1602. «El Eterno habló a Moisés en la Montaña de Sinaí, diciendo» (Levítico 25:1).

1603. «Y El Eterno Dios formó al hombre de polvo de la tierra y le exhaló en sus fosas nasales un alma –*nishmat*– de vida; y el hombre fue un ser con alma de vida» (Génesis 2:7). La expresión *nishmat* es el plural contraído de *neshamá*, que significa alma suprema.

1604. «Todo lo que tenía aliento de espíritu de vida en sus fosas nasales de todo lo que había en la tierra, murió» (Génesis 7:22).

1605. Génesis 2:7.

existencial solamente, pero en ella estaban incluidas todas las almas existenciales del mundo. Y a esto se refiere lo que está escrito: «de vida –*jaiá*–», que proviene de la expresión: «Tus vidas –*jaiatja*–[1606] residieron en ella».[1607] Y además, se dijo *jaiá* de la expresión *jaiut*, y cuando llegó el día de Shabat en el cual «cesó –*shabat*– y descansó –*vainafash*–»,[1608] es decir, de esa alma existencial –*nefesh*–, creó todas las almas existenciales del mundo en ese día sagrado y todas las almas existenciales estuvieron en el mundo desde ese momento. Y a esto se refiere lo que dijo Moisés: «con quiénes están de pie aquí [...] y con quiénes no están aquí hoy [...]».[1609]

Y el misterio de la conducción del mundo es que cada emanación conduce 7000 años, 1000 años, que son un día,[1610] en correspondencia con cada emanación. Y cuando cada emanación llega a la emanación Maljut, debido a que Maljut conduce a los mundos de las divisiones, esa emanación que se une con ella para conducir el mundo, asciende a lo Alto, a la Matriarca –Ima– suprema. Y debido a que ella asciende, no se fortifica en los asuntos del mundo en ese milenio que corresponde con Maljut como se fortifica en los 6 milenios que es el tiempo en que se unifica la emanación que conduce el mundo con las demás emanaciones a excepción de Maljut. Y a esto se refiere lo que se dijo: «y uno asolado». Es decir, los asuntos del mundo no serán poderosos como antes, y a través de eso se considerará como si estuviera asolado. Pero no estará asolado concretamente, Dios libre, sino que estará asolado de ese poder que había en él. Y por eso se alude

---

1606. Tu manada (Rash"i, Metzudat David y Metzudat Tzion). Asimismo se refiere a la Congregación de Israel (Rash"i).

1607. Salmos 68:11.

1608. «Y los Hijos de Israel guardarán el Shabat, para hacer al Shabat por sus generaciones pacto eterno. Entre Yo y los Hijos de Israel es señal para siempre, porque seis días hizo El Eterno el Cielo y la Tierra, y el séptimo día cesó y descansó» (Éxodo 32:16-17).

1609. «Y no con vosotros solamente yo entablo este pacto y este juramento, sino con quiénes están de pie aquí hoy junto a nosotros, ante El Eterno, nuestro Dios, y con quiénes no están aquí hoy junto a nosotros» (Deuteronomio 29:13-14).

1610. Mil años nuestros equivalen a un año de El Eterno, como está escrito: «Porque mil años son ante Tus ojos como el día de ayer que ya pasó» (Salmos 90:4).

en la Remisión de la tierra, que es Maljut, que se denomina Tierra, y quiere remitirse en ella. Se indica a modo de alusión que cuando esa emanación que conduce al mundo se unifica con esa Remisión, de la acción resultante de su ascenso a lo Alto no conduce al mundo con tanto poder como era en los primeros 6000 años.

Y respecto al día de la cuenta –*sefirá*–,[1611] hay que preguntar: debido a que llegan 49 días en correspondencia con 49 años, tal como el año quincuagésimo es Jubileo, también el día quincuagésimo en correspondencia con ella,[1612] y se debería ayunar en él porque en ese día se asciende al Jubileo, que es el mundo en el cual no hay comida ni bebida. Y era más propicio ayunar en él que en el Día del Perdón, pues no se cuentan sino 10 días.[1613] Y asimismo es difícil de entender: ya que los 7 días de la festividad –Sucot– aluden a las 7 remisiones, y la festividad de Sheminí Atzeret alude el Jubileo, ¿por qué no se ayuna en él?[1614]

Pero el misterio del asunto es que los días de las sefirot[1615] aluden a los grados de Maljut y por eso no se pronuncia la alabanza Halel completa sino durante el primer día de Pesaj. Y cuando se llega al quincuagésimo día de Maljut, –en él– se entregó la Torá. Y debido a que Maljut es mundo de comida y bebida, nosotros comemos en él. Y por eso se ofrece en ese día el Omer que alude a Maljut. Pues está dicho: «El *omer* es un décimo de un *eifá*».[1616] Y su traducción al arameo es: 1 de 10 es en 3 *seá*.[1617] Es decir, 3 *seá* aluden a las 3 emanaciones supremas que también se denominan *eifá*. Y en el versículo se dijo que el *omer*, que es Maljut, es uno de diez. Es decir, ella está incluida de todas las 10 emanaciones, y ella está con las 3 *seá*. Es decir, ella

---

1611. Se cuenta el Omer durante 49 días.
1612. La cuenta.
1613. Desde Rosh Hashana hasta el Día del Perdón.
1614. En ese día.
1615. Se refiere a los días de la cuenta del Omer, y también a las emanaciones.
1616. Éxodo 16:36.
1617. *Véase* Onkelus.

sale con las 3 emanaciones supremas como uno, del modo que te he enseñado.

Y el sacrificio que se ofrece es de cebada, que alude a Biná. Y debido a que Maljut es la medida del juicio, y los 7 días de la festividad –de Sucot– aluden a los grados a través de los cuales ascienden al Jubileo, por eso se pronuncia en ellos la alabanza Halel completa. Y aunque la festividad de Sheminí Atzeret alude al Jubileo, no se ayuna y aún así hay en él –ese día– comida y bebida [...].

«Un macho cabrío [...]».[1618] «Un becerro, un carnero, un toro, y siete corderos en su primer año [...]».[1619] Porque[1620] se alude al mundo en el que no hay comida ni bebida.

El orden que tú debes disponer para el estudio de las Mishnaiot con el fin de que estén siempre habituadas en tu boca y en tu corazón es éste: has de repasar el orden de Sembrados –*zeraim*– durante la noche de Shabat. Y si no te es suficiente, repasa parte en el día y hazlo de modo que lo leas completamente antes de la comida de la mañana. El orden de las Purezas –*Taarot*–, léelo dos veces en la semana y de este modo: el tercer día de la semana –martes–, una vez, y el sexto día de la semana –viernes–, otra vez. Y no dejes de leer cada día sexto –viernes–, dos veces el texto hebreo y una vez la traducción al arameo de la sección de la Torá de la semana. Y al orden de las Santidades –*Kodashim*–, léelo dos veces en la semana, una vez el tercer día de la semana –martes–, y una vez en el día de Shabat. Y lo mismo con los demás órdenes. Y haz esto durante al menos un año. Después podrás repasarlos como el orden de Sembrados, es decir una vez por semana, y es suficiente con eso. Y debes compor-

---

1618. «Un macho cabrío por sacrificio expiatorio para procuraros expiación» (Números 29:5).

1619. «En el séptimo mes, el primero del mes, será para vosotros santa convocación; no haréis ninguna labor de trabajo, será un día de sollozo –*ievavá*– para vosotros. Haréis una ofrenda ígnea en olor grato a El Eterno, un becerro de los vacunos, un carnero, siete corderos en su primer año, sin defecto. Y su ofrenda vegetal, de harina de flor mezclada con aceite, tres décimos de *eifá* para el becerro; dos décimos de *eifá* para el carnero» (Números 29:1-3).

1620. Las ofrenda ígnea se quema íntegramente en ofrenda para El Eterno y no se come nada de la misma.

tarte con ellos de una manera específica, de este modo: antes de comer lee un capítulo y asimismo después de comer, un capítulo, después de lavarte las manos con las últimas aguas –*maim ajaronim*–, antes de recitar la bendición final para después de comer pan. Y si piensas en las Mishnaiot en el momento de la comida, ¡cuán bueno y bello es! Y tu comida y tu bebida se considerarán como sacrificios y libaciones ante El Santo, Bendito Sea. Y siempre en tu andar en el camino, o en el campo, o en el mar, en todo lugar en que te encuentres, piensa en ellas, con excepción de cuando veas alguna suciedad, aléjate de ella y –entonces– vuelve a pensar en ellas. Y antes de dormir lee 10 capítulos y a través de eso tu alma ascenderá a lo Alto, a lo Alto. Y alcanzarás numerosos niveles, y muchos buenos grados a través del pensamiento en esas Mishnaiot que has leído antes de dormir.

Después de eso, esfuérzate en levantarte a medianoche y lavarte para recitar con limpieza las bendiciones de la Torá y ocuparte de las Mishnaiot hasta la salida del alba. Y si quieres dormitar un poco cuando llega el alba, duerme un poco para no perderte la plegaria, pues la misma es en lugar de los sacrificios. Y en la actualidad no tenemos sino solamente la plegaria. Y lee toda la plegaria desde el comienzo hasta el final según su orden. No hagas faltar siquiera una sola palabra, porque la totalidad de la misma está estructurada de modo profundo. Y no –hagas– como esos tontos que abrevian en la plegaria por sus malos sueños sobre sus camas. ¡Ay de ellos, porque dañan los conductos! Ya que ellos provocan mucho mal para ellos y para el mundo, a causa de impedir –la llegada de– la abundancia a este mundo adelantando lo posterior y postergando lo anterior. Por eso, madruga siempre para ir a la sinagoga y para ser de los 10 primeros. Y no hables en absoluto durante la plegaria, incluso palabras de Torá, sino concéntrate muy bien en tu plegaria. Asimismo, cuando leen el rollo de la Torá, no interrumpas, sino: «y los oídos de todo el pueblo hacia el rollo de la Torá».[1621]

1621. *Véase* Nehemías 8:3.

Y unifica tu pensamiento en el momento del recitado del Shemá y quema todos esos malos pensamientos y malas cavilaciones que ascienden a tu corazón en el momento de la plegaria. Y sabe que –el ente maligno– *samej, mem*, y todas sus legiones introducen en tu corazón todos esos malos pensamientos y todas esas malas cavilaciones. –Haz como te he dicho– para que te engrandezca, te encumbre y te cuide, y el Mal Instinto no te haga perder, te sorprenda y te destruya, Dios libre. Y tú, abre tus ojos y cuídate mucho de ellos. Hijo mío, no los oigas ni atiendas el consejo de ellos, porque todos ellos aconsejan contra ti para apartarte del buen camino y llevarte al camino malo y oscuro, que son las delicias de este mundo y sus deleites. Y recuerda lo que dijo Rav en su Marganita: «qué placer hay para el hombre de la comida y la bebida [...]». Y siempre cuídate de ellos y no aflojes siquiera por un instante.

Y ayuna siempre todo segundo –día de la semana– y quinto –día de la semana–, con sacrificios personales y aflicción. Y en la noche del segundo –día de la semana– y en la noche del quinto –día de la semana– no comas carne ni bebas vino. Y en los demás días de la semana come y bebe lo que desees, pero no demasiado, para no saciar al Mal Instinto.

Y cuídate mucho de beber demasiado vino. Asimismo no bebas agua varias veces. Y si tu alma desea alguna comida o algún alimento, degüéllalo ante tus ojos y no pruebes de él. Y a través de eso ascenderás mucho al degollar a tu instinto ante tu Amo. Bienaventurado eres, pues has merecido servir a tu Creador con amor y afecto, y ocuparte de su Torá en el nombre de ella, y alejarte de los deleites de este mundo, y sus ardides. Bienaventurado eres, pues has merecido conocer los caminos de los atributos de tu Amo y unificarlos. Bienaventurado eres, pues has merecido traer la abundancia a través de los conductos, alinearlos, rectificar todos los mundos y edificar numerosos mundos, debido a tu constancia en la lectura de las Mishnaiot en el nombre de ellas. Y tú no sabes cuántos mundos tú edificas en el momento de tu lectura y cuántos mundos tú sostienes. Bienaventurado eres pues has merecido eso. Bienaventurado eres en este mundo y te irá bien en el Mundo Venidero.

Y sé cuidadoso y presto en honrar al Shabat con toda tu fuerza, con todo tipo de deleites tanto puedas. Y no anules la tercera comida del Shabat jamás y sé muy cuidadoso con ella. Y sea tu intención en la comida y en la bebida conservar la especie humana para ocuparte en la Torá. Y no comas a causa de ese placer que viene por el flanco del Mal Instinto, sino por el mantenimiento del cuerpo solamente y para conservarlo para que puedas realizar los preceptos de El Eterno, Bendito Sea, y servirle y ocuparte de su Torá día y noche. Y ésta será tu intención en la copulación, no tener provecho de ese deleite y de ese placer, Dios libre, sino cumplir con el precepto de fructificarse y multiplicarse solamente. Y tú estás forzado a hacerlo, como ese que «se asemejaba a alguien a quien intimaba un demonio», estando obligado a hacerlo, y presionado. Pues es imposible cumplir con el precepto de fructificarse y multiplicarse sin ese placer. Pero no inclines a eso tu oído a causa del deleite del cuerpo, Dios libre, sino solamente para cumplir con el precepto de fructificarse y multiplicarse. Y siempre estén todos tus pensamientos dirigidos hacia el servicio a Dios, Bendito Sea, y a su Torá. Y sacrifícate en todo lo posible, vistiendo arpillera todos los –días– segundo y quinto –de la semana–, y derramando lágrimas. Y siempre ruega y ora ante tu Amo para que El Eterno perdone tus pecados y tus faltas y tus insubordinaciones. Y recibe azotes al menos todos los –días– segundo y quinto –de la semana– y sumérgete en el baño ritual todos los –días– segundo y quinto –de la semana– y no anules jamás la inmersión ritual por polución, pues tú no conoces el pago.

Y lee Marganita de Rav todos los días, y la sección de la ofrenda ígnea, y ese orden según el *alfa beta* con los grados que te he ordenado; no disminuyas de lo expuesto ni un solo día y también lee una lectura del libro Jobat Halebabot para someter al Mal Instinto y debilitar su poder.

Y ya te he advertido siete veces acerca de la carne y el vino, que no te dejes arrastrar tras ellos, pues ellos son la causa de varias almas perdidas, y varias reencarnaciones reencarnaron a causa de ellos, y a causa de ellos varias almas se arruinaron. Y a causa de ellos, numerosos mundos se perdieron, se arruinaron y se estropearon. ¡Ay de aquel que se deja arrastrar tras ellos! ¡Ay de aquel que se desespera tras ellos! ¡Bienaventurado aquel que se cuida de ellos! ¡Bienaventurado aquel que cubre sus ojos de ellos! ¡Bienaventurado aquel que huye de ellos! Y si el hombre supiera que después de comer y beber hasta saciarse le reclaman numerosos juicios de lo Alto, y numerosos dañadores ejercen dominio en él, y numerosos demonios gobiernan en él, no comería ni bebería sino para mantener su cuerpo. Solamente –comería– carne dos o tres veces por semana, y tres o cuatro vasos muy mezclados –con agua– en cada comida, y esto para la conservación de la especie. Y además de eso, –están vinculados con– el flanco de –el ente maligno– *samej, mem,* y la Serpiente, que van en pos de él para hacerlo perder y exterminarlo. ¡Bienaventurado eres si te cuidas de ellos! ¡Bienaventurado eres si no los oyes! Ya te he advertido varias veces acerca de lo concerniente a la plegaria, para que unifique todos tus pensamientos y quemes esas cavilaciones –quitándolas– de todos tus miembros.

SECCIÓN DE BEJUKOTAI

Víspera del día de Shabat, 28 de Yiar

El Eterno está contigo [...]. Paz para ti desde la Academia de los Cielos. Pues tú eres mi sabio *tanaita*. Hasta ahora, cuando salías a la feria, irradiaban en ti cinco luminarias en correspondencia con los cinco órdenes de la Mishná que sabías y pregonaban ante ti: ¡Otorgad honor a la imagen del Rey! Ahora que has comenzado a estudiar el sexto orden y has estudiado de él diez capítulos y medio, he aquí que seis irradiaciones de luz irradian ante ti. Sólo que la sexta irradiación de luz no irradia mucho, sino que se ve y no se ve hasta que lo sepas en su totalidad. Y de esas seis irradiaciones de luz se expanden seis mundos que pregonan ese pregón. Sólo que el sexto mundo se ve y no se ve por la razón que te he dicho. Y de esas irradiaciones de luz se expande una séptima irradiación de luz y las mismas corresponden con las siete Nubes de Gloria. Y todas te acompañan y van ante ti tal como te he dicho.

Y después me explicó todo el segundo capítulo[1622] según el sentido llano de una forma novedosa que no he hallado ni oído jamás. Y –esa explicación– es bella y asimismo agradable y la expuse en público. Y vinculaba cada capítulo desde el principio hasta el final con un vínculo consistente. Y me dijo que no permitiera a «*bat shealdin*» y que escribiera para fortalecer mis palabras para no permitirla. Y ciertamente la paz sea contigo.

En el día mencionado, 28 de Yiar

Pasamos junto a una entrada antigua con algunos compañeros, y nos hicieron entrar allí para pasear. Y por la noche vi una polución y me afligí mucho. Y después de una o dos horas cohabité con mi esposa. Y después me levanté y estando yo aún junto al libro me dijo: fortalécete y esfuérzate porque El Eterno está contigo en todo lo que haces. Y en todo lo que haces, El Eterno te hace prosperar y te hará prosperar. Únicamente no has de interrumpir el vínculo y el apego entre tú y tu Amo. Y tampoco te dirijas a las vanidades ni vayas en pos de los *baales* como fuiste ayer. Y además, ya van tres días que has interrumpido el vínculo y el apego entre tú y tu Amo, pues has interrumpido de pensar siempre. Y yo te he educado para que tu corazón sea siempre recipiente de servicio para mi Torá y no interrumpas de ella siquiera por un instante. Y también te he mencionado ser calcinado por la santidad de mi nombre para que sean expiados tus pecados y asciendas como te he informado. Y ahora, has apartado tu corazón de las palabras de Torá, y además, te has dirigido a las vanidades, y has ido en pos de los *baales*. Pues ayer entraste en el lugar de sus santidades.

Y ya te he informado que siete nubes de gloria te acompañan y todas se apartaron de ti cuando entraste allí, y querían apartarse de ti completamente a no ser por los miembros de la Academia de los

---

1622. Del tratado de Pirkei Avot.

Cielos, que oraron por ti ante El Santo, Bendito Sea, para que no se apartaran de ti y por eso te esperaron hasta que salieras y vinieras de allí y volvieron a acompañarte como al comienzo.

Y supe de tu salida y tu enojo contra mí, y no sólo eso, sino que mencionaron palabras obscenas y no pudiste abstenerte de cavilar. Y además, después has visto falta de recato y no has podido abstenerte de cavilar. Y por eso, te afligió el mal y llaga se acercó a tu tienda,[1623] y viste polución –*keri*– en esa noche, porque se apegaron a ti el mal y la llaga que son poseedores de poluciones –*keriim*–, después de estar lejos de ti, pues desde hace mucho tiempo que no veías polución, ya que se apegaron a ti a causa de los asuntos mencionados. Y a esto se refiere lo que está escrito: «Si anduviereis con *keri*[1624] [...]».[1625] Es decir, el corazón de la persona debe estar siempre lleno de Torá y temor de Dios con gran presteza, hasta que cuando se tope con él el Mal Instinto, y traiga ante él un asunto de falta de recato, no llegue a cavilar. Y ésta es la explicación de lo que dijo Rabi Pinjas hijo de Yair: la presteza conduce a la limpieza [...] el cuidado conduce a la pureza [...].[1626] Y a esto se refiere lo que está dicho: «Y te cuidarás de toda cosa mala»,[1627] para no cavilar [...]. Pues te cuidarás antes de que vieres la falta de recato ante ti. Y a esto se refiere lo que está dicho: «Si anduviereis con *keri*[1628] [...]». Es decir, si no estuvierais preparados antes de que se os presente circunstancialmente la falta de recato ante vosotros, ¿podréis cuidaros de cavilar? «Y andaré con vosotros con enojo de *keri* [...]».[1629] Pues de ese enojo resultará que se apegarán a vosotros fuerzas malignas y veréis polución –*keri*– por la noche. Por eso, Onkelus tradujo al arameo: *bekashiu*. Es decir, se endurece –*mitkashe*– a través de la falta de recato que se apareció –*ukra*– ante él.

1623. «No te afligirá el mal, ni llaga se acercará a tu tienda» (Salmos 91:10).

1624. Se indica indiferencia, y también significa hecho circunstancial, y además, literalmente significa polución.

1625. Levítico 26:21.

1626. Talmud, tratado de Avoda Zara 20b.

1627. Deuteronomio 23:10.

1628. Aquí indica indiferencia, pero literalmente significa polución.

1629. Levítico 26:21.

Por eso, sé muy precavido y cuida tu alma. Y sé presto y muy cuidadoso, porque con la polución –*keri*– que has visto ya tomaron su parte y se han ido. Y cuando cohabitaste con tu esposa te apegaste al flanco de la santidad y te apartaste de ellos. Por eso, cuídate de ahora en adelante y piensa siempre en mi Torá en tu corazón. Y esté el temor de Dios tan apegado a ti a tal punto de que si aconteciere –*ikre*– que vieres u oyeres un asunto de falta de recato, no te cause ningún tipo de impresión. Y no entres más en los lugares de los *baales* y vuelve a tu santidad.

Y he aquí que ahora te enseñaré todo el segundo capítulo de un modo profundo tal como te he asegurado. «Rabí decía: ¿Cuál es el camino [...]».[1630] Camino se refiere a Maljut, pues acerca de ella está dicho: «el camino por el que han de andar».[1631] Pues ella es el camino y el portal para entrar en las emanaciones supremas. Y aunque hay otros caminos, de todos modos, éste es el camino recto. Y ésta es la explicación: conoce, ¿cuál es el camino para ascender? Y responde: ese que es «recto», a ese debe elegirse para que a través del mismo se apegue al Hombre, que es Tiferet. Y a esto se refiere lo que se dijo: «Todo el que es bello –*tiferet*– para aquel que lo hace». «Todo», se refiere a la emanación Iesod, «es bello –*tiferet*– para aquel que lo hace y lo embellece –*tiferet*– el hombre». Pues es la belleza del rostro, la barba; y no hay barba sino en quien hay Iesod,[1632] es decir, no es impotente.

«Y sé cuidadoso con el precepto leve como con el severo». Se refiere a la Congregación de Israel, a la cual no debes dejar y tomar las

---

1630. «Rabí decía: ¿Cuál es el camino recto que debe elegir el hombre para él? Todo el que es bello para quien lo hace –va por ese camino– y lo embellece el hombre –las personas lo elogian por ir por ese camino–. Y sé cuidadoso con el precepto leve como con el severo, ya que tú no conoces la recompensa de los preceptos. Considera la pérdida que conlleva un precepto en contraposición con su recompensa, y el pago de una transgresión en contraposición con su pérdida. Observa tres asuntos y no llegarás a pecar: sabe qué hay sobre ti: un ojo que ve, un oído que escucha y todas tus acciones son escritas en un libro» (Tratado de Avot 2:1).

1631. «Y les advertirás tú acerca de los estatutos y las leyes, y les enseñarás el camino por el que han de andar y lo que han de hacer» (Éxodo 18:20).

1632. Se refiere al miembro viril y la capacidad de engendrar.

emanaciones supremas, tal como tú eres cuidadoso con la severa, de –no– dejar a las emanaciones supremas y tomar a la Congregación de Israel sola, «ya que tú no conoces la recompensa [...]», para que no sea sino una unión entre la Congregación de Israel con las emanaciones supremas, porque en ese momento los rostros irradian luminosidad y se bendicen todos los mundos.

«Observa tres asuntos [...]». «Un ojo que ve», alude a Keter, que es suprema y ve. «Un oído que escucha», Jojmá. «Y todas tus acciones [...]», Biná, ya que de ella surge la acción del mundo supremo. Y en correspondencia con esas tres: Tiferet, Iesod, y Maljut, dijo: «es bello el estudio de la Torá junto con el camino de la tierra»,[1633] que son las emanaciones supremas con el camino de la Tierra, la Congregación de Israel, que con la unión de ellas se bendicen los mundos.

«Y toda Torá», se refiere a las emanaciones supremas a las que no se une con la labor, que es la Congregación de Israel, pues la labor del mundo es a través de ella,[1634] «finalmente quedará anulada». Es decir, ella provoca un gran mal, que la Congregación de Israel, que es el final de los grados, deje de enviar las bendiciones al mundo por razón del cortado, «y arrastrará pecado», pues las fuerzas de los entes dañinos exteriores que se denominan Pecado, se arrastran en pos de ella para apegarse a ella, resultando, pues, que introduce impuros en el Santuario. Porque a esto se refiere lo que fue dicho –en el Talmud–: las primeras aguas[1635] son un precepto, las aguas finales son obligatorias, y las aguas centrales, opcionales.[1636] Pues las primeras aguas aluden a las aguas Supremas, que no hay allí Satán, ni daño y mal,

---

1633. «Rabán Gamliel, el hijo de Rabí Iehuda Hanasí, decía: es bello el estudio de la Torá junto con el camino de la tierra –el trabajo–, ya que esforzarse en ambos hace que el pecado sea olvidado; y toda Torá que no va seguida de trabajo, finalmente quedará anulada y arrastrará pecado. Y todos los que se esfuerzan con la congregación –trabajan para el beneficio de la congregación–, se esforzarán con ellos en el Nombre del Cielo, ya que el mérito de los padres les será de ayuda y su dignidad perdura por siempre. Y a vosotros, Yo os asignaré un gran pago, como si hubieran hecho» (Tratado de Avot 2:2).

1634. A través del estudio de la Torá.

1635. Se refiere a las aguas del lavado ritual antes de comer pan.

1636. *Véase* Talmud, tratado de Julín 105a.

sino que todo es puro y sagrado, y por eso se denominan Precepto. Y las últimas aguas, que son obligatorias –*jova*–, aluden a la Congregación de Israel, que se debe apartar de ella a las fuerzas de los entes dañinos exteriores que se denominan Jova. Y las aguas centrales son opcionales –*reshut*–, será explicado junto a: «Sed cuidadosos con la autoridad gubernamental –*reshut*–».[1637]

«Y todos los que se esfuerzan con la congregación –*tzibur*–». *Tzibur* son las emanaciones incluidas en la Congregación de Israel, «se esforzarán […]», es decir, su intención será unirlas con las emanaciones supremas, «ya que el mérito de los padres», se refiere a las emanaciones supremas que son los padres de la emanación –denominada– la Congregación de Israel, «les será de ayuda y su dignidad perdura por siempre». «Y a vosotros», que os esforzáis en el nombre de los Cielos, «Yo os asignaré un gran pago, como si hubieran hecho», a la emanación, según el misterio de que se convierte en socio de El Santo, Bendito Sea, en la obra de la creación y según el misterio de: os considero como si me hubierais hecho.

«Sed cuidadosos con la autoridad gubernamental –*reshut*–». Se refiere a Tiferet, que está vinculado con el misterio de las aguas centrales, sed cuidadosos de no cambiarlo por el Otro Lado. Porque «también esto en correspondencia con esto hizo Dios».[1638] Aunque vieras que ellos te irradian el rostro y te envían lo bueno, no confíes en eso, «porque acercan a la persona sólo […]».

«Hilel decía: "No te apartes de la congregación –*tzibur*–"».[1639] Se refiere a las emanaciones de la Congregación de Israel, y –no– consideres en tu cabeza tomar sólo a las emanaciones supremas. «Y no juzgues a tu compañero», se refiere a la Congregación de Israel, que

---

1637. «Sed cuidadosos con la autoridad gubernamental, pues ellos sólo acercan a la persona para su propia necesidad; se muestran como amigos cuando les es provechoso y no ayudan a la persona cuando está apremiada» (Tratado de Avot 2:3).

1638. Eclesiastés 7:14.

1639. «Hilel decía: no te apartes de la congregación y no confíes en ti mismo hasta el día de tu muerte; y no juzgues a tu compañero hasta que estés en su lugar; y no digas que –algo– no se puede oír, pues finalmente se oirá; y no digas: "Cuando esté desocupado, estudiaré", pues tal vez no te desocuparás» (Tratado de Avot 2:4).

se denomina tu compañero y el compañero de tu padre.[1640] Pues es tu compañero debido a que está contigo y se denomina compañero de tu padre porque tu padre son las emanaciones y la Congregación de Israel es el intermediario entre ellas y tú. Y se te advierte que no transmitas el juicio en tu compañero, que es la Congregación de Israel, «hasta que estés en su lugar». Es decir, cuando la unas con todas las emanaciones supremas y la unifiques de abajo hacia arriba, y cuando llegue al lugar de la Guevurá, de donde se nutre, no la unifiques con ella sin unificar a las demás emanaciones, porque provocará juicios severos en el mundo.

«Y no digas que no se puede [...]». Es decir, no digas que tú no puedes apegarte al misterio de esas supremas, «pues finalmente se oirá». Es decir, porque el final de los grados, que es la Congregación de Israel, puede apegarse y aprehender allí los grados de las emanaciones supremas. «Y no digas [...]». Es decir, no tomes a las emanaciones supremas solamente, o a la Congregación de Israel solamente, y después digas: «Cuando esté desocupado, estudiaré –*eshne*–». Es decir, las tomaré a ambas juntas, pues tal vez no te desocuparás, resultando que has cortado las Plantaciones.

«Él también vio una calavera [...]».[1641] Es decir, vio a uno que se equivocó como advertía Rabí Akiva: «No digáis: ¡agua, agua!».[1642] Y ese hombre estaba confundido, y por eso le dijo: «Debido a que has ahogado». Debido a que has hecho tropezar a muchos, como se prueba. Y ciertamente la paz sea contigo.

1640. *Véase* Proverbios 27:10.

1641. «Él –Hilel– también vio una calavera que flotaba sobre el agua. Le dijo: "Debido a que has ahogado te han ahogado, y finalmente, quienes te han ahogado serán ahogados"» (Tratado de Avot 2:6).

1642. Talmud, tratado de Jaguiga 14a.

SECCIÓN DE BAMIDBAR
LIBRO DE NÚMEROS
SECCIÓN: EN EL DESIERTO DEL SINAÍ

Víspera del día de Shabat, 27 de Yiar

El Eterno está contigo [...]. He aquí que en esta sagrada sección de la Torá hay que analizar cuidadosamente, ¿por qué en el comienzo el sacerdocio fue otorgado a Rubén y después fue otorgado a todos los primogénitos de Israel, y más tarde fue otorgado a la tribu de Levi? Y además, es difícil de entender, si Rubén pecó, ¿por qué fueron invalidados sus hijos? Pero el misterio del asunto es que El Santo, Bendito Sea, quiso que el sacerdote debilitara el poder del juicio y por eso fue necesario hacerlo reencarnar tres veces hasta que se debilitó el poder del juicio. Y éste es el misterio de las reencarnaciones de los justos que necesitaron reencarnar para debilitar el poder de juicio. Y la tercera vez se endulzó el juicio que había en él.

Pues en el comienzo fue elegido Rubén, que era el primogénito de Jacob, al que se alude en la emanación Jojmá, que es el primogénito del juicio. Y después volvió para pasar a los primogénitos de Israel, a los que se alude en la emanación Jojmá inferior, que es la Congregación de Israel. Y en la generalidad de ella están los primogénitos de Israel. Y debido a que en la Congregación de Israel hay juicio por el flanco de la –emanación– Guevurá, se seleccionaron los sacerdotes que vienen del flanco de la bondad –Jesed–. Y aunque los levitas están vinculados con el flanco del juicio, he aquí el juicio se endulzó por girar –reencarnar– tres veces, y con la unión del sacerdote, el hombre de Jesed. Y asimismo, el asunto se alude en Rubén, que está aludido en relación con Jojmá suprema, para enseñar que el mundo se conduce a través de él –ese atributo–, y para endulzar el juicio necesitaba reencarnar en la tribu de Levi, tal como hemos dicho. He aquí un gran misterio y sé cuidadoso al escribirlo. Y ciertamente la paz sea contigo.

Día quinto, 27 de Yiar

El Eterno está contigo [...]. Ciertamente si te apegares a mí [...] Y he aquí que hay que analizar cuidadosamente en esta sagrada sección de la Torá: ¿por qué razón El Santo, Bendito Sea, ordenó contar a –los miembros de– Israel? Pues la cuenta provoca la muerte. Y además, la bendición no se encuentra en algo contado y medido [...].[1643] Pero el misterio del asunto es que cuando ascendió a la voluntad de El Santo, Bendito Sea, crear el mundo, no era posible reparar en él –según el misterio de los grados supremos– debido a su encumbramiento, y por eso necesitó emanar las emanaciones –*sefirot*– como una llama unida a la brasa. Pues *sefirot* viene de la expresión *mispar* –que significa número–.

Y debido a que hay en ellas número y cuenta, hay en ellas aprehensión para conducir el mundo. Y por eso, cuando El Santo, Bendito Sea, quiso hacer posar su Presencia Divina en Israel, los contó para proyectar sobre ellos la fuerza y el poder supremo para conducirlos y guiarlos. Pues hay cuenta y hay cuenta, porque el asunto contado y medido estaba en el Otro Lado y por eso no se posa en él la bendición. Y hay cuenta del flanco de la santidad, del modo que hemos mencionado. Y he aquí que –el ente maligno– *samej, mem*, y la Serpiente, y el Mal Instinto, te persiguen, yendo en pos de ti. Pues ellos te desean, mas tú ejercerás dominio sobre ellos. Y ciertamente la paz sea contigo [...].

Víspera del día de Shabat, 29 de Yiar

El Eterno está contigo [...]. Ciertamente si te apegares a mí [...] Y he aquí que hay que analizar cuidadosamente en el asunto del rescate de los primogénitos de los levitas, ¿cuál es la razón por la cual necesitaron rescate? He aquí que si los primogénitos pecaron con el Becerro –de oro– y se volvieron inválidos para el servicio y El Santo, Bendito Sea, eligió a los levitas, ¿cuál es la razón por la cual necesita-

---

1643. *Véase* Talmud, tratado de Taanit 8b.

ron rescate? Y además, los sabios dijeron que –los Hijos de– Israel no pecaron con el Becerro –de oro– sino los de la mixtura de personas. Y además, respecto al rescate de esos primogénitos, ¿cómo establecieron rescatar a los primogénitos de las generaciones que vendrían al mundo en el futuro, dado que el rescate de ésos era para los levitas? Y además, en un principio, ¿por qué fueron elegidos los primogénitos para servir ante El Eterno? Y además, dado que los primogénitos fueron elegidos para el servicio de El Eterno cuando se les solicitó ser rescatados, así también era apropiado rescatar a los sacerdotes y no a los levitas. Y además, ¿qué cambió en ese tiempo que fueron rescatados los primogénitos con los levitas y después fueron rescatados los primogénitos con los sacerdotes?

Pero el misterio del asunto es que al comienzo El Santo, Bendito Sea, eligió a los primogénitos para su servicio porque vienen del flanco de –la emanación– Jojmá que es una emanación vinculada a grandes misericordias –*rajamin*–. Y cuando se hizo el pecado del Becerro –de oro–, aumentó la impureza en el mundo y no era apropiado para el mundo utilizar las grandes misericordias, y fueron elegidos los sacerdotes y los levitas. Y debido a que los levitas venían del flanco del juicio, fue necesario que vinieran a rescatar a los primogénitos de modo que resultara que vinieran del poder de las grandes misericordias, y a través de eso se endulzó el juicio.

Y los doscientos setenta y tres primogénitos que excedieron –a los levitas–[1644] aluden a –el misterio de– doscientos –grados–, pues aluden a la generalidad de las diez emanaciones, cada una de las cuales está incluida de 10, ascendiendo al número de 100. Y cada una está incluida de misericordia y juicio, por lo que he aquí que son 200. Y setenta aluden a las 7 emanaciones de la Edificación, cada una de las cuales está incluida de 10. Y tres aluden a las 3 emanaciones supremas.

1644. Como está escrito: «Y respecto al rescate de los doscientos setenta y tres primogénitos de los Hijos de Israel que exceden a los levitas» (Números 3:46).

Y El Santo, Bendito Sea, quiso que se rescataran a sí mismos por 5 siclos de plata y los dieran a los levitas.[1645] Y debido a que la plata es misericordia, y debido a que los darán –a los siclos– por rescate a los levitas, he aquí que ellos proyectan sobre ellos misericordia –*rajamin*– y bondad –*jesed*– para que se endulce el juicio. Y debido a que los levitas de esa generación se proyectaron del poder de los primogénitos, que vinieron del poder de Jojmá, que es una emanación vinculada con grandes misericordias, y se endulzó el juicio de ellos, de ahí en adelante el juicio de los levitas será endulzado para todas las generaciones siguientes y no necesitarán volver a realizar una rectificación.

Y los sacerdotes no necesitaron ser rescatados por los primogénitos porque vienen del flanco de la bondad –*jesed*– y no necesitan rectificación. Y el rescate de los primogénitos de las generaciones futuras que vendrían era para los sacerdotes, porque ellos vienen del flanco de los primogénitos, del flanco de grandes misericordias y los sacerdotes del flanco de la bondad –*jesed*–.

Y he aquí que –el ente maligno cuyo nombre comienza con las letras– *samej–mem*, y la Serpiente, te persiguen, pues ellos te desean, mas tú ejercerás dominio sobre ellos. Y tú los eliminarás y los troncharás y los quemarás con la paja –*kash*– del recitado del Shemá –*ka"sh*–,[1646] y con tus pensamientos y tus meditaciones siempre en mi Torá y en mi temor. Y la paz sea contigo [...].

1645. Como está escrito: «Tomarás cinco, cinco, siclos por cabeza, tomado del siclo sagrado; tomarás el siclo a veinte *gueras*. Y darás la plata a Aarón y a sus hijos, por rescate de los excedentes de ellos» (Números 3:47-48).

1646. Las letras *kuf* y *shin* son las iniciales de *kiriat* Shemá, que significa: el recitado del Shemá. Y son las mismas letras de la palabra *kash*, que significa paja.

SECCIÓN LEJ LEJÁ

Víspera del día de Shabat, 3 de Nisán

El Eterno está contigo […]. En esta sección hay que analizar cuidadosamente: ¿por qué está escrito: «Envía para ti hombres»?[1647] Pues se ve como una ordenanza de El Santo, Bendito Sea, y no –como– un despertar del flanco de Israel. Y en el libro de Deuteronomio, denominado Mishné Torá, está escrito: «Y os acercasteis a mí todos vosotros […]».[1648] Y además, ¿por qué era necesario explorar la tierra según el modo en que les ordenó nuestro maestro Moisés, que la paz esté con él, pues dijo: «¿Es rica o es pobre?».[1649] Pues se entiende que si no era rica y no era buena, no ascenderían a ella. Y además, se vería como que nuestro maestro Moisés, que la paz esté con él, introdujo un error en los corazones de ellos, para no creer en El Santo, Bendito Sea, que les aseguró: «Os ascenderé de la aflicción de Egipto a la tierra del cananeo […]».[1650] ¿Y él les dijo: «¿Es rica o es pobre?»?

Y además, hay que observar cuidadosamente: ¿por qué fueron castigados los exploradores? Pues ellos hablaron alabando la tierra de Israel y dijeron: «Y también fluye en ella leche y miel […]».[1651] Y lo

---

1647. «El Eterno habló a Moisés diciendo: "Envía para ti hombres, y que exploren la Tierra de Canaán que Yo doy a los Hijos de Israel; un hombre, un hombre, por tribu de sus ancestros enviaréis, cada uno líder de ellos"» (Números 13:1).

1648. «Y os acercasteis a mí todos vosotros, y dijisteis: "Enviemos delante de nosotros hombres y que exploren para nosotros la tierra, y nos devuelvan –la información de– el asunto, el camino por el cual hemos de entrar a ella, y las ciudades a las que hemos de venir"» (Deuteronomio 1:22).

1649. Y además, ¿por qué era necesario explorar la tierra según el modo que les ordenó nuestro maestro Moisés, que la paz esté con él, pues dijo: «¿y cuál es –la condición de– la tierra, es rica o es pobre?, ¿hay en ella árboles o no? Y os fortaleceréis y tomaréis del fruto de la tierra; y los días eran días de la maduración de las uvas» (Números 13:20).

1650. «Y dije: os ascenderé de la aflicción de Egipto a la tierra del cananeo, del jeteo, del amorreo, del perizeo, del jiveo, y del yebuseo, a tierra que mana leche y miel» (Éxodo 3:17).

1651. «Y contaron, y dijeron: "Vinimos a la tierra a la que nos habéis enviado, y también fluye en ella leche y miel, y estos son sus frutos"» (Números 13:27).

que dijeron: «Mas el pueblo que habita esa tierra es poderoso, y las ciudades son muy grandes y están fortificadas»,[1652] he aquí que más que eso les dijo Moisés a –los Hijos de– Israel en –el libro de Deuteronomio denominado– Mishné Torá. Y si dijeras que se debe al mal lenguaje –de difamación– que sacaron –de sus bocas–, porque dijeron: «es una tierra que devora a sus moradores»,[1653] si es así, es difícil de entender lo vinculado con las palabras de Calev, que dijo: «Hemos de subir y tomar posesión de ella».[1654] Pues los exploradores no debilitaron sus palabras y se ve el argumento de Calev –comparado– con el argumento de ellos como si hubiesen argumentado trigo y le reconoció con cebada.

Pero el esclarecimiento del asunto es tal como se dijo, y así se aplacaron varias dudas que fueron objetadas por los exegetas. Pues tú has de saber que los Hijos de Israel, a causa de haber probado a El Santo, Bendito Sea, con varias pruebas, se tornaron pasibles de ser sancionados con no entrar a la Tierra. Pero debido a la multitud de misericordias y bondades Suyas, introdujo en los corazones de ellos que quisieran enviar hombres para explorar la Tierra. Y si hubieran sido merecedores en forma apropiada en ese envío, los hubiera hecho entrar a la Tierra por ese mérito. Y después se hubiera cobrado de los primeros pecados de ellos poco a poco.

Y para indicar a modo de alusión que El Santo, Bendito Sea, introdujo en los corazones de ellos solicitar esta solicitud, por eso no fue escrito aquí, en el versículo, que todos se acercaron a él como fue escrito en –el libro de Deuteronomio denominado– Mishné Torá. Y ordenó que enviara a todo ministro con ellos, es decir, a todos los grandes sabios que había con ellos. Y Josué lo prueba, pues era grande en la Torá, y todos eran semejantes a él. Por eso no ordenó que enviara a los príncipes de la inauguración del Altar, pues temió que tal vez se enorgullecieran en sus corazones y faltaran en su misión. Entonces, Moisés les dijo que observaran si es rica […], porque sabía

---

1652. Números 13:28.
1653. Números 13:32.
1654. Números 13:30.

con certeza que era rica y buena y había en ella árboles. Y les indicó a modo de insinuación que contaran acerca de la alabanza de la misma para que –los Hijos de– Israel se avergonzaran, para entrar en ella, y a través de eso lo merecieran. Y ellos vinieron y dijeron que ciertamente Moisés no mencionó sino las cosas que él sabía –acerca de la Tierra, que– es alabada con ellas, pero los asuntos despreciables de ella no nos los mencionó. Y he aquí que ciertamente todo lo bueno de ella que mencionó está en ella, pues en ella manan leche y miel [...]. Pero hay en ella una cosa mala que no nos mencionó Moisés, y es: «es una tierra que devora a sus moradores».[1655] Y no se mantienen en ella sino los hombres fuertes por naturaleza. Y a esto se refiere lo que dijeron: «Mas el pueblo que habita esa tierra es poderoso».[1656] Es decir, aquellos hombres débiles como vosotros no os podréis mantener en ella un solo día porque: «es una tierra que devora a sus moradores», frágiles como vosotros.

Y Calev les respondió: «Hemos de subir y tomar posesión de ella».[1657] Es decir, es imposible que nos devore, debido a que El Santo, Bendito Sea, ciertamente nos la dio sabiendo que nos mantendremos en ella. Y a esto se refiere lo que dijo: «Pues ciertamente podremos con ella».[1658] «Y vosotros, no temáis –*tireú*– al pueblo de la tierra».[1659] Porque un versículo no sale de su sentido llano, *tireú* es una expresión de temor –*irá*–, pero de todos modos se lo puede vincular con la expresión ver –*reia*–, y –de acuerdo con esta interpretación– así dijo: «no veáis al pueblo de la tierra porque nosotros somos más fuertes que ellos». Y la prueba: «porque son nuestro alimento».[1660] Es decir: ellos son entregados en nuestras manos. Y es sabido que el que se nutre es más fuerte que la cosa que lo nutre, pues el nutrido digiere al nutriente. Y ya que son nuestro alimento, aunque sean fuertes,

---

1655. Números 13:32.
1656. Números 13:28.
1657. Números 13:30.
1658. Números 13:30.
1659. Números 14:9.
1660. Ibíd.

nosotros ciertamente somos más fuertes que ellos. Y además, lo que habéis dicho, que ellos son poderosos, no es verdad, porque ahora: «se ha quitado la protección de ellos»,[1661] es decir, se ha apartado su poder, y aunque así sea, se mantienen en la tierra y la tierra no los devora. Y si es así, esta tierra no devora a sus moradores incluso sean frágiles. Y si es así, aunque seamos frágiles nos mantendremos en ella y no nos devorará. Y de este modo se responden todas las dudas. Y la paz sea contigo.

SECCIÓN DE KORAJ

Víspera del día de Shabat, sección Koraj

El misterio del –manto denominado– *talit* que es totalmente celeste y una casa llena de libros,[1662] viene a decir que Koraj quiso cortar las Plantaciones[1663] de dos modos. Primero, porque quiso decir que la conducción del mundo es a través de Maljut, no es necesario unificarla con las emanaciones que están encima de ella. Y a esto se refiere el –manto denominado– *talit* que es totalmente celeste. Porque se alude a Maljut en el celeste –*tejelet*–. Y quiere decir que toda su conducción e intención no era sino con Maljut. Y nuestro maestro Moisés, que la paz esté con él, le dijo que no es así, sino que el *talit* blanco y las 7 hebras blancas[1664] aluden a las 7 emanaciones que están sobre ella, y una hebra celeste[1665] alude a Maljut.

Y volvió a preguntarle: y una casa llena de libros no necesita *mezuzá*,[1666] para indicar a modo de alusión que si es así, las emana-

---

1661. Ibíd.

1662. Estas dos cosas fueron planteadas por Koraj a Moisés, para tratar de descalificarlo (Midrash Raba, Números 18:3).

1663. Se refiere a los secretos de la Cábala.

1664. Que se colocan en el *talit*.

1665. Que se coloca en el *talit*.

1666. Se refiere a lo que está escrito: «Y las escribirás sobre las jambas –*mezuzot*– de tu casa y en tus portales» (Deuteronomio 6:9).

ciones que están sobre ella son lo principal y no es necesario concentrarse en ella, porque la *mezuzá* alude a ella, y no se necesita concentrar sino en las emanaciones que están sobre ella solamente. Y por eso aludió en una casa llena de libros, sin –necesidad de– *mezuzá* en la casa. Y nuestro maestro Moisés, que la paz esté con él, le dijo que también esto se denomina cortar las Plantaciones, porque se debe unificar a todas las emanaciones con Maljut, y a Maljut con todas. Y la paz sea contigo [...].

SECCIÓN DE JUKAT

Víspera del día de Shabat, Jukat Hatorá, 28 de Tamuz

El Eterno está contigo [...]. El misterio de la última letra *he* del Nombre de El Eterno, el Tetragrama, es correcto tal como lo has visto, pues el hijo –cósmico– de esa –letra– *he* alude a aquel cuyo nombre es como el nombre de su maestro. Y cuando te concentres con las emanaciones en el Nombre, el Tetragrama, en el primer versículo del recitado del Shemá, no te ilustres sino hasta la letra *dalet*, y no, el hijo.[1667] Además, hay que unificarlo posteriormente, en la segunda unificación, en –la declaración–: «Bendito el Nombre de la Gloria de su Reino por siempre jamás». Pero no hay que equivocarse, Dios libre, en lo que se equivocó Ajer.[1668] Y debes saber que de ese hijo –cósmico– de esa –letra– *he*, se proyecta un Nombre de El Eterno, el Tetragrama, que se parece a lo que hemos mencionado, que es la unificación. Y de ese segundo Nombre de El Eterno, el Tetragrama, de ese hijo –cósmico– de esa –letra– *he*, se proyecta otra vez un Nombre de El Eterno, el Tetragrama, que es el mundo de la separación. Y de ese hijo –cósmico– de esa última –letra– *he*, que se proyecta un tercer Nombre de El Eterno, el Tetragrama, se proyecta –nuevamente– el Nombre de El

---

1667. La última letra del primer versículo del Shema es *dalet*.
1668. *Véase* Talmud, tratado de Jaguiga 15b.

Eterno, el Tetragrama. Y así –se proyecta– de Tetragrama en Tetragrama, hasta este mundo, en todo grado y grado.

Y también en este mundo se alude ese Nombre de El Eterno, el Tetragrama. Pues la cabeza del hombre se parece a una letra *yud*, que proyecta a todo el cuerpo. Y los cabellos aluden al espinillo de la letra *yud*. Y los brazos aluden a las letras: *he he*. Pues cuando dejes caer un brazo y pongas el segundo brazo frente al espacio del que cayó, se ilustrará la forma de la letra *he*. He aquí la forma de dos letras *he*. Y el pacto –de la circuncisión– alude a la letra *vav*. Y las dos piernas, cuando dejes caer una y coloques a la segunda en el espacio de la que cayó, se ilustrará la forma de la letra *he*. Y además, cuando el hombre copula con su mujer, une a –la letra– *vav* con –la letra– *he*. Pues el vientre alude a –la letra– *he*, y el pacto –de la circuncisión– alude a –la letra– *vav*.

Y el misterio de la vaca roja, cuyo juico hay que debilitar, alude a Maljut. Y por eso está dicho: «y la entregaréis a Eleazar, el sacerdote».[1669] Pues es el hombre de la bondad –*jesed*–; y no la entregaban al sumo sacerdote porque alude a mucha bondad –*jesed*–. Y si se la entregaran a él no quedaría juicio en absoluto. Y el juicio es necesario para la conducción del mundo; por eso es un precepto con el asistente. «Y la sacrificará ritualmente». Para sacar de ella sangre, que es el poder del juicio. «Ante él». Para que los ojos del asistente estén fijos en ella y transmita en ella del atributo de la bondad –*jesed*–. «Y la sacará fuera del campamento», para aludir a esos flancos que están alrededor de ella y de ese flanco impurifica al puro.

«Y el sacerdote tomará madera de cedro»,[1670] que alude a Tiferet. «Hisopo», que alude a Iesod o[1671] a Maljut. «Y hebra carmesí», que

---

1669. «El Eterno habló a Moisés y a Aarón, diciendo: éste es el decreto de la Torá que El Eterno ordenó, diciendo: habla a los Hijos de Israel y que tomen para ti una vaca íntegramente roja, que no tenga defecto, y sobre la cual no ascendió yugo. Y la entregaréis a Eleazar el sacerdote, y la sacará fuera del campamento; y la sacrificará ritualmente ante él» (Números 19:1-3).

1670. «Y el sacerdote tomará madera de cedro, hisopo y hebra carmesí y los arrojará al interior de la ignición de la vaca» (Números 19:6).

1671. En otro grado.

alude a Guevurá. «Y los arrojará al interior de la ignición de la vaca». Y después de que la ceniza de ella se quema se transforma en blanca, y por eso purifica. Y la paz sea contigo.

Y el misterio de la vaca –*pará*– roja íntegra, alude a la Congregación de Israel que se denomina Pará. Y cuando siente que ha de quemar al mundo se denomina Pará *soreret*–, como está dicho: «Porque como vaca rebelde –*sorera*– se rebeló Israel».[1672] Y se denomina: «íntegra». Porque hay vaca y hay vaca. Y esa que viene del Otro Lado no es íntegra; y esa que viene del flanco de la santidad se denomina íntegra. Y a esto se refiere lo que está escrito: «y sobre la cual no ascendió yugo». Pues sobre esa del Otro Lado ascendió el yugo de la –emanación– Maljut sagrada. Y es un precepto a través del asistente y no del sumo sacerdote para no debilitar el poder del juicio completamente. Pues si se realizara a través del sumo sacerdote, que viene del flanco de mucha bondad –*jesed*–, el flanco del juicio se debilitaría mucho. Y en el tiempo de Moisés, que había mucha misericordia en el mundo, era suficiente a través del asistente –del sumo sacerdote–, y después había que quemarla a través del sumo sacerdote. Pues el poder del sumo sacerdote en los demás tiempos no estaba vinculado con la gran bondad –*jesed*– mucho más que el asistente en los días de Moisés.

«Y la sacrificará ritualmente ante él». Pues un extraño –no sacerdote– la degollaba ritualmente y no el sacerdote, que es hombre de bondad –*jesed*–, y no es apropiado para realizar el juicio del degollado ritual. Por lo tanto, un extraño degollaba ritualmente para debilitar el poder del juicio y Eleazar observaba. Pues a través de su observación en ella se despertaba la bondad –*jesed*– en el mundo. Y después se la quemaba según el misterio del fuego que consume al fuego, para debilitar el poder del juicio. Y cuando se quemaba y se transformaba en ceniza, –es un misterio que– alude al atributo del juicio que se transforma en atributo de misericordia, que es –vinculado con el misterio de– la tonalidad blanca, que se parece a la ceniza.

1672. Oseas 4:16.

«Madera –*etz*– de cedro», alude a Tiferet, que es el Árbol –*etz*– de la Vida. «Hisopo», alude a la Congregación de Israel, para indicar a modo de alusión que se debilitó un poco el poder del juicio. «Y hebra carmesí», alude a la –emanación– Guevurá. Y los une con restos de *lashon*[1673] para indicar a modo de alusión que todo es una única unificación. Y cuando era quemada se transformaba en ceniza, que es –de tonalidad– blanca; y alude al atributo del juicio, que es rojo y se transforma en atributo de misericordia, que es blanco. Y santificaban la ceniza en Aguas Vivas para apegarla con la bondad –*jesed*– suprema.

En el día mencionado.

El Eterno está contigo [...]. Despertad dormilones de vuestro tonto sueño y cuidaos del Mal Instinto que os acosa a cada instante, pues os desea siempre y vosotros ejerceréis dominio en él, si lo deseáis pisotearéis al cachorro de león y a la serpiente –*tanin*–.[1674] Porque al principio el Mal Instinto se denomina cachorro de león, cuando aún no se fortificó tanto en la persona. Y después de que se fortificara se denomina serpiente –*tanin*–. Y vosotros lo pisotearéis, y pondréis el gancho en su nariz y el anzuelo en su mandíbula, perforaréis su nariz con arpones, arrastraréis el *leviatán* con garfio. Pues el *leviatán* es una serpiente, y lo arrastraréis con el sometimiento del Mal Instinto. Y pondréis anzuelo en su boca y arpón en su nariz. Trituraréis la Serpiente de cobre, que es el Mal Instinto, que es la Serpiente antigua.

He aquí que se ha de preguntar: ¿por qué nuestro maestro Moisés, que la paz esté con él, hizo una serpiente de cobre para curar a Israel? ¿Acaso no le era posible curarlos con otra cosa y no curarlos a través de esa serpiente que era similar a un amuleto –*kameia*– hasta tal punto que eso provocó que erraran tras la misma generaciones postreras? Y si es así, con esa curación, nuestro maestro Moisés, que la paz esté

1673. Significa literalmente lengua, y se utiliza comúnmente para referirse a las lenguas de lino.
1674. *Véase* Salmos 91:13.

con él, dio lugar a que erraran tras el culto idólatra, pues podían pensar que hay consistencia en ese amuleto –*kameia*–.

Y además, ¿cómo es posible que Aza y Yehoshafat no lo eliminaran –al amuleto–? Tal como preguntaron los sabios.[1675] Y lo que respondieron, que dejaron lugar a Ezequías –Jizkia–, para engrandecer con él,[1676] no es un argumento –consistente–, pues, ¿para que Ezequías engrandeciera dejaron un vestigio de idolatría? Pero el misterio del asunto es que esa serpiente de cobre está vinculada con el misterio del Mal Instinto y por eso nuestro maestro Moisés, que la paz esté con él, la puso sobre un mástil –*nes*–, para que todo mordido la mirara y viviera.[1677] Esto, para aludir a aquel que no tiene provecho del Mal Instinto sino para lo básico existencial solamente. Y eso se alude en la acción de mirar en él –el elemento que puso en el mástil–, que no tiene provecho de él sino mirando en forma circunstancial. «Y vivirá –*jai*–». Es decir, para su existencia básica solamente se denomina *jai*. Y aquel que tiene provecho de él más que para su existencia básica solamente no es considerado vivo –*jai*–, sino muerto. Y cuando vino Ezequías y vio que la impureza aumentó en el mundo a causa de su padre Ajaz que lo precedió y a causa de Menashe, que en el futuro vendría –a reinar– después de él, por eso trituró la serpiente de cobre que alude a la Serpiente antigua, para debilitar su poder, de un modo parecido a lo que hicieron los hombres de la Gran Asamblea cuando prendieron al Mal Instinto de la idolatría y las relaciones prohibidas.[1678]

Y lo que –los sabios– dijeron, que le dejaron un lugar para crecer con él, no viene a decir que las personas que lo sucedieron erraron con la idolatría, sino que Aza y Yehoshafat debían haber triturado y debilitado el poder del Mal Instinto, pero dejaron lugar para que crecie-

---

1675. Talmud, tratado de Julín 7a.

1676. Trituró la serpiente de cobre, y los sabios lo avalaron (*véase* Talmud, tratado de Pesajim 56a).

1677. Como está escrito: «Y El Eterno dijo a Moisés: "Haz para ti una serpiente –*saraf*– y colócala sobre un mástil, y ocurrirá que todo mordido la mirará y vivirá"» (Números 21:8).

1678. Talmud, tratado de Iomá 69b.

ran con él los que vinieran después de ellos. Y por eso, cuidaos de él y anuladlo y sometedlo bajo vuestro dominio. Y sed siempre astutos y atentos a sus ardides para cuidaros de los mismos.

SECCIÓN DE BALAK

Víspera del día de Shabat, 14 de Tamuz

El Eterno está contigo [...]. «Abridme los portales de la justicia [...]».[1679] Hay que observar cuidadosamente: ¿qué significa lo que dijo: «Abridme»? He aquí que si es merecedor no necesita que le abran, pues él mismo entrará, tal como él mismo dijo: «Éste es el portal de El Eterno; por él entrarán los justos». Y se entiende que lo hará por sí mismo. Y si no es justo, incluso si dijera: «Abridme [...]», no le serviría. Y además, ¿por qué dijo «alabaré a Dios»[1680] y no dijo el Nombre completo? Pero el misterio del asunto es que, debido a que hay muchos acusadores en el mundo que desplazan a la persona del servicio de El Santo, Bendito Sea, y en contraposición hay ángeles que los salvan de ellos, como te he enseñado acerca del versículo que manifiesta: «Y manos de hombre debajo de sus alas».[1681] Y David hablaba con ellos y les dijo que lo salvaran de los acusadores y lo acercaran al servicio de El Santo, Bendito Sea, de modo que le abrieran los portales de la justicia. Es decir, los portales de Maljut inferior, aludida en el Nombre de Dios –que se escribe con las letras– *yud* y *he*. Y a esto se refiere lo que está escrito: «entraré por ellos, alabaré a Dios».[1682]

Y por eso dijo «portales», en lenguaje plural, porque hay en ella muchos portales para nutrir al mundo. Y todo eso necesito para que

---

1679. «Abridme los portales de la justicia; entraré por ellos, alabaré a Dios; éste es el portal de El Eterno; por él entrarán los justos» (Salmos 118:19).
1680. Dijo el Nombre que se escribe con las letras *yud* y *he*, y no, el Tetragrama completo.
1681. Ezequiel 10:8.
1682. Mencionó el Nombre que se escribe con las letras *yud* y *he*.

me sea de ayuda para ascender a las emanaciones supremas. Pues ese es el portal de las emanaciones supremas por el que los justos vendrán por sí mismos. Pues no hay allí quien lo impida, ya que no hay allí Satan ni dañadores. Y debido a que alude a las emanaciones supremas dijo «portal», en lenguaje singular. Y también la denominó con el Nombre completo.[1683]

En esta sección de la Torá hay que analizar cuidadosamente: ¿qué significa: «Y vio Balak»?[1684] ¿Pues acaso él vio y los demás no vieron? Y además, ¿qué significa: «todo lo que hizo»? ¿Por qué está escrito «todo»? Y además, ¿por qué dijo: «lo que hizo [...] al amorreo», que es Sijón, y no dijo que vio también lo que hicieron a Og? Y además, ¿hasta ahora no escucharon y supieron que El Santo, Bendito Sea, hace milagros y portentos a Israel? Y además, ¿qué significa: «Y Moab se atemorizó mucho del pueblo porque era numeroso»?[1685] ¿Por qué mencionó que es numeroso y no mencionó que es poderoso? Pues la victoria con que triunfaron ante el amorreo fue debida a su poder más que a su cantidad. Y además, ¿qué significa: «se hartó»? Y además, ¿qué significa: «tal como el toro lame la hierba del campo»?[1686] Y además, ¿qué significa: «a Petor, que se halla junto al río»?[1687] ¿Qué diferencia hay para nosotros si se encontraba en Petor o en otro lugar? ¿Y qué diferencia hay para nosotros si se encontraba en Petor junto al río o en otro Petor? Y además, ¿qué diferencia hay para nosotros si se

---

1683. Pues dijo El Eterno, o sea, el Tetragrama completo.

1684. «Y vio Balak, hijo de Tzipor, todo lo que hizo Israel al amorreo» (Números 22:2).

1685. «Y Moab se atemorizó mucho del pueblo, porque era numeroso, y Moab se hartó por los Hijos de Israel» (Números 22:3).

1686. «Y dijo Moab a los ancianos de Midián: "Ahora la congregación lamerá todos nuestros rededores tal como el toro lame la hierba del campo"; y Balak, hijo de Tzipor, era el rey de Moab en ese momento» (Números 22:4).

1687. «Y envió mensajeros a Bilam, hijo de Beor, a Petor, que se halla junto al río de la tierra de los hijos de su pueblo, para convocarlo, diciendo: "He aquí un pueblo salió de Egipto, y he aquí que cubrió la faz de la tierra y reside frente a mí"» (Números 22:5).

encontraba en la tierra de los hijos de su pueblo o no? Y además, ¿de dónde supo que: «aquel a quien bendices es bendito [...]»?[1688]

Pero el misterio del asunto es que Balak y Moab pensaban que no había un Uno y Único que ejerce dominio sobre todo, sino que pensaron que esos flancos a los cuales ellos se apegaban ejercían dominio sobre el mundo, tal como pensó el faraón, que dijo: «No conozco a El Eterno».[1689] Y los amorreos se apegaban a otro flanco más poderoso que todos y todos pensaban que no hay quien pudiera contra los amorreos, porque el flanco al cual ellos se apegaban es más poderoso que todos los demás flancos. Y cuando vieron que los de Israel los vencieron, tomaron en su consideración que hay un Gobernante supremo que ejerce dominio sobre todos esos flancos y por eso dijo: «Y vio Balak». Es decir, vio y tomó en consideración: «todo –*et kol*– lo que hizo Israel al amorreo», considerando que viene del Gobernante supremo al cual ellos se apegan, que ejerce dominio sobre todos los flancos. Y a esto se refiere lo que dijo: «todo –*et kol*–», aludiendo al Gobernante supremo que ejerce dominio sobre todo. Y a esto se refiere lo que dijo: «Y Moab se atemorizó mucho [...]». Y a continuación está escrito: «porque él era numeroso –*rav*–». Es decir, temieron de los Hijos de Israel porque sintieron que ellos se apegaban al gran Gobernante que ejerce dominio sobre todos los flancos. «Numeroso –*rav*–»,[1690] –indica que– era grande; y «él», alude a la unión sagrada.

«Y Moab se hartó –*vaiakatz*–». Es decir, ellos mismos vieron que los flancos a las cuales se apegaban eran como: «espinos –*kotzim*– cortados quemados con fuego».[1691] Y los de Israel se apegaban a la unificación. Y a esto se refiere lo que está dicho: «lamerá todos nuestros rededores tal como el toro lame la hierba del campo». Es decir, el toro se refiere al poder de Gevura que quema a todos esos que están en derredor. Y campo se refiere a Maljut, que pastorea mil montañas

---

1688. «Y ahora, ven por favor, maldice para mí a este pueblo, porque es más poderoso que yo; tal vez pueda atacarlo y echarlo de la tierra, pues he sabido que aquel a quién bendices es bendito y aquel a quién maldices es maldito"» (Números 22:6).
1689. Éxodo 5:2.
1690. La expresión *rav* significa literalmente grande.
1691. Isaías 33:12.

cada día. Y debido a que los de Israel se apegan a la unificación, nosotros estaremos sometidos a ellos.

«Y envió mensajeros [...] a Petor». Es decir, Bilam se apegaba a los grados de la impureza más de lo que nuestro maestro Moisés, que la paz sea con él, se apegaba a los grados de la santidad. Tal como dijeron nuestros sabios, de bendita memoria: en Israel no se levantó, pero en las naciones del mundo se levantó. Porque Moisés se apegaba a Tiferet, y Bilam se apegaba el flanco de la impureza, que corresponde con Biná. Y por eso en Petor se alude al grado de Biná, que es la Mesa de la cual se nutren todos los mundos. Y debido a que la Congregación de Israel también se denomina Mesa, pues se nutren de ella los mundos inferiores, por eso dijo: «junto al río».[1692] Es decir, sabe a qué Mesa me he referido, esa que está sobre Tiferet, es el río que surge del Edén.[1693] Y Balak pensó: ya que Bilam se nutre de esa Mesa suprema, podría anular la ayuda de Israel que les llega de Maljut y Tiferet. Y a esto se refiere lo que dijo: «tierra de los hijos de su pueblo». Es decir, la Tierra, que es Maljut, es «de los hijos de su pueblo». Es decir, ella se encuentra debajo del grado de la santidad aludida en el grado de la impureza a la que se apega Bilam. Y por eso dijo: «he sabido que aquel a quien bendices es bendito [...]». Pues tú estás apegado al grado que alude al grado supremo.

SECCIÓN DE PINJAS

Víspera del día de Shabat, 23 de Tamuz

El Eterno está contigo [...]. He aquí que he sido enviado para revelarte un valioso misterio de esta sagrada sección de la Torá. Pues hay que cuestionar: ¿por qué fue necesario mencionar el linaje de

---

1692. En el texto original hebreo, está escrito literalmente: sobre el río.

1693. «Y del Edén sale un río para regar el Jardín, y de allí se divide y se convierte en cuatro afluentes» (Génesis 2:10).

Pinjas?[1694] Y además, ya se mencionó su linaje en otra sección.[1695] Y además, ¿por qué fue necesario decir «el sacerdote»? Y además, ¿por qué: «ha aplacado Mi ira», con la muerte de Zimri?[1696] Y además, ¿por qué era necesario decir: «He aquí que le otorgo Mi pacto de paz»?[1697] Y además, ¿por qué mereció ese mérito de vivir para siempre,[1698] y nuestro maestro Moisés, que la paz esté con él, no mereció ese gran mérito? Y además, ¿cuál es la grandeza de no haber muerto? He aquí que la muerte es necesaria para la rectificación del mundo. Y además, ¿qué se hizo con su cuerpo? Pues si dijeras que fue calcinado, es algo grande.

Pero el misterio del asunto es que ya que el sacerdote es el hombre de bondad –*jesed*–, y tomó el oficio de derramar sangre, hay que considerarle un bien, –pues fue contra su naturaleza–. Por eso está escrito: «el sacerdote». Porque la palabra «sacerdote» está junto a Pinjas porque él mismo era sacerdote. Y debido a que es una novedad, tal como hemos dicho: «ha aplacado Mi ira [...]», y también porque por su mérito no exterminé a los Hijos de Israel, por eso, corresponde que viva para siempre. Y además, debido a que vengó el pacto –de la circuncisión– que está vinculado con –la emanación– Iesod, el pago que le daré es el Pacto, que es la Congregación de Israel, para que se apegue con la Paz, que es Iesod, que es la Fuente de la Vida a través de la cual se apega a la vida del Rey. Y a esto se refiere lo que dijo: «he aquí que le otorgo». Son palabras –provenientes– de la –emanación– Tiferet, que está apegada con las tres emanaciones supremas; Biná[1699], para que estén apegados con Iesod y Maljut.

1694. Como está escrito: «Y El Eterno habló a Moisés, diciendo: Pinjas, hijo de Eleazar, hijo de Aarón el sacerdote, ha aplacado Mi ira de los Hijos de Israel, cuando celó Mi celo en medio de ellos, y no consumí a los Hijos de Israel en Mi celo» (Números 25:10-11).

1695. Como está escrito: «Y vio Pinjas, hijo de Elazar, hijo de Aarón el Sacerdote, y se levantó en medio de la congregación, y tomó una lanza en su mano» (Números 25:7).

1696. *Véase* Números 25:14.

1697. Números 25:12.

1698. *Véase* la traducción al arameo del versículo de Yehonatan ben Uziel.

1699. Que está vinculada con Keter y Jojmá.

Y debido a que venía del flanco cósmico masculino, tuvo existencia para siempre y no necesitaba morir, pues ya murió antes de eso. Porque cuando pasó en medio de la tribu de Simón, quisieron matarlo y su alma se apartó de él. Y después volvió a él y se hizo un nuevo pacto. Y nuestro maestro Moisés, que la paz esté con él, aunque murió, he aquí que ascendió en un ascenso que no mereció ningún hombre jamás. Pues El Santo, Bendito Sea, lo sepultó, y ese es un misterio supremo, que ascendió su cuerpo y se purificó para apegarse con las emanaciones. Pero el cuerpo de Elías se apegó con –el ángel cuyo nombre se escribe con estas letras hebreas:– *mem, tet, tet, reish, vav, nun,* que es siervo. Y si es así, sal y observa la diferencia entre el grado de nuestro maestro Moisés, que la paz esté con él, y el grado de Elías. Y ciertamente la paz esté contigo.

Víspera del día de Shabat, 24 de Tamuz

Fortalécete [...]. Apégate a mí y a mi Torá [...]. Acerca del asunto del cual os habéis ocupado, que Pinjas es Elías,[1700] y debería estar dicho al revés: Elías es Pinjas.[1701] Y además, ¿por qué no dicen que Pinjas es Nadav y Avihu? Y además, ya que Moisés no necesitó venir al mundo sino para completar a Israel, ¿por qué vino en Abel?[1702] Y además, Rashb"i dijo: ¿quién ascendió al Cielo y desciende? Ese es Elías, que es un ángel.

Pero el misterio del asunto es que Elías alude al Nombre de El Eterno, el Tetragrama. Pues en el nombre de él constan tres letras de Su Nombre. Y las dos últimas letras, *alef* y *lamed,* es –un misterio vinculado con– la última letra *he* –del Tetragrama–. Pues es la hija de nuestro patriarca Abraham, que la paz esté con él, la cual se denomina: *alef–lamed*. Y ella está sobre *iud,* para indicar a modo de alusión que era la piedra angular. Y –el nombre de– Pinjas, completo con la letra *iud,* tiene 5 letras. Y según los sistemas de combinación de le-

---

1700. Según el misterio de las reencarnaciones.
1701. Siguiendo el orden cronológico.
1702. Su alma estuvo en Abel antes de estar en el cuerpo de Moisés.

tras del alfabeto –hebreo, esas letras– se intercambian por las letras de Elías.[1703] Por eso dijeron que Pinjas es Elías. Es decir, las letras del nombre Pinjas se intercambian por –las letras del nombre– Elías.

Y Nadav y Avihu no fueron mencionados porque se ocultaron debido a la gran santidad de ellos. Pues ellos están vinculados con el misterio de la luz que El Santo, Bendito Sea, vio que el mundo no era apropiado para utilizarla y la guardó para los justos en el Mundo Venidero. Y a esto se refiere lo que está escrito: «Ante –*al*[1704] *penei*– Aarón, el padre de ellos».[1705] Es decir, se apegaron a un grado que estaba por sobre el grado –*penei*– del padre de ellos. Porque su padre era hombre de bondad –*jesed*–, y ellos se apegaron –a un grado– por sobre –el grado de– él.

Y Moisés, si bien vino para completar a Israel otra vez, cuando vino en Shet volvió al mundo merecedor de estudiar esa unificación de El Santo, Bendito Sea. Y después de que ascendiera, vino Enosh, y en su tiempo comenzaron a llamar en el Nombre de El Eterno.[1706] Resulta que esa vez volvió merecedores también a los moradores del mundo.

Víspera del día de Shabat, 21 de Tamuz

El Eterno está contigo […]. Aunque has apartado tu pensamiento de meditar en mi Torá y en mi temor, y has ido tras los placeres, de todos modos, no te abandonaré […]. Sólo vuelve a meditar en mi Torá, y en mi temor, siempre, no interrumpas ni un solo instante y pondré mis palabras en tu boca […].

Hay que observar cuidadosamente, ¿qué significa: «Y con la sombra de mi mano te cubrí».[1707] Pues no tenía guerra con otro para que

---

1703. En hebreo su nombre está escrito con 5 letras.
1704. La expresión *al* significa literalmente sobre.
1705. Números 3:4.
1706. *Véase* Génesis 4:26.
1707. «Y en tu boca he puesto mis palabras, y con la sombra de mi mano te cubrí, extendiendo –*lintoa*– los Cielos y fundamentando la Tierra, y diciendo a Tzión: "¡Tú eres mi Pueblo!"» (Isaías 51:16).

necesitara cubrirlo con la sombra de su mano. Y además, ¿que plantación corresponde con los Cielos, pues dijo: «extendiendo –lintoa–[1708] los Cielos»? Pero el misterio de este asunto es que la profecía es la Presencia Divina que habla por la boca del profeta. Y a esto se refiere lo que está escrito: «Y en tu boca he puesto mis palabras». Y pareciera como si el profeta hablara por sí mismo. Y a esto se refiere lo que está escrito: «y con la sombra de mi mano te cubrí». «Extendiendo –lintoa– los Cielos», se refiere a los Cielos supremos; los que El Santo, Bendito Sea, arrancó y trasplantó. «Y fundamentando la Tierra», viene para unir a Iesod con Maljut. «Y diciendo a Tzión: "¡Tú eres mi Pueblo!"», viene para unir a Maljut inferior con las emanaciones supremas. Pues Maljut inferior se denomina Tzión, pues es Tzión, la ciudad de David. Y a esto se refiere lo que está escrito: «Establece para ti señales[1709] –tziunim–».[1710] Pues un Tzión es Maljut inferior misma, y el segundo Tzión es el flanco que hay en Maljut inferior de Maljut suprema.

Y en esta sección de la Torá hay que analizar cuidadosamente: ¿por qué se menciona en su linaje –de Pinjas–: «Pinjas, hijo de Eleazar, hijo de Aarón el sacerdote»? Y además, ¿qué significa: «ha aplacado Mi ira»? He aquí que murieron 24000. Y además, ¿qué significa: «cuando celó Mi celo»? Pues celo no se denomina sino a alguien que tiene celos de su compañero que es más rico que él o más poderoso que él, ¿y de qué manera corresponde aquí celo? Y además, ¿qué significa: «en medio de ellos»? Y además, ¿qué significa: «He aquí que le otorgo Mi pacto de paz»? ¿Cómo se refiere al pago en relación con la acción que realizó? Y además, ¿qué significa: «Y será para él y su descendencia después de él [...]».[1711] He aquí que sin eso Pinjas era sacerdote. Y además, ¿por qué dijo: «porque celó por su Dios» y no dijo: «porque celó por El Eterno», tal como comenzó la sección: «Y El Eterno habló [...]»? Y además, ¿por qué: «Y el nombre del hombre de

---

1708. Esta expresión significa literalmente plantar.
1709. Está en plural, indicando al menos dos.
1710. Jeremías 31:20.
1711. «Y será para él y su descendencia después de él un pacto de sacerdocio perpetuo, porque celó por su Dios y expió por los Hijos de Israel» (Números 25:13).

Israel que fue herido –mortalmente– [...]».¹⁷¹² ¿Y acaso hasta ahora no sabíamos quién era?

Pero el misterio del asunto es que cuando los –Hijos– de Israel pecaron con ese asunto, la impureza se expandió por el mundo. Y por eso Moisés y Aarón lloraron en la entrada del Tabernáculo, que es la Congregación de Israel, para rectificar a través de ese llanto el daño que esos malvados produjeron en ella. «Y vio Pinjas [...]». Es decir, vio que el daño no fue rectificado con ese llanto. Pues el daño fue provocado por una acción concreta, y en el llanto, aunque hay un poco de acción, ya que se frunce el rostro y hay quien dice que el fruncido de los labios se considera una acción, de todos modos, no es una acción completa. Por eso quiso rectificar el daño con una acción concreta.

«Y tomó una lanza en su mano»,¹⁷¹³ para realizar una acción con la mano concretamente, tal como hicieron aquellos que dañaron concretamente con sus manos. Y Pinjas se levantó para actuar así porque dijo: Aarón, es el sumo sacerdote, Eleazar, es el asistente, yo soy ungido para la guerra y debido a que al padre de mi padre y a mi padre no se les entregó guerra en absoluto, ellos no deben librar esta guerra; pero yo que soy ungido para la guerra, a mí me fue entregado librar la guerra de este precepto. Y por eso se lo menciona en su linaje después de Eleazar y Aaron, para decir: observa que ellos eran más grandes que él y no les fue entregado este asunto sino a él, por las razones que hemos mencionado. Y debido que hasta que vino Pinjas y realizó esa acción no había muerte en absoluto, pues ese es el modo de actuar de ese flanco del Otro Lado, para asegurarles que hagan irritar ante El Santo, Bendito Sea, hasta que se fortalezcan en sus pecados y se expanda mucho la impureza en el mundo, y después se cobrará de ellos. Y tal como dijeron nuestros sabios, de Bendita memoria: desciende e incita, asciende¹⁷¹⁴ [...]. Y debido a que no ha-

---

1712. «Y el nombre del hombre de Israel que fue herido –mortalmente– junto con la madianita era Zimri, hijo de Salu, líder de una casa paterna de los shimonitas» (Números 25:14).

1713. Números 25:7.

1714. Acusa en lo Alto.

bía muerte antes de esa acción, los –Hijos– de Israel no percibieron el bien que les llegó a través de esa acción de Pinjas. Por eso, El Santo, Bendito Sea, quiso informarles de que Pinjas les hizo una bondad muy grande, pues ha aplacado Mi ira [...].

Y si dijeras: ¿cómo «ha aplacado Mi ira», y nosotros vemos que murieron 24000? Por eso dijo: «y no consumí». Es decir, si no hubiese venido Pinjas, el Satan los hubiese protegido y se hubiera expandido la impureza en el mundo y después los hubiera exterminado. Y ahora, con esa acción: «ha aplacado Mi ira» de juzgarlos. Pero debido a que no podía volver sin nada según el misterio de: si tiene un ángel defensor [...], «he hallado rescate»,[1715] murieron esos 24000.

«Cuando celó Mi celo». Es decir, en ese pecado había daño del Pacto –de la circuncisión– que transmite influencia en la hija del dios extraño, y ese es el celo, tal como dijeron nuestros sabios, de bendita memoria: la mujer no cela sino por el muslo –de su compañera–.[1716] Y aquí, debido a que la abundancia apropiada para ella era transmitida a la hija de un dios extraño, «y la sirvienta,[1717] cuando hereda a su ama»,[1718] y ese es celo ciertamente, ya que cela a la Matronita. Y Pinjas celó ese celo porque se invistió en Maljut, y celó el celo de ella concretamente. Y a esto se refiere lo que está escrito: «en medio de ellos *betojam* ». Es decir, se invistió dentro de *mem*,[1719] que es Maljut. Y por eso celó el celo de ella concretamente. Pues *mem* alude a Maljut, ya sea porque es la primera letra de ella, y además, porque la letra *mem*[1720] ce-

---

1715. «Y lo agraciará; –y le dirá al ángel defensor– que lo libre de descender al sepulcro, pues he hallado rescate –para él aunque los acusadores eran la mayoría–» (Job 33:24).

1716. Talmud, tratado de Meguilá 13a.

1717. La sirvienta es la corteza impura denominada *klipa*.

1718. Proverbios 30:23.

1719. La expresión *betojam* puede leerse *betoj m*, qué significa en el interior de *mem*, que es Maljut.

1720. El valor numérico de la letra *mem* es 40.

rrada[1721] es Punto del Eijal; y alude al misterio de las 40 medidas *seá* en las que la mujer se sumerge ritualmente –para purificarse–.

«He aquí que le otorgo Mi pacto de paz. Y será para él y su descendencia [...]».[1722] Es decir, Pinjas, a través de esa acción hizo dos cosas buenas: una, aplacó la ira de El Santo, Bendito Sea, de sobre los Hijos de Israel, resultando que trajo paz entre El Santo, Bendito Sea, y los Hijos de Israel. Y la segunda, celó el celo de El Santo, Bendito Sea. Y por eso, El Santo, Bendito Sea, le pagó por ambos. En correspondencia con traer paz entre Israel y el su Padre que está en los Cielos dijo: «He aquí que le otorgo Mi pacto de paz». Pues le dio el atributo del Pacto, que es el atributo de la Paz. Y en correspondencia con celar el celo de El Santo, Bendito Sea, dijo: «Y será para él y su descendencia después de él un pacto de sacerdocio perpetuo [...]». Para que sean justos como él. Y además, le aseguró que su descendencia existiría y no sería exterminada en todos los exterminios y exilios que habrá en el mundo. Y eso está indicado a modo de alusión en lo que dijo: «y su descendencia después de él un pacto de sacerdocio perpetuo». Es decir, su descendencia existirá por la perpetuidad. Y además, le aseguró que se levantarían siempre a partir de él sumos sacerdotes. Y así fue, pues en el primer Templo –Sagrado– había sumos sacerdotes de su simiente y así será también en el futuro venidero, en los días del Mesías, los sumos sacerdotes serán de su simiente. Y eso está aludido en lo que dijo: «pacto de sacerdocio perpetuo».

«Porque celó por su Dios». Es decir, se debe asignar un bien a Pinjas por esta acción que realizó, debido a que estaba aferrado al atributo de la bondad –*jesed*–. Pues él era sacerdote y la bondad –*jesed*– se denomina El –*alef–lamed*–. Y a esto se refiere lo que está dicho: «porque celó por su Dios».[1723] Es decir, por haber cambiado su atributo,

---

1721. Cuando la letra *mem* se escribe al final de la palabra, es totalmente cerrada. Y la letra *mem* de *betojam* tiene esas características.

1722. «He aquí que le otorgo Mi pacto de paz. Y será para él y su descendencia después de él un pacto de sacerdocio perpetuo, porque celó por su Dios y expió por los Hijos de Israel» (Números 25:12-13).

1723. En el texto original hebreo, por su Dios, estoy escrito a través de estas letras: *lamed, alef, lamed, he, iud, vav*.

ya que estaba aferrado a *alef–lamed,* que es el atributo de Jesed, y dejó ese atributo y tomó el atributo del celo por la palabra de El Santo, Bendito Sea. Y ésta es la razón por la cual ascendió de él: «Y será para él y su descendencia después de él un pacto de sacerdocio perpetuo». Porque él cambió su atributo –natural– por el celo en honor de El Santo, Bendito Sea, por eso es correcto que merezca –en retribución– en la misma medida con gran completitud. Y volvió y otorgó la razón por la cual comenzó con: «he aquí que le otorgo Mi pacto de paz». Y dijo que la razón del pago es porque con esa acción expió por los Hijos de Israel y trajo paz entre Israel y El Santo, Bendito Sea; por lo tanto, es correcto que su profesión y la profesión de su simiente sea traer la paz entre ellos a través del sacrificio que ofrecen. Y a esto se refiere lo que está escrito: «y expió por los Hijos de Israel».

Y debido a que es difícil de entender: ¿por qué dio tanto pago a Pinjas, y cuál es la novedad de que matara a un hombre y una mujer? Por eso dijo el nombre del hombre que fue herido –mortalmente– y el nombre de la mujer que fue herida –mortalmente–. Es decir, has de saber que ha hecho algo grande matando a ambos. Pues él era príncipe de la casa paterna de los shimonitas y debido a que llegó a toda la tribu vergüenza por su muerte, por eso se considera como si hubiera matado a toda la tribu. Y asimismo: «Y el nombre de la mujer madianita herida –mortalmente– […] gobernante de pueblos […] en Midián».[1724] Y debido a que así le es considerado a él, es como si hubiese matado a todo Midian, pues a través de ella, llegó vergüenza a todos por su muerte. Y debido a que se le considera como si hubiese matado a una tribu y a un pueblo a causa del celo de El Santo, Bendito Sea, he aquí que es un gran asunto, apropiado para aplacar la ira de El Santo, Bendito Sea. Y por lo tanto es correcto otorgarle un pago completo. Y ese es el misterio del asunto, y la paz sea contigo […].

1724. «Y el nombre de la mujer madianita herida –mortalmente– era Kozbi, hija de Tzur, que era gobernante de pueblos de casa paterna en Midián» (Números 25:15).

SECCIONES DE MATOT-MASAEI

Víspera del día séptimo, 28 de Tamuz

Fortalécete y sé esforzado [...]. Solamente apégate a mi Torá a mi temor y a mis Mishnaiot, y no apartes tu pensamiento de mi temor y de mi Torá ni un solo instante. Pues tú pronuncias la oración del Shemá dos veces, y tres, todos los días, y no recuerdas lo que está escrito en ella: «hablarás de ellas cuando estés sentado en tu casa [...]».[1725] Pues así debe ser, no apartar el pensamiento de las palabras de la Torá en ningún instante. Y si necesitaras beber vino como medicina para tu curación, no deberías haber bebido sino solamente el último vaso de la comida, y no aumentar de él, tal como has hecho. Por eso, cuídate de hoy en adelante. Hasta el día 10 de –el mes denominado– Av no bebas vino con excepción del último vaso después de la comida, exceptuando los Shabat. Y unifica todos tus pensamientos a mi temor y a mi Torá. Y a través de eso ejercerás dominio sobre –el ente maligno cuyo nombre comienza con las letras– *samej-mem*, y la Serpiente, que van en pos de ti, persiguiéndote, como está dicho: «Pisarás al león y a la víbora».[1726] Pues hay que observar cuidadosamente, ¿por qué se mencionó al león y a la víbora –*feten*– en un flanco, y al cachorro de león y a la serpiente –*tanin*– en otro flanco? He aquí que era preferible mencionar al león y al cachorro de león en un flanco, porque ambos son más elevados que –el nivel de– la tierra –en forma notoria–, y a la serpiente –*tanin*– y a la víbora –*feten*– en otro flanco, porque ambos son bajos –en relación con el nivel de la tierra–. Y además, ¿por qué respecto al león y a la víbora –*feten*–, se dijo: «pisarás», y respecto al cachorro de león y a la serpiente –*tanin*– se dijo: «pisotearás»? Y además, ¿por qué dijo: «Porque me ha deseado lo salvaré».[1727] Se entiende que incluso no hubiere sino deseo solamente

---

1725. Deuteronomio 6:7.

1726. «Pisarás al león y a la víbora –*feten*– pisotearás al cachorro de león y a la serpiente –*tanin*–» (Salmos 91:13).

1727. «Porque me ha deseado lo salvaré: lo fortaleceré porque ha conocido mi nombre» (Salmos 91:13).

lo salvará, ¿y por qué? He aquí que él debe realizar buenas acciones y no es suficiente con deseo únicamente. Y además, ¿qué significa: «lo fortaleceré –*asagvehu*–»? ¿Con quién tiene contienda que lo fortalecerá? Y además, ¿qué significa: «porque ha conocido mi nombre»? Se entiende que con conocimiento solamente es suficiente. ¿Y cuántos hay que saben y sus acciones no son aptas?

Pero el misterio del asunto es que cuando –el ente maligno– *samej, mem,* se fortifica mucho sobre la persona se denomina león, y cuando no se fortifica tanto se denomina cachorro de león. Y la serpiente, cuando se fortifica mucho sobre la persona se denomina –por el nombre del reptil denominado– *feten,* y cuando no se fortifica tanto se denomina –por el nombre del reptil denominado– *tanin,* que es más bajo.

Y ahora, se dijo en el versículo que si –el ente maligno cuyo nombre comienza con las letras– *samej–mem,* y la Serpiente se fortifican mucho sobre la persona, hasta que ellos se parecen al león y al –reptil denominado– *feten,* como hemos dicho, cuando se rectifica y vuelve en arrepentimiento los pisoteará. Pero no tendrás poder para pisotearlos sino a través de una rectificación con arrepentimiento poderoso. Y si –el ente maligno– *samej–mem,* y la Serpiente, no se fortificaron mucho sobre la persona, que entonces no se denomina sino cachorro de león y –reptil denominado– *tanin–,* he aquí que a través del arrepentimiento con que te arrepientas tendrás poder para pisotearlos y someterlos debajo de ti. Y eso se parece a lo que está escrito: «Si vuestros pecados fueren [...] serán como lana».[1728]

Asimismo,[1729] así dijo: si el arrepentimiento no fuere completo, he aquí que el lugar de –el ente maligno– *samej–mem,* y la Serpiente, se parecen al león y al –reptil denominado– *feten,* que son altos, y pisa sobre ellos y no los pisotea; y si el arrepentimiento fuere completo, he aquí que el lugar de –el ente maligno– *samej–mem,* y la Serpiente, se parecen al cachorro de león y al –reptil denominado– *tanin–,*

1728. «Si vuestros pecados fueren como carmesí, se emblanquecerán como la nieve, si enrojecieron como grana, serán como lana» (Isaías 1:18).

1729. Se presenta otra interpretación.

que son bajos, y él los pisotea, cuando vuelve en esa situación […].[1730] Pues con eso –el ente maligno– *samej–mem,* y la Serpiente, se quebrantan, ya que así se rectifica lo que se dañó.

«Porque me ha deseado […]».[1731] Ahora da la razón del león y el –reptil denominado– *feten,* a los que pisarás y no pisotearás: «Porque me ha deseado», solamente, pero no realizó un arrepentimiento completo. Y por eso lo salvaré, para que se salve de su pecado y pise sobre ellos, pero no los pisoteará.

«Lo fortaleceré –*asagvehu*–». Es decir, los pisoteará como aquel que realizó un arrepentimiento completo. Y a esto se refiere lo que está escrito: «porque ha conocido mi nombre». Pues se ocupa siempre del servicio de El Santo, Bendito Sea, como está indicado a modo de alusión en la cita que declara: «Y Adán conoció a Eva, su mujer».[1732] Y asimismo: «Y Elkana conoció a Jana […]».[1733]

Y dijo: «mi Nombre», y se refiere a la ocupación en la Torá, ya que toda la Torá son nombres de El Santo, Bendito Sea, y la misma es curación para todos los miembros y para todas las enfermedades del alma. Ya que así como es medicina para el cuerpo, así es medicina para el alma, tal como cada sustancia es especial para la curación de un miembro y es especial para una enfermedad. Y a veces se combinan tres sustancias y se realiza un preparado que sirve para curar un miembro o una enfermedad que no es posible curar con una sola sustancia, así ocurre con los preceptos de la Torá, que a veces se combinan dos o tres preceptos y se transforman en la medicina de un miembro o una enfermedad del alma existencial –*nefesh*–. Y así como *triake* es una combinación que cura a todos los miembros y enfermedades del cuerpo, así la Torá, cura todos los defectos malos del alma existencial, tal como está dicho: «Porque será medicina –*rifut*– para

---

1730. Y con esa mujer y en ese lugar, y no peca, tal como se dijo en el Talmud (tratado de Iomá 86b).

1731. «Porque me ha deseado lo salvaré: lo fortaleceré porque ha conocido mi nombre» (Salmos 91:13).

1732. Génesis 1:4.

1733. I Samuel 1:19.

tu cuerpo –*leshareja*–, y humectante –*shikui*– para tus huesos».[1734] Es decir, *leshareja*, se refiere a las entrañas, pues ya que son delicadas y flojas –*rafim*–, es necesario que la medicina que se les suministra para su curación no sea muy floja. Y con los huesos ocurre a la inversa, ya que son secos es necesario que la medicina que se les suministre humedad. Y ahora se dijo que la Torá contiene ambos –atributos–. *Rifut*, que no tiene tanta humedad, *leshareja*, se refiere a las entrañas, y *shikui*–, que tiene humectante, para tus huesos. Y a esto se refiere lo que está escrito: «porque ha conocido mi Nombre». Se refiere a lo concerniente a la ocupación en la Torá, que se fortalecerá sobre –el ente maligno– *samej, mem*, y la Serpiente, y no se asemejarán delante de él sino a cachorro de león y serpiente –*tanin*–. Y los pisoteará y los quebrantará.

En esta sección de la Torá se ha de preguntar: ¿por qué está dicho en la misma: «a los líderes de las tribus»?[1735] Y además, ¿qué significa «de los Hijos de Israel»? Es obvio que los líderes de las tribus eran de los Hijos de Israel y no de los hijos de Edom o Ismael. Y además, debido a que los sabios dijeron que las promesas son preferibles a los juramentos, pues es como si prometiera por la vida del Rey, si es así, al comienzo debería estar escrito juramento y después promesas, –en orden ascendente– de abajo hacia arriba. Y además, respecto a que se realizan promesas de cosas mundanas por el precepto, y no juramentos, se entiende que las promesas son preferibles. Y de otro lugar se entiende que los juramentos son preferibles, pues respecto al juramento esta escrito: «no será limpio»,[1736] y no está escrito acerca de las promesas. Y además, ¿por qué contó los desplazamientos de los Hijos de Israel? Y además, ¿qué significa: «sus salidas según sus desplazamientos [...] y éstas fueron sus salidas según sus

---

1734. Proverbios 3:8.

1735. «Y habló Moisés a los líderes de las tribus de los Hijos de Israel, diciendo: "Éste es el asunto que El Eterno ordenó: cuando un hombre hiciere una promesa –*neder*– a El Eterno o realizare un juramento –*shevuá*– imponiéndose una prohibición a sí mismo, no profanará su palabra; hará según todo lo que saliere de su boca» (Números 30:2-3).

1736. Éxodo 20:7.

desplazamientos»?¹⁷³⁷ Y además, ¿cuál es el vínculo de estas secciones de la Torá? Pues la sección previa se ocupa de los sacrificios, después de las promesas, y después de la guerra contra Midian, y después de las heredades.

Pero el misterio del asunto es que todo está orientado correctamente. Y lo que has dicho en esa disertación de la sección denominada Residió –*veieshev*–, respecto a lo que has dicho sobre Rabí Akiva:¹⁷³⁸ «Y de los hijos de Isajar –Isacar–, conocedores [...]»,¹⁷³⁹ y asimismo lo de Pinjas, que es Elías, habéis dicho correctamente; y también acerca de lo que habéis deducido cuidadosamente respecto a lo que dijeron para completar el decreto de: «El que robare a un hombre [...]»,¹⁷⁴⁰ es correcto. Pero aún han quedado por analizar cuidadosamente algunos puntos específicos. Pues debido a que ellos eran 10 ancianos que reencarnaron a causa de la venta de José, ¿por qué no está indicado en la Torá a modo de insinuación lo referente a su reencarnación, sino únicamente Rabí Akiva, como está dicho: «ciertamente te he obtenido –*sajor sejartija*–»,¹⁷⁴¹ –que en esas letras se alude el nombre de Isajar–*iesh sajar*, y no se aludió así lo de los demás?

Y además, ¿cómo es posible decir que reencarnaron por la venta de José? Se entiende que si no hubieran realizado la venta no hubieran reencarnado y he aquí que Rabi Akiva vino en un primer tiempo, en tiempo de los reyes, y está aludido tal como hemos dicho. Y además, debido a que Rubén no estaba en la venta de José, ¿por qué reencarnó? Y aunque Mahara"m Rakanti habló de eso, fue alrededor del Tabernáculo y no lo aprehendió como vosotros lo aprehenderéis.

Y además, ¿qué significa la bendición con la que lo bendijo Moisés: «Viva Rubén y no muera»?¹⁷⁴² Y además, ¿por qué habría de morir por

---

1737. «Y Moisés escribió sus salidas según sus desplazamientos conforme a la palabra de El Eterno; y éstas fueron sus salidas según sus desplazamientos» (Números 33:2).

1738. En lo que respecta al asunto de las reencarnaciones.

1739. I Crónicas 12:33.

1740. Éxodo 21:16.

1741. Génesis 30:16.

1742. Deuteronomio 33:6.

segunda vez cuando no estuvo en la venta de José. Y además, ¿por qué lo bendijo y no bendijo a su simiente como bendijo a las demás tribus?

Pero el misterio del asunto es que ciertamente las tribus se arrepintieron de ese pecado, pues eran justos íntegros. Ya que si no hubieran sido justos íntegros y no se hubiesen arrepentido del pecado de ellos, la Presencia Divina no se hubiera pasado sobre ellos, tal como dijo Jacob: «Juntaos y escuchad [...]».[1743] Y tampoco su cama hubiera estado completa. Pero el misterio del asunto es que ellos no se volvieron obligados a ser sancionados por la muerte de José, pues los sabios dedujeron: «Si fuere hallado».[1744] Se especifica puntualmente a aquel que se halla –presente–, por ejemplo, un maestro que roba a uno de sus alumnos. Y José, debido a que él se hallaba junto a ellos, no estaban obligados a morir por él. Y de todos modos, el pecado por el cual se volvieron obligados a morir por él, era porque estaba rectificado. Y además, pecaron porque extraños sometieron a José, que alude al Justo. Y El Santo, Bendito Sea, hizo que José, que alude al Justo, gobernara en Egipto. Pues si no hubiese sido así, los Hijos de Israel no hubiesen podido salir de Egipto, tal como se menciona en el libro Zohar. Por eso está dicho: «Y Moisés tomó los huesos de José».[1745] Para decir que por eso los Hijos de Israel salieron de Egipto, debido a que él ejercía dominio sobre ellos. Y esos misterios que hizo El Santo, Bendito Sea, en lo concerniente a que extraños ejercieran dominio en José, era la causa por la cual él ejerció dominio en Egipto, para que se pudiera levantar el exilio de Israel.

Y eso era correcto –*mitzad hadin*–, debido a que las tribus provocaron que ejercieran dominio en José extraños, para que también él ejerciera dominio sobre ellos. Y se cumplió en parte, debido a que los

---

1743. «Y llamó Jacob a sus hijos y dijo: "Reunios y os diré lo que os acontecerá al final de los días. Juntaos y escuchad, hijos de Jacob, y escuchad a Israel vuestro padre"» (Génesis 49:1-2).

1744. «Si fuere hallado un hombre robando un alma –una persona– de entre sus hermanos, los Hijos de Israel, y lo esclavizara y lo vendiera, el secuestrador habrá de morir, y eliminarás el mal de en medio de ti» (Deuteronomio 24:7).

1745. Éxodo 13:19.

egipcios estaban bajo su dominio, y de todos modos, debido a que no se sometió con ellos no fue rectificado lo que se dañó, y por eso querían que fuera sometido con ellos concretamente. Por eso dijeron: «Tal vez José nos aborrezca».[1746] Es decir: quien diere que nos aborreciera [...] para que lo sirviéramos como extraños, y así nos someterá y tendremos expiación. Y por eso dijeron: «Por favor, perdona la falta [...] y cayeron [...] para ti por siervos».[1747] Es decir, que sea como que los sometiera para que sean expiados los pecados de ellos, y él les respondió: «¿Acaso debajo de Dios [...]?». Es decir, aunque vosotros necesitáis que os someta, de todos modos no es apropiado para mí hacer eso, pues yo estoy en el grado de Justo, que está debajo de Dios.

Y Rabí Akiva se completó en las primeras Remisiones y vino en esta Remisión para completarse completamente después de reencarnar. Y por eso, la primera vez que vino en esta Remisión, se dijo acerca de él: «ciertamente te he obtenido –*sajor sejartija*–»,[1748] para decir que en la segunda reencarnación se completaba íntegramente. Y ciertamente vinieron personas y se interrumpió la palabra.

Víspera del día de Shabat, 5 de Menajem Av

He aquí que la voz de mi amado golpeaba en el interior de mi boca y decía: fortalécete y sé esforzado [...]. Aunque estos días son días de duelo, he aquí la aflicción y el duelo se situaron en un flanco. Ahora que yo vengo a alegrarme contigo aliviana las alas de ella:[1749] «Como la rosa entre [...] como manzano [...]».[1750] Tú debes cuidarte en tus acciones en extremo y cuidarte en la palabra completamente, con excepción de lo necesario para la necesidad existencial. Y siempre

---

1746. Génesis 50:15.

1747. Génesis 50:17-18.

1748. Génesis 30:16.

1749. *Véase* Ezequiel 1:24.

1750. «Como la rosa entre los espinos, así es mi compañera entre las doncellas. Como manzano entre los árboles del bosque, así es mi amado entre los hijos; bajo la sombra –de El Santo, Bendito Sea– me deleité y me senté, y su fruto fue dulce a mi paladar» (Cantar de los Cantares 2:2-3).

tus meditaciones y tus pensamientos no deben estar puestos sino en mi Torá sin ningún tipo de interrupción incluso por un solo instante. Sólo cuando estés en un lugar sucio, porque yo y todas mis legiones te esperamos fuera. Y ellos son los siete mundos que te he mencionado, y hay para cada uno de ellos numerosas legiones, y por eso di: «en tu entrada sean honrados [...]». Y has de saber que más de lo que nosotros nos separamos de ti en un lugar sucio, mucho más nos separamos de ti cuando apartas tu pensamiento de mi Torá y de mis Mishnaiot. Por eso cuídate de ahora en adelante de apartar tu pensamiento ni un solo instante.

Respecto al asunto que estaba abordando en el Sagrado Shabat, e interrumpió quien interrumpió, te daré a mi querido y de lo bueno no impediré de tu boca. Tú debes saber que las tribus sagradas se arrepintieron y rectificaron de sus pecados. Y aunque José no quiso someterlos, he aquí que ellos estaban entregados para ser sometidos por él y a través de eso se rectificó lo que dañaron. Pero debido a que no los sometió concretamente, aún no se rectificó el daño de ellos apropiadamente y era necesario que los sometieran extraños y soportaran esos castigos. Pero después de que soportaran el castigo de la muerte se invistió el espíritu de ellos en el cuerpo, parecido al cuerpo que está preparado para los justos en el Jardín del Edén. Y se sentaron en el trono del reinado –*maljut*–, y mataron a ese rey y a todos esos ministros y generales.

Y en la venta de José, lo principal del pecado dependía de Simón y Levi que lo acusaron. Y esos hermanos, aunque lo aborrecían, de todos modos no le hacían ninguna cosa mala. Y Iehuda no tenía demasiado –contra él– en su corazón. Y si hubieran aceptado su propuesta, les hubiera dicho que lo dejaran. Y Rubén, aunque se hallaba con integridad para salvarlo de ellos, de todos modos debería haber hablado con Iehuda y aconsejarse con él en el asunto para salvarlo. Y por eso era apropiado para todos ser castigados, y reencarnaron todos en esas 10 centellas de esa gota de simiente que salió de José. Y a esto se refiere lo que se dijo algunas veces en el Sagrado Zohar, que los 10 asesinados por el reino eran los 10 hijos de Jacob, y en ocasiones se dijo que eran hijos de José.

Y Rabí Akiva se purificó en la primera Remisión hasta el punto que no necesitaba reencarnar en esta Remisión, sino dos veces solamente. Y la segunda vez ascendió al lugar que ascendió, y así, pues, su alma fue emanada de –el lugar cósmico de la emanación– Jojmá. Y por eso, la primera vez vino al mundo sin intención, aparentemente, como está escrito: «y salió Lea […]».[1751] Se entiende que Jacob no tenía intención en el asunto. Y la razón era a causa de que las palabras de Jojmá son ocultas y no reveladas. Y ésta es la razón por la cual la segunda vez permaneció 40 años[1752] sin que se revelara su sabiduría –Jojmá–, y era iletrado. Y por esa razón en la primera vez está dicho acerca de él: «asno robusto».[1753] Y en la segunda vez dijo: «lo morderé como un asno».[1754] Porque el burro de nuestro patriarca Abraham, que es bondad –jesed–, está aferrado a Jojmá, que es su padre –de Jesed–.

Y lo que dijo la segunda vez: «quién me diera un sabio y lo morderé como un burro», viene a decir que estaba afligido porque no podía sacar la sabiduría –Jojmá– fuera. Y por eso decía que cuando se muerde a un ser vivo sale de él sangre y líquido, así, según la cantidad de sabiduría –Jojmá– que hay en él, hace fluir sabiduría –Jojmá– hacia fuera. Y los asuntos no estaban ocultos en su corazón. Y Moisés, aunque fue purificado en las primeras Remisiones, necesitó reencarnar en esta Remisión para completarse. Y aunque está escrito: «Y El Eterno se enojó conmigo por vosotros […]»,[1755] se entiende que no necesitaba volver a causa de él mismo.

Aún te daré a mi amado […]. Y la primera vez Moisés vino en Abel y fue castigado, porque lo mató Caín a causa de haber mirado. Y su alma había sido emanada de Biná, y por eso, cuando vio a Rabí Akiva, dijo ante El Santo, Bendito Sea: «¿Tienes un hombre como ese y

---

1751. Génesis 30:16.

1752. Como se narra en Avot de Rabi Natan, qué Rabí Akiva comenzó a estudiar a los 40 años.

1753. Génesis 49:14.

1754. Talmud, tratado de Pesajim 49b.

1755. «Y El Eterno se enojó conmigo por vosotros y no me escuchó; y me dijo El Eterno: "¡Suficiente para ti! ¡No sigas hablándome más de este asunto!"» (Deuteronomio 3:26).

entregas la Torá a través de mí?».[1756] Es decir, debido a que el alma de Rabí Akiva era de Jojmá, y la de Moisés de Biná, le dijo: «Calla, pues así ascendió al Pensamiento». Es decir, debido a que estaba –en un grado– muy oculto, porque su alma era de Jojmá, que se denomina Pensamiento, por eso no era apropiado para revelarse en el mundo, porque todas las palabras de Jojmá son ocultas. Pero tú, debido a que tu alma es de Biná, y de ella se nutren los mundos, y también tú, la Torá será entregada a través de ti y hablarás con profecía. Pero Rabí Akiva era sabio y no profeta. Pues el profeta habla en forma revelada y el sabio en forma oculta. Y aunque está escrito: «Y no se levantó profeta –como Moisés–»,[1757] profeta no se levantó, mas sabio se levantó. ¿Y quién es? Rabí Akiva.

Y si dijeras, he aquí que cuando nació Moisés está escrito: «Y vio en él que era bueno»,[1758] porque la casa se llenó de luz, porque casa se refiere a la casa de la Jojmá, que es Maljut, por eso: «lo ocultó durante tres meses».[1759] Se refiere a los «tres rebaños de ovejas echados junto a ella».[1760] «Y tomó para él un cestillo de juncos».[1761] El cestillo es la –emanación– Maljut. «Y lo untó con arcilla»,[1762] en contraposición con esos flancos que la rodean. Y con Rabí Akiva no hay ninguna de estas cosas.

Y tú debes saber que Moisés se completó la segunda vez, cuando vino en Shem y no necesitaba volver a reencarnar, y como está dicho: «Todo has puesto –shata– bajo sus pies».[1763] Es decir, Shet se apegó a –la letra– *he* suprema, que todas esas emanaciones están debajo de ella. Y no vino la tercera vez sino por Israel, como está escrito: «Y El Eterno se enojó conmigo por vosotros [...]». Y el misterio del asunto

---

1756. Talmud, tratado de Menajot 29b.
1757. Deuteronomio 34:10.
1758. Éxodo 2:2.
1759. Ibíd.
1760. Génesis 29:2.
1761. Éxodo 2:3.
1762. Ibíd.
1763. Salmos 8:7.

es que su cuerpo fue emanado concretamente de –el lugar cósmico de– la Presencia Divina. Y ese es el misterio del resplandor de la piel de su rostro, y el misterio de: «Y lo sepultó […]»,[1764] tal como te he enseñado, ya que su cuerpo fue emanado concretamente de ese lugar, allí volvió. Y ese es el misterio de lo que se dijo en el sagrado Zohar, que Moisés la contó en vida, y se apegó a ella en vida, mientras que Jacob se apegó después de morir. Y eso, porque su cuerpo fue emanado concretamente de ese lugar y se denomina: «hombre de Dios».[1765] Es decir, siendo hombre, que es su cuerpo, fue emanado de –el grado de– Dios.

Y la sección Pinjas se ocupa de los sacrificios –*korvanot*–, el acercado –*kirvat*– de las fuerzas, y se aproximó a eso: «Y habló […] a los líderes de las tribus de los Hijos de Israel».[1766] Es decir, apegó a Biná a las tribus mismas, y a los Hijos de Israel los apegó a las siete emanaciones de la Edificación. Y por eso abrió con: «cuando un hombre hiciere una Hijos de Israel promesa –*neder*–», que es el lugar de los líderes de las tribus, con los cuales comenzó, y finalizó con: «o realizare un juramento –*shevuá*–», que es el lugar de los Hijos de Israel. Y por eso escribió: «Éste es el asunto –*davar*–». Pues «Éste», se refiere a –la emanación– Iesod. Y «asunto –*davar*–» se refiere a –la emanación– Maljut. Y dijo que los unió como uno. Y también en los degollados ritualmente fuera, dijo: «Éste es el asunto –*davar*–», tal como hemos mencionado. Y así se quebrantará el poder de esos flancos aludidos en los degollados rituales exteriores –*shejutei jutz*–.

Y he aquí que las promesas son más graves que los juramentos, porque son por la vida del Rey y por eso recaen sobre un asunto de precepto. Pues las siete emanaciones de la Edificación son precepto de El Eterno. Y a esto se refiere lo que está escrito acerca del juramen-

---

1764. Deuteronomio 34:6.

1765. Deuteronomio 33:1 Y Dios alude a la Presencia Divina, Maljut.

1766. «Y habló Moisés a los líderes de las tribus de los Hijos de Israel, diciendo: "Éste es el asunto que El Eterno ordenó: cuando un hombre hiciere una promesa –*neder*– a El Eterno o realizare un juramento –*shevuá*– imponiéndose una prohibición a sí mismo, no profanará su palabra; hará según todo lo que saliere de su boca» (Números 33:2-3).

to: «no será limpio».[1767] Viene a decir que los –miembros– del Tribunal de lo bajo azotan y lo limpian. Pero la promesa no se termina de limpiar a través del Tribunal, y es imposible, porque debido a que la promesa es por la vida del Rey, no hay quien lo desprecie.

Y después de apegar a las tribus a Biná, y a los Hijos de Israel a las siete emanaciones la Edificación, escribió respecto a la guerra de Midian, pues a través del apego había poder para salir a esa guerra. Y después escribió lo concerniente al reparto del botín y se extendió mucho para saber cada parte y parte, aunque era un asunto claro; y en todos hay misterios profundos. Y los sacerdotes y los levitas, aunque ellos no tienen parte en la tierra, tomaron parte de este botín, porque son bienes muebles. Y después escribió los desplazamientos. Los mismos corresponden con los 40 juicios que descienden al alma existencial –*nefesh*– cuando viene de ese mundo a este mundo. Y en correspondencia con ellos los 40 días de la formación del feto. Y en correspondencia con ellos, cuando se va de este mundo, hay 3 –días– de llanto, 7 de panegírico, y 30 para el cortado del cabello, cuya asociación de todos es 40. Y aunque 3 y 7 están incluidos en los 30, de todos modos ascienden a la cuenta de 40. Y asimismo, los 40 desplazamientos que realizaron los Hijos de Israel, eran –en orden ascendente– de abajo hacia arriba, y en correspondencia con ellos hubo 40 años.

Y en el versículo se menciona la razón por la cual Moisés escribió esos desplazamientos, para que se sepan «sus salidas [...]». Es decir, los desplazamientos del alma existencial cuando sale de ese mundo para venir a este mundo, o sea, de arriba hacia abajo. Por eso dijo: «sus salidas según sus desplazamientos». Antes bien, hay desplazamientos que escribió de abajo hacia arriba. Y a esto se refiere lo que dijo: «sus salidas según sus desplazamientos». Y aunque hay dos desplazamientos adicionales,[1768] de todos modos, esos dos son muy profundos y ahora no es tiempo de revelarlos.

Y después escribió el reparto de la Tierra de Israel y la heredad de las hijas de Tzelofjad, porque el misterio de las heredades es un

---

1767. Éxodo 20:7.
1768. Pues en total se mencionan 42 desplazamientos.

misterio muy profundo, y con más razón la heredad de la tierra de Israel. Pues no en vano dijeron: no te asocies en el traspaso de la heredad.[1769] Pues según el sentido llano, es una ley que no hay para el juez sino lo que sus ojos ven. Y debido a que este es malo y este es bueno, es mejor hacer merecedor al bueno que al malo. Pero ciertamente este misterio de las heredades del padre –que deja– al hijo es un misterio muy profundo.[1770]

Y aunque es aceptado por nosotros que los de esa generación del desierto eran del flanco del Jubileo,[1771] y nosotros decimos que las apegó con las 7 emanaciones de la Edificación, el misterio del asunto es que ascendieron a las 7 emanaciones de la Edificación y se aferraron al flanco de Biná, que estaba próximo a ellos. Y también es preciso lo que está escrito, que son del flanco del Jubileo, porque la traducción –al arameo– de extremo –*katze*– es flanco –*tzad*–. Pero Moisés ascendió al portal quincuagésimo de Biná y se apegó al flanco de Jojmá, próximo al Jubileo.

Y dado que El Santo, Bendito Sea, ordenó a Moisés que apegara a las tribus a Biná, que es la vida del Rey, cuando los bendijo solicitó apegarlos allí y comenzó por Rubén que era el primogénito, y lo apegó allí. Y automáticamente se apegaron las demás tribus. Comenzó y dijo: «Viva Rubén [...]». Y lo que dijo que no moriría una segunda muerte, no viene a decir que no reencarnaría, sino que esa muerte será oculta, similar a la muerte mencionada en relación con los reyes que reinaron en la tierra de Edom.[1772]

Y la primera muerte es el mundo supremo que es Biná. Y la segunda muerte es el mundo inferior que es Maljut. Y así dijo: «Viva Rubén».[1773] Es decir, apéguese a Biná, que es la vida del Rey, y no se apegue a Maljut, que es el lugar de la segunda muerte. Y debido a que es posible decir: ya que se apegó a un lugar supremo, no transmiti-

---

1769. *Véase* Talmud, tratado de Ketuvot 53a.
1770. Y acerca de eso se dijo: no te asocies en el traspaso de la heredad.
1771. Asociado al misterio de Bina.
1772. Génesis 36:31.
1773. Deuteronomio 33:6.

rá abundancia de bendición a sus hijos, por eso dijo: «sean incluidos en el número».[1774] Es decir, aunque se apegue a Biná, Maljut enviará abundancia de bendiciones a sus hijos, y que sea el número de ellos como la arena del mar aludida en Maljut.

Y de modo semejante dijo acerca de Naftali: «saciado de voluntad [...]».[1775] Es decir, aunque es «saciado de Voluntad», que es un lugar muy supremo, de todos modos reparara en sus hijos para enviarles bendiciones de la bendición de El Eterno, que es –la bendición de– Maljut. Y por eso dijo: «Y esto –*zot*–[1776] para Iehuda».[1777] Es decir, incluso que apegó a Rubén al lugar de la Vida del Rey, y todas las tribus van tras él, de todos modos, Iehuda está aferrado también a Zot,[1778] para librar las guerras de El Eterno. Y ciertamente la paz sea contigo.

LIBRO DE DEUTERONOMIO –DEVARIM–
SECCIÓN DE DEVARIM

Víspera del día séptimo, 12 de Menajem Av

Dormí y no me levanté hasta que –amaneció y– el sol se encontraba sobre –el nivel de– la tierra. Y comencé a pronunciar Mishnaiot, y he aquí que la voz de mi amado golpeaba en el interior de mi boca y decía: «Fortalécete y sé esforzado; no temas [...]».[1779] Aunque era propicio abandonarte, no lo haré y de lo bueno no impediré de ti. ¿Acaso te parece bien lo que has hecho, dormir sueño de perezoso sin levantarte hasta que saliera el sol –y se veía– sobre la tierra? Porque: «La puerta gira –*tisob*– sobre su quicio [...]».[1780] Es decir, cuando

---

1774. Deuteronomio 33:6.
1775. Deuteronomio 33:23.
1776. Se refiere a Maljut.
1777. Deuteronomio 33:7.
1778. Maljut.
1779. Josué 1:9.
1780. «La puerta gira –*tisob*– sobre su quicio, y el perezoso sobre su cama» (Proverbios 26:14).

el movimiento de la puerta no se realiza en el momento necesario, para abrir o cerrar, sino que abre y cierra varias veces seguidas, a modo de mofa, a eso se denomina *tisob*, de la expresión *sibub*. Y en el versículo se dijo que tal como el asunto del giro –*sibub*– de la puerta de ese modo no ayuda ni sirve, así es con el perezoso que gira sobre su cama, está acostado sobre su cama sin ninguna utilidad en absoluto. Y se dijo: «su cama», porque El Santo, Bendito Sea, no tiene parte con ella.

«Dice el perezoso [...]».[1781] El perezoso que no quiere ocuparse de las palabras de la Torá argumenta y dice: «el león –*shajal*–», que es –el ente maligno cuyo nombre comienza con las letras– *samej–mem*, se encuentra «en el camino», que es «el camino de un hombre –que va– con una doncella»,[1782] para combatir con todo el que quiere entrar por ese camino. Y como tiene mucha fuerza, finalmente asesinará.[1783] Por eso, es mejor que haga su voluntad y no contienda con él.

«Está en las calles [...]». Quiere decir que cuando sale a las calles de la ciudad y encuentra personas que se burlan y difaman, dice: si no hablaré como ellos hablan se burlarán de mí, y por poco asesinaré, por eso es mejor para mí unirme a ellos.

Y respecto a esta sección de la Torá debe preguntarse: ¿por qué necesitó repetir la Torá en este libro? Y si dijeras que fue por temor de que tal vez la olvidaran, les debería haber preguntado para verificar si la sabían. Y además, ¿por qué repitió una parte y una parte no repitió? Y además, ¿por qué comenzó con reproches y a esos reproches –los dijo– a modo de mera insinuación, y eran pecados graves; y a esos que no eran tan graves, como el de los exploradores, se extendió mucho en ellos? Y además, ¿por qué especificó cuidadosamente:

1781. «Dice el perezoso: "el león –*shajal*– se encuentra en el camino, el león –*ari*– está en las calles"» (Proverbios 26:13).

1782. Proverbios 30:19.

1783. A esto se refiere lo que está escrito: «Dice el perezoso: "el león –*ari*– está fuera, en medio de las calles me asesinará"» (Proverbios 26:13).

«Y aconteció a los cuarenta años [...]».[1784] ¿Y por qué no escribió este libro antes de eso y esperó hasta el comienzo del último mes? ¿Y por qué era necesario que fuese específicamente en ese tiempo? ¿Y por qué era necesario que escribiera: «Después de herir [...]».[1785]

Pero el misterio del asunto es que en este libro se necesitaba indicar a modo de alusión a la Matronita. Pues los primeros cuatro libros –del Pentateuco– corresponden con las cuatro letras del Tetragrama, y este libro corresponde con la Matronita inferior. Por eso están incluidos en él preceptos de los primeros cuatro libros. A esto se refiere lo que dijeron nuestros sabios, de bendita memoria: y Moisés los dijo de su propia boca.[1786]

Y la razón por la cual algunos preceptos fueron escritos en este libro y algunos no fueron escritos, para explicar este asunto se deben conocer los caminos y los senderos de la Matronita. Y para conocerlos es necesario realizar unificación en tres o cuatro días de las personas. Y en la Tierra sagrada, allí te daré a mi querido, y aprehenderás el misterio del asunto. Y a partir de eso se sabrá por qué fueron escritos los Diez Mandamientos –*diverot*–. Y asimismo sabréis qué significa –lo que se enseñó–: «Recuerda y Guarda fueron dichos en una pronunciación –*divur*–».[1787] –Y a esto se refiere lo que está escrito:– «Una vez habló –*diver*– Dios».[1788] Pues ciertamente aquí se encuentra el misterio de la unificación.

Y debido a que en este libro se alude a la Matronita inferior, fue escrito en él el versículo –que manifiesta–: «Oye Israel [...]»,[1789] para señalar el misterio de la unificación. Y lo que no fue escrito en los

---

1784. «Y aconteció a los cuarenta años, en el undécimo mes, el primero del mes, que Moisés habló a los Hijos de Israel, conforme a todo lo que El Eterno le ordenó acerca de ellos» (Deuteronomio 1:3).

1785. «Después de herir –mortalmente– a Sijón, rey de los amorreos, que moraba en Jeshvón, y a Og, rey de Bashan, que moraba en Ashtarot, en Edrei» (Deuteronomio 1:4).

1786. Talmud, tratado de Meguila 31b.

1787. Talmud, tratado de Rosh Hashana 27a.

1788. «Una vez habló Dios; éstos dos he oído» (Salmos 62:12).

1789. Deuteronomio 6:4.

primeros libros se vincula con el misterio del rollo de la Torá que no tiene puntuación –vocales escritas–, para indicar que todas las fuerzas de él son de la Matronita, como una mujer que está embarazada de un varón.

Y –debe observarse– la razón por la cual –la declaración–: «Bendito el Nombre de la Gloria de su Reino por siempre jamás», no fue mencionada en este libro ni en los primeros libros; aunque se entendería que era apropiado escribirla en la Torá, debido a que Jacob la dijo, y con más razón que la diría Moisés, que estaba en el mundo de la Matronita y la mereció en vida, lo que no fue así con Jacob, que la mereció después de su muerte. Pero el misterio del asunto es que debido a que éste es un misterio de la Matronita inferior, es un misterio muy profundo y hay que ocultarlo mucho. Y por eso, en todos los libros de los cabalistas no se mencionaron sino 10 emanaciones. Y este misterio de la Matronita inferior, no hay quien lo revele, para que las personas no se confundan, tal como se confundió Elisha, Ajer.

Y si en la Torá misma se lo ocultó y no fue escrito el versículo: «Bendito el Nombre de la Gloria de su Reino por siempre jamás», con más razón que los sabios lo habrían de ocultar. Pero todos se levantaron en –lo referente a la confirmación de– la verdad del asunto. Y todo lo que escribieron acerca de Maljut sin especificar se refiere a la Matronita inferior.

Y en el Día del Perdón, que alude al tiempo venidero, que en él habrá unificación completa, por eso se lo pronuncia en voz alta.[1790] Y debido a la gran ocultación del asunto, incluso Jacob no lo dijo sino en el momento de su fallecimiento, porque quería unirse con ella en ese momento, lo cual no mereció en vida.

Y debido a que Moisés quiso decir a Israel las palabras de este libro que alude a la Matronita inferior, les anticipó reproches para indicarles a modo de alusión ese flanco, y las palabras se asentaron en los corazones de ellos. Pues así como la Torá incluye preceptos activos y preceptos pasivos; preceptos activos para ascender a los grados de la santidad, y preceptos pasivos para separar de los grados del Otro

---

1790. Al versículo: «Bendito el Nombre de la Gloria de su Reino por siempre jamás».

Lado, así también necesitaron los reproches, para separar el flanco de la impureza; y así hizo Moisés. Y en cuanto a los pecados severos, que ciertamente se arrepintieron de ellos, no se extendieron en ellos; y los pecados de los cuales aún no se arrepintieron, se extendieron en ellos.

«Después de herir –mortalmente–».[1791] Es decir, después de quebrar el poder de ese Otro Lado escribió este libro que alude a la Matronita inferior. Y en el final del libro dijo: «Oíd, Cielos [...]»,[1792] que son las diez emanaciones supremas. Y por eso escribió: «y hablaré –adavera–». Porque en ellas estaba aludida una pronunciación –divur–. «Y escucha Tierra», que es la Matronita inferior. Y a esto se refiere lo que está escrito: «las pronunciaciones –imrei– de mi boca», pues ella es la pronunciación de El Eterno, la boca de El Eterno.

«Gotee mi enseñanza como la lluvia».[1793] Se alude a las diez emanaciones supremas. «Fluya como el rocío». Alude a la Matronita inferior. Porque de la abundancia que desciende de las diez emanaciones supremas ella está –provista– con mucha abundancia. Se parece a las gotas de lluvia que son densas, y el mundo no lo puede soportar, y cuando viene la Matronita inferior, ella las toma y divide, repartiendo a cada uno y uno lo que necesita. Y desciende como el rocío, que no es tan denso y el mundo lo puede soportar. Y a esto se refiere lo que dijo: «como gotas de precipitaciones –*seirim*– sobre la hierba». Es decir, la Matronita inferior reparte a cada uno según su –capacidad y– fuerza. Pues a la hierba, que es –delicada y– fina, le descienden gotas finas como la cebada –*seorot*–, y por eso se denominan: *seirim*. Y a la vegetación que es más –voluminosa y– grande, desciende como viento lluvioso. Y a esto se refiere el misterio de lo que dijeron nuestros sabios, de bendita memoria: desde los cuernos de los grandes animales hasta los huevos de los piojos.[1794] Es decir, a los grandes animales dio

---

1791. Deuteronomio 1:4.

1792. «Oíd, Cielos, y hablaré; y escucha Tierra, las pronunciaciones de mi boca» (Deuteronomio 32:1).

1793. «Gotee mi enseñanza como la lluvia, fluya como el rocío mi dicho; como viento lluvioso sobre la vegetación, y como gotas de precipitaciones sobre la hierba» (Deuteronomio 32:2).

1794. Talmud, tratado de Shabat 107b.

según la fuerza de ellos, a los pequeños, según la fuerza de ellos. Y a esto se refiere lo que está escrito: «Abres Tu mano».[1795] Pues ella es la mano de El Eterno, como está dicho: «Estuvo sobre mí la mano de El Eterno».[1796] Y dijo: «y sacias a todo ser viviente a voluntad». Pues dio a cada uno y uno según lo que puede soportar.

«Porque el Nombre de El Eterno proclamaré».[1797] Es decir, el nombre de El Eterno es la Matronita inferior, como está dicho: «Éste es mi nombre para siempre»,[1798] que está dicho acerca de ella, porque ella está a cargo de la conducción de los mundos. «Y éste es mi Recuerdo»,[1799] está dicho acerca de las diez emanaciones supremas, que son el mundo del –flanco cósmico– masculino. «De generación en generación». Es decir, para transmitir influencia en la generación –dor– que es Maljut inferior, como está dicho: «*dar y sojaret*».[1800] Y con el pecado de Adán, el primer hombre, se dio lugar a la Generación –dor– del Otro Lado para unirse con la Generación –dor– del flanco de la santidad. Pues el flanco de la santidad se denomina Generación. Porque todo lo que El Santo, Bendito Sea, creó, creó en correspondencia –en el otro flanco–. Y a esto se refiere lo que está escrito: «Ella te dará cardos y hierbas amargas –*dardar*–».[1801] Pues se unió *dar* con *dar*, como hemos dicho.

Y ahora dijo: «Porque el Nombre de El Eterno», que es la Matronita inferior, «proclamaré –*ekrá*–».[1802] Es decir, la vincularé con las diez emanaciones supremas. Porque *ekrá* es un término que indica vínculo y convocación, como está dicho: «Y llamó –*vaikrá*– a Moisés».[1803]

1795. «Abres Tu mano y sacias a todo ser viviente a voluntad» (Salmos 145:16).

1796. Ezequiel 37:1.

1797. «Porque el Nombre de El Eterno proclamaré, aprestaos a engrandecer a nuestro Dios» (Deuteronomio 32:3).

1798. Éxodo 3:15.

1799. Ibíd.

1800. Ester 1:6.

1801. Génesis 3:18.

1802. Esta expresión significa también llamar y convocar, y asimismo significa vincular.

1803. Levítico 1:1.

«Aprestaos a engrandecer a nuestro Dios». Atraed la abundancia de –la emanación denominada– Guedula a nuestro Dios que es la Matronita, que allí se encuentran las Ciudades de nuestro Dios.

Y después escribió –la sección–: «Y ésta –*zot*– es la bendición», que alude a la Matronita inferior, que es la bendición de Abraham, Isaac y Jacob. Y todo lo que escribió mi –hombre– selecto, Yosef Guiktalia, acerca del atributo de Maljut, se refiere a Maljut inferior. Pues sabía muy bien el asunto, pero lo ocultó. Y ciertamente la paz sea contigo.

SECCIÓN DE VAETJANÁN

Víspera del día de Shabat –denominado– Najamú, 11 del mes de Av.

El Eterno está contigo [...]. Respecto a los misterios de El Santo, Bendito Sea, ¿por qué has de preguntar? Y si supieras cuánto bien tenías, hubieses bendecido: «Bendito El Juez verdadero –*Baruj daian haemet*–»[1804] con mucha alegría, tal como has bendecido por él: «que me has hecho vivir –*shehejeianu*–».[1805] Y esa vez te rectificaste con gran arrepentimiento, y con más razón ahora.

Y he aquí que te revelaré misterios profundos de esta sagrada sección de la Torá. Y he aquí que hay que observar cuidadosamente que dijo: «E imploré –*vaetjanán*–»,[1806] diciendo que comenzó con –un lenguaje de– agraciado –*tejina*–, que es la Congregación de Israel.[1807] Y la unió con el Nombre de El Eterno, el Tetragrama, que es:

1804. La bendición que se recita por la muerte de un familiar cercano, como un hijo.

1805. La bendición que se recitan por un asunto que despierta alegría.

1806. «E imploré –*vaetjanán*– en ese momento a El Eterno diciendo: El Señor, Dios, Tú has comenzado a mostrar a tu siervo tu grandeza y tu mano poderosa, pues, ¿qué dios hay en los Cielos o en la Tierra que haga como tus hechos y tus acciones de poder?» (Deuteronomio 3:23-24).

1807. Maljut.

«A[1808] El Eterno».[1809] «En ese momento –*et*–». *Et,* es la Congregación de Israel. «Diciendo». Para enseñar a los moradores del mundo los modos de la plegaria.

«El Señor,[1810] Dios».[1811] Vinculó a la Congregación de Israel[1812] con Biná. «Tú». Todas las emanaciones, y habla a Tiferet. «Has comenzado». El comienzo, que es la Congregación de Israel. Y la unió con: «tu grandeza y tu mano poderosa», y con: «que –*asher*–», o sea, los Patriarcas, y la Congregación de Israel.

«Pasaré por favor y veré la buena Tierra [...]».[1813] Es decir, aunque vio varias tierras y varios reinados, y ésta es una tierra de montañas y colinas, por eso dijo que aunque es montaña, es: «buena». «Y el Líbano –*lebanon*–», se refiere al Templo Sagrado. Y el misterio del asunto es que quiso pasar por la Tierra y a través de eso ascendería al Líbano –*lebanon*–, que es lo blanco –*loben*– supremo, o sea, –la emanación– Keter suprema.

«Y El Eterno se enojó conmigo por vosotros».[1814] Es decir, El Santo, Bendito Sea, no quiso que ascendiera a lo blanco –*loben*– supremo, sino que ascendiera a Biná. Porque si ascendiera a lo blanco –*loben*– supremo, no tendría regreso a este mundo. Y –los Hijos de– Israel necesitaban que volviera a este mundo para que rezara por el mundo cuando estuviera afligido. Y asimismo, en el tiempo de la destrucción del Templo Sagrado vino para consolar a Israel. «Por vosotros». Para vuestro provecho y para vuestro bien. Y así en el tiempo de la resu-

---

1808. En el texto original hebreo esta expresión está escrita a través de las letras: *alef, lamed,* qué es un nombre de Dios.

1809. El Tetragrama.

1810. Tal como se indica en la expresión: «El Señor», que se escribe con las letras hebreas: *alef–dalet–nun–yud,* y es el Nombre con que se lee el Tetragrama.

1811. En el texto original hebreo el Tetragrama está vocalizado aquí con las vocales del Nombre E"lohim, aludiéndose así a la emanación Bina.

1812. Maljut.

1813. «Pasaré por favor y veré la buena Tierra que está del otro lado del Jordán, el buen Monte este y el Líbano» (Deuteronomio 3:25).

1814. «Y El Eterno se enojó conmigo por vosotros y no me escuchó; y me dijo El Eterno: "¡Suficiente para ti! ¡No sigas hablándome más de este asunto!"» (Deuteronomio 3:26).

rrección de los muertos, estará con Israel. Y a esto se refiere lo que está escrito: «se enojó –*vaitaver*–». Es decir, permaneció en Biná como un feto –*uvar*– en el vientre, que en el futuro habría de salir al mundo. Y si hubiese ascendido a lo blanco supremo, no tendría regreso a este mundo jamás.

«Y me dijo El Eterno: "¡Suficiente para ti!». Es mucho mejor para ti ascender ahora a Biná, y tendrás regreso a este mundo, que es un gran mérito. «Asciende al extremo de la cima [...] y contempla [...]».[1815] Porque a través de eso ascenderás a Biná apropiadamente. Y después, al final de los días, ascenderás a lo blanco supremo. Y la paz sea contigo.

Víspera del día de Shabat, 16 del mes Menajem Av.

Fortalécete [...]. Apégate únicamente a mí siempre, y a mis Mishnaiot, como tú haces. Y no vuelvas a apartar tu pensamiento ni un solo instante. Pues por haber pensado siempre en estos días en mis Mishaniot, tu corazón y tus miembros son campamento de la Presencia Divina y El Santo, Bendito Sea, te alaba todos los días, siempre. Pues a través de ese apego merecerás apegarte a los grados supremos, como está dicho: «Yo os he conjurado, hijas de Jerusalén [...]».[1816] Pues es el dicho de la Congregación de Israel a sus Palacios. «si –*im*– [...] y si –*veim*– [...]». Se refiere al apego de la Madre –*em*– inferior, con *vav*, que es Tiferet, y con la Madre –*em*– suprema. «Despertéis», se refiere al despertar de la Congregación de Israel para apegarse a Tiferet. «Y haréis despertar», es un despertar duplicado, para apegarla con la Madre –*em*– suprema. «A –*et*–». Es sabido que se refiere a la Congregación de Israel. «El amor –*hahava*». Hay una –letra– *he* sabida –al comienzo de esta palabra–, que es –el ente cósmico vinculado

---

1815. «Asciende al extremo de la cima y alza tus ojos hacia el oeste, hacia el norte, hacia el sur y hacia el este, y contempla con tus ojos, porque no atravesarás este Jordán» (Deuteronomio 3:27).

1816. «Yo os he conjurado, hijas de Jerusalén por los ciervos y por las gacelas del campo si –*im*– despertéis y si –*veim*– haréis despertar a –*et*– el amor, hasta que lo desee» (Cantar de los Cantares 2:7).

con el misterio de la letra– *he* suprema. «Amor», o sea, Jesed. Es decir, para apegar a la Congregación de Israel con la Madre suprema y con Jesed. «Hasta», es un misterio supremo, según el misterio de: «Hasta los confines de las colinas del mundo».[1817] «Que lo desee –*shetejpatz*–». La –letra– *shin* alude a Biná. *Tejpatz,* también alude allí, y también a la Madre inferior, que es Tierra deseada –*jefetz*–.

«Por los ciervos y por las gacelas del campo». A esto se refiere el misterio de lo que está escrito: «Que cazare una presa, un animal silvestre –*jaiá*– o un ave [...] y la cubrirá –*kisahu*– [...]».[1818] Pues el animal silvestre –*jaiá*– alude a Iesod, y el ave alude a Tiferet. Y debido a que ellos están ocultos en la Madre suprema y la inferior, la cubrirá –*kisahu*– con polvo –de tierra–. –Se alude a– dos Polvos– de tierra. Pues las Madres –cósmicas– se denominan Polvo –de tierra– según el misterio de: «pues tú eres polvo y al polvo volverás».[1819] «Por los ciervos y por las gacelas del campo». Se refiere –a modo de alusión– a la abundancia que desciende de *alef*[1820] a *vav.*[1821] «El campo –*hasadé*–», es sabido que se refiere al misterio del Campo de Manzanos. Y la letra *he* de *hasadé* alude a la Madre suprema.

Y a esto se refiere lo que está escrito: «Vuélvete –*sov*– querido mío y sé semejante al ciervo –o al cervatillo–».[1822] Pues –*sov*– es una expresión de girar –*sivuv*–. Es decir, cuando la abundancia se proyecta de lo Alto, las personas hacen generosidad con ella. Y asimismo, cuando la abundancia surge de Jojmá, las personas se ocupan de la Torá. Y ese mérito asciende a lo Alto y se nutren de él los de lo Alto y los de lo bajo. Y a través de él se proyecta más abundancia, y el mérito vuelve, asciende y se proyecta abundancia. Y así siempre, y no cesa jamás, como el río que se proyecta y no cesa –de fluir–. Y a esto se

---

1817. Génesis 49:26.

1818. «Cualquier hombre de los Hijos de Israel y del prosélito que morare en medio de ellos, que cazare una presa, un animal silvestre o un ave que se pudieren comer, derramará su sangre y la cubrirá con polvo –de tierra–» (Levítico 17:13).

1819. Génesis 3:19.

1820. Jojma.

1821. Tiferet.

1822. (Cantar de los Cantares 2:17).

refiere lo que está escrito: «Vuélvete –*sov*–», que no cese jamás. «Y sé semejante –*deme leja*–». Se refiere al misterio de la Congregación de Israel que es Semejanza de la Gloria de El Eterno. Y asciende a ella de *leja*, pues –la letra– *lamed* es –la letra vinculada con– el misterio de la –emanación denominada– Torre que vuela por el aire. «Al ciervo», se refiere a Iesod. «O»,[1823] se refiere al vínculo de *alef* con *vav*. «Al cervatillo –*leofer*–». La letra *lamed*,[1824] es la –emanación denominada– Torre que vuela por el aire. «Cervatillo –*ofer*–», es Biná.

Tú debes saber que El Santo, Bendito Sea, y todos los miembros de la Academia Suprema preguntan por ti. Fieles profetas, sabios *tanaitas* y *amoraitas, jajamim, savoraim, gueonim, paskanim*,[1825] todos te bendicen cuando tú te ocupas de sus palabras y las orientas. ¡Cuántos mundos se estremecen por la voz agradable de esas bendiciones! Preguntan y dicen: ¿qué es eso? Responden y dicen: ése es el líder de la Academia de la Tierra de Israel, el gran legislador de la Tierra de Israel, el gran compilador de la Tierra de Israel. José, apellidado Karo, cuyo honor desea el Rey de reyes–*ikaro*–. Todos responden y dicen: bendito sea el amo del mundo. Y he aquí que ellos me han enviado para revelarte un secreto oculto de esta sagrada sección de la Torá: ¿por qué nuestro maestro Moisés, que la paz esté con él, insistía tanto en entrar en la Tierra de Israel? ¿Acaso le faltaban méritos? Y además, ¿por qué no fue aceptada su plegaria? He aquí que numerosos hombres que no eran aptos merecieron entrar en la Tierra de Israel. Y además, ¿qué significa lo que dijo: «Pasaré por favor y veré»?[1826] Debería haber dicho: «Y entraré en la Tierra». Y además, ¿por qué El Eterno cerró su boca y le dijo: «No sigas hablándome más [...]»?[1827] Y además,

---

1823. Este expresión en el texto original hebreo esté escrita a través de una letra *alef* y una letra *vav*.

1824. Que se encuentra al comienzo de la palabra.

1825. Son denominaciones de los sabios que existieron desde la época de la Mishna en adelante. Cada denominación corresponde a una época diferente.

1826. Deuteronomio 3:25.

1827. Deuteronomio 3:26.

¿qué significa: «Asciende al extremo de la cima [...] y contempla»?[1828] ¿Qué le aportaría el contemplar?

Pero el misterio del asunto es que –al declarar–: «E imploré –*vaetjanán*–»,[1829] unió a *vav*, que es Tiferet, con *tejina*, que es Maljut. «A –*el*–»,[1830] unió a *alef*, suprema con *lamed*, que es la –emanación denominada– Torre que vuela por el aire. «En ese momento –*baet*–». Pues hay momentos para bien y momentos para mal tal como se menciona en el libro del Eclesiastés. Y dijo: «en ese momento –*baet*–», que es bueno, concéntrate en la plegaria. «Diciendo –*leemor*–», para unir a *lamed*, que está asociada con el misterio de la –emanación denominada– Torre que vuela por el aire, con la pronunciación –*amirá*– (*emor*), que alude a Maljut. «El Señor, Dios, Tú has comenzado [...]». Hay aquí muchos misterios indicados a modo de insinuación. «Pasaré por favor y veré». Moisés quiso pasar el río Jordán para entrar en la Tierra de Israel porque su alma provenía del Jubileo; y si hubiese merecido entrar en la Tierra de Israel, su alma hubiera ascendido a lo Alto, por encima del Jubileo. Y a esto se refiere el misterio de lo que está escrito: «por favor –*na*–».[1831] Ascenderé por encima de los 50 pórticos de Biná según el misterio de la –emanación vinculada con el secreto de la letra– *alef*. «Y veré». Pues allí es el mundo de la visión. Y dijo: «Pasaré [...] el Jordán», para indicar a modo de alusión que quiso pasar por sobre –el grado vinculado con el misterio de– la –emanación denominada– Biná. Y a esto se refiere el misterio de lo que está escrito: «el buen Monte», que es –la emanación– Iesod. «Este y el Líbano», se refiere a Keter suprema, que está sobre la –emanación– Biná. Y El Santo, Bendito Sea, no quiso que el alma de Moisés ascendiera por sobre la –emanación– Biná, porque entonces no tendría vínculo con este mundo. Y para que Israel tuviera existencia en el exilio era necesario

---

1828. Deuteronomio 3:27.

1829. «E imploré –*vaetjanán*– a –*el*– El Eterno en ese momento –*baet*– diciendo» (Deuteronomio 3:23).

1830. Esta expresión está escrita mediante la letra *alef* y la letra *lamed*.

1831. Esta expresión escrita con una letra *nun*, cuyo valor numérico es 50, y una letra *alef*, cuyo valor numérico es 1.

que Moisés tuviera un poco de vínculo con este mundo. Y también, para que hiciera merecedores a los –Hijos– de Israel en los días del Mesías como los hizo merecedores en este mundo. Y a esto se refiere lo que dijo: «Y El Eterno se enojó –*vaitaver*– conmigo por vosotros». El sentido de la expresión *vaitaver* es como *tesharesh*,[1832] como: «Quitad la ceniza –*vedashnu*– del Altar».[1833] Y así dijo: El Santo, Bendito Sea, no me dejó pasar a causa de vosotros, tal como hemos dicho.

«Asciende al extremo de la cima». Viene a decir: es suficiente para ti ascender por encima de la cima de Biná, que se denomina: «Extremo de la cima». «Y alza tus ojos [...]», al lugar denominado Ojos que está en lo Alto, en el extremo –superior– del portal quincuagésimo, próximo a Jojmá. Y a esto se refiere lo que está escrito: «Y contempla con tus ojos»,[1834] porque «allí –*shama*– no pasarás –*taavor*–».[1835] Es decir, la Congregación de Israel se denomina *Sham*, y Biná *Shama*, que es la unión de la expresión *Sham* con *he* suprema. Y a esto se refiere lo que le dijo: «allí –*shama*– no pasarás –*taavor*–». Es decir, al lugar de Allí –*shama*–, –la emanación– Biná, no pasarás allí, sólo apega tu alma al extremo del Jubileo, tal como hemos dicho.

He aquí un misterio oculto y recóndito. Por eso, cuídate de apartar tu corazón en absoluto de mi Torá, de mi temor y de mis Mishnaiot. Y ocúpate de la ciencia de la cábala dos y tres veces en la semana y te abriré en ella entradas para entender lo que no entendió ningún hombre desde hace varios años hasta hoy. Y ciertamente la paz sea contigo.

1832. Significa extirpar; arrancar de raíz (Job 31:12, Rashi, Metzudat David, Metzudat Tzion).

1833. Números 4:13.

1834. Deuteronomio 3:27.

1835. Deuteronomio 34:8.

SECCIÓN DE EKEV

En esta sección –de la Torá se declara: «Y será –*veaiá*– cuando».[1836] Es decir, *veaiá* es el Tetragrama invertido.[1837] Y está invertido para decir que *vav*, que es Tiferet, estará cerca de nosotros. Y por eso *vav* está a la cabeza, antes de *he* y *iud*. Antes de *he* para indicar a modo de alusión que Jojmá está oculta e incluida en Biná. Y Biná es más revelada que Jojmá. Y por eso está escrita –la letra– *he* después de *iud*. Y dijo: «cuando –*ekev*– oyereis». Es decir, a *Ekev*, que es la Congregación de Israel, la uniréis con el lugar aludido en la audición, que es Biná. Y además, «oyereis –*tishmeun*–», es una expresión de unión, como está dicho: «*Vaishmá* Saúl [...]».[1838] Y dijo: cuando a *Ekev*, que es la Congregación de Israel, la uniereis con todos los juicios –*mishpatim*–, que son los 12 límites transversales, «entonces guardará», se refiere a la Congregación de Israel, según el misterio de «Recuerda» y «Guarda», «El Eterno, tu Dios, para ti [...]».

Y he aquí que hay que observar cuidadosamente que dijo: «Bendito serás entre todos los pueblos [...]».[1839] ¿Por qué fue necesario decir: «entre todos los pueblos»? Y además, ¿qué es esa bendición con que bendijo: «no habrá en ti hombre estéril ni mujer estéril»? Pues la mayoría del mundo no son hombres estériles y mujeres estériles, ¿y cuál es la novedad? Y asimismo respecto a lo que dijo: «y en tus animales». Y además, en lo que dijo: «Y bendecirá el fruto de tu vientre [...] las crías de tus vacas [...]»,[1840] ¿por qué necesitó volver a ben-

---

1836. «Y será cuando oyereis estos juicios y los guardareis y realizareis, entonces guardará El Eterno, tu Dios, para ti el pacto y la bondad que juró a tus padres» (Deuteronomio 7:12).

1837. La expresión *veaia* está escrita con las mismas letras que el Tetragrama, pero en forma invertida. Pues la expresión *veaia* está escrita con las letras: *vav, he, iud, he*.

1838. I Samuel 15:4.

1839. «Bendito serás entre todos los pueblos; no habrá en ti hombre estéril ni mujer estéril, y en tus animales» (Deuteronomio 7:14).

1840. «Y te amará, y te bendecirá y te multiplicará, y bendecirá el fruto de tu vientre y el fruto de tu tierra, tu cereal, tu vino y tu aceite, las crías de tus vacas y los rebaños de tus ovejas y cabras en la tierra que juró a tus padres te daría» (Deuteronomio 7:13).

decirlos por segunda vez? Y además, ¿por qué está escrito: «no las pondrá»,[1841] por segunda vez? Y además, ¿por qué mencionó una expresión de quitado: «Y El Eterno quitará de ti [...]»? Se entiende que estaban en él y les necesitaba quitar. Y después escribió: «no las pondrá sobre ti», pareciendo que no estaban en él. Y además, ¿por qué está escrito: «y las dará a todos tus enemigos»? Y no dijo un lenguaje de poner o quitar, como dijo al comienzo. Y además está escrito: «No digas [...] por mi justicia».[1842] He aquí, debido a que una de las dos cosas que decían era verdad, pues también él dijo: «por la maldad de estas naciones [...]»,[1843] no debería decir: «y por la maldad [...]».[1844] Y además, ¿por qué en la sección Deuteronomio –Devarim–, abrevió lo concerniente al pecado del Becerro –de oro–, y aquí se extendió mucho? Y además, ¿qué significa: «Y caí de bruces –vaitnapel–»?[1845] Se entiende que los primeros 40 días eran a causa del pecado y eso ciertamente no fue sino para recibir las Tablas. Y si es así, ¿por qué dijo: «como la primera vez»? Y además, ¿qué significa lo que dijo: «pan no comí [...]»? Se entiende que sufría por la comida y la bebida.

Pero el misterio del asunto es: «Bendito serás». Es decir, no digas que no necesitas a las naciones, pues las naciones son semejantes a las cáscaras del fruto y si no hay cáscaras el fruto no se mantiene. Y por eso dijo serás «bendito –baruj–». Todas las naciones te rodearán como la corteza al árbol. Y a esto se refiere lo que está escrito: «de en-

---

1841. «Y El Eterno quitará de ti toda enfermedad; y todas las malas dolencias de Egipto que conocisteis; no las pondrá sobre ti, y las dará a todos tus enemigos» (Deuteronomio 7:15).

1842. «Cuando El Eterno, tu Dios, los aparte de ti, no digas en tu corazón, diciendo: "por mi justicia El Eterno me ha traído a poseer esta tierra, y por la maldad de estas naciones El Eterno las arroja de delante de ti"» (Deuteronomio 9:4).

1843. «No por tu justicia ni la rectitud de tu corazón tú vienes a poseer la tierra de ellas, sino que por la maldad de estas naciones El Eterno, tu Dios, las arroja de delante de ti, y para afirmar la palabra que El Eterno juró a tus antepasados, a Abraham, a Isaac y a Jacob» (Deuteronomio 9:5).

1844. Deuteronomio 9:4.

1845. «Y caí de bruces –vaitnapel– ante El Eterno como la primera vez, cuarenta días y cuarenta noches, pan no comí, y agua no bebí, por todos vuestros pecados que cometisteis, haciendo lo malo ante los ojos de El Eterno, haciéndolo enojar» (Deuteronomio 9:18).

tre todos los pueblos».[1846] Y cuando fueres íntegro, todos los mundos estarán completos con integridad. Y a esto se refiere lo que está escrito: «no habrá en ti hombre estéril ni mujer estéril». Es decir, tanto en el que transmite influencia como en el que recibe, no habrá en ellos impedimento para proyectar la abundancia de todas las emanaciones. «Y en tus animales». Se refiere a esos flancos, no habrá en ellos impedimento de abundancia, pues todos los mundos estarán con completitud.

«Y El Eterno quitará de ti [...]». Es decir, quitará las cortezas del flanco de la santidad, que se esfuerzan en apegarse a ella y por eso corresponde en esto la expresión quitar. Y debido a que las quitará de lo Alto, por consiguiente no las pondrá sobre ti. Y debido a que quitará las cortezas del flanco de la santidad, los flagelos que vienen de las cortezas serán quitados y dados a tu enemigo. Y por eso dijo: «No digas [...] por mi justicia [...]».[1847] Es decir, cuando veas que El Santo, Bendito Sea, ordenó sobre los siete pueblos: «No dejes con vida toda [...]»,[1848] no digas que la razón por la que El Santo, Bendito Sea, ordenó exterminar las cáscaras a causa de que la fruta está íntegra y no hay necesidad de cáscaras, se debe a tu justicia. Y a esto se refiere lo que está dicho: «No digas [...]», y sabe que es por mi mérito y por mi integridad, pues: «por la maldad [...]». Es decir, ordenó exterminarlos, y que eso ciertamente es por la integridad del fruto y no hay necesidad de las cáscaras, no digas así, pues ciertamente: «No por tu justicia [...]» de la completitud, como tú piensas, a través de que ascenderás con tu mérito a la Congregación de Israel con Tiferet, pues tu corazón, que es la Congregación de Israel, que se denomina Corazón, cuando asciende a Tiferet, asciende por camino recto. Y si es así, que mi mérito no está completo, ¿por qué El Santo, Bendito Sea, ordenó exterminar a las naciones? Eso fue porque eran malvadas.

1846. Deuteronomio 7:6.
1847. Deuteronomio 9:4.
1848. Deuteronomio 20:16.

Y la razón por la cual en la sección Devarim abrevió el asunto del pecado del Becerro –de oro– y aquí se extendió en él, fue porque allí quiso reprocharles por los pecados que cometieron, por eso abrevió lo concerniente a ese gran pecado, porque no es ético reprochar a la gente un pecado grande que cometió. Pero en esta sección se lo dijo para que no lo olvidaran y recordaran lo que hicieron. Y además, en la sección Devarim habló con personas que tenían 20 años de edad, o estaban próximos –a esa edad–, en el tiempo de la fabricación del Becerro, los cuales ciertamente suspiraron de ese pecado, y ahora habló con aquellos que eran merecedores y no probaron la amargura, por eso se extendió en él para que se cuidaran del mismo.

Y dijo: «Y caí de bruces –*vaitnapel*–»,[1849] es decir, observad cuánto mal habéis provocado con ese pecado. Pues la vez que ascendí para recibir las primeras tablas estuve 40 días y 40 noches […], que corresponden con –el periodo de– la formación del feto, y he aquí que aprehendí en ellos por encima de los ángeles celestiales, y después de que pecasteis, debilitasteis mi poder y perdí todo ese nivel. Pues cuando solicité orar por vosotros, para que mi plegaria ascendiera a lo Alto necesité quedarme otros 40 días, y no comí pan –resultando– como si fuera que no me quedé los primeros 40 días. Y a esto se refiere lo que está escrito: «como la primera vez». Es decir, volví como la primera vez. Y ciertamente la paz sea contigo […].

Víspera del día de Shabat, 23 de Menajem Av.

El Eterno está contigo […]. Solamente apégate a mí y a me Torá […]. Y he aquí que me han enviado para preguntar por ti. Y he aquí que en esta sagrada sección de la Torá hay que observar cuidadosamente, ¿qué significa: «cuando –*ekev*– oyereis»? ¿Qué correspondencia hay en el asunto de *ekev*[1850] con el asunto de la audición?

Pero el misterio del asunto es que *ekev* es el misterio de las cosas que se hacen por el flanco del materialismo, como Jacob –Yakov–, que

---

1849. Deuteronomio 9:18.
1850. Significa literalmente talón.

es –un hombre del plano– inferior; así el flanco del materialismo, es inferior. Y dijo que al flanco inferior lo hagan ascender para que llegue al grado de la audición, que es la –emanación– Jojmá. «Entonces guardará El Eterno, tu Dios, para ti». He aquí que el lugar del guardado es sabido. «El pacto y la bondad». Es –un misterio– sabido. Y dijo que os lo transmitirá del lugar del cuidado, que es Maljut.

Y he aquí que el misterio de la carne del deseo[1851] es que cuando los –Hijos– de Israel están completos con integridad, no comen carne, tal como se menciona en el libro Zohar. Y Moisés se afligió por eso cuando los –Hijos– de Israel solicitaron carne. Y si nuestro Moisés, que la paz esté con él, hubiera entrado con ellos a la Tierra de Israel, no hubieran comido carne. Y en los días de Moisés comieron maná, que es del Cielo. Y 30 días después de su muerte aún comieron maná. Pues todos los 30 días su alma –*nefesh*– estaba apegada a Israel, y debido a ese apego descendía para ellos maná. Y después de 30 días ascendió a lo Alto, a lo Alto y el maná se interrumpió completamente. Y en el versículo se dijo: «Cuando El Eterno, tu Dios, ensanchare tu territorio». Para que tu apego esté en el lugar del ensanchado, que es Biná. Y aún así dices: «¡Comería carne!», por tu alma existencial –*nefesh*– que desea, «sacrificarás ritualmente de tus vacunos»,[1852] que alude a Guevurá, «y de tus ovinos», que alude a Tiferet.

Me advirtió mucho escribir todo lo que se me decía y estudiar dos o tres veces en la semana la ciencia de la cábala y se me abrirían grandes puertas. Además, otras veces me advirtió estudiar la ciencia de la cábala por lo menos una vez por semana dos horas o más, y se me abrirían grandes puertas.

1851. «Cuando El Eterno, tu Dios, ensanchare tu territorio como Él te ha dicho, y dijeres: "¡Comería carne!"; pues tendrás deseos de comer carne, podrás comer carne conforme a tu deseo» (Deuteronomio 12:20).

1852. «Si el lugar que ha de elegir El Eterno, tu Dios, para poner Su Nombre allí estuviere lejos de ti, sacrificarás ritualmente de tus vacunos y de tus ovinos que te ha dado El Eterno, tal como te he ordenado, y comerás en tus ciudades, según tu deseo» (Deuteronomio 12:21).

Víspera del día de Shabat, 11 de Elul.

El Eterno está contigo [...]. Apégate únicamente a mí, a mi temor y a mis Mishnaiot. No apartes tu pensamiento ni un solo instante. Y detesta los placeres del mundo. Y cuídate de tener placer del alimento y la bebida, sólo como te he enseñado. Y después de haber merecido estar tanto en ayuno, es apropiado para ti deleitarte con la santidad y la pureza. Y cuando comas, con cada bocado y bocado piensa en palabras de Torá y así el alimento será sagrado, semejante al sacrificio. Y a esto se refiere lo que está dicho: «que no sólo por el pan vivirá el hombre».[1853] Es decir, cuando el hombre come solamente pan, sin palabras de Torá, no se sustentará y vivirá con eso. Pero has de saber con qué vivirá el hombre y se sustentará: «por todo lo que surge de la boca de El Eterno». Es decir, cuando en el momento de la comida piense en palabras de Torá, que es lo que surge de la boca de El Eterno: «vivirá el hombre». Entonces el hombre vivirá y se sustentará con lo poco que come. Pues el alimento se bendecirá en sus entrañas por sus pensamientos en palabras de la Torá. Y cuídate de comportarte con las personas con serenidad, y no te enojes por ninguna causa del mundo; tampoco por el celo de El Eterno no ejerza dominio en ti el enojo, pues esta es una gran regla.

SECCIÓN DE REE

Víspera del día de Shabat, 27 de Menajem Av, año '300, en el tiempo de la plaga.

1853. «Y te afligió y te hizo estar con hambre, y te alimentó con el maná que no conocías tú ni conocían tus padres, para hacerte saber que no sólo por el pan vivirá el hombre, sino por todo lo que surge de la boca de El Eterno vivirá el hombre» (Deuteronomio 8:3).

El Eterno está contigo [...]. He aquí que hay que observar cuidadosamente qué significa: «Observa, Yo [...]».[1854]

¿Qué significa la expresión de visión que mencionó? Y además, ¿qué significa lo que dijo: «otorgo»? Pues en lo que respecta a las palabras no corresponde la expresión: «ante ellos». Y además, ¿qué significa lo que dijo: «hoy»? Pero el misterio del asunto es que así como hay miembros en el cuerpo hay miembros en las almas. Y aunque la misma es espiritual, a través de la vestimenta en la que se inviste se ven en ella miembros como en el cuerpo.

Y las bendiciones y las maldiciones que descienden de lo Alto para actuar en este mundo son concretas y son vistas por aquellos que tienen un alma –*nefesh*– pura. Y nuestro maestro Moisés, que la paz esté con él, les mostró las bendiciones y las maldiciones concretamente descendiendo de lo Alto en forma concreta. Y por eso les dijo que observaran: «Observad con los ojos del alma y veréis algo sorprendente». Pues «hoy», mientras estáis apegados a cuerpos: «Yo otorgo ante vosotros la bendición y la maldición». Un otorgamiento en el cual hay algo concreto. Y corresponde mencionar acerca de ello la expresión «otorgar» y la expresión «ante ellos». Y debido a que no era posible ver eso sino por parte de algunas personas selectas, cuya alma estaba limpia en extremo, por eso les dijo: «Observa», en lenguaje singular. Es decir, los que verán esto son únicos. Los de todo el pueblo, con excepción de esos únicos, no aprehendieron la profundidad del asunto, y pensaron que lo que dijo «observa», era para decir que repararan en sus palabras. Y dijo: «Yo», que alude a la Congregación de Israel, que es lo concreto que hay en las bendiciones y en las maldiciones, pues viene de la Congregación de Israel que conduce al mundo. Y la paz sea contigo.

Víspera del día de Shabat, 28 de Elul, año '309

El Eterno está contigo [...]. Sólo apégate a mi temor y a mis Mishnaiot, y no apartes tu pensamiento ni un solo instante. Y cuídate de

---

1854. «Observa, Yo otorgo ante vosotros hoy la bendición y la maldición» (Deuteronomio 11:26).

los pensamientos que introducen en tu corazón el Mal Instinto, y la Serpiente, y –el ente maligno– *samej–mem*. Quémalos con la paja –*kash*– del recitado del Shemá –*k"sh*–.[1855] Y unifica tu corazón en la plegaria y anula todos los pensamientos que van en pos de ti, persiguiéndote, pues ellos te desean, mas tú ejercerás dominio sobre ellos. Y unifica siempre todos tus pensamientos en mí y te irá bien. Y sé puntilloso con la conducta de tu alimentación. Y tu pensamiento esté apegado a mí como has hecho estas dos semanas. Pero debes apegar más tu pensamiento a mí. Y anula todas esas cavilaciones completamente y no tendrás ninguna cavilación, sino en mis Mishaniot y en mi temor.

Y he aquí que es apropiado para ti observar la multiplicidad de bondades y misericordias de El Santo, Bendito Sea. Pues se había decretado sobre ti la muerte antes de los 40 –años–, y El Santo, Bendito Sea, te adelantó sufrimiento para que te arrepintieras y rectificaras ante Él. Y envió ante ti varios modos de rectificación para que te completaras tú mismo. Y por ese arrepentimiento con que has vuelto ante Él prolongó tus días más de 40 –años–. Y después abandonaste tu camino y diste mucho lugar a esos flancos con la comida, con la bebida y los pensamientos. Y ahora que estás en los días de tu ancianidad, El Santo, Bendito Sea, te volvió a despertar y has comenzado a volver. Por eso, cuídate de no interrumpir en absoluto y de disminuir en los placeres y deleites tal como te he enseñado. Y unifica tu corazón siempre a mi servicio, para no pensar en ninguna cosa en absoluto sino en mi temor y en mis Mishnaiot. Y en el momento de la plegaria, unifica todos tus pensamientos hacia mí, sin ningún otro tipo de cavilación. «Y no te abandonaré hasta hacer lo que te he hablado»,[1856] para tu necesidad completaré todo. Por eso, fortifícate mucho en mi temor.

Y he aquí que en el final de la sección hay que observar cuidadosamente: ¿por qué se advirtió varias veces acerca de la sangre? Y

1855. Las letras *kuf* y *shin* son las iniciales de *kiriat* Shemá, que significa: el recitado del Shemá. Y son las mismas letras de la palabra *kash*, que significa paja.

1856. Génesis 28:15.

aunque los exegetas hablaron de eso y tú también, te revelaré un misterio supremo, y es que los cuatro líquidos aluden a: Jesed, Temor –Guevurá–, Tiferet y Maljut. El –líquido– blanco, a Jesed, y el rojo[1857] al Temor –Guevurá–, y el negro a Maljut, y rojo[1858] a Tiferet. Pues así como la sangre es lo principal del cuerpo así también Tiferet. Y aunque Tiferet es misericordia, su abundancia se parece a la señal roja, porque la Remisión es Remisión de Guevurá. Y además, en la sangre hay una mezcla de los demás líquidos, que son los fluidos que hay en ella. Y ella incluye todos los líquidos y es el ente que mantiene a todo el cuerpo. Y así es la abundancia de la –emanación– Tiferet. Y la sangre en el animal alude a la sangre de ese otro flanco que corresponde con Tiferet. Pues todo lo que El Santo, Bendito Sea, creó, o creó en correspondencia –en el flanco opuesto–. Y debido a que si comiera sangre se fortalecería en él el espíritu de impureza, por eso advirtió tantas veces respecto a ella.

Y además, hay que observar cuidadosamente, ¿por qué dijo: «Observa, yo otorgo ante vosotros hoy la bendición y la maldición». Pues pareciera que Moisés otorgaba esta bendición y no se la otorgó sino Josué en el monte Guerizim y en el monte Eibal.[1859] Pero el misterio del asunto es que debido a que Moisés ordenó respecto a ella, se considera como si él mismo la hubiera hecho. Y a esto se refiere lo que dijo: «yo otorgo ante vosotros hoy». Es decir, era para él como si Yo concretamente hoy bendijera esta bendición y estas maldiciones. Y cuando respondieron a través de Moisés tenían una gran completitud. Y la paz sea contigo.

(Me parece a mí que a esto se refiere lo que se dijo en el versículo de Josué respecto a las bendiciones y las maldiciones del monte Guerizim y el monte Eibal: «cuando Moisés, siervo de El Eterno, ordenó bendecir primeramente al pueblo de Israel»).[1860]

1857. En el texto arameo está escrito *maka aduma*, que literalmente significa golpe rojo. Aunque es posible que se refiere a *mara aduma*, que es una emanación roja.

1858. En el texto arameo está escrito *aduma*, que significa literalmente rojo y es posible que tiene relación con la tonalidad denominada *iarok*.

1859. *Véase* Josué cap. VIII.

1860. Josué 8:33.

Víspera del día de Shabat, 27 de Menajem Av.

«Porque con alegría saldréis y con paz volveréis [...]».[1861] He aquí hay que observar cuidadosamente ¿por qué mencionó dos lenguajes, uno de alegría y uno de paz? Y además, en uno mencionó saldréis y en el segundo mencionó volveréis. Y además, «Porque El Eterno va delante de vosotros [...]».[1862] ¿Por qué necesitó dos razones; una: «Porque El Eterno va delante de vosotros», y la segunda: «y os escolta el Dios de Israel»? Pero la explicación del versículo es que es común en el mundo que cuando un hombre se separa de sus parientes, todos lloren debido a que se preocupan porque tal vez no vuelvan a ver a uno de sus parientes. Pero con la venida del Mesías, cuando los Hijos de Israel asciendan de sus tierras, no llorarán, sino que ascenderán con alegría, porque no se separarán de sus parientes, sino que todos los habitantes de la ciudad ascenderán como uno. Y también ellos esperan unirse con los parientes que tienen en otros lugares y por eso ascenderán con alegría. Y también, cuando las personas van por el camino temen porque tal vez no volverán en paz. Y ahora dijo que: «con paz volveréis». Y dio la razón respecto a lo que surge de ello y así dijo: sabe por qué «con paz volveréis», es «porque El Eterno va delante de vosotros». Y volvió y dio la razón por qué: «con alegría saldréis», porque «os escolta el Dios de Israel». Es decir, El Santo, Bendito Sea, quiso hacer entrar a todos, resultando, pues que no os separéis de vuestros parientes. Por el contrario, estaréis con vuestros parientes que tenéis en otra nación.

Y he aquí que en esta sección de la Torá hay que observar cuidadosamente, ¿por qué dijo: «Observa, Yo otorgo [...]. La bendición, por

---

1861. Isaías 55:12.
1862. «Porque El Eterno va delante de vosotros, y os escolta el Dios de Israel» (Isaías 52:12).

obedecer [...]».[1863] Pues he aquí que varias veces advirtió arriba cerca de esto, ¿y por qué necesitó ahora volver a advertirles? Y además, ¿qué significa la expresión: «Observa»? Y además, ¿qué significa: «Otorgarás la bendición»,[1864] y no está escrito explícitamente quiénes han de bendecir. Y además, ¿por qué les dio tantas señales: «¿Acaso ellos no estaban del otro lado del Jordán [...]?».[1865] Pero el misterio del asunto es que así como en el tiempo en que los Hijos de Israel recibieron la Torá en el Monte Sinaí todos los del pueblo veían las voces, lo cual el ojo no puede ver, así también El Santo, Bendito Sea, quiso que en el cruce del Jordán recibieran la Torá de ese mismo modo concretamente. Y a esto se refiere lo que está dicho: «¿Acaso ellos no están del otro lado del Jordán?». Es decir, debido a que vosotros cruzáis el Jordán, Yo quiero que recibáis la Torá del mismo modo que la recibisteis en el Monte Sinaí, donde habéis visto concretamente las voces. Y así en el otro lado del Jordán, veréis las bendiciones y las maldiciones concretamente, con el ojo, como está dicho: «Observa, Yo otorgo [...] la bendición y la maldición». Es decir, observad concretamente con vuestros ojos que descienden bendiciones y maldiciones. Y a esto se refiere lo que está dicho: «otorgarás la bendición». Es decir, veréis descender una bendición concreta sobre el monte Guerizim en el momento en que los que bendicen bendijeren. Y asimismo veréis descender con vuestros ojos maldición concreta sobre el monte Eibal en el momento en que los que maldicen maldijeren. Y la paz sea contigo.

1863. «Observa, Yo otorgo ante vosotros hoy la bendición y la maldición. La bendición, por obedecer los preceptos de El Eterno, vuestro Dios, que Yo os ordeno hoy. Y la maldición, si no obedeciereis los preceptos de El Eterno, vuestro Dios, y os desviareis del camino que Yo os ordeno hoy, para ir tras otros dioses, que no habéis conocido» (Deuteronomio 11:26-28).

1864. «Y ocurrirá que cuando te traiga El Eterno, tu Dios, a la Tierra a la que vas allí para heredarla, otorgarás la bendición en el monte Guerizim y en el monte Eibal» (Deuteronomio 11:29).

1865. «¿Acaso ellos no están del otro lado del Jordán, detrás del camino de la puesta del Sol, en la tierra del cananeo, que mora en la planicie, frente a Guilgal, junto a las llanuras de Moré?» (Deuteronomio 11:30).

SECCIÓN DE SHOFTIM

Víspera del día de Shabat, 2 de Elul.

Fortalécete y sé esforzado [...]. «No desviarás el juicio [...]».[1866] Porque a aquel a quien le llega juicio es como si le llegara el camino de lo bajo, que se denomina Juicio. «No harás acepciones de personas –*takir panim*–». Porque es como si hiciera acepciones de personas –*makir panim*– con la Presencia Divina, que se denomina Rostro –*penei*– de El Eterno, y como si la tomara sola,[1867] y se le considera como Cortar las Plantaciones. «Y no tomarás soborno». Aquel que toma soborno es como aquel que toma una emanación para sí mismo y la unifica para tomar la abundancia de su compañera y transmitírsela a ella. «Pues el soborno ciega los ojos de los sabios». Pues el juez considera que juzga juicio de verdad, porque el soborno desvía el corazón para hacerle pensar que su juicio es verdadero. «Y pervierte las palabras de los justos». Es decir, las palabras de ese que es justo en su juicio serán vistas en los ojos del juez como desviadas, porque el soborno que tomó del segundo –hombre, o sea, el litigante– le provoca sentir así.

«Justicia, justicia perseguirás».[1868] A modo de gracia es posible explicar que dijo dos justicias acerca de Maljut. Y así dijo: persigue la justicia, que es Maljut, o apártala de tu pensamiento para cuidarte de tomarla sola, para no ser de los que Cortan –las Plantaciones–, Dios libre. Y según la verdad, así dijo: a la Justicia inferior y a la Justicia suprema, persigue, para apegarlas y unirlas, «y heredes la Tierra», en correspondencia con la Justicia, que es la Tierra Deseada –*jefetz*–.

Y la generalidad del vínculo de la sección viene a advertir a Israel de que su conducta no sea como la de las demás naciones en absoluto. Y comenzó con: «Pondrás jueces y alguaciles en todas tus

---

1866. «No desviarás el juicio, no harás acepciones de personas, y no tomarás soborno, pues el soborno ciega los ojos de los sabios y pervierte las palabras de los justos» (Deuteronomio 16:19).

1867. Sin la emanación Tiferet.

1868. «Justicia, justicia perseguirás, para que vivas y heredes la Tierra que El Eterno, tu Dios, te otorga» (Deuteronomio 16:20).

ciudades».[1869] Es decir, los jueces de las naciones viven en una ciudad, y allí vienen de varios lugares para el juicio y a través de eso aumentan el pago para sus asistentes y escribas. Y en Israel no es así, sino que en cada ciudad y ciudad residen jueces, como está escrito: «Pondrás jueces y alguaciles en todas tus ciudades». Es decir, en cada ciudad: «juzgarán al pueblo con juicio justo», para no torcer el juicio para beneficio de sus escribas y asistentes. Y después está escrito: «No plantarás para ti *ashera* [...]».[1870] Es decir, en el tiempo de la permisión de los altares móviles podía ascender a tu mente la idea de levantar un monumento, tal como hallamos respecto a Jacob,[1871] que la paz esté con él, y por eso advirtió que los de Israel no hagan así, porque así es la costumbre de los pueblos idólatras, como está escrito: «que [...]», tal como explicó Rashi, y para enseñar que se habla de los altares móviles en el tiempo de la permisión de los altares móviles, y en relación con eso dijo: «No plantarás para ti *ashera*»; y dijo: «junto al Altar [...] que harás para ti».

Y debido a que vemos que en algunos lugares El Santo, Bendito Sea, ordenó dar lugar al juicio, como: «No pondrás bozal al toro en su trillado»,[1872] podría ascender a tu pensamiento causar un defecto al toro ofrendado para fortificar el juicio, por eso advirtió: «No sacrificarás [...] toro o cordero que hubiere en él defecto».[1873] Y debido a que en algunos lugares El Santo, Bendito Sea, ordenó mezclar el juicio con la misericordia, para incluirlos como uno, podría ascender a tu pensamiento causar un defecto al cordero, porque la ofrenda de un cordero alude a la misericordia y el defecto al juicio, por eso advirtió: «No sacrificarás para El Eterno, tu Dios, toro o cordero que hubiere

---

1869. «Pondrás jueces y alguaciles en todas tus ciudades que El Eterno, tu Dios, te da para tus tribus; y juzgarán al pueblo con juicio justo» (Deuteronomio 16:18).

1870. «No plantarás para ti *ashera*, ningún árbol junto al Altar de El Eterno, tu Dios, que harás para ti» (Deuteronomio 16:21).

1871. *Véase* Génesis 35:14.

1872. Deuteronomio 25:4.

1873. «No sacrificarás para El Eterno, tu Dios, toro o cordero que hubiere en él defecto, toda cosa mala, porque es abominación para El Eterno, tu Dios» (Deuteronomio 17:1).

en él defecto». Pues no has de hacer sino tal como ordenó El Santo, Bendito Sea, sin incremento ni disminución. Pues si actúas según tu pensamiento, comparando asunto con asunto, vendrás a realizar culto idólatra. Por eso aproximó a eso: «Si se hallare en medio de ti [...] un hombre [...] y fuere a servir a otros dioses [...]».[1874]

Y a causa de que con el aumento de los jueces aumentarán las discusiones, resultando la Torá como mil *torot,* por eso escribió: «Cuando algún asunto de un juicio te fuere oculto [...]. Y harás conforme a la palabra que te dijeren, desde ese lugar».[1875]

Y después dijo: «Cuando vengas a la Tierra [...] y digas: "pondré sobre mí un rey [...]"».[1876] Es decir, si ascendiera a tu mente decir: «pondré sobre mí un rey, como todos los pueblos de mi rededor», no será así, pues incluso pusieras sobre ti rey, no será semejante a los pueblos idólatras, pues los pueblos idólatras designan un rey según su elección y tú: «al que ha de elegir El Eterno, tu Dios». Y además, los pueblos idólatras designan un rey incluso de otro pueblo, tal como hallamos con los ocho reyes que reinaron en la tierra de Edom,[1877] y con Balak, rey de Moab,[1878] y tú: «de entre tus hermanos», precisamente, y no de otro pueblo.

1874. «Si se hallare en medio de ti, en una de las ciudades que El Eterno, tu Dios, te otorga, un hombre o una mujer que hiciese lo malo en los ojos de El Eterno, tu Dios, para traspasar su pacto, y fuere a servir a otros dioses y se postrare ante ellos, o ante el Sol o la Luna, o cualquiera de las legiones de los Cielos que no he ordenado [...]» (Deuteronomio 17:2-7).

1875. «Cuando algún asunto de un juicio te fuere oculto, entre sangre y sangre, entre veredicto y veredicto, entre llaga y llaga, palabras de disputa en tus ciudades, entonces te levantarás y ascenderás al lugar que ha de elegir El Eterno, tu Dios. Y vendrás a los sacerdotes, los levitas, y al juez que estuviere en esos días, y preguntarás, y te dirán el asunto del juicio. Y harás conforme a la palabra que te dijeren, desde ése lugar que ha de elegir El Eterno; y cuidarás de hacer todo según lo que te enseñaren» (Deuteronomio 17:8-10).

1876. «Cuando vengas a la Tierra que El Eterno, tu Dios, te otorga, y la heredes, y te asientes en ella, y digas: pondré sobre mí un rey, como todos los pueblos de mi rededor, has de poner sobre de ti un rey, al que ha de elegir El Eterno, tu Dios; has de poner sobre ti un rey de entre tus hermanos, no podrás designar sobre ti un hombre extraño, que no es tu hermano» (Deuteronomio 17:14-15).

1877. Génesis 36:31.

1878. Números 22:2.

Y además, los pueblos idólatras aumentan mujeres y caballos, plata y oro y vuestro rey no es así, sino: «No incrementará para él [...]».[1879] Y no digas que si es así es algo perjudicial para el rey de Israel, pues no es así, sino por la razón: «para que prolongue sus días en su reinado, él y sus hijos en medio de Israel».[1880]

Y después dijo: «No habrá para los sacerdotes, los levitas [...]».[1881] Es decir, los sacerdotes de los pueblos idólatras tienen varias posesiones, pero con vuestros sacerdotes no es así, sino: «no habrá para ellos parte ni heredad [...]». Y no digas que es una carencia para ellos, pues no es así, sino: «El Eterno es su heredad [...]». Y debido a que los pueblos conocen su futuro a través de los astrólogos, por eso les advirtió a los –Hijos– de Israel que no los consultaran, sino que supieran su futuro a través de: «un profeta [...] de tus hermanos, como yo [...]».[1882] Y ciertamente la paz sea contigo.

SECCIÓN DE KI TETZÉ

Víspera del día de Shabat, 14 de Elul.

El Eterno está contigo [...]. Apégate únicamente a mí, a mi temor y a mis Mishnaiot, siempre. Y no apartes tu pensamiento ni un solo instante, sino que siempre estén las cavidades de tu corazón llenas de Torá y temor. Y no des lugar en absoluto a los pensamientos. Y las cavilaciones que introducen en tu corazón el Mal Instinto y –el ente

---

1879. «Sólo que no aumentará para él caballos, y no hará volver al pueblo a Egipto para incrementar caballo, y El Eterno te ha dicho: "No volveréis a regresar más por este camino". Y no incrementará para él mujeres, y no se descarriará su corazón, y plata y oro no incrementará en demasía para él» (Deuteronomio 17:16-17).

1880. Deuteronomio 17:20.

1881. «Para los sacerdotes, los levitas, toda la tribu de Levi, no habrá para ellos parte ni heredad con Israel; las ofrendas ígneas de El Eterno y la heredad de Él comerán. No tendrán heredad entre sus hermanos; El Eterno es su heredad, como Él les ha dicho» (Deuteronomio 18:1-2).

1882. «El Eterno, tu Dios, ha de levantar para ti un profeta de en medio de ti, de tus hermanos, como yo, a él le escucharás» (Deuteronomio 18:15).

maligno– *samej–mem,* y la Serpiente, quémalos con la paja –*kash*– del recitado del Shemá –*k"sh*–,[1883] y con el fuego de la Torá. Y cuídate de los placeres y de los deleites tanto como te sea posible y como te he enseñado. «Y no te abandonaré hasta hacer lo que te he hablado»,[1884] para tu necesidad, y a todo lo que te he asegurado lo cumpliré. Apégate únicamente a mí [...].

Y he aquí que ésta es la explicación del versículo: «Cuando salgas a la guerra contra tu enemigo [...]».[1885] «Cuando –*ki*–», alude a la Congregación de Israel, que hace la guerra contra tu Mal Instinto. Pues sin la ayuda de ella, las personas no podrían contra el Mal Instinto, tal como dijeron nuestros maestros, que sean recordados para bendición:[1886] el instinto del hombre se fortifica sobre él cada día y solicita matarlo, y si no fuera porque El Santo, Bendito Sea, lo ayuda, no podría con él, como está dicho: «El malvado acecha al justo[1887] [...]. El Eterno no lo abandonará en su mano».[1888] Y si dijeras: si es así no tiene pago, pues si no fuese por la ayuda de El Santo, Bendito Sea, el Mal Instinto lo vencería, por eso dijo: «Y no lo condenará[1889] en su juicio».[1890] Sino que El Santo, Bendito Sea, le considera al hombre como si él solo hizo, sin la ayuda de la Congregación de Israel. Y ahora dijo: «Cuando –*ki*–», que es la Congregación de Israel: «salgas a la guerra contra tu enemigo», y Tiferet la ayudará. Y a esto se refiere lo que está escrito: «y lo entregare El Eterno», se refiere a Tiferet. «Tu

---

1883. Las letras *kuf* y *shin* son las iniciales de *kiriat* Shemá, que significa: el recitado del Shemá. Y son las mismas letras de la palabra *kash,* que significa paja.

1884. Génesis 28:15.

1885. «Cuando salgas a la guerra contra tu enemigo, y El Eterno, tu Dios, lo entregare en tu mano, y tomares cautivos» (Deuteronomio 21:10).

1886. Talmud, tratado de Suca 52b.

1887. Y procura matarlo.

1888. Salmos 37:32-33.

1889. No permitirá que se le haga mal. Y revelará su justicia ante los ojos de todos (*véase* Metzudat David).

1890. Salmos 37:33.

Dios», se refiere a Biná o[1891] Temor.[1892] Asimismo, dijo que se comportará contigo con el atributo de la Misericordia para entregarlo en tu mano. Y a esto se refiere lo que está escrito: «y El Eterno […] lo entregare en tu mano, y tomares cautivos». Pues estará cautivo y sometido debajo de ti.

«Y vieres entre los cautivos a una mujer de bello aspecto».[1893] Es decir, después de que lo has vencido, no renunciará de ti, sino que volverá a embellecer delante de ti las cosas de este mundo, tal como se dijo en el sagrado Zohar que el Mal Instinto se parece a una bella mujer.

Víspera del día de Shabat, 11 de Elul.

Fortalécete […]. «Cuando salgas a la guerra contra tu enemigo», se refiere al Mal Instinto. «Y lo entregare El Eterno, tu Dios, en tu mano […]», y ya en el pasado: «has visto[1894] entre los cautivos a una mujer de bello aspecto», que es el Mal Instinto que se le parece, tal como se dijo en el sagrado Zohar, «y la has deseado», como aquel que desea a una mujer meretriz, «y la has tomado», ya en ese tiempo «por mujer», y entonces, en ese tiempo: «Y la trajiste al interior de tu casa, y ella rapó su cabeza […]»,[1895] para ataviarse, «y residió en tu casa».[1896]

1891. En otro grado.

1892. Guevurá.

1893. «Y vieres entre los cautivos a una mujer de bello aspecto, y la desearas, y la tomares para ti por mujer» (Deuteronomio 21:11).

1894. Todo el versículo en el texto original hebreo está escrito literalmente en pretérito.

1895. Así está escrito literalmente en el texto original hebreo, y la enseñanza sigue esa literalidad. Aunque es sabido que la letra *vav* al comienzo de los verbos invierte el tiempo, y por eso se traduce comúnmente así: «Y la traerás al interior de tu casa, y ella rapará su cabeza, y dejará sus uñas» (Deuteronomio 21:12).

1896. Deuteronomio 21:13.

Y ahora cuando volvieres en arrepentimiento, «y llorará a su padre y a su madre los días de un mes lunar».[1897] Es decir, llorará por los pecados de su juventud los días de un mes lunar, que es una rotación, y después: «vendrás a ella». Es decir, de todos modos necesitarás tener provecho del Mal Instinto para la existencia del cuerpo. Pero no lo traigas al interior de tu casa, pues si es así será principal; mas envíalo fuera de tu casa y en un momento de necesidad forzosa ve a ella y cohabita con ella. Es decir, no te demores junto a ella sino como un hombre que va a escondidas a cohabitar con una mujer y después de acabar se aparta y se va.

Así tú, no tengas provecho de él, sino en un momento de necesidad forzosa para la existencia del cuerpo solamente. Y debido a que: «las aguas robadas son dulces»,[1898] y resulta que el venir a él en ocasiones aumentará su agrado, por eso dijo: «y te será por mujer». Es decir, este asunto será en tus ojos como una mujer que el corazón de su marido está hastiado de ella y no tiene tanto provecho de ella. Y la paz esté contigo.

Víspera del día de Shabat, 11 de Elul.

Fortalécete [...] «Hizo conocer Sus caminos a Moisés [ ]»[1899] La generalidad de los Hijos de Israel no conocen los caminos de El Santo, Bendito Sea, sino por sus acciones, pero Moisés conocía sus caminos y a partir de ellos supo que El Santo, Bendito Sea, realiza esas acciones. Y esto es semejante al conocimiento previo de lo posterior; y lo de los Hijos de Israel es semejante al conocimiento posterior de lo anterior.

Y he aquí que en el final de la sección se ordenó lo concerniente al precepto de levirato. Y hay que observar cuidadosamente lo que dije-

---

1897. «Y se quitará el vestido de su cautiverio, y residirá en tu casa, y llorará a su padre y a su madre los días de un mes lunar; y después vendrás a ella, y cohabitarás con ella, y te será por mujer» (Deuteronomio 21:13).
1898. «Las aguas robadas son dulces, y el pan oculto agradable» (Proverbios 9:17).
1899. «Hizo conocer Sus caminos a Moisés; Sus acciones a los Hijos de Israel» (salmos 103:7).

ron nuestros sabios, de bendita memoria, que la razón es a causa de que el alma –*nefesh*– del muerto encarna en el primer hijo. Y eso es bueno si se concentran en eso, pero si no se concentran en eso, ¿qué ocurrirá con ella? Y además, los sabios dijeron que el misterio del asunto está relacionado con lo que se declara: «Con el deseo de su alma existencial –*nefesh*– absorbió el espíritu –*ruaj*–».[1900] Y las mujeres, un mínimo del mínimo se concentran en eso. Y además, hay que observar puntillosamente que este decreto es bueno para aquel que dejó una mujer, pero para aquel que no dejó una mujer, ¿qué será de él? Y además, aquel que no dejó un hermano, ¿qué será de él? Y además, ¿por qué hallamos que los demás parientes realizan casamiento de levirato tal como hizo Iehuda con Tamar? Y he aquí que en la Torá no se ordenó sino con su hermano, y no con los demás parientes. Y debido a que es para necesidad del muerto, en la Torá se debiera haber ordenado también respecto a los demás parientes. Y además, esos justos que no necesitaron reencarnar, ¿qué ocurrirá con el –hermano de ellos que es candidato a realizar casamiento de– levirato?

Pero el misterio del asunto es que el mundo en su totalidad fue edificado sobre el misterio de la reencarnación. Y las criaturas siempre reencarnan y no descansan. Tal como las aguas que se proyectan en un comienzo y no descansan, y fluyen y caen en el mar. Y del mar vuelven –las aguas de– todos los arroyos y van a su fuente, y vuelven a surgir y se proyectan como al comienzo. Y vuelven a caer al mar, y vuelven nuevamente a su fuente, tal como está escrito explícitamente: «Todos los torrentes se dirigen al mar […] al lugar […] allí ellos vuelven para fluir nuevamente».[1901]

Así también las personas, vienen a este mundo y vuelven y van a ese Mundo, y vuelven a reencarnar nuevamente en este mundo y así siempre. Y no descansan, como los torrentes que hemos mencionado. Y así como las aguas se proyectan al torrente y a veces se demoran de volver a realizar el ciclo por las aberturas y pozos que cavan para ellas

---

1900. Jeremías 2:24.
1901. «Todos los torrentes se dirigen al el mar, y el mar no se llena, al lugar de donde los torrentes fueron, allí ellos vuelven para fluir nuevamente» (Eclesiastés 1:7).

en tierra firme, así también aquel que no dejó hijos en este mundo y dejó una mujer se parece a las aguas que son detenidas a través de las aberturas y los pozos. Asimismo, por la mujer que dejó se demora en reencarnar. Y aunque sea un justo, se demora.

Y si dejó hijos, he aquí que el hijo es la pierna del padre y se le considera como si hubiese dejado parte de él, y él mismo no se demora en reencarnar. Y cuando no dejó mujer, aunque no dejó hijos, no se demora en reencarnar, porque no tiene adherencia a este mundo. Y cuando dejó una mujer y el que es apto para realizar el casamiento de levirato no desea realizar el casamiento de levirato, por eso, El Santo, Bendito Sea, ordenó que se quite el zapato, para indicar a modo de insinuación que se separó de ella. Y es como aquel que no dejó mujer y no se demorará en reencarnar. Y antes de la entrega de la Torá, todo el que hubiera dejado un pariente en este mundo se demoraba en reencarnar. Y después de que fue entregada la Torá se iluminó el mundo y aunque dejara varios parientes no se demora, sino cuando dejó un hermano.

Y me parece a mí, según este modo, que aquel que dejó una mujer y no tiene hermano, no se demora.

Día de Shabat, 17 de Tamuz.

El Eterno está contigo [...] «Abre tus ojos y te saciarás de pan».[1902] El pan de la Torá. «No desees el sueño para no empobrecer».[1903] Se refiere a esos flancos. Y a esto se refiere lo que está escrito: «El rico y el pobre se encontraron [...]».[1904] Es decir, viene a excluir el pensamiento de los que dicen que hay dos dioses: uno realiza las cosas buenas y uno realiza las cosas malas. Y por eso dijo: «A ambos hace El Eterno».[1905] Pues el rico es el flanco sagrado, y el pobre es el flanco impuro. Y dijo que ambos «se encontraron», es decir, que ellos se

---

1902. Proverbios 20:13.
1903. Ibíd.
1904. «El rico y el pobre se encontraron; a todos los hace El Eterno» (Proverbios 22:2).
1905. *Véase* Proverbios 29:13.

apegan como uno, pues son la cáscara y la fruta. Y «a ambos hace El Eterno», pues El Infinito –*Ein Sof*–, es quien hace el flanco de la santidad y el flanco de la impureza.

Y éste es el misterio de: «No entrarás en su casa a tomar una prenda de él».[1906] Pues tomar la prenda alude a un hombre en el que hay pecados, y esos flancos –impuros– no tienen permiso de cobrarse de sus pecados sin permiso. Y si el prestador entrara en la casa del que tomó el préstamo para tomar su prenda, esos flancos tendrían permiso de cobrarse de sus pecados sin permiso.

«Permanecerás fuera, y el hombre al que le cobras te traerá la prenda fuera».[1907] Porque la medida de El Santo, Bendito Sea, no es como la medida de una persona de carne y sangre, pues el verdugo va tras él […]. Pero respecto a El Santo, Bendito Sea, las piernas de la persona son garantes por él […]. «Y si es un hombre pobre, no dormirás con su prenda».[1908] Es decir, estando su prenda contigo. Pues el pobre alude a aquel que tiene muchos pecados y si durmiese estando su prenda con él, daría lugar a lo que hemos mencionado. Y al Árbol de la Muerte, cuyas alas están extendidas en la noche para cobrarse la deuda de ese hombre que tiene pecados, y para retener el depósito del alma –*nefesh*–, que está en su mano toda la noche. Y a esto se refiere lo que está escrito: «con la puesta del Sol»,[1909] se lo devolverás.

Asimismo se advirtió: «Y no tomarás en prenda –*tajavol*–[1910] la vestimenta de la viuda».[1911] Porque la viuda alude a aquel que tiene algún mérito y por eso dijo que no tomes en prenda su vestimenta en absoluto, debido a que también da lugar a esos flancos para cobrarse de aquel que no tiene méritos y dañarle. Y asimismo: «No tomes en

---

1906. «Cuando te cobres de tu prójimo con alguna cosa, no entrarás en su casa a tomar una prenda de él» (Deuteronomio 24:10).
1907. «Permanecerás fuera, y el hombre al que le cobras te traerá la prenda fuera» (Deuteronomio 24:11).
1908. Deuteronomio 24:12.
1909. Deuteronomio 24:13.
1910. Esta palabra comparte raíz con expresión *jovel* que significa dañar.
1911. «No desviarás el juicio del prosélito ni del huérfano, y no tomarás en prenda la vestimenta de la viuda» (Deuteronomio 24:17).

prenda –*iajavol*– la muela de abajo ni la de arriba del molino; porque se toma en prenda el alma».[1912] Son elementos con los que se hace alimento, lo necesario para vivir –*ojel nefesh*–. Y se mencionó la muela de abajo y la de arriba del molino, que es el primer accesorio necesario en la elaboración del pan. Y si los tomara en prenda –*jovel*–, daría lugar a esos flancos para tomar en prenda –*lajavol*–, y quitar el alimento con justicia.

Y éste es el misterio de –lo que fue enseñado por los sabios, quienes dijeron[1913] que– el sustento del hombre es difícil como la partición del Mar de Cañas –Iam Suf–.[1914] Y El Santo, Bendito Sea, tiene misericordia de todas sus obras. Pues incluso en el día en que hicieron el Becerro –de oro–, al buen maná no impidió de sus bocas. Y a esto se refiere lo que está dicho: «porque se toma en prenda –*jovel*– el alma –*nefesh*–». Es decir: «No tomes en prenda –*iajavol*– [...]», porque entonces también llegará daño –*javala*– al alma –*nefesh*– de las personas, para impedir de ellos sus alimentos, como hemos mencionado. Y se reveló esta razón porque de ella depende un daño en el alma; y lo mismo para todos esos preceptos que fueron mencionados respecto a las prendas, como hemos dicho.

El secreto de la comida de Shabat: y lo que se dijo en el sagrado Zohar, que la comida de la mañana del Shabat alude a Biná, y la tercera comida alude a Tiferet, y en otro lugar se dijo al revés, no es difícil de entender. Pues la verdad del asunto es que el alma existencial –*nefesh*–, el espíritu y el alma suprema –*neshamá*–, se unen como uno. Y cuando uno de ellos comenzó en un lugar, todos se posan con él. Y todos se denominan: Manojo de la Vida. Pues no hay manojo de

---

1912. «No tomarás en prenda la muela de abajo ni la de arriba del molino; porque se toma en prenda el alma (el medio esencial de sustento)» (Deuteronomio 24:6).

1913. Talmud, tratado de Pesajim 118a.

1914. Como está escrito: «Y extendió Moisés su mano sobre el mar y El Eterno hizo que el mar se desplazara con un fuerte viento oriental durante toda la noche, y puso en el mar sequedad, y las aguas se partieron [...]» (Éxodo 14:21).

menos de tres. Y a esto se refiere lo que está dicho: «Y el alma de mi señor esté atada al Manojo de la Vida».[1915]

Y si dijeras: debido a que no hay manojo de menos de tres, ¿cómo dijo: «al Manojo»? Pues sin el alma existencial –*nefesh*– de David no había sino dos, espíritu y alma suprema –*neshamá*–, ¿y cómo los llamó Manojo? Y es posible decir que ya te he enseñado que del vínculo del alma existencial con el cuerpo se forma otra alma existencial. Y ese alma existencial reencarna, y David sabía que era una reencarnación. Y si es así, he aquí que sin el alma existencial que había en él ahora, había tres, y ellas son: el alma existencial, el espíritu, y el alma suprema, que es un Manojo. Y en la noche del Shabat comienza –a revelarse– el alma existencial y no se revela más. Y en la mañana del Shabat comienza el espíritu, y comienza a revelarse un poco Biná. Y por eso decimos –la alabanza denominada–: Nishmat Kol Jai, en honor de Biná que comenzó a revelarse. Pero el espíritu se revela por la mañana como se revela el alma existencial por la noche. Y en la tercera comida del Shabat se revela el alma suprema completamente con el espíritu y allí se encuentra también el alma existencial, y todos se unen con el espíritu.

Y ahora, lo que dijeron en un lugar, que en la comida de la mañana se posa el alma suprema, esto se refiere al comienzo de la revelación. Y lo que dijeron en otro lugar, que en la comida de la mañana comienza el espíritu, viene a decir que se revela en ella el espíritu como la revelación de la noche. Y asimismo, lo que dijeron en un lugar, que en la tercera comida se posa el alma suprema, es verdad, porque en ese momento se revela de un modo en que no se revelaba antes de eso. Y lo que se dijo, que en esa comida se posa el espíritu, se debe a que la revelación del alma suprema es con el espíritu. Y allí también se une el alma existencial y allí las tres se convierten en Manojo de Vida.

1915. «Y el alma de mi señor esté atada al Manojo de la Vida con El Eterno tu Dios, y al alma de tus enemigos arrojará dentro del lanzador de la catapulta» (I Samuel 25:29).

Y lo que habéis objetado a partir de: «¡Ay del alma existencial – *vai nefesh–!*»,[1916] y no se dijo: «¡Ay del espíritu *–vai ruaj–!*», o «¡Ay del alma suprema *–vai neshamá–!*», debéis observar cuidadosamente que el versículo no se ocupa de la culminación del Shabat sino del Shabat. Y así dijo: «y el día séptimo», es descanso –Shabat– de la conducción del mundo con las necesidades del cuerpo, sino que asciendan a lo Alto para tomar almas *–nefesh–*, y bajarlas a lo bajo. Y a esto se refiere lo que está dicho: *vainafash*. Es decir, se ocupa de las necesidades del alma *–nefesh–* y no de las necesidades del cuerpo. Pues en los demás días de la semana se inviste en los días comunes de la semana para conducir al mundo con las necesidades del cuerpo, y en los días de Shabat asciende de los días comunes de la semana y asciende para recolectar almas *–nefesh–* y bajarlas. Y éste es el misterio del periodo –de allegado– en la noche de Shabat. Y si la persona realizara una obra en Shabat mezclaría lo mundano con lo santo, pues causa un despertar para que la Matronita se invista en los días comunes de la semana como en el día de Shabat.

En –la expresión– *vainafash* está escrito: *vai*,[1917] para decir que *vav* transmite influencia en *iud*, que es Maljut. ¿Y cómo transmite influencia en ella? Porque ella asciende y está frente a la Cabeza, como está escrito, *iud a la cabeza*. Y allí *vav* observa en ella y la colma de abundancia. Y éste es el sentido llano del versículo. Y aquel que dijo –la interpretación–: ¡Ay del alma!,[1918] explica que se refiere al día séptimo, Shabat, y después, cuando culmina el Shabat:[1919] «¡Ay del alma existencial *–vai nefesh–!*». Y así dijo: ¡Ay del alma existencial que la persona pierde en los días comunes de la semana, porque pierde ese Manojo de alma existencial *–nefesh–*, espíritu y alma suprema *–neshamá–*, que se posó en el día de Shabat.

1916. «Entre Yo y los Hijos de Israel es señal para siempre, porque seis días hizo El Eterno el Cielo y la Tierra, y el día séptimo cesó y descansó *–vainafash–*» (Éxodo 31:17).
1917. Expresión escrita mediante las letras hebreas *iud* y *vav*.
1918. *Véase* Talmud, tratado de Beitzá 16a.
1919. Se retira el alma existencial adicional que vino para Shabat.

Víspera del día de Shabat, 24 de Nisán.

El Eterno está contigo [...]. Aunque me has abandonado [...]. Apégate a mí, a mi Torá, a mis Mishnaiot y a mi temor, «y te daré por pacto al pueblo, para que establezcas la tierra, para hacer heredar posesiones asoladas».[1920] Pues hay que observar cuidadosamente, ¿qué significa «pacto del pueblo»? Pues era preferible decir pacto de los sabios y no pacto del pueblo, porque se entiende como pacto de los moradores del pueblo que son iletrados –*am haaretz*–.[1921] Y además, ¿qué significa: «y te daré por pacto»? Y además, ¿qué significa: «para hacer heredar»? Era preferible decir: «para heredar», en vez de decir: «para hacer heredar». Y además, ¿qué significa «posesiones asoladas»? ¿Era preferible decir: «posesiones habitadas», en vez de decir: «posesiones asoladas»? Pero el misterio del asunto es que pacto del pueblo viene a decir que cuando sale la abundancia del pacto supremo a la multitud es mucho mejor que cuando sale para una persona individual. Y a esto se refiere lo que está escrito: «y te daré por pacto al pueblo [...]». Es decir, daré que venga mucha abundancia a través de ti como la abundancia que viene a muchos. Y dijo: «para hacer heredar», y no: «para heredar», pues es preferible el que hace heredar que el que hereda, como hallamos en Josué, como está dicho acerca de él: «porque tú harás heredar –*tanjil*–».[1922] Y ciertamente es preferible que los que heredaban la tierra. Y lo que dijo: «posesiones asoladas», viene a decir que la Tierra de Israel, que se halla asolada, sin sus hijos, hará que la posean.

Además, es posible decir que las posesiones asoladas son las almas que andan desnudas porque no completaron su obra en este mundo, debido a que había en ellas pecados y fueron castigadas en el Purgatorio –*Gueinom*–, y ellas andan alrededor de la cortina divisoria –denominada *Pargod*– para entrar al Jardín y no las dejan; y cuando el alma –*neshamá*– sale del pacto supremo, que es la –emanación–

1920. Isaías 49:8.
1921. Ese es el sentido llano de la expresión pacto del pueblo sin especificar.
1922. Josué 1:6.

Iesod, pues de allí vuelan las almas a la –emanación– Iesod, y de allí vuelan a este mundo. Y cuando esas almas vuelan de allí, vienen ante esa alma para honrarla y acompañarla, porque ella desciende a este mundo para edificarse con un cuerpo. Entonces, todas esas almas que la acompañan descienden con ella y merecen dividirse en el mundo y edificarse con cuerpos. Y a esto se refiere lo que está escrito: «para hacer heredar posesiones asoladas». Es decir, cuando vengas a este mundo para edificarte con un cuerpo, merecerás esas almas desnudas que se denominan «posesiones asoladas», las cuales se edificarán con cuerpos a través de ti.

Y a esto se refiere el misterio de lo que está escrito: «Cuando te encontrares con un nido de pájaro ante ti [...]».[1923] Es decir, cuando vinieres a este mundo y se despierten ante ti esas almas que no merecieron entrar en el Jardín del Edén. Y a esto se refiere lo que está escrito: «pichones o huevos». Porque los pichones son esas almas en las que hay algunas obras, pero no se completaron en las obras de ellas; y se parecen a los pichones en los que hay algo de alas. «O huevos». Se refiere a esas almas que recibieron su castigo en el Purgatorio y no tienen obras para merecer entrar en el Jardín del Edén. Pero si volvieran a edificarse en este mundo en el futuro harían buenas obras o engendrarían hijos justos. Y esto se parece a los huevos, en los que no hay alas, pero hay poder para hacer de ellos pichones.

«Y la madre está [...]». Es decir, la Madre sagrada está sobre ellos, porque repara en ellos y solicita que entren al Jardín.

«Ciertamente enviarás a la madre».[1924] Es decir, envíala de sobre ellos y tómalos contigo para que se edifiquen en este mundo con su cuerpo. Y a esto se refiere lo que está escrito: «y a los hijos tomarás para ti». Y fue preciso en escribir: «Ciertamente enviarás a la ma-

---

1923. «Cuando te encontrares con un nido de pájaro ante ti en el camino, en todo árbol, o sobre el suelo, habiendo pichones o huevos, y la madre está junto a los pichones, o sobre los huevos, no tomarás a la madre junto con los pichones» (Deuteronomio 22:6).

1924. «Ciertamente enviarás a la madre, y a los hijos tomarás para ti, para que el bien esté contigo y prolongues tus días» (Deuteronomio 22:7).

dre –*shaleaj teshalaj*–»,[1925] y no dijo: «*shaleaj shaleaj*» o «*teshalaj teshalaj*». Esto, para decir que digas a la Madre sagrada que está sobre ellos y solicita que entren al Jardín, ya que si volvieran a este mundo –sin protección adicional–, cuánta aflicción y cuánto tiempo pasarán sobre ellos. Y además, hay que dudar de ellos si merecerán realizar buenas obras o harán mal. Y por eso dijo que es preferible volver a edificarse en este mundo para merecer buenas obras, porque en el tiempo anterior, antes de que vinieran al mundo, ellas estaban debajo del Trono de Gloria y fueron enviadas para que sean merecedoras en este mundo. Y así dijo: así como has enviado en el primer tiempo, del mismo modo envíalas en este tiempo para que se edifiquen con su cuerpo, «para que el bien esté contigo», porque con lo que merecerán, trayéndolas al mundo las merecerás para enseñarles Torá y caminos rectificados.

«Y prolongues tus días». Aunque se complete la cantidad de tiempo que fue decretado sobre ti vivir en este mundo, si hay en aquellos que salieron al mundo a través de ti adicionados años de vida, tus días se prolongarán por el mérito de ellos. Pues no te irás del mundo hasta que ellos se vayan del mundo, debido a que ascendieron a lo Alto a través de ti.

Y además, es posible decir que esos dos envíos[1926] aluden a la destrucción de los dos Templos Sagrados. Y a esto se refiere lo que está escrito: «Así dijo El Eterno: ¿Cuál es la carta de divorcio de vuestra madre a la cual he enviado –echado–?»[1927] «Cuál es la carta de divorcio», alude al exilio de Babilonia, porque no era sino un envío –de un tiempo breve– en el mundo. Y a esto se refiere lo que está escrito: «a la cual he enviado».

1925. Literalmente significa has de enviar, enviarás.

1926. Indicados a modo de alusión en la expresión: *shaleaj teshalaj,* que está duplicada.

1927. «Así dijo El Eterno: ¿Cuál es la carta de divorcio de vuestra madre a la cuál he enviado –echado–? ¿O quién de mis acreedores a quién os he vendido? He aquí que fuisteis vendidos por vuestros pecados, y por vuestras culpas fue enviada –echada– vuestra madre» (Isaías 50:1).

«¿O quiénes son mis acreedores». Alude al segundo Templo Sagrado, pues incluso en el tiempo en que estuvo edificado, eran siervos de los reyes de las naciones. Y a esto se refiere lo que está escrito: «a quién os he vendido», por siervos, «he aquí que fuisteis vendidos por vuestros pecados [...]». Es decir, con la destrucción del primer Templo Sagrado había en ellos culpa de –cometer los graves pecados de– idolatría, relaciones prohibidas, y derramamiento de sangre; y anulación de la Torá. Y a esto se refiere lo que está escrito: «y por vuestras culpas fue enviada –echada– vuestra madre». Pero en el segundo Templo Sagrado no había en ellos esos pecados, sino odio gratuito. Y a esto se refiere lo que está escrito: «fuisteis vendidos por vuestros pecados».

Y éste es el misterio de las sesenta decenas de mil. Pues cuando nuestro maestro Moisés, que la paz esté con él, vino al mundo, trajo con él sesenta decenas de mil, que son la población, y por eso engendraban seis en un vientre, para completar ese número en ese tiempo. Y ese es el misterio por el cual fueron recordadas varias estériles de una vez. Porque cuando un justo viene al mundo, en ese tiempo vienen con él muchas almas, tal como hemos mencionado.

Y acerca de este misterio, fue dicho antes de que viniera Samuel: «y la palabra de El Eterno era valiosa[1928] en esos días».[1929] Y después de su venida profetizaban en todo lugar, y la razón es, porque su alma era de –el lugar cósmico de– Biná, como está dicho: «Y regresaba a Rama, porque allí se hallaba su casa».[1930] Es decir, «allí», se vincula con el misterio de: «Y se ubicó allí junto a él».[1931] «Se hallaba su casa». Porque Rama[1932] es Biná. Y debido a que su alma venía de un grado supremo, se le abrieron las fuentes de la abundancia suprema, la profecía y la sabiduría –Jojmá–, y descendió al mundo.

1928. Pues escaseaba.
1929. I Samuel 3:1.
1930. I Samuel 7:17.
1931. «Y El Eterno descendió en una nube y se ubicó allí junto a él, y proclamó en el Nombre El Eterno» (Éxodo 34:5).
1932. Significa literalmente elevado.

Y éste es el misterio de la cita que manifiesta –lo que Eliseo solicitó a Elías–: «Te ruego que una doble porción de tu espíritu sea sobre mí».[1933] Pues cuando Elías vino al mundo trajo con él el alma de Eliseo y por eso mereció enseñarle en este mundo. Y a esto se refiere lo que está dicho: «Pues vertió agua a través de Elías».[1934] Porque proyectó sobre él las aguas de Jesed para traerlo a este mundo por el mérito de Elías. Y así como cuando el justo viene a este mundo trae con él varias almas que vienen para acompañarlo y para honrarlo, como hemos dicho, y las merece para edificarse con su cuerpo, así también cuando se va del mundo y le hacen panegírico, vienen esas almas que no merecieron entrar en el Jardín y se unen con él en ese panegírico.

Y con ese mérito merecen edificarse en este mundo con su cuerpo, porque él asciende a lo Alto y ellas descienden para edificarse con su cuerpo. Y ese es el misterio del panegírico y el llanto por el justo. Porque por esas entradas en las que se abren fuentes para descender lágrimas, se abren fuentes supremas para hacer bajar a esas almas que hemos mencionado. Y a esto se refiere el misterio de lo que está escrito: «No dejéis crecer el cabello de vuestras cabezas y vuestras vestimentas [...] y vuestros hermanos, toda la Casa de Israel, llorarán».[1935] Porque si no lloraran, «se enojará contra toda la congregación». Y por eso en el Día del Perdón se lee la muerte de los hijos de Aarón. Porque en el Día del Perdón es prohibido utilizar la cama –para cohabitar–, porque en el Día del Perdón Maljut asciende para tomar almas que dividirá durante todo el año. Y debido a que se lee la muerte de los hijos de Aarón y nos afligimos por ellos, se considera como si hubiesen muerto en ese día e hicieron panegírico por ellos; y a través de eso se reúnen varios miles y decenas de miles de almas para descender en

---

1933. II Reyes 2:9.

1934. II Reyes 3:11.

1935. «Y Moisés dijo a Aarón y a sus hijos Elazar e Itamar: "No dejéis crecer el cabello de vuestras cabezas y vuestras vestimentas no rasguéis, y no moriréis, y no se enojará contra toda la congregación; y vuestros hermanos, toda la Casa de Israel, llorarán por el abrasado con que abrasó El Eterno" (Levítico 10:6).

ese año. Y éste es el misterio por el cual los justos engendran en su muerte más que en vida de ellos.[1936]

Y Eliseo le dijo a Elías: «Te ruego que una doble porción de tu espíritu sea sobre mí». Es decir, así como merecí a través de ti cuando vine a este mundo, así merezca cuando te apartes del mundo para ascender al grado supremo. Y le dijo: «has solicitado algo difícil», pues aunque tanto cuando el justo viene al mundo, tanto cuando se va de él, hace merecedoras a las almas, el merecimiento de las almas cuando se va del mundo no es igual al merecimiento cuando viene. Y tú, que has merecido cuando vine, es difícil hacerte merecedor cuando me aparto, pero de todos modos: «Si me vieras cuando sea tomado de ti –te será concedido– [...]».[1937] A través de esa visión te haré merecedor como si no te hubiese hecho merecedor al comienzo.

Además, me dijo según el misterio de las emanaciones, que ellas son semejantes, separando –las distancias–, al cuerpo, a través del cual son realizadas las acciones. Y El Infinito es semejante al alma. Y todos los preceptos activos y los preceptos pasivos dependen de las emanaciones. Y cuando el hombre cumple un precepto activo proyecta vitalidad y abundancia a las emanaciones de las cuales dependen esos preceptos. Y cuando trasgrede un precepto pasivo disminuye vitalidad y abundancia a las emanaciones de las cuales dependen. Y debido a los pecados que se multiplicaron, se impidió vitalidad y abundancia que le viene a la Congregación de Israel de lo Alto. Y si se ilustrara –en la mente– que se interrumpe, Dios libre, la abundancia y la vitalidad de ella, –entendería que– todos los mundos se destruirían. Y se parece a un miembro que se deterioró y se anuló su funcionamiento, que ciertamente cesó de él la vitalidad y la abundancia pues no cumple su función. Aunque forzosamente es imposible decir que no le viene vitalidad en absoluto, pues si fuese así hedería, por eso, ciertamente tiene un poco de vitalidad. Y de aquí comprende cuánto debe cuidarse la persona de sus peca-

---

1936. *Véase* Talmud, tratado de Julín 7b.
1937. II Reyes 2:10.

dos y cuánto debe esforzarse en cumplir los preceptos del Amo del mundo.

SECCIÓN DE KI TAVO

Víspera del día de Shabat, 21 de Elul.

El Eterno está contigo [...]. Solamente disminuye los deleites y concéntrate en la plegaria. Y he aquí que me han enviado para enseñarte el misterio de esta sagrada sección de la Torá. Pues el misterio de las primicias está vinculado con la unificación de la Congregación de Israel con Biná. Porque la –emanación– Biná –se vincula con el misterio de las– primicias, ya que de ella comienza a revelarse la abundancia sagrada en el mundo de la Edificación. Y la Congregación de Israel con las primicias, ya que de ella viene la abundancia a los mundos y a partir de ella comienzan a entrar quienes desean alcanzar el misterio de las emanaciones de abajo hacia arriba.

Y no se traen primicias sino de las siete especies con las cuales fue alabada la Tierra de Israel. Pues ellas aluden a las siete emanaciones de la Edificación. Y se traen al sacerdote, que es el hombre de bondad –jesed–, para unificar a todas las emanaciones con Jesed. Y a esto se refiere lo que está dicho: «Al sacerdote[1938] que estuviere en esos días».[1939] Según el misterio de: «Pues El Eterno hizo los Cielos[1940] y la Tierra[1941] [...] en seis días».[1942]

1938. Está vinculado con el misterio de la emanación Jesed.

1939. «Y vendrás al sacerdote que estuviere en esos días, y le dirás: "Manifiesto hoy a El Eterno, tu Dios, que he venido a la tierra que El Eterno juró a nuestros ascendientes nos daría"» (Deuteronomio 26:3).

1940. Se alude a Tiferet que incluye 6 emanaciones de la Edificación.

1941. Maljut, la séptima emanación de la Edificación.

1942. «Pues El Eterno hizo los Cielos y la Tierra, el mar y todo lo que hay en ellos, en seis días, y descansó el día séptimo; por tanto, El Eterno bendijo el día de Reposo y lo santificó» (Éxodo 20:11).

«Y le dirás: "Manifiesto –*higadti*– hoy"».[1943] Es una expresión de atracción; y así dijo: la atracción –de energía cósmica– de este día para El Eterno, que es –la emanación–Tiferet. «Tu Dios», que es Jesed. Asimismo –se refiere a la emanación denominada– Temor.[1944] Y se une con El Eterno, que es Tiferet. «Que he venido a la tierra». Se refiere a la Tierra de la Vida inferior y suprema. Y ciertamente la paz esté contigo.

Víspera del 9 de Elul, año 5329, día de la circuncisión del niño *iud"alef*[1945]

El Eterno está contigo [...]. Aunque has apartado mucho tu pensamiento de mí, he aquí que volveré a ti como al comienzo para que conozcas la multiplicidad de mi bien, mis misericordias y mis bondades. Los primeros días caerán y ahora estableceré contigo un nuevo pacto. Y te devolveré el regocijo de mi salvación y te sustentaré con espíritu generoso.[1946] Apégate únicamente a mí, a mi temor y a mis Mishnaiot y no apartes tu pensamiento de mí ni un solo instante. Y vuelve y edifica lo que has destruido, y cose lo que has rasgado. Y el nombre del niño que circuncidarás hoy será Iehuda y él será para ti señal de agradecimiento. Y alaba a El Eterno porque te ha otorgado de su bondad y de sus misericordias para iluminar su rostro hacia ti.[1947]

Y he aquí que mi palabra –sale– en tu ayuda para hacerte merecedor de imprimir el libro Kesef Mishné, y el libro Kupat Harojalim, y compilar todo lo que piensas compilar sobre la Mishná y sobre la Torá escrita, y todo lo que ascienda a tu corazón sobre mi Torá. Y has de descender a la –profundidad de la– ciencia de la cábala más que Ro"sh en Mirón. Y él vendrá a aprender de ti. Por eso, fortalécete y sé esforzado y no apartes tu pensamiento de mí ni un solo instante.

1943. Deuteronomio 26:3.
1944. La emanación Guevura.
1945. Son las iniciales de Iehuda Efraim.
1946. *Véase* Salmos 51:14.
1947. Pues ese niño le nació en su ancianidad.

«Y en cuanto a mí, éste –*zot*– será mi pacto con ellos, dijo El Eterno [...]».[1948] La Torá hace volver a su residencia.

Y he aquí que El Santo, Bendito Sea, y todos los miembros de la Academia [...] y los justos, preguntan por ti [...]. Y escribe todo lo que te digo y no lo desprecies, tal como hiciste en los primeros días. Y para que reconozcas que yo te devolveré el regocijo de mi salvación y te sustentaré con espíritu generoso, me han enviado para revelarte y hacerte saber acerca de esta sección de la Torá, la sección de las primicias –*bikurim*–. Pues ellas aluden a lo que viene de la –emanación– Jojmá. Pues la –emanación– Jojmá se denomina *bejor*.[1949] Y no se traen sino de las siete especies, que aluden a las siete emanaciones de la Edificación. Y no se traen sino de la Tierra de Israel, porque las siete emanaciones están en la Tierra suprema y en la Tierra inferior, que son las dos –letras– *he* –del Tetragrama–. Y no se traen primicias de fuera de la Tierra para no dar lugar a ese flanco con la santidad.

Y ésta es una discusión de los sabios respecto al otro lado del Jordán. Porque el otro lado del Jordán no está tanto en el flanco de la santidad. Y has de saber que había allí tres ciudades de refugio, y en toda la Tierra de Israel tres, y debido a que ese flanco tiene cierta parte en él –ese lugar–, hay allí muchos asesinos. Y por eso dijo Rabí Iosei el Galileo: no se traen primicias de él. Y ésta es la razón por la cual el prosélito no trae primicias a menos que su madre fuera de Israel, porque estaba enraizada en la santidad. Y yo quería extenderme contigo pues es momento de amores,[1950] pero ha llegado el tiempo de la plegaria; aunque aún me extenderé contigo, solamente apégate a mí, a mis Mishaniot, a mi servicio y a mi temor, y no apartes tu pensamiento de mí ni un solo instante. Y esos siete mundos que te he

---

1948. «Y en cuanto a mí, éste –*zot*– será mi pacto con ellos, dijo El Eterno, el espíritu mío que está sobre ti, y mis palabras que puse en tu boca, no faltarán de tu boca, ni de la boca de tus hijos, ni de la boca de los hijos de tus hijos, dijo El Eterno, desde ahora y para siempre» (Isaías 59:21).
1949. Significa literalmente primogénito. Y comparte raíz con expresión *bikurim*, que significa primicias.
1950. *Véase* Ezequiel 16:8.

mencionado, he aquí que han vuelto a irradiar ante ti. Y ciertamente sea paz a ti, y paz a todo cuanto tienes.[1951]

Respecto al asunto del olvido, que has pedido saber para recordar lo que lees y no olvidarlo, de un modo natural o con Nombres sagrados, el modo más fácil es que recuerdes el misterio del alfabeto[1952] mencionando la séptima letra –*zain*–[1953] siete veces cada mañana, y no olvidarás lo que leas en la mañana. Y el rostro ha de orientarse hacia el este. Y después recuérdalo siete veces –orientando el rostro– al sur, al norte, y al oeste. Y recuerda que el misterio de *zain* es la Remisión suprema, según el misterio de siete veces siete, y ascienden a los 50 pórticos de Biná. Y el misterio de *zain* te abrirá pórticos de la sabiduría –*Jojmá*– suprema. Y con este misterio no olvidarás ninguna cosa al recordarla. Y a todos los versículos de recuerdo, reúnelos y recuérdalos con esta concentración. Y el misterio de los siete Nombres estén con él junto con el misterio de *zain*. Entonces recordarás lo que leas. Y de modo natural y en la labor, haz esto: toma nuez moscada, ginse, flor asiática y azafrán, y con eso se apartará el poder del olvido, como es sabido. Y en la labor,[1954] el misterio de El Eterno es para sus temerosos.

Víspera del Día del Perdón.

El misterio que te he revelado acerca del asunto de las cortezas es un misterio muy profundo. Y en cada corteza hay numerosos secretos de los que la persona se levanta para comprender los secretos del flanco de la santidad. Y sobre esas 8 cortezas que te he mencionado, está Labán el arameo, pues no en vano Jacob tomó sus dos hijas.

Y el Nombre del recuerdo que te he mencionado es así, que antes de que comiences a estudiar lo que deseas, menciones el versículo:

1951. I Samuel 25:6.
1952. Este misterio está indicado en Salmos, cap. 119.
1953. Es decir, los versículos de ese Salmo que comienzan con la letra *zain*, cuyo valor numérico es 7, y es la séptima letra del alfabeto.
1954. Es posible que se refiera a la cábala práctica.

«Recuerda el asunto a tu siervo, por lo que me has hecho esperar»,[1955] diez veces.

Y cuídate respecto a lo que fijes estudiar en ese tiempo; no interrumpas en absoluto con ninguna palabra de las cosas del mundo, y así recordarás todo lo que estudies en esa hora. Y así en cada tiempo y tiempo. Y el misterio del asunto es que en ese versículo hay 6 palabras, y 10 veces 6 asciende a 60, en correspondencia con las 6 emanaciones que ascienden a 60. Y hay en él 22 letras, como la cantidad de letras de la Torá,[1956] que corresponden con las 10 emanaciones y las 12 –combinaciones de las letras– del Tetragrama. Y 10 veces 22 ascienden a 220, en correspondencia con las 10 emanaciones. Y cada una está incluida de juicio y misericordia, resultado que ascienden a 20. Y cada una está incluida de 10, resultando que ascienden a 200, he aquí –en total– 220.

Y el misterio de las primicias y todas las cosas que son del comienzo, que son para El Santo, Bendito Sea, aluden a la Corona –Keter– suprema, pues no tenemos aprehensión de ella. Asimismo, alude a la Congregación de Israel, que es el comienzo de abajo hacia arriba, para indicar a modo de alusión que toda la abundancia que viene al mundo viene a través de ella. Y cuando traían las primicias, el toro iba delante de ellos con sus cuernos revestidos de oro, en alusión al atributo del juicio que se endulza a través de las primicias, tal como dijeron nuestros sabios, de bendita memoria: toda observación –*hashkafa*– escrita en la Torá es una observación para mal con excepción de la observación de las primicias, pues es grande el poder de los que cumplen los preceptos, porque invierten el atributo del juicio en atributo de misericordia. Y asimismo, la corona de olivo que había en su cabeza, que también alude al juicio. Y el –instrumento musical denominado– *jalil,* que golpeaba ante ellos, también alude al juicio, según el misterio de los levitas que estaban a cargo del canto. Y los asistentes colaboradores y encargados salían al encuentro de ellos para recibir a la Presencia Divina que venía con ellos.

1955. Salmos 119:49.

1956. El alfabeto completo con el que está escrito la Torá tiene 22 letras.

Y a esto se refiere lo que fue dicho: si un sabio viene a la ciudad, ve y recíbelo. Pues es un precepto salir al camino para recibirlo. Ya que numerosos peligros se hallan en el camino y si no fuera por la Presencia Divina que lo acompaña, no se salvaría. Por eso se debe salir a recibir a la Presencia Divina que viene con él. Y a esto se refiere el misterio de lo que está escrito: «Por no haberte recibido con pan y agua».[1957]

Y éste es el misterio de que si los –Hijos– de Israel no merecieran sino recibir a El Padre de ellos que está en los Cielos una vez al mes, sería suficiente. Porque cuando la Luna se completa, es –el tiempo cósmico de– la completitud de la Presencia Divina y se la debe recibir. Y cuando vosotros vais a las tumbas de los justos, si estando en el camino os ocupáis de la Torá, he aquí que la Presencia Divina sale delante de vosotros.

Por eso, apégate a mí, a mi Torá y a mis Mishnaiot [...]. Cuando andes te guiaré y cuando te acuestes te cuidaré; cuando te acuestes concretamente, como está dicho: «cuando te acuestes y cuando te levantes».[1958] Porque cuando tú dormitas en medio de pensamientos de la Mishná, mis siete mundos te toman. Y cuando te despiertas, debido a que has dormido con pensamientos de la Mishná, he aquí que ella habla en tu boca y tus labios se mueven.

Víspera del día de Shabat, 18 de Elul.

Fortalécete y sé esforzado [...]. El Eterno está contigo [...]. Apégate únicamente a mí, a mi temor y a mi Torá. Y no dejes de pensar en mí Torá ni un solo instante. Y ayer, con ese poco que habéis estudiado,

---

1957. «No entrará amonita ni moabita en la congregación de El Eterno, tampoco su décima generación entrará en la congregación de El Eterno para siempre, por no haberte recibido con pan y agua en el camino cuando salías de Egipto, y por haber alquilado a Bilam hijo de Beor, de Petor, Aram Naharaim, para maldecirte» (Deuteronomio 23:4-5).

1958. «Las enseñarás a tus hijos y hablarás de ellas cuando estés sentado en tu casa, y cuando andes por el camino, y cuando te acuestes y cuando te levantes» (Deuteronomio 6:7).

habéis rectificado. Por eso, cuidaos mucho, porque: «Si aflojares en el día de aflicción, tu fuerza se disminuirá».[1959]

Y he aquí en esta sagrada sección de la Torá hay que observar cuidadosamente, ¿por qué en los primeros libros –del Pentateuco– no fue escrita la sección de las primicias? Y si se la debía volver a mencionar y duplicar en este libro,[1960] debido a que[1961] se denomina la duplicación de la Torá –*Mishné Torá*–, estaría bien. Pero no escribirlo en los primeros libros, ¿por qué? Y además, ¿por qué se demoró la escritura de la sección de las primicias hasta aquí? Debería estar escrita en la sección Ree, antes de la sección de los diezmos. Y además, ¿por qué no estaban obligados a cumplir con –el precepto de– las primicias hasta después de haber transcurrido los siete –años– de la conquista, y los siete –años– de la división –de los territorios–? Y si bien durante los siete años de la conquista no estaban obligados, más aún durante los siete de la división, ¿por qué? Y además, lo que dijo: «Manifiesto hoy [...]».[1962] ¿Por qué se necesitó que fuese con el traído de las primicias? He aquí que podía confesar ante El Santo, Bendito Sea, sin traer las primicias. Y además, ¿por qué dice: «Un arameo quiso destruir a mi ascendiente»,[1963] y no comenzó por Abraham, que es la cabeza del pueblo?

Y además, ¿por qué acercó la sección de las primicias a la sección: «cuando termines de diezmar»? Y además, ¿por qué en los dos primeros años corresponde el segundo diezmo y en el tercer año, el diezmo del pobre? Y además, ¿por qué aproximó a esto la sección de las maldiciones? Y además, ¿por qué había 11 malditos y no 12, como el número de las tribus? Y aunque los sabios dijeron que era

---

1959. Proverbios 24:10.

1960. Deuteronomio.

1961. Este libro.

1962. «Y vendrás al sacerdote que estuviere en ésos días, y le dirás: "Manifiesto hoy a El Eterno, tu Dios, que he venido a la tierra que El Eterno juró a nuestros ascendientes nos daría"» (Deuteronomio 26:3).

1963. «Y responderás y dirás ante El Eterno, tu Dios: "Un arameo quiso destruir a mi ascendiente, y descendió a Egipto, y moró allí con muy pocos –hombres–, y se convirtió allí en un gran pueblo, fuerte y numeroso» (Deuteronomio 26:5).

a causa de que Rubén no era apropiado –de todos modos requiere una explicación–. Y además, ¿por qué especificó estos preceptos más que otros, aproximándolos a: «Maldito el que no estableciere [...]»,[1964] que incluye todos los preceptos de la Torá? Y además, ¿por qué se extendió con tantas maldiciones? Pues debido a que este libro está indicado a modo de alusión en la última letra *he*, debería haber reparado en los hijos. Y además, ¿por qué culminó con maldición y no con bendición ni consuelo? Y lo que dijo mi hombre sagrado Simón, que viene a decir que ellos mismos se venderían por esclavos y no habrá quien los comprara por el temor que tendrán de Israel, he aquí que en ningún tiempo presente o futuro habría de ser así, y de todos modos, debido a que no fue así en todos los tiempos, no se ha de responder con eso.

Pero el misterio del asunto es que al final de la segunda sección ordenó lo concerniente a la becerra desnucada. Y la razón de ese precepto es que por el asesinato de ese cadáver se fortificó el flanco de la impureza por dos razones; una, porque ejerció dominio en los hijos de la Matronita y asesinó a uno de ellos. Y además, porque lo asesinó de modo cruel. Pues si lo hubieran matado los del tribunal, le hubieran seleccionado una muerte bella. Y además, a través del dominio que ejerció ese flanco en ese cadáver, el alma del cadáver se impurificó con ese flanco. Y he aquí que Maljut está aludida y la becerra, y el Otro Lado también está aludido en la becerra. Pues todo lo que El Santo, Bendito Sea, creó, creo en correspondencia. Y se denomina: «Becerra bella»,[1965] porque se ve bella, como está escrito en el sagrado Zohar. Y acerca de él Salomón dijo: «He adornado mi cama con adornos [...]».[1966]

Y los que realizaban servicios erróneos practicaban culto idólatra para atraer sobre ellos abundancia de esos flancos; y El Santo, Bendito Sea, ordenó a los Hijos de Israel que no hicieran así, porque la abundancia y el bien que se proyecta de esos flancos se parece a aquel

---

1964. «Maldito el que no estableciere todas las palabras de esta Torá, para realizarlas. Y todo el pueblo dirá ¡Amén!» (Deuteronomio 27:26).
1965. Jeremías 46:20.
1966. Proverbios 7:16.

que va en este tiempo y se apega a las naciones que le otorgan grandeza y bien y riqueza. Y esa abundancia es despreciable y baja; y así es la abundancia que se proyecta de esos flancos. Y El Santo, Bendito Sea, ordenó que realizaran asuntos en el nombre de la santidad, como está dicho: «Todos los llamados en Mi nombre, para mi Gloria [...]».[1967] Y por eso ordenó que tomaran una becerra, en correspondencia con la: «Becerra bella», que es de ese flanco, y la hagan descender: «a un valle yermo, donde no se trabaje ni se siembre [...]».[1968] Porque algo que no produce frutos alude a ese flanco, como consta en el sagrado Zohar. Y valle yermo, que es duro, también él alude a ese flanco. Y la desnucaban, lo cual es una muerte cruel, tal como ese flanco hizo a ese cadáver. Y a través de esa acción esa alma –*nefesh*– de ese cadáver se desprendía de ese flanco, y así se rectificaba el daño de la última –letra– *he*.[1969]

Y esa era la discusión[1970] entre el primer sabio –*tana kama*– y Rabí Iehuda acerca de: «Tus ancianos y tus jueces».[1971] Pues un maestro dice tres, y un maestro dice cinco. Quien dijo tres, alude a los «tres rebaños que estaban echados sobre ella».[1972] Pues ellos solicitaban tomar la venganza de la Matronita, que es: «Toda la gloria de la hija del rey está en el interior».[1973] Y quien dijo cinco, indica a modo de alusión que la última *he*[1974] misma tomará su venganza.

1967. «Todos los llamados en Mi nombre; para mi Gloria los he creado, los formé y los hice» (Isaías 43:7).

1968. «Y los ancianos de esa ciudad harán descender la becerra a un valle yermo, que no se trabaje ni se siembre, y desnucarán allí, en el valle, a la becerra» (Deuteronomio 21:4).

1969. Que corresponde con Maljut.

1970. *Véase* Talmud, tratado de Sota 44b.

1971. «Y tus ancianos y tus jueces saldrán y tomarán la distancia de las ciudades alrededor del cadáver» (Deuteronomio 21:4).

1972. Génesis 29:2.

1973. Salmos 45:14.

1974. El valor numérico de esta letra es 5, y alude a Maljut.

Y decían: «Nuestras manos no han derramado esta sangre».[1975] Es decir: nosotros no nos afligimos por esta sangre, porque saldó su deuda, ya que El Santo, Bendito Sea, no hace juicio sin juicio; pero nosotros nos afligimos porque: «Nuestras manos no han derramado esta sangre». Ya que hubiera salido por el flanco de la santidad, y no a través de ese flanco. Y además, porque le hubieran seleccionado una muerte bella. «Y nuestros ojos», que son los miembros del Sanhedrín, que son los ojos de la congregación, «no han visto», su juicio, pues hubieran invertido para mérito de él, y su alma –*nefesh*– no hubiera salido mediante ese flanco. Y ahora, a través de esa acción que realizaron, he aquí que su alma se desprendió de ese flanco y se apegó al flanco de la santidad.

«Expía –*kaper*– por tu pueblo Israel».[1976] Es decir, limpia y quita el espíritu de impureza para que no se acerque a ellos. Porque *kaper* es una expresión de limpieza tal como: quiso limpiar –*kapurei*– sus manos con ese hombre.[1977] «Que Tú has redimido, El Eterno». Es decir, así como estuvieron en medio de los flancos impuros y los rescataste de allí, y has quitado de ellos el espíritu de impureza, así quítalo ahora. «Y serán expiados por la sangre». Es decir, a través de esa acción será limpiado y quitado el espíritu de impureza incluso de la sangre de ese cadáver; y aunque la sangre sea habitáculo del flanco de la impureza, aquí, a través de esta acción será quitada de ellos y de allí.

Y he aquí que la generalidad de esta acción depende del misterio del alma existencial –*nefesh*–, el espíritu –*ruaj*–, y el alma suprema –*neshamá*–, tal como te he enseñado acerca del misterio de quitar el zapato. Pues el sacado de la becerra es una acción concreta y corresponde con el alma existencial –*nefesh*–; «nuestras manos no han derramado esta sangre»; corresponde con el alma suprema –*neshamá*–, que es fina, y así el habla. Y el lavado de las manos corresponde con

---

1975. «Y declararán y dirán: "Nuestras manos no han derramado esta sangre y nuestros ojos no han visto"» (Deuteronomio 21:7).

1976. «Expía por tu pueblo Israel que Tú has redimido, El Eterno, y no pongas sangre limpia en medio de tu pueblo Israel; y serán expiados por la sangre» (Deuteronomio 21:8).

1977. *Véase* Talmud, tratado de Guitin 56a.

el espíritu –*ruaj*–, que es un intermedio entre ambas. Y así era este lavado, que no era una acción completa, porque no era sino para quitar la impureza y a través del mismo también completaban –el proceso de rectificación–.

Y debido a que esa acción es para devolver al alma –*nefesh*– de la santidad a su lugar, pues con eso habrá completitud del flanco de la santidad, por eso se aproximó a eso la sección de las primicias, ya que el asunto de las mismas es semejante a éste. Pues los frutos, como es sabido, salen de la Congregación de Israel, y por eso trae primicias, para devolverlas al lugar del que salieron. Y las coloca en una cesta, que alude a ella. Y las trae junto al sacerdote que es el hombre de bondad –*jesed*–, y es la cabeza de las 7 emanaciones de la Edificación.

«Y la pondrá ante el Altar de El Eterno»,[1978] que alude a Biná, y aquí también se unifican. Y aquí también con la acción del tomado y el colocado en la cesta, y el traído, son una acción y corresponden con el –grado del– alma –*nefesh*–. «Y responderás y dirás ante El Eterno, tu Dios: "Un arameo quiso destruir a mi ascendiente [...]"»,[1979] corresponde con el –grado del– alma sagrada –*neshamá*–. Y el agitado –de las primicias– y el colocado ante El Eterno son acciones, pero no acciones completas, y corresponden con el –grado del– espíritu, que es un intermedio entre el alma existencial –*nefesh*– y el alma sagrada –*neshamá*–.

Y no se traen primicias sino de las 7 especies –con las cuales fue alabada la Tierra de Israel–, que corresponden con las 7 emanaciones de la Edificación y todas las frutas dependen de ellas. Y asimismo no se trajeron antes de los 7 años de la división –de los territorios–, porque todo el tiempo que no dividieron, aún ese flanco tenía un poco de aprehensión allí. Se parece a lo que tiene cáscara amarga, que transmite un poco de lo amargo al fruto. Y asimismo, cuando se quita la cáscara del fruto, no es posible hacerlo si no se quita también un poco de la pulpa –del fruto–. Por eso, era necesario que no quedara

---

1978. «Y el sacerdote tomará la cesta de tu mano, y la pondrá ante el Altar de El Eterno, tu Dios» (Deuteronomio 26:4).
1979. Deuteronomio 26:5.

en parte del fruto ningún flanco de aprehensión para ese flanco, tanto en el fruto como en la tierra, cuando trajeran las primicias. Y por eso no se las trajo, aunque habían conquistado –la tierra–, hasta que la dividieron.

Y comienza con: «Un arameo quiso destruir a mi ascendiente», porque Abraham e Isaac, aunque tenían a Ismael y Esaú, no es una novedad lo que hicieron a sus hermanos,[1980] ya que es posible decir que la hermandad les provocó –actuar así–, pero un arameo –Labán–, que no tenía hermandad con Jacob, ciertamente lo hubiera eliminado si no fuera porque El Santo, Bendito Sea, lo protegió.

Y además, aquí están aludidos los cuatro exilios. Pues, «un arameo», se refiere al exilio de Babilonia, y dijo: «quiso destruir a mi ascendiente», porque en un lapso de tiempo breve se casaron con mujeres extrañas y perdieron el judaísmo y el linaje de su padre. «Y descendió a Egipto [...]. Y los egipcios nos maltrataron».[1981] Indica a modo de alusión que se habla del exilio de Egipto. «Y nos afligieron»,[1982] alude al exilio griego, pues nos afligieron con numerosas aflicciones y decretos. «Y nos impusieron duros trabajos»,[1983] alude al exilio de Edom, que se prolongó durante tanto tiempo y decretaron muchos decretos. Y de todos modos el asunto de las primicias y la becerra desnucada es para devolver el flanco de la santidad a su lugar, pues así habrá completitud de abundancia y bendiciones que se proyectarán a todos los mundos.

Y así es el apartado del mundo del justo. Y por eso, El Santo, Bendito Sea, ordenó: «no os sajaréis [...]».[1984] Pues esos que adoraban a falsos –dioses–, se sajaban por los muertos de ellos, porque el daño que llegaba al flanco de su impureza era con la muerte de esa muer-

---

1980. Que quisieron asesinarlos.
1981. Deuteronomio 26:5-6.
1982. Deuteronomio 26:6.
1983. Ibíd.
1984. «Vosotros sois hijos de El Eterno vuestro Dios, no os sajaréis ni tonsuraréis entre los ojos por un muerto. Pues tú eres pueblo santo para El Eterno, tu Dios, y El Eterno te ha elegido a ti para que seas su pueblo preciado de entre todos los pueblos que hay sobre la faz de la tierra» (Deuteronomio 14:1-2).

te de ellos. Pero los de Israel no son así, sino que cuando nace un niño todo el mundo se alegra porque vino abundancia de bendición al mundo con la llegada una nueva alma –*nefesh*– al mundo. Y así también con el fallecimiento de los justos, salen varios campamentos sagrados ante él y así se santifican los mundos y se les agrega espíritu de santidad.

Y éste es el misterio de Rabeinu Hakadosh,[1985] ya que cuando reposó su alma, su sierva dijo que los de lo Alto solicitan a Rabí[1986] y los de lo bajo solicitan a Rabí.[1987] Y aunque para los de lo Alto es confortante que los justos estén en este mundo, y enseñan méritos por ellos ante El Santo, Bendito Sea, eso es antes de que llegue el tiempo de ellos de irse de este mundo. Pero cuando llega al tiempo de ellos de irse de este mundo, ellos se esfuerzan para que se vaya de este mundo, para que también ellos asciendan a un nivel supremo. ¿A qué se parece? Al caso de un rey que entregó a su hijo a un instructor, ya que todos los siervos del rey que pueden enseñar mérito sobre ese hijo del rey, ascienden en un gran ascenso ante el rey.

Y cuando llega su tiempo de ascender de ese lugar y ascender al grado de Maljut, todo lo que pueden hacer para que ascienda a lo Alto, hacen. Pues con el ascenso de él a Maljut, también ellos ascienden con él en un ascenso más elevado. Asimismo, todo el tiempo que el justo está en el mundo, todos los de lo Alto enseñan mérito por él para que exista en el mundo, para que realice buenas acciones, ya que a través de ellas ellos ascienden y ascenderán. Y cuando llega el tiempo de ellos de ascender al mundo supremo, ellos se esfuerzan y solicitan que ascienda del mundo para ascender también ellos con él, en un ascenso mucho más elevado. Pues cuando un justo –fallece y– asciende del mundo, numerosos campamentos de la santidad salen ante él, y a través de eso se abren numerosas fuentes de abundancia y bendición, y se bendicen todos los mundos.

1985. Rabí Iehuda Hanasí.
1986. Ibíd.
1987. *Véase* Talmud, tratado de Ketuvot 104a.

Y la sierva de Rabí, es su cuerpo, que es la vestimenta del alma –*nefesh*–, la cual es pura y clara. Y cuando alzó sus diez dedos [...] y dijo: no he tenido provecho incluso con el dedo pequeño [...] se refiere a la Congregación de Israel, que es pequeña, y todos los provechos y deleites dependen de ella. Y ya que dijo que no tuvo provecho de ella, se entiende que no tuvo provecho en absoluto. Y ya que vio el cuerpo que llegaba su tiempo de ascender del mundo, se esforzaba en dejarlo un poco en el mundo para cumplir algún precepto en ese momento, y por eso su sierva dijo: sea la voluntad que los de lo bajo puedan con los de lo Alto. Y cuando ella vio que él sufría mucho, y por el sufrimiento no podía cumplir ningún precepto, dijo: ya que es así, sea la voluntad que los de lo Alto puedan con los de lo bajo. Pues hemos dicho que con el regreso del alma –*neshamá*– del justo a su lugar se incrementa santidad de bendición al mundo. Y ésta es la razón de la becerra desnucada y las primicias, tal como hemos mencionado.

Y la razón por la cual dijo que en dos años[1988] –debe separarse– el segundo diezmo, y en el tercero el diezmo del pobre, quiere decir que los dos primeros años aluden a Jesed y Guevurá, que son dos. Y los dos años segundos[1989] aluden a Netzaj y Hod, que también son dos. Y el tercer año alude a la Congregación de Israel que se denomina Pobre. Y ese precepto está aludido también en relación con el alma existencial –*nefesh*–, el espíritu y el alma suprema *neshamá*–. Pues la Congregación de Israel alude al alma existencial –*nefesh*–; y Iesod, que está entre Netzaj y Hod, alude al espíritu; y Tiferet, que está entre Jesed y Guevurá, alude al alma suprema –*neshamá*–.

Y ahora, estos tres preceptos, la becerra desnucada, las primicias y los diezmos, cada uno de ellos tiene un vínculo a modo de alusión con el alma existencial –*nefesh*–, el espíritu y el alma suprema –*neshamá*–, por lo que he aquí que son 9, en correspondencia con los 9 soni-

---

1988. El primer año y el segundo año después de la Remisión se extrae el segundo diezmo, y en el tercer año se extrae el diezmo del pobre. Después, el cuarto año y el quinto año se vuelve a extraer el segundo diezmo. Y en el sexto año se extrae nuevamente el diezmo del pobre.

1989. Que preceden al tercer año, en el cual corresponde el diezmo del pobre. Es decir, los dos años segundos, se refiere al cuarto año y al quinto año.

dos de *Rosh Hashaná*, que son 3 de 3, 3,[1990] en correspondencia con las 10 emanaciones, la décima de las cuales incluye 9. Y después de que se completaron e incluyeron con las 10 emanaciones, se ven ante ellos las maldiciones, que son 11, en correspondencia con las coronas[1991] de esos flancos, que son diez, y uno sobre ellos, en correspondencia con las emanaciones de la santidad, porque «también esto en correspondencia con esto hizo Dios».[1992]

Y el misterio por el cual fueron mencionados estos preceptos más que otros, para esclarecer este asunto es necesario conocer todos los grados y coronas de ese flanco.[1993] Y después conocerás los misterios de esos preceptos, y a partir de eso sabrás por qué estos preceptos fueron escritos junto a las maldiciones más que otros. Y aún te daré a mi amado.

Y después se vieron esas maldiciones con el reproche, pues el reproche es una completitud mayor que las bendiciones. Y si las personas conocieran la completitud del reproche, la leerían siempre –a esa sección–. Y se alegrarían con ella más de lo que se alegran con las bendiciones. E incluso que en cada detalle y detalle hay infinidad de leyes, y aún sabrás un poco de ellos, de todos modos, su generalidad es advertir a Israel del pecado. Y este reproche y el segundo, se parecen al reproche del padre y la madre. Porque la madre se apiada mucho de su hijo, y cuando lo golpea, lo golpea con amor. Y el padre no muestra tanto amor y lo golpea con más fuerza.

Y así es el primer reproche –mencionado en la Torá–, según el nivel del padre. Pues los cuatro primeros libros –del Pentateuco– aluden a las emanaciones supremas y por eso las maldiciones de Torat Cohanim –Levítico–, fueron graves y fuertes, y las maldiciones de Mishné Torá –Deuteronomino–, eran de –el nivel de– la madre, que es Maljut; y por eso, el volumen de sus maldiciones era más grande,

---

1990. Se refiere a los nueve sonidos –*tekiot*– que se hacen sonar en Rosh Hashana con el cuerno denominado *shofar*, los cuales son tres compuestos de tres sonidos cada uno.
1991. Las emanaciones también se denominan coronas.
1992. Eclesiastés 7:14.
1993. El flanco del Otro Lado.

pero eran más livianas en su fuerza, pues no eran tan fuertes como las primeras maldiciones.

Y lo que está escrito en ellas: «Y allí os venderéis»,[1994] se refiere al tiempo de los genocidios, porque vosotros mismos haréis como si os vendiereis allí a otro pueblo como siervos y siervas, para que os protejan. «Y no habrá comprador». Es decir, esa venta vuestra no será a modo de venta y adquisición completa, sino que os veréis a vosotros mismos como si os vendierais, pero en verdad no os venderéis.

Y respecto a lo que te he dicho, que las maldiciones eran mejores que las bendiciones, es tal como está escrito: «Hijo mío: no detestes la reprenda de El Eterno y no rechaces su reproche».[1995] Pues hay que observar cuidadosamente: ¿cuál es la reprenda y cuál es el reproche? ¿Y por qué respecto a la reprenda dijo «detestes –timás–», y respecto al reproche dijo «rechaces –tikotz–»? Y además, ¿por qué dijo: «Pues a quien El Eterno ama, a él reprocha»,[1996] que vuelve respecto a: «y no rechaces su reproche»? ¿Y por qué no volvió también respecto a: «no detestes la reprenda –musar– de El Eterno», tal como volvió respecto a: «y no rechaces su reproche»? Pero la explicación del asunto es que –aquel que imparte– musar se denomina aquel que alecciona –miaser– a su hijo, o a su compañero, de ir por mal camino, y –aquel que imparte– reproche es aquel que conduce a otro por el buen camino. Porque musar es «apártate –sur– del mal», y reproche es «haz bien».

Y debido a que cuando se aparta a un hombre del camino de sus placeres, él detesta a aquel que lo aparta, por eso dijo respecto a musar: «no detestes». Y debido a que cuando se reprocha a un hombre para que vaya por buen camino, y se le vuelve a reprochar varias veces, él rechaza –katz–[1997] por tantas veces que se lo reprocha, por eso respecto al reproche dijo: «y no rechaces –tikotz–». Y volvió y dijo: «Pues a quien El Eterno ama, a él reprocha», pues debido a que mu-

---

1994. «Y El Eterno te hará volver a Egipto en barcos, por el camino del cual te he dicho: "no lo volverás a ver más"; y allí os venderéis a vuestros enemigos como siervos y siervas, y no habrá comprador» (Deuteronomio 28:68).

1995. Proverbios 3:11.

1996. «Y como el padre al hijo a quién quiere» (Proverbios 3:12).

1997. Siente repulsión (*véase* Rashi, Meztudat Tzion).

chas veces en la Torá hay advertencias para ir por el buen camino, debe considerarse por si la persona rechazara esos reproches, y dijo: no los rechaces. Pues debido al gran amor que tiene por ellos vuelve a reprocharles muchas veces. Y volvió al comienzo del versículo que dijo: «Hijo mío: no detestes la reprenda de El Eterno».

Y dijo: «Y como el padre al hijo a quien quiere».[1998] Es decir, el padre es aleccionado por su enemigo. Pues si su enemigo lo increpa por un pecado que cometió, él se cuida de no cometer nuevamente ese pecado para que su compañero no lo increpe. Resulta que ese enemigo es la causa para hacer volver a ese hombre en arrepentimiento de esa falta, incluso que ese enemigo no tuvo intención de eso. Pero cuando El Santo, Bendito Sea, alecciona a la persona, no es por la segunda intención sino por la primera intención, para que abandone el mal camino. Y ahora dijo, debido a que El Santo, Bendito Sea, no te alecciona sino para apartarte del mal camino, no es apropiado que lo rechaces, sino por el contrario, que lo ames pues su intención es para tu provecho y para bien y no para increparte como ese enemigo que te increpa. Y a esto se refiere lo que está escrito: «Y has de saber en tu corazón que tal como un padre alecciona a su hijo, El Eterno, tu Dios, te alecciona».[1999] Es decir, él tiene la intención de aleccionarte como un padre que alecciona a su hijo para apartarlo del mal camino y no como ese enemigo cuyo compañero es aleccionado a través de él sin intención de eso. Por lo tanto, es correcto que recibas la lección de El Santo, Bendito Sea, con mucho amor. Y la paz sea contigo.

SECCIÓN DE NITZAVIM

Shabat sección Nitzavim.

Hay que observar cuidadosamente por qué necesitó volver a hacerlos entrar en un pacto, pues he aquí que ellos ya entraron en un

---

1998. Proverbios 3:12.
1999. Deuteronomio 8:5.

pacto en el Monte Sinaí. Además, hemos visto que nuestro maestro Moisés, que la paz sea con él, dijo: «Para que entres en el pacto […]»,²⁰⁰⁰ y no vimos que los Hijos de Israel respondieran ninguna cosa. Y si dijeras: «seguramente han respondido alguna cosa y la aceptaron, sólo que está escrito de modo sintético», es difícil de suponerlo pues si fuese así, ¿a qué se refiere lo que dijeron los sabios: he aquí una gran notificación para la Torá, que invirtió sobre ellos el Monte como un barril?²⁰⁰¹ Y cuando volvieron y la aceptaron nuevamente²⁰⁰² en los días de Ajashverosh –Asuero–, también podríamos decir que hay en ella una notificación, pues habían sido entregados para ser exterminados, asesinados, y eliminados.

Y además, ¿cómo es posible decir que no recibieron la Torá en el Monte Sinaí sino en forma forzada, porque invirtió sobre ellos el Monte como un barril? He aquí que hemos visto que la recibieron sobre ellos con buena voluntad y anticiparon haremos a escucharemos.²⁰⁰³ Pero la respuesta del asunto es que en el Sinaí, aunque adelantaron haremos a escucharemos, estuvieron forzados. Pues estaban en el desierto árido y no conocían ningún camino y no tenían ningún alimento, sino solamente el maná. Y esto es semejante a la inversión del Monte como un barril, y por eso, ahora que estaban en el final del cuadragésimo año y tenían libre elección, nuestro maestro Moisés, que la paz sea con él, quiso hacerlos entrar en un pacto, porque era posible pensar en esa gran notificación de la Torá en la primera recepción. Y a esto se refiere lo que les dijo: «Tal vez hay entre vosotros un varón o una mujer […]».²⁰⁰⁴ Es decir, Dios libre de pensar

---

2000. Deuteronomio 29:11.

2001. Y les preguntó si aceptaban la Torá.

2002. A la Torá.

2003. Como está escrito: «Y tomó el Libro del Pacto y lo leyó a oídos del pueblo, y dijeron: "Haremos todo lo que El Eterno ha dicho, y escucharemos"» (Éxodo 24:7).

2004. «Tal vez hay entre vosotros un varón o una mujer, una familia o tribu, cuyo corazón se desvía el día de hoy de El Eterno nuestro Dios, para ir a servir a los dioses de las naciones; tal vez hay entre vosotros una raíz de la que brotan hiel y ajenjo» (Deuteronomio 29:17).

una cosa como ésta sobre todos. Pero es imposible suponer que este asunto era: «un varón o una mujer [...]», y ellos no le respondieron nada, porque el silencio se parece al reconocimiento, y aún es una notificación, pues es posible decir que el silencio no es como reconocimiento, y por eso volvieron y la recibieron en los días de Asuero.

Víspera del día de Shabat, 25 de Elul.

Fortalécete y sé esforzado [...]. Y todo lo que haces El Eterno te hace prosperar y te hará prosperar. Apégate únicamente a mí, a mi Torá y a mi temor, tal como has hecho en algunas semanas, y conforme a las normas de no tener provecho de las cosas del mundo, y como te advertido y no como tú haces. Solamente apégate a mí tal como te he ordenado y advertido y estaré contigo. Y cuídate de estudiar y conocer todos los seis órdenes de la Mishná antes del Día del Perdón. Y cuídate de estudiar cábala, y no aflojes de ella de ningún modo. Pues ya has aflojado mucho tiempo en ella y tú no sabes cuán importante es estudiarla.

«El Eterno descubrió su brazo sagrado [...]».[2005] Aquí hay que observar cuidadosamente ¿cuál es la intención de la expresión: «descubrió»? ¿Qué implica si estaba descubierto o cubierto? Y además, ¿por qué dijo: «y todos los confines de la tierra verán»? Se entiende que los Hijos de Israel no verán.

Pero el misterio del asunto es que ese brazo es del flanco de la izquierda y dijo que El Santo, Bendito Sea, apartará de él a las cortezas que se adhieren a él, y la santidad estará sola. Y a esto se refiere lo que está escrito: «su brazo sagrado». Y dijo: «descubrió», porque el brazo de la santidad estará descubierto. Y entonces los pueblos verán que no hay poder en las cortezas, sino que todo el poder está en la santidad. Y a esto se refiere lo que está escrito: «la salvación de nuestro Dios». Pues nuestro Dios alude al atributo del juicio, Él efectuará la salvación.

2005. «El Eterno descubrió su brazo sagrado ante los ojos de todos los pueblos, y todos los confines de la tierra verán la salvación de nuestro Dios» (Isaías 52:10).

«Y ellos son Tu pueblo y Tu posesión [...]».[2006] Es decir, las almas de los Hijos de Israel provienen de los flancos supremos y por eso El Santo, Bendito Sea, los ama. Pues hay diez emanaciones y los Hijos de Israel corresponden con ellas. Pues los sacerdotes, los levitas y los israelitas aluden a Jesed, Guevurá y Tiferet. Y en los sacerdotes hay tres niveles: el sumo sacerdote, el sacerdote común y el sacerdote ungido para la guerra. Y ellos corresponden con: Jesed, Netzaj y Maljut. Y en los levitas también hay tres niveles: cantores, porteros, y los que cargaban al hombro en tiempos del Tabernáculo. Y ellos corresponden con: Guevurá, Hod y Maljut. Y en los israelitas también hay tres niveles: los poseedores de sabiduría, en correspondencia con Tiferet. Pues Tiferet son los *noblot*[2007] de la Jojmá suprema. Y los poseedores de riqueza corresponden con Iesod. Porque la riqueza y la abundancia de las emanaciones, todas se proyectan por él. Y los poseedores de acciones corresponden con Maljut, que es el mundo de la acción.

Y lo que dijo: «Y Tu posesión», hay que observar cuidadosamente que es imposible explicar que les hace heredar de otros, pues está escrito acerca de él: «Yo soy el Primero y Yo soy el Último».[2008] Pero el misterio del asunto es que le dijo a El Santo, Bendito Sea: he aquí que ellos son «Tu pueblo». Es decir sus almas vienen de las 7 emanaciones de la Edificación, y allí vienen de lo Alto, de las tres supremas. Porque las 7 emanaciones de la Edificación las heredaron de las 3 supremas.

Y debido a que sus almas vienen de lo Alto y se transmiten de emanación en emanación, hasta que llegan al lugar de despegue de las almas a este mundo, dijo: «que has rescatado». Es decir, así como las cortezas rodean a la santidad, así, los Hijos de Israel estaban hundidos entre dos pueblos y El Santo, Bendito Sea, los rescató de ellos. «Con Tu gran –*hagadol*– poder [...]». Tu poder, es la –emanación– Biná, que es el poder de las demás emanaciones. «Gran –*hagadol*–»,

---

2006. «Y ellos son Tu pueblo y Tu posesión, que has sacado con Tu gran poder y con Tu brazo extendido» (Deuteronomio 9:29).

2007. *Véase* Talmud, tratado de Berajot 40b.

2008. Isaías 44:6.

se refiere a la –emanación– Jesed. «Y con Tu gran brazo»,[2009] se refiere a la –emanación– Guevurá.

Y debido a que las almas de los Hijos de Israel vinieron de las emanaciones supremas, Moisés dijo: «Y perdona nuestros pecados y nuestras faltas, y seamos tu heredad».[2010] Porque hay tres tipos de pecados: pecado involuntario –*jet*–, pecado por placer –*avon*–, e insubordinación –*pesha*–. Y además, hay un cuarto, que son los entregadores y los renegados [...] y la profanación de –el Nombre de– El Eterno. He aquí que ellos corresponden con –el misterio de– las 4 cáscaras –de la nuez–. Pues la cáscara superior de la nuez es muy amarga, y las personas tienen provecho de ella para colorear los recipientes. La segunda cáscara es muy fuerte, y las personas tienen provecho de ella quemándola. Y ellas corresponden con el pecado involuntario –*jet*–, y el pecado por placer –*avon*–, que no son tan fuertes. Pero de la tercera cáscara no hay provecho de ella en absoluto, y asimismo de la cuarta cáscara, no hay provecho de ella en absoluto; por el contrario, si quisieran quitarla no podrían hasta que tomaran con ella del alimento –del fruto–. Y por eso, esas dos cáscaras aluden a la insubordinación y a los entregadores [...]. Y no recordó a Israel sino el pecado involuntario –*jet*–, y el pecado por placer –*avon*–, y no insubordinación, debido a que el alma de ellos vino de niveles supremos. Y debido a que vinieron de niveles supremos, El Santo, Bendito Sea, cortó con ellos un pacto. Pues un pacto es un asunto que es cortado en dos cortes, lo cual viene a indicar a modo de insinuación que esos dos cortes están dispuestos para unirse. Y así El Santo, Bendito Sea, cortó un pacto con los Hijos de Israel para indicar a modo de alusión que ellos están apegados a Él, pues las almas de ellos vienen de nive-

---

2009. «Y con Tu brazo extendido» (Deuteronomio 9:29).

2010. «Y dijo: por favor, si he hallado gracia en tus ojos Señor, vaya por favor El Señor en medio de nosotros; porque es un pueblo de dura cerviz; y perdona nuestros pecados y nuestras faltas, y seamos tu heredad» (Éxodo 34:9).

les supremos. Y por eso dijo en esta sagrada sección de la Torá: «Vosotros estáis de pie hoy, todos vosotros [...]».[2011]

Aquí se alude al misterio de las almas, cómo están dispuestas –en diversos ordenes secuenciales de disposición–: «Vosotros estáis de pie hoy», «Hoy vosotros estáis de pie», «Hoy estáis de pie vosotros», «Vosotros hoy estáis de pie», «Estáis de pie vosotros hoy», «Estáis de pie hoy vosotros». Pues después del reproche –mencionado en la sección Ki Tavo–, que tenía como objetivo someter el poder de la vestimenta del misterio de la Serpiente, que es el cuerpo, y a través de eso ascienden en las almas, dijo: «vosotros», que son las almas, «estáis de pie», tenéis un pacto y una elevación a través del debilitado del cuerpo por medio de las maldiciones del reproche, pues aquel que habla con su compañero observa en su rostro, como si no hablara sino con su rostro, así dijo aquí: «Vosotros estáis de pie». Hablaba con las almas. Y no en vano los sabios dijeron: vosotros; también vosotros, para incrementar a vuestros enviados.[2012] Pues: «vosotros», son las almas, «vuestros enviados», son los cuerpos. Y así como vosotros sois hijos del pacto de El Santo, Bendito Sea, también vuestros enviados, que son vuestros cuerpos, serán hijos del pacto, es decir, estarán apegados a El Santo, Bendito Sea.

«Vuestros jueces[2013], vuestros alguaciles, vuestros ancianos».[2014] «Vuestros jueces», se refiere a Jesed, Pues aunque sea bondad –*jesed*–

2011. «Vosotros estáis de pie hoy, todos vosotros, ante El Eterno, vuestro Dios: vuestros líderes, vuestras tribus, vuestros ancianos, y vuestros alguaciles, todo hombre de Israel. Vuestros niños, vuestras mujeres y tu prosélito que está contigo en tu campamento; desde el que corta tu leña hasta el que extrae tu agua. Para que entres en el pacto de El Eterno, tu Dios, y en Su juramento que El Eterno, tu Dios, corta contigo hoy» (Deuteronomio 29:9-11).

2012. *Véase* Talmud, tratado de Baba Metzía 22a.

2013. En el versículo este escrito: «vuestras tribus –*shibteijem*–». Pero como la letra *pe* se intercambia por la letra *bet*, ya ambas son labiales, puede leerse: *shofteijem*, que son jueces. Pues como la expresión *shibteijem* está escrita de modo carente, sin la primera letra *iud*, se puede leer la vocal o, en vez de la vocal i, resultando: *shofteijem*.

2014. El orden de las declaraciones no sigue el orden de lo manifestado en el versículo. Y considerando lo que se dijo anteriormente acerca del orden de las almas y las palabras, es posible comprender el sentido de lo aquí expuesto. Ya que todos los órdenes están incluidos (*véase* Or Hajaim al comienzo del Génesis).

con misericordia, el juicio está incluido en él, tal como te he enseñado. Pues es el juez el que sentencia el juicio, y de todos modos, no se ocupa de culminar y ejecutar el juicio. Pero el alguacil, que alude a Guevurá, culmina el juicio y presiona para que lo reciban sobre ellos. «Vuestros ancianos», alude a Tiferet, que alude a Israel el Anciano.

Entonces el maestro, Rabí Salomón, corrigió: no está escrito aquí Israel, sino: «vuestros líderes, vuestras tribus, vuestros ancianos y vuestros alguaciles». Y he aquí que el arpa sonaba por sí sola. Y dijo: aunque a veces yo doy una explicación del versículo que no es así, he aquí que yo digo según lo que hay en tu voluntad, y de todos modos, la explicación que dije es verdad, y a ti te corresponde asentar el versículo tal como está escrito. Y a esto se refiere lo que está escrito: «mas ciertamente espíritu hay en el hombre».[2015] Es decir, conforme a lo que hay en la voluntad del hombre, así le muestran. «Y el alma del Todopoderoso le otorga entendimiento». Es decir, aunque así sea, lo que he explicado es verdad, y es necesario que lo entendáis según la intención del versículo tal como está escrito. Y a esto se refiere lo que está escrito: «A través de los profetas me apareceré».[2016] Es decir, aunque veas en algunos profetas que no tienen un lenguaje claro, aunque sea a modo de parábolas, como la profecía de Zacarías, no es de él, pues: «Yo aumenté visión».[2017] Pero según lo que asciende a la imaginación del profeta vinieron esas parábolas, y lenguaje que no es claro.

Y volveré a nuestro asunto: «Para establecerte hoy para Él por pueblo».[2018] Porque «hoy» alude a las emanaciones supremas. «Para Él», se refiere a Tiferet. «Por pueblo», se refiere a Tiferet y Iesod. Es decir las 12 Havaiot[2019] vinculadas con el misterio de Tiferet. Y con

---

2015. «Ciertamente los días hablarán –del mismo modo como el paso de los días confiere al niño la capacidad de hablar–, y los muchos años otorgarán sabiduría; mas ciertamente espíritu hay en el hombre, y el alma del Todopoderoso le otorga entendimiento» (Job 32:8).

2016. Oseas 12:11.

2017. Ibíd.

2018. «Para establecerte hoy para Él por pueblo y Él será para ti por Dios, tal como te habló y tal como juró a tus ascendientes, a Abraham, a Ytzjak y a Jacob» (Deuteronomio 29:12).

2019. Las 12 combinaciones de las letras del Tetragrama.

12 Havaiot vinculadas con el misterio de Iesod, son 24, en correspondencia con los 24 libros –del Tanaj–. Y con Tiferet y Iesod, serán 26, en correspondencia con el Nombre, El Tetragrama, cuyo valor numérico es 26. Otra cosa: «Para Él», se refiere al misterio de la Torre –migdal– que vuela por los aires,[2020] que es Biná y transmite influencia a vav,[2021] que es Tiferet. «Por pueblo», he aquí que ya fue explicado. «Y Él será para ti –lejá–».[2022] Es decir, Biná, aludida en –la letra– lamed, transmitirá influencia a caf y la abundancia llegará a la Congregación de Israel.

Y en el final de la sección se advirtió acerca del arrepentimiento –teshuvá–, que se refiere a la Congregación de Israel, para apegarla con el Arrepentimiento, que es Biná, como está dicho: «Y retornaba –teshuvató–, a Ramá»,[2023] que está dicho acerca de la –emanación– Biná.

Y he aquí que en estos 10 días en los que no se come carne y no se bebe vino,[2024] hay que cuidarse de esos alimentos y de esa bebida. Y esos dos días de *Rosh Hashaná* aluden a Biná y a Jojmá. Y por eso también los moradores de la Tierra de Israel hacen –*Rosh Hashaná*– dos días. Y este año, cuando el día de Shabat cae después de ellos, es la completitud de ese día de Shabat que alude a Keter. Y en los demás años, ese día es el ayuno de Guedalia. Pero no es con completitud como cuando el día de Shabat cae próximo a *Rosh Hashaná*.

Y he aquí que antes de que fuera asesinado Guedalia, no hacían alusión a Keter, porque estaba incluida en *Rosh Hashaná*, que alude a Jojmá. Y después de que Guedalia fuera asesinado, la impureza aumentó en el mundo, y debemos hacer alusión a Keter; por eso se estableció en él ayuno. Y todos esos días son supremos y en ellos se debe someter al Mal Instinto. Y por eso es necesario ayunar en ellos

---

2020. *Véase* Talmud, tratado de Jaguigá 15b.
2021. La letra *vav* del Tetragrama se vincula con el misterio de Tiferet.
2022. La expresión *lejá* está escrita con una letra *lamed* y una letra *caf*.
2023. I Samuel 7:17.
2024. En los 10 días de arrepentimiento, es propicio no comer carne ni beber vino.

y ser azotados[2025] cada día para debilitar el Mal Instinto, y entrar cada día a Aguas Vivas,[2026] o a una Mikve,[2027] para ascender a Jesed, o arrojar sobre uno 9 medidas *kav* de agua, en correspondencia con 9 emanaciones, y el hombre mismo alude a la décima. Asimismo, el utensilio en el cual están las aguas alude a la décima, que es el recipiente de todas.

Y he aquí, debido a que todos esos días aluden a Keter, Jojmá y Biná, donde no hay allí comida ni bebida, hay quien dice que hay que someterse con ellas –ayunando–, pero en el mundo no se acostumbra hacer así, porque la comida en esos días es para que el Satán tenga parte en nuestra santidad y no acuse sobre nosotros, como ocurría con el chivo que era enviado –a Azazel–, y el pelo de becerro en las filacterias. Y de todos modos, no debe comerse en ellos carne ni beberse vino, y también hay que disminuir en los demás alimentos y bebidas. Y aunque Esdras dijo: «comed grosuras»,[2028] eso, para todo el pueblo, y yo hablo de los hombres selectos. Y además, «grosuras –*mashmanim*–» se refiere a aceite, mantequilla y leche, pero no a carne. Y así con la bebida, no dijo: «bebed vinos», sino otras bebidas, que son dulces.

Y cuando llega el Día del Perdón ayunan y no comen, para apaciguarlo como en esos días. Y asimismo nosotros oramos de pie como los ángeles servidores, porque el Satán no ejerce dominio en él.[2029] Por eso se pronuncia en él: «Bendito el Nombre de la Gloria de su Reino por siempre jamás», en voz alta. Y aunque en el Shabat próximo a *Rosh Hashaná*, que alude a Keter, comemos en él, se debe a que alude a Keter no revelada, pero el Día del Perdón alude a Keter reve-

---

2025. Se acostumbra hacerlo simbólicamente.
2026. Un manantial.
2027. Una pileta de baño ritual, que contiene agua de lluvia mezclada con agua corriente.
2028. «Y les dijo: "Andad, comed grosuras y bebed bebidas dulces, y enviad porciones a quienes no tienen preparado, porque es día santo para nuestro Señor, y no os entristezcáis, porque la alegría de El Eterno es vuestro poder» (Nehemías 8:10).
2029. El Día del Perdón.

lada, y por eso el Satán no ejerce dominio en ese día. Y ciertamente la paz sea contigo.

Lo correspondiente a la sección Azinu fue escrito en la sección Ajarei Mot y también en la sección Deuteronomio.

SECCIÓN DE VEZOT HABERAJÁ

Víspera del día sexto, 30 de Nisán, que es el Comienzo del Mes Yiar.

«A Benjamín –Biniamin– dijo: "El amado de El Eterno [...]"».[2030] Benjamín se refiere a Maljut, que es la Hija de Abraham, que es la derecha. Y por eso se llamaba: Bin Iamin.[2031] Y ella –Maljut–, es: «el amado de El Eterno», es decir, ella es la mujer de Tiferet. «Habitará seguro –junto a Él–». Es decir, aunque ella se encuentra en su lugar para conducir al mundo, he aquí que ella habita segura por su marido. Pues ella sabe que su marido no se aparta de ella, sino que: «está sobre él para protegerlo todo el día». Pero la finalidad de la alegría y la completitud de ella no es –completa– más que cuando ella asciende a lo Alto y se abraza con Él, y mora entre el norte y el sur. Y a esto se refiere lo que está escrito: «mora entre sus hombros». Es decir, cuando ella está entre sus hombros, que son el norte y el sur, entonces, ella mora –*shojenet*–. Pues en ese momento los rostros irradian luminosidad, y ella mora –*shojenet*– con agrado y goce y alegría. Y la paz sea contigo.

Víspera del día primero, 9 de Shvat.

El Eterno está contigo en todo tu andar y todo lo que haces y harás, El Eterno lo hace prosperar. Y fortalécete y apégate a mí, a mi temor y a mi Torá. Y no apartes tu pensamiento ni un solo instante de

---

2030. «A Benjamín dijo: "El amado de El Eterno habitará seguro junto a Él; está sobre él para protegerlo todo el día, y –la Presencia Divina– mora entre sus hombros –en su territorio–"» (Deuteronomio 33:12).

2031. Literalmente significa: hijo de la derecha.

pensar en mi servicio y en mis Mishnaiot, porque yo soy la Mishná, que habla por tu boca. Y yo soy la madre que alecciona al hombre y lo endereza. Y en mérito de la Mishná que tú pronuncias y ordenas siempre, y ahora has estudiado el orden de Purezas, yo te acompaño siempre. Y cuando tú sales a la feria –y piensas en las palabras de mi Mishná–, esos siete mundos que te he mencionado pregonan delante de ti. Y ese sexto que te he mencionado, que se ve y no se ve, ahora se ve, pero no se ve tanto hasta que culmines todo el sexto orden. Y cuando culmines y conoces todo el sexto orden, te enseñaré un Nombre para el recuerdo, con el que recordarás todas las Mishnaiot. Sólo que has de repasarlas una vez al mes. Y con ese Nombre, todo lo que estudies incluso una sola vez lo recordarás como si lo hubieses estudiado varias veces. Y tu estudio fluirá y estará ordenado en tu boca. Y he aquí que por el mérito de esas Mishaniot me apego a ti y te doy besos de amor y proyecto sobre ti una hebra de bondad –*jesed*– de Abraham. Y sal y observa lo que has aprehendido y a qué grado has ascendido para hablar con tu boca como yo hablo contigo. Y te haré merecedor de ser calcinado en la Tierra de Israel en público para santificar mi Nombre públicamente. Y ascenderás por ofrenda ígnea sobre mi Altar. Y tu espíritu ascenderá a los Cielos ante mí como incienso aromático. Y tu ceniza estará acumulada y dispuesta con –buena– voluntad en mi Altar.

Y te haré merecedor de terminar tu compilación para iluminar con ella los ojos de todo Israel. Pues todas las naciones, sabios y entendidos, y pensadores, absorberán de tu compilación llamada Beit Yosef. «Se saciarán de la abundancia de Tu casa».[2032] «Tus fuentes se expandirán fuera».[2033] «La sabiduría clama fuera».[2034]

Y tu nombre será mencionado en las sinagogas y en las casas de estudio. Y cada vez que te mencionen en una casa de estudio, el aroma de tu ceniza ascenderá como incienso aromático. Sal y observa lo

---

2032. «Se saciarán de la abundancia de Tu casa; y beberán del torrente de Tus delicias» (Salmos 36:9).
2033. Proverbios 5:16.
2034. Proverbios 1:20.

que has aprehendido y lo que merecerás cuando sea santificado mi nombre púbicamente, cuando mi –hombre– selecto Salomón mereció ser ungido con el aceite supremo de la unción y ascendió por –buena– voluntad sobre mi Altar, y así también ascenderás tú e irás y descansarás [...].

Y he aquí que yo soy la Mishná que habla por tu boca. He aquí que yo te doy besos de amor. He aquí que yo te abrazo. He aquí que tú te sientas y tu cabeza está a la sombra de mis alas. Mi resplandor sobre ti y tu resplandor sobre mí. Mi brillo sobre ti y tu brillo sobre mí. No me olvidaré de ti y no te olvidarás de mí, ni en este mundo ni en el Mundo Venidero. He aquí que a través de ascender por ofrenda ígnea ante mí ascenderás y resplandecerás, y te coronarás y te alegrarás con los justos en el Jardín del Edén en el trono de gloria que está dispuesto para ti con numerosas piedras preciosas y perlas. Y te alegrarás con cosas valiosas y supremas, pues te apegarás con los justos con el misterio de los misterios del Amo del mundo. Pues no hay deleite ni placer en el mundo como ese, y acerca de él está dicho: «Y será de mes en su mes, y de día de reposo en su día de reposo, que toda carne vendrá a prosternarse ante mí, dijo El Eterno».[2035] Por eso, fortifícate para quitar de ti todos los deleites y placeres del mundo. Y también anula de ti todos los pensamientos que introducen en tu corazón –el ente maligno– *samej–mem*, la Serpiente y el Mal Instinto. A través de eso ascenderás a grados supremos y merecerás lo que te he mencionado.

Y para que la palabra no esté vacía de palabras de Torá, yo te revelo el misterio de los misterios, una perla preciosa que hay en mis manos; entre esas perlas, yo te la entrego. Y está vinculado con el misterio de Moisés, pues está escrito: «Y murió allí Moisés [...]. Y lo enterró en la llanura [...]».[2036] Pues hay que analizar cuidadosamente, ¿qué signifi-

---

2035. Isaías 66:23.

2036. «Y murió allí Moisés, siervo de El Eterno, en la tierra de Moab, por la boca de El Eterno. Y lo enterró en la llanura, en la tierra de Moab, frente a Beit Peor, y ningún hombre conoce el lugar de su sepultura hasta hoy. Y tenía Moisés ciento veinte años cuando murió; no oscurecieron sus ojos, ni dejó de estar radiante. Y los Hijos de Israel lloraron a Moisés treinta días en las planicies de Moab; y culminaron los días del llanto por el duelo por Moisés» (Deuteronomio 34:5-8).

ca: «Y murió Moisés [...]»? Y además, ¿cuál es la importancia de que ningún hombre conozca el lugar de su sepultura? Y además, ¿cuál es la razón por la que respecto a Moisés está dicho sepultura y no acerca de Aarón, tal como nuestros sabios, de bendita memoria, dijeron, que le dijo: «asciende a la cama», y ascendió; «extiende tu mano», y extendió [...]? Pues se veía que no fue sepultado, sino que así fue ocultado en la cueva. Y además, ¿qué significa: «en las planicies de Moab»? Y además, ¿qué significa: «frente a Beit Peor»?

Y el misterio del asunto depende de que Moisés no ascendió ni entró en la Tierra de Israel, no su cuerpo ni sus huesos, y –los sabios– dieron razones, debido a que en vida era el esposo de la Matronita con su cuerpo, tal como aprehendió Jacob después de su muerte. Y el misterio del asunto es que Moisés estuvo en la montaña 40 días, no comió pan y no bebió agua. Y el misterio es que debido a que la formación del feto es en cuarenta días, por eso estuvo allí 40 días, para purificar su alma existencial y para ascender a grandes grados para nutrirse del resplandor supremo tantos días como –los días de– la formación del feto. Y por el poder de esa irradiación de luminosidad su rostro irradiaba luminosidad y la piel de su rostro resplandecía, hasta que no podían acercarse a él. Pues se parecía a una lámpara que ilumina –directamente–, que no hay quien pueda observar en ella. Y entonces puso un velo sobre su rostro según el misterio de la lámpara que no ilumina –directamente–. Y eso alude al misterio de que –El Santo Bendito Sea, vio que no era apropiado la Luz fuera utilizada por aquel que no fuera adecuado y la guardó para los justos [...]. Y por eso los fragmentos de las –primeras– Tablas[2037] estaban en el Arca.[2038]

Y he aquí que Moisés estuvo en la Montaña de esa forma 3 veces 40 días, en correspondencia con las 3 reencarnaciones aludidas en Moisés:[2039] Moisés, Shet, Hebel. Y aunque el orden de las letras de su nombre está invertido respecto el orden –cronológico– de las reen-

---

2037. Que fueron quebradas por Moisés.
2038. *Véase* Talmud, tratado de Berajot 8b.
2039. El nombre de Moisés está escrito con estas letras hebreas: *mem, shin, he.* Mem es la inicial de Moisés. *Shin*, es la inicial de Shet. *He*, es la inicial de *Hebel* –Abel–.

carnaciones, este asunto está dispuesto según el misterio de las letras ordenadas previamente según el orden –inverso–: *tav, shin, reish, kuf*. Y salieron al mundo según el orden: *alef, bet, guimel, dalet*. He aquí que te he enseñado que de la unión del espíritu con el cuerpo se forma el alma existencial. Y ese alma existencial es el espíritu del cuerpo cuando reencarna por segunda vez. Y de la unión del alma existencial con ese cuerpo se forma otra alma existencial; y ese alma existencial es espíritu de la tercera reencarnación. Y con el alma existencial que se forma de la tercera unión he aquí que son tres almas existenciales.

Y por eso estuvo en la montaña para purificar las tres almas existenciales tres veces 40 días, para ascenderlas a niveles supremos. Y he aquí que en total eran 120 días, y en correspondencia vivió 120 años, lo cual alude a su integridad. Y he aquí que ellos aluden a los 12 límites transversales. 10 años en correspondencia con –cada– uno. Y debido a que ascendió a un grado tan elevado su cuerpo se transformó en refinado y puro, y su cuerpo concretamente ascendió a lo Alto, a un grado muy supremo.

He aquí que hay que deducir a través de la regla de *Kal Vajomer*[2040] de Janoj[2041] –Enoc–, cuya carne se convirtió en antorchas de fuego y centellas de fuego.[2042] Quiere decir que su cuerpo se purificó concretamente. Y con más razón el cuerpo de Moisés. Sólo que su cuerpo ascendió más. Pues acerca de Elías está dicho que ascendió en un torbellino, porque allí su cuerpo se desprendió de él. Y por eso se convirtió en enviado en el mundo, ya que desciende y se inviste en su cuerpo. Pero Moisés no se convirtió en enviado debido a que su cuerpo ascendió a lo Alto, al grado del Justo. Tal como fue cuando tomó con él los huesos de José, y también José, que estaba vinculado con el misterio del Justo, tomó su cuerpo con su grado. Y a esto se refiere

---

2040. Es una regla talmúdica que consiste en deducir lo leve de lo severo, y viceversa.
2041. *Véase* Génesis 5:24.
2042. *Véase* Job 41:11, Metzudat Tzion, Ralba"g.

lo que está escrito: «Y murió allí», según el misterio de: «Y estuvo allí con él».[2043]

«Moisés, siervo de El Eterno».[2044] Es decir, su cuerpo ascendió al grado del Justo, que se denomina siervo de El Eterno, según el misterio de: «Porque lo has llamado siervo fiel, le has otorgado una corona de gloria –*tiferet*– en su cabeza»,[2045] que está dicho acerca del Justo. «Por la boca de El Eterno».[2046] Es decir, su cuerpo ascendió al grado que está sobre la Boca de El Eterno. Pues la Boca de El Eterno es la Congregación de Israel y el grado que está sobre ella es el Justo. «En las planicies de Moab». Es decir, con la irradiación de luminosidad ese grado quebranta el poder de esos flancos aludidos en Moab. Y a esto se refiere lo que está escrito: «en las planicies de Moab». Pues los allana como una planicie y una llanura. «Y lo enterró en la llanura –*gai*–»[2047]. Es decir, su cuerpo que envío al grado del Justo, de allí ascendió a Biná que se denomina Gai, según el misterio de lo que está escrito: «Todo *gai* será elevado».[2048] «Frente a Beit Peor».[2049] Es decir, a los demás cuerpos los dejan en el sepulcro que se denomina: «Beit Peor», pues allí se hacen gusanos y carroña y los muertos se descubren y se rasgan sus mortajas. Y también comen su carne y beben su sangre y raspan sus tendones hasta que se descubren sus huesos, y ahora en el versículo se dijo: «Frente a Beit Peor». Es decir, porque a los demás cuerpos los dejan en Beit Peor, que es el sepulcro, y el cuerpo de Moisés fue sepultado y oculto en Gai, que es la –emanación– Biná. «Y ningún hombre conoce el lugar de su sepultura», de modo que ningún hombre puede aprehender el grado de su ascenso. «Hasta hoy». Es decir, ese grado al cual ascendió, que es el Justo; y es el Justo sabido que asciende hasta Keter según el misterio de –la ple-

---

2043. Éxodo 34:5.
2044. Deuteronomio 34:5.
2045. Es una parte de la plegaria del Shabat.
2046. Deuteronomio 34:5.
2047. Deuteronomio 34:6.
2048. Isaías 40:4.
2049. Deuteronomio 34:6.

garia denominada Musaf, que alude al Justo, y se menciona en ella –la declaración que comienza con la expresión–: Keter. Y ciertamente la paz sea contigo […].

CANTAR DE LOS CANTARES –MEGUILAT SHIR HASHIRIM–

En el día 6 de Siván.

«Porque el amor es poderoso como la muerte».[2050] Porque El Santo, Bendito Sea, ama a sus criaturas, tal como la muerte extiende sus alas sobre todos los que vienen al mundo, así las misericordias de El Santo, Bendito Sea, están sobre todo el mundo, ningún hombre está excluido. O[2051] quiere decir que así como la muerte a veces viene y a veces se demora, así el amor de las personas por El Santo, Bendito Sea, a veces viene, y después el Mal Instinto lo anula, y después vuelve.

Más en ese día, al mediodía.
«Caigan sobre ellos el temor y el terror».[2052] Tres veces al derecho, y tres veces al revés, se dice[2053] en la bendición de la Luna. Al derecho señala la misericordia, y al revés, el juicio. Porque nosotros venimos a incluir a la Congregación de Israel inferior con las 7 emanaciones que están sobre ella, para exterminar el poder de los acusadores que la rodean.

Y ya sabes que tres emanaciones son juicio: Guevurá, Hod, y Maljut. Y tres son misericordia: Jojmá, Netzaj, y Iesod. Y se debe alejar a las cortezas de esas emanaciones. Pero de Tiferet no hay necesidad, porque no se ocupan de su alrededor, ya que es: «el listón del medio –*bariaj hatijón*–»,[2054] no hay Satán ni daño del mal. Y por eso pronun-

---

2050. Cantar de los Cantares 8:6.
2051. En otro grado.
2052. Éxodo 15:16.
2053. Ese versículo.
2054. *Véase* Éxodo 26:28.

ciamos seis veces este versículo, para eliminar las fuerzas de los acusadores de las seis emanaciones mencionadas. Y todo eso en relación con la Congregación de Israel inferior, pues la Congregación de Israel suprema y las emanaciones que están sobre ella, ningún ente exterior puede acercarse allí, pues allí hay casas interiores.

Y a través de la bendición de la Luna unificamos a la Congregación de Israel inferior con las emanaciones supremas. Y lo principal de la unificación es en la culminación del Shabat, pues en Shabat no hay necesidad de esta unificación debido a que ya está unificada con integridad. Y en la culminación del Shabat, cuando las fuerzas de los entes exteriores se despiertan, entonces nosotros los quitamos de ella y la unificamos con las emanaciones supremas. Y esta señal esté en tu mano: en el mes en que bendijereis la bendición de la Luna en la culminación del Shabat hallaréis éxito. Y cuando se cubra y se oculte y no pudiereis bendecir, ese mes no será exitoso, y sé preciso y hallarás.

Y la bendición –de la Luna– no se recita hasta que pasen 7 días, porque las fuerzas de los entes exteriores se apegan a la Congregación de Israel inferior en su renovación. Y por eso deben pasar sobre ella 7 días, en alusión a los 7 días del Génesis. Y a través de eso ellos se apartan de ella. Y de todos modos aún permanecen en su derredor; y cuando los Hijos de Israel vienen y pronuncian la bendición de la Luna, entonces dan vuelta y se marchan, y desaparecen –*safu tamu*–.[2055] Pues con la unificación de la Congregación de Israel inferior con las emanaciones que están sobre ella a través de la bendición de la Luna, no pueden acercarse a ella. Y si se pronunciara la bendición de la Luna antes de 7 días –desde el novilunio–, cuando aún las fuerzas de los entes externos están apegadas a ella, no tendríamos fuerza para separarlas. Y resultaría que la unificaríamos con las emanaciones supremas estando aún los entes externos apegados a ella y mezclaríamos lo santo con lo mundano.

Y por eso el Maguid escribió que el tiempo de la unión –marital– es desde el 7 del mes hasta la mitad del mes. Pues cuando su madre

---

2055. *Véase* Salmos 73:19.

quedara preñada de él, de ahí en adelante serán días de dolor ya que la disminución de la Luna indica eso. Y asimismo en los 7 primeros días, que la fuerza de los entes externos se apegan a ella. Y éste es el misterio de lo que está escrito: «Y la luz de la Luna será [...]».[2056] Pues su voluntad estará en él, es decir, la luz de la Luna es la Congregación de Israel inferior y ascenderá e iluminará como la luz del Sol, que es su Tiferet. Y la luz de su Sol será 7 veces mayor. Es decir, cuando pasaron los 7 primeros días, y vinieron los 7 días segundos, porque las fuerzas de los entes exteriores desaparecieron. Y esto será: «el día que vendare El Eterno [...]». Y ya sabes que la Congregación de Israel se denomina pueblo y asamblea. Y acerca de su unión y apego con las emanaciones que están sobre ella dijo: «el día que vendare –*javosh*–». Dla expresión: «y aprestó –*vaiajavosh*– a su asno».[2057] Porque la Congregación de Israel se apresta y se apega con las emanaciones que están sobre ella.

«Y curare la llaga –*majatz*–[2058] de su herida». Se refiere a las nubes que dividen, como está dicho: «Cubriste en ti con nube del paso de la oración –*tefila*–».[2059] Pues ellas son la Congregación de Israel inferior, que está aludida en la filacteria –*tefilá*– de la mano. Y esas nubes que dividen son semejantes a una herida en la carne de la persona que separa lo unido, y por eso dijo que esa completitud será en el día en que «curare la llaga –*majatz*– de su herida [...]». Porque esas fuerzas desaparecerán, ya que será curada la llaga –*majatz*–[2060] a través de ellos, y no habrá sino solamente unificación completa.

Y de los asuntos que te he entregado entenderás el estudio del Zohar que mencionó Rakanti acerca de Moisés y los sesenta decenas de miles que se unieron con el Jubileo, y lo que está escrito acerca de Jacob. Pues la Tierra de Israel alude a la Congregación de Israel inferior.

2056. «Y la luz de la Luna será como la luz del Sol, y la luz del Sol siete veces mayor, como la luz de siete días, el día que vendare El Eterno la fractura de su pueblo y curare la llaga –*majatz*– de su herida» (Isaías 30:26).
2057. Génesis 22:3.
2058. Esta expresión comparte raíz con *mejitzá* qué significa división.
2059. Lamentaciones 3:43.
2060. Es decir, la división.

Pero Moisés en vida ascendió sobre la Congregación de Israel inferior, y ascendió y se apegó con las emanaciones supremas. Y cuando se fue del mundo se apegó al Jubileo supremo de las emanaciones supremas con los sesenta decenas de miles de él, que están vinculados con el misterio del Jubileo. Y por eso no falleció en la Tierra de Israel y tampoco llevaron sus huesos, pues si fuese así hubiera para la Congregación de Israel inferior adherencia después de que él estuviera enterrado en la Tierra de Israel, que es especial para ella, y eso no es así, por eso falleció fuera de la Tierra –de Israel–, para enseñar que ascendió por sobre ella y se apegó al Jubileo supremo. Y no quedó en el mundo nada de su cuerpo y sus huesos. Y ciertamente la paz sea contigo.

MEGUILAT RUT

Víspera del día de Shabat, 10 de Nisán

El Eterno está contigo [...]. Y he aquí que hay que observar cuidadosamente en el versículo que manifiesta: «El Eterno otorgue a la mujer que viene a tu casa [...]».[2061] ¿Por qué dijo: «El Eterno otorgue»? Y además, ¿qué significa: «a la mujer»? Y además, ¿qué significa: «que viene a tu casa»? Y aunque los exegetas dijeron que debido a que se veía como insolencia la venida de ella a los pies de él, y por eso dijeron esto, aún hay otra explicación del asunto. Y además, ¿qué significa: «como a Raquel y como a Lea»? Y además, ¿qué significa: «que ambas edificaron»? Y además, ¿qué significa: «la Casa de Israel»? Y además, ¿por qué se antepuso a Raquel a Lea? Y además, ¿qué significa: «y prospera [...] y tu nombre se engrandezca»? Y además, ¿qué significa: «Efrata»? ¿Y qué significa: «Beit Lejem»? He aquí que ambos son los nombres de una ciudad. Y además, ¿qué significa: «Efra-

---

2061. «Y todos los del pueblo que estaban en el portal, y los ancianos, dijeron: "somos testigos"; El Eterno otorgue a la mujer que viene a tu casa como a Raquel y como a Lea, que ambas edificaron la Casa de Israel; y prospera en Efrata, y tu nombre se engrandezca en Beit Lejem» (Rut 4:11).

ta»? ¿Y qué significa: «Y sea tu casa como la casa de Peretz»?[2062] ¿Y por qué dejó a Zeraj? Debería haber dicho: «como la casa de Peretz y Zeraj».[2063] Y además, ¿qué significa: «que Tamar dio a luz a Iehuda»? Y además, ¿qué significa: «de la descendencia que te dará El Eterno»? Y además, ¿qué significa: «de esta joven»? Y responderemos de modo llano y después de modo profundo.

Y es posible decir, debido a que Rut era como mujer que ha de realizar casamiento de levirato –*ievama*–,[2064] y la mujer que ha de realizar casamiento de levirato va detrás del hombre en condición de realizar el casamiento de levirato –*iavem*–, y si es así, se vería como que no pensaba tomarla si no fuera porque va en pos de él, y se vería como si los hijos de ella fueran hijos de una divorciada de corazón; por eso le dijeron: «la mujer que viene a tu casa». Es decir, era en el Nombre de los Cielos.

«El Eterno otorgue», que la ayuda de El Santo, Bendito Sea, esté con ellos. «Como a Raquel y como a Lea». Que salieron de ellas reyes. De Raquel salió José, Josué, Guideón, Saúl, Yehú, y otros reyes. Y de Lea salió el reinado de la Casa de David. «Que ambas edificaron», pues la edificación del reinado de «la Casa de Israel», se edificó a través de ambas. Y aquel que tiene linaje se denominaba *efrati*; por eso dijo: entre los de linaje denominados *efratim*. «Y prospera», y entre los demás del pueblo que se denominan: Beit Lejem, «tu nombre se engrandezca». «Sea tu casa como la casa de Peretz». Pues de él salió el reinado de la casa de David, y no como Zeraj, que no [...].[2065]

2062. «Sea tu casa como la casa de Peretz, que Tamar dio a luz a Iehuda, de la descendencia que te dará El Eterno de esta joven» (Rut 4:12).

2063. *Véase* Génesis 38:29-30.

2064. «Cuando hermanos habitaren juntos, y uno de ellos muriere, y no tuviere hijo, la mujer del fallecido no se casará fuera, con un ajeno; el hombre en condición de realizar el casamiento de levirato –su cuñado– se llegará a ella y la tomará para él por mujer, y realizarán un casamiento de levirato –*ivma*–» (Deuteronomio 25:5).

2065. El compilador escribió aquí: «hasta aquí he hallado».

LIBRO DE SAMUEL

Víspera del día 20 de Adar I, en la madrugada del Shabat.

«Fortalécete, y fortalezcámonos por nuestro pueblo, y por las ciudades de nuestro Dios; y haga El Eterno lo que sea bueno en sus ojos».[2066] ¿Qué significa: «por nuestro pueblo»? ¿Y qué significa: «y por las ciudades de nuestro Dios»? ¿Y qué significa: «Fortalécete, y fortalezcámonos», dos veces fortificación? Pero la explicación es ésta: «nuestro pueblo», se refiere a las emanaciones supremas. Y «las ciudades de nuestro Dios», se refiere a los palacios de la Congregación de Israel que están dispuestos en correspondencia con los supremos. Y a esto se refiere lo que está dicho: «nuestro Dios», que alude a la Congregación de Israel, como está escrito en el Zohar. Y cuando el daño llega a la Congregación de Israel solamente, las emanaciones supremas se levantan y salvan. Pero si, Dios libre, el daño llegase a lo Alto, el mundo no podría mantenerse.

Y esa guerra era en lo Alto y en lo bajo como la guerra de Amalec. Por eso Joav dividió a Israel en dos campamentos, uno en alusión a nuestro pueblo y el segundo en alusión a las ciudades de nuestro Dios. Y le dijo a su hermano Avishai: «Si Aram se fortificase más que yo [...]».[2067] Y no dijo «si se fortificasen» refiriéndose a ambos. Pues es imposible –que dañen a ambos–, ya que incluso si afectaran a nuestro pueblo, y eso es imposible, como ya se dijo. Y a esto se refiere lo que está dicho: «Fortalécete, y fortalezcámonos»,[2068] dos tipos de fortificación, uno en todo el campamento, y uno en correspondencia con nuestro pueblo, y uno en correspondencia con nuestro Dios. Y a esto se refiere lo que está dicho: «Si Aram se fortificase más que yo [...]». Es decir, ese campamento que se fortalecieren sobre él, a través de eso se esclarecerá que alude a las ciudades de nuestro Dios, y en-

---

2066. II Samuel 10:12.

2067. «Y dijo: "Si Aram se fortificase más que yo, tú serás mi salvación; y si los hijos de Amón se fortificasen más que tú, yo iré para salvarte"» (II Samuel 10:11).

2068. Esta expresión está en plural.

tonces vendrá el segundo campamento que alude a nuestro pueblo y salvará a las ciudades de nuestro Dios.

Y a esto orientó nuestro patriarca Jacob, que la paz esté con él, al dividir a sus mujeres y a sus hijos en dos campamentos, según hemos mencionado. Y a esto se refiere lo que está dicho: «Si Esaú viniere a un campamento y lo atacara [...]».[2069] Pues se esclarece que ese campamento alude a las ciudades de nuestro Dios, y «el campamento restante se salvará»,[2070] de todos modos. Pues es imposible que Esaú lo ataque porque alude a nuestro pueblo. Y a esto se refiere lo que está dicho: «Si Esaú viniere [...]», que se refiere a nuestros hermanos del sur, «el campamento [...]», que se refiere a nuestros hermanos del exilio. Pues no decretan sobre dos lugares a la vez. Ya que si así fuera, el daño alcanzaría a nuestro pueblo y a las ciudades de nuestro Dios, y eso es imposible, tal como hemos mencionado anteriormente.

Yo, yo soy quien hablo contigo, tu alma suprema –*neshamá*–, no tu alma existencial –*nefesh*–, ni el espíritu, sino el alma suprema –*neshamá*– misma. Y si se interrumpió la profecía de Israel, de ti no se interrumpió, porque cada vez yo vengo a ti para conducirte por el camino por el que has de ir. Y ahora, tú sabes lo que te has desviado, y también en los días primeros, tal como todo lo que dijo ese hombre; y ahora, vuelve a El Eterno tu Dios como has hecho parte de esta semana, que siempre te has ocupado de la Torá con constancia notable. Y cuando te levantabas del libro siempre meditabas en las palabras de la Torá, tanto en el momento de la comida como en los demás momentos. No te apartaste de la Torá ni un solo instante. Y si así hicieres todos tus días, siendo tu corazón receptáculo, tabernáculo de la Torá, siempre, sin interrupción, y también te cuidaras del vino y no bebieres sino un poco y mezclado con agua, se quitarán los vestidos sucios de sobre ti y serás vestido con la túnica para el alma existencial

---

2069. «Y Jacob temió mucho y estaba afligido; y dividió al pueblo que estaba con él, y a las ovejas, a los vacunos y a los camellos, en dos campamentos» (Génesis 32:8).
2070. Y dijo: «Si Esaú viniere a un campamento y lo atacara, el campamento restante se salvará» (Génesis 32:9).

–*nefesh*–, la capa para el espíritu, y vestido ornamental para el alma suprema –*neshamá*–.[2071]

Porque el vino es tabernáculo para el malvado –ente maligno cuyo nombre comienza con las letras– *samej–mem*, y alejándote de él y la disposición de tu corazón por nido y tabernáculo de la Torá, los someterás debajo de ti. Por eso, fortalécete y sé esforzado en todo lo que te he hablado y te haré merecedor de ascender al monte Tzvi, y allí te otorgaré a mi amado. Y bienaventurado serás en este mundo y el bien estará contigo en el Mundo Venidero, si oyeres mi palabra. Y el misterio de este mundo y del Mundo Venidero está vinculado con el misterio de nuestro pueblo y las ciudades de nuestro Dios que sabes. «Sea paz a ti, y paz a tu familia, y paz a todo cuanto tienes».[2072]

LIBRO DE ISAÍAS

«Mi alma –*nefesh*– te desea –*ivitija*–[2073] en la noche [...]».[2074] Me dijo: debería decir *ivitij*.[2075] Y además, ¿por qué en la noche y no en el día? Y además, ¿qué significa: «mientras –*af*– mi espíritu»? Pues el espíritu es más selecto que el alma existencial –*nefesh*–, ¿y por qué lo mencionó con *af*?[2076] Y además, ¿por qué acerca del alma existencial –*nefesh*– dijo: «en la noche», y acerca del espíritu dijo: «madrugaré»? Y además, ¿qué significa: «pues ya que hay juicios tuyos en la Tierra [...]»? ¿Qué tiene que ver este asunto con el comienzo del versículo? Pero el misterio del asunto es que por la noche el corazón de la persona se despeja de los asuntos del mundo y se une a las palabras

---

2071. Estos tres tipos de vestimenta son mencionados en Isaías 3:22.
2072. I Samuel 25:6.
2073. Esta expresión corresponde al género masculino.
2074. «Mi alma –*nefesh*– te desea en la noche, también, mientras mi espíritu esté dentro de mí madrugaré a buscarte; pues ya que hay juicios tuyos en la Tierra, los moradores del mundo aprenden justicia» (Isaías 26:9).
2075. En femenino.
2076. Esa expresión significa también aún.

de Torá, y por eso no hay alabanza de Torá sino por la noche, pero durante el día no puede despejar así su corazón.

Y esto, cuando viene a despejarla a ella –al alma existencial –*nefesh*–, porque es densa, pero al espíritu, que es sutil, lo despeja incluso durante el día. Y cuando ella se posa en la persona, no es necesario cuando viene o –cuando– no viene, sino incluso cuando está en el interior de la persona, su corazón, e incluso su alma existencial, despeja. Y a esto se refiere lo que está escrito: «mientras –*af*– mi espíritu […]». Es decir, cuando mi espíritu esté dentro de mí, también –*af*– mi alma existencial madrugará por ti. O sea, incluso en la madrugada yo despejo para tu servicio.

Y dijo: has de saber que es así porque he aquí que cuando: el «Juicio», que se refiere a Tiferet, se une con la «Tierra», que se refiere a Maljut, la Justicia, que se refiere a Maljut, y se denomina Justicia –*Tzedaka*–, cuando está sola, cuando se une con Tiferet, se denomina Tzedek, en lenguaje masculino. Y de ella se proyecta el alimento a todos los mundos. Y a esto se refiere lo que está escrito: «los moradores del mundo aprenden». Y asimismo, cuando se unen el alma existencial con el espíritu, el alma existencial asciende, e incluso durante el día puede despejar su corazón para el servicio de El Santo, Bendito Sea.

Y así debes hacer tú, despejar siempre tu corazón para mi temor y para pensar siempre en mis Mishnaiot. «Hallándote fuera te besaría».[2077] Besos de amor, como está dicho: «si me besara con besos de su boca».[2078] «Aún no me menospreciarán».[2079] Es decir, cuando el hombre anda y medita por las calles, las personas piensan que está loco, mas cuando pienses en palabras de Torá: «Aún no me menospreciarán». Y he venido a hacerte saber cosas ocultas de El Santo, Bendito Sea, y todos los miembros de la Academia me han enviado para hacerte saber. He aquí que tú debes saber que hay un sendero en la Congregación de Israel que se denomina sendero perdido. Pues alrededor de él están esos otros flancos; y él es estrecho, y por eso se

---

2077. Cantar de los Cantares 8:1.
2078. Cantar de los Cantares 1:2.
2079. Cantar de los Cantares 8:1.

denomina sendero –*netiv*–. Y cuando se merece entrar en él, es muy amplio y se denomina camino –*oraj*–. Y de allí asciende hasta Tiferet que se denomina día, como está dicho: «El camino de los sabios es como la luz del día, que aumenta constantemente hasta que el día alcanza su plenitud».[2080] Y cuando entran en ese sendero descienden 15 grados que corresponden con los 15 grados que descienden del Atrio de Israel al Atrio de las mujeres –en el Templo Sagrado–. Y en correspondencia con ellos hay 15 cantos[2081] de los grados –*shir hamaalot*–. Y a esto se refiere el misterio que dijo a Ezequías: «He aquí que hago volver la sombra de los grados que ha descendido por los grados de Ajaz».[2082] Es decir, por los pecados de Ajaz se oscurecieron esos grados y por mérito de Ezequías volvieron. Y en el final de los grados, allí se encuentran los seres vivientes sagrados –*jaiot hakodesh*–,[2083] y las emanaciones de la Matronita, sobre sus cabezas, por arriba, como está dicho: «Y sobre las cabezas de los seres vivientes había un aspecto de expansión como el del temible hielo [...]».[2084] Porque el hielo se refiere a Jesed, y temible se refiere a Tiferet. Y a esto se refiere el misterio de lo que dijeron nuestros sabios, de bendita memoria: Rabí Zutano descendió al Carruaje –*Merkaba*–. Ya que descienden por el interior de los grados para conocer las emanaciones, que están por sobre sus cabezas. Y en correspondencia con ese sendero es correcto decir cada día: «Éste es el portal de El Eterno [...]»,[2085] tres veces al derecho y tres veces al revés.

2080. Proverbios 4:18.

2081. 15 Salmos que se denominan así y constan en el libro de los Salmos.

2082. Isaías 38:8.

2083. A esto se refiere lo que está escrito: «Y observé, y he aquí venía del norte un viento tempestuoso, y una gran nube, y un fuego ardiente, y alrededor de él un resplandor, y en su interior había como la semejanza de *jashmal* –se refiere a la parte central de la llama que está limpia de humo– en medio del fuego. Y en medio de ella el aspecto de cuatro seres vivientes, y esta era la apariencia de ellos: tenían semejanza de hombre» (Ezequiel 1:4-5).

2084. «Y sobre las cabezas de los seres vivientes había un aspecto de expansión como el del temible hielo; estaba extendido sobre sus cabezas, por arriba» (Ezequiel 1:22).

2085. «Éste es el portal de El Eterno, los justos entrarán por él» (Salmos 118:20).

Víspera del primer día de *Rosh Hashaná*.

Soñé que era la noche de la culminación del Día del Perdón y no recordaba que durante el día dijimos el orden del servicio y tampoco la confesión del rabino, Rabí Shem Tov Adrutal.[2086] Y me asombraba por el asunto y dije en mi corazón: tal vez he dormido mientras los de la congregación lo decían. Y después recordé que no habíamos recitado la plegaria –denominada– *Neilá*. Y me esforzaba para volver a reunir –a los de la congregación– para que recitáramos la plegaria *Neilá*. Y me decía en mi corazón: aunque ha oscurecido, aún es momento de la plegaria *Neilá*. Y entre esto y esto desperté de mi sueño y estudié Mishnaiot. Y después me fue dicho: «Fortalécete […]». Y he aquí que estos son días sagrados en los cuales El Santo, Bendito Sea, se sienta sobre el Trono de Juicio para juzgar a todos los mundos, y repara en cada uno y uno en particular, como está dicho: «El que saca por número a sus legiones […]».[2087]

Pues la explicación del versículo es que los primeros pensaron que El Santo, Bendito Sea, no repara en las particularidades. Y se dividían en dos grupos respecto a la razón del asunto: los de un grupo decían que la razón del asunto es para –evitar– el desprecio por Él. Y los del otro grupo decían que la razón del asunto es porque eso sería una molestia para Él. Y el profeta vino a derrumbar las palabras de ellos y trajo una prueba de las estrellas, que son muchas, innumerables, y El Santo, Bendito Sea, las saca cada noche por número y ordena a cada una en su lugar. Pues si no lo hiciera así, se produciría desequilibrio en el mundo, como es sabido en la ciencia de la astronomía. Y a esto se refiere lo que establecieron los sabios –en el orden de la plegaria nocturna–: «Y ordena a las estrellas por sus guardias en el firmamento». Es decir, que en cada noche ordena a cada una y una en su lugar. Y a esto se refiere lo que está dicho: «A todos llamará por su

---

2086. El autor del contenido de esa confesión que se recita en el Día del Perdón.
2087. «Levantad vuestros ojos a lo Alto, y observad quién creó a estos, El que saca por número a sus legiones, a todos llamará por su nombre, por su gran fuerza y su grandioso poder, ninguno faltará» (Isaías 40:26).

nombre».[2088] Es decir, llamará a cada uno y uno por su nombre y no es suficiente para Él con establecer las cabezas de sus legiones.

Y a partir de ahora se anulan las razones de esos dos grupos. Pues cada estrella y estrella es como cada hombre y hombre. Y debido a que ven que a toda estrella y estrella la llama por su nombre, y no hay desprecio ni molestia en el asunto, a partir de aquí sabrás que El Santo, Bendito Sea, repara en cada hombre y hombre y no hay desprecio ni molestia en el asunto. Y a esto se refiere lo que está dicho: «por su gran fuerza –*onin*–».[2089] Es decir, eso que pensaban, que hay desprecio en reparar en las particularidades, porque *onin* es una expresión de desprecio, pues aquel que está en estado de *onen*, es avergonzado y despreciado. Y así dijo: lo que vosotros suponéis, que es un desprecio para Él, no es así, sino por el contrario, es una grandeza para Él, pues todo lugar en el que hallamos la grandeza de El Santo, Bendito Sea, allí hallamos su humildad.[2090] Y a esto se refiere lo que está dicho: «por su gran –*merov*–». De la expresión: «los grandes –*rabei*–[2091] del rey».[2092] Es decir, se refiere a la sublimidad y la grandeza de Él. Y en correspondencia con aquellos que decían que la razón es a causa de su modestia, dijo: «y su grandioso poder»[2093]. Es decir, observa que a toda estrella la llama por su nombre en la noche, «y no se cansa ni desfallece».[2094] Y de aquí sabrás que repara en las particularidades. Y a esto se refiere lo que está dicho: «ninguno –*ish*– faltará»[2095]. Es decir, se ha esclarecido para ti que lo que suponían los de ese grupo, que El Santo, Bendito Sea, no repara sino en las generalidades, no es así, sino en *ishim*, es decir, en las particularidades, en cada uno y uno,

---

2088. Isaías 40:26.
2089. Isaías 40:26.
2090. Talmud, tratado de Meguila 31b.
2091. Como: los ministros (Rashi).
2092. Jeremías 39:13.
2093. Isaías 40:26.
2094. «El Eterno creó los confines de la tierra; no se cansa, ni desfallece, y no hay límites para su entendimiento» (Isaías 40:28).
2095. Isaías 40:26.

repara; y no se pierde ni una sola de las particularidades, lo cual ocurriría si no reparara en cada obra en particular.

Y he aquí que en ese día sagrado –en *Rosh Hashaná*– todos los hombres que vienen al mundo pasan ante Él como *bnei marón*, como está dicho: «Quien forma sus corazones al mismo tiempo, Quien entiende todas sus acciones».[2096] Es decir, debido a que El Santo, Bendito Sea, formó los corazones de todos, Él puede reparar en todas sus acciones por sus particularidades. Y se cita una prueba de un rey que tiene mucha fuerza, que a veces es vencido por un rey que tiene poca fuerza. Y también el poderoso, que a veces es vencido por el débil. A esto se refiere lo que aproximó a eso: «El rey no se salvará por su gran ejército [...]».[2097] Y mencionó junto al rey: «no se salvará», y no mencionó «escapará», como mencionó junto al poderoso, porque el rey por lo general no se quebranta completamente, pues todo el mundo repara en él para cuidarlo, pero cuando es vencido en la guerra, él se escapa con pocos hombres, y por eso mencionó acerca de él: «se salvará».

Y he aquí que por el sueño que has visto, debes ayunar en este día sagrado y completarlo. Y he aquí que hoy hace varios años has visto en este día un sueño en el que debías ayunar por él, y has ayunado, pero no lo has completado. Y si lo hubieras completado, y hubieras ayunado también en esos años el primer día de *Rosh Hashaná*, no te hubiera ocurrido lo que te ocurrió. Por eso, en este día sagrado ayuna ante tu Creador, y así ayuna siempre el primer día de *Rosh Hashaná*. Y el misterio del asunto es que el primer día alude a Guevurá y la persona debe entregar su alma como en el sacrificio de Isaac, y así se aplaca el poder del juicio, y así concéntrate tú. Y el segundo día no es necesario que ayunes porque alude a Maljut, que es el mundo del alimento, y por eso se le debe otorgar su parte.

Y con el ayuno que realizarás en este día sagrado merecerás tener este año un hijo varón de tu apta mujer. Y te haré merecedor de as-

---

2096. Salmos 33:15.

2097. «El rey no se salvará por su gran ejército; el poderoso no vence por la mucha fuerza. Vano es el caballo para salvarse; y por su mucho poder no escapará» (Salmos 33:16).

cender a mi santo Monte, y estudiarás y enseñarás [...]. Y serás calcinado y ascenderás por –buena– voluntad sobre mi Altar. Y cuídate de tener placer de las cosas de este mundo y de aumentar en palabras innecesarias, tal como se dijo de Rav, que no tuvo una conversación vana en todos sus días. Así debe ser toda persona. Acerca de esto está dicho: «No hay utilidad para el señor de la palabra».[2098] Pues con esa palabra vana pierde su tiempo y su alma –*nefesh*–, y no gana nada; por eso cuídate mucho de ello. Y asimismo cuídate de tener provecho y deleitarte con cualquier deleite y placer del mundo. Y apégate a mi servicio, a mi temor, a mi Torá y a mis Mishnaiot, y no se aparten de tu boca y de tu corazón ni un solo instante. Y esfuérzate en terminar el orden de Purezas –*Taarot*– antes del Día del Perdón y te irá bien. Y la paz sea contigo.

Víspera del segundo día de *Rosh Hashaná*.

Fortalécete [...]. He aquí que el misterio de los sonidos –denominados *tekiot*, que se realizan con el cuerno denominado *shofar*– en estos días sagrados es para endulzar el juicio de Guevurá y Maljut. Y si bien al comienzo no hacían sino el primer día, era porque endulzaban a la –emanación– Guevurá solamente. Y después de que se fortificara el juicio a causa de los pecados de las personas se debe endulzar también a la –emanación– Maljut. Y por eso establecieron que se hicieran dos días festivos de *Rosh Hashaná* incluso en la Tierra de Israel. Y he aquí que el misterio de los –sonidos denominados– *tekiot* de *Rosh Hashaná* que se realizan con –un cuerno denominado– *shofar*, y no con un cuerno de vaca,[2099] se debe a que el *shofar* viene a endulzar el juicio. Y es necesario que se endulce con un elemento de misericordia, y no con un elemento de juicio. Y el toro y la vaca aluden el juicio y por eso sus cuernos son inválidos.

2098. «Si la serpiente muerte sin susurro –del encantador–, no hay utilidad para el señor de la palabra –el encantador–» (Eclesiastés 10:11).
2099. Talmud, tratado de Rosh Hashana 26a.

Y el sabio *tanaita* que mencionó la vaca, es porque alude al juicio leve y aún así su cuerno es inválido. Y con más razón un cuerno de toro que alude al juicio severo. Y los cuernos de todos los demás animales domesticables puros son aptos aunque no sean huecos y no como los exegetas que consideraron inválidos a esos que no tienen cuernos huecos, pues no es así, sino que todos son aptos con excepción del cuerno del toro y la vaca.

Y las cabras, aunque se vea en ellas el espíritu de impureza, sus cuernos son aptos, tal como se dijo en el sagrado Zohar, y de todos modos son puros debido a que se quitó de ellos el espíritu y no se apegó a ellos. Y de todos modos, es un precepto tomar de ovinos debido a que aluden a Tiferet.

Y es un precepto que –el cuerno– sea curvo, en alusión a la Congregación de Israel. Y he aquí que la cabeza del que ejecuta los sonidos alude a las tres emanaciones supremas y el *shofar* alude a –la letra– *vav*.[2100] Y la continuación de *vav* y las emanaciones que dependen de ellas y las curvaturas aluden a la Congregación de Israel. Y el que ejecuta los sonidos golpea con el *ruaj*[2101] en el *shofar*, en la boca[2102] angosta de él, y la voz sale por la boca ancha de él, y es oída por las personas. Esto alude a Biná, que golpea con su *ruaj* en Tiferet en silencio. Y de Tiferet se proyecta a la Congregación de Israel. Y de ella sale y se ve y se oye la proyección de abundancia de todos los mundos.

Y además, he aquí que se alude a los cuatro elementos. Pues los sonidos son ejecutados con el aire. Y el mismo es cálido, en correspondencia con el fuego. Y sale de él saliva que sale de su boca, que alude al agua. Y el *shofar* es el recipiente de todos y alude al polvo –tierra–, que es el recipiente de todos.

Y he aquí que los –sonidos semi–entrecortados denominados– *shevarim* aluden a –la emanación– Guevurá. Y los –sonidos entrecortados denominados– *teruá* aluden a la Congregación de Israel. Y al comienzo se unen los –sonidos denominados– *shevarim* con –los so-

---

2100. Que alude a Tiferet.
2101. Esta expresión significa espíritu, y también viento, aire, y exhalación.
2102. Se refiere a la abertura angosta del *shofar*.

nidos denominados– *teruá,* y se los endulza con –el sonido continuo denominado– *tekiá,* –que se hace sonar– antes de ellos y después de ellos. Y después se hace –sonar este orden de sonidos–: *tekiá, shevarim, tekiá,* para endulzar a Guevurá en forma independiente. Y después se hace –sonar este orden de sonidos–: *tekiá, teruá, tekiá,* para endulzar a la Congregación de Israel en forma independiente.

Y la razón por la que no se comienza a endulzar a cada uno en forma independiente y después se endulza a ambos como uno, es porque si comenzáramos a endulzar a cada uno en forma independiente, mientras estuviéramos ocupados de uno, el segundo mostraría el poder del juicio. Por eso, al comienzo endulzamos a ambos como uno y después a cada uno en forma independiente. Y realizamos cada señal[2103] tres veces, porque así es necesario, debido a que en el primer tiempo se fortifica un poco la llama, y en el segundo, se fortifica y no se fortifica, y en el tercero se endulza.

Los sonidos de *tekiá* sentados correspondían con Maljut inferior de nosotros. Pues toda negociación es con Maljut. Y con los sonidos de *tekiá* de pie, la unimos con lo Alto. Y por eso se ejecutan de pie. Y por eso, tampoco se hace toda señal sino una vez, porque debido a que las emanaciones supremas aluden al mundo, es suficiente para nosotros. Y al comienzo, con los –sonidos– *tekiot* de sentado era suficiente con un modo de cada señal y señal. Y por eso en algunos lugares hacían –sonar este orden de sonidos–: *tekiá, shevarim, teruá, tekiá.* Y en algunos: *tekiá, shevarim, tekiá.* Y en algunos: *tekiá, teruá, tekiá.* Y después de que el juicio se fortificó a causa de los pecados, Rabí Abahu estableció que en cada lugar realizarán tres tipos de endulzados.

Y he aquí que Reinados, Recuerdos y *Shofarot,*[2104] el misterio del asunto es que al comienzo declaramos el reinado de El Santo, Bendito Sea, y decimos que incluso hubiera muchos pecados es apropiado para Él reparar en el mundo pues en el futuro quitará las cortezas

---

2103. Cada orden de sonidos indicado por letras específicas que aluden a cada sonido.
2104. Son los nombres de tres secciones de la plegaria de Rosh Hashaná.

y reinará solo. Y a esto se refiere lo que está dicho: «Y El Eterno será rey sobre toda la tierra; en aquel día […]».[2105] Es decir, debido a que las cortezas son las que provocan que las personas pequen, El Santo, Bendito Sea, realiza varias acciones, una diferente de la otra, para otorgar buen pago a éste y castigar a éste. Pero en ese tiempo en que serán quitadas las cortezas: «La Tierra estará llena del conocimiento de El Eterno».[2106] Y no habrá pecados. Resulta, pues, que no tendrá que realizar sino una acción con todos los moradores del mundo. Y a esto se refiere lo que está dicho: «en aquel día El Eterno será uno, y Su nombre uno».

Y después decimos ante Él –la estrofa denominada– Recuerdos; pues aunque no hubiera buenas acciones según la ley, recuerda a las primeras generaciones, y aunque no había méritos en ellos, de todos modos no los has exterminado, y así haz también con nosotros. Pronunciamos la declaración: «Y Dios se acordó de Noé y de todos los animales […]».[2107] Para decir que si no somos apropiados para reparar en nosotros como personas, que al menos se apiade de nosotros como se apiadó de esos animales salvajes y animales domesticables –que estaban en el Arca con Noé–, tal como ese sabio que dijo: «susténtame como al cuervo y como al perro».[2108] Y además, se entiende del versículo que debido a que estaban a la sombra del Arca se salvaron; y nosotros también, debido a que nos acercamos para sentarnos a la sombra del Arca, es apropiado para ti apiadarte de nosotros.

Y además mencionamos a las primeras generaciones para decir que incluso si no hubiera méritos en nosotros, he aquí que en las primeras generaciones había varios justos y piadosos, y que su mérito nos proteja. Y mencionamos a las últimas generaciones para decir que incluso si no tuviéramos méritos, en las últimas generaciones

---

2105. «Y El Eterno será rey sobre toda la tierra; en aquel día El Eterno será uno, y Su nombre uno» (Zacarías 14:9).

2106. «No harán mal ni dañarán en todo mi santo Monte, porque la Tierra estará llena del conocimiento de El Eterno […]» (Isaías 11:9).

2107. Génesis 8:1.

2108. *Véase* Talmud, tratado de Baba Batra 8a.

hay varios que en el futuro tendrán méritos, y que sus méritos nos protejan.

Y después pronunciamos ante Él –la estrofa denominada– *Shofarot*, para decir que aunque no tuviéramos méritos repare en nosotros por el mérito de haber recibido la Torá, y haber dicho haremos y escucharemos. Y además, mencionamos el tiempo de la Redención en el que hará sonar el gran *shofar*.

Y he aquí que ellas –Reinados, Recuerdos y *Shofarot*– aluden a las tres emanaciones supremas. Reinados, alude a Keter suprema, que reina sobre todo.[2109] Recuerdos, alude a Jojmá, porque hay un poco de aprehensión de ella, pero no mucho, sino como un recuerdo en el mundo. *Shofarot* alude a Biná, que es el Gran Shofar. Y además aluden a las tres emanaciones intermedias. Reinados, alude a Jesed, que es la cabeza de las siete emanaciones de la Edificación. Recuerdos alude a Guevurá, porque los poderes –*guevurot*– de aquel que es poderoso –*guivor*– son recordados en el mundo. *Shofarot* alude a Tiferet, pues alude al *shofar*, tal como hemos dicho anteriormente. Y además aluden a las tres últimas emanaciones: Netzaj, Hod y Iesod. Reinados, alude a Netzaj, pues allí se encuentra el reinado de Saúl. Y a esto se refiere lo que le dijo Samuel: «Y además, el Victorioso –Netzaj– de Israel no mentirá, ni se arrepentirá».[2110] Es decir, tu reinado es del flanco de Netzaj y debido a que has traspasado la palabra de El Eterno, resulta que has mentido con Netzaj. Y él no quiere que mientan con él, por eso, el reinado pasará de ti y será entregado a David, que es del flanco de Hod. Y a esto se refiere lo que está dicho: «Y otorgará poder a su rey»,[2111] se refiere a Saúl, que venía de Netzaj. «Y encumbrará el poder de su ungido»,[2112] se refiere a David, cuyo reinado venía de Hod. Y el misterio del asunto es que quiso que su reinado fuera del flanco de Samuel para que se fortificara con el juicio sobre sus enemi-

---

2109. Sobre todas las demás emanaciones.

2110. «Y además, el Victorioso –Netzaj– de Israel no mentirá, ni se arrepentirá, porque no es hombre para que se arrepienta» (I Samuel 15:29).

2111. I Samuel 2:10.

2112. I Samuel 2:10.

gos. Y su reinado comenzó de la –emanación– Netzaj, que es de –el flanco de– la derecha, para que se fortaleciera con él la izquierda, y después quedó en la izquierda. Y por eso David era el mozo de Saúl, para que tomara su poder de Saúl.

Las Mishnaiot están vinculadas con Netzaj, y las Baraitot con Hod, que alude al huevo del hombre, del cual se forma la simiente. Y además, porque el fortalecimiento de la victoria en la guerra depende de Hod, por eso es recuerdo en el mundo.

Shofarot alude a Iesod, que es la prolongación de *vav,* y *Shofarot* alude a él,[2113] como hemos dicho anteriormente.

Después me advirtió varias veces acerca de deleitarme con los deleites del mundo, únicamente tal como me ordenó en las primeras apariciones, siendo mi intención en la comida y la bebida y el habla en el nombre de los Cielos. Y no comer sino una medida como para quebrar la sensación que se fortifica y la persona siente en el momento en que ayuna. Además me ordenó estudiar cada día de las Mishnaiot nuevas 15 capítulos por la mañana y 15 por la noche, en correspondencia con el Nombre –que se escribe con las letras– *iud* y *he.* Resulta que cada semana estudiaré la mayoría de ellas, y lo que quedara de ellas lo estudiaré en el día de Shabat. Y el estudio de cada día ha de ser antes del desayuno y antes de la cena. Y aun si fuere –día de– ayuno, el estudio será antes de hacer cualquier cosa. Y la paz sea contigo.

Víspera del día séptimo, 11 de Adar II.

Fortifícate y esfuérzate, porque El Eterno, tu Dios, está contigo en todo lo que haces; y todo lo que haces y todo lo que harás El Eterno lo hace prosperar. He aquí que por el mérito de las Mishnaiot que tú renuevas has ascendido, y he aquí que la Mishná es quien habla contigo. Pues aunque aún no las has terminado a todas, ya que has estudiado la mayoría del orden de las Santidades –*Kodashim*–, cada momento en que tú lees de él es como si ofrecieras sacrificios y ofrendas

---

2113. Tiferet.

ígneas ante mí en el Templo Sagrado. Y tú, abrázate con toda la Mishná y ella estará contigo. Y he aquí que ella te dice: «Sal por favor a mi encuentro hermana mía, amiga mía [...] mi deseo eres tú, mi amor eres tú». Y cuando estudies el orden de Purezas, saldrán aguas vivas de lo blanco supremo a través de los cauces del Río. Y el Río sale del Edén para irrigar el Jardín, para purificarte de todas tus impurezas.

«¿Acaso no has sabido, si no has oído, que El Eterno es Dios eterno? [...]. No se cansa, ni desfallece [...]».[2114] Debe entenderse, ¿qué significa: «no se cansa –*iaf*– ni desfallece –*iga*–»? ¿Acaso hay una correspondencia de cansancio y desfallecimiento respecto a El Santo, Bendito Sea? Antes bien, así dijo: no cansa a otros y no desfallece a otros.[2115] Es decir, el cansancio –*aiefut*– se corresponde con una persona que se preocupa de que no le venga un mal, tal como está dicho: «mi alma está cansada de los asesinos».[2116] Es decir: de temor por si lo mataren. Y el profeta dijo: «¿Acaso no has sabido», con sapiencia clara, si no «has sabido», al menos, «has oído», y has recibido de tus ancestros, «que El Eterno es Dios eterno –*olam*–», es decir, Dios y gobernante en todos los mundos –*olamot*– pasados, presentes y futuros. Porque Olam es un nombre grandioso y por eso lo llamó Dios –E"lohim–, que es el poseedor de todos los poderes, y «no se cansa», es decir, cuando la persona vuelve en arrepentimiento, Él, Bendito sea, lo recibe, y no lo cansa, o sea, lo silencia del temor de que le sobrevenga un mal. Y tampoco no lo desfallece con la palma de la catapulta, como se desfallece al alma –*nefesh*– de los malvados, y aunque éste pecó con grandes pecados, se salva con el arrepentimiento, y a esto se refiere lo que está dicho: «no hay límites para su entendimiento», es decir, lo que –los hombres– en el mundo se sorprenden, ¿cómo se le perdonará?, no hay fin para su entendimiento, bendecido y excelso.

2114. «¿Acaso no has sabido, si no has oído, que El Eterno es Dios eterno; El Eterno creó los confines de la tierra; no se cansa, ni desfallece, y no hay límites para su entendimiento?» (Isaías 40:28).

2115. Es posible leerlo así según el texto original hebreo.

2116. Jeremías 4:31.

Y así te haré a ti si vuelves en arrepentimiento ante mí y te ocupas siempre de la Mishná, de la Cábala y de la Guemará, y de la legislación, tal como todo lo que tú haces. Y también aléjate de los deleites del mundo y tu corazón piense siempre en palabras de la Torá, y no interrumpas tu pensamiento de ellos ni un solo instante. Y también cuando comas medita en palabras de la Torá. Y después de lavarte las manos con las últimas aguas para después de comer pan lee un capítulo de la Mishná, o medio capítulo, pues aunque lees el Salmo: «Dios me agracie [...]», un capítulo, o medio capítulo, es excelente.

Y no se considera interrupción entre las últimas aguas y la bendición –para después de comer pan–, porque es necesidad de la comida, para sacar a la mesa del juicio de la mesa sobre la cual no se pronunciaron palabras de Torá, por eso no se considera interrupción, semejante a «toma y bendice», o: «da de comer al toro», en lo concerniente a la bendición para comer pan.[2117]

Y si así hicieres, siendo siempre tu corazón y tu pensamiento nido y tabernáculo de la Torá, no te apartarás de ella ni un solo instante. Y también apártate de los placeres del mundo, con excepción de los Shabat y los días festivos. Y tampoco en tu salida de la Imagen, porque si así hicieres en tu salida del mundo, no te cansarás ni desfallecerás, sino que ángeles servidores saldrán y te dirán. «Vendrá en paz [...]».[2118] Porque apartarse de los placeres es para desplazar el poder de –el ente maligno cuyo nombre comienza con las letras– *samej–mem*.

A esto se refiere lo que dijeron los sabios y los entendidos, que en el futuro venidero El Santo, Bendito Sea, traerá al Mal Instinto y lo degollará [...] estos llorarán [...].[2119] La intención es mencionar que los malvados piensan que lo que se deleitan es para necesidad de la existencia de sus almas –*nefesh*–, pues si les faltara del deleite morirían, cuando vean al Mal Instinto degollado, y a través de eso no

---

2117. Ya que hay una ley que indica que se debe dar de comer al animal antes de comer uno.

2118. Isaías 57:2.

2119. Talmud, tratado de Suca 52a.

desean deleites, sólo comer pan racionado y agua medida, y aún así existen, sienten que todo lo que persiguieron detrás de los deleites del mundo, no era sino del flanco del Mal Instinto y les parece como una hebra de cabello, diciendo: "con facilidad la podía haber dominado", ya que no hay necesidad de los deleites del mundo, sino que con pan racionado y agua medida se puede existir, sin ningún deleite; y por eso lloran.

Y a los justos les parece como una montaña alta. Es decir, ellos ya sabían que incluso si se apartaran de los placeres del mundo no morirían, y la prueba es que se apartaron y vivieron, e incluso así, por si viniera con otros pretextos, grandes y poderosos como una montaña, por eso lloran. Y además, les parece como una montaña alta, es decir, que el Mal Instinto viene a la persona para empequeñecer el pecado en sus ojos. Y a los justos, un pecado pequeño les parecía en sus ojos muy grave, como una montaña, por la grandeza del precepto de Él, Bendito sea. Y además, todos los preceptos activos y los preceptos pasivos penden de las diez emanaciones y resulta, pues, que un pecado pequeño pende como una montaña alta, que son las emanaciones. Y a los malvados les parece como una hebra de cabello, es decir, les explicaba que ese pecado es liviano como una hebra de cabello.

Además me dijo que el misterio de: «El Eterno es Dios eterno –*olam*–», es una alusión al misterio de las reencarnaciones. Porque el Dios de todos los mundos –*olamot*–, El Eterno, no se cansa ni desfallece de hacer reencarnar al alma de este mundo a este –otro– mundo; y en un mismo mundo, de hacerla reencarnar varias veces, hasta que se depure y emblanquezca. Y a esto se refiere lo que está dicho: «y no hay límites –*jeker*– para su entendimiento».

Además me dijo: «Y yo, ¿dónde yo he de ir?».[2120] Es decir, yo, que soy llamada: «Yo, la que divide el mar», yo soy quien habla contigo. Pues yo soy la Madre acerca de la cual está dicho: «pues lo aleccionó su madre».[2121] Pues yo soy la encargada de aleccionar al hombre durante la noche, tal como se menciona en el sagrado Zohar. Y por eso

---

2120. Génesis 37:30.
2121. Proverbios 31:1.

ahora he venido a ti, para aleccionarte. Abstente de beber vino durante el día en absoluto y sacrifícate con un poco de sacrificios. Y durante la noche no bebas más que un solo vaso, tal como sueles hacer. Y si deseas beber un poco, bebe. Y no temas de enfermedades, sólo no aumentes de ellas –esas bebidas–, porque ellas dañan al cuerpo. Y la curación tiene una gran entrada en el servicio de El Eterno, Bendito sea. Y si te comportas de ese modo y tu corazón y tus pensamientos son siempre nido y tabernáculo de la Torá, y no te apartas de ella ni un solo instante: te prepararé para andar entre estos que están aquí,[2122] y merecerás ascender a los niveles de los justos, y merecerás ser calcinado por la santidad de mi nombre. Y así quedarás puro y limpio. Y a partir de ahora tú eres considerado de los que están ante El Eterno. Porque en el futuro serás calcinado por la santidad de mi nombre, y tu alma ascenderá desde ahora, y tú división estará con la división de los sagrados supremos. Por eso, fortifícate y esfuérzate, porque El Eterno tu Dios está contigo. Y la paz sea contigo.

Víspera del día de Shabat, 4 de Adar II.

Fortifícate y esfuérzate, no temas ni te atemorices, porque todo lo que haces, El Eterno lo hace prosperar. Y todo lo que has hecho y enseñado hasta este día, El Eterno lo hace prosperar a través de ti. Y así acuerdan en la academia de los Cielos: vive El Eterno, que esta legislación es verdadera y firme, ley de Moisés del –Monte– Sinaí. La ley es como tú –sostienes– y según tú razón. Y si enviaras a Constantina, o a tu maestro, o a los sabios de la Tierra de Israel, todos acordarán –en sostener– como tú. Y también él mismo, si le preguntaran respondería así, sólo que en forma momentáneamente se sobresaltó, y también ascendió un poco de envidia en su corazón.

Por eso, fortalécete y sé esforzado, no temas, porque todo lo que has hecho y enseñado hasta este día, El Eterno lo hace prosperar y está de acuerdo con ello. Y así todo lo que harás y enseñarás, El Santo, Bendito Sea, lo hará prosperar a través de ti, y estará de acuerdo con-

---

2122. *Véase* Zacarías 3:7.

tigo; mas sólo si te esfuerzas como te has esforzado en las legislaciones anteriores. ¿Y por qué te has asustado por ese versículo? He aquí que El Eterno te ha dado corazón para entender y reconocer que tu palabra es verdadera y justa. Pues aunque tú siempre temes por tus razonamientos, y esa es una buena cualidad, de todos modos las palabras de verdad se notan y por eso tu corazón[2123] no ha de decaer por él en absoluto, porque en la Academia del Cielo están de acuerdo con tus palabras, como te he dicho.

Y has de saber que en el Cielo reparan en ti, aunque te has corrompido al comienzo como tú sabes, El Santo, Bendito Sea, no te abandona, pues sus misericordias están siempre sobre ti. Y no te faltó nada bueno hasta que has vuelto en arrepentimiento y has venido a reposar a la sombra de las alas de sus misericordias. Y El Santo, Bendito Sea, en sus grandes bondades y enormes misericordias, extendió su mano para recibirte en arrepentimiento y abrió una abertura debajo de su Trono de Gloria para recibirte. Y después dejaste el arrepentimiento en tu mano e incluso así El Santo, Bendito Sea, no abandonó sus misericordias para contigo. E incluso después de que pensaras en esas Sitovata, no impidió de ti el bien y el alimento. Y de todos modos no quiso azotarte, porque no te hubieras despertado para volver en arrepentimiento ante Él y no eras apropiado para que enviara su mano y te azotara. Y te hirieron con esas enfermedades, y varios defensores y varios acusadores se levantaron contra ti, y El Santo, Bendito Sea, en sus grandes misericordias se apiadó de ti por el mérito de las Mishaniot que estudias siempre –pronunciándolas– con tu boca. Y también por el mérito de que tú siempre recopilas legislaciones. Por eso te salvaron y dieron en tu lugar varias personas. Por eso, vuélvete en arrepentimiento ante mí y vuélvete y apégate a mí y a mi temor. Y los pensamientos de tu corazón sean siempre en la Torá, como has hecho durante estas semanas.

Y durante esta semana has dado amplitud a tu corazón en cierto tiempo en el que no has pensado en la Torá. Y te he informado de que no debes interrumpir ni un solo instante de la Torá, para que –el

---

2123. Es decir: tu estado anímico.

ente maligno cuyo nombre comienza con las letras– *samej–mem*, no tenga permiso de ejercer dominio sobre ti. Pues es necesario que no hubiera en ti dios extraño, es decir el Mal Instinto, que viene del flanco del malvado *samej–mem*. Y a esto se refiere lo que está escrito: «Yo El Eterno; éste es mi Nombre, y a otro no daré, y mi alabanza –no daré– a los ídolos».[2124] «Mi Nombre» se refiere a la Matronita, «y a otro» se refiere al –ente maligno cuyo nombre comienza con las letras– *samej–mem*, «no daré», permiso y lugar para que ejerza dominio en ella, «y mi alabanza», se refiere a la Madre suprema, «a los ídolos –*pesilim*–», se refiere las generaciones que ascendieron al pensamiento ser creadas, las cuales fueron cortadas antes de tiempo,[2125] Y El Santo, Bendito Sea, no quiso que salieran al mundo, y por eso se las llamó *pesilim* porque fueron invalidadas –*nipselu*– para venir al mundo. Y por eso se las hizo pender de la alabanza, que es la Madre suprema, porque todo lo que sale al mundo, sale de su flanco, según el misterio de: «Bendito el que decreta –*gozer*–[2126] y cumple», que fue dicho sobre ella.

Y éste es el misterio de: «¿Del vientre de quién –*mi*– salió el hielo?».[2127] Pues el vientre se refiere a la Madre suprema que alude al vientre. Ya que de ella salen todas las descendencias del mundo; y se denomina *Mi*, y dijo que de allí salió el hielo, es decir, sus aguas son heladas y congeladas. Y si dijeras: ¿cómo es posible que las aguas de Jesed sean heladas y congeladas? Pues si es así, el flanco sur, que alude a Jesed, debiera ser frío, y nosotros vemos que es muy cálido. Y asimismo, hay que objetar, ya que la –emanación– Guevurá está vinculada con el poder del fuego, que se vincula con el flanco norte que alude a ella, debiera ser muy cálido, y nosotros vemos que es muy frío. ¿Acaso no sabes que hay dos tipos de árboles –sefiróticos–? Y tú los has visto, en uno Abraham está en la derecha, e Isaac en la izquierda, y en el otro, Isaac en la derecha y Abraham en la izquierda. Y no hay discu-

---

2124. Isaías 42:8.
2125. *Véase* Job 22:16.
2126. Esta expresión significa literalmente cortar.
2127. Job 38:29.

sión, sino que todos ascienden en un mismo grado, como se dijo en el sagrado Zohar. Aunque los asuntos se esclarecieron aquí y aquí, en varios lugares todos ascienden en un mismo grado; y aquí también ambos ascienden en el mismo grado, para enseñarnos que la misericordia está incluida de juicio y el juicio de misericordia.

Y las multitudes de bondades que hizo con el mundo con el atributo del juicio son mayores que –las que hizo con– el atributo de la misericordia. Pues si no fuera por el atributo del juicio, el hombre aumentaría sus pecados ante su Amo y no se despertaría para arrepentirse de ellos. Y después, se perdería en un instante, por sus muchos pecados; pues aunque no fuera con atributo de juicio sino de bondad, de todos modos finalmente el juicio se haría de una sola vez. Mas ahora que hay atributo de juicio, a través del juicio las personas se despiertan para arrepentirse y volver de sus pecados. Y para indicar a modo de alusión que estos dos atributos se incluyeron uno con el otro, se ve que ese árbol, Guevurá, que es Isaac, está en la derecha, y Jesed, que es Abraham, en la izquierda.

Y ahora no objetarás que las aguas de Jesed se congelan, y el flanco sur es cálido, pues debido al juicio que se halla en él, ese flanco es caliente y aún así sus aguas se congelan por el frío de Jesed. Y según ese modo es posible decir respecto a Guevurá, que el flanco de frialdad se proyecta en él por las aguas de Jesed y lo enfrían. Y además, debes saber que el misterio del calor del flanco sur se debe al poder de la –emanación– Guevurá que golpea contra él y por eso lo hace calentar mucho. Y cuando veas en la luz que golpea en la lámpara que está en el muro, que frente a la lámpara irradia más que en el muro que está frente a la lámpara, también aquí, el poder del calor del flanco del fuego del norte golpea e impacta en él más que en el flanco norte mismo. Y su calentamiento se atenúa a través de las aguas de Jesed que se proyectan a él, que permanecieron heladas del poder del fuego que golpea en ellas.

Y por eso verás que el flanco sur en su mayoría no está habitado. Pues debido a que golpea contra él el poder del fuego, lo calienta mucho, hasta tal punto que el hombre no puede soportar su calor. Pero el flanco norte en su mayoría está habitado, pues el poder de su fuego es disminuido por las aguas que se proyectan de Jesed y lo enfrían. Y su enfriamiento en el flanco norte no era tan poderoso como el poder del calentamiento con que calienta el fuego de Guevurá en el flanco sur. Pues con el golpeado del fuego contra él se calienta y arde mucho, lo que no es así con las aguas que se proyectan en el flanco norte, y por eso las personas pueden soportar su frío, y por eso la mayoría del flanco norte está habitado.

Y éste es el misterio del asunto y no es apropiado para ti dejar de pensar en la Torá ni un solo instante, para no dar lugar y espacio en absoluto al –ente maligno cuyo nombre comienza con las letras– *samej–mem*, que es el Mal Instinto; sino quemarlo con la paja –*kash*– del recitado del Shemá –k"sh–,[2128] según el misterio de la concentración del corazón.

Pues aunque han sido mencionados varios modos, el mejor de todos es este modo, con el cual tú te concentras para hacer ascender a la Matronita hasta El Infinito, y hacerla descender hasta el objetivo y volverla a hacer ascender hasta El Infinito. Y lo que te enseñó mi –hombre– selecto Salomón, de volver a hacerla descender, no ha dicho bien, sino que no hay que hacerla descender sino hasta Jesed, que allí es el lugar de la hija que tenía Abraham,[2129] tal como se dijo en el sagrado Zohar, que en el flanco sur, allí se la establezca.

Y después concéntrate en el Nombre de 12 –letras–, y después en el Nombre de 42 –letras–, aunque la primera sección son palabras de amor y debe estar en el flanco de Jesed, y el Nombre de 42 –letras– corresponde con el flanco de Guevurá. Y además, porque se dijo que cuando asciende, asciende por el camino del sur. ¿Y cómo el comienzo del ascenso no era con una sección en la que hay 42, que es el flanco de la Guevurá? Antes bien, todos los asuntos ascienden en un mismo grado. Y para mostrar que los atributos están incluidos como uno, en esta sección en la que hay palabras de amor, hay 42, que están vinculadas con el flanco de la –emanación– Guevurá. Y el ascen-

---

2128. Las letras *kuf* y *shin* son las iniciales de *kiriat* Shemá, que significa: el recitado del Shemá. Y son las mismas letras de la palabra *kash*, que significa paja.

2129. Vinculado con el misterio de Jesed.

so de la Matronita al comienzo es por el flanco norte, ya que de allí le llega su nutriente. Y lo que se dijo, que asciende por el camino del sur […], quiere decir que asciende con palabras de amor, que son palabras del flanco sur y no con palabras de castigo y enojo que son palabras del flanco norte.

Y después de que ascendimos por el norte se debe ascender por el sur, según el misterio de la sección –que se lee a continuación en el Shemá–: «Y será si obedeciereis»,[2130] en la cual hay 72 palabras, en correspondencia con los 72 puentes de Jesed. Y aunque en esta sección hay asuntos de castigo y enojo, que corresponden con el flanco de la –emanación– Guevurá, ya se dijo la razón del asunto, que hacemos así para mostrar que cada una de ellas incluye a su compañera. Y además, porque en esa sección hay asuntos de amor al comienzo.

Y después la hacemos ascender a la Madre suprema,[2131] según el misterio de las 50 palabras que hay[2132] desde la expresión: «y pondréis», hasta: «sobre la Tierra»,[2133] en correspondencia con los 50 pórticos de Biná, que de allí salen todas las bondades y toda la alegría para los mundos. Y acerca de ella está dicho: «para que te haga bien»,[2134] en el Mundo que es todo bueno,[2135] según el misterio del Justo, cuyo nutriente es de aquí, según el misterio de: se levantó y la guardó para los

---

2130. «Y será si obedeciereis Mis preceptos que Yo os ordeno hoy, de amar a El Eterno, vuestro Dios, y servirlo con todo vuestro corazón y con toda vuestra alma, que daré lluvia para vuestra tierra en su momento propicio, la anterior y la posterior […]» (Deuteronomio 11:13:21).

2131. Bina.

2132. En el texto original hebreo.

2133. «Y pondréis estas palabras Mías sobre vuestro corazón y sobre vuestra alma; y las ataréis como señal sobre vuestro brazo y estarán en la filacteria entre vuestros ojos. Se las enseñaréis a vuestros hijos para hablar de ellas, mientras estás sentado en tu casa, mientras andas por el camino, cuando te acuestas y cuando te levantas. Y las escribirás sobre las jambas de tu casa y en tus portales. Para que se prolonguen vuestros días y los días de vuestros hijos sobre la tierra que El Eterno juró a vuestros antepasados que les daría, como los días de los Cielos sobre la Tierra» (Deuteronomio 11:18:21).

2134. Deuteronomio 6:18.

2135. *Véase* Talmud, tratado de Kidushin 39b.

justos,[2136] pues: «Nadie salvo Tú, Dios, ha visto».[2137] Y a esto se refiere lo que está escrito: «Para que se prolonguen».[2138] Pues de allí viene la prolongación de los días, el camino de la vida y la multitud de días para todos los mundos. «Vuestros días», alude a las emanaciones, «y los días de vuestros hijos», alude a los Palacios de la Matronita.

Y ahora has de saber por qué se vuelve a mencionar la sección de los flecos –*tzitzit*– en la cual hay 72 palabras, con las tres palabras que repite el oficiante de la congregación; porque si es para hacerla ascender a Jesed, he aquí que la hacemos ascender al comienzo.

Y además, ¿por qué en esta sección faltan tres palabras y se necesita que el oficiante de la congregación las complete? Sería mejor si esas tres palabras estuvieran dentro de la sección. Y además, ¿por qué una persona individual no puede repetirlas para completar la cuenta como hace el oficiante de la congregación? Y además, ¿por qué dos palabras son del cuerpo de la sección y la tercera palabra no es del cuerpo de la sección?

Pero el misterio del asunto es tal como te he dicho a propósito de la concentración en el primer versículo, que después de hacerla ascender a lo Alto, debemos hacerla descender y vincularla con el flanco de –la emanación– Jesed, ya que allí es su lugar. Y así hacemos también ahora, después de haber hecho ascender a Biná, la volvemos a hacer descender para multiplicar el mundo y la vinculamos con el flanco de Jesed.

Y debido a que hasta su lugar hay tres emanaciones: Jesed, Netzaj y Iesod, por eso, en esta sección faltan tres palabras, para indicar a modo de alusión que la hemos de vincular con el lugar de ella que se encuentra tres emanaciones antes. Y por eso el oficiante de la congregación debe repetirlas para completar la cuenta de 72 palabras. Y dos palabras son de la sección, y la tercera no, porque la palabra Verdad, que alude a Tiferet, alude también al Justo. Y para enseñarnos que lo

---

2136. *Véase* Talmud, tratado de Jaguiga 12a.
2137. «Nadie salvo Tú, Dios, ha visto lo que Tú harás por aquellos que lo han esperado» (Isaías 64:3).
2138. Deuteronomio 11:21.

principal de la unificación y el vínculo de ella es con Tiferet y el Justo, y esas emanaciones que hemos mencionado aluden a las tres emanaciones supremas, por eso, una persona individual no tiene permiso de decirlas, tal como no ha de decir: Santo, Santo, Santo; pues una persona individual no tiene permiso para decir lo que alude a las tres emanaciones supremas.

Y en todo esto te debes concentrar en el recitado del Shemá. Y no debes interrumpir los pensamientos de la Torá en tu corazón ni un solo instante. Y también abstente de beber vino cuanto te sea posible, particularmente durante el día. E incluso lo que bebas por la noche, que esté mezclado con mucha agua. Y vuélvete en arrepentimiento a mi temor.

He aquí que desde el Cielo reparan en ti para bien, pues en el tiempo en que estuviste enfermo, muchos defensores y muchos acusadores se levantaron contra ti, tal como te he informado; y en esa noche de –la festividad– Simjat Torá, en la cual estuviste muy enfermo, se completó tu juicio pero el Anciano de ancianos se reveló sobre ti con el resplandor de lo blanco y se apiadó de ti por el mérito de esas Mishaniot que estudiabas en el tiempo de tu enfermedad, y meditaba en ellas.

Y después irradió luminosidad en ti para acercarte a su temor e hizo que se presentara ante ti mi –hombre– selecto Salomón, para ver si lo reconocías. Y tú has tenido un mérito ya que lo reconociste y aprendiste de él a temer de mí. Y también has escrito cosas buenas sobre él, para esa gran ciudad a la que fue, hasta que se despertaron esos compañeros sagrados para volver al Amo de ellos. Y ese mérito pende para ti, pues tu despertar produjo eso. Y debido a que estudiaron Torá de tu boca, ellos irradian luminosidad para ti y tú irradias luminosidad para ellos. Y vosotros irradiáis luminosidad a los compañeros sagrados de la ciudad y de Israel, y ellos irradian luminosidad para vosotros, estos con estos. Tú volverás sobre ellos y ellos volverán sobre ti.[2139] Tu resplandor sobre ellos, y el resplandor de ellos

---

2139. Se refiere a los méritos.

sobre ti. No te olvidarás de ellos y no se olvidarán de ti, no en este mundo, y tampoco en el Mundo Venidero.

Por eso, cuídate de interrumpir los pensamientos de mi Torá de tu corazón ni un solo instante. Y cuídate también del vino tal como te he dicho. Y acepta mi consejo y expía tus pecados –*jataeja*– con justicia –*tzadaka*–, y tus faltas –*avonot*– corrige siendo misericordioso con los pobres, apiadándote y reparando en los necesitados,[2140] como tú haces, y también soportando todas las aflicciones y los sacrificios. Y a eso aluden los pobres. Y aunque no sean sino esos dos ayunos semanales, ayudará. Y si así hicieres, El Santo, Bendito Sea, perdonará tus pecados. Y te otorgaré andar entre estos,[2141] que son los justos que se sientan con los coronas en sus cabezas. Y también hay preparada para ti una corona de honor con numerosas piedras –preciosas– y perlas, y un trono de honor entre los justos, y una túnica de honor y buena para irradiar luminosidad.

Y aunque hay sobre ti pecados, El Santo, Bendito Sea, los pasará por alto. Y aunque el que dice que El Santo, Bendito Sea, pasa por alto, pasarán por alto sus entrañas, esas palabras corresponden a aquellos que no vuelven en arrepentimiento, pero cuando vuelven en arrepentimiento, se apesadumbran y se consternan de los primeros –los pecados que cometieron en el pasado , El Santo, Bendito Sea, los perdona y les otorga un buen pago. Y también así te haré, y te haré merecedor de ser calcinado por la santidad de mi nombre para que irradies e ilumines para el Mundo Venidero.

Y he aquí que tú ves que después de que has vuelto a mi temor, fue dado permiso para hablar contigo en estos términos. Y no digas que es inferior, pues al comienzo hablaban en la lengua santa –hebreo–, pues esa lengua no era considerada tan santa, ya que era como una lengua con la que hablaba un hombre con su compañero; pero este lenguaje, tú sabes que no hay ningún hombre que lo hable con su compañero. Y ciertamente has de saber que viene de la Corona –*keter*– suprema.

2140. *Véase* Daniel 4:24.
2141. *Véase* Zacarías 3:7.

Y además, tú ves que cuando yo hablo contigo tú tienes los ojos abiertos y observas a todo flanco y tú levantas la voz cuando hablo en tu boca. Y todo aquello en lo que tienes dudas, tanto en las legislaciones, en la Guemará, en la explicación o en los agregados –Tosafot–, te respondo; sólo has de pensar en ese asunto y decir que es tu voluntad que te responda. Por eso, fortifícate en tu arrepentimiento, pues toda especie va a su especie y en el lugar en el que el hombre apega su pensamiento, allí se apegan con él.

Y si aumentas tu apego hacia mí, tal como te he dicho, en el Cielo pregonan acerca de ti: «cuidaos de fulano y de su Torá; ése es el hombre que el Rey de reyes desea y aprecia». Pues ahora se disminuyeron los que buscan a El Eterno, y el que se despierta para buscarlo es mencionado para bien. Y la paz sea contigo […].

EN EL FINAL DE YIAR

«Fuisteis vendidos gratuitamente».[2142] Por los asuntos gratuitos, que son las necesidades del cuerpo, fuisteis vendidos. Pues la causa de los pecados son los placeres del cuerpo. Y los llamaron "gratuitamente", y no les servirán ni los salvarán; pues seréis rescatados de los pecados por los que fuisteis vendidos por un poco de placer en el cuerpo y sus deleites. Pues *kesef* viene de la expresión –que significa– placer, como: *niksefa*.[2143] Y así dijo: «y sin *kesef* seréis redimidos». Y la paz sea contigo.

Además me dijo: he aquí que El Santo, Bendito Sea, está a tu derecha para ayudarte y para salvarte del Mal Instinto; él y todas sus legiones caerán debajo de ti si te fortificas en el servicio de tu Amo. Y a esto se refiere el misterio de lo que está escrito: «Un millar caerá a tu lado […]».[2144] Es decir, si hubiere un millar en el lado izquierdo,

---

2142. «Porque así dice El Eterno: "fuisteis vendidos gratuitamente, y sin plata –*kesef*– seréis redimidos"» (Isaías 52:3).

2143. Salmos 84:3.

2144. «Un millar caerá a tu lado, y diez mil a tu derecha; mas a ti no se acercará» (Salmos 91:7).

los que están a tu izquierda caerán debajo de ti, porque los 10.000 del flanco de la derecha están –dispuestos– para ayudarte. Porque el atributo de la bondad es mayor que el atributo del castigo [...]. Y a aquel que viene a purificarse lo ayudan.

Víspera del día séptimo, 3 de Tishrei.

Fortalécete [...]. «Buscad a El Eterno cuando puede ser hallado».[2145] He aquí que hay que observar cuidadosamente, ¿qué significa: «cuando puede ser hallado»? Y ¿qué significa: «cerca»? Y además, ¿por qué en uno –de los segmentos del versículo– dijo: «buscad», y en el otro dijo: «llamadlo»? Y además, hay que considerar que los sabios dijeron que no es difícil de entender, pues aquí se refiere a los 10 días de Arrepentimiento [...] y aquí a una persona individual [...]. Y del versículo que manifiesta: «¿Cuál es la gran nación que tiene un dios cercano a ella?»,[2146] se entiende que en todo momento.

Y además, ¿qué significa: «Abandone el malvado su camino [...]».[2147] ¿Y acaso después de que volvió en arrepentimiento, acerca de lo cual fue dicho: «Buscad a El Eterno cuando puede ser hallado», después de eso dice: «Abandone el malvado su camino [...]»? ¿Por qué lo volvió a llamar «malvado» y «hombre impío»? Y además, ¿qué significa: «y vuélvase a El Eterno»? Y además, ¿qué significa: «y a nuestro Dios»? ¿Y por qué respecto a éste dijo: «y tendrá misericordia de él», y respecto a éste dijo: «porque es amplio para perdonar»? Y además, ¿por qué respecto a éste utilizó un lenguaje de amplitud, y respecto a éste no?

2145. «Buscad a El Eterno cuando puede ser hallado, llamadlo cuando está cerca» (Isaías 55:6).

2146. «Pues, ¿cuál es la gran nación que tiene un dios cercano a ella como El Eterno, nuestro Dios, cada vez que clamamos a Él?» (Deuteronomio 4:7).

2147. «Abandone el malvado su camino, y el hombre impío sus pensamientos, y vuélvase a El Eterno y tendrá misericordia de él, y a nuestro Dios, porque es amplio para perdonar» (Isaías 55:7).

Y además, ¿qué significa: «Pues cuando descienda de los Cielos la lluvia y la nieve, y allí no volverá […]».²¹⁴⁸ Se entiende que finalmente la lluvia volvió al Cielo y no vemos que fuera así. Y además, ¿por qué mencionó lluvia y nieve? Pues hay tierras en las cuales no desciende la nieve. ¿Y por qué mencionó algo que no es igual para todas las tierras? Y además, ¿por qué mencionó semilla para el que siembra al comienzo, cuando lo principal del asunto es el pan para el que come? Y además, ¿qué significa: «Vuelve Israel hasta El Eterno tu Dios»?²¹⁴⁹ Debería decir: «ante El Eterno tu Dios». Y de lo que dijeron los sabios, que de aquí –se aprende– que el arrepentimiento llega hasta el Trono de Gloria, se entiende que es –un grado vinculado con– Maljut, y El Eterno tu Dios, –es un grado que– está debajo. Y además, ¿qué significa: «Tomad con vosotros palabras […]»?²¹⁵⁰ Y además, ¿qué significa: «Y decidle: "Lleva todo pecado […]"»? Se entiende que solamente esas palabras dirán ante Él, y no hay palabras de consuelo de pedido al comienzo. Y además, ¿qué significa en relación con este asunto: «El asirio no nos salvará […]»?²¹⁵¹ Y además, ¿qué significa: «no montaremos en caballo»? Se entiende que está prohibido montar en caballos y eso ciertamente no es así. Y además, ¿qué significa: «porque en ti tendrá misericordia el huérfano»? ¿Que huérfanos había con ellos para que dijera así?

Pero el misterio del asunto es que cuando la persona vuelve en arrepentimiento completo como Eleazar hijo de Durdaia,²¹⁵² por amor a El Santo, Bendito Sea, él ciertamente se apega y asciende a lo

---

2148. «Pues cuando descienda de los Cielos la lluvia y la nieve, y allí no volverá, sino cuando humectare la tierra, y la hiciere producir, y germinar, y diere semilla al que siembra, y pan al que come; así será mi palabra que saldrá de mi boca, no volverá a mí vacía, sino cuando hiciere lo que he deseado, y prospere en su encargo» (Isaías 55:10).

2149. «Vuelve Israel hasta El Eterno tu Dios; porque has tropezado por tu pecado»? (Oseas 14:2).

2150. «Tomad con vosotros palabras y volved a El Eterno, y decidle: "Lleva todo pecado, y toma el bien, y compensaremos –la ofrenda de– toros– con nuestros labios"» (Oseas 14:3).

2151. «El asirio no nos salvará, no montaremos en caballo, y no volveremos más a decir "dioses nuestros" a la obra de nuestras manos; porque en ti tendrá misericordia el huérfano» (Oseas 14:4).

2152. Talmud, tratado de Avoda Zara 17a.

Alto. Y durante esos 10 días sagrados, debido a que vuelve en arrepentimiento completo, aunque no sea tan –completo– como Eleazar hijo de Durdaia, he aquí que es recibido [...].

Víspera del día quinto, 6 de Menajem Av.

«Alegrad a Jerusalén [...]».[2153] Es necesario entender por qué se utilizó lenguaje de alegría y regocijo, pues con uno de ellos era suficiente. Y además, ¿por qué los dividió en dos? Que diga: «alegraos y regocijaos con Jerusalén». Y además, que diga: «alegraos con Jerusalén», como dijo: «y regocijaos con ella», o que diga: «regocijadla», como dijo: «Alegrad a Jerusalén». Y además, ¿por qué volvió y dijo: «alborozaos con ella con alborozo»? Y además, ¿cuál es la razón de la repetición de: «alborozaos» «alborozo»? Y además, ¿por qué con ellos a «los que la amáis», y no a los que guardan luto por ella? Y cuál es la razón de la inclusión –aparentemente innecesaria– de la palabra «por ella –*alea*–»? Pero el misterio del asunto es que alegría alude a Maljut inferior, a la parte que alude a ella misma. Y regocijo alude a la parte mayor que alude a Maljut suprema. Y alborozo alude a la parte mayor que alude a Iesod y Tiferet. Y debido a que todos los de Israel son sus amadores, sólo que hay en ellos dos grados, uno, el de los que la aman un poco, y ellos se apegan a Maljut inferior, a la parte que alude a ella misma, y por eso dijo: «Alegrad a –*et*– Jerusalén», y dijo acerca de ellos: «a –*et*–», es decir, que se unen con ella y van a su lado, tal como dijeron los disertantes acerca de –lo que está escrito–: «–Junto– a –*et*– Dios fue Noe».[2154] Y hay quienes aman a Jerusalén más que los primeros y acerca de ellos utilizó la expresión regocijo, que alude a la parte que alude a Maljut suprema; y dijo «con ella», y no a ella, porque es más suprema que Maljut inferior. Y no se ha de decir: «Regocijaos con ella», como se dijo de Maljut inferior. Y hay quienes aman a Jerusalén más aún, a tal punto que ellos guardan luto por el duelo de

---

2153. «Alegrad a Jerusalén y regocijaos con ella todos los que la amáis; alborozaos con ella con alborozo todos los que guardáis luto por ella» (Isaías 66:10).
2154. Génesis 6:9.

ella; y dijo que ellos merecerán apegarse a Iesod y Tiferet. Y a esto se refiere lo que está dicho: «alborozaos con ella con alborozo», dos grados. Y dijo: «con ella», aunque Iesod y Tiferet son supremos, porque ellos dan el ejemplo a otros de esos primeros del flanco de Maljut inferior. Y si es así, resulta que esos que guardan duelo, se apartan con Iesod y Tiferet que están sobre Maljut. Y a esto se refiere lo que está escrito: «todos los que guardáis luto por ella». Es decir, todos los que guardan duelo he aquí que ellos ascienden por los grados que están sobre ella. Y la paz sea contigo […].

Noche del día séptimo, 12 de Menajem Av.

¿Te parece bien que aumentas en hablar? Pues lo que dijo mi –hombre– sagrado Iona, acerca de lo que dijeron los sabios, de bendita memoria, que todo asunto de burla está prohibido, y secundario a ello, las palabras de bromas, dijo verdad. ¿Y te parece bien que leer la sección –semanal de la Torá–, dos veces en la Lengua Santa y una vez en arameo rápidamente, como aquel que remueve las brasas, para sacarte el yugo de sobre ti? He aquí que has de recordar lo que dijo Rabí Shimón hijo de Eleazar: «no hagas tu plegaria fija […]».[2155] Mas debes leer la sección pausadamente, y percibir las dudas y responderlas, y lo que no puedes responder, observa en los exegetas. Y su boca estaba llena de reproches respecto de los pensamientos en las palabras de la Torá, que no se debe interrumpir ni un solo instante.

LIBRO DE AMÓS

Víspera del día tercero, Principio del mes de Adar II, que era 30 de Adar I.

Fortifícate y esfuérzate en la Torá. Cuán honorable es el día, en el temor de Dios desde la santidad; pues en la gran ciudad en la que

---

2155. Talmud, tratado de Berajot 28b.

has escrito acerca de mi querido Salomón y los que estaban allí, ellos y los compañeros de Salónica, todos ascienden ante El Eterno y él se santifica con vosotros. Y a través de vosotros se encumbra y enaltece la Congregación de Israel. Y a esto se refiere lo que está dicho: «Ha caído, no volverá a levantarse [...]».[2156] No volverá a levantarse por sí sola, sino a través de los que la levantan y la unifican con su Amado. Por eso escríbeles: ¡Fortalézcanse vuestras manos!

Y todo lo que te ha escrito en el nombre del ángel redentor es verdad. Pues si bien al comienzo estuviste forzado –a estar fuera de la Tierra Santa–, y también un año después de que te fuera permitido no debías salir, pero después, ¿por qué no saliste para ir a la Tierra de Israel? Pues aunque en aquel tiempo había guerras, podrías haberte quedado en Adrianopolis hasta que pasaran y habrías hecho merecedores a muchos. Pero de todos modos no eres tan culpable y tampoco fue ese solamente el motivo que te impidió tener hijos, sino que ayudó un poco.

Y también aquí has enseñado Torá y también se avergüenzan de ti de pecar. Y lo que dijeron al ángel redentor, que es necesario en esa situación y en ese lugar,[2157] no para que te demoraras allí de ninguna manera, sólo que en el camino de tu ascenso a la Tierra de Israel pasaras en tu camino hacia allí y estuvieras allí algunos días, y muchos volverían del pecado a través de ti. Y después ascenderás a la tierra de Israel. Y si antes de eso quieres ir a Salónica para corregir tu libro, haz conforme a –lo que sientes en– tu corazón. Pues no acerca de esto fue dicho al ángel redentor, sino que no te asentaras allí. Y asimismo yo te digo que te cuides y guardes de no asentarte en ningún lugar, sino que asciendas a la Tierra de Israel.

Además me dijo que es necesario sacrificar el cuerpo, y que sea en tus ojos un ejemplo de mérito para –alcanzar– a través de él el Mundo Venidero. Además me dijo que me cuidara de no recibir a una conversa que se quisiera convertir por amor a un hombre. Pues Maimónides dijo que no se los recibe. Y aunque escribió que los simples los

---

2156. «Ha caído, no volverá a levantarse la virgen de Israel!» (Amós 5:2).
2157. Para rectificarse (*véase* Talmud, tratado de Ioma 86b).

recibieron en los días de David y Salomón, no os viene a decir que es permitido recibirlos, pues los sabios de la Mishná dijeron: nosotros somos simples. Y con más razón vosotros. Pues Maimónides no escribió que los del Tribunal de simples los recibieran, sino que escribió simples, sin especificar. Es decir, simples del mundo, que no eran sabios y entendidos. Pero vosotros que sois sabios de la generación no debéis aceptarla.

Y además, ciertamente no se apartará de él –conforme a la ley–. Y aunque dijeran que se apartarán no les creas, pues resultará que provocarás que se llegue a ella en el tiempo del periodo catamenial. Y además, aunque pasara por el periodo catamenial siendo una sierva, gentil, meretriz, yo tomaré venganza de él y será cadáver a través de espada en ese año. Pues aunque dijera que se apartará de ella, ella volverá a su situación anterior y resultará que fue hecha a través de ti una israelita que practica culto idolátrico, y es mejor que permanezca siendo gentil. Y además –una mujer que actúa de ese modo– es un alma impura y su hija no se enraizará en Israel jamás. Y también el hijo que les nacerá es un alma impura. Y si no fuera revelado ante mí que en el futuro se corromperá rápidamente, no te dejaría circuncidarlo. Y por eso, el hombre y la mujer que vinieren a divorciarse, si volvieren ante ti, déjalos, pues ciertamente su unión no ascenderá de modo correcto jamás. Y ciertamente la paz sea contigo.

LIBRO DE LOS SALMOS

Madrugada de Shabat, 27 de Adar I.

En el comienzo de esta semana has obrado bien, aunque al final has aflojado un poco y no debes hacer así, porque: «Si aflojares en el día de aflicción, tu fuerza se disminuirá»,[2158] Dios libre. Pues no has hecho bien bebiendo mucho por la noche, y aunque estaba mezclado con agua, el aumento de la bebida debilita al cuerpo. Y ya te he in-

---

2158. Proverbios 24:10.

formado de que el cuidado de la salud corporal es una gran –puerta de– entrada para el servicio de El Eterno. Por eso, cuídate de ahora en adelante de que tu pensamiento sea siempre en la Torá; no te apartes de ella ni un solo instante, tal como te he enseñado.

Y observa hermano mío, querido mío, qué solicita de ti El Eterno, no –solicita– sino el guardado de los flagelos apropiados para ti por tus pecados y que tu pensamiento esté apegado siempre a la Torá; no la apartes de ti ni un solo instante. Y si así hicieres siempre y te cuidares del vino, bienaventurado serás en este mundo y te irá bien en el Mundo Venidero, pues serás Tabernáculo y Nido de la Torá. Y apégate a ella siempre sin cesar para no dar lugar a que –el ente maligno cuyo nombre comienza con las letras– *samej–mem,* ejerza dominio sobre ti en absoluto. Y éste es el misterio de los lazos y los broches que había en el Tabernáculo.[2159]

Y éste es el misterio de los secretos de la Torá[2160] del recitado del Shemá, que fueron escritos así[2161] para desplazar al –ente maligno– *samej–mem,* para que no entre allí. Y es un precepto para el que lo recita separarlas –las palabras durante la lectura, para que no se peguen una con la otra–. Porque entonces no hay temor de que el –ente maligno– *samej–mem,* entre a través de las –palabras– pegadas.[2162] Porque la concentración del que recita –el Shemá– vincula y unifica las palabras del Shemá, y a través de eso el –ente maligno– *samej–mem* no tiene permiso de entrar allí.

Y en el rollo de la Torá las –letras– pegadas son invalidas por esa razón. Pues el pergamino vincula y unifica todas las palabras del rollo de la Torá. Y también cuando ellas están vinculadas y unidas a través de las palabras pegadas[2163] de un modo similar a las palabras

---

2159. *Véase* Éxodo 26:5-6.

2160. Incluidos en forma oculta en las iniciales de las palabras o en las letras finales de las mismas.

2161. De modo oculto.

2162. Sin hacer una pausa entre el final de la última letra de una palabra y la primera letra de la palabra siguiente.

2163. El pergamino une las letras y las palabras.

pegadas del recitado del Shemá,[2164] el –ente maligno– *samej–mem* no tiene permiso de entrar allí. Y por eso, si las letras se pegaron –concretamente–,[2165] son inválidas, debido a que no hay necesidad de ese pegado. Y a esto se refiere lo que está dicho: «La Torá de El Eterno es íntegra».[2166] Pues cuando la misma está escrita en el pergamino de la Torá conforme a la ley está unificada y vinculada, y es integra y completa. Y su completitud es tan grande que no hay necesidad de decir que ella hace volver –*meshivat*–[2167] al alma –*neshamá*– a su lugar, y así al espíritu, mas incluso al alma existencial –*nefesh*–, que es más densa, también la hace volver a su lugar del cual salió, que es el espíritu. Y el alma suprema asciende a lo Alto a través de eso, y el espíritu se une con el alma suprema, y el alma existencial con el espíritu.

«El testimonio de El Eterno es fiel».[2168] Explicación: debido a que no hay testimonio verdadero sino a través de ver y no a través de oír, y la fe de la Torá no es sino a través de recepción, dijo: sabe que aunque así sea es fiel, y sabe que ella vuelve sabio al tonto; y si no fuera fiel, volvería tonto incluso al sabio, como el juez que toma soborno, que enceguece sus ojos.

«Los preceptos de El Eterno son rectos».[2169] Es decir, ellos mismos son rectos pues no están lejos del intelecto. «El precepto de El Eterno es puro». Es decir, es puro y claro. Y debido a que la naturaleza del blanco es oscurecer los ojos, tal como la claridad del sol, o similar, pero la Torá, aunque es clara y pura, ilumina los ojos.

«El temor de El Eterno es puro».[2170] Porque el temor verdadero de El Eterno no depende de ningún factor, sólo es puro, sin ninguna

---

2164. Con la concentración.

2165. Porque una letra toca a la otra concretamente.

2166. «La Torá de El Eterno es íntegra, reconforta –*meshivat*– el alma» (Salmos 19:8).

2167. La expresión *meshivat* significa literalmente «hace volver», pues ciertamente hace volver al alma.

2168. «El testimonio de El Eterno es fiel, torna sabio al tonto» (Salmos 19:8).

2169. «Los preceptos de El Eterno son rectos, alegran el corazón; el precepto de El Eterno es puro, ilumina los ojos» (Salmos 19:9).

2170. «El temor de El Eterno es puro, permanece por siempre; los juicios de El Eterno son verdad, igualmente justos» (Salmos 19:10).

mezcla de ninguna otra intención, sino un temor que eleva y encumbra, y por eso perdura, y «permanece por siempre».

«Los juicios de El Eterno son verdad [...]». Pues vienen de Tiferet, que es verdad. «Igualmente justos», es decir, aunque veas juicios inversos, por ejemplo la vaca roja que purifica a los impuros e impurifica a los puros, son «igualmente justos», y no se debe cavilar tras ellos.

«Son más deseables que el oro».[2171] Es decir, los deseables, se refiere a los preceptos. Y salieron del oro, que es el atributo del Norte.[2172] Pues aunque está escrito: «con la Torá de fuego»,[2173] he aquí –los sabios– dijeron –que a los mandamientos–: «Yo»,[2174] y: «No tendrás»,[2175] los escucharon de boca de la Guevurá.[2176]

«Y más que mucho oro refinado».[2177] Es decir, también salieron del oro refinado, que es la Congregación de Israel que se denomina oro refinado. Pues ella se nutre del atributo de la Guevurá que se denomina oro. Por eso ella se denomina oro refinado. Y también se indica a modo de alusión que se proyectaron del flanco de la derecha que se denomina: «mucho oro refinado», porque Jesed está encima de Guevurá. Pues Guevurá se nutre de Jesed. Y oro refinado –*paz*–, es oro, y alude al atributo de la Guevurá. Y si es así, la explicación de: «y más que mucho –*rav*– oro refinado», es que también se proyectaron de Jesed, que es mayor –*rav*– y más grande que la medida de la Guevurá que se denomina: «oro refinado».

2171. «Son más deseables que el oro, y más que mucho oro refinado; y más dulces que la miel, y de la destilación del panal» (Salmos 19:11).

2172. Vinculado con el misterio de la emanación Guevura.

2173. «Dijo: "El Eterno vino del Sinaí, y les resplandeció desde Seir, y apareció en el Monte Parán, y vino con miríadas de sagrados a su derecha, con la Torá de fuego"» (Deuteronomio 33:2).

2174. «Yo soy El Eterno tu Dios, que te saqué de la tierra de Egipto, de casa de esclavitud» (Éxodo 20:2).

2175. «No tendrás otros dioses ante Mi Presencia» (Éxodo 20:3).

2176. *Véase* Talmud, tratado de Makot 24a.

2177. Salmos 19:11.

«También tu siervo [...]».[2178] Es decir, cuando guarde los preceptos del alma existencial –*nefesh*–, que es la inferior de las tres fuerzas[2179] del hombre. Y por eso la llamó *ekev*,[2180] pues ascenderá y se hará grande –*rav*–. Pues se unirá con el espíritu, y el espíritu con el alma suprema –*neshamá*–.

«¿Quién entenderá los errores [...]».[2181] Es decir, cuando supe que cometí un error, y vuelvo sobre ellos, he sabido que ha sido recibido mi arrepentimiento. Porque «quién –*mi*–», que es la –emanación– Biná, y es el Arrepentimiento, «entenderá» y aceptará mi arrepentimiento. Pero lo que pido ante ti es que de esos que me son ocultos, que no supe de ellos, límpiame de ellos.

«También de los intencionados [...]».[2182] Es decir, no me lleves a pecar intencionadamente, tal como: «Quita mis ojos de ver vanidad».[2183] «Que no ejerzan dominio en mí [...]».[2184] Es decir, cuando estuviere seguro de ellos cuando se me consideran de los intencionados, por consiguiente estaré seguro de que no ejercerán dominio en mí los grandes pecados que son las culpabilidades: «Y seré limpio de gran culpabilidad».[2185]

Observa la «buena razón y sabiduría»[2186] de ese Salmo. Y además el mismo es explicado de varios modos, pues hay 70 facetas de la Torá. Y de ese modo lo podrías enseñar ante la multitud, pues es correcto e importante. Y aún volveré a darte a mi querido si fueres Tabernáculo y Nido de la Torá, y no apartares tu pensamiento de ella en ningún instante jamás. Y tendrás un alma adicional en los días co-

---

2178. «También tu siervo se cuida de ellos; pues por guardarlos hay gran recompensa –*ekev rav*–» (Salmos 19:12).

2179. Los 3 grados de alma.

2180. Esta expresión significa también talón.

2181. «¿Quién entenderá los errores –que comete–? Límpiame de los ocultos» (Salmos 19:13).

2182. Salmos 19:14.

2183. Salmos 119:37.

2184. Salmos 19:14.

2185. Salmos 19:14.

2186. Salmos 119:66.

munes de la semana como en Shabat. Y en Shabat ascenderás más. Y te diré todo lo concerniente a las dudas que tuvieres, tanto en el Talmud como en cada cosa y cosa, en todo asunto. Por eso, fortifícante en El Eterno y unifica tu pensamiento en la Torá como te he dicho. Y «confía en El Eterno y haz el bien […] y pacerás –a través de la– fe».[2187] Haz comunidad y pastoreo de la Fe suprema estando tu pensamiento siempre apegado a la Torá como te he enseñado. Y la paz sea contigo.

Víspera del día de Shabat, 15 de Adar I, año 5307.

El Eterno está contigo […]. Cuídate de no apartar tu pensamiento de mí incluso por un solo instante y no como tú –haces–, que a veces te apegas y a veces te alejas. Y disminuye los deleites en todo lo posible; y considera, pues, que si fuera posible nutrirse sin alimento estarías muy satisfecho. Y aquellos que se orientaron a cuidarse de ocultarse ellos mismos en el momento de la comida como en el momento de hacer sus necesidades han actuado bien, pues es afrentoso si no fuera necesario. Por eso, aléjate y desprecia los deleites y te haré ascender a niveles elevados.

«Cuán grande –*rav*– es Tu bondad que has ocultado para los que te temen; has hecho bien a los que confían en Ti frente a las personas».[2188] Pues hay que analizar cuidadosamente: ¿qué significa: «frente a los las personas»? Se entiende que es algo público y antes de eso dijo: «que has ocultado para los que te temen». Pero el misterio del asunto es que El Santo, Bendito Sea, actúa al revés de las personas. Pues las personas, cuando otorgan pago, quieren difusión, pero El Santo, Bendito Sea: «que has ocultado».

Además, es posible decir que dijo: «que has ocultado para los que te temen», pues es algo que se manifiesta en lo oculto del corazón, -a eso- lo has ocultado, pero para «los que confían en Ti frente a las personas», que es algo que se manifiesta -a eso no lo has ocultado-,

---

2187. Salmos 37:3.
2188. Salmos 31:20.

para darles el pago públicamente. Y a esto se refiere lo que está escrito: «has hecho –*paalta*–», que es una acción pública.

Y además, es posible decir que lo que dijo: «que has ocultado», se refiere al capital; «has hecho –*paalta*– bien a los que confían en Ti frente a las personas», se refiere a los frutos. Y esto se deduce puntualmente de la expresión *paalta*, porque los frutos son *poel*.[2189] Y por eso cuídate de escribir todo asunto que yo te innovo. Y no te olvides de estudiar Cábala. Y cuídate de que tu pensamiento esté puesto en mí siempre, y te haré merecedor [...]. Y después te haré merecedor de ser calcinado por la santidad de mi nombre [...]. Y la paz sea contigo.

Víspera del día sexto, 3 de Shvat.

Cuídate de –apegarte a– mí, a mi Torá y a mis Mishnaiot, para pensar durante el día siempre sin interrumpir ni un solo instante. Pues tú ya sabes, tal como te he dicho varias veces, cuántos mundos edificas en el momento en que piensas en las Mishnaiot; y sin embargo, en el momento en que interrumpes, cuántos mundos destruyes. Por eso cuídate, pues ahora mis siete mundos que te he mencionado te acompañan siempre y los acompañan numerosas legiones y pregonan ante ellos y dicen: ¡otorgad honor a la imagen del Rey! Por eso cuídate mucho porque te haré merecedor [...].

«¿Quién –*mi*– es el hombre que desea vida, que ama días para ver lo bueno?».[2190] Pues hay que observar cuidadosamente: ¿qué significa «vida» y qué significa «días»? Y además, ¿qué significa: «desea» y qué significa: «ama»? Y asimismo, ¿qué significa además: «ver lo bueno»? ¿Y qué significa:[2191] «mal» y qué significa: «engaño»? Y además, ¿por qué en relación con esto dijo: «tu lengua», y en relación con esto dijo: «tus labios». Y además, ¿qué significa: «Apártate del mal»,[2192]

2189. Significa literalmente acción.

2190. Salmos 34:13.

2191. A continuación está escrito: «Guarda tu lengua del mal, y tus labios de hablar engaño» (Salmos 34:14).

2192. A continuación está escrito: «Apártate del mal y haz el bien; busca la paz y persíguela» (Salmos 34:15).

y qué significa: «haz el bien»? Y además, ¿qué significa: «busca la paz», y qué significa: «y persíguela»? Pero el misterio del asunto es que: «Quién –*mi*–» se refiere a –la emanación– Biná, y «hombre» se refiere a Tiferet. Y la letra *he* de la expresión: «el hombre –*haish*–», alude a Biná, y «desea», alude a la Congregación de Israel, que es la Tierra deseada. Y viene a decir que aquel que une a esos tres –entes cósmicos– conjuntamente, provoca que se proyecte vida del mundo supremo, pues ama y une los días que son las emanaciones.

«Para ver –*lirot*– lo bueno», es decir, para transmitir influencia a Iesod, que se denomina bueno, porque *reiá*[2193] es un lenguaje de unión y conocimiento.

«Guarda tu lengua del mal». La lengua se refiere a la –emanación– Biná; y «tus labios», se refiere a Netzaj y Hod. Y dijo que los guarde de esos flancos. Y debido a que esos flancos no pueden acercarse a Biná, sino que cuando se apegan a las emanaciones de Tiferet asciende de ella cierto grado de turbiedad, por eso no dijo sino que se guarde del mal, pero respecto a los labios, que es el lugar en el cual se vuelven para apegarse, dijo acerca de ellos: «hablar engaño».

«Apártate del mal». Es decir, a través de sus acciones provocará que esos flancos no se apeguen a las emanaciones y hará y rectificará para bien, que es Iesod. «Busca la paz», se refiere a –la emanación– Iesod, para apegarse a ella. «Y persíguela», para apegarse a ella, como está dicho: «Justicia, justicia perseguirás».[2194] Y ciertamente la paz sea contigo.

Me dijo que siempre pensara en mis Mishnaiot, incluso en la feria, simplemente, hasta que viera una suciedad, pero que no es necesario buscar tras ella.

Víspera del día quinto.

«El hombre necio no sabe –*iedá*–, y el insensato no entiende esto –*zot*–».[2195] Hay que analizar cuidadosamente: ¿por qué duplicó y dijo:

2193. *Lirot* y *reiá* comparten la misma raíz.
2194. Deuteronomio 16:20.
2195. Salmos 92:7.

«y el insensato no entiende»? Pues con una de ellas –esas declaraciones– era suficiente. Y además, –de la expresión– hombre –*ish*–, se entiende que se refiere a una persona importante, y dijo acerca de él que es necio y no sabe, y con más razón el insensato. Y siendo así, ¿por qué necesitó decir: «y el insensato no entiende esto –*zot*–»? Y además, ¿por qué modificó la expresión, pues en una dijo: «no sabe», y en la segunda dijo: «no entiende esto –*zot*–»? Pero el misterio del asunto es que así dijo: el hombre –*ish*–, que es una persona importante y sabe unir las emanaciones, como está dicho: «Y Adán conoció –*iadá*– a Eva, su mujer»,[2196] no puede apegarse para unirlas; y a esto se refiere lo que está escrito: «no sabe –*iedá*–».

Y no digas que no sabía completamente, sino que no sabía demasiado. Por eso dijo: «necio –*baar*–». Aunque se apegue allí relativamente –*beerej*–, lo que deje de saber se le considera como si fuese un necio que no sabe nada. Y el insensato, que no sabe nada y no se esfuerza en aprehender la sabiduría: «no entiende esto –*zot*–». Es decir, no vincula a Biná con la Congregación de Israel, o sea: *Zot*. Y ciertamente la paz sea contigo.

Víspera del día de Shabat, 20 de Yiar.

«Bienaventurado el hombre que teme a El Eterno»,[2197] en correspondencia con el temor; «y desea mucho sus preceptos», en correspondencia con el amor. Y debido a que no hay comparación entre Él y nosotros […] siendo así, ¿cómo es posible para el hombre amar a aquel que no es semejante a él ni se corresponde con él? Por eso dijo: «y desea mucho sus preceptos». Es decir, a través de sus acciones nosotros Lo conocemos, y a través de sus preceptos conocemos Sus atributos, y a través de ellos lo amamos.

2196. Génesis 4:1.
2197. «Alabad a Dios; Bienaventurado el hombre que teme a El Eterno, y desea mucho sus preceptos» (Salmos 112:1).

Víspera del 28 de Shvat.

«Jerusalén, la que ha sido edificada».[2198] Se refiere a la Matronita. Y dijo acerca de ella: «edificada –*benuia*–», de la expresión: «Y El Eterno Dios construyó –*vaiben*– con –*et*– el costado».[2199] Y dijo que con eso Jerusalén está incluida de todas las 10 emanaciones supremas. Y a esto se refiere lo que está dicho: «como una ciudad que está vinculada juntamente con ella». La ciudad se refiere a las 10 emanaciones supremas. Y dijo que esta Jerusalén está edificada con las 10 emanaciones como la ciudad de las 10 emanaciones supremas. Ya que esta Jerusalén está unida con la ciudad de las 10 emanaciones supremas conjuntamente. Es decir, y ellas están unidas en una unificación –esencial–, porque ella es el recipiente de todas.

Me parece a mí que el misterio del primogénito, que es comido por los sacerdotes, y el diezmo por toda persona, viene a decir que al primogénito, que alude a Jojmá, no se unen con él sino los sacerdotes, es decir –quienes están vinculados con las emanaciones– Biná y Jesed. Porque Biná también es sacerdote, según el misterio de –lo que fue enseñado–, que El Santo, Bendito Sea, quiso tomar el sacerdocio de Sem. Pues Sem, se refiere a Biná. Y el diezmo alude a la Congregación de Israel, que es la décima –emanación–, y es comido por toda persona porque todos los que ascienden a lo Alto ascienden a través de ella.

(Una enseñanza relacionada y una advertencia: está escrito:) «Para hacer que el vientre se hinche».[2200] Porque comen y beben cada noche hasta que su vientre es como si se hinchara, y eso les provoca dormir toda la noche, y a esto se refiere lo que está escrito: «y el muslo caiga».

2198. «Jerusalén, la que ha sido edificada como una ciudad que está vinculada juntamente con ella» (Salmos 122:3).

2199. «Y El Eterno Dios construyó con el costado que tomó del hombre una mujer y la trajo al hombre» (Génesis 2:22).

2200. «Y estas aguas que causan maldición entrarán en tus entrañas para hacer que el vientre se hinche y el muslo caiga» (Números 5:22)

LIBRO DE LOS PROVERBIOS

Año 306, víspera del día sexto, principio del mes de Adar I.

«Conócelo en todos tus caminos, y Él enderezará tus senderos».[2201] Caminos se denomina a las necesidades del cuerpo, porque todas las personas las utilizan más de lo necesario, semejante al camino, que es amplio. Y senderos se denomina a las necesidades del servicio de El Eterno, porque pocas personas los utilizan. Además, los que los utilizan, lo hacen para acortar y por eso se denominan senderos –*orjot*–, que son caminos angostos, y no pasan por ellos sino pocos. Además, porque los que andan en los caminos de El Eterno van por senderos irregulares.[2202] Y cuántos tropiezos vienen a su encuentro para impedirles el servicio de El Eterno. Por eso está dicho: «Conócelo en todos tus caminos», que son las necesidades de tu cuerpo; conócelo para no tener provecho de ellos, sino lo necesario para la existencia de tu alma existencial. Y entonces, El Eterno, bendito sea, enderezará tus senderos. Porque no te presentará tropiezo y no impedirá tu venida al servicio de El Eterno, bendito sea. Y a esto se refiere lo que está dicho: «Y Él enderezará tus senderos». Por eso, hijo mío, cuídate en tu comida y en tu bebida. Y en el momento en que comes y bebes no observes lo poco que comes y bebes, sino observa el daño que te provocará el sueño y la disminución de la ocupación de la Torá a causa de ese poco que tú comes y bebes más –de lo necesario–. «Y ponle cuchillo a tu garganta […]».[2203]

Madrugada del día 28 de Tamuz.

Estaba despierto y no podía dormir; me levanté y vestí mis ropas y entonces pronuncié algunas peticiones y después me dijo: El Eterno está contigo […]. Y yo te he levantado para hablar contigo. He salido

---

2201. Proverbios 3:6.
2202. Para evitar ver cosas inapropiadas.
2203. Proverbios 23:2.

a tu encuentro para visitar tu rostro y te he hallado.[2204] Y he aquí que tu tiempo era tiempo de afectos.[2205] «Porque la lámpara es precepto, y la Torá es luz».[2206]

La lámpara es semejante, en comparación, a la Congregación de Israel inferior, y la luz es el esplendor –Tiferet– del precepto. Pues la Congregación de Israel es ordenanza y acción, y la Torá, se refiere a la Torá escrita, que es Tiferet. Y ésta es la explicación: el precepto, que es la Congregación de Israel, es semejante a una lámpara; pero la Torá, que es Tiferet, es semejante a la luz. Y a esto se refiere lo que está dicho: «Porque tú harás iluminar mi lámpara».[2207] Es decir: «tú», Congregación de Israel suprema, «harás iluminar» a la Congregación de Israel inferior, que es «mi lámpara». Pero –el grado denominado– «El Eterno»,[2208] que es la –emanación– Tiferet, cuando ascienda a Biná, que se denomina: «mi Dios», «iluminará mi oscuridad».

Pues la lámpara –que es colocada– en una casa no ilumina toda la casa sino una parte, y una parte está oscura; y además, en el lugar en que ilumina, no hay claridad,[2209] sino que se parece a la oscuridad ante la luz clara. Y dijo que cuando «El Eterno, mi Dios», que es Tiferet y Biná, transmita influencia a la Congregación de Israel, «iluminará mi oscuridad», ya que no habrá ningún lugar oscuro en la Congregación de Israel, sino que en todo lugar habrá luz. Y también en el lugar en que había iluminación previamente, ahora habrá brillo y mucha claridad. Y a esto se refiere lo que está dicho: «Aquel de vosotros que teme a El Eterno [...]».[2210]

2204. *Véase* Proverbios 7:16.

2205. *Véase* Ezequiel 16:8.

2206. Proverbios 6:23.

2207. Salmos 18:29.

2208. A continuación está escrito: «El Eterno, mi Dios, iluminará mi oscuridad» (Salmos 18:29).

2209. Como la de la luz solar.

2210. «Aquel de vosotros que teme a El Eterno, y escucha la voz de su siervo, y anda en oscuridades y no tiene luminosidad, confíe en el Nombre de El Eterno, y apóyese en su Dios» (Isaías 50:10).

Es decir, hay tres clases de temor: uno, el temor selecto como el temor de nuestro patriarca Abraham, que la paz sea con él, en pos del sacrificio,[2211] y él asciende a Biná. El segundo, es el temor por si no merecerá el Mundo Venidero y es –el vinculado con– la Congregación de Israel. Y el tercero es el temor de las bondades en este mundo. Y el mismo depende de –el ángel cuyo nombre se escribe con éstas letras hebreas:– *mem, tet, tet, reish, vav, y nun*, que es del Mundo de la Separación. Y el profeta dijo: «Aquel –*mi*– de vosotros que teme a El Eterno», incluso en el caso en que no teme sino de las bondades de este mundo, que es algo que depende de –el ángel cuyo nombre se escribe con éstas letras hebreas:– *mem, tet, tet, reish, vav y nun*, que es Su siervo, «y anda en oscuridades». Es decir, teme como ese que «anda en oscuridades»,[2212] o sea, dos,[2213] porque no hizo depender de las emanaciones supremas, y no hizo depender de la Congregación de Israel inferior, que se denomina «Oscuridades», sino en un lugar más oscuro, o sea, *mem, tet* [...] que es del Mundo de la Separación. Y a esto se refiere lo que está escrito: «y no tiene luminosidad». Es decir, si hubiera hecho depender su temor de la Congregación de Israel inferior, aunque se denomina Oscuridad, de todos modos, tendría un poco de luminosidad, pero ahora: «no tiene luminosidad».

Y el Profeta dijo que aunque así fuese, ya que en ese temor confió en El Eterno, El Eterno llenará su deseo –terrenal–. Y a esto se refiere lo que está escrito: «y apóyese en su Dios». Es decir, debido a que confió en el Nombre de El Eterno, apóyese en su Dios, pues ciertamente le dará conforme a lo que desea en su corazón, tal como está

2211. Como está escrito: «Y aconteció después de estos hechos que Dios probó a Abraham, y le dijo: "¡Abraham!". Y él respondió: "¡Heme aquí!". Y dijo: "Toma por favor a tu hijo, a tu único, a quien amas, a Ytzjak, y ve a la tierra de Moriá, y elévalo allí por ofrenda sobre una de las montañas que te diré". Y Abraham se levantó al amanecer [...] Y Abraham extendió su mano y tomó el cuchillo para degollar a su hijo. Y un ángel de El Eterno lo llamó desde los Cielos, y dijo: "¡Abraham! ¡Abraham!". Y le dijo: "¡Heme aquí!". Y dijo: "No extiendas tu mano contra el joven ni le hagas ninguna cosa, pues ahora sé que eres temeroso de Dios [...]» (Génesis 22:1-12).

2212. Está escrito en plural.

2213. Al estas escrito en plural indica que son dos.

dicho: «Te dará como tu corazón [...]».[2214] «Tu corazón», se refiere a la Congregación de Israel que se denomina Corazón. Y dijo que El Eterno, bendito sea, le dará conforme a su deseo y enviará a tu corazón, que es la Congregación de Israel. Y eso a través de colmar de abundancia y bendición a Iesod, que se denomina «Todo», y los apoyos que se denominan «tu consejo», pues ellos son el lugar del Consejo, tal como dijeron los sabios, de bendita memoria: los riñones aconsejan.[2215]

Además dijo: lo que te he dicho respecto al embarazo de tu mujer, todo es verdadero y firme. Pues, ¿acaso no sabes que el sello de El Santo, Bendito Sea, es Verdad? La explicación del asunto es que aunque te parezca que hay un poco de mentira en su comportamiento, cuando te levantes sobre el sello del asunto, es decir, el fin del asunto, hallarás que todo es verdad. Y así respecto a este asunto, el embarazo estaba y no estaba. El Santo, Bendito Sea, hace volver su regalo que te dio, e incluso si provocara el pecado. Pero debido a que se ha impuesto sobre ti la muerte, El Santo, Bendito Sea, en sus grandes misericordias, quiso rescatarte y dio ese embarazo en lugar de ti. Y todo es para tu provecho y para tu bien, pues has apartado mucho tu corazón y tu pensamiento de las palabras de la Torá y has dado lugar a el ente maligno– *samej-mem*, y la Serpiente, y ellos desean ejercer dominio sobre ti, y por eso fue impuesta sobre ti la muerte.

Vuelve y apégate, y unifícate con El Santo, Bendito Sea, y no apartes tu pensamiento de la Torá. Y disminuye de los deleites del mundo y te irá bien y te haré merecedor de ser calcinado por la santidad de mi nombre, y todos tus pecados y culpabilidades se consumirán en fuego y tú ascenderás como lana limpia, e irás y descansarás en tu destino, para el Fin de los Días. Y me extendería más contigo, pero –no lo hago– para no anular –el tiempo de– tu estudio. Y a partir de aquí deduce por la regla de lo leve y lo severo –*kal vajomer*–, cuánto te debes cuidar de hablar vanidades ni de ninguna cosa del mundo, in-

---

2214. Salmos 20:5.
2215. *Véase* Talmud, tratado de Berajot 61a.

cluso por un solo instante, e incluso una conversación vana leve. Sólo ocúpate en la Torá y apégate al temor de Dios.

Año 5328, víspera del día de Shabat, 19 de Tevet.

El Eterno está contigo [...]. Apégate únicamente a mí siempre, a mi Torá, y a mis Mishnaiot, y no apartes tu pensamiento ni un solo instante de mi Torá, de mi temor y de mi servicio. Y no comas a modo de deleite en absoluto; solamente en cada bocado y bocado piensa en palabras de Torá, y entonces tu comida será semejante a un sacrificio. Y a esto se refiere el misterio de lo que está escrito: «Cuando te sientes a comer pan con el gobernante, entiende cabalmente lo que hay delante de ti».[2216] Es decir, cuando te sientes a comer pan –*liljom*–,[2217] o sea, comer pan con el Mal Instinto, que ejerce dominio en el hombre, entonces: «entiende cabalmente lo que hay delante de ti», en referencia a la Presencia Divina, que está sobre ti. Y no se compara a aquel que come solo a aquel que come ante el Rey. Y cuídate de comer únicamente un poco para mantener al alma existencial. Y no comas rábanos ni verduras crudas sino un poco, lo mínimo.

Asimismo, así dijo: «Cuando te sientes a comer pan –*liljom*–», se refiere a comer pan, «con el gobernante», que es el Mal Instinto, para deleitarte con él, que es el gobernante: «entiende cabalmente lo que hay delante de ti», recuerda las generaciones que hubo antes de ti, aquellos que se deleitaron con la comida y la bebida, ¿de qué les sirvió y qué obtuvieron de eso? Asimismo, así dijo: «Cuando te sientes a comer pan –*liljom*– con el gobernante», se refiere al Mal Instinto, que ejerce dominio, «entiende cabalmente lo que hay delante de ti», se refiere a los justos que hubo antes de ti, y no tuvieron provecho del mundo, cuán grande es su grado. Asimismo, así dijo: «Cuando te sientes para guerrear –*lehilajem*– con el gobernante», que es el Mal

---

2216. Proverbios 23:1.

2217. La expresión *liljom* deriva del sustantivo *lejem* que significa literalmente pan, y asimismo comparte raíz con la palabra *miljama*, que significa guerra, y con todas sus conjugaciones verbales y derivados, por ejemplo: *lehilajem*.

Instinto, «entiende cabalmente lo que hay delante de ti», ante Quién en el futuro rendirás cuentas.

Asimismo, así dijo: «entiende cabalmente lo que hay delante de ti», se refiere a la Presencia Divina, que siempre está sobre ti, cubriéndote. Por eso cuídate mucho de deleitarte en absoluto, y siempre esté la Presencia Divina ante ti, y especialmente en el momento de la comida, para no ser exterminado. Y en cada bocado piensa en palabras de Torá y entonces tu alimento será semejante a un sacrificio.

Y te haré merecedor de establecer muchos alumnos [...]. Pues en cada academia en la que estudian hay una semejanza de lo Alto y tu academia corresponde con la Academia del Anciano de Días –Atik Iomin–. Y cuando discuten sobre los asuntos –que estudian– se alegran en lo Alto como cuando fueron entregados en el Monte Sinaí.

Víspera del día séptimo, 29 de Menajem Av.

El Eterno está contigo [...]. Cuídate del Mal Instinto, «no comas el pan del mezquino [...]».[2218] Pues hay que observar cuidadosamente, ¿por qué está escrito: «no comas –*tiljam*–», y no está escrito: «no comas –*tojal*–»? Y además es difícil de entender lo que está escrito: «Venid, comed mi pan –*lajmu belajmi*–»,[2219] y no está escrito: «Venid, comed mi comida –*ojlu bemajali*–». Y además es difícil de entender: ¿por qué está escrito: «*tiljam*», y «*lajmu*», y se deriva del sustantivo un verbo y los analistas puntillosos han dicho que no es correcto hacer así? Y además, ¿por qué advirtió: «no comas –*tiljam*– [...]». Pues las personas dicen: si has entrado en la casa de tu amigo, come, porque le causas una satisfacción. Y si has entrado en la casa de tu aborrecedor, come, para que se golpeen sus dientes. Y además se entiende que Salomón viene a advertir con palabras mundanas y no con palabras

---

2218. Ni desees sus manjares (Proverbios 23:6).
2219. Proverbios 9:6.

de Torá. También debe entenderse qué significa: «Ni desees sus manjares». ¿Y qué significa: «según su propia estima»?[2220]

Pero el misterio del asunto es que el rey Salomón, que la paz sea con él, advirtió que la persona no coma más de lo debido. Pues si hace así, fortalece al Mal Instinto, que es mezquino –*ra ain*–.[2221] Y así provoca que ese mezquino –*ra ain*– guerree –*ielajem*– con él, y se parece al hombre que quiere que estén con él otros hombres del grupo del –ente maligno cuyo nombre comienza con las letras– *samej–mem*, y guerrearán contigo. Y por eso dijo: «Venid, comed pan –*lajmu*–», porque cuando coman el pan de la Torá se considerará como si provocaran que hombres poderosos estén en vuestro grupo y guerreen –*ielajamu*– con ese flanco –del Otro Lado–. «Sus manjares», es decir, que el Mal Instinto se introduce en el corazón del hombre para que piense que tal comida es buena. Y después introduce en su corazón el deseo de conseguirla. Y se esfuerza en hacerlo y el Mal Instinto se enorgullece con eso. Y a esto se refiere lo que está escrito: «según su propia estima –*shaar*–[2222] [...]». Es decir, la codicia por alguna cosa se parece a una entrada, que por ella entran a la casa. «Come y bebe, te dirá, mas su corazón», o sea, Tiferet, «no está contigo», porque se apega al Otro Lado.

Después me ordenó la disertación que diserté en el mismo día en la tarde. Y elogió un poco lo que estudié profundamente, pero lo explicó de modo amplio y en ciertas partes agregó un poco. Después me dijo: «Y por eso, El Eterno esperará para agraciaros y por eso se elevará de teneros misericordia, porque El Eterno es Dios de juicio; bienaventurados todos –*kol*– los que esperan en Él».[2223] Es decir, la gracia está arriba, en las tres emanaciones supremas; y dijo que El Eterno esperará para agraciaros –*jananjem*– y no os dará un regalo

---

2220. «Porque según su propia estima, así es él; come y bebe, te dirá, mas su corazón no está contigo» (Proverbios 23:7).

2221. Literalmente significa: de ojo malo.

2222. Significa literalmente entrada.

2223. Isaías 30:18.

gratuito –*jinam*–, porque es Dios de juicio, y porque el juez y juzgador debe hacer el juicio.

Asimismo, así dijo: sabe cuándo esperará El Eterno [...] y no os dará un regalo gratuito inmediatamente, cuando no orientáis sino al juicio, que es Tiferet. Pero cuando ascendáis a «Bienaventurados –*ashrei*–», que alude a las tres emanaciones supremas, «todo –*kol*–»,[2224] que alude a los 50 pórticos de Biná, «los que esperan en Él –*lo*–»,[2225] *lamed* se refiere a la Torre –*migdal*– que vuela por los aires,[2226] que es Biná, y *vav* se refiere a Tiferet; cuando se unan todas las emanaciones como hemos mencionado y asciendan a las tres supremas, entonces enviará sobre vosotros regalo gratuito.

Y respecto a que no has cortado las uñas de tus manos en este día, -fue algo que- provenía de mí, porque has cortado las uñas de tus pies y no es correcto cortarlas ambas en un mismo día, por –lo que se indica en la cita bíblica que declara–: «No pondrás bozal al toro en su trillado».[2227] Y asimismo no se deben cortar las uñas de los pies sino en la víspera del día festivo o en la víspera del Shabat, que es tiempo de alegría. Y así se debe hacer, cortar las uñas de los pies en el día quinto –de la semana–, y las uñas de las manos en el día sexto, pero no a ambas en un mismo día. Y en los demás días no cortes ni las uñas de tus manos ni las uñas de tus pies, con excepción de los días festivos y los días de Shabat que son tiempos de alegría, tal como hemos mencionado.

Y respecto a que no has comenzado la sección –de la Torá correspondiente– en la víspera del Shabat, no temas, pues debido a que has observado en ella es como si la hubieras comenzado y has interpretado el asunto correctamente, pues el misterio del asunto es para incrementar de lo mundano a lo santo. Y hay que comenzarla en la víspera de Shabat, y terminarla en Shabat, antes de la comida de la mañana.

2224. El valor numérico de esta expresión es 50.
2225. La expresión *lo* está escrita con una letra *lamed* y con una letra *vav*.
2226. *Véase* Talmud, tratado de Jaguigá 15b.
2227. Deuteronomio 25:4.

Víspera del día de Shabat, 18 de Kislev.

Madrugué como es mi costumbre para leer de las Mishnaiot y leí como 40 capítulos. Y aún la noche era grande, y volví y dormí hasta que el sol brilló sobre la tierra. Y volví a leer y estaba afligido, pues tal vez he sido olvidado de ser recordado como de vez en vez, y siempre leía sin interrumpir, y en medio de eso me fue dicho: «Fortalécete y sé esforzado; no temas ni tengas miedo [...]».[2228] Aunque has pensado que me he apartado de ti y te he abandonado y olvidado, ciertamente era correcto actuar así, pues me has olvidado y te has apartado de mí, y me has abandonado y has apartado tu pensamiento de mí, «y a mí has arrojado tras tu cuerpo».[2229]

Y he aquí que tú oras ante El Santo, Bendito Sea, para que te enseñe los caminos de arrepentimiento y yo te conduzca por ese camino, ¿y tú vas y arrojas mis palabras detrás de ti? He aquí que no es correcto lo que tú haces, por eso, vuelve a mí y yo volveré a ti tal, como todo lo que te he dicho. Y siempre piensa en mi Torá, en mi temor, en mi servicio y no interrumpas tu pensamiento ni un solo instante. ¿Y te parece bien lo que hiciste ayer, interrumpir entre la –bendición de la–Redención y la plegaria –de las 18 bendiciones–? Pues en ese momento provocaste que la Congregación de Israel cayera a través de ti y la has apartado de su pareja –cósmica–.

Y debido a eso se levantaron acusadores contra ti –para acusarte en lo Alto–, si no fuera por mí y mis legiones que oramos ante El Santo, Bendito Sea, para que tuviera misericordia de ti. Por eso, de aquí en adelante cuídate mucho y no interrumpas en absoluto –en el lugar mencionado de la plegaria–, siquiera para responder amén. Y fuera del honorable Rabí Jacob, que dijo que es un precepto responder amén después de «redimió a Israel», no alcanzó la profundidad del asunto, pues por el contrario, es un pecado y no un precepto, y por eso, no se ha de interrumpir en absoluto.

2228. Josué 1:9.
2229. I Reyes 14:9.

Y respecto al hombre del cual has hablado, he aquí que te lo he rectificado y pronto verás maravillas y te asombrarás. Por eso: «arroja tu carga sobre El Eterno».[2230] Y mañana a esta hora vendré a ti y hablaré contigo acerca de ese secreto más extensamente. Y ahora verás si mi palabra es valiosa o no. Apégate a mí, a mi Torá y a mis Mishnaiot [...]. «Cuando andes, te guiará, cuando te acuestes, te cuidará».[2231] Cuando te acuestes concretamente, como está dicho: «Cuando te acuestes y cuando te levantes».[2232] Pues cuando tú duermes en medio del pensamiento en las Mishnaiot, mis siete mundos te cuidan; y cuando te despiertas, ya que lo haces con el pensamiento de la Mishná, ella habla en tu boca y tus labios susurran.

Víspera del día quinto, 1 de Yiar

«No abandones a tu compañero y el compañero de tu padre, y no vayas en el día de tu angustia [...]»[2233] Explicación: «en el día de tu angustia», se refiere a cuando tienes aflicciones, no abandones el temor de El Santo, Bendito Sea, que es «tu compañero y el compañero de tu padre», y te apegues a las cortezas, que son «tu hermano», pues ellas son como hermanas de las emanaciones. Y has de saber por qué, porque es mejor para ti soportar aflicciones y ser vecino de las emanaciones sagradas, que tener hermandad y apego con el Otro Lado. Pues incluso te muestren un rostro amable, he aquí que ellas están lejos de ti, pues su intención no es sino hacerte perder del mundo, al apegarte con las cortezas, tal como te he dicho. Por eso, cuídate de apegarte a ellas, y apégate a las emanaciones supremas [...]. «Y la paz sea contigo [...] y la paz sea con todo cuanto tienes».[2234]

2230. Salmos 55:23.

2231. Proverbios 6:22.

2232. Deuteronomio 6:7.

2233. «No abandones a tu compañero y el compañero de tu padre, y no vayas en el día de tu angustia a la casa de tu hermano; es mejor un vecino cerca que un hermano lejos» (Proverbios 23:10).

2234. I Samuel 25:6.

LIBRO DE JOB

Víspera del día de Shabat, 5 de Nisán.

El Eterno está contigo [...]. He sido enviado para enseñarte y revelarte un secreto valioso acerca del versículo que manifiesta: «He aquí, todo esto hace Dios, dos veces, tres, con el hombre».[2235] Pues hay que observar cuidadosamente, ¿qué significa: «dos veces –*paamaim*–,[2236] tres»? Pues si reencarna tres veces debería haberse dicho: «He aquí, todo esto hace Dios, tres veces –*peamaim*– con el hombre». ¿qué significa: *paamaim*?

Y además, ¿qué significa: «con el hombre»? Y además, porque está escrito: «por tres culpabilidades de Israel, y por la cuarta, no lo volveré».[2237] Se entiende –que son– cuatro veces, y aquí dijo tres. Pero el misterio del asunto es que un hombre que es temeroso del pecado reencarna tres veces para purificarse más, pero al que no es temeroso del pecado, no lo hacen reencarnar sino dos veces, para que no se arruine la tercera vez y salga su pago en pérdida. Y a esto se refiere lo que está dicho: «tres con el hombre». Es decir, el temeroso del pecado, tal como se tradujo al arameo: *«ish jail».*[2238] Y lo que está escrito: «y por la cuarta no lo volveré», se refiere a una congregación. Y ciertamente la paz sea contigo.

2235. Job 33:29.

2236. La expresión *paamaim* puede leerse así, que significa 2, y también puede leerse de este modo: *peamaim* que significa veces.

2237. «Así dijo El Eterno: por tres culpabilidades de Israel, y por la cuarta, no lo volveré; porque vendieron por dinero al justo, y al pobre por zapatos» (Amos 2:6).

2238. I Reyes 1:42.

ÍNDICE

Presentación del editor...	5
Maguid Meisharim...	13
Sección de Bereshit...	24
Parashat de Lej Lejá...	49
Parashá Vaierá..	63
Sección de Toledot..	69
Sección de Vaietzé..	89
Sección Vaietzé...	96
Sección de Vaishlaj...	97
Sección Vaieshev...	107
Sección Miketz..	132
Sección Miketz..	139
Sección de Vaigash...	156
Sección de Vaigash...	157
Sección de Vaiejí...	159
Libro de Éxodo. Sección de Shemot...............................	164
Sección de Shemot..	172
Sección de Vaerá...	173
Sección de Bo..	187
Sección de Bo..	194
Sección de Beshalaj..	196
Sección de Ytro...	218
Sección de Mishpatim..	226
Sección de Terumá..	236
Sección de Tetzavé..	240
Sección de Ki Tisá...	243
Sección de Vaiakhel..	256

Sección de Vaiakhel 280
Sección de Vaikrá 293
Sección de Tzav 305
Sección de Sheminí 339
Sección de Metzora 352
Sección de Ajarei Mot 353
Sección de Emor 369
Sección de Behar Sinaí 384
Sección de Bejukotai 395
Sección de Bamidbar. Libro de Números.
    Sección: en el Desierto del Sinaí 402
Sección Lej Lejá 406
Sección de Koraj 409
Sección de Jukat 410
Sección de Balak 415
Sección de Pinjas 418
Secciones de Matot–Masaei 427
Libro de Deuteronomio –Devarim–. Sección de Devarim 440
Sección de Vaetjanán 446
Sección de Ekev 453
Sección de Ree 458
Sección de Shoftim 464
Sección de Ki Tetzé 467
Sección de Ki Tavo 483
Sección de Nitzavim 499
Sección de Vezot Haberajá 508
Cantar de los Cantares –Meguilat Shir Hashirim– 514
Meguilat Rut 517
Libro de Samuel 519
Libro de Isaías 521
En el final de Yiar 545
Libro de Amós 549
Libro de los Salmos 551
Libro de los Proverbios 561
Libro de Job 571